U0136047

法律系列 2

黃炎東 教授

◎ 編著

媒體
政治
與法律

增訂版

作者黃炎東教授師承臺灣新聞
界泰斗曾虛白先生，1978年課
後與楊奕華院長等同學合影。

蘭臺出版社

呂序

　　四十年前，我在台大法學院三民主義研究所〈國家發展研究所的前身〉兼一門課，黃炎東在該所深造。炎東是一位勤奮上進、富有愛國熱忱的青年，當時就在報章雜誌上發表不少評論時政的文章。其時正是台灣民主化萌芽之際，炎東的文章，對民主化之推動，發生了相當程度的影響。炎東從台大畢業以後，曾任中華民國新聞學會總幹事，並先後在台灣大學、中央警察大學以及崇右技術學院任教。在這漫長的歲月中，炎東的健筆不曾停過，他的文章源源不絕的出現在報刊上。台灣的民主化在這期間，從萌芽而開花結果以至今日之大樹成蔭，炎東的文章也隨此一時代之脈動而發展。

　　讀者面前這本厚書「媒體、政治與法律」，是炎東多年來發表過的文章與若干未曾發表過的研究論文集合而成，圍繞在三個主題：媒體必須善盡社會責任；民主政治必須真正為民眾提高福祉，不能淪為政客謀取私利之工具；法律若要發揮良好的作用，不能僅靠完備之法條，而必須依賴品格良好、盡職負責的司法人員。

　　此外，在這本書中，炎東以淺顯的文字，闡釋了洛克、穆勒等大師關於自由、人權的理論。這些論述，對於一些關心國事的讀者應該是很有用的。炎東的一些談論台灣政情發展的文章，能讓我們一窺台灣民主化的軌跡，這是讀這本書的另一種收穫。

國立臺灣大學政治學系名譽教授

呂　亞力　民國104年9月

謝序

　　欣聞黃炎東教授新著《媒體、政治與法律》即將付梓，邀我做序。惟黃教授教學與行政歷練豐厚，學識淵博，著作等身，以法學背景，專研政府治理與媒體公關之精要所得之宏著，倉皇起筆，實難盡述。

　　自從政府解嚴，媒體市場開放，台灣本地媒體之興衰起敝即如風雲變幻。適逢數位科技之崛起，傳播媒體之因應亦多有差異。而媒體於社會中之角色亦日漸深遠，成為引導台灣政治趨向的指標。近年來，社會各界對媒體的變化與因應亦多批評，對政府的管理措施與法規政策更加要求。法律、政治與媒體間之關係建構亦形繁複。學術各界亦形成諸多言論與深化研究。

　　黃炎東教授秉其多年深厚學養與實務探究，特別著重於新世紀媒體、政治與法律三者關係建構之研究而為此書。內中以西方政治學經典之「自由論」及「代議政治」為基礎，以波特‧史蒂 (Potter Stewart) 之「第四權理論」為架構，發展出如何平衡法律、政治與媒體之論述。觀其內容，此書內容豐富，涵蓋媒體與政治公關策略、媒體之社會責任與言論自由之平衡、媒體與政治、法律道德核心價值與實踐功能、政黨政治的真諦及究實媒體的風範等。諸多面向之深化研究，除得以發揮啟迪學術真知的內涵，益彰顯黃炎東教授畢生所研究之精華。

　　目前我國政治正走在國家轉型及社會正義的潮流之際，黃炎東教授秉其畢身從事高等教育，愛國愛鄉之信念，以崇高之道德勇氣與如椽之筆、傳達因世之道與學術真諦，期盼得在此社會遞變之際給予眾人彌新之啟發。

國立臺灣藝術大學　校長　謝顯丞

103 年 12 月於板橋

潘序

　　人類對於政治的選擇以及對法律的解釋，隨著時代演進而不斷更新見解；網路世代來臨，媒體在新型通訊工具的推波助瀾下莫不銳意求新求快求變。然而任憑時間的輪軸如何轉動，那些最核心的價值觀經得起歲月的洗禮，終將成為越辯越明的真理。

　　黃炎東教授筆耕墨耘數十載，絃歌不輟、春風化雨，在高等教育的第一線上堅持不懈、啟發年輕學子。本書以眾位大師的理論為經、實務論證為緯，緊扣當前重要國際、社會議題，炎東教授凝聚數十年教學、研究之精華，化為珠璣文字，為混沌不明的時代高舉道德的火把，為正義留下明快的註解。

東吳大學 校長 潘維大

104 年 7 月 16 日

自序

為全球化媒體、政治與法律互動尋求新平衡點

　　美國聯邦最高法院大法官波特．史蒂瓦特 (Potter Stewart) 於一九七四年十一月二日，在耶魯大學法學院所發表的一篇演說中，根據新聞傳播在現代社會的重要功能，提出了「第四權理論」(the fourth estate theory)。他認為憲法所以保障新聞自由的目的，就在保障一個有組織的新聞傳播媒體，使其能成為政府三權之外的一種第四權，以監督政府，防止政府濫權，發揮制度性的功能。因此，新聞自由的受到保障，應是藉由新聞媒體的傳播，達到監督政府，促進國家發展與保護民眾權益，而並非是以保障或促進新聞媒體自身的利益為中心。

　　再者，新聞採訪自由的根源是來自言論自由的延伸，新聞自由的價值也在於言論自由。英國自由主義大師約翰穆勒（John Stuart Mill）在其一八五九年所著的《自由論》（On Liberty）一書中提到：思想及言論的自由是一切自由的基礎，若是缺乏了它，則其它自由就會落空。現今，任何民主憲政國家，其言論自由均立憲予以保障，美國憲法增修條款第一條即規定：國會不得制定關於剝奪人民言論或出版之法律。我國憲法第十一條也規定人民有言論及出版的自由。

　　然而，就言論自由的尺度規範而言，言論及出版的自由乃相對的，非絕對的。約翰穆勒在他書中曾表示：言論自由的保障並非絕對的、毫無條件的，應是屬於一種不引起傷害別人的言論，若是某一種言論的結果帶有煽動性、破壞性，而造成危害社會利益，那就必須受到社會管轄。「一九六四年，在美國芝加哥大學校長賀金斯（Robert M. Hutchines）所主持的新聞自由委員會發表的總報告書中，亦針對美國第三任總統傑弗遜的新聞自由思想（Jeffersonian doctrines），提出「社會責任說」，強調新聞自由應兼顧社會責任的自律觀念，亦建議社會可以制衡第四權，基於必要時，政府亦可享有這種「賸餘的權力」。在法例上，美國聯邦最高法院大法官（Oliver Wendell Holmes, Jr.ger test）作為是否受到保障的標準，而於

筆者黃炎東教授於 1974 年就讀臺灣大學法學院三民主義研究所（現已改為國家發展研究所）法律組時，
與恩師前教育部長黃季陸先生、前臺灣大學校長閻振興先生、傅啟學教授、法學院三研所所長姚淇清教授、
林桂圃教授、魏火曜教授、周道濟教授、鄔昆如教授暨同學們攝於台大學生活動中心。

一九六九年聯邦最高法院審判 Brandenburg 一案時確立。也就是說，新聞自由及
言論自由如與國家安全、個人生命安全發生衝突時，新聞與言論自由應加以管
制。一九四二年莫菲大法官（Frank Murphy）在 Chaplinsky 一案中，指出：「眾所
周知，言論自由的權力並非在任何時刻或任何情景下，都是一種受到絕對保障的
權利。對於某些經過謹慎界定及範圍相當有限的幾類言論，加以禁止或處罰，也
從未產生憲法上的爭議。這些言論類型包括淫蕩（lewd）及猥褻性（obscene）言論、
粗俗的（profane）言論、毀謗性（libelous）言論、及侮蔑性或攻擊性言論（fighting
words）等（所謂攻擊性言論是指言論本身即會造成傷害或可能會引起破壞治安的
行為之言論）。而長期以來觀之，這些類型的言論內容並未涉於任何思想或意見
之表達。而且從追求真理的觀點而論，這些類型言論並無任何社會價值。同時，

即使這些類型言論能給社會帶來任何利益，這些可能的利益也明顯小於限制這些言論所欲維持之社會秩序及道德規範之社會利益。」西方學者 Geoffrey R. Stone 將其見解稱之為「雙階理論」（The two-level theory），即以言論對社會所具有的價值為標準，分成低價值的言論（Low-value speech）及高價值言論（High-value speech），前者如涉及危害國家安全、社會安定或他人權益時，會給予適當的限制，後者則受到憲法言論自由的保障。

筆者長年在大學院校從事法政學術之教學研究工作，一向關注我國民主政治發展。之前亦曾有段期間擔任中國新聞學會總幹事乙職之工作，並在大學開授媒體與政治法律關係之有關課程。筆者在多年獻身媒體文宣工作生涯中，有幸先後深得秦孝儀先生、楚崧秋先生、周應龍先生、趙守博先生、馬星野先生、張家驤先生等長官之培植與提攜有加，內心對他們厚植之德澤常懷感恩之心。實務工作中亦深切地體會到媒體、政治與法律三者對我國民主化與現代化之促進實在扮演重要的角色功能，尤其是 2014 年 11 月 29 日在我國自由地區舉行的九合一選舉，更使筆者深切的感到媒體在這次的選舉中所扮演的影響角色功能是何等的重大，尤其是新興的婉君（社群網路媒體）所發揮的宣傳導向及其影響選戰結果之威力，是當前朝野政黨及全民最為重視並研究今後如何加以運用的重大議題。

同時由本次的選舉過程與結果更使筆者更加體認到媒體與政治及法律三者間之互動已隨著全球化知識經濟來臨，國家社會面臨急遽變遷。人民，尤其是青年朋友們關心國家社會的各種政經發展之走向，透過媒體，尤其是新興的婉君（社群網路媒體）以快速無比的速度所傳播各項訊息之方式，對選舉之各項議題充分地表達了青年朋友們對國家重大政經問題或是有關對政黨或是候選人的意見，更是大大地影響了此次的選舉之結果，亦就是說九合一選舉其影響的因素，諸如政黨取向、候選人之形象等固然很大，然婉君（社群網路媒體）所發揮之效果實在有其不容忽略的巨大威力。

而筆者亦深切地體悟到媒體、政治、法律三者的互動關係至為密切，對國家之民主化與現代化及人民基本權利之維護至為重大。但三者若要真正達到福國利民的預期指標，沒有輔以倫理道德規範之實踐，是難以掌握其核心價值與實踐功

能的。因為，一個具有良好道德修養的政治人物，其一切施政必能以人民的福祉為前提。一個具有倫理道德的執法者，必能公正的執法，以維護人民的生命財產安全。而一個具有倫理道德的媒體人，在從事大眾傳播工作時，必能真正秉持公平公正客觀平衡地做報導，不但能善盡滿足閱聽者知的權利，更應善盡其社會責任，導引社會健康的輿論、淨化人心，形塑良好的社會風氣。甚至我們亦可說，萬事皆需要有正信與正念的倫理道德之發皇，如此我們的國家社會才能達到真善美聖之理想境界。

　　基於以上論述之關鍵理念及基於一個法政學者熱愛斯土斯民之道德使命感，因而激發筆者立下撰著《媒體、政治與法律》本書之初衷宏願。本書之出版承蒙政治學界巨擘國立臺灣大學政治學系名譽教授，亦是筆者就讀台大法學院三民主義研究所時代的恩師呂亞力博士、國立臺灣藝術大學校長謝顒丞教授、東吳大學校長潘維大教授惠予賜序、賢棣中華民國電機技師公會理事長彭繼傳為本書之推廣，特以「見證永遠站在歷史十字路口正確的一邊一為追求新世紀媒體、政治與法律三者關係之平衡點」為題撰著宏文發表於媒體，彭理事長文筆健練。研讀本書之心得論述頗為深入，深獲廣大讀者熱烈共鳴。台北市恆春古城文化推展協會創會榮譽理事長黃茂德董事長鼎力的鼓勵與協助，使本書之篇幅更添無比之光彩。而在本書的撰著過程中又承蒙考試院銓敘部公務員月刊總編輯郭世良（畢業於台大國發所）及筆者任教的台大賢棣馮世維博士（曾任國立高雄大學教授兼系主任現任專任教授，學養卓越、博學多聞、熱心奉獻，甚得各界肯定與支持）及筆者任教台大法學院三民主義研究所的賢棣高孟琳同學（任教於桃園市內壢高中並兼桃園縣教育產業工會常務理事）等之鼎力協助本書文稿之校對工作備極辛苦，隆情厚誼藉此表達筆者感激之忱於萬一。

　　俗云：「飲水當思源，吃果子當拜樹頭」，筆者自 1974 年起先後考入臺大及文大法學院三民主義研究所法律組就讀，深受恩師美國耶魯大學法學博士姚淇清所長〈曾任國立臺灣大學法學院院長、教育部常務次長、中華民國駐聯合國教科文組織（UNESCO）代表〉、秦孝儀教授、曾虛白所長、周道濟教授、周應龍教授、周世輔教授、鄔昆如教授、林桂圃教授、胡佛教授、呂亞力教授等人之大

一九八五年筆者（左一），接任中華民國新聞學會總幹事，當時新聞學會主任委員為名報人馬星野先生（右一），馬先生勉勵筆者要以公平公正誠懇務實、前瞻創新的理念為廣大的新聞傳播界朋友們做最佳之服務。
按中國新聞學會創立於 1965 年 4 月 26 日第一任主任委員為曾虛白先生亦是創立國立政治大學新聞研究所的首任教授兼主任，係本書作者就讀博士班時的教授兼研究所所長，對筆者之學術啟發與影響甚為深遠。

力培植，1985 年獲得法學博士後，承蒙恩師周道濟教授、賀凌虛所長、孫震校長的厚植，得以在臺灣大學開授法政有關課程已近三十載。1988 年筆者應美國德州大學奧斯汀校區政治系擔任訪問教授回國後，旋獲時任中央警察大學校長、現任總統府國策顧問顏世錫先生培植，有幸聘任至當時中央警察大學唯一的警政研究所授課。繼而在 1997 年又承蒙恩師前中央警察大學校長謝瑞智先生的大力拔擢，得以獲聘於中央警察大學擔任專任教授，先後歷經朱拯民校長、蔡德輝校長、謝銀黨校長、侯友宜校長、謝秀能校長及現任校長刁建生先生的卓越領導下，開授憲法等有關法政課程，並兼任校長室機要、公共關係室主任、圖書館館長、世界警察博物館館長等行政一級主管十餘年，筆者深深感受到警大優質的教育環境，培育眾多頂尖卓越、文武合一、術德兼備的國家高級警察幹部。對國家社會的治安之維護，貢獻至為厥偉，殊值國人予以高度肯定與支持，如今警大已成為青年學生最為嚮往的學府之一，相信「誠」字的校訓及「國家、正義、榮譽」之教育核心價值理念，將會永遠成為每位警大人努力奮鬥之崇高

指標。而筆者自 2009 年起承蒙崇右技術學院董事長林金水先生、校長梁榮輝先生及現任校長陳啟雄先生的提攜，在徵得中央警察大學長官同意下，借調至崇右技術學院先後擔任副校長兼財經法律系主任、講座教授等工作，為崇右技術學院邁向升格為科技大學做出最佳之奉獻。

　　因此，筆者特在本書出版前夕，謹以十二萬分感恩之心情，對多年來無論在學術方面指導我的恩師或是在工作崗位上提攜牽成之長官、恩師的鴻恩盛德，敬表內心永遠感恩不盡之微忱於萬一。

　　筆者學識淺薄，書中掛一漏萬之處在所難免，尚祈諸博雅先進能不吝惠予賜正，以匡筆者之不逮，實乃筆者最大之榮幸。

「崇右技術學院」與「日本 NHK」聯合舉辦國際交流祭於 2013 年 11 月 16 日、17 日在華山文創園區熱鬧舉辦茶道展演，本校深具意義的國際性交流活動，特由黃炎東副校長率同吳蕙姿老師、高妍如老師及參與表演的五位同學出席該次活動並於會場留影誌念。

黃炎東 謹識

2015 年 7 月

政治學界巨擘，現任國立臺灣大學政治學系名譽教授呂亞力博士（右一），係本書作者黃炎東教授，1974
年就讀第一屆臺灣大學三民主義研究所（國家發展研究所之前身）時代的恩師，對黃教授之培植與提攜有
加，特於 2015 年 3 月 19 日蒞臨黃教授的新書發表感恩會。

本書作者黃炎東教授，曾任中央警察大學圖書館暨世界警察博物館館長、中央警察大學校長室機要秘書、
校務發展委員會執行秘書、公共關係室主任、全民拼治安論述文集總編輯等工作，並兩度奉命接掌圖書館
暨世界警察博物館館長及公共關係室主任等行政一級主管工作。無論在任何工作崗位，皆能以感恩惜福之
心情竭盡所能全心全力地奉獻，發揮高度的服務熱忱與效率，並圓滿達成長官交付的各項任務。民國 94
年教育部首次對中央警察大學評鑑，榮獲校務組第一名，經上級獎勵在案，擔任公共關係室主任期內曾獲
傑出新聞人員獎，民國 99 年榮獲內政部頒發警察一等獎章，民國 102 年榮獲行政院頒發服務成績優良獎，
並榮登 2014 年世界年鑑：臺灣名人錄。

目次

第一章　傳播媒體的核心價值與實務功能

壹、媒體的政治功能

　　按政治是一種連續的溝通過程[1]，一般市民的意見、利益在傳遞給決策者 做決定之後，其內容再傳達給市民。在現代的代議政治，政黨、利益團體及行政機關雖然扮演提供資訊的功能，但透過這種資訊機關為媒介，使一般市民與政治人物可互相接近，而交換情報。選民與政治人物之間，雖有直接接觸的可能性，但在大規模的民主政治環境下，因有物理性的限制，所以兩者的接觸只限於特殊的案件而已。因此，大眾傳播媒體的位置，更扮演了這種溝通的橋樑。與利益團體、各種行政機關並存，那些報章雜誌、電視、廣播等傳播媒體，在政治體系中占有其分量極重的功能與位置。[2]

　　政治社會學者貝瑞森（Bernard Berelson）即指出：「有些媒體對某些事情 所做的報導，在某些情況下吸收某些人的注意，因而產生某些效果。」，而傳播媒體的政治功能可歸納為下列三類，即：

　　一、提供散發有關政治問題的資訊情報；

　　二、政治爭論的公開討論、裁判；

　　三、政治性事件的解釋、撤查。[3]

---

[1]　有關大眾傳播與政黨活動參閱 Peter Golding, Graham Murdock, and Philip Schlesinger, eds., Communicating Politics, Leicester University Press, 1986 Robert G. Meadow, Politics as Communication, Norwood: Ables, 1980.

[2]　參閱陳水逢：《現代政黨政治論》財團法人中日文教基金會 1991 年出版，頁 207.208。

[3]　胡祖慶譯，Austin Ranney 著：《政治學》，台北，五南書局，1992 年 5 月，二版二刷，頁一四五。

貳、保障新聞的自由

因此,傳播媒體的報導自由,必須予以保障,美國前總統傑佛遜(Thomas Jefferson, 1743-1826)曾說:「沒有新聞自由就沒有民主,而沒有民主就沒有美國」,但我們不要忘了自由尤其是新聞自由,固然是任何民主國家所尊重,且憲法皆有規定加以保障的權利,但一切的自由亦不是絕對的,任何言論若違反公平、公正、客觀的立場,其公信力是容易遭致社會大眾懷疑的。而我們亦認為世界上沒有一個政府與政黨是能永遠十全十美的,因其政策有不符合現今眾需求的時候,人才亦有枯竭的時候,多數變少數,少數變多數,本是民主政治體系很正常的現象,任何民主國家朝野政黨在良性制度下,亦應有一正確的政治理念,誠如德籍政治學者宋海莫曾指出:「西德政黨體系之穩定與其民主之品質,並非完全仰仗政黨有關違憲政黨黨禁之條文,而在基本上乃端賴各政黨能否對民主政治之原則和各界有堅定的共識,並將此基本共識深植於西德民眾中。只有如此,法定的黨禁措施方具意義。具體而言,當某政黨真正嚴重危及為眾人所共識的民主秩序時,再循法律途徑止之。」[4]

參、媒體的鞭策與監督

所以,若要維持一個完全公平競爭的健康負責的政治體系,就非得靠大眾媒體能客觀、公正的立場對朝野政黨加以監督、批評、導引,以提高政治品質,使政黨能不忘實踐其競選時所提出施政承諾,亦即協助民眾評定政府施政的成績、分數。而媒體對在野政黨亦需加以鞭策與監督,因為一個忠實負責之反對黨的責任就是以和平理性方式提出政治主張,批評執政黨當局的施政缺失,且研究比執政黨更好的政綱政策,加以向民眾宣傳,以博取下次選舉的勝利。亦就是說,大眾媒體對朝野政黨在彼此政治競爭中心扮演一個公平仲裁者的角色。對執政黨

4　Kurt Sontheimer: Grundzuge des politischen Systems der Bunde srepublik Deutschland, Munchen 1976, p.105.

施政作為若有偏失的話，固然要批評導正，但對在野黨純為反對而反對之過度偏激的政治行為亦需有所批評導正，這種言論取向方不失其平衡、客觀的立場。而大眾傳播媒體對選舉造勢及端正選風等方面，實有重大影響，各種媒體如能本著良知與道德，客觀詳實報導選情，如此，相信一些不良的選風也會隨時代進步與選民水準的提昇而銷跡。

當然，要求大眾媒體在政黨之政治競爭中扮演一個公平仲裁者的角色，相對配合之條件，即是國家對於媒體工具之分配，亦必須公平、公開化。讓有心從事媒體工作之人民，皆能在合法途徑上取得媒體之經營權。這部份，我國自民國七十七年元月開放報紙自由登記後，已邁開一大步，惟其他媒體工具、無線電視、廣播電台等頻道，亦應加速整理，並透過立法程序，取得法源來做規範，開放人民言論之空間，如此，大眾媒體當更能善盡其督導、仲裁之責任。

第二章　媒體與社會責任—提升媒體報導品質以善盡社會責任

壹、第四權理論的提出

　　美國聯邦最高法院大法官波特‧史蒂瓦特（Potter Stewart）於一九七四年十一月二日，在耶魯大學法學院所發表的一篇演說中，根據新聞傳播在現代社會的重要功能，提出了「第四權理論」（the fourth estate theory）。他認為憲法所以保障新聞自由的目的，就在保障一個有組織的新聞傳播媒體，使其能成為政府三權之外的一種第四權，以監督政府，防止政府濫權，發揮制度性的功能。因此，新聞自由的受到保障，應是藉由新聞媒體的傳播，達到監督政府，促進國家發展與保護民眾權益，而並非是以保障或促進新聞媒體自身的利益為中心。

　　再者，新聞採訪自由的根源是來自言論自由的延伸，新聞自由的價值也在於言論自由。英國自由主義大師約翰穆勒（John Stuart Mill）在其一八五九年所著的《自由論》（On Liberty）一書中提到：思想及言論的自由是一切自由的基礎，若是缺乏了它，則其它自由就會落空。現今，任何民主憲政國家，其言論自由均立憲予以保障，美國憲法增修條款地一條即規定：國會不得制訂關於剝奪人民言論或出版之法律。我國憲法第十一條也規定人民有言論及出版的自由。

貳、探討新聞自由尺度

　　然而，就言論自由的尺度規範而言，言論及出版的自由乃相對的，非絕對的。約翰穆勒在他書中曾表示：言論自由的保障並非絕對的、毫無條件的，應是屬於一種不引起傷害別人的言論，若是某一種言論的結果帶有煽動性、破壞性，

而造成危害社會利益，那就必須受到社會管轄。「一九六四年，在美國芝加哥大學校長賀金斯（Robert M. Hutchins）所主持的新聞自由委員會發表的總報告書中，亦針對美國第三任總統傑弗遜的新聞自由思想（Jeffersonian doctrines），提出「社會責任說」，強調新聞自由應兼顧社會責任的自律觀念，亦建議社會可以制衡第四權，甚至必要時，政府亦可享有這種「賸餘的權力」。在法例上，美國聯邦最高法院法院大法官（Oliver Wendell Holmes, Jr.ger test）作為是否受到保障的標準，而於一九六九年聯邦最高法院審判 Brandenburg 一案時確立。也就是說，新聞自由及言論自由如與國家安全、個人生命安全發生衝突時，新聞與言論自由應加以管制。一九四二, 莫菲大法官（Frank Murphy）在 Chaplinsky 一案中，指出：「眾所周知，言論自由的權力並非在任何時刻或任何情景下，都是一種受到絕對保障的權利。對於某些經過謹慎界定及範圍相當有限的幾類言論，加以禁止或處罰，也從未產生憲法上的爭議。這些言論類型包括淫蕩（lewd）及猥褻性（obscene）言論、粗俗的（profane）言論、誹謗性（libelous）言論、及侮蔑性或攻擊性言論（fighting words）等。（所為攻擊性言論是指言論本身即會造成傷害或可能會引起破壞治安的行為之言論）而長期以來觀之，這些類型的言論內容並未涉於任何思想或意見之表達。而且從追求真理的觀點而論，這些類型言論並無任何社會價值。同時，即使這些類型言論能給社會帶來任何利益，這些可能的利益也明顯小於限制這些言論所欲維持之社會秩序及道德規範之社會利益。」西方學者 Geoffrey R. Stone 將其見解稱之為「雙階理論」（The two-level theory），即以言論對社會所具有的價值為 標準，分成低價值的言論（Low-value speech）及高價值的言論（High- value speech），前者如涉及違害國家安全、社會安定或他人權益時，會給予適當的限制，後者則受到憲法言論自由的保障。[1]

參、強化媒體自律責任

　　新聞自由是民主政治的基石，而民主政治所追求的目標乃是在維護人的生存

1　參閱林子儀，言論自由與新聞自由，元照出版公司，2002 年 11 月，頁 171~179。

與尊嚴；因此，凡民主國家對新聞自由無不都大力維護。然而，如果媒體濫用新聞自由，以致傷人的生存與尊嚴時，將根本傷害的民主政治的礎時。再者，新聞自由係對社會違反公平、正義之情事，創造一個可以匯集眾人的智慧，以求解決問題之管道，決非是讓新聞自由反成為製造問題，甚至滋生違反公平、正義的負面工具；是以，媒體尤應強化本身的自律與對國家社會責任。考諸歐美民主先進國家，大凡新聞自由與國家利益或個人生命安全之間有所衝突時，毫無問題的，該國的媒體皆會站在國家之利益或個人生命安全考量上，做最符合國家利益或個人生命安全的處理，亦就是在維護讀者「知」的權利與社會責任上，求得一個最佳的平衡點。以最近國內所發生的白曉燕被綁票 撕票一案來說，新聞自由固然重要，但人命關天，記者應與警方充份配合，在 警方對歹徒進行搜捕過程中，切勿再隨行採訪與報導，否則，不但嚴重影響辦 案效率，且對記者安全亦有不可預測的危險。

肆、領導輿論善盡言責

我國自民國七十六年七月十五日，解除戒嚴；民國七十七年元旦，相繼開放報禁，正式邁向民主憲政的新紀元。在我國推動民主革新的過程中，新聞媒體的貢獻厥功至偉；然而，在傳播媒體百家爭鳴的同時，似乎也帶來了新聞自由的被濫用。誇大、激情、譁眾取寵的報導充斥於媒體的字裡行間，部分媒體更以本身利益為導向，而忽略了應有的自律與職業道德規範。因此，相對地也帶來了社會風氣的敗壞，以及民眾生活上的不安全感之瀰漫。

新聞自由是社會大眾的自由與權利，因此，媒體的經營與報導，必須秉持「善盡社會責任，保障讀者知的權利」為信念，揚棄惡質競爭，堅守社會責 任。是以，在當社會價值觀與行為模是偏差之際，新聞媒體的全體工作者更應負起本身的社會責任，主動積極地配合推動與報導社會的光明面，以導正社會風氣於真、善、美之境。

六十多年來，我們致力於經濟發展，創造了臺灣奇蹟，但相對的忽略了人文

與精神的建設。現在，我們的物質享受比過去富裕了，但心靈卻沒有比以前 更充實。更值得關切的是，一般民眾的心態愈趨近於功利、現實，逐漸喪失對 人生的理想，對社會的關懷。尤其，有些青少年朋友享受祖先留下來的財產， 卻視為理所當然，不知感恩，心中沒有他人。而我們的社會在解除戒嚴之後， 更自由、民主了；但有些人只想自己擁有自由，卻不知尊重別人的自由；缺乏 民主社會應有的寬容與尊重的涵養，甚至抱持「只要我喜歡，有什麼不可以」的偏差概念，以致造成社會各種紊亂的現象。同時，我們傳統的價值觀念與道 德規範，在多元化的衝擊之下，也導致適應上的困難，已產生許多問題。這些 現象與問題若不積極謀求解決，將會嚴重抵銷我們血汗建設的成果，阻礙我們現代化的進程。

　　一個國家的現代化建設工作必須要有前瞻性的政策，並且精神與物質之建設並重。而國家政務的改革、社會風氣的革新，不只是位於廟堂的行政官員與執學術牛耳之士的職責，而應是全民不分朝野的全力配合推動，方能達成預期效果，其成敗關係著全民共同的利害。因此，為了國家社會的前途，為了讓後代生活在更健康的環境，為了我們自由安和樂利的生活更有保障，我們社會上的每一份子，無論在朝、在野，也無論是各行各業，尤其是領導輿論的全體新聞媒體從業同仁，大家皆應以至誠至公、無私無我地，發揮道德勇氣，維護國家安全利益與社會的公平正義，多報導政府推行民主法治與尊重人權的理念和決心，以及政府施政的計畫與成果，使民眾了解並配合政府推行民主法治與尊重人權的理念和決心，以及政府施政的計畫與成果，使民眾了解並配合政府，落實國家、社會建設，一起攜手彰顯社會正義，重整社會倫理，營造一個可免於任何恐懼、民風淳厚、道德高尚、人人守法務實、富而好禮的社會，使我國成為更現代化、民主化，國民擁有更具品質生活，進而建立一個精神文明與物質文明和諧發展的現代民主國家，則國家的競爭力必可提昇，而昂首於二十一世紀的國際社會。

第三章　培養優質的民主政治文化以提昇國家競爭力

壹、效法歐美迎頭趕上

　　「科技與民主」，是我國近百年以來，追求國家現代化與民主化以達富強安樂的重點，這方面必須學習歐美的長處，藉收「他山之名，可以攻錯」之效。國際知名的管理學策略理論專家麥可‧波特所指出的若欲有效的提升國際競爭力，必須在學習歐美長處時，我們除應以虛心謙卑之心來學習外，更是必須避免歐美在發展科技與民主的過程中，所發生的物質進步帶來精神失落的問題；是以，「取精用宏，防止一切流弊」，乃是我國在追求民主化與現代過程中，必須堅守的原則。

貳、儒家思想以民為本

　　任教於美國康斯辛大學政治系霍金斯講座教授，也是知名的「中國問題」專家傅利曼（Edward Friedman），於日前完成了一篇有關近年來臺灣民主化轉型與未來發展的專文。傅利曼在專文中指出：臺灣民主化轉型顯現了兩個重要的意涵，一是說明儒家文化並無礙於亞洲國家實施民主制度，另一則是對於即將進入二十一世紀的人類歷史而言，臺灣民主化所具有的全球性重大意義，更可媲美十八世紀的法國大革命；臺灣民主化的演變過程，已成功地建構「後現代」民主政體的理論雛型。而且，臺灣民主轉型的最大意義，更在於面對外在威脅所表現的生命共同體意識：本於這種精神，臺灣在未來有可能取代新加坡成為亞太地區的道德領導者，並且避免亞太地區發生難以控制的軍備競賽，而不利於區域整體

秩序。

　　一種思想之所以能歷久不衰，緣於能放諸四海而皆準。我國的儒家思想，其根本的精髓乃在於「以民為本」的觀念。孟子在〈盡心下篇〉也早已指出土地與人民均是構成國家的要素，他說：「諸侯之寶三：土地、人民、政事。」

　　他更直接主張：「民為貴，社稷次之，君為輕。」在統治的原則與方法上，儒家則提出以「德治」、「仁政」、「禮治」作為統治者的治道與治術。孔子主張「以身作則」與「感化教育」，他說：「上好禮，則民莫敢不敬：上好義，則民莫敢不服：上好信，則民莫敢不用情。」《論語》〈子路篇〉「君子之德，風；小人之德，草。草上之風，必偃。」《論語》〈顏淵篇〉孔子也指出「安民」：「修己安以人……修己以安百姓。」《論語》〈問憲篇〉；「衛民」：「善人教民七年，亦可以即戎矣……以不教民戰，是為棄之。」《論語》〈子路篇〉；「養民」：「有國有家者，不患寡，而患不均……蓋均無貧。」《論語》〈季氏篇〉；「教民」：「子適衛，冉有僕。子曰：『庶矣哉！』曰：『教之』。」《論語》〈子路篇〉等具體措施。孟子主張「以不忍人之心，行不忍人之政。」《孟子》〈梁惠王上篇〉之仁政，並加以推廣為「老吾老以及人之老，幼吾幼以及人之幼。」《孟子》〈梁惠王上篇〉；「養民」：「保民而王，莫之能禦也。」《孟子》〈梁惠王上篇〉；「養民」：「民之道也，有恆產者，有恆心；無恆產者，無恆心。」《孟子》〈滕文公上篇〉；「教民」：「人飽食煖衣，逸居而無教，則近於禽獸。…設為庠序學校以教之。」《孟子》〈滕文公上篇〉；「與民同樂」：「庖有肥肉，廄有肥馬；民有饑色，野有餓莩；此率獸食人也。」《孟子》〈梁惠王上篇〉等具體施政措施。荀子以「禮治」為中心，他說：「體起於何也？曰：人生而有欲，欲而不得，則不能無求；求而無度量分界，則不能不爭；爭則亂，亂則窮。聖人惡其亂也，故制禮義以分之，以養人之欲，給人之求。」《荀子》〈禮論篇〉綜觀儒家三位代表人物之施政措施或有所異，唯出發點則接是以「民」為本。其理論是不因時空之轉變，而有所不同。

參、確立目標領導群論

　　再者，「民主」為人民統治之意，即國家所有權力皆來自於人民，人民並非國家統治權之客體，而是主體。美國遠從傑佛遜總統開始，即堅守民主信念為固有的立國理念；威爾遜總統更推而廣之，在全球領域闡揚民主與人道精神。我國憲法第二條：「中華民國之主權屬於國民全體。」即明白表現出「民主」是我國所持守的國家精神。多年來，我國亦服膺同樣的民主理念，鍥而不捨地進行各項政治民主改革，民國八十五年三月，我國第一次總統公民選，落實「主權在民」的目標。

　　「國者，人之積；人者，心之器。」而社會之榮枯，繫乎人心之振靡。國人尚認清推動國家發展的最根本動力，絕非永無止境的外在欲求，而是更進一步反而求諸己的內省能力，全力支持政府進行教育、司法、行政、經濟、文化 等各項革新工作，以彰顯社會正義，重整社會倫理，進而建立一個精神文明與 物質文明和諧發展的現代化民主國家。

　　當前，我國朝野全民正在進行各種革新之但筆者認為我在追求物質的建設外更不可忽略心理建設之層面而尤其是媒體界的朋友，更應發揮輿論導引社會風氣之「社會責任」，多做建設性之報導，如此我們才不會在高度物質發展的環境中，迷失自我，倫理道德才得以重整，國人也才能有一個正確的人生觀與價值觀；凝聚建立奮鬥的目標，如此政治、經濟、教育、司法、行政、經濟、文化等各項革新工作，必都能落實，我們國家的競爭力自然提升，在兩岸關係之協調上，亦將有更多的著力點。唯有如此，我們才能真正立足於台灣，走出國際社會，為國家美好的前程與台灣二千三百萬同胞的幸福生活開創一個更為美好的新境界。

第四章　強化媒體輿論導引功能—重建富而好禮，風俗敦厚的健康社會

壹、診視時弊

　　我們的社會是否真的病了？而且病的程度究竟有多嚴重？當然這是見仁見智，視個人感受程度的問題。但就筆者近來的體會與觀察，我們的社會卻時已經病的不輕，種種偏離法律與道德規範的偏差言行，到處充斥。而國人在追求 高度的物質享受之際，對這些傷風敗德之反社會行為，若不加以防範與抑制， 那傷害的不只是國家社會的根基，就連您我都有預測不到的禍患降臨矣！雖然 我們的社會在經濟上已邁入高度開發中國家之林，但為何我們的社會風氣會敗 壞至如此之境地呢？其導致因素約有以下幾點：

一、歪曲的民主：貪權貪錢

　　在政治上若干人士過度熱中權力的追逐中，忽略了對國家歷史即民眾應有的使命感與道德良知及社會責任，為了達成其政治目的，可不守政治倫理即民主政治的遊戲規則，不能體會政治乃是為民眾服務的良心工作，其為達目的而不擇手段的貪權言行，以為我們這個社會帶來了嚴重的不良示範作用。顧炎武在其《日知錄》中曾提到「士大夫之恥，是為國恥」。身為廟堂之士或執學術牛耳者、擁有主導工商經濟領導人物，若已喪盡知識份子之良知，而又如何希望塑造一個健康的社會呢？如選舉中大量的金錢與暴力的介入，導致選風的敗壞，實已到無以復加之境。而若干國會議員缺乏民主理性與低劣的問政品質，令人懷疑我們的民主水平，是否已達到正如西方政治學者托克威爾，在其《論美國民主》一書中所提到的所謂「集體的平庸與多數的暴政」的程度。而像這種連議事規則都不懂、

不理性的民主，只顧個人或其自己黨派的私利，而不顧民眾生命、財產、人權有關的民主法案諸問題者，怎不令大多數繳稅納糧的選民對我們的民主政治感到無比的寒心與失望呢？

　　的確人類是政治的動物，追求權力乃是人類的本性，但若將其視為人生之唯一目的，且不以理性的高尚方式去獲取，那是很難贏得社會大眾的尊敬與信服的。一個政治人物當有對國家社會、民眾強烈的愛心與使命感，若其從政理念能以天下蒼生為念，如宋朝大政治家范仲淹所說：「先天下之憂而憂，後天下之樂而樂。」，經國先生亦曾勉勵國人「求名當求萬世名，計利當計天下利」，所謂「民之所好好之，民之所惡惡之」，一個政治家如能擁有這種以天下安為為己任、大公無私、博愛濟世的胸懷去從政，相信能真正落實造福百姓，貢獻國家的理想與抱負。要知道權力猶如一把刀，用得當能造福大眾，用不當適足以禍人。一個政治人物應當將其權力作為其造福社會大眾的力量，處處以民眾的福祉與國家安危為念，「正其誼不謀其利，明其道不計其功」，效法國父孫中山先生立志做大事的精神，天下為公，無私無我的偉大胸懷，有德且有格，那「君子之德風，小人之德草，草上之風必偃」，何患政治不清明，道德不高尚呢？

　　在經濟上我們無論在國民所得、國民總生產毛額、外匯存底、國際貿易上皆有舉世稱羨的驚人成就，但我們忽略的落實國父孫中山先生所主張的均富主義，我們的貧富差距比例已急遽提升中，若加上房地產等項目計算在內，其差距將相形漸大。

　　造成這種嚴重的因素當然不只一端，但與我們這個社會貪權又貪錢關係至大，為了營利公然向公權力挑戰者有之，非法的利益輸送，將生產的重要因素，諸如土地等視為一種商品而加以炒作，逃漏稅金，枉顧公平道義，甚而向公權力挑戰的巧取豪奪等不當不法行為到處氾濫，且視為時尚不以為忤，難怪無殼蝸牛族等弱勢團體，會不停的發出不平之鳴。甚而被國際人士批評我們這個社會是一個貪婪之島（Casino）的賭國。如此一個貧富過於差距的社會，固然會造成經濟弱勢的人們之疾苦，但對那些不計一切，巧取豪奪不當利益的為富不仁者，又會帶來真正的安定與安心嗎？這是值得我們再三反省與深思之課題。

二、偏差的教育：無倫無德

e教育方式與內容之偏差，嚴重影響青少年的心理。師者之工作乃傳道、授業、解惑也，但我們的教育風氣實在有待改善。如最近接二連三的發生為人子者弒父殺母、學生打死老師、教師對學生性騷擾等人間悲劇。睽其最大原因，乃是我們的各級教育只注重形式的升學主義與只重科技，未能顧及德、智、體、群等人文教育，對自由民主、人權法治等民主政治的核心價值理念加以曲解；誣衊而造成之惡果。按教育工作乃是輔導兒童、青年人格與智慧自然成長的一種百年樹人工作，但我們的教育導向與內涵，卻未能真正把握住這點。

各級學校工作者在論及教育工作時，總會把德育擺在前面，其實真正注重的乃是一昧的追求升學主義的徹底貫徹，在青少年幼小的心靈上無法將我們國家的優良傳統道德文化，真正的予以陶冶其中，諸如大從忠孝仁愛信義和平起，小至灑掃進退應對、孝敬父母、尊敬師長、友愛兄妹、敦親睦鄰等生活教育加以落實。難怪我們教育出來的若干兒童、青年就只知科技而不知禮義只知個人而不知團體。這樣教育出來的青年，對我們國家社會是一項資產或是國家的負債呢？這樣的教育方針若不加以改弦易轍、釜底抽薪的從根救起，試問我們將又會培育出多少可用的國家棟梁呢？因此我們的教育改革已是一種刻不容緩之要務了。尤其是推動十二年國教核心課題更應注意德智體群美等課程之規劃不偏離教育宗旨之核心價值。

貳、媒體導正

為了國家社會的前途，為了民眾的自由安和樂利的生活能有更佳的保障，筆者在此誠懇的呼籲我們社會的每一份子，當以反省的心思來重視以上提出的種種社會亮起的紅燈，無論在朝或在野人士，尤其是執掌輿論媒體第四權的朋友們當以至公至誠的胸懷，不但要能「滿足讀者，知的權利」外，更應善盡社會責任，以公平、公正、平衡、客觀的精神，多做社會光明之報導，無分朝野人民大眾都能無私無我的來共同解決我們以已病得不輕的社會。大家共同來研究與改進我們

的政治、經濟、社會、教育、文化、公共政策之導向，以重建一個更有人格尊嚴
與安和樂利的健康社會。

第五章　組織衝突、危機管理與企業經營管理策略

壹、前言

身為現代化地球村的各有關企業、政府或任何組織團體的成員如何建立確的危機處理觀念，並有效的處理各項預知或突然發生之危機，訓練危機處理能力，使機關團體或個人因革新進步所帶來的衝突化解於無形，並進而組織再凝聚的力量，至少使不可抗拒的衝突所帶來的危機，得以穩健立即有效的減至最低度，並開創組織再發展的新機運，此乃目前無論是政府軍公教機關或企業 界必須加以重視的課題，尤其是身為一個領導校務推展的一校之長責無旁貸之要務[1]。

貳、衝突的定義與因素

有關衝突意義之界說中西學者看法多義，互有仁智之見，如張金鑑教授為 衝突下了一個定義即：「兩個或兩個以上的角色（包括個人的和團體的）或兩 個以上的人格（包含自然人和法人）因意識、目標、利益的不一致所引起的思想矛盾，語文攻訐、權利爭奪及行為鬥爭，謂之衝突」[2]。江明生、朱斌妤在其合著的《衝突管理》一書中指出：衝突乃是指兩個以上相關的主體，因互動行為所導致不和諧的狀態，而衝突之所以發生可能是利害關係人（Shareholder）對若干議題的認知、看法不同、需要、利益不同或是基本道德觀、宗教信仰不同所致[3]。

1　黃炎東，〈組織衝突與危機管理〉，《第 100 期國小校長儲訓班研習課程手冊》，國立教育研究院籌備處，2004 年 4 月，47 頁。

2　張金鑑，《行政學典範》，台北：中國行政學會，1992 年，294 頁。

3　江明生、朱斌妤，《衝突管理》，台北：五南，1999 年 5 月，4 頁。

　　林欽榮教授在其《組織理論與管理》著作中則指出：「衝突是指一方欲實現其利益，但卻相對於另一方的利益，以致顯現出對立狀態或行為而言；當一方認知已經或即將遭遇挫折，則衝突就此開始，這種現象發生的對象包括個人、團體、企業組織、甚至於國家[4]。」而我國社會學家龍冠海教授則認為：

　　「衝突是指兩個或兩個以上的人或者團體之直接的與公開的鬥爭，彼此表現敵對的態度。」此定義是強調直接和公開的鬥爭；不過，實際上，有些衝突卻是間接和隱含的，可能外表是看不出來的[5]。

　　此外，雷尼（Austin Ranney）對衝突界定為：「人類為了達成不同的目標 與滿足相對的利益，所形成的某種形式之鬥爭[6]。」而李特勒（Joseph A. Lit- terer）提出之定義是：「衝突是指在某種特定情況下，某人或群體知覺到與他 人或其他群體交互行為的過程中，會有相當損失的結果發生，從而相互對峙或 爭執的一種交互行為[7]。」此外，史密斯（Clagett G. Smith）對衝突解釋為：「在本質上，衝突乃指參與者在不同的條件下，實作或目標不相容的一種狀 況。」

　　柯瑟（Lewis A. Coser）是從社會層面的觀點來談：「社會衝突意指對稀少的身分、地位、權力與資源的要求，以及對價值的爭奪。在要求和爭奪當中，敵對者的目的是為了解除、傷害或消滅其對手。」換句話說，此處的定義是強調：在一般活動中，成員或群體之間無法協調一致地工作一種分裂的狀態[8]。還有，雷茲（H. Joseph Reitz）的看法是：「衝突是兩個人或群體無法一起 工作，於是妨礙或干擾了正常的活動」之過程[9]至於，西方學者德塞勒（Dessler,1976）認為：衝突乃是組織中兩個以上的個人或團體由於不同目標、利益、期望或是價值，而

4　林欽榮，《組織理論與管理》，台北：揚智文化事業股份有限公司，2004 年 9 月，350 頁。

5　同前註，351 頁。

6　同前註，350 頁。

7　同前註，350 頁。

8　同前註，351 頁。

9　同前註，351 頁。

產生不同的意見結果 [10]。由此可知，衝突乃是一種人性之自然反映，當人類在組織活動中因彼此的人格特性，價值目標或利益取向在認知與實踐過程中，若有所不同必然發生之對立現象，而這一衝突現象雖有其負面作用，但如因調適得宜，亦會為組織帶 來新機、活力與發展。因為人類乃是過著群體生活的動物，他不是生存在地球上的單一個體之生物，而是營運社會共同生活的社會性動物，而人類的共同生活組成（包含政治、經濟、文化、社等組織團體）及其彼此之互動生活內容所構成之複雜性與精緻性，亦非其它任何生物所可比擬。因為人類一方面長期的接受自然之進化，而另一方面也在調適與改造創造其獨特的社會環境。如家庭、學校、公司行號、區域社會、國家等。在我們創造環境之同時，也深受環境之影響，亦在其影響之下決定或改變自己之行為。人類一如在生物學上，受遺傳因子影響，在社會學上，亦受社會環境之影響 [11]。而人在組織生活中又為何會有衝突之發生呢？因為人雖自認為理性的動物，但因人有生物性與社會性之本能與特性，人有七情六慾，有理性的一面，亦有感性的面，無論是個人與組織之間，或組織與另一組織之間，往往會因為對組織目標之認同或其中派系 利益等之糾葛，無法獲得和諧圓滿解決致而難免會發生大小之衝突，甚而因衝 突之一時無法化解，造成難以預估之危機。

　　正如社會解體論（Social disorganization）的倡導者約里奧特與馬里露（M.A. Elliott& F. E. Merrill）、華利斯（R. E. L. Faris）、托馬斯（W. I. Thomas）等認為社會組成的元素有四個：1. 目標、需求；2. 資源；3. 角色；4. 行為模式。如果 社會受到良好的管制而組成時，上述要素之間，就不致有脫軌或缺陷存在，而能順利的調整運作，這種過程稱為社會的組織化。惟在實際上，構成社會之各 要素間，常有不適應狀況發生，使社會組織發生障礙而無法發揮其功能。如家庭間、夫婦、兄弟、姊妹之間因失業、感情、青少年犯罪等問題所帶來之家庭不和，甚

10　林鎮坤、陳秋瑾，《教育行政衝突理論之研究》，臺北縣：雙溪國中，1992 年，8 頁。
　　轉引自柯進雄，《衝突理論與學校領導》，臺北市：台聯，1994 年，3 頁。

11　謝瑞智，《犯罪與刑事政策》，臺北市：正中，2000 年臺初版，79 頁。

而導致家庭解組。而當家庭有衝突甚而影響組織趨勢時，其家庭的每一份子當會盡力使家庭能恢復控制其成員之功能，及進行所謂再組織化的過程，化除一切不和的因素，緩和緊張情勢，不但勿使家庭有再解組的危機，反而力挽狂瀾，化危機為轉機，使整個家庭重回正軌的組織生活。而社會集團、機關團體、區域社會之社會化過程與以上所述之狀況是一樣的[12]。

　　自人類社會之思想上而言，自古以來合意論（Concensus）與衝突論（Conflict）就成為對立性的兩種見解。合意論認為社會係於各個成員在價值觀之合意的基礎上而成立者。而國家是為維護一般大眾之利益而組織成立者。社會如有對立的價值觀或利害關係之團體存在，國家就應代表社會團體之價值觀或利益，就這些對立負起調停之責任，以尋找共識。至於衝突論者則認為社會是由價值觀或利益之對應的團體而組成者，因此，組成之國家並非社會全體之價值觀或利益之代表，而是支配國家作用並擁有統治權柄的團體之價值觀與利益之代表。而提出犯罪之衝突現場者其主要代表者，有謝麟（Sellin, 1938）提出的文化衝突論，柯布麟（Kobrin, 1922）的價值衝突論，及波魯克（George B. Vold）於 1958 * 出的集團衝突理論。所謂集團衝突理論乃是從人性出發，認為人類在基本上是生活在團體之中，因每一個人都有尋求共同利益之慾望，如果能採取共同的行動當更容易達成目標，於是組成了團體。因此，個人乃是團體行為之一部份，如有新的利益產生，將會形成新的團體；而原有團體如已成任務，力量將被削弱或被遺棄，而被新的團體所取代。在一個複雜之社會中，必有各種不同的團體所指標之利益或目的相互重疊，相互競合。團體之間將進入衝突之狀態，乃有強化團體成員對所屬的團體負有忠誠義務之傾向。乃要求團體之成員為了達成共同策定之目標，必須盡最大之忠誠，提供最大能量貢獻給組織團體[13]。

　　根據林欽榮教授在其《組織理論與管理》一書中指出：在企業組織或機關團體中，引發衝突的原因實在是非常之多，有的是因人為因素造成，有的可能是

12　同前註，頁 80-82。

13　同前註，49 頁。

因為組織結構而形成的，也有一些則是因為工作性質引起的。[14] 茲將其針對衝突來源所提出的重點歸納如下：

一、活動的互依性：當兩個人或團體之活動具有相互依賴性的時候，則容易造成衝突，或者不同的個人或團體需要依賴相同的對象，或者必須達成共識的情況下，都有可能會造成彼此間的緊張或產生一些時間壓力的衝突等。此外，如果彼此為了爭奪有限的資源，例如：金錢、人力與設備等，因為資源有限，難免就會發生衝突。

二、資源的有限性：在共同資源的分配下，個人或團體為了爭奪資源，包括人力資源或物質資源，而這些資源又是很有限的話，勢必會引起彼此間的衝突。

三、目標的差異性：這是指目標不同的個人或團體之間，因為有交互行為的關係，也有可能發生衝突。而其原因包括：共同依賴有限的資源、競爭性的獎勵制度、對整體目標的主觀解釋等。

四、知覺的分歧性：由於組織分工專業化的趨勢，各自發展不同的溝通系統，導致個人或團體往往會有一套屬於自己的消息來源，而其對消息的知覺和看法並不一樣，因此就會引發衝突。除此之外，目標差異也是知覺分歧的原因之一；人會因工作性質和職位的不同而產生對時間的知覺相異，這些都是引爆衝突的可能因素。

五、專業的間隔性：所謂「隔行如隔山」，由於各個專業在其領域內鑽研的結果，往往會發展出自己的一套行為準則和行為規範，自然不易被別人了解。再者，因為不同的工作性質和專業化的結果，反而容易造成溝通上的障礙，以至於在組織中埋下了衝突的引爆點。

六、地位的層次性：一個組織的管理階層對於不同性質的單位，例如技術單位、生產單位或行銷單位等，難免可能有倚重倚輕的現象，容易形成地位不調和，進而出現在個人或團體交互行為所產生的壓力當中，所以很

14　林欽榮，《組織理論與管理》，台北：揚智文化事業股份有限公司，2004年9月，352-354頁。

可能會引發不必要的紛擾和衝突。

由此可知,組織或企業之管理者應該清楚組織衝突的來源或原因,以便採取妥當的防範措施或處理機制,來預防衝突的發生或懂得如何管理與解決衝突的問題。

從社會心理學的觀點來看,社會就是由對立的各種團體之利害關係與努力下,保持其動力上的平衡狀態,使這些團體都在共存的情形下集合而成[15]。美國學者如(Creighton, 1980; Moore, 1982; Amy, 1987; Bisno, 1989)研究歸納衝突的原因約有四大根本原因:即 1. 程序衝突(Procedural Conflict); 2. 資料或資訊衝突(Data or information conflict); 3. 價值衝突(Value conflict); 4. 關係衝突(Relationship conflict); 5. 情緒衝突(Emotional conflict)。[16] 因此,我們可推理出任何一個組織成員間或與其它組織之間的衝突,其主要之原因乃是起因於人性之慾望之追求,當中因其對問題之認知不同或價值觀之差異與利益等之競合,未能達到平衡狀況而致發生。尤其值此科技與資訊之發達一日千里,且國家無論是政治、經濟社會、文化教育正處於急遽變遷的知識經濟 e 時代,無論是國家與國家之間或個人與所屬之團體之間之距離更為縮短,彼此互動之關係更為頻繁,而在追求團體之目標或個人之價值與理想之間,難免會有所衝突。為使這種衝突能即早予以預防,即或使在突然狀況下發生,亦能加以有效處理,使衝突減至最低度,並使組織之間或個人與組織之間很快恢復正軌之互動,化危機為轉機,乃是任何現代化國民所必須具備的認知與必須加以防範之要務。尤其是身負主持學校行政工作,領導全校師生員工推動校務的教育主管,更是他們有待加以探討與實踐的重要課題。

15　同註 11,8 8 頁。

16　江明生、朱斌妤,《衝突管理》,台北:五南,1999 年,4-6 頁。

參、衝突的種類

　　由於國際衝突的形式是多樣化的，根據《國家安全的理論與實際》一書的作者趙明義先生所言，他認為如果由內容或領域的觀點來區別的話，衝突可分為政治、經濟、軍事、種族、宗教和文明等；但如果是由範圍與性質來區別的話，則可分為全面和局部衝突、根本和次要衝突、暴力和非暴力衝突、可控制和不可控制衝突、結構性和個別性衝突、顯性和隱性衝突等。

　　其中，經濟衝突乃是起源於歐洲十七、八世紀的重商主義時代。而現今經濟衝突的例子充斥於國際現實環境當中，譬如：商業競爭、資源掌握、市場佔有、金融衝突以及知識經濟的爭奪等[17]。

肆、衝突之型態

　　趙明義先生依照強度的不同，將國際衝突區分為：低強度、中強度以及高強度三種型態[18]。而柯進雄先生在《衝突理論與學校領導》一書中指出，組織衝突以不同的標準來區分則會有各種不同的類型：1. 以衝突的影響為標準可分為：正功能性衝突與反功能性衝突；2. 以人員多寡可分為個人衝突、人際衝突、群內衝突或群間衝突；3. 以組成結構可分為垂直性衝突、水平性衝突、斜向式衝突或正式組織與非正式組織之衝突[19]。

　　周談輝教授則將組織之衝突分為四種型態，即 1. 垂直衝突；2. 水平衝突；3. 直線與幕僚人員彼此之衝突；4. 組織內派系之間的衝突。這四種組織內之衝突有可能單獨發生[20]，亦有可能以交錯方式存在或可能因其中一種衝突而引發其他

17　趙明義，《國家安全的理論與實際》，時英出版社，2008 年 06 月 01 日，204-205 頁。

18　同前註，212-215 頁。

19　柯進雄，《衝突理論與學校領導》，臺北市：台聯，1994 年，14-16 頁。

20　周談輝，〈組織衝突與危機處理〉，《技術及職業教育雙月刊》，1996 年 10 月出版，35 卷，2 頁。

種之衝突發生。雖然說衝突對組織有其負面之功能，但亦可因適當的衝突而產生正面的功能，為組織帶來一片蓬勃的生機。因此，對於組織衝突發生之原因必須一一加以找出，並分析其造成衝突的主要因素，當機立斷的一一予以防範或導引，使組織之互動趨於正軌，以強化組織成員對組織目標之認同，加強團體間或團體與其成員間之溝通與協調，使團體間不但能消除歧見且更能建立共生共榮的生命共同體理念，同時亦使團體中的每一份子能在明確的工作目 標下，增強對組織之向心力，以提昇組織之凝聚力，共同為達成組織之宗旨而努力打拼[21]。

伍、衝突問題的因應與管理

　　衝突是在所難免的，而衝突既是資產也是負債，端賴管理者如何面對它而定。一般學者或管理者都主張要解決衝突，林欽榮教授在其《組織理論與管 理》一書中則認為：與其使用「解決」二字，倒不如改用「管理」一詞來得更貼切，因為並非要消除衝突，而是要處理它。

　　因此，管理者要處理衝突的話，可以從以下三方面來著手：

一、首先應該先研判衝突問題是否有必要解決。確認它對組織是否會發生不良作用再做決定。換言之，如果某項衝突並不具破壞性的話，自然就沒有解決的必要。然而，如果它是具有破壞性的衝突，則當然就一定要設法解決才 行。所謂的解決，包括：消滅衝突、減少衝突或改造衝突使其變成想達成的目標。其方式則包括：尋求問題解決、採用勸誡說服、進行諮商協議以及強行政治解決等。

二、應該將可能產生的不良後果降至最低。衝突乃是人類與社會的一種自然現象，管理者在無法完全解決衝突的情況下，只能把它所造成的不良影響儘量降低，以免擴大。可採用的措施包括：樹立共同敵人、設置更高目標、設法思想交流、實施教育訓練以及實施角色扮演等。

21　同註 1，50-51 頁。

三、儘可能預防衝突行為的發生。由於衝突既然存在，而且又不容易解決，
　　因此在管理上，應當要尋求防患於未然的治本之道。採行的步驟包括：
　　確立清晰目標、強調整體效率、避免輸贏情境、實施輪調制度以及培養
　　組織意識等。

　　俗話說，有人的地方就會有問題，雖說衝突未必都是有害的，然而畢竟大
部分的衝突會造成組織的困擾，所以，管理者應該更加了解與認識衝突，進而
設法在組織內部建立單位與個人之間的合作關係，期能使組織有正常的運作，營
造和諧的工作環境和氣氛，藉以提高工作績效和組織效能[22]。

陸、危機處理（Crisis Management）

一、危機處理的主要概念

　　危機管理已是現代組織運作與發展必須加以重視之課題，其主要內涵包括：
危機辨識、危機管理計畫、危機管理策略及危機善後處理等[23]。而任何的危機情
境皆有其處理的架構、概念及工具，而面對各種危機情境時，最主要的考量之問
題是以一種邏輯性，有條理的面對危機的發生[24]。摩根（Careth Mor- gan）在其所
著的《組織印象》（Images of organization）乙書中提到一個組織管理人在面對衝
突時，常會以五種模式予以回應，即 1. 迴避 2. 妥協 3. 競爭 4. 迎合 5. 合作，以探
求衝突之化解[25]。首先我們就以下四個原則來區別危機的主要概念：1. 危機是什
麼（What）；2. 危機何時發生（When）；3. 危機發生之原因（Why）；4. 誰受到危

22　同註 16，361-366 頁。

23　林鎮坤，<學校公共關係>，載於吳清基，《學校行政新論》，臺北市：師大書苑，2001 年，
　　492-493 頁。

24　Mitroff, L. I. & Pearson, C. M. 著，吳宜蓁、徐詠絮譯，《危機管理診斷手冊》，台北：五南，
　　2007 年 4 月 1 版 5 刷，3-5 頁。

25　同註 16，9-10 頁。

機的影響（Who）。而一個良好的危機管理計劃或程序必須具備以下幾個特性：1. 先前的危機導致現在的危機，同樣地如果現在的危機沒有妥善地處理，也可能導致其它危機的產生。2. 早期存在的危機警訊是可以預防的。3. 可以導致危機的因素，包括技術、人為及組織內部的因素。4. 可能影響危機或被危機影響的當事人。任何的危機計劃或程序必須將上述特性入考量，以提昇因應危機之效率，並防止導致更多的傷害。危機管理策略則必須包括以下之幾個步驟：1. 對各種範圍的危機做好準備；2. 注意危機管理的五個階段，即訊號偵測期、準備及預防期、損害抑制期、復原期及經驗學習期；3. 注意到文化、人為、企業及技術之因素；4. 納入各種關係人。[26] 亦即評估及處理所有的相關變數，考量到所有之要素，並相互加以整合，才能妥善的做好 危機管理。

二、危機的主要原因及變數

（一）類型（Types）：潛在的危機變數在數量上相當多，即便是經費充裕的企業也不可能對所有的危機做好完美無缺的準備。即使想要準備，企業也必須知道為何種危機而做好準備。

（二）階級（Phases）：所有的危機是不是都透過特定的階級來進行？如果是，包括那些階段？每個階段應該如何處理？

（三）系統（System）：我們在研究危機事件時，發現一些次要變數，在危機的起因或起源上扮演了重要之角色，如技術、組織、文化等，而這些變數的內容為何？相互間如何互動？是否能正確的處理危機。

（四）利益關係人（Shareholders）：那些團體（個人、組織、機構）可能影響危機管理或受到危機管理的影響？是否能有系統地分析這些關係人在危機過程參與的程度[27]？

26　同註 24，5-6 頁。

27　同前註，17-18 頁。

三、危機的因應與處理

　　管理者在危機潛伏期，應該先增強組織的抵抗力，並且對於處理的措施應做好萬全的準備，譬如要設置高階危機處理小組懂得如何做好因應措施。在面對危機時，更要因不同情況而採取適當的因應策略，務使危機造成的傷害能減至最低的程度。根據李茂雄教授在其《管理與自我實現》一書中，提出以下因應與處理危機之道：辨認危機訊號、預測可能危機、遏止危機爆發、危機應變計畫、危機調查數據、適時見機行事、隔絕危機蔓延、依序對症下藥、面對傳播媒體以及善後吸取教訓等。

　　既然危機的潛藏與發生是無法避免的，因此，管理者需要有足夠的智慧，能使危機化為轉機，並且更要記取教訓，將危機變成一種自我激勵與警惕的試 金石[28]。

柒、議題管理（或事件管理）（Issue Management）

　　在七〇年代所謂議題管理早已成為危機處理的主要研究領域，而在教育行 政工作領域中，公共議題（public issues），往往因學校行政主管缺乏體認與危 機意識，諸如對校園暴力事件、性騷擾、兩性平等問題、校長或教師行為脫序 或是家長與學校、老師之間因對學生管教理念不同所引發之抗爭事件等，若未 能加以早期預防或於事件發生後妥善處理，致而釀成莫大的傷害。依史丹來（Stanley, 1985）的歸類將公共議題分為：1. 全體議題；2. 個案議題；3. 企業議題；4. 利益團體議題等。因此，學校行政人員必須充份掌握以上四個議題，針對議題之種類，予以規劃並加以有效管理，並於議題發生時能以諸如「攻擊團體」（attack group）、「陰損團體」（undermine group）、緩和議題（defusing issue）、模糊議題（blurring issue）等直接或間接之方式予以消弭[29]。

28　李茂雄，《管理與自我實現》，國立成功大學，2006 年，165-171 頁。

29　同註 23，405-407 頁。

捌、校園危機

　　學校乃是社會的縮影，而每一位負責教育工作的主管人員或教師，與企業管理人員一樣，必須具備危機處理的認知與策略方法，才能有效的化解各種危機，使學校之行政或教學研究工作不但能順利推展，而且更能發揮其高品質的 效率與功能。而所謂校園之危機，就校務之性質的，有教務工作的危機，如大學部或研究所入學考試所發生的弊端，致而發生的學校危機。而就學生訓導或輔導工作引發的危機，如學生自殺事件、體罰事件、性騷擾事件、校園暴力或是因學校建築倒塌，或是公務人員未能依照採購法執行舞弊事件或是其它諸如心態不正常的教師對學生所造成之危機或是如大學生下載 MP3 侵犯版權事件等[30]。而依照侯世昌與蔡文杰所著的《校園危機急轉彎》乙書中所提出的案例總計有十四種，即 1. 暴力衝突；2. 吸毒事件；3. 工地意外事件；4. 縱火事件；5. 受虐兒事件；6. 食物中毒事件；7. 酒精爆裂事件；8. 恐嚇勒索事件；9. 性騷擾事件；10. 綁架事件；11. 遊戲器材意外事件；12. 校外教學意外事件；13. 自事件；14. 家長陳情抗議事件[31]。以上所列舉之危機事件，乃是校園教職員工互動中經常難免發生之危機，為了塑造一個安全快樂的教育學習環境，有關單位必須加以正視並培養因應危機之能力，且有規劃的訂定校園危機之對策與辦法，所謂「凡事豫則立，不豫則廢」，尤其是身為一個負責推動校務行政主管或教職員，應建立維護學校安全人人有責之生命共同之共識，培養正確的危機意識。

　　提昇學校危機處理之能力之對策約有以下幾點之努力方向：

一、培養正確的危機意識，隨時做好危機處理之準備工作，身為教育主管應有維護學校安全的強烈使命感並具備現代化的危機管理知能。

二、應以坦然積極的態度因應面對各種危機，如公開舉行記者會，以減少在危機中所引發之不實傳言。

30　黃坤錦主編，《校園危機與師資培育》，台北：五南，2000 年，89-94 頁。
31　侯世昌、蔡文杰，《校園危機急轉彎》，臺北市：幼獅，1998 年，5-12 頁。

三、以冷靜、理智、客觀的心情作出明智之決定，迅速有效的發現危機並加以有效之處理 [32]。

四、成立校園危機處理小組，訂定危機處理計畫及處理程序，並且善用危機發展過程：其組成人員應包含學校教務、學生事務、總務及各有關單位主管、具有各種專長的教師、學生家長，最好也包括法律、企業管理、犯罪預防、公共關係、媒體、行政管理、心理諮商、危機管理之專業人員。而在訂定危機處理程序中必須注意危機預定系統之通報，於危機發生時立 即召集相關人員了解事件之始末、確定危機公關對象、分析危機影響層面、決定危機處理方式、商定對外發言內容與時機方式、分配危機處理人員之負責工 作、執行危機處理回饋系統等，同時密切注意危機處理的生命週期：出生、成長、成熟、衰退各階段之發展，使危機事件之處理一切皆能在穩健的過程中， 直至妥適處理完成 [33]。

玖、結論

當前全世界正面臨恐怖主義的嚴厲挑戰及經濟嚴重衰退，金融危機、失業率不斷攀升的嚴厲挑戰，且正如之前 SARS、禽流感 H7N9 等疫情爆發時的情 景，更使我們深深感受到我們在平時就必須建立一套危機處理機制，以真正有 效地確保國家的安全以及民眾生命和財產的安全。所謂危機預防之內涵乃包括 國家安全、天災、輿情反應等，而政府有關部門皆必須以國家安全與人民的福 祉為前提，就各項可能發生的危機預作因應處理。

值此資訊科技發達、社會急遽變遷，一切崇尚知識經濟、知識管理的 e 時代，組織衝突乃是任何企業組織或機關團體中不可避免的現象，而危機處理的認知以及所需具備的管理策略，更是任何現代化的國民或者組織管理者，尤其是身負教

32　同註 30，89-105 頁。

33　同註 23，402-404 頁。

育重任的一校之長，所不可忽略的。任何企業組織或機關團體不僅需具備處理危機的知識與能力，更應該有防範危機的計畫和處理危機的方法與驟，最近發生有關釣魚台主權之爭議及菲律賓公務船擊斃我國漁民等事件之處理，更使我們不得不重視有關這方面問題之處理要訣。

危機處理更應注意事前之周全準備與防範，所謂「凡事豫則立，不豫則廢」，又「人無遠慮必有近憂」，對於反恐怖活動必須事前採取事前周全的犯範措施，才能更有效地因應各種突來的危機事件。誠如知名的企業管理及財金傑出學者，崇右技術學院校長梁榮輝教授所指出的「最新管理學思潮主要注重的核心價值理念，乃是要充分地掌握管理的目標與效果」，如 2003 年交通銀行改名為兆豐銀行（MEGA）即是尊榮（Majesty）+ 效率（Efficiency）+ 全球（Global）+ 豐收（Abundance），強調管理的效果，要求利潤極大化，擴大市場佔有率及員工福利極大化，如此才能有效的發揮管理既是藝術又是技術之統合功能 [34]。誠哉斯言！

筆者認為在校園危機事件當中，青少年問題之預防與處理，應當是目前我們有關教育部門必須面對，並且應予以有效解決之校園危機的重要課題之一。雖然組織衝突有其正負面功能性的存在，但為了組織的永續生存與發展，我當然希望其能化危機為轉機，使組織之活動得以順利推展，而個人亦更能充份地、有自信地因應各項危機，實現個人的理想目標。身為領導校務推展的一校之長，對最新管理學之思潮與趨勢，尤其對危機處理之意識與方法更應有深切的體認，並事先採取預防危機的措施，以確保全校師生的安全，共同營造一個具備真善美勝聖的優質校園環境。

34　梁榮輝，《最新管理學思潮》，對國立臺灣海洋大學航運管理研究所博士班學生講授「管理哲學與管理策略」課程文稿，2013 年 5 月 1 日。

第六章　公共關係與企業發展

壹、前言

公共關係之良窳，是關係一個機關團體或個人事業成敗與否的主要關鍵因素，在社會正處於急遽變遷、而國家競爭力亟待提昇、以確保民眾高品質的現代化生活之際，任何國家之機關團體或是個人之企業，無不重視公共關係工作研發與促進，否則是很難達成其工作績效之預期效果，甚而危及其本身事業生存與發展。有關公共關係之起源是甚為久遠的，因為自有人類以來即彼此共同營運群居之團體生活，為了獲得他人、其它族群、機關團體或國家等之認同與支持，自然產生公共關係之互動。依李瞻教授（1992 年）之研究，公共關係正式成為學科乃起源於美國，美國公共關係之演進分為萌芽、成長、成熟等三個時期。當中無論是傑克遜總統、林肯總統、老羅斯福總統及小羅斯福總統 或是其他所屬之國務院等政府部門皆很重視媒體及國會之公共關係，而達成政 通人和之施政目標[1]。林肯總統就鄭重的指出「輿論（Public Opinion）是一種 無比的力量，有輿論的支持，不會有一件事情失敗，否則，亦不會有任何事情 的成功」，而「沒有任何事比直接傾聽人民的意見更為重要」[2]。1974 年美國波士頓大學正式設立公共關係學系，同年美國亦成立公共關係協會（Public Re- lations Society of America）。而隨著政治的民主化、經濟的自由化、社會文化的多元化，不但多所大學開設公共關係課程，而公共關係公司或政府機關有關 單位亦大量增設公共關係之組織部門，在專業化人員的推動下，充份發揮媒體傳播與決策功能[3]，並進而有效處理機關團體或公司行號所發生的各種危機問題之解決。尤其是執行國家公權力

1　李瞻，《政府公共關係》，理論與政策雜誌社，1992 年 1 月，3-6 頁。

2　Bernays , E. L. (1975). Public Relations. Norman, OK：University of Oklahoma press, pp.48-49.

3　同 1，6 頁。

的警政人員，更需要有現代的公關理念，發揮公關的智慧與技能，如此才能與各界建立良好的關係，諸如與國會媒體或各有關機關團體及全民建立良好的公共關係，則我們全民拼治安的工作當能收到事半功倍的高度效能與品質，以確保國家的安全與民眾安定、安心、安寧的自由、民主、人權之幸福生活。

貳、公共關係之意義與功能

英國公共關係研究所（Institute of Public Relations）指出：「企業與顧客的雙方溝通，它的好壞決定企業的成敗。」公共關係乃是為企業開創最有利運作的環境，以良好政策與有效溝通來贏得大眾的瞭解與支持[4]。換句話說，公共關係之主要功能乃是在促進企業與一切相關團體的雙方溝通，不但將其政策積極面告知社會大眾，使這些團體因而對公司產生良好之印象，以確保企業經營之成功[5]。

私人企業如此，而政府機關更需要公共關係業務之有效推動，以確保各種政策能獲得人民的了解與有效的支持。因為惟有尊重輿論的政府才能獲得民眾衷心之支持，進而有效的貫徹其政策。以美國歷任總統的施政為例，凡是注重公共關係工作的總統，尤其是媒體與國會的公關工作做得好的總統，其施政皆能獲得民眾的支持；反之，若是對公共關係工作不加以重視，甚而與媒體或國會產生嚴重的對立，則其施政是很難獲得支持的。如：美國小羅斯福總統在其任內一共舉行了 988 次記者招待會，並且不斷地以「爐邊談話（Fireside Chat）之方式向社會大眾說明其所推動之各項政策，因而獲得美國人不分朝野的全力支持[6]。相形之下，威爾遜、尼克森、卡特等幾位美國總統，固然有其卓越的施政能力，但由於對國會及媒體之公共關係做得不好，甚至有彼此對立之情況發生，遭受到媒體或國會

4　Haywood, R. 原著，胡祖慶譯，《全面公關時代》，美商麥格羅，希爾國際股份有限公司，台灣分公司，1996 年，27 頁。

5　同前註，23 頁。

6　Steinberg, C. S. (1980). The Information Establishment：Our Government and the Media. N.Y：Hastings House, pp.79-88.

之反制、杯葛之後，美國政府當局有鑑於此，各有關政府在公共關係的工作無不建立起更為健全的制度，與培育更有專業化的公共關係人才，以從事國內與國際之宣傳，並與國會之有關單位做好溝通聯繫工作，讓國內外人士了解美國政府所推動之政策，增進人民對政府各項施政之了解，並強化其支持政府之信心。而政策溝通的目的在於傾聽人民的聲音，並政策執行的後果負責，因此，溝通對象的選擇應該符合「效度」準則，採用比較科學化的政策溝通方法更是改變政府與人民關係最有效之途徑。[7]

　　環顧當前邁向全球化，世界村來臨的時代，各國無論是其政府機關或是公司行號，若沒有公共關係之觀念，有規劃的做好公共關係工作的話，則將無法 順利的推展其業務。

參、全球化的公共關係與企業管理工作之新思維與新策略

一、以誠實與信賴建立良好形象

　　唯有誠實才能獲得他人永久的信賴與支持，它亦是為人處事的最佳政策。任何的企業若沒有良好的形象是無法生存發展，而公共關係就是要協助各有關團體或個人塑造其為人樂於接受進而加以認同支持的良好形象。[8]

二、聽說互動做好人際溝通關係

　　一般所謂溝通乃是指「說」與「聽」之互動過程，而過程如果順暢，彼此能了解其傳遞之訊息，且能引起共鳴，我們就認定其溝通是良好，否則必然發生溝通障礙。因此，要做好一個公共關係者，其最重要的要訣必須精於溝通之良好技巧，亦就是具備能將訊息運用於彼此互動的溝通能力（communication

---

7　〈政府溝通方式仍有改善空間〉，中國時報，2012 年 5 月 22 日 A15 版。

8　同註 4，20-21 頁。

competence）[9]。溝通的有效方法，依據陳皎眉所指出：不但要積極的傾聽，使講話的人能充份地表現出其意見、想法和感情，並應讓講話的人感到備受重視與關心。而有效的溝通之方法必須注意以下幾點：即1.描述而非評價；2.具體而非模糊；3.試探而非確定；4.真誠而不操弄；5.同理而非同情或無情；6.平等而非優越；7.正向而非負向。亦即在與人溝通時，若能本著真誠、同理、平等、尊重別人的態度與人交往，就能做好溝通工作，維持良好的人際關係。[10]

三、以互助互信迎合別人的需求

美國威斯康辛管理研究所的比爾・史帝威爾（Bill Stilwell）曾指出：「你怎麼待人，別人就怎麼待你，你若迎合別人的需要，別人便會同樣回報你」[11]。

四、平時做好媒體公關與其運作

處在這個資訊科技發達一日千里的知識經濟之 e 化時代，任何機關團體或 個人之事業若不能了解媒體之功能與運用，則無法順利去實踐其工作的良好預期效果的。誠如國際知名的大眾傳播學者施蘭博士（Dr. Wilbur Schramm）所指出的「電視與傳播，是 20 世紀人類偉大的科學發明，但究竟我們能否享受到它的好處，主要決定在我們運用它的智慧，是否與發明它的智慧並駕齊驅」[12]。的確，在這一切講求主權在民的時代，無論是平面媒體或是電子媒體之運用，對機關團體或公司行號是非常重要的。因此，公關人員必須學會如何與記者溝通聯繫，撰寫得體而有利於自己機關團體之正面報導的新聞稿，處處要考慮到記者的需求，熟練運用媒體之技巧，滿足讀者或觀眾的需要，必須有規劃地蒐集最新的新聞媒

9　Spitzberg, B. H. and Cupach, W. R. (1984). Interpersonal Communication Competence. Beverly Hills, Calif.：Sage, p.63.

10　陳皎眉：《人際關係》，國立空中大學出版，1997 年 6 月初版，182-189 頁。

11　Conklin, R. 原著，張惠卿譯，《人際關係新法則》（How to get people to do things），中 國生產力，1996 年，1 頁。

12　同註 1，192 頁。

體（含平面、電子媒體）記者、編輯、總編輯、採訪主任或製作人之名單，遇有事件立即親自與他們聯繫，至少必須將新聞稿提供給他們，同時必須注意媒體的時效性。要慎重選擇經過訓練而熟諳發言技巧的發言人，而所提供的新聞必須能充份把握住觀眾的當前利益，如此的新聞才能夠真正獲得媒體的青睞，而加以作有效的報導。根據研究資料顯示，一般人民所獲得的新聞訊息有 90% 是來自於電子媒體，一個中等時段的電視節目，所能發揮的影響力往往超過全國平面媒體的總和 [13]。美國 CNN 電視台所發揮的影響力，不但超過美國諸如美國廣播公司（ABC）、全國廣播公司（NBC）、哥倫比亞廣播公司（CBC）等各大媒體 [14]，甚而影響到世界各地。由此可見，媒體，尤其是電子媒體，之影響力是如此巨大無比，真可用一句「無遠弗屆」來形述之亦 不為過！

五、做好議會與政府各單位關係

　　民主政治就是民意政治，因此任何機關團體要能發揮一流的高效率與高品 質之公共關係功能，就必須獲得民意有力的支持，而代表民意最具體，最有效 的機關，就是議會、各政府機構及有關壓力團體等。因此身為現代的專業公關 人員必須充分的了解議會與各機關團體的組織、功能與運作方式，並與他們皆 能保持密切之關係，才能在各項政策、法案、經費預算等審查獲得他們有力的 支持，而對民意代表及政府機關之接觸，除能與其機關首長本人接觸外，千萬 別忘了與其助理人員建立良好的關係，因為助理人員，尤其是機要人員，其對 主管在決定與執行各項政策往往能發揮甚大關鍵性作用。如美國白宮的新聞秘 書，不但負責總統的媒體公關事務，且能參與總統決策之核心工作。

六、培養居安思危防範未然能力

　　俗云：「花無百日紅，人無千日好」而「月有圓缺，人有旦夕禍福，自古難

13　同註 4，310-326 頁。

14　Tang, T.，《CNN：全球大的新聞頻道》，維德文化事業公司，2005 年，18 頁。

全」。再健全堅固完美的機關團體或是個人難免會有各種大小狀況發生，因此，任何個人或機關團體皆應具有防範危機發生與處理危機事件之觀念與能力，尤其是機關團體之主管及公關人員更需有處理危機事件之公關知能以因應各種危機事件之發生，以確保機關團體之生存與安全。危機管理已是現代組織運作與發展必須加以重視之課題，其主要內涵包括危機辨識、危機管理計畫、危機管理策略及危機善後後處理等。而任何的危機情境皆有其處理的架構、概念及工具，而面對各種真實會潛在危機情境，最主要的考量之問題是以一種邏輯性，有條理的面對危機的發生。

當一個機關團發生體危機事件時，其領導人必須立即走出辦公室與各有關團體或個人聯繫，採取各項應變措施，因為領導人對危機事件處理之指標與方 式的乃是其自己機關團體員工及各有關單位最關切之重心所在，同時必須召開危機因應小組會議，做好因應事件的溝通，安撫員工們的情緒，有效的重新提振員工士氣，使公司朝向維持正常的方向運作，此時機關團體領導人就必須俱備諸如前美國紐約市長朱利安尼（Rudolph Giuliani）在處理九一一恐怖攻擊事件所展現處理危機事件之良好示範，按朱利安尼在處理整個危機事件皆能以高度的人道主義關懷處理危機事件，使市民對整個事件能獲得真正確實的資訊，因而贏得了民眾衷心的肯定與支持。亦正如黃富源考試委員、侯友宜校長在所合著的《談判與危機處理》乙書中所指出的〔白曉燕勒贖撕票案，其中白案犯嫌陳進興於民國 86 年 11 月間，涉嫌侵入南非駐華大使館武官官邸，挾持武官五口人質事件，更可謂國內治安史上第一件人質危機事件，警察機關堅持以「人質安全」為最高原則，採取柔性談判為輔的策略，運用警察緝捕犯嫌與人質談判技巧，終使此人質危機事件和平落幕，按當時負責執行的人員在那關鍵之時刻能充份發揮高度的危機處理之智慧與技巧，才能使人質脫離險境，為我國內處理治安危機事件立下了最為成功之典範[15]。

管理學大師彼得‧杜拉克（Peter F. Drucker, 1909-2005）曾指出：好的領導

15　黃富源、侯友宜，《談判與危機處理》，臺北市：元照，2002 年，151-153 頁。

者各自擁有不同的人格特質、特長和弱點，也各自有不同的價值和信念，他們只有一個共同點，就是有效地工作，做正確的事。作為一個領導者，並不是一種特權，而是一種責任，追求效能則是其最大的責任[16]。而身為一個企業體領導者的主要責任，就必須負起建立一個真正的堅定團隊之重責大任，結合每一個人共同為企業體作出貢獻，而其貢獻皆必須為了達成共同的目標。誠如《公關聖經》一書之作者萊斯禮（Philip Lesly）所指出的：專業公關活動能達到許多目標，如建立良好形象、促銷產品及服務、偵測和處理議題及機會決定組織立場、培養員工和其他成員對企業的好感、避免和解決勞工問題、培養社區對組織的好感、培養政府的好感、解決誤解和偏見、吸收人才、阻擋攻擊、灌輸大眾某種觀感、調查各種團體對公司的態度、制定政策、改善社會的生存環境、引導改變的方向[17]。

　　從杜拉克及萊斯禮所強調之新世紀公關理念之重要性，必當更能使我們體認到全球化的公共關係，乃是任何個人或團體事業成敗的最大關鍵所在。因此，筆者認為今後無論是私人企業組織或是政府部門，尤其是警政理論與實務單位，更應加強培訓高級的公關人員，提升服務品質，以因應日益複雜的社會，就全方位的方式，有效地解決組織衝突與危機問題，發揮企業經營管理策略之統合功能，為企業發展做出最佳貢獻。

16　Drucker, P. F. & Paschek, P. 編著，范瑞薇譯，《杜拉克談領導未來》，臺北市：知識流，2005 年，51 頁。

17　菲利普・萊斯禮（Philip Lesly）編著，石芳瑜、蔡承志、溫蒂雅、陳曉開等合譯，《公關聖經—公關理論與實務全書》（Lesly's Handlook of public relations and communications；fifth edition, Philip Lesly, editor）商業周刊出版有限公司，2000 年，14-15 頁。

第七章　發揮媒體高尚倫理情操—建立高品質的政治體系

壹、媒體應求得最佳的平衡點

　　美國憲法的起草人傑佛遜曾言：「沒有新聞自由就沒有民主，而沒有民主就沒有美國」。因此，大凡世界上真正的民主自由國家對新聞自由之維護乃是天經地義之事，惟新聞自由固然是民主國家所尊重，但它絕對不是絕對的，任何新聞之報導若是違反公平、公正、客觀的立場，甚而無限上綱的濫用新聞媒體的自由，則其公信力是會遭到社會大眾懷疑。

　　因為新聞自由是民主政治所追求的目標乃是在維護人的生存與尊嚴；因此，煩民主國家對新聞自由無布都大力維護。然而，如果媒體濫用新聞自由，以致傷及人的生存與尊嚴時，將根本傷害了民主政治的礎石。再者，新聞自由係對社會違反公平、正義之情事，創造一個可以匯集眾人智慧，以求解決問題之管道，絕非是讓新聞自由反成為製造問題，甚至滋生違反公平；正義的負面工具，是以，媒體尤應強化本身的自律與對國家社會責任。

　　考諸歐美民主新進國家，大凡新聞自由與國家利益或個人生命安全之間有所衝突時，毫無問題的，該國的媒體皆會站在國家之利益或個人生命安全考量上，做最符合國家利益或個人生命安全的處理，亦就是在維護讀者「知」的權利與社會責任上，求得一個最佳的平衡點。而我們亦認為，世界沒有一個政府與政黨是永遠十全十美的，其政策有不符合現今需要的時候，人才亦有枯竭的時候，任何國家的朝野政黨皆會有如此現象出現。

貳、媒體應扮演公平的仲裁者

　　若要維持一個完全公平競爭的健康政治體系，就非得靠大眾媒體能夠客觀、公正的立場對朝野政黨家以監督、批評、導引，以提高政治品質，使政黨 能不忘實踐其在競選時所提出的施政承諾，亦間為執政黨與政府民眾服務打成績單。面對在野黨亦須加以鞭策與監督，因為一個忠實反對黨的責任就是以和平理性方式提出政治訴求，批評執政黨知施政缺失，言就比執政黨更好的政綱政策，加以向民眾宣傳，以博取下次選舉時的勝利。亦就是說，大眾媒體對執政黨與在野黨在彼此政治競爭中，必須扮演一個公平仲裁者的角色，對執政黨施政作為，若有偏失的話，入然要批評倒正，但對在野黨過度偏機之政治行為亦須要有所批評導正，這種言論取向不失其平衡、客觀的立場。反觀，最近期間，少數媒體走偏鋒路線，這固然能暫時迎合某些不知實情讀者的口味，但別忘了事實與公正是維持媒體品質的最佳原則，亦別忘了自己 一再標榜的「超黨派，公正與客觀的立場」，而毫無標準一味的呵護某些黨派 不當不法作為。這無異有失自己的報格與報人之應有風範。

　　讀者能讓媒體誤導一時，但不可能為其誤導一世，因為，站在真理這邊的人畢竟是多數，人民的眼睛是雪亮的，有多少證據說多少話，才能真正贏取讀者們永遠的信任與認同。

參、媒體應作為人權的干城者

　　台灣人民為了追求真正的民主自由付出了多少血汗代價，在歷經七次的憲 政改革與兩次的政黨輪替，我們的國家社會已成功的轉型為自由民主之政治體系，人民享有自由民主人權的生活，落實了主權在民的理想，但可惜當前朝野 的政治尚停留在藍綠惡鬥不已的局面，對國家的競爭力造成嚴重之內耗，以致 在政治與經濟文化之推展上似乎仍存有一股無形的，但卻是力量無比的阻礙力量，因此，筆者認為「行穩才能致遠，我國未來經濟發展所面臨的國內外情勢仍是非常嚴峻，無論是兩岸經貿之交流或是與各國 FTA 之簽訂、加 TPP 及 RECP 等皆有

待朝野全民共同的努力打拼，尤其是媒體界無論是學術或實務業 界等的支持皆是不可或缺，以真實、公平、公正、客觀、責任、公眾利益為尚的新聞倫理情 懷，秉持秩序，共同發揮輿論導引功能，為台灣人民自由民主人權的干城，則國家甚幸，台灣兩千三百萬人甚幸矣！

第八章　從政黨政治的真諦論媒體人的良好風範

　　民主政治是民意政治、又是政黨政治，民意的匯集管道與方式，在一個民主開放的政治體系中，雖然很多諸如民意代表、壓力團體、媒體等，但其中政黨則是其中頗具代表性與功能性的，唯政黨的政綱政策，或是政治人物的各項活動所欲達成的政治傳播，則有賴媒體的配合運作，否則是很難達成其政治的預期效果。

壹、媒體在政黨競爭中的角色

　　誠如法國名政黨理論學者杜瓦傑（Maurice Duverger）在其名著政黨論（Political Parties）一書中指出的，政黨的起源與議會政治及人民選舉權的擴大，實有著密不可分的關係。而任何政黨無論是執政黨或在野黨，在平時或是選舉時的各種活動，在在都需要藉由媒體的宣傳推銷各該黨所推薦的政治菁英，以及其所主張的政綱政策，以博取選民的支持。因此，政黨與媒體之間的互動關係是密不可分的。

　　政黨的本質，正如美國哥倫比亞大學教授沙多里（G.Sartori）所指出的「是共體的一部份，是為了全體的目的而服務，不像派系僅是為自己的一部份利益著想」。而選舉則是政黨將其政治主張付諸實施，達成其為民服務目的主要途徑。在一個真正實施開放民主自由的國家中，執政黨與在野黨雖然在政治理念上有所不同，但它們卻是體系的一體兩面，它們對民主政治之建立與運作及發展之貢獻是殊途同歸的。因為經由政黨的公平公正的競爭，國是訴諸全民的裁決，才是貫徹民主憲政的最佳保證。任何政黨皆應以良好的政綱政策博取選民的支持與認同，本著理性、容忍、妥協的民主風範，以貫徹為民服務之宗旨。而在朝野爭取為民服務的政治活動中，更需媒體以第四權的角色，以公平、公正、客觀、平衡

的立場，發揮為民眾監督與制衡的功能，導引正確輿論 的功能，為人民公平正義的護衛者，除了善盡閱聽者知的權利，更應善盡其應 盡的社會責任。如此才能使民主政黨間的競爭與合作導入正軌，建立優質民主憲政文化。

貳、媒體在政府施政中的角色

　　媒體應在保護閱聽者「知的權利」之原則下，亦應善盡其應盡的社會責任，以公平、公正、客觀、平衡的立場，提升媒體報導之功能，有效監督行政、立法、司法部門及朝野政黨的活動，當前我們是處於一個資訊發達一日千里的時代，各種資訊之傳播隨著科技高度的發展，無論是平面或電子媒體、網際網路、新型智慧手機等等發展之快速，實在難以估計，但依筆者的看法，即使媒體與科技之發展是多麼的神速無比，但媒體應保持「在滿足閱讀者知的權利與善盡社會責任，以公平、公正、客觀、平衡的報導」之原則，應是永遠不容忽視的媒體人的恆久不變之通則。尤其值此全球化知識經濟來臨的大時代中，我們的國家社會急遽變遷轉型的歷史時刻，人民望治甚殷，期待政府部門進行政治、經濟、司法、教育改革及穩健的推動兩岸關係，諸如十二年的國民教育、人民參與審判、兩岸經貿問題之談判、經濟成長、高房價問題、以區域貿易經濟體有關的國家實體簽訂之 自由貿易協定（Free trade Agreement,FTA）、區域全面經濟夥伴協定（Regional Comprehensive Economic Partnership, RCEP）、跨太平洋夥伴關係（The Trans-Pacific Partnership, TPP）、國內氣爆公 安問題、國安與國土安全、大學生畢業就業問題、銀髮族問題等等之國政民生大計，在在需要執政當局能以前瞻務實的宏觀理念，擬訂具體可行方案而加以立法，並予以有效的貫徹實施。而這些公共政策的形成與實施，皆須符合民意 的需求，而民意的形成與媒體的報導塑造是有很大關係的。因此，大凡民主的 國家政府的一切施政是很注意媒體的配合，因為媒體具有能給予人民或其選出之民意代表形成正確的公共利益之共識功能。以美國這個民主先進國家歷任的總統中，若能維持與媒體關係良好者，則其施政皆能有良好之績效；若與媒體公關處理的不好，其績效往往大打折扣，甚而招致連任失敗或

中途去職之惡運。

　　當前我國正在進行各種政經改革之際，實有賴國內大眾媒體之配合與支持，很忠實地對閱聽大眾報導各項施政的內容與願景，既為政府的諍友，更為良多利益的捍衛者，以伸張正義，發揮輿論督導政府施政的功能，方不失為時代媒體人的良好風範。惟依筆者之觀點，誠如古人所言：「一言興邦、一言喪邦」。在一個實施民主法治的國家中，新聞媒體的自由固然是憲政及有關法律中，皆有加以保護之規定，但新聞自由若侵犯了國家社會與個人之權益，仍是應受到國家法律與社會倫理規範所制約的，亦就是說，新聞自由固然全民要加以尊重與維護，但無論是媒體經營者，或是媒體工作者，亦應深體新聞媒體自由亦是不可無限上綱之原則，以公平、公正、客觀、平衡之立場忠實地處理每一件新聞報導事件，真正做到「超越黨派、不含意識形態、嚴守中立、公平公正」的報導每一則新聞事件，如此必能使每一位大眾傳播的閱讀者獲得正確的新聞，而因正確的資訊之傳遞，使大眾才能有正確的判斷能力，能有正確的判斷能力，則在選舉時，才會選出最好的候選人來為國家與人民做最好的服務，而因為媒體正確的政治、經濟、社會、教育訊息的報導，則閱聽大眾才能真正瞭解哪一種公共政策是福國利民，而哪一種政策是禍國殃民，哪一個政黨的公共政策是符合真正民意與國家利益，而哪一種官員是真正尸位素餐毫無作為，哪一家企業所生產的產品是信用可靠？

參、媒體要超越黨派嚴守中立

　　筆者認為媒體人應秉持「超越黨派、嚴守中立」的堅定立場，媒體是為全民的福祉服務，而不是為某黨派、或某派系、或利益集團服務，媒體的報導當以國家與民眾的利益為前提，亦就是要實事求是，與真理為友，追求真理為人民公平正義的堅定守護者，誠能如此，必須獲得社會大眾的最崇高之敬重與信賴也！

第九章　從梅克爾的媒體公關秀—論德國政黨政治

壹、媒體公共關係在群居中的重要

　　公共關係之良窳，是關係一個機關團體或個人事業成敗與否的主要關鍵因素，在社會正處於急遽變遷，而國家競爭力亟待提升，以確保民眾高品質的代化生活之際，任何國家之機關團體或是個人之企業無不重視公共關係工作之研發與促進，否則是很難達成其工作績效之預期效果，甚而危及其本身事業之生存與發展。有關公共關係之起源是甚為久遠的，因為自有人類以來即彼此共同營運群居之團體生活，為了獲得他人或其他族群、機關團體等國家之認同支持，自然產生公共關係之互動。依李瞻教授之研究，公共關係正式成為科學乃起源於美國，美國公共關係之演進分為萌芽、成長、成熟等三個時期。當中無論是傑克遜總統、林肯總統、老羅斯福總統、或是其他所屬之國務院等政府部門皆很重視媒體及國會之公共關係，而達成政通人和之施政目標[1]。林肯總統就鄭重的指出「輿論（Public Opinion）是一種無比的力量，有輿論的支持，不會有一件事失敗，否則，亦不會有任何事情的成功，而「沒有任何事比直 接傾聽人民的意見更為重要」[2]。

貳、梅克爾的政治媒體公共關係秀

　　當前世界上享有很高權勢的女性政治人物亦是德國現任的總理梅克爾女士，她可說最能體會與運用媒體公關的政治人物，記得 2014 年 7 月梅克爾前往 中國大陸訪問時，她特地前往四川成都購買了些許豆瓣醬、辣椒粉等食品材料，並請

1　李瞻：《政府公共關係》，理論與政策雜誌社，1992 年 1 月，pp.3-6。

2　Edward L. Bernays, Public Relations (Norman, Ok: University of Oklahoma press, 1975), pp.48-49.

當地廚師教這位素有德國媽咪暱稱（Multi）的的國大媽做了一道道地「宮保雞丁」[3]。

梅克爾這一學做中國菜餚的誠懇心態，不但贏得了中國人親切的友誼，而她的「宮保雞丁」中國菜的美食節目畫面，隔天就不斷地出現在全球媒體版面上，像這種懂得世故人情文化的政治文化，其所發揮的公關效果是很大的。

參、媒體公關秀在政黨政治的運用

梅克爾就是了解政治公關的運用，所以在其國內政治活動，不論是在平時之施政或政黨的溝通協調亦是深得箇中之味，記得德國在 2005 年 9 月 18 日的大選結果，不但未能選出一個得票過半的總理，反而引爆組閣的困難重重，因為梅克爾女士領導的基督教聯盟（CDU）只以 35.2 ％ 的得票率，險勝時任總理的施諾德所屬社民黨（SPD）34.3% 的得票率，亦就是只以 0.9% 稍微的選票差距，贏得當時選舉，但由於梅克爾善於運用政治公關技巧，以誠摯的態度與競爭對手做好溝通協商，博取社會媒體輿論肯定支持，最後梅克爾得以出任德國有史以來第一位女性總理，而其所領導的基民黨與社會民主黨也決定合組大執政聯盟，實施左右共治，而從這次德國大選，我們由其所採用的單一選區兩票制產生的各黨席次，的確是容易產生多黨局面，而又因各黨不易形成國會多數而在組閣過程中，在在顯現組成聯合政府之艱難狀況，但畢竟德國乃是一個深具民主素養的國家，其朝野全民亦能深體沒有溫和與妥協，就沒真正的政黨政治，而沒有良性的政黨競爭，就沒有健全的民主憲政的政治挹注，尤其在梅克爾總理能處處懂得政治公關的運作要訣，與朝野政黨之政治人士及媒體界保持良好 的關係，因而朝野政黨最後終能以理性冷靜高度的政治智慧，共同去解決這一政治上的難題，由於梅克爾這幾年來領導的執政團隊政績卓著，繼續贏得執政的地位，例如，2013 年 9 月德國聯邦議會選舉暨聯邦總理大選，梅克爾所領導的 CDU/CSU 政黨以 41.5%

3　參閱康彰榮，《梅克爾的政治攻關課》，工商時報，2014 年 7 月 11 日，A6 版。

的高得票率，比 2009 年選舉之 33.8%，大幅成長 7.7%，適足以證明，梅克爾個人特質之自然不做作女性媽媽族個人形象，以及 穩健操守的政治風範，帶領德國及歐盟走出歐債危機，加上媒體公關之親和力，持續讓梅克爾所領導的政黨於 2014 年德國地方市邦選舉中，仍立於第一大黨不敗之地。

肆、媒體公共關係是一種政治藝術

　　由以上筆者所論述的梅克爾，無論在其國內的施政或是在國外的從事外交工作，她皆能深體媒體政治公關與因時、因地、因人的發揮政治公關的功能，其誠懇、親切、自然流露誠摯的友誼，這種高雅自然的政治公關藝術，殊值從事政治或企業經營者參考借鏡。

第十章　媒體、政治、司法與食品安全問題

　　最近這些日子來我們一般人一打開報紙或看電視皆會發現有關餿水毒油事件的報導幾乎占了幾個報紙的版面，而電視台與廣播台亦幾乎一再出現連續不斷的畫面，這種連日不斷排山倒海的媒體報導的確帶給閱聽大眾滿足其知的權利，使社會大眾更能深入了解食安問題的癥結所在，督促政府善盡維護人民食安應興應革的責任。按民主政治就是責任政治、民意政治又是法治政治，政府的任何施政當然要依法行政、注意民意的反映、有效的落實各種施政政策，而在一個法治國的政治體系中政府的運作是講求權力分立與制衡，而扮演第四權的媒體與立法或司法部門當然必須扮演政府施政的監督功能。

　　以食安問題來說，當然是要以人民的守護者善盡公平與客觀、事實的立場來加以報導，使人民獲得正確知的訊息，以維護國民的健康、確保人民能免於恐懼的自由。但依筆者多年來的觀察，處理食安問題的確是一項非常專業的問題，這些美國或是世界上其他已開發的先進國亦常會生食安之各種問題，但他們的政府與國民或媒體或是民意代表皆會以務實穩健的方式去加以共同解決，而維護人民食安的問題，是要政府與人民通力合作，方才能得以竟其功。

　　就以我國政府與維護食品安全問題有關的單位，除了衛福部當然責無旁貸地應該負起第一線的責任外，其他諸如環保署、農委會、經濟部及法務、治安等單位皆須通力合作、互相支援，亦就是說維護食安問題應是跨部會的工作，若單靠衛福部，無論是其人力、物力或是各種取締是否足以因應，實有待商榷。因此，政府為求食安問題徹底解決，在行政院直接指揮調度之下採取任務編組機構來做適當處理確實有其必要。

　　據媒體報導，行政院針對餿水油事件食安疑慮已提出八項強化食安措施，不但對黑心廠商罰鍰增加十倍、致人於死者可處無期徒刑，強化檢舉制度、GMP

改革，並積極快速的修訂「食品安全衛生管理法」。由此可知，政府有關當局對於因應食安事件是本著勇於負責的精神提出具體有效的行政措施，這是值得我們國人予以肯定與支持。惟筆者認為我們是一個主權在民的國家，人民才是政府的頭家，而「民以食為天」，政府的施政當然千頭萬緒，而食安問題之防範當應列為最為優先注意事項，畢竟民主政治就是良心的政治。

有一流的國民才有一流的國家與政府，維護食安乃是全民共同的責任，尤其是食品業者，更應該善盡職業道德，大家應共同發揮熱愛斯土斯民之情懷，共同為重建一個免於食安恐懼的自由，重拾社會大眾及國際社會對台灣食品安全之信心，則民眾甚幸、國家甚幸！

第十一章　媒體、政治、法律與倫理道德之核心價值與實踐功能

壹、在群體生活中的規範

　　在一個國家社會群體生活中，任何人無論從事何種行業，最基本的信守原則就是：必須遵守倫理道德與法制規範。依倫理學說法，維持人類生活秩序的規範有兩種：一種為人律（即律法），另一種為神律，即（道德律），當人律無法壓制人類犯罪時，必須輔以神律，即倫理道德規範，以濟法律之窮。因為倫理學所稱的神律，就是發自內心深處，自發自動地對自己思維言行的制約，它是屬於一種道德規範；而人律則是屬於人類外部行為的法律規章。一個人的思維與言行，若能遵守法律與倫理道德規範，則必能守法守分而不逾矩，就不會恣意做奸犯科而侵害的由權利。誠如 著名的德國哲學家康德（Immanuel Kant,1724-1804）所指出的：「教育的主要目的就是要培養守法且有道德的人」。

　　道德乃是一切良好行為的基礎，有道德始有世界、有道德始有國家，法律固然是規範人類生活的律法，但徒法不足以自行，因為一個國家社會的國民，如果缺乏倫理道德素養，縱然制定多少完備的法律規範，亦是很難遏止違法亂 紀的事件一再地發生。唯有發自內心的倫理規範，才能達到制約人類生活規範的預期效果。

貳、當前的倫理道德規範

　　當前，台灣已是一個自由民主、法治的多元化社會，我們的法律制度也隨著社會的發展而加以制定或修改。但是，最近發生的餿水油事件，著實大大損

害了我們國家被譽為美食王國的良好形象。

　　值此全球化知識經濟來臨的時代，國家社會急遽變遷，人民的物質生活大大地提升。但筆者總覺得，我們的國家雖然已歷經多次的憲政改革與公民選舉的洗禮，而我們的民主法治之實踐似乎少了一項最重要的要素，那就是一個真正民主政治體系的生活中最需要的倫理道德規範。最近，筆者閱讀了幾本論述有關倫理道德規範的書籍，諸如法官的倫理規範、檢察官的倫理規範、媒體人的倫理與法制規範、警察人員的倫理、企業倫理等，在這些大作中，諸博雅先進的精闢論述，更使筆者深深的體悟到倫理道德對我們的國家社會安全與民眾精神層面的提升，是多麼的重要。因為人者心之器，社會之隆污繫於人心之振靡，而「君子之德風，小人之德草，草上之風必偃」，「上有好者，下必甚焉」。同時，筆者亦深深地體會到：媒體、政治、法律與倫理道德之核心價值與實踐功能，對於社會人心之影響至深且鉅。因此，筆者謹藉此誠懇呼籲社會各界有識之士，尤其是從事媒體、政治、司法的各界人士，應以天下蒼生為念，為這個早已病得不輕的社會，負起匡正與導引的責任。無論是執政或在野者，一切皆應以國家安全與人民福祉為其從政的核心價值，所謂「文官不愛財、武官不怕死」，一心一意為國家與人民做出最佳的奉獻，如此必然能獲得 民眾衷心的信賴與肯定，因為政治乃是一種良心的神聖志業，千萬不可為了個人或是自己黨派的私念而忘記了自己當初從政時為國為民的正念！

參、各行業亟需道德規範

　　處在這個民主多元的社會，早已不是過去所謂「萬般皆下品，唯有讀書高的時代了」，在這個全球化知識經濟來臨的時代，做官服公職，只是千百份工作項目的一種罷了，任何人只要學有一技之長，行行出狀元。試問在世界上能有卓越貢獻的人，他們未必擁有所謂的博、碩士學位，或是發表多少篇 SSCI 的文章，或是在政壇上居多高的官位，或是在企業上擁有多大的財富！要知道 這個全球化價值多元的社會中，品評一個人的成就標準早已是多層面的，亦就是說，只要你在各行各業中能有卓越的成就與貢獻，就能獲得世人的肯定與認同。

如賈伯斯、比爾蓋茲，他們的學歷是博士嗎？但他們仍對人類科技資訊的貢獻是至為厥偉深遠無比！尤其是比爾蓋茲，甚至將其終身獲得的財富全部捐給國家社會，以嘉惠世人的高風亮節，直使那些終日為累積更多財富，而不擇手段做出傷天害理的少數貪贓枉法之公職人員，或是喪盡天良的奸商感到汗顏不已啊！而這個時代成功的途徑也不是只有做官一途，從事各行各業者，只要心存善念、做有意義的事，必能達到成功的理想指標，而獲得世人的崇敬，因為真理永遠是站在公平正義的一邊。

最近筆者從媒體上閱聽到中央研究院士曹永和先生研究台灣歷史的心路歷程與卓著貢獻，雖然沒有大學文憑，但其專心一志、一路走來不畏艱苦、忠於自己信念、熱愛追求學術真理的精神，令筆者感動不已，而在最近轟動國內外的餿水油毒油事件中，首先揪出毒油元凶的人，竟是屏東縣的一個小村落的一位農夫，他為了要揪出這個毒害全台灣人食品安全的元凶，自動自發的自己出錢出力，自架監視器，日夜不休地花費了二年多的時間，最後才使那位罔顧國人健康的黑心毒油奸商受到法律的制裁。這個見義勇為的故事，又令我們更加的體認到，要為國家社會做事，只要有心，無論貧富貴賤，都是可行的。

肆、倫理道德規範之實踐

筆者自民國 56 年 8 月屏東師範畢業後，自位於台灣最南端海角七號恆春大平國民小學從事教學工作至今〈民國 104 年 7 月〉48 年，從沒有一天離開過我最為熱愛的教育工作。當中我亦有 20 多年間專職從事政治與媒體服務工作，尤其在擔任中華民國新聞學會總幹事及後在中央警察大學擔任公共關係室 主任等工作，為廣大的新聞界朋友服務，並負責與國會議員及廣大的警大畢業 校友們聯繫工作，而在台灣大學、中央警察大學、崇右技術學院等學府從事教 學與研究的工作，深深地使筆者體會到筆者的恩師曾虛白先生在其大作〈民意原理 (Public Opinion) 〉中所強調：媒體在民主政治體系運作中所扮演的角色與功能是何等的重要。而筆者亦深切地體悟到媒體、政治、法律三者的互動關係至為密切，對國家之民主化與現代化以及人民基本權利之維護至為重大。但三者若要真正達到福

國利民的預期指標，沒有輔以倫理道德規範之實踐，是難以掌握其核心價值與實踐功能的。因為，一個具有良好道德修養的政治人物，其一切施政必能以人民的福祉為前提。一個具有倫理道德的執法者，必能公正的執法，以維護人民的生命財產安全。而一個具有倫理道德的媒體人，在從事大眾傳播工作時，必能真正秉持公平公正客觀平衡地做報導，不但能善盡滿足讀者知的權利，更能善盡其社會責任，導引社會健康的輿論、淨化人心，形塑良好的社會風氣。甚至我們亦可說，萬事皆需要有正信與正念的倫理道德之發皇，如此我們的國家社會才能達到真善美聖之理想境界。

第十二章　自由的詮釋—穆勒（John Stuart Mill, 1806-1873）之自由論

壹、概說

　　最能有系統的表現出穆勒的政治學說的書，以「自由論」及「代議政治」為主。它們先後於一八五九、一八六一年問世。此時穆勒已是一位有名的哲學家，更由於「經濟原理」這一部名著的關係，使他成為當時最有影響力的思想家之一[1]。按：「自由論」這一部書是穆勒與其夫人（泰勒夫人）共同創作的思想結晶，最能具體的表現穆勒的自由思想。在穆勒的自傳（Autobiography）中，將其形容是「一種闡發單純的真理的哲學教本。由於近代社會中不斷的遞嬗演變，使這個真理即人類個性的變化，及其天性向著各方面發展的完全自由，更為彰顯，對於人類及社會更為重要。」[2] 這一部書論及政治學一再出現的問題，而在相當的情況下給予它一個新的意義。穆勒在此指出的問題是：什麼是社會該使用他的力量干涉個人的限度與本質？使他感到最焦慮的事，是他看出社會有一種危險的傾向，這危險將使人類行為的自然本性為之摧毀：「社會目前已較個性佔優勢，對人性構成威脅的危險不是個人的衝動和偏好過多，而是不足。……在我們所處的這個時代中，從社會的最高階層到最底階層，每一個人皆似乎生活在一種

1　W. A. Dunning, A History of Political Theories: From Rousseau to Spencer, The MacMillan Company, New York, 1920, p.236

2　參閱周兆駿譯：穆勒自傳，頁 215.216 參閱周兆駿譯：穆勒自傳，頁 215~216。

仇視與可怕的檢查制度的監視中。」[3]所以自由論的著 作，主要的目的亦是要讓
世人知道這種傾向的危險性。因為這種傾向足以妨害 個性的發展，箝制個人的
自由。

在一八五五年一月從羅馬寄給哈雷特（Harriet Taylor）的一封信中，他告 訴
她說：「在這兒我慎重的考慮到吾倆曾經論及的問題，而且認為目前最好不過的
事，就是寫作出版一部有關自由的書，很多事情將在這兒說到，而且再也沒有
一件事較其顯得更為重要（亦就是漸形感到需要注意的），因為輿論漸漸的傾
向危害到自由，而且當今一些社會改革者的計畫，幾乎全部都是自由的侵害者
（liberticide）——尤其是孔德（Comete）的理論更為嚴重。」[4]穆勒在這一段期間
之前，早已對這一種趨向懷有恐懼與焦慮的心情，這在其一八三六年出版的「文
明」（Civilization）一文中敘述得很清楚，而且從這裏可確定他們甚而在更早之
前已論及此點。[5]以下我們將從穆勒所發現的問題加以剖析：

一、多數專制的問題

自由論像所有偉大政治作品一樣，它是一種危險的反響。穆勒在早期即受
托克威爾（Alexis de Tocqueville）「論美國民主」（Democracy in America）一 書
的影響，從而注意到這種危險。一般而言，托克威爾他對社會民主的成長並非懷
著敵對的態度，在很多情況下，他將其視為一種不可避免的現象；但他發覺在其
中含有某種危險的傾向，這種共同的性質就如他所指出的「多數專制」。托克威
爾最為顧慮的，不是民主的法律或是其它一種公然的和詳細的，不寬容的政治設
計之傾向；而是一種更為微妙的專制。它以一種普遍的規範，控制人們的信仰；
在愛丁堡（Edinburgh Review）一文中，穆勒亦提到他贊同托克威爾所言的這種專

3　J. S. Mill, On Liberty, ch. 3, P.119

4　F. A. Hayek, John Stuart Mill and Harriet Taylor,1951,p.216

5　see J.C. Rees, A Re-Reading of Mill on Liberty, (ISAAC KRAMWICK(ed.), Essays In The History of
　　Political Thought, Prentice-Hall, Inc., Englewood Cliffs, New Jersey, 1969, p.358

制，在目前是一種可怕現象。「它不但控制人的身軀，而且束縛人類的心靈」，穆勒進而論及托克威爾在「美國民主」一書所發覺到的這種危險傾向，業已在英國進行著，他們帶有階級性的社會制度，是不合乎民主的理想。[6]

　　在自由論首章中，穆勒便強調：「當多數專制藉著一種公共機構去執行時，它是不易被察覺出來的；一個民主社會能使一個社會的專制比其他政治的壓迫更為可怕，因為雖然這種專制並不以嚴厲的刑罰去壓迫人，但它卻深入人類生活的各種細節，並且奴役人類的心靈，任何人皆難以逃其浸蝕。」[7]所以穆勒將這種多數專制列為是「一種必須防範的罪惡之一」，和其它暴政一樣的為人們所畏懼，而且有過之而無不及。他說：「和其它專制一樣，多數專制始終為一般人所畏懼，主要是因為它憑藉公共機構來推行。可是深思遠慮的人，還發覺當社會本身成為暴君時──社會集體地對付組成的各個份子──其專制的方式就不會局限于政治官員的一切可能作為。……這樣它所實施的社會專制，就要比很多政治壓迫更為可怕，……因為此僅防衛官吏的專制並不夠，還要防衛當前輿論和感情的專制；防衛社會的一種傾向，要用刑罰以外的方法，以其觀念和習尚為言行規範，強加於那些異己者的身上；並且阻礙任何特立獨行的個性的發展，可能時防止其形成，以及迫使一切性格都仿效它自己的模樣。」[8]由此可知，穆勒自由論一書所要解決的問題，不外乎防止這種多數專制之肆虐發生，維護個體的自然發展，使其達到人類善的目的。為了要解決這個問題，穆勒認為應該考慮到個人自由的範圍，社會與個人權限的劃分，政府干涉是否合理等問題，這些便是導致他提出自由原則的原因。

二、穆勒自由論的基本原則

　　穆勒的父親與邊沁是功利主義的大師，在哲學上主張「促進最大多數的最

6　J. S. Mill, On Liberty, p.68

7　Ibid.

8　Ibid.

大幸福」，此乃是判斷一切事物的標準。在政治上認為民主政治是萬靈丹，最
能解決人類政治問題。穆勒早年的思想莫不受其影響，而以繼承功利主義為畢
生職志。但自從他經歷「精神危機之階段」後，其思想起了一個很大的變化，
認為這個原則過於狹窄，而必須補充些滿足個性的原則。他自從讀了托克威爾
的「論美國民主」一書之後，在政治理念上受到了很大的啟迪。他完全贊同托
克威爾的看法，認為民主政治（代議政治）固然是所有政體中較為理想的一個，
但這種政體實施的結果，並非像邊沁及大穆勒們所稱讚的那樣完美，不論是托克
威爾所提到的美國，或是從英國改革法案推行以來所得到的經驗，穆勒感到它絕
不全然地對自由有利[9]，從這裏我們可知穆勒對自由的看法是不同於其先師了。
故在自由論中所持的原則，自然含有另一層的意義。他說：「本文的目的，是在
申述一個簡單的原則。這合原則是：祇有基于自衛的目的，人類才有理由，集體
或個別地，干涉他人行動的自由。祇有基于防止他為害別人的目的，才能不顧他
自己的意願，正當地對文明社會中任何一個人行使權力。僅是為他自己的利益，
物質的或精神的，並不就是一個充份的理由。他不能被逼去做一件事或忍受一件
事，祇因為那樣會對他更好，或會使他更快樂，或在別人心目中，會是聰明或正
確的做法。那些都是向他抗爭、辯論、勸說或懇求的好理由，但卻不是強迫他，
或者那樣做就要給予懲戒的好理由。為使強制成為正當，那些希望他避免的行
為，必須被認定會對別人產生不利的影響。任何人在行為上須向社會負責的，
祇限于與別人有關的那一部份。在祇關係他個人的行為上，他的獨立，就權利
講，是絕對的。對他自己的身心他就是無上的權力。」[10]表面上看來，沒有一種
原則比這兒所敘述的更為清楚。它指出某種行為僅涉及到自己，某種是傷害到

9　see J. C. Rees, A Re-Reading of Mill, on Liberty, p.358.
　　按：托克威爾的論美國的民主於 1835 年出版之前，美國的惟一神教 (unitarian) 教派的傳教士
　　和作—坎寧 (William Ellery Channing) 也提出類似托克威爾所指稱的警言。坎寧作品聞名英
　　倫，愛丁堡 (Edinburgh Review) 和西敏寺 (Westminster Review) 兩家雜誌，於 1829 至 1830 年
　　之間，常有坎寧的文章出現，因而雷斯認為穆勒是受了坎寧的影響，所以對民主政治懷有
　　恐懼感。

10　約翰穆勒著，郭志嵩譯，論自由，頁 8。

或威脅到別人，關於前者個人是絕對自由的；而其餘的行為可以受到公共機構的限制。他以彌爾敦（John Milton）的熱忱去維 護思想與意見表現的自由。[11] 故主張權威對自由的限制定有其一定的範圍，超越了那個範圍，一切的干涉便是一種違法的行為。關于這一個論點引起了兩個要解決的問題：其一是自由論所標的「這一個簡單的原則」是否基於功利的原則；其 二 是有關本原則中所提出的「涉己的」（Self-regarding）與涉人的（Others-regarding）的行為之區分是否合理？對於第二個問題，容我們於論及其有關行為自由時再加以解決。對於自由論與功利原則的關係，現在我們分析如下：

瓦特金斯（J. W. N. Watkins）認為穆勒並沒有正式放棄功利的原則，在論 文開始時穆勒是以功利的原則去衡量一切的道德問題，這是他自由論的第一個 原則，後來又發現的第二個原則，即「社會對一個成年人，不能為了他個人本 身的利益或是為了使他更快樂的原因，就去干涉純屬關係他自己的行為。」最 後，瓦特金斯提出自由論的第三個原則，即追求真理的原則。依照這個原則， 社會是無權干涉人們對真理的追求，吏他們被發覺對社會是有危險的現象，也 是不能加以阻止的。[12]

以上是瓦特金斯所提出有關自由論的三個原則，儘管如此，我們認為穆勒自由論所根據的原則與功利的原則，確實有分不開的關係，只是他所言的功利原則與邊沁所言的功利原則有所不同，前者較後者更為廣義些。穆勒自己曾說：「我對於我的論點，將不求助于可能由抽象權利觀念產生的，與功利主義無關的任何理由。在一切道德問題上，我認為功利主義是最後的歸趨；但也必須是最廣義的功利主義，建築在作為一個進取動物的人的永久利益上。基于那些利益，我主張個人要服從外來的管制，但也祗以那些關係別人利益的行動為限。」[13] 在這

11　W. A. Dunning, A History of Political Theories, p238.

12　J. W. N. Watkins, John Stuart Mill and The Liberty of Individual, in David Thomson(ed.), Political Ideals, C. A. Watts & Co., Ltd., New York, 1966, p.167

13　約翰穆勒著，郭志嵩譯，論自由，頁9。

裏穆勒所指出的廣義功利主義，與邊沁一向提倡較為狹窄觀念的舊功利主義有別；舊功利主義反對政府干涉人民，而穆勒的原則主張政府的干涉有時是不可少的；但必需是基於促進人類個性的自由發展，或是防止妨害他人的利益。儘管兩者有所不同，但功利的原則仍是他們秉持的中心思想，這由下面幾個研究穆勒的專家之觀點，更可以證明：

依據麥克洛斯基教授（H. J. McCloskey）可證明穆勒的自由論是與功利原則分不開的。他說：「穆勒提出不少理想的功利主義的論證，認為自由是『利益的條件和要素』，是它自有權利本質上的一種利益，也可說達到那些真實的，合理的，和強烈的信仰、個性，自我發展與進步的手段」[14]；又說：「每一個人是他自己裁判權的最好判斷者與保護者」[15]，由上面麥克洛斯基的論證，知道他已出了穆勒功利主義的要旨，且道出了穆勒一向的看法，自由的確是一種利益的重要因素，人們藉用它而達到幸福的目的。

克爾林（Maurice Cowling）亦主張「穆勒的中心原則，不是自由而是功利」[16]「功利的原則主張幸福，是人們行動的唯一目的。」克爾林又認為：「穆勒主張的自由是一種工具性的自由，是一種促進精神修養的工具，和達到真理不可缺少的條件。」[17]

譚寧（W. A. Dunning）亦認為穆勒的自由論是基於功利的原則：他說：「穆勒乃是基於功利的原則，去發展這個學說。」又說：「他從洪保德（Wil- liam Von Humboldt）所提的各種不同的前提，而加以引證出，個性是一種幸福（well-being）的要素，並且他指出德國人對思想和行動的創造力的壓制，不論是用法律或用公共輿論，都是專制主義的本質與造成民族進步的致命傷。」[18] 這是譚寧對

14　H. J. McCloskey, "J. S. Mill: A Critical Study" ,p.118.

15　Ibid,p.123 原文為 :(Each is the best judge and guardian of his own interest).

16　John Rees, Was Mill For Liberty? In Political Studies, vol. XIV, Feb.,1966, No. 1, p.73.

17　Ibid.

18　W. A. Dunning, A History of Political Theories,p238.

穆勒自由論基本原則所做的精闢而深入的分析。

　　莫瑞（A. R. Murray）在「政治哲學引論」一書中也指出：「穆勒對個人主義哲學最重要，而且一貫的貢獻在於他的自由論。因為他在本書中說出一些功利原則之真正的含義。而這些含義均從下面意見而來，即：假如幸福之求得，各人所用的方式不同，那麼為求得最大幸福，我必須讓人人有自由，以充分實現其欲望，只要不干涉他人享受此種自由就可。」[19] 這又證明穆勒的自由論與其功利原則有深厚的關係。他所強調的言論及思想或行為的自由，均是這種功利原則的發揮。

　　總而言之，穆勒的自由原則是他解決人類問題（無論是思想上或是行動上）的指針，而這個簡單原則乃是根基於功利的原則，來加以合理的運用，以達到維護人類自由、幸福美滿的生活。在個人與公共生活上，穆勒為人類劃出了一條界限，雖然這種劃分之觀點，招致後來許多學者的批評，但卻不能磨滅他為維護個人自由的價值。正如安德魯 ‧ 海克先生（Andrew Hacker）所說的：

　　「若是沒將私人的和公共的生活劃出一條界限，那公共部門對個人的壓力將會 有更加增大的趨勢。」又說：「任何社會的多數都會有一種危險的想法，認為 他們有一種集體的權力（Collective Rithts），而此權力比個人所要求的行動的自由來得重要。」[20] 因為社會往往會假借似是而非的理由，例如說「為了個人的利益，而去干涉個人的自由」。「若是一個人盲從的接受那種似是而非的理 論，那無異是為別人找到一種干涉自己自由的好藉口。……當這些限制增多 後，個人的自由將會縮小到更小的活動範圍。」[21] 由此可知，穆勒在自由論首章 中，所提出的「簡單原則」是何等的重要！他所強調的言論及思想的自由，行 為的自由，莫不以此原則為圭臬，而去加以引證論述的。以下容我們再就其自 由內容的重要主張加以分析，俾能獲得其自由觀念的梗概。

19　參閱 A.R.M. 莫瑞著、王兆荃譯，政治哲學引論，頁 20。

20　Hacker, Andrew, Political Theory: Philosophy, Ideology, Science, The Macmillan Company, New York, 1961,p593-4

21　Ibid.

貳、思想及言論的自由

穆勒認為思想及言論的自由是一切自由的前提，若是缺乏了它，則其它的自由就會落空。因此，他將其視為是一種自然權利，是不應該受壓制的。壓制者無論是以集體的或個別的，政治的或是社會的，皆以「不會錯誤者」（infallibility）自居，去對付其所認為意見不正確者。像這種「教皇無謬論」之態度，是錯誤的，這是無法追求到真理的。

穆勒說：「我們可以假定，現在不需要辯論的，是一個利害上不與人民一致的立法或行政機構，絕不能被容許指定人民作什麼言論，和決定人民將能夠聽取什麼理論或議論。」[22] 因為用強制的方式，去限制人民言論自由，它所造成的禍害是無窮的。又說「禁止一種意見發表的特殊罪惡，是它形成了對人類的劫奪的行為，它所損害的不限于這一代，還及于後世！而它對于不同意那種意見的人的損害，還要多于它對持有那種意見的人的損害。如果那種意見是對的，那些不同意的人會因它的不能發表，失去了以錯誤交換真實的機會；而如果它是錯的，他們也損失一個差不多同樣大的利益，那就是追究其錯誤所在，會對真實有更清晰的觀念和更生動的印象。」[23] 這也就是主張：意見無論是對或錯皆應該加以寬容，而讓其自由發表。能夠如此，才能使真理得到彰顯。思想才不致因而限于僵化狀態，以致成為一種死教條；那將不是生動真理的說服，而是人類心靈的殘害。因此，穆勒認定「如果全人類除去一個人祇有一種意見，而那一個人另有相反的意見，前者的不應禁止後者發表其意見，也和後者在權力能及時不禁止前者發表其意見一樣。」[24] 基於道德的信念，穆勒認為：任何理論是應該有充份討論的自由，他說：「任何理論，不管被認為如何不道德，都應該視為一個道德信念的問題，給予信仰和討論的充份自由。……我們不能確定我們所要壓制的那種言論是錯誤

22　郭志嵩譯，論自由，頁 13。

23　郭志嵩譯，論自由，頁 13~14。

24　郭志嵩譯，論自由，頁 13。

的；如果我們能夠確定，壓制它也仍舊是一種罪惡。」[25]「我們所以能夠有理由為行動的目的，假定自己意見是正確的，就是以容許別人有反駁和否定它的完全自由為必要前提。」[26] 他又說：「一個人能夠對一個問題全部了解的唯一途徑，就是聽取具有各種不同意見的人對它說些什麼，和以各種心情用每一不同的角度去觀察研究。利用與人對照的方法以糾正和補充自己言論的習慣，不但絕不致引起實行時的疑惑和躊躇，也是對它值得信賴的唯一堅固的基礎。」[27] 的確很多真理的全部意義，除了應容許正反雙方面不同意見的激烈爭辯外，還應以個人的經驗去體會，不然那是很難達到理解的。為了真理的獲得，個性的自然發展，及整個民族的精神生命，即使是異端的指謫，極端的言論或激烈的反對意見，皆應獲得充份討論的自由。

　　穆勒不但從理論上，去引述與辯護思想及言論的自由，還進而舉出具體的實例，來證明壓制言論及思想的錯誤，將會是遺患無窮的。如蘇格拉底的為真理犧牲，耶穌基督的殉道，及奧理略大帝（Emperor Marcus Aurelius）的迫害基督徒，像這些事件的發生，無不是時代造成的錯誤，是輿論專制的結果。後來史實證明：那些被口者，往往是道德理念的先知。但這並不是如一般所言的「真理終會戰勝迫害」，而是迫害的停止，方得使真理有出現的機會。故穆勒強調說：「這一真理終將戰勝迫害的格言，卻是人們津津樂道，直等它變為老生常談的美麗謊言之一，然而已為一切經驗所推翻。歷史上充滿了真理遭受迫害鎮壓的事例，如果不是永遠被壓制，就可能被退後若干世紀。」[28] 因為「迫害通常總是會成功的，……如果以為真理本身具有什麼打擊錯誤的內在力量，能夠勝戰地牢和火刑，那是一種一廂情願的想法。人們對真理通常並不比對錯誤更為熱心，而法律或甚至社會

25　郭志嵩譯，論自由，頁 14。

26　郭志嵩譯，論自由，頁 17。

27　郭志嵩譯，論自由，頁 17~18。

28　郭志嵩譯，論自由，頁 25。

懲罰的充份運用，也常能成功制止真理或錯誤的傳播。」[29] 穆勒在此以宗教迫害為例，去解說壓迫言論及思想自由，所造成的後 果足以危害全人類。若說在真理尚未被人們信奉之前，迫害乃是無可避免的，那便是一種毫無根據的謬論。故唯有寬容才是彰顯真理之道，而尊重言論及思 想的自由，真理才可得到維護。穆勒同時提出當時英國在司法制度與宗教方面，仍有迫害之事件存在，為洗去這種社會的恥辱，使他的國家成為一個精神自由的地方，因而思想及言論自由奮鬥，實有繼續保持的必要。

　　總之，穆勒在自由論第二章中，所以一再強調思想及言論自由的重要，主要的因素，就是他認為言論及思想不但是促進人類幸福的重要因素，亦是發現與維護真理的方法，其主要論證，穆勒將其總括有以下幾點：

1. 如果任何言論被迫不能發表，儘管我們能夠確知很多事情，那種言論仍可能是真實的。要否定這一點，就是以不會錯誤者自居。

2. 雖然被壓迫的言論是一種錯誤，它仍可能，時常包含著一部份的真理，也由於在任何主題上，一般或流行的言論極少或從不會是全部的真理，故祇有 讓各種相反的言論互相衝突，才能使所有的真理有獲得任何補充的機會。

3. 縱然公認的言論是真理，而且全部是真理；除非它能忍受，並且在事實上受到有力和認真在辯駁，否則它就會被接受它的多數人作為一種成見去看待，對它的合理性有極少了解或感覺。

4. 一種如第三點所提到的理論，其本身的意義，會有被失去、減弱、或喪失其對品格與行為重大的影響的危險，那種教條祇變成一種形式上的表白，為善不足，卻妨礙到它的基礎，阻止了任何得自理性或個人的經驗的，真實和深刻信念的成長[30]。由以上的引證，我們知道思想及言論之自由，穆勒是何等的看重，因為「任何社會，不管其政府形式如何，如果不

29　郭志嵩譯，論自由，頁 25。

30　郭志嵩譯，論自由，頁 48。

在大體上尊重這些自由，就不是自由的社會；如果這些自由不是絕對和無條件的存在，它也就不是完全自由的社會。」[31] 但從這裏引發了一個問題，值得我們加以探究。就是言論的自由是否像穆勒以上所述的「絕對且無條件」的存在呢？根據我們的研究結果，穆勒承認的言論自由，應是屬於一種不引起傷害到別人的言論，若是言論的結果帶有煽動性、破壞性，而造成危害社會利益，那就必須受到社會管轄了。穆勒說：「沒人主張行動應該像意見一樣地自由。如果發表意見的當時情形，使它對某種有害行為構成極大的煽動，即使是意見也要失去特有的權利，要稱糧商是餓死窮人的人，或稱私有財產是搶劫的這類意見，如果僅由報紙去傳播，還可能受不到干涉。但如向聚在糧商門外的一群衝動的暴民作這種演說，或以告示的方式在那些暴民中傳遞，就會受到應有的懲罰。」[32] 這亦就是說明言論若是超出一定的範圍，受到干涉是合理的。對於這一種看法，丹特（Dante Ger- mino）在其「現代西洋政治思想」（Modern Western Political Thought）一書中亦提到，他說：「雖然穆勒反對限制言論的自由，但他認為言論若是構成如霍 爾大法官（Justice Holme）所稱的『明顯與立即的危險』（Clear and present dan- ger）之狀況時，那是應該負責任的。」[33] 因為言論固然與思想是分不開的，但它已是屬於行為的一部份，而這一種行為，若是含有「明顯和立即的危險」存在，基於社會的公益，當然有防止其侵害別人的必要，向法律負其應得的責任，亦就是承擔穆勒所謂的社會指定的義務（Assignable duty）。

31　郭志嵩譯，論自由，頁 11。

32　郭志嵩譯，論自由，頁 51。

33　Dante Germino, Modern Western Political Thought: Machiavelli to Marx Rand McVally & Company, Chicago, 1972, p.246

參、行為的自由

一、社會與個人權限的劃分

　　穆勒將個人的行為區分為兩種，一是涉己的（Self-regarding），一是涉人的
（Others-regarding）。前者屬於個人生活的部份。而後者是屬社會的。他說：「如
果社會和個人各有其關係較密的一部份，他們就將各自獲得應有的一份。生活中
主要對個人發生關係的部份應該屬於個人，而生活中主要對社會發生關係的部份
就應該屬於社會。」[34] 穆勒認為涉己的行為應該有絕對的自由，而涉人的行為在
危害到別人的利益時是應該受約束的。他說：「祗要一個人的行為的任何部份對
別人的利益有了不利的影響，社會對它立刻有了管轄權。……但如一個人的行為
不影響任何人的利益，僅是影響他自己；或者除非那種行為是別人喜歡的，否則
就影響他們的利益（所有有關的人都是成年人，對事有相當的了解），那就沒有
容納這一問題的餘地。在這類情形下，人們都該有法律和社會的完全自由，去從
事行動和承擔其後果。」[35] 為使人們更能明白這兩種行為的區分涵義，他又舉實
例加以解說，指出何種行為是屬於自利的，何種是違反特定義務的；前者有絕對
自由，而後者當受干涉。他說：「我充份承認，一個人對他自己的傷害可能經由
同情與關切，嚴重地影響到和他關係密切的人，並也可能在較小的程度內，影響
到一般社會。在一個人由于這種行為，違反了他對任何一個人，或很多人所負的
一種明顯和指定的義務時，他的情形就不再屬于自利的那一類，而成為應由道德
譴責去糾正的事。舉例說，如果一個人由于放縱或浪費，以致無力償還債務，或
者已經負有一個家庭的道義責任，由于同樣原因使他不能維持他們的生活或教育
他們，他就應該受懲罰；但他應受譴責或懲罰，祗是因為違背他對家庭或債權人

34　郭志嵩譯，論自由，頁 69。

35　郭志嵩譯，論自由，頁 69。

的責任，卻不是因為浪費。」[36] 又說：「同樣地，如果一個人由于純粹自利的行為，使他無力履行他對大眾應盡的義務，他就對社會犯了過失。沒有人應該單為喝醉酒遭受處罰；然而一個士兵或警察在值勤時喝醉酒卻該受罰。總之，不論是對一個人或大眾，祇要造成確實的損失，或有損害的確定危險時，那種事情就要從自由的領域中，移入道德或法律的範圍。」[37] 穆勒在這裏強調：個人的行為若是違反了特定義務而造成損害時其行為是當受干預的。雖然他如此的認定自由與責任有相當關係，但在原則上他是贊成人們儘量維護自由的更大利益，只要他沒有放棄一定的責任，社會應該對其個人行為儘可能容忍。他說：「個人不應為他的行為向社會負責，祇要那些行為不牽涉別人，而牽涉他自己的利益。如果別人為其本身的利益認為必要，不妨給他忠告、訓誡、勸說並要他避免，那也是社會對他的行為能夠正當地表示其不快和責難僅有的辦法。……我們絕不能因為社會在一個人對別人利益有損害，或有損害的可能時，可以正當地加以干涉，就假定這種事將常使社會有干涉的理由。在很多情形下，一個人在追求一種合法目標時，必然地，因此也是合法地，要使別人受到痛苦或損失，或妨害了別人原有合理希望獲取的利益。這種個人間的利益之對立，都是由不良制度所引起，而在那些制度存在時也無法避免；但有些利益的對立就在任何制度下也都無法避免。換句話，社會對於失望的競爭者，並不承認他有免於遭受這類痛苦的權利，不問是法律的或道德的權利；並也祇在所用以獲致成功的手段為一般利益不能容許時—例如詐欺或背信—以及使用暴力，社會才會感到有干涉的必要。」[38] 由此可知穆勒是堅持個人自由至上的原則，干涉非到不得已的情況是應該儘量避免的。亦就是認為「一個人的行為沒有違反對大眾的特定義務，除自己外又未對任何人有顯著的傷害，而只對社會發生偶然或可稱為推斷的損害時，社會為了人類自由的更大利

36　郭志嵩譯，論自由，頁 74-75。

37　郭志嵩譯，論自由，頁 75。

38　郭志嵩譯，論自由，頁 87。

益，也儘可忍受這種不便。」[39] 所謂兩害相權取其輕便是這個道理。

　　穆勒為了維護個人自由與促進人類全體的幸福，將個人的行為，區分為涉己者與涉人者；關於這個理論的弱點引起不少學者的批評，茲舉其要者，略述如次：

1. 泰晤士報文學增刊（The Times Literary Supplement）上的評論：「很清楚的知道，無論如何，龍潭，一種行為是能免於社會的影響。沒有人能說他的行 為除了他自己外，而不影響到別人。」[40] 像這種評論的重心，很明白的可以看 出：「它是假定穆勒的原則，乃是基於某種行為（包括某些重要的）是免於社 會的影響。也就是說他們除了行為者本身外，沒有影響到任何人。」[41]

2. 倫敦評論（London Review, 1859）上的評述：「沒有一種行為，它的影 響效果只限于行為者本身，因為沒有一種道德的特質拘束其行動僅限于行為者 本身的經歷和作為……社會祇有一種是超過『自衛和權利』，而去干涉其組 員。」[42]

3. 費茲傑姆斯史第芬（Fitzjames Stephen）強調說：「試圖區分涉己的行為與涉人的行為，就正如去區分一個發生在某時與某地的行為。每一種發生在某 時與某地的行為，它影響到自己與別人的方式都是一樣的，這個區分根本是錯誤且無根據的。」[43]

4. 史第芬（Sir James Stephen）批評說：「這的確是一個簡單的事實，每一個人不僅對自己的行為有興趣，而且對於思想，感情和很多人的意見（這些人 比他的同伴更沒有義務的關係），也是有興趣的，假如一個人他是

39　郭志嵩譯，論自由，頁 75。

40　J.C. Rees, A Re-Reading of Mill On Liberty, p.359.

41　Ibid.

42　Ibid, p.360.

43　Fitzjames Stephen, preface to the 2 nd edition of Liberty, I quality, Fraternity, 1874, P. X.

孤獨的，那 他再也不是一個人，猶如一隻手缺乏了身體其它部位一樣，再也不是一隻手 了。」[44]

5. 雷奇（D.G. Ritchie）認為穆勒學說中的個人觀念是抽象、消極的。因為 真正一個人的自我是與別人相處在一起，而不是與他人隔離，他說：「嚴格說 來，我們真懷疑，個人的行為甚至思想，僅關係到自己，而不關係到其他的個 人，當我們對人類社會愈有了解時，我們愈發覺這是無法將涉己涉人的行為加 以區分的，因為每一種行為皆是相互影響的。干預特別的行為似乎是不得體 的，或是不可能那樣做的，但我們能以一種無硬性規定的界限，去區分關係到 自己的與影響到別人的行為。」[45]

6. 博山克（Bernard Bosanquet）說：「每一種屬於我自己的行為，皆影響 到自己與別人，我們可保證說，沒有任何行為可能適當的被區分為涉己及涉 人 的。」[46]

7. 蒙塔魁（J.C. Montaque）說：「穆勒的區分行為兩種的說法，是社會契 約說的一個門派，對於那些將人視為從社會獲得他全部同性的人，以及生活 時 時都脫離不了社會影響的人，像這樣的區分可以說是不可能的。」[47]

8. 海里遜（Frederic Harrison）說：「試圖去區分涉己的行為和涉人的行 為，是全然錯誤的，區分行為是不可能的，因為人類的行為在結構上是不可分 開的。」[48]

9. 麥基佛（R.M. Maclver）的批評：「他（穆勒）認為人在某種範疇中是 屬于社會的，但在另一方面是完全屬于個人，但假如認清了人在本質上是一 個 整體的，在每一方面，他是社會人，同時亦是自主和自治的。因此，

44　Sir James, Liberty, Equality, Fraterity(London Smith, Elder & Co., 1873).

45　D. G. Ritchie, The Principles of State Interference,(1891),p.96-98.

46　Bernard Bosanquet, The Philosophical Theory of the State, London, Macmillan & Co., 1965, p.60.

47　F. C. Montaque, The limits of Individual Liberty, 1885,p.185-186.

48　Frederic Harrison and Tennyson, Ruskin, Mill, 1899,p.300.

他的社會 性和個性不能屬於兩種不一樣的範圍，……我們不能再滿意於
一種抽象的自由 學說。」[49]

10. 柏克（Sir Earnest Barker）的批評：「穆勒假定行為有兩種不同的範圍，
因此引起批評，認為他將根本無法分開的東西加以分開。任何人的行為是
一個單一整體（single whole），不可能祇關係到他自己，而不關係到別人，
不論如何，凡是一個人的行為，皆會影響到其它的人。」[50]

11. 安庫治（R.P. Anschutz）的批評，他批評穆勒的自衛原則，他說：「它 是
一個完全不可能和不實際的學說。我們是無法將行為區分為關係自己和他
人的。」[51]

　　總括以上的評論，我們知道他們的主要論點，是強調人類是一種社會性的
動物，任何人的行為，皆無法脫離社會的影響（no action is free from social conse-
quences）。故所謂涉己與涉人行為之區分，是不能成立的。對於他們的評論，
雷斯（J.C. Rees）提出了他的看法。他說：「正如我已說過的，批評的重點乃在
於穆勒假定人類某些行動是免於社會影響的。但假如細察以上引用的兩節，在那
兒穆勒很明白的說出他的原則，它將引發我們注意，雖然在第一事例中他描述的
行為是僅涉己與涉人的，而他在第二節中將利益（interests）的字提出，他說（穆
勒）：『個人唯有在他的行為損害到別人的利益時，才需負起責任。』」[52] 因此，
雷斯認為傳統的批評，皆是起因於對祕勒使用的字詞缺乏深切的了解，如 interest
與 effect 兩字乃是不一樣的意義，而批評者往往不大注意其區分，而導致誤解。
他又說：「在論文（自由論）的任何地方，皆可找到這兩種不同類型的字詞，包
含每一類型的甚多變化，因此在一方面我們發現：『什麼是只關係到自己的』『行

49　R. M. Maclver, The Modern State, Oxford University Press, 1966, p.456.

50　Sir Earnest Barker, Principles of Social and Political Theory, London, Oxford University Press, 1956,
　　p.217.

51　R. P. Anschutz, The Philosophy of J. S. Mill, Oxford, At the Clarendon Press, 1953,p.9-10.

52　J.C. Rees, A Re-Reading of Mill on Liberty,p.361.

為只影響到自己的』『它只關係到自己的』『事情僅關係到個人』；而在另一方面，『關係到別人的利益』『除了自己外沒有影響到別人的利益』『影響到別人的利益』『破壞到別人的利益』，傳統的評論認為這些字詞的表示是傳達相同的意義，而且穆勒將涉己及涉人的行為加以區分的方式是過於簡化的。」[53] 雷斯在此指出傳統評論者弱點之所在，因此於再論穆勒自由論（A Re-reading of Mill on Liberty）這一文中，強調我們應注意其字詞的意義與用法，方不致有誤解意義的缺失。故他又說：「『在影響別人』（Effecting others）與『影響別人的利益』（Effecting the interests of others）之間有重要的不同存在。在自由論的篇幅中想到利益而不只限於影響，這都足以支持這一觀點。首先我希望去維護的觀點，是認定『行為影響到別人』與『影響到別人的利益』這雙方面有重要的不同所在。」[54] 雷斯提出這一個觀點是重要的，一個人的行為若是影響到別人而不一定影響到別人的利益，我們可更進一層的分析，一個人的行為即使影響到別人的利益，但這個影響該有兩種情況發生，一是利人的，一是害人的。害人的部份固然需要干涉，而利人的影響呢？這實在是一個值得探討的問題。我們的主張認為利益與影響乃是兩個不同的字詞，影響了別人，不一定就影響到別人的利益。影響到別人的利益應屬涉人的行為，但涉人的行為應分利人與害人兩類。前者如提高人類智慧文明，造福社會……等的行為，當然不屬於干涉範圍，而後者如公然在眾人面前散佈思想毒素，破壞治安，妨害風化等不良行為，皆是不利的影響，當然屬於干涉的範圍。

　　穆勒在撰寫自由論一書時即已發覺，他把行為區分為涉己及涉人的說法，將引起批評，甚至將遭否認。他說：「這裡提出一個人的生產有兩部份，一部份祇關係他自己，一部份關係到別人，這兩者中間的區別，很多人都會拒絕承認。有人會問，一個社會成員之行為的任何部份，怎會與其它成員無關呢？沒有人是完全孤立的；如果一個人做出對他自己嚴重和永遠有害的事，要他不把禍患波及別

53　Ibid.

54　Ibid.

人是不可能的，至少他的近親將不免波及，而且時常也會波及其他人。如果他毀損他的財產，那些直接或間接靠他維生的人將受到損害，而社會的總資源，通常也要因此多少有所減少。如果他墮落他的的體能或智能，他不僅為那些把自己幸福寄托他的人帶來災害，而且也將喪失他為同類盡其應盡義務的資格；也許還成為他們的感情和仁愛的一個負擔，如果常有這種行為，其所犯的罪行也要比其他罪行更有影響於整個社會的善良。最後，有人會說縱然他的罪行或愚蠢不直接損害別人，由于他所樹立的榜樣，他還是有害的；而為使有些人不要因為看到或知道他的行為就跟著墮落或誤入歧途，也應該強迫他去約束自己。」[55] 從以上引述穆勒的話，知道他深切體認他的「行為區分」所引起的問題，既然如此，穆勒為何又要提出這種區分的主張呢？難道說他不怕招致別人攻擊這種理論本身之弱點嗎？但根據我們的研究結果，穆勒之所以如此區分是有其客觀事實的需求，而不是求助於抽象的政治空論；而且其原則之運用是富有彈性的，如他承認一個人的行為固然純屬個人行為，但他若違反了其所負的明顯和指定的義務時，這種行為再也不能屬於自利的行為了（純涉己的行為）。但為了自由的更大利益，如一種行為未違反指定義務，除自己外又未對任何人有顯著的傷害，卻對社會發生偶然或可為推斷的損害時，社會在此種 情形下，亦應容忍為尚。[56] 這裡可看出穆勒對涉己及涉人行為的劃分並不是一成 不變而做硬性規定的，而是因時制宜，因地制宜，隨情況而作決定。如從他在 自由論一書中提到所謂的「干涉行為」問題時，便可更清楚的了解穆勒有關行 為區分的觀點，是如何的富有彈性。依照穆勒的論點，某種違反特定義務的行 為，是應當限制其自由，而由社會加以干涉的。但這種干涉必須是基于合法 的，他說：「反對公眾干涉純粹私人行為的最大理由，就是它在干涉時，往往干涉不當，而且在不當場合加以干涉。」[57] 這就是說純粹私人的行為在某種特殊狀況下，是可以干涉的，只要我們將干涉的手段、場合及

---

55 郭志嵩譯，論自由，頁 73~74。

56 郭志嵩譯，論自由，頁 75。

57 郭志嵩譯，論自由，頁 76~77。

對象加以劃分清楚，做合理適當的干涉，這是可以的。也又指出所謂涉己及涉人的行為，可因範疇而加以區分，如屬於本團體的行動便是涉己的行為，屬於他團體的行為，便是涉人的行為，干涉後者的行為是違反自由的原則的。他說：「我卻看不出任何社會有強迫另一社會變為文明的權利。祇要不良法律的受害者不要求其他社會的援助，我就不認為與他們完全無關的人應該出面干涉，硬要將所有直接有關的人看來都滿意的事態加以約束，祇因為它對幾千哩外毫無關係的人是一種侮辱。」[58] 因此，他認為對摩門教派（Mormonism）所實行的一夫多妻制（poly-gamy）主張應該是屬於涉己的行為，任何文明社會除了用宣傳或是其他公平方法去改變他們外，是不能用暴力去反對他們的。這亦是尊重其它民族或團體自由自決的表示。但在另一方面穆勒卻主張為了維護自由，英國可以去干涉他國的事務。穆勒的這種說法，有時似乎使人覺得其立場有欠穩定，但我們不能因此而抹煞穆勒這種將行為劃分為兩種的論點之價值。我們必須知道穆勒的思想是處於一種由個人主義過渡到社會主義的階段，很多主張是為了符合事實需要而來的。為了維護個人行為自由，增進社會全體幸福，及增進個性的自然發展，穆勒認為這種論點是有其存在的必要的。

二、個性自然發展的自由

穆勒在自由論第三章，主要是討論有關個性自由發展問題，他認為個性是幸福的一個重要因素，他說：「在主要不牽涉別人的事情上，一個人就需要發揮他的個性。如果行為的法則不是憑賴個人的品格，而是憑賴別人的傳統成習慣，人類的幸福就缺少一個主要的因素，而個人和社會的進步也就缺少一個最重要的因素。」[59] 他認為個性的自由發展，不但是幸福及所有文化、教訓、教育、和文明……等所包括的重要因素，而且是他們必要的一部份和必要條件。一般人若能認清這一點，那自由才會被重視，而社會對它的管制才有合理的措施。他引述洪堡德的

58　郭志嵩譯，論自由，頁85。

59　郭志嵩譯，論自由，頁51~52。

話對個性的自由發展之重要性加以論證：「『人的目的，或者受理性永久或不變的命令規定，不是由模糊和一時的慾望所提示的目的，是讓他的力量有最高與最調和的發展，成為一個完美與堅實的整體』；因此，每個人必須不斷努力，特別是那些想要影響別人的人必須經常注意的目標，就是求得有力與特出的個性；而在這方面還有兩個必要的條件，『自由與情況的變化』；以及從這兩者的協和中，產生出『個人的活力與多種的分歧』，合併而為『創造的力量』」[60]。個性的自由發展，不但能使個人的人格獲得完美的發展，使自由達到最理想的境界，更是激發創造力的泉源。穆勒看清了這一點，故強調自我發展的觀念，全力維護個性之價值。

　　「穆勒認為習慣的專制，是個性發展的敵人。」他說：「大多數人，由于對人類現有的種種習尚已感滿足（造成現在那些習尚的就是他們），根本不能了解為何那些習尚並不都是很好的；而更壞的是自發自動並不成為大多數道德和社會改革家觀念的一部份，而且反以嫉妒的眼光視它為一種討厭或反抗的阻礙，阻撓一般人去接受那些改革者依照自己的判斷，以為是對人類最好的事。」[61]又說：「除依習慣外，他們根本就不會想到有什麼傾向。於是就連意志本身也向束縛低頭；縱在人們，為取樂而做什麼時，他們首先想到的也是從俗；他們喜歡在群眾中間，他們祇在常做的事青加以選擇；特殊的趣味，怪癖的行為，正如罪惡一樣要遠遠避開，而由于他們不遵循自己的本性，最後就沒有本性可遵循。它們的能力枯萎了，貧乏了。……」[62]這是穆勒一針見血的將習慣專制對個性摧殘的描述，它不但束縛了個人行為的自由，而且更有箝制心靈的危險。人性處于這種狀態，是無法得到完美的改良的。「習慣的專制，到處都是人類進步的永久障礙，因為它不斷反對那種隨著情形不同，有時稱為自由精神，有時稱為改進精神，希望某些比習慣更好的事物的傾向。然而進步的原則，不管它所表現的是愛

60　郭志嵩譯，論自由，頁 52。

61　郭志嵩譯，論自由，頁 52。

62　郭志嵩譯，論自由，頁 56。

好自由或愛好改進，都與習慣的權勢不相容，至少也都必須要從那一束縛中解放出來。」[63] 穆勒就是有鑒於習慣專制的弊害，故提倡「個性主權原則」，反對好同惡異的理念，提倡怪癖的行為，主張不協同一致的自由（eccentricity），儘量去打破社會的障礙，而去維護個人的自由。簡而言之，就是以反常去打破「鄉愿」的劣俗，將人性從無理性的束縛中解救出來。因此怪癖的行為實在值得提倡。因為這種怪癖的行徑，往往為少數的天才所擁有，「祇有極少數人的各種實驗在為別人採用時，才會對已有的習慣有所改進。但這些極少數人都是社會中堅；沒有他們，人類的生活就要變成一個靜止水潭。」「有天才的人，的確總是佔很少數，且為獲得他們，就必須保存生長他們的土壤。天才祇有在自由的空氣中，才能自由地呼吸。」[64] 故說用粗野、怪癖的口語去責備怪癖的行為，是不合理的。唯有讓它順從個性自由發揮，人 類才能受到創造力量的惠懌。因為人性並非如機械一般，可任意塑造而來，由 強迫而塑造出的人性，對人類無異是一種大災害，此乃否定人性的價值所在。

　　「人類所以能在想像中成為一個崇高美麗的目標，並不是因為削弱他們所獨有 的一切使它變為一致，而是在不侵害別人的權益的範圍內，把它培養發揮；正 如著作中慘進作者的性格一樣，用同樣方法也可以使人的生活變得豐富，多變 化和有生氣，為高尚的思想和崇高的感情帶來更豐富的滋養。」[65] 這說明了要突 破習慣的專制，就必須強調怪異的行為。

　　以上是穆勒對於個性自由發展的論述，這可看出他對於個性自由發展的理由，似乎是面面俱倒，擲地鑑然有聲。為求得更深一層的瞭解，我們願做如下進一層的分析：

（一）穆勒是否承認民族亦有個性存在？

　　　　根據自由論書上所載，穆勒是認為民族亦有其個性的，也就是一般通

63　郭志嵩譯，論自由，頁 64~65。

64　郭志嵩譯，論自由，頁 59。

65　郭志嵩譯，論自由，頁 57。

稱的民族性。這種民族性代表著各個民族獨有的精神，缺乏了它，整個民族將會失去應有的活動，而停滯不前，於是文化日漸衰落不振。如他在書中指出當時的東方民族便是。這個民族曾經有其光榮的歷史，文明昌盛，勢力超越各民族；但由于受習慣長期束縛的結果，使他們漸走入衰微之境，而淪為異族的屬民或附庸。這是何等可怕的事實？這都得歸因於個性的不存在，自由鬥爭不能勝過習慣的結局。故他說：「看來一個民族可能進步到一個相當時期，然後就停止進步。它在什麼時候停止呢？就在它不再具有個性的時候。」[66] 這就是穆勒注重民族精神的最重要理由。他衡量當時英國這個民族雖然國力強大，但背後卻隱藏著一種不易發覺的危險傾向，那就是習慣的壓力。故大聲疾呼的希望他的民族保持生命根基的個性，提倡不一致的精神（noconformity），使他們的性格和教養永遠保持顯著的變化，方不致淪入沒落之途。

（二）穆勒所謂個性的真正含義

　　個性是有別於習慣的一種獨有特質，它是創造力的根源，亦就是發展的意思。易言之，就是：「一個有著自己欲望和衝動的人——表現以自己的修養去發展和陶冶自己的性情——據稱就是有性格。」[67] 我們亦可稱個性是反對好同惡異，注意不一致或是分歧的精神（no-conformity or diversity）它不但是自我發展的要件，亦是進步人不可少的動力。他說：「祇有培養個性才會產生良好發展的人類！」[68] 又說：「所有聰明高貴事物的創始，都是來自個人，而且必然來自個人個人；通常在最初也是來自一個人，普通人所能分享的榮譽，就是追隨那種創始！在內心中能夠適應聰明和高貴的事情，和把眼睛睜開來接受它們。我們並不獎勵『英雄崇拜』，贊成有天才的強有力者攫得世界的統治權，使它照它的命令行事，而不顧

66　郭志嵩譯，論自由，頁 66。

67　郭志嵩譯，論自由，頁 55。

68　郭志嵩譯，論自由，頁 58。

到它自己的意願。他所能要求，祇是為人指出途徑的自由。箝制別人的權力，不但與其餘人的自由和發展相違，而且也使強有力者的本身墮落。然而祇在普通人構成大眾，其意見到處成為，或正在成為一種壓倒勢力的時候，看來平衡和糾正那種趨勢的辦法，就是讓在思想上享有較高地位的人，格外明顯地表現其個性。」[69] 唯有讓個性有自由發展的餘地，才能使人類 的生存建造於某一種或某幾種相似類型之上。社會之所以有進步，這種敢向習慣挑戰的怪癖行為，其貢獻不可磨滅。

　　穆勒的個人主權原則與邊沁的功利主義有別。後者主張被動的快樂[70]；而前 者強調否認快樂是人類直接追求的目的，而是另有一個高尚目標值得我們去追求。確認個性是達到幸福的一個重要因素，也就是說個性才是達到真善美聖生

　　活之必然條件。正如霍布豪斯（L.T. Hobhouse）所言的：「個性是幸福的要素，不僅因為它是自治政府的必然結果，而且因有不同的個性表現，共同生活 更趨充實與豐富，更能擴大集體經驗的領域。」[71] 馬基弗亦認為：「穆勒主張祇有透過不同的個性，生命才成為有生氣與豐富……所以個性是幸福的基本要素。」[72] 以上二人對個性的看法，與穆勒是恰不謀而合，足以互相創造與發明。

（三）穆勒提倡怪癖行為是真正目的何在？

　　穆勒在自由論一書的第三章中，鼓勵人們嚮往怪異的行為，這並非他認為怪異行為本身就是對的，怪異行為之所以好，是因為它有一種反對習慣專制的作用。猶如瓦特金斯（J.W.N. Watkins）所言：「穆勒估量怪

69　郭志嵩譯，論自由，頁 61。

70　R. P. Anschutz, The Philosophy of J. S. Mill,p.19.

71　L. T. Hobhouse, Liberalism, New York, , Oxford University Press, 1964, p.60.

72　R. M. MacIver, The modern State, Oxford University, 1966, p.456.

異行為的價值，並不是在於它本身的利益，而是在它干擾習慣（custom-disturbing）的毅力他真正希望的並非怪異的行為，而是每一個人依照他自己特殊的天賦去過自己不同方式的生活，而穆勒在此所爭論的乃是意見自由的一種附和觀念，個人生活若愈有分歧和相異之處，則生活更易踏向進步之途。」[73] 也就是說怪癖行為本身並不一定是理想的，而是藉它打破習慣，以達到精神自由的社會的目的。

（四）穆勒個性原則的批評

1. 克爾林（Maurice Cowling）的看法：克爾林認為穆勒的中心原則不是「自由」而是「功利」，自由只是一種達到更美滿的生活之工具罷了。[74] 在批評者的理念中，穆勒是扮演雙重的角色，一是「寫作自由論」的穆勒，另一是不自由的穆勒。而克爾林確認穆勒的思想是不自由的，且認為他的功利主義是一種「道德的極權主義」（moral totalitarianism）。在自由論第三章中所強調的個性原則，其目的在減少自由而不是要擴大自由，他是一個熱忱的天才改革者（proselytizer of genius），其任務就是勸告人放棄基督教的信仰，而皈歸人道宗教（religion of humanity）──一種唯一無二，特殊而含有暗示性的道德學說，[75] 像這種特殊的道德學說，主張人們當服從團體中智者的優越性，每一個人的生活將會局限于在同一個模子中。穆勒強調個性的結果，必然是增加人為的不平等現象，且只有進步人（優越份子）（elite）才有追求享受快樂的自由，而天賦劣等者，便沒有這種自由了。故說穆勒的個性原則是不自由的。

2. 雷斯（John Rees）的看法：穆勒的個性原則果真如克爾林描述的那樣不自由嗎？這實在是個有待商榷的問題。雷斯對於克爾林的論點──

73　J. W. N. Watkins, John Stuart Mill and the Liberty of the individual, p.170.

74　see John Rees, "Was Mill For Liberty?" p.73.

75　Ibid, p.72.

（認為穆勒將自由視為工具的說法）並不表示贊成。他認為將自由視
為一種達到某種目的的手段的觀念。無異是對穆勒自由理念之誤解。
穆勒提倡自由之目的，無非是因為它能使人能發展其能力，他說：「將
自由當成是一種達到更高價值的工具是一種很錯誤的觀念，尤其是在
穆勒的例子中，犯有這種錯誤的觀念真是不可原諒。……」在穆勒的
幸福的觀念中，自由是一種必要的因素，克爾林之所以 無法贊同穆勒
的價值理念，就在於他堅持自由和穆勒美滿生活的概念之間的說法。[76]
克爾林認定穆勒是視自由為達到更高一層價值的工具，這是見仁見智
的說 法。若是說穆勒的個性原則是導致信奉人道宗教之途，且再減少
自由之危險， 且一概否認穆勒不是一個實際的自由主義者，對克氏這
種說法，我們倒不敢苟同。這從自由論第三章穆勒所說的話，便可得
到有力的證據足以推翻克氏的論點。穆勒說：「 為公平對待每個人的
天性，主要是容許不同的人去過不同的生活。」[77] 又說：「一切人類
的生存，並沒有理由要建造於某一種或某幾種模型之 上。如果一個人
具有相當的常識和經驗，他為自己所計畫的生存方式，那不是 因為它
本身是最好的方式，而是因為它是他自己的方式。」[78] 這不是穆勒擁
護個 人自由的明證嗎？但穆勒的個性原則，並非就是完美無缺的。如
其過份強調知識份子在政治上的優越特權，主張知識份子有多數投票
權，似乎有造成知識上、政治上不平等的危險。像這種問題，亦是容
易引起批評的原因。但穆勒之所以有如此的主張，可能與其見到民主
政治的弊端有關，如集體的平庸（Col- lective mediocrity）和多數的專制
（Tyranny of majority）[79]。這有一種工具觀念存 在。雷斯雖然公開的反

76　Ibid, p.77.

77　郭志嵩譯，論自由，頁 58。

78　郭志嵩譯，論自由，頁 61~62。

79　see J. S. Mill, Representative Government, ch.6,pp.243,256.

對克爾林的說法，主張自由不是一種工具，但他說自由 是一種幸福的必要因素。如此說來，自由是包含在幸福之中，而幸福與自由便 有從屬之關係了。若依照法律的理念去加以分析，幸福是主物，自由是從物，而「從物必有助於主物之完成者」。像這種說法，雷斯豈不是又有重蹈克爾林 之覆轍，而認為自由是達到幸福之工具嗎？但雷斯到底是反對「克爾林否認穆勒是個自由主義者」的說法，對其自由便是工具的說法，更是大力抨擊，他說：「穆勒當然是較喜歡人們善於利用他們的自由。的確他是希望人們去發 展，並且鼓勵人們去發展他們更高尚的本性，它不但對自己是有利益的，且於 社會生活的品質及知識之增進皆有益處的。」[80] 從以上所述，我們可知雷斯之論 點到底還是維護穆勒之觀點的，認為穆勒的論證皆是離不開自由的。

自由究竟是目的或是工具？其實這是一個很難下定論的問題，正如因果有時是無法加以區分一樣，正如波頓（C.W. Bouton）所言：「自由是促進道德與知識的因，也是果」[81]，這似乎是比較中庸兩種缺點是危害民主政治的傾向，為 了維護政治自由，少數不為多數壓迫，乃是理所當然的。

肆、政治自由

政治的自由與其他自由本質有別，這由近代歐美的民權運動中便可知其概梗。簡而言之，它是被統治者向統治者要求參與國事的自由權利。其特質約有三點：1. 政治上的自由是達成其他自由的手段，它以人民的同意為前提，如法律

80　see John Rees, "Was Mill For Liberty?" p.76.

81　Clark W. Bouton, John Stuart Mill: On Liberty and History, The Western Political Quarterly, vol. XVIII, No. 3, Sept. 1965, p.576) 原文為 (Liberty is, however, the cause as well as the effect of this moral and intellectual improvement that Mill so optimistically predicted).

的制度，租稅的征收等，必需經過人民的同意方得實行。故亦可說它是確保一切自由的手段。2.政治上的自由是以議會為代表民意者。易言之，就是由人民選出代表組成國會管理國事。3.實行多數統治，它是以多數的意志代表全體的意志。[82]

自由主義之父洛克（John Locke）的民政二論（Two Treaties on Civil Government, 1689）。它是歷史上確立政治自由的重要文獻，洛克信服自然法，他認為自然狀態有自然法以管理之，為人人所必須服從，同時理性（亦即自然法）告訴所有就教於它的人們，人人平等而獨立，沒有一個人應該損害他人的生命、健康、自由或財產；因為人人都是全能的和智慧無限的造物主的作品，人人都是一個最高的主人的奴隸，由祂的命令，並為祂工作，而派到這個世界來；人人是祂的財產，祂的作品，其存續多久不是靠彼此的意願而定，而是靠祂的意願而定[83]。依照洛克的意思，人在自然狀態（State of Nature）中是自由平等的，為了解決種種不便，故人們締結契約成立國家，國家固然要人民服從法律，但以不侵犯人民保有的自由與平等的權利為原則。沒有經議會的同意，而限制人民的自由者便是一種違法的行為。

盧梭（J.J. Rousseau）的社會契約論在政治自由的主張上，別具風格。他認為吾人所謂的自由，便是在吾人自身所規定的法律，亦就是服從自己的意志，他說：「不必再問我們服從法律何以同時又能夠自由了，因為法律不過是我們的意志之記錄而已。」[84]

以上二家的政治學說是以闡揚自然法為要務，確認政治自由是一切自由的基礎，試圖將人民從君主專制的束縛中解放出來。洛克的民政二論及盧梭的社約論（Social Contract）皆是為人民的政治自由，而去打倒「君權神授」的器，主權在民的政治理念由此而更加肯定。十八世紀以來繼他們而起的便是功利義者邊沁。依

82　參閱河合榮治郎著，前引書，頁58~63。

83　參閱 A.R.M. 莫瑞著，前引書，頁128。

84　盧梭著，前引書，第二篇第六章，頁51。

據功利主義的學說，認為的行為莫不受快樂與痛苦兩種因素所控制，趨樂避苦乃是人生行動的指標，也就是說人都是追求自己最大的幸福的，這就是他在「道德及立法的原理」（Introduction of the Principles of Morals and Legistation, 1789）中所指出的「最大多數的最大幸福（The greatest happiness of greatest number）」之原則。「唯有自己才是自己利益的最佳判斷者。」故政治的權力若是受制於少數的特權階級，往往有忽略到全體的利益之危險，故由民眾選舉代表為他們自己的利益表示意見，實有其必要性存在。但邊沁在此所指的全國人民，乃是就中產階級而言，它以為下層階級在本質上是低劣的，也就是說，他們無法適當地了解自己本身的利益，只要中產階級便能代表全國人民的利益。邊慢的這種帶有階級性的政治自由哲學，一時成為當時英國改革人民之指引。這在工業革命初期尚能接納，但到十九世紀初期，資本主義流弊已逐漸呈現其端倪，這種學說就逐漸失其適應的功能。代之而起的，便是穆勒的思想，現將其主張的政治上的自由學說敘述如下：

　　穆勒的政治自由之論點主要表現於其所著的「代議政治」（Representative Government, 1867）一書中，他主張人民多數意見的發表，但千萬別宰制少數意志發表的權利。他認為多數的暴政，是民主政治的危機之一。因此倡導黑爾（Thomas Hare）的比例代表制，去彌補代議政體無法避免的缺點。在政治理念上。穆勒是得之於邊沁與大穆勒的傳襲，認為民主政治是值得維護的一種理想政治。他主張理想的政治是一種主權在民的民主政治，人民在國事的主張上，皆有發表其各人意見的自由，也就是說希望人民多做政治參與之工作。「理想下最好的政治形式，就是以主權或最後的最高統治權，賦予整個社會團體的一種政治形式；每個公民不但對那種最後主權的運用具有發言權，而且至少有時會被徵召去實際參加那個政府，擔任某些地方性或一般性的公共任務。」[85] 穆勒將政治參與視為人民政治生活的最佳教育，也是道德生活不可少的。

85　郭志嵩譯，論代議政府，頁 137。

　　理想的政治形式，它所根據的原則有二：「第一個原則是祇在每一個有關的人都能為自己，和慣于為自己的權利和利益辯護時，其他人的權利和利益才會獲得保障。第二個原則是隨著各個人所作的各方面努力和努力的程度，將使一般繁榮達到大的高度和散佈得更為廣泛。」[86] 根據功利主義的原則，每一個人是最能了解自己利益之所在，依此理想的政治應儘量使他們有機會為他們自己的利益發表意見。也就是「要使人類能夠免於別人的殘害，唯有看他們是否有自衛力量和是否實行自衛；而要使他們在和自然的鬥爭中有高度的成功，也唯有看他們是否倚靠自己，信賴他們個別或集體的能力，而不是倚賴別人去替他們做。」[87] 功利主義的哲學是主張「最大多數的最大幸福」之原則，穆勒由這個原則的推理，當然強調在政治體系中，每一個份子必然最能了解他自己本身的幸福（尤其是知識份子）。因此，使言論自由和選舉議會代表，使人們發表他各自的利益乃是應該的了。

　　穆勒固然與其先師們承認代議政體，最能滿足社會的一切要求，但他的見解，卻在各方面做到修正與補充的功夫。他指出乃父時代的功利主義，要求民主政府的目的，主要是要獲得一個有效率的政府，並非為求獲得自由。但他主張思想、調查、討論，以及自制的道德判斷與行動的自由，本身便是「善良」學術與政治自由對於社會及個人皆為有利。穆勒之主張民主政府，並非因其具有效率，而是政治自由之應用價值，此乃因其能產生更高的道德價值。他認為威脅自由者並非政府，而為不容忍改變傳統，懷疑少數並擬以多數加以壓制的多數份子。像穆勒這種思想是帶有突破性的，他所承認的「一民主的政府必須有一民主的社會」。這是其前代的人所未見的。[88] 穆勒這種卓見，在其自由論及代議政治兩書中敘述的很清楚。根據我們的研究，他這種思想可能受到法儒托克威爾的

86　郭志嵩譯，論代議政府，頁 138。

87　郭志嵩譯，論代議政府，頁 138。

88　G.H. Sabine, A History of Political Theory pp.708-10 穆勒認為一個民主的政府必須先有一個民主的社會做基礎 (Behind a Liberal government there must be a liberal society.) 他這種觀點是從另一個角度去衡量自由，這可說是政治學說上一大創見。

「論美國的民主」的影響很大。在此書中，托氏指出民主的政治所隱藏的危機，便是生活漸趨一致的平庸，多數的專橫，將導致人類智慧生活的退化。穆勒是個智識份子，他自然很關心智識份子自由的問題，他最憂慮的，是大眾利用他們的力量去打擊或阻止，優越份子的思想和行動，迫使每一個人趨 向於普遍平庸的水準[89]。像這種民主的政治（代議政府）所容易發生的危險傾向，穆勒在代議政府中亦曾提出「代議政治的正面弊害和危險，正如其他政治形式一樣，可以歸納為兩種：一種是普遍的愚昧和無能，或者說得溫和一點， 是那個控制團體沒有足夠的精神條件；一種是它受到了那些與社會一般福利相 違的勢力的影響。」[90]他說：「如果議會的組織愈不能獲得足夠的精神條件，它就愈會用特別法令侵害行政方面的職權，它會驅逐一個好內閣或尊崇和維持一個壞內閣；它會縱容或寬恕他們的失職，為他們的假意偽裝所欺騙，或者撤消對那些努力想要忠實盡職的人的支持！它會鼓勵或制定一個在對外對內都是自私、浮動和感情用事、短視、愚昧和帶著成見的一般政策；它會廢止好法律，或者制定壞法律，引進新的弊害，或是以頑強的固執堅持著舊有的弊害！它甚至會在人民情緒不贊成同等公平的情形下，在誤導的衝動之下，暫時或永久地離開它自己或它的選民，容忍或鼓勵完全不顧法律的議事程序。這些都是代議政治在構成上沒有為議會取得足夠的智慧和知識所引起的危險。」[91]代議政治的第二個弊病，就是與一般福利相衝突的邪惡勢力的盛行。這也 是「掌握權力者的邪惡利益；那也是階級立法和有意為統治階級的一時利益， 對整個國家造成久遠損害的危險。」[92]穆勒認為要打倒這種階級立法的弊端，應該顧慮到社會各階層的政治利益，使他們能得到合理的妥協。他說：「如果要使代議制度理想地完美以及能在那個社會中維持下去，它在組織上必須憑藉代議制度的安排，使這兩個階級──一邊是手工工人及其類似者，一邊是勞工僱用人及其類似

89　Watkins Frederick M., The Age of Ideology-Political Thought 1950. to the Present, Englewood Cliffs, N. J., Prentice-Hall, 1964,p.58.

90　郭志嵩譯，論代議政府，頁 172。

91　郭志嵩譯，論代議政府，頁 177。

92　郭志嵩譯，論代議政府，頁 183。

者一樣平衡，使每一方面在議會中握有差不多相等的選票。[93]」如此看來，無論勞工階級或是資本家在議會中皆有發表他們意見的自由，則任何階層的利益，就不會因過大而造成壓迫其他階層追求利益的自由了。

穆勒就是因為見到以上兩種代議民主政治容易發生的弊端，故提出以下幾點改革意見：

1. 少數的保障：穆勒認為民主政治有兩種理念必須劃分清楚，一是真民主，另一是假民主。「純粹民主政治的觀念，照它的定義說，是由全體人民管理全體人民，有平等的代表權。通常了解以及一直實行的民主政治，卻是祇由人民的多數管理全體人民，有單獨的代表權。前者與所有公民的平等有相同的意義；後者，奇怪地和它相混淆的，卻是一種支持多數的特權政治，祇有它才在國內實際上具有任何發言權。」[94]故說假民主是宰制少數的意見，它是一種不平等的政治現象。真正的民主是不管多數或是少數，皆應有比例的代表權，使他們皆有發言的自由。穆勒說：「在一個真正平等的民主國家中，每一部份或任何一部份都會被代表，並不是不成比例的，而是成比例的。選民的多數會始終有多數的代表；但選民的少數也始終會有少數的代表。以一人對一人，他們正和多數一樣有充份的代表權。除非他們是這樣，那裏就沒有平等政治，祇是一種不平等和特權的政治，由一部份人統治其餘的人；違反一切公平政治，尤其違反以平等為根本和基礎的民主政治原則，將一部份人在代議制度中應有的平等勢力加以排除。」[95]穆勒在此認定真正的民主政治以不犧牲少數的政治利益為原則。故指出一般人認定犧牲少數的意見，乃是自由政治所付的必要代價，這是一種嚴重的錯誤觀念。他說：「現在確定的事，是少數實際上被抹殺並不是自由的必要或自然結果；那不但與民主政治毫無連帶關係，而且也

93　郭志嵩譯，論代議政府，頁184。

94　郭志嵩譯，論代議政府，頁185。

95　郭志嵩譯，論代議政府，頁186。

正違反民主政治的第一個原則─按人數比例分配代表權。少數應該適當地被代表，是民主政治主要的一部份。」[96]

穆勒為了防止多數統治所造成的缺點，特別提出海爾先生的比例代表選舉制。海爾的個人代表制[97]，穆勒無異將其視為醫治多數專制與集體平庸的萬靈丹，他說：「現在，個人代表制就可以現代社會環境所能允許的最完美方式，彌補這個重大的缺憾。我們要想阻遏或糾正民主政治多數的衝動，祇有寄望於有教養的少數；但在建立民主政治的通常方式中，這樣的少數並沒有發言權；而海爾先生的制度卻提供了一種發言權。」[98]從這裏我們可知道穆勒是主張發揮個性原則，去打破多數專制的觀念，提倡少數優越份子去領導平庸的大眾，使民主政治走向平等之途。穆勒認為像這樣的代議政治，才是一種代表全體而不是代表多數的理想政治。它能以質勝量，達到平等、公正、真正的民主政治。為了達到真正民主政治之目標，穆勒除了主張少數應得到保障外，他更提出選舉權重大的問題來。他認為民主政治中每一個公民的素質應當達到某一種水準，方可獲得選舉權。他認為一個公民至少需具備下列的條件，方得參加選舉。能讀、能寫及會做簡單算術。理解重要的常識：如有關地球構造的一些知識，它的自然和政治區分，一般歷史的因素，以及他們本國的歷史和制度。有負擔稅收能力的人。沒有接受教會接濟的人[99]。穆勒之所以提出選舉必備條

96　郭志嵩譯，論代議政府，頁189。

97　按照海爾 (Thomas Hare) 的計劃，代表權的分配，即多少選民應該產生一個代表，將用通常平均計算的方法確定，以選票的數目來除下院的席數：只要一個候選人得到相當規定的票數，他就必然當選，而不需追究其票源是來自任何一個選區。投票還是像當時一樣在當地舉行，但選民可以自由去選國內任何一地的候選人，只要他在那裡競選。因此，凡是不願選舉任何當地候選人的選民，就都可以將其選票幫助各地競選者當中他們最喜歡的人當選。這樣一來，擁有少數票的人也有當選的可能，同時所謂的少數也不會受到多數的宰制，其政治權益才能獲得真正的保障。

98　郭志嵩譯，論代議政府，頁197。

99　郭志嵩譯，論代議政府，頁208~210。

件，就是針對那些政治知識水準過低和階級立法而發生的弊端。為使少數優越份子能夠發生領導政治的作用，穆勒認為多數投票權（Plurality of votes）的授予是有其必要的 [100]。使社會上的優越份子能再有更多的機會出來為社會服務，提高民主的素質，這是促進政治進步的最好方法。

2. 女權的保障：穆勒主張女人應和男人一樣，應該有其政治上的自由 與平等。這項說法，在當時來說，確是一個重要的創見。他認為婦女的地位是應該受到保障的，這在他所著的經濟學原理中說的很清楚。他說：「以性別的 偶然性，為法益不平等的基礎，為社會分類基礎的思想與制度，在道德的社會 的知識的改良上，早就該認為是最大的妨礙。」[101] 這就是說法律保障個人的權利，是不應該有男女之區別的，故只要她具有如穆勒以上所提出的選舉條件， 則她就應該獲得代表權。

綜括以上所論，穆勒政治自由的主張，主要的宗旨，無非是要尊重個人的自由，斂政治體系中的每一個成員皆能過其最理想的生活。改革代議政體的兩大弊端，保障少數免受於多數的壓迫；無論是多數或是少數男人或是女人，上層人士或是下層人士，祇要他們具備起碼的條件，都應有代表權，在議會中都有為他們各人利益發言之權，這才是保障真正民主議會的方式。

伍、經濟自由與政府干涉

一、穆勒主張經濟自由的理由

穆勒早期的經濟思想是承襲亞丹斯密古典學派的衣缽，主張自由放任政策（laissez-faire）。亞丹斯密的思想，包含著自然法學說與功利主義。他認為神為宇宙安排既定的秩序，人的首要任務是認識這個自然秩序是什麼。第二任務是了

100　郭志嵩譯，論代議政府，頁 213~214。
101　穆勒著，經濟學原理，(三民書局出版)，頁 711。

解自然秩序之後，便是如何使我們的生活去適應它。[102] 故人為的干涉是有害無益的。欲求得經濟的進步，當求之於放任自然。而人為的政策，如重商主義的實施，是有妨害經濟的進步的。「利己心是自然的衝動，而自己利益為何，他本身知道的最清楚，因此，祇要放任各人自由，各人便可以實現其最大幸福，而各人最大幸福之總和，就是最大幸福。」，這種理論，經過馬爾薩斯（Thomas Robert Malthus, 1766-1834）、李嘉圖（David Ricardo, 1772-1823）傑姆斯、穆勒（James Mill, 1773-1836）等的發揮，而更加鞏固其在經濟政策原理的地位[103]。

穆勒認為自由是人類成長最好的方法，他說：「人的目的，或者受理性永久或不認的命令規定，不是由模糊和一時的慾望所提示的目的，是讓他的力量有最高與最調和的發展，成為一個完美與堅實的整體。因此每個人必須不斷努力，特別是那些想要影響別人的必須經常注意的目標，就是求得有力與特出的個性。而在這方面還有兩個必要的條件，『自由與情況的變化』，以及從這兩者的協和中，產生出『個人的活力與多種的分歧』，合併而為『創造的力量』。」[104] 在穆勒的理念中，人的思想若是被阻礙的話，其肉體或精神的生長，將會有導致枯萎的危險。故經濟與思想意見等應能有充份的自由，人類才能朝向美滿幸福的生活之指標邁進。

在功利主義者的理念上，每一個人皆是其自己利益的最佳判斷者和維護者（each is the best judge and guardian of his own interest），故政府乃是一種必要的惡（necessary evil），服從政府的法律乃是不得已的事，那是為了防止暴力（force）和欺詐（fraud）之罪惡的侵犯而加之於人的強制。也就是為了維護個人的利益，達到最大幸福而不可少的限制。他們「以見不到的手來指引」（Led by an invible hand）之理論，去肯定自由放任的經濟學說，政府限制個人的自由 是痛苦的根源，唯有放任才是合乎功利的原則。

102　參閱河合榮治郎著、陳鵬仁譯，亞當・斯密與經濟學，頁16。

103　參閱河合榮治郎著、陳鵬仁譯，亞當・斯密與經濟學，頁58。

104　郭志嵩譯，論自由，頁52。

　　穆勒早期的思想也如以上一般的功利主義者的思想，強調政府的活動不應漫無限制，而應有其適當範圍。其所持理由仍是脫離不了功利主義的範疇。他以三種情形分析之：第一種情形是由個人去做，大概會比政府做得好。一般說來，沒有人會比自己對它有興趣的人，更適於經營任何事業，或決定如何或由誰去經營。第二，在很多情形下，雖然由個人去做某件事，一般說來，不如政府官吏做得好。然而作為對自己的一種精神教育的方法——增進他們活動的能力，運用他們的判斷，以及讓他們自行處理，對事獲得通曉的知識，卻宜於由他們而不宜由政府去做。這也是提倡陪審制度（在非政治案件方面）、自由和民間的地方機構，和由自動組合的社會去經營工業和慈善事業的主要根據，雖然這不是唯一的根據。第三，凡不必要而增加它的權力的，都是大害，在政府已有職掌以外所添加的每一職掌，都會使它對希望和恐懼的影響散佈更廣，而且逐漸會使社會上活躍和有野心的那部份人，成為政府或志在變成政府的某些黨派的附屬物。如果道路、鐵路、保險事務所，大規模的合股公司，大學以及公共慈善事業都成為政府的分支機構，如果除此外，還有市自治團體和地方機構，以及目前他們主辦的一切事務，也成為中央政權的部門，如果所有這些不同事業的職業都由政府委派和支薪，以一生的每一升遷仰望於政府，縱有再多的出版自由與民間的立法組織，也不能使這個或其他任何國家的自由免於名存實亡。」[105]

二、穆勒主張政府干涉的理由

　　由以上穆勒提出的三種理由，可以知識他是如何去維護放任的原則，認為政府干涉人民的事業進行，無異是一種阻礙自由的罪惡，但這種思想在其「經濟學原理」第五篇中所表示的，確曾大大的加以修正。在此他激烈的修正「每一個人是他自己利益的判斷者和保護者之觀點」。並且否認為早期自由主義者所認為政府的活動應只限于防止「暴力」和「詐欺」的公式。大大的修正了他自己

105　郭志嵩譯，論自由，頁99~101。

常用的「涉己的及涉人行為的區分公式」。[106] 穆勒再也不像往昔的自由主義 者一樣，將政府的活動拘限於最小範圍內。相反的主張政府在必要的情形下， 干涉人民的事務也是合法的。只要政府能明白其所干涉的是否合法，便可行 之。他說：「有些事務是政府不應干涉的，有些事物是政府當干涉的，但若政 府不瞭解所干涉的事物而從事干涉，以致引出有害的結果，則無論干涉本身是 正當的不正當的，結果都必定不好。」[107] 因此，穆勒提出政府的干涉可以分成有 權的干涉與無權的干涉（authoritative interference and nonauthoritative interfer- ence）。他說：「政府的干涉可以伸張到統制個人的自由活動。政府可以禁止一切人，不許他們做某種事情，或許他們做，但規定須經政府許可，或命令他們某種事情必須要做，又或命令他們對於隨便的事情，必須要怎樣做，這是政府的有權的干涉，但還有一種干涉不是有種的。例如，政府不發表命令或法規，但採取勸告及公告的方式；又如，政府任個人自由使用方法，去追求一般關心的目標，不加以干涉，但不把這目標，完全交他們去做，同時亦設立公立的機關來做。所以維持國教是一件事，不容其他宗教或不信宗教的人，是又一件事。設立學校或大學是一件事，規定教師皆應經政府准許，是又一件事。一國可以有國家銀行或國營製造工廠，但這種銀行與工廠可以不是獨佔的，在國家銀行之外得有私人銀行，國營工廠之外得有私營工廠。雖有郵政局，但仍准許以其他方法寄送信件。雖有政府工程師備人民延聘，但每一個人都可自由充 當民用工程師，雖有公立醫院，但私人醫藥事業不受任何限制。[108]」

從以往反對政府干涉民營事業，到贊成公私兼營，相關並進的經濟思想，可見其心想已大為轉變，因為也認為「政府的正當任務並不是確定而不改變 的，

---

106 H. J. McCloskey, Mill's Liberalism, Isaac kramnick(ed.),Essays In The History of Political Thought, Prentice-Hall, Inc., Englewood Cliffs, New Jersey, 1969. pp379-380.

107 穆勒著，經濟學原理，第五篇第十章第一節，頁 847。

108 穆勒著，經濟學原理，頁 871。

而是可隨社會情況的不同而改變的。」[109] 所以贊成政府對人民的事物作如次的干涉：

1. 教育：他認為汛強迫兒童受教育是應當的。因在這一件事上面；「消費者的利益與判斷，不是商品優良的充分保障。」「個人對於自己的利益，雖可 說是最適宜的判斷者，但他可以是不能判斷的，不能行為的，……尚未成年，判斷力尚未成熟。在這情形下，放任主義的基礎，全部崩潰。」

2. 對奴隸及下等動物的保護措施。

3. 在訂立永久性契約中，當事人若是缺乏判斷能力，政府自然可以解除其義務，婚姻亦是可適用此義。

4. 有獨佔性的公共企業，可由公家管理之。

5. 政府可以限制工作時間。

6. 科學的研究與調查，以及有些設備如航海用的浮標燈塔等，均可由國家來辦。

7. 承認工資可由工會的行動合法的予以提高。

8. 主張取消長子繼承權（primageniture）及限嗣繼承（entail）。

9. 對公共衛生及工廠立法有極大的同情，甚至同情於對疾病，工業上的意外事件，以及老年的貧苦等予以保險之建議。[110]

因此可知穆勒的思想逐漸步入改良的社會主義之途，他這種改變與在自由論及代議政體中所主張的觀念，似乎有所衝突。但我們千萬別誤會他是有意造成國家社會主義的思想，他到底是位以個人自由至上的功利主義者，他只不過是個過渡時期的思想家，他尚是堅持放任主義的基本原則，而政府的干涉事物 只是種例外，而這種干涉無非是提高人們的利益，如幸福、真理、合理的信念、自行、

109　J. S. Mill, Representative Government, ch. 2, p.185 原　文　為："The proper functions of a government are not a fixed thing, but different states of society."

110　參閱穆勒著，經濟學原理，張翰書著：西洋政治思想史（下冊），頁 524。

自導，道德的個性及防止妨害他人[111]。否則干涉是不合法，有礙自由之發展的。

他說：「我們曾講過，當作一般原則來說，人生的事務，最好由利 害關係最密切的人自由去經營，使不受法律規定的限制，亦不受政府人員的干涉。親任其事的人或諸人，比政府做更能判斷，他們應以何法，達到他們所欲達的目的，就假設政府所有的知識，大最善營業者所有的知識相等，（這當然是不甚可能的）個人對於營業的結果，究竟有更強得多、更直接得多的利害關係，所以，如讓他們自由選擇，方法多半會更改良，更完美。」[112] 從這裏更能證明穆勒是多麼尊重個人的自由，相信個人的判斷能力，所以他主張為了人類的生長，讓人們自由放任，自己的判斷乃是必要的。

綜結上述所論，我們知道穆勒論自由之見解，處處可圈可點，其思想體系博大精深。他深信自由的政府必須有一個自由的社會做基礎；而輿論的專制遠比政治的專制來得可怕，故主張以個性的自然發展去打破習慣的專制，將人類的心靈從習慣的束縛中解放出來，使個人與社會永保於自由與變化之情況中而創造新的生機。為了保障個人的思想與行為自由，穆勒更提出自由的原則，將人類的行為涉己涉人，前者當享有絕對自由，而後者除了侵及他人的利益當受干涉外，也是應當受到保護的。他不但主張個人思想言論，行為的自由，就是在政治上、經濟上，亦得享有充份的自由。雖然允許政府的干涉，但那只是一種為了保障個人自由所必須的干涉。穆勒的自由理論固然激起不少學者之批評，認為他的思想有時平衡木免有喪失立場之嫌。但依我們的研究，他維護自由之信心，是始終不變的。他在西洋自由主義者的地位，並不因別人的批評而動搖，且有日漸穩固的

趨勢。

111　H. J. McCloskey. Mill's Liberalism, p.383 依照穆勒的看法，政府的干涉必須基於合法的原則，且能促進自由、幸福等的發展。(Mill' s view is that it is the business of the state to secure and promote goods such as happiness, truth, rational belief, self-perfection, self-perfection, self-direction, moral character, and culture; and that it may interfere with iberty in special case to promote these goods, even when the behavior of those interfered with is not harmful to others.

112　穆勒著，經濟學原理，頁 880-881。

【本文刊載於學術與政治（仙人掌雜誌，第二卷第五號）1978 年 2 月，頁
　195~233。】

第十三章　我們需要合理的校園言論─從自由主義大師約翰穆勒的自由論談起

壹、前言

　　最近，由於台大「大學新聞社」違反校方規定，被處分停止活動一年，引起各方的反應，台大訓導處亦為此舉辦「說明會」，而校園言論的尺度問題再次受到關注。

　　民主自由是時代的潮流，而言論自由則是一切自由之首要，因透過言論之自由，可充分表達個人的思想、意見，也因此，在民主自由的國家中，莫不於憲法中明文規定人民享有言論自由，且一般的民主自由理念，亦對言論自由加以肯定，也於是校園刊物同享有言論自由之權利；然而，所謂「言論自由」是否即是漫無為邊際？抑是須加以規範呢？其標準又如何？本文僅就西方自由主義大師約翰穆勒（John Stuart Mill）其在一八五九年所著之「自由論」之觀點，對此問題作一番探討。

貳、約翰穆勒的自由觀

　　穆勒乃是邊沁與大穆勒的嫡傳弟子，亦是功利主義後期的大將。但由於當時社會環境的影響，使其對自由主義的觀念有獨特而超然的見解。

　　穆勒認為：思想及言論的自由是一切自由的前提，若是缺乏了它，則其他的自由就會落空。因此，他將其視為是一種權利，是不應該受壓制的，壓制者無

論是以集體的或個別的，政治的或社會的，皆以「不會錯誤者」（Infallibi-lity）自居，去對付其所意見不正確者，像這種「教皇無謬論」之態度是錯誤的，是無法追求到真理的。因為用強制的方式去限制人民的言論自由，它所造成的禍害是無窮的。

　　他說：「禁止一種意見發表的特殊罪惡，是它形成了對人類的劫奪的行為，它所損害的不限於這一代，還及於後世，而它對於不同意那種意見的人的損害，如果那種意見是對的，那些不同意的人會因它的不能發表，失去了以錯 誤交換真實的機會；而如果它是錯的，他們也損失了一個差不多同樣大的利益，那就是追究其錯誤所在，會對真實有更清晰的觀念和更生動的印象。」這 也就是主張：對不同的意見應加以寬容，而讓其自由發表，能夠如此，才能使 真理得到彰顯，思想才不致因而限於僵化狀態，以致成為一種死教條，否則，那將不是主動真理的說服，而是人類心靈，的殘害。因此穆勒認定：「如果全人類除去一個人只有一種意見，而那一個人另有相反的意見，前者的不應禁止後者發表其意見，也和後者在權力能及時，不應禁止前者發表其意見一樣。」基於道德的信念，穆勒認為：任何理論是應該有充分的討論的自由，他說：「任何理論都應該視為一個道德信念的問題，給予信仰和討論的充分自由。」 亦即應容許正反雙方面不同意見有充分討論的自由。

　　穆勒在自由論中之所以一再強調思想及言論自由的重要，主因其認為：言論及思想不但是促進人類幸福的重要因素，亦是發現與維護真理的方法，其主要論證，總括有下列幾點：

1. 如果任何言論被迫不能發表，儘管我們能夠確知很多事情，那種言論仍可能是真實的。要否定這一點，就是以不會錯誤者自居。
2. 雖然被壓迫的言論是一種錯誤，它仍可能時常包含著一部分真理；也由於在任何主題上，一般或流行的言論極少，或從不會是全部的真理，故只有讓各種相反的言論互相衝突，才能使所有的真理獲得任何補充的機會。
3. 縱然公認的言論是真理，而且全部是真理，除非它能忍受，並且在事實上受到有力和認真的辯駁，否則它就會被接受它的多數人作為一種成見

去看待，對它的合理性有極少了解或感覺。

4. 一種如第三點所提到的理論，其本身的意義會有被失去、減弱，或喪失其對品格與行為重大的影響的危險，那種教條只變成一種形式上的表白，為善不足，卻妨礙到它的基礎，阻止了任何得自理性或個人經驗的、真實和深刻信念的成長。

根據上述，或許有人會認為：穆勒所說的自由是絕對且無條件的存在，那就錯了！根據我們的研究結果，穆勒所主張的言論自由，應是屬於一種不引起傷害到別人的言論，若是言論的結果帶有煽動性、破壞性，而造成危害社會或團體的利益，那就必須受到社會或團體的管轄，亦即言論若是超出一定的範圍，受到干涉是合理的。對於這一看法，丹特（Dante Germino）在其現代西洋政治思想一書中亦提到：「雖然穆勒反對限制言論的自由，但他認為言論若是構成如霍爾大法官（Justice Holme）所稱的『明顯與立即的危險』之狀況時，那是應該負責任的。」因為言論固然與思想是分不開的，但它已是屬於行為的一部分，而這種行為若是含有「明顯和立即的危險」存在，基於社會或團體的公益，當然有防止其侵害別人的必要，向法律負其應得的責任，亦就是承擔穆勒所謂的社會指定的義務。

參、自由的真諦

眾所周知，人人在法律之內，一律自由，且個人自由應以不侵犯他人自由為範圍，並且應兼顧社會及國家的安全。是故，言論自由亦應受到相當的約束，即使如英、美等崇尚自由之國家，言論亦須有所限制，例如一九六七年，金恩博士領導群眾街頭運動，其行動、言論妨礙到社會秩序，法院仍依法判處有罪，又如身為議員，雖可享有言論免責權，但若是其言論超出議事範疇，仍是要負責的。

穆勒曾將個人的行為區分為兩種，一是涉己的（Self-regarding），一是涉人的（Others-regarding）；前者是屬於個人生活的部分，而後者是屬於社會的。他說：「如果社會和個人各有其關係較密的一部分，他們就將各自獲得應有的一份。

生活中主要對個人發生關係的部分應該屬於個人，而生活中主要對社會發生關係的部分就應該屬於社會。」穆勒認為：涉己的行為應該有絕對的自由，而涉人的行為在危害到別人的利益時，是應該受約束的。他說：「只要一個人的行為不影響任何人的利益，僅是影響他自己，或者除非別人喜歡他那種行為，否則就不影響他們的利益（所有有關的人都是成年人，對事有相當的了解），那就沒有容納這一問題的餘地。在這種情形下，人們都該有法律和社會的完全自由，去從事活動和承擔後果。」為使人們更能明白這兩種行為區分的涵義，他又舉實例加以解說，指出何者行為是屬於自利的，何者是違反特定義務的；前者有絕對自由，而後者當受干涉。他說：「我充分承認，一個人對他自己的傷害可能經由同情與關切，嚴重影響到和他關係密切的人，並也可能在較小的程度內，影響到一般社會。在一個人由於這種行為，違反了他對任何一個人，或很多人所負的一種明顯和指定的義務時，他的情形就不再屬於自利的那一類，而成為應由道德去譴責糾正的事。舉例說，如果一個人由於放縱或浪費，以致無力償還債務，或者已經負有一個家庭的道義責任，由於同樣原因使他不能維持他們的生活或教育他們，他就應該受懲罰；但他應受譴責或懲罰，只是因為他違背對家庭或債權人的責任，而不是因為浪費。」又說：「同樣地，如果一個人由於純粹自利的行為，使他無力履行他對大眾應盡的義務，他就對社會犯了過失。沒有人應該單為喝醉酒遭受處罰，而一個士兵或警察在值勤時喝醉酒卻該受罰。總之，不論是對一個人或大眾，只要造成確實的損失，或有損害的確定危險時，那種事情就要從自由的領域中，移入道德或法律的範圍。」由此我們不難明見自由的真諦。

肆、結論

　　穆勒的「自由論」一書實為個人自由辯護的經典之作，政府不可以為保護人民免於受傷害之理由而干涉個人自由，不可將多數人的的處世信念強加於全民身上，穆勒更認為個人的獨立自主是一項絕對權利，且是至上之權利；但雖為如此，民主政治體制包含校園言論的頌揚，也不可淪為現代社會盲從附合之風氣，倘若這股趨勢走向極端，也將會出現「多數暴政」，導致校園言論將與

穆勒文明進步不可或缺之智慧與美德相抵觸；為此，教育功能的校園言論任務，即是增進知識暨美德發揮，以及肩負教育與進化職責，穆勒認為個人自由受到尊重，不僅會帶來最多數人的最大幸福，同時也需維護不同觀點與不同權利，藉由提升長期的社會福祉和活力，以實踐進程中所展現的自我規範並確立分際發展，展現對應措施及相互合作之作為。

【本文發表於大學生與校園言論，嵩山出版社，1978 年 4 月，頁 1~8。】

第十四章　言論自由權範圍之探討

壹、前言

　　我國憲法第十一條規定「人民有言論、講學、著作及出版之自由。」學界普遍認為此乃人民表現意見自由最基本之規範。至於遊行、請願、信仰、投票等行為事實上亦莫不具有表現意見自由之性質，然於憲法語皆已有專條加以明文保障，因此表現自由所保障之項目乃限定於該條文所列舉之四種行為。其中尤以言論自由乃屬於表現意見自由之首要，甚至廣義之言論自由更涵括講學、著作，及出版等自由。美國憲法增修條文第一條甚至開宗明義規定「國會不得制定剝奪言論自由之法律」。以言論自由之意義及功能而言，我國自行憲以來大法官在憲法解釋文中均多次加以強調。釋字四四五號解釋理由書謂「本於主權在民之理念，人民享有自由討論、充分表達意見之權利，方能探究事實，發見真理，並經由民主程序形成公意，制定政策或法律。因此，表現自由為實施民主政治最重要的基本人權」。釋字五〇九號解釋文則謂「言論自由為人民之基本權利，憲法第十一條有明文保障，國家應給予最大限度之維護，俾其實現自我、溝通意見、追求真理及監督各種政治或社會活動之功能得以發揮」。

　　然而，做為一項憲法所保障的人民基本權利，言論自由亦非絕對的、當然的不受到任何限制；尤其，在具體情況中言論自由往往與人民其它憲法權利的行使產生競合衝突，在符合憲法第二十三條的條件下，往往言論自由的保障範圍亦必須有所限縮。本文擬從自由權利理論的法理學為起點，繼而對於我國司法實務進行具體的檢驗，同時兼採比較法與國際法的觀點綜合加以考察。在理論與實務的基礎上，期望為新時代人民言論自由之基本權利理論賦予嶄新的風貌，同時至溯言論自由在現代社會中基於憲法價值體系所保障的權利範圍。

貳、JohnS. Mill 自由論的觀點

　　西方自由主義大師約翰穆勒（John Stuart Mill, 1806-1873）在其一八五九年鉅著自由論（On Liberty）乙書中開宗明義的指出，思想與言論自由是一切自由的前提，若是缺乏了它，則其他的自由就會落空。因此，他將言論自由視為一種權利。此一權利乃是不應受到壓制的，否則便無法追求真理。因為用強制的方式限制人民的言論自由，它所造成的禍害是無窮的。[1]

　　穆勒在該書第二章討論思想與言論自由時則舉出著名的「傷害原則」（harm principle）強調，社會可以對個人進行強迫的干預，「只有基於自衛的目的，人類才有理由，集體或個別地干預他人行動自由；只有基於防止一個人危害他人的目的，才能不顧其自我意願，正當地對文明社會中任何一個人行使權力」[2]。同理，限制個人言論自由的判別標準亦在於此；但依吾人研究穆勒所指稱的言論乃是指合法、合理的言論；亦就是不應傷害到國家、社會與個人法益之言論自由，才符合憲法所保障的言論。因此，若是有人認為穆勒所提到的自由是絕對而無條件的存在，那就錯了。因為穆勒固然極力主張言論自由，但若言論是屬於一種帶有煽動性、破壞性，而造成危害他人之法益，那就須受到國家法律的約束，向法律承擔應負之責任，亦就是承擔穆勒所指出的：「社會指定的義務」。台灣社會經過幾十年來推動民主改革的結果已實現了言論自由，尤其是媒體的自由已不遜於歐、美、日等民主先進國家，而我國憲法第十一條亦明文規定言論自由受到憲法直接保障。但無論從以上所述的約翰穆勒之自由觀，乃至於世界人權宣言，公民及政治權利國際公約，以及我國司法院大法官之解釋與民法、刑法之規定而言，在在皆可印證言論自由固然應受到憲法及有關法律之保障，但若言論逾越合法、合理之界限，亦應負起法律侵權行為之責任。這無異正符合了一句「自由應

1　See generally John Gray, On Liberty and Other Essays / John Stuart Mill, edited with an introduc- tion by John Gray, N.Y.: Oxford University Press, 1991.

2　John Stuart Mill 著，鄭學稼譯，〈自由論〉，收錄於帕米爾書店編輯部編，《自由主義》，台北，民 65，頁 9。

保障，但不可將自由賦予破壞自由的 人」之法律諺語。

參、我國司法實務的檢驗

一、言論自由與人格權保障之競合

　　首先，釋字五○九解釋文指出，「言論自由為人民之基本權利，憲法第十一條有明文保障，國家應給予最大限度之維護，俾其實現自我、溝通意見、追求真理及監督各種政治或社會活動之功能得以發揮。惟為兼顧對個人名譽、隱私及公共利益之保護，法律尚非不得對言論自由依其傳播方式為合理之限制。」

　　言論自由乃是我國憲法第十一條所明文保障之人民基本權利，而名譽權則屬於憲法第二十二條保障所謂「其它自由權利」之範疇。當言論自由與人格權兩項基本權利產生競合衝突時，其中任何一項原則皆並非絕對地、無條件地具有優先的地位。而是在特定規範條件中，經由衡量的過程以決定其優先順序。我國現行刑法第三一○條關於誹謗罪之規定，即表示出在其規範表述的條件之下，人格權保護之原則優先於言論自由原則。但是同法第三一一條規定，在善意發表言論的各款情形中，原本具有優先於言論自由地位的人格權保護則出現反轉。例如，同條項第三款規定「對於可受公評之事，而為適當評論者，不罰」。[3]

3　在我國現行法令中，不乏憲法原則相衝突的適例。例如，民法親屬編第 985 條有關重婚無效之規定乃涉及婚姻自由與一夫一妻婚姻制度兩個原則的競合。民國九十六年修正前民 法第 985 條與 988 條第二款之規定，顯然代表著在一般重婚的情況下，一夫一妻的婚姻制 度具有優先於婚姻自由原則的重要性。然而在特殊的規範條件之下，婚姻自由與信賴保 護原則較諸絕對的一夫一妻制具有優先的地位，從而得出一個新的結論：「重婚之雙方當 事人因善意且無過失信賴一方前婚姻消滅之兩願離婚登記或離婚確定判決而結婚者，重 婚仍為有效」。再例如，民法物權編第 801、948 條關於善意受讓之規定，即表示出在其 規範表述的條件之下「交易安全」原則優先於「所有權保護」原則。在同法第 949 條的規 範表述的條件之下，兩條原則的優先關係又出現反轉。參考高樹人，〈司法審查中平等權 之研究─比較法觀點〉，台灣大學國家發展研究所博士論文，民 89，頁 176-177。

二、言論自由與通訊傳播方式之限制

釋字六七八號解釋謂「憲法第十一條規定，人民之言論自由應予保障，鑒於言論自由具有實現自我、溝通意見、追求真理、滿足人民知的權利，形成公意，促進各種合理之政治及社會活動之功能，乃維持民主多元社會正常發展不可或缺之機制，國家應給予最大限度之保障（本院釋字第五○九號解釋參照）。前開規定所保障之言論自由，其內容尚包括通訊傳播自由之保障，亦即人民得使用無線電廣播、電視或其他通訊傳播網路等設施，以取得資訊及發表言論之自由（本院釋字第六一三號解釋參照）。惟憲法對言論自由及其傳播方式之保障，並非絕對，應依其特性而有不同之保障範疇及限制之準則，國家尚非不得於符合憲法第二十三條規定意旨之範圍內，制定法律為適當之限制（本院釋字第六一七號解釋參照）。」

蓋無線電波頻率乃屬於全體國民之公共源，我國電信法第四十八條第一項前段規定，人民使用無線電波頻率，採行事前許可制。如以比例原則檢視，此一事前許可以手段或有箝制言論自由之虞然其立法目的在於國家為避免無線電波頻率之使用互相干擾。確保頻率和諧使用之效率，以維護使用電波之秩序及公共資源，增進重要之公共利益。因此，政府自有義務介入干涉，並且妥慎規劃管理；立法機關衡酌必要條件，亦享有決策判斷之優先權限，而應同受司法審查機所尊重。[4]

4　以近日引發軒然大波的國家通訊傳播委員會（NCC）決議不許可年代綜合台換發新照一案為例，由於年代綜合電視台節目未與廣告區分，國家通訊傳播委員會 NCC 日前決議不給年代綜合台換發執照並且要求停播，但這項 NCC 自認為對電視台節目廣告化的處分被立委批評為打壓言論自由。「NCC 主委蘇蘅強調，對年代綜合台所做的處分，不是撤照，而是不予換照，外界恐怕有所混淆。因此 NCC 是根據衛廣法執行職權，但這回不是『平時監理』程序，包括警告，罰鍰，停播和撤照，或二年一次能處告誡或註銷執照的『期中評鑑』；而是六年期滿、需申請換照的『期末換照』審查，只有准與不准兩種結果。加上年代綜合台因節目廣告化嚴重，一再違反 NCC 委員會所做五，牛肉不得再犯的附帶決議，才會決議不准換照。⋯⋯NCC 堅持不予換照處分一切依法行政，沒有衝擊言論自由，也沒有政府黑手介入，尊重年代綜合台向高等行政法院提起的行政救濟，對於法院後續的裁量，也會尊重。」資料來源：〈蘇蘅：年代綜合台不予換照非撤照〉公視新聞網　http:// web.pts. org.tw/php/news/pts_news/detail.php? NEENO=167327

三、言論自由與公共利益之衝突

釋字四一四號解釋謂「藥物廣告係為獲得財產而從事之經濟活動，涉及財產權之保障，並具商業上意見表達之性質，惟因與國民健康有重大關係，基於公共利益之維護，應受較嚴格之規範。藥事法第六十六條第一項規定：藥商刊播藥物廣告時，應於刊播前將所有文字、圖畫或言詞，申請省（市）衛生主管機關核准，旨在確保藥物廣告之真實，維護國民健康，為增進公共利益所必要，與憲法第十一條及第十五條尚屬相符。」[5]

對於商業性言論，如藥品廣告，商品標示義務等，因事涉公共利益與國民健康之維護，大法官一向採取高密度的嚴格審查。釋字五七七解釋乃針對藥事法等法規就藥物廣告應先經核准等規定所為之解釋。在該解釋文中，大法官明確指出「憲法第十一條保障人民有積極表意之自由，及消極不表意之自由，其保障之內容包括主觀意見之表達及客觀事實之陳述。商品標示為提供商品客觀資訊之方式，應受言論自由之保障，惟為重大公益目的所必要，仍得立法採取合理而適當之限制。」[6]

四、民意代表言論免責權之保障與限制

司法院大法官會議針對民意代表「言論免責權」問題，作成「釋字第四〇一號」解釋認為：「國民大會代表和立法委員依憲法第三十二條及七十三條規定，

5　藥事法施行細則第四十七條第二款規定「藥物廣告之內容，利用容器包裝換獎或使用獎勵方法，有助長濫用藥物之虞者，主管機關應予刪除或不予核准。」在該解釋文中大法官亦肯定其立法之合憲性，認為該細則「係依藥事法第一百零五條之授權，就同法第六十六條相關事宜為具體之規定，符合立法意旨，並未逾越母法之授權範圍，與憲法亦無牴觸。

6　在相關的論述中，釋字五七七號解釋文仍表現出一貫立場，認為「國家為增進國民健康，應普遍推行衛生保健事業，重視醫療保健等社會福利工作。菸害防制法第八條第一項規定：『菸品所含之尼古丁及焦油含量，應以中文標示於菸品容器上。』另同法第二十一條對違反者處以罰鍰，對於菸品業者就特定商品資訊不為超音速之自由有所限制，係為提供消費者必要商品資訊與維護國民健康等重大公共利益，並未逾越必要之程度，與憲法第十一條保障人民言論自由及第二十三條比例原則之規定均無違背。」

享有言論和表決的免責權：但原選區選民認為其言論與行為若有不當，選民仍可依法行使罷免權。」對此我們應當給予肯定的評價：因為，司法院大法官會議第四○一的解釋，無異是宣示人民可透過基本參政權的罷免權來監督民意代表，也就是民意代表雖在司法上享有言論及表決之免責權，但仍須對選民負起政治責任，這不但落實「主權在民」的民主政治真義，相對地也加重了其對選民的責任。

「言論免責權」是民主政治的特色之一，即「議會議員在會議時所為之言論及表決，對會外不負責任」之意，此又稱為民意代表的「免責特權」。民主國家任何涉及重大利益之衝突，皆應由國會公開辯論，最後決定也應由代表民眾的國會議員投票決定，對於代替選民參與公共事務及政策監督的民意代表，其意見之表達更須獲得充分的自由與保障，因此其「免責特權」就相當重要，藉以充分反映民意。

民意代表的「免責特權」，啟始於西元一五二一年英國亨利八世，而確立於十七世紀「光榮革命」後，西元一六八九年的「民權法典」，其後世界各民主國家皆相繼採用，並將之制訂於憲法中，我國憲法第三十二條及第七十三條亦有相同之規定。

惟各國對民意代表的「免責特權」的保障，又可分為「絕對保障」與「相對保障」兩種立法例，多數均採「絕對保障」，如德、法、日、瑞士、比利時、義大利、荷蘭、奧地利共和國、大韓民國、菲律賓、中華民國等國之憲法皆有此類似之規定。[7]即國會議員在會議時所為之言論與表決，不論是否與會議有關，對外均不負責任，如有國會議員濫用言論自由，致侮辱他人有侵害他人之名譽或破壞公物情事時，只有依賴國會內部的自治處理。惟部分國家採「相對保障」，如：德國一九四九年公布之基本法第四十六條第一項規定：「議員不得因其在聯邦議會投票或發言，對之採法律或懲戒行為，亦不對聯邦議會以外負責。但誹謗不在此限。」日本新憲法第 51 條亦規定：〔兩院議員在議院內所為的演說討論

7　謝瑞智，比較憲法，地球出版社，1992 年出版，頁 135-138。

或表決，對院外採取法律或懲戒行為，亦不對聯邦議 會以外負責，但誹謗不在此限〕。[8]

　　按民意代表之言論免責權的保障範圍如何，過去學說曾有「絕對保障」與「相對保障」之不同觀點。[9]我國憲法對中央民意代表之「免責特權」，究竟採「絕對保障」或「相對保障」並無明示，但對地方議會依據司法院院解字第三七三五號解釋、司法院大法官會議釋字第一二二號及第一六五號解釋表示，地方議會議員在會議時，為無關會議事項之不法言論，仍應負責，即採「相對保障」。當前國內政治生態，尤其立法院的問政品質，長期為所詬病，其原因係少數民意代表挾其「免責特權」為所欲為。而司法院大法官會議釋字第四○一號解釋，雖對中央民意代表之司法上的「免責權」予以肯定，但也對民主國家民意代表受選民監督給予再次宣示，因為選民既有以「選擇權」讓其當選的權力，相對的，對於有負所托的民意代表，當然亦有「罷免權」來監督，否則將會形成所謂「國會獨裁」的情形，也將會危害到民主的制度與品質。有關這一論點，我們從大法官釋字第 435 號之解釋文中，更可印證所謂民意代表之言論免責權之免責範圍應限於與議事有關之言論，亦即採相對保障說。[10]

8　謝瑞智，前引書，頁 136-137。

9　林紀東，中華民國憲法逐條釋義，三民書局，1990 年出版，頁 458-459，轉引自林子儀、葉俊榮、黃昭元、張文貞編著，憲法權力分立，2006 年 10 月出版，頁 256。

10　大法官會議 435 號解釋文中指出：「憲法第 73 條規定立法委員在院內所為之言論及表 決，對院外不負責任，旨在保障立法委員受人民付託之職務地位，並避免國家最高立法 機關之功能遭致其他國家機關之干擾而受影響。為確保立法委員行使職權無所瞻顧，此 項言論免責權之保障範圍，應作最大程度之界定，舉凡在院會或委員會之發言、質詢、 提案、表決以及與此直接相關之附隨行為，如院內黨團協商、公聽會之發言等均屬應予 保障之事項。越此範圍與行使職權無關之行為，諸如蓄意之肢體動作等，顯然不符意見 表達之適當情節致侵害他人法益者，自不在憲法上開條文保障之列。至於具體個案中， 立法委員之行為是否已逾越保障之範圍，於維持議事運作之限度內，固應尊重議會自律之原則，惟司法機關為維護社會秩序及被害人權益，於必要時亦非不得依法行使偵審之權限。」參閱李惠宗，憲法要義，元照出版公司，2006 年 9 月出版，頁 505。

　　因此，觀諸我國現行法制對於民意代表言論免責權之保障與限制，在憲法及地方制度法中對於中央與地方民意代表言論免責權之保障與限制，顯然已出現不同的界限與範疇。茲分述如下：

1. 立法委員：

　　有關立法委員之言論免責權，憲法第七十三條規定：「立法院委員在院內 所為之言論及表決，對院外不負責任。」故立法委員只要是在立法院內行政職權，無論與會議事項有無相關，其所為之言論及表決，顯然獲得較大範圍之保障。

2. 地方民意代表：

　　有關地方民意代表之言論免責權，地方制度法第五十條規定：「直轄市議會、縣（市）議會、鄉（鎮、市）民代表會開會時，直轄市議員、縣（市）議員、鄉（鎮、市）民代表對於有關會議事項所為之言論及表決，對外不負責任。但就無關會議事項所為顯然違法之言論，不在此限。」故地方民意代表， 如就無關會議事項所為顯然違法之言論，顯然不在言論免責權保障之範疇。

　　盱衡目前我國的民主憲政尚在起步階段，對於民意代表的「免責特權」， 雖賦予選民責任以「罷免權」來作監督與制衡，然而，個人認為必須再從下列 四方面一起來加強，方可確保民主政治的實現：

(1) 加強選民的民主法治教育，落實民主政治，使選民對本身應有的權力，能確實了解與行使，尤其「罷免權」的行使，必須再作加強，以落實選民 監督之責。

(2) 行政與立法部門應加強「選罷法」的研修，建立符合現代民主憲政要求的選舉與罷免制度，以確實保障人民參政權。

(3) 「徒法不足以自行」，民意機關須嚴格執行內部紀律之維護，藉以提昇民意代表之問政道德與品質。

(4) 各政黨對於所屬黨籍民意代表，應加強黨紀約束，並加強政治人才的培育，進而提高黨籍民意代表問政品質與政黨形象。

　　所謂「絕對的權力，絕對腐化」，為防止民主政治的流弊，則要強化制衡的功能，此項落實法治政治、責任政治與政黨政治，一切須以民意為依歸，來 作有效之監督。從此觀點來看，則司法院大法官會議釋字第四○一號的解釋， 將使選民的權益獲得更有力的保障，而我們的國家也能朝向更民主化與現代化 之途邁進。[11]

肆、民主先進國家司法實務的檢驗

　　以美國聯邦最高法院的實務見解與學界相關的論述為例。首先，一九四二年大法官莫菲（Justice Murphy 1890-1949）在 Chaplinsky v. New Hampshire 一案中即已指出：「眾所周知，言論自由的權利並非在任何時刻或任何情境下都屬於受到絕對保障的權利，對於某些經過謹慎界定及範圍相當有限制的幾類言論加以禁止或處罰，也從未產生憲法之爭議。這些言論包含誹謗性言論，及侮蔑性或攻擊性言論。而且從追求真理之觀點而言，這些類型言論並無任何社會價值，同時即使這些型言論能給社會帶來任何利益，這些可能之利益也明顯地小於限制這些言論所欲維持之社會秩序及道德規範之社會利益」。[12] 此外，芝加哥大學法學院史東教授（Geoffrey R. Stone）則將其對言論類型分類之見解稱為雙階理論（the two-level theory），亦就是以言論對社會所具有的價值為標準分為低價值的言論（Low-Value Speech）與高價值的言論（High-Value Speech），前者諸如涉及國家安全、社會安定或他人權益時，會給予適當的限制，後者則受憲法言論自由較高程度的保障。[13] 因此，即使像美國那樣實施民主憲政先進的國家，亦規定諸如辱罵他人因而招致衝突的言論、誹謗性言論、妨害他人權利之言論……等十八種言

11　黃炎東，〈對言論免責權〉的基本認知，《教育與法學論衡》，中央警察大學出版社，民 99 年 12 月初版，頁 164-166。

12　See Chaplinsky v. New Hampshire 315 U.S. 568 (1942).

13　Geoffrey R. Stone，"Content-Neutral Restrictions"，54 U. CHI. L. REV. 46, (1987).

論是無法受到憲法所保障的。[14] 我國司法院大法官第五〇九號解釋亦指出:「言論自由受憲法保障,但為兼顧對個人名譽、隱私及公共利益之保護,法律尚非不得對言論自由依其傳播方式為合理之限制」。民法第一九牛條第一項規定:「不法侵害他人之身體、健康、名譽、自由、信用、隱私、貞操或不法侵害其它人格法益而情節重大者,被害人雖財產上之損害,亦得請求賠償相當之金額,其名譽被侵害者,並得請求回復名譽之適當處分」,而刑法三一〇條第一項、第二項之規定亦是針對保障個人之法益而定。

伍、國際人權公約的內國法化

按一九六六年所通過的《公民與政治權利國際公約》(Covenant on Civil and Political Rights)第十九條第一、二項規定:「人人皆有權自由表達意見而不受限制」。「人人有自由發表意見的權利;此項權利包括尋求、接受和傳遞各種消息和思想的自由,而不論國界,也不論口頭的、書寫的、印刷的、採取藝術形式的、或通過他所選擇的任何其他媒介」。同條第三項復規定:「本條第二項所載各項權利之行使附有特別責任及某種限制,但此種限制已經法律規定,且為下列各款所必要者為限,尊重他人權利或名譽,為保障國家安全、 公共秩序,或公眾健康及道德」。[15] 因此,各國憲法或有關法律雖將言論自由視為基本人權予以明文規定之保障,但亦絕非採取絕對之保障,若言論侵犯到個人之法益,如誹謗、破

14　吳啟賓,〈保障名譽權與言論自由之衝突〉,《司法周刊》,1471 期,二 版,民98.12.17.。

15　該原文為("1.Everyone shall have the right to hold opinions without interference. 2.Everyone shall have the right to freedom of expression; this right shall include freedom to seek, receive and impart information and ideas of all kinds, regardless of frontiers, either orally, in writing or in print, in the form of art, or through any other media of his choice. 3.The exercise of the rights provided for in paragraph 2 of this article carries with it special duties and responsibilities. It may therefore be subject to certain restrictions, but these shall only be such as are provided by law and are necessary: (1) For respect of the rights or reputations of others; (2) For the protection of national security or of public order, or of public health or morals.")

壞他人之名譽等，侵害到他人之法益，或是侵犯到國 家或社會之法益，當然應承擔起侵害法益之法律責任。

　　近年來政府為了提升我國的人權標準，順應世界人權發展潮流，提升我國際人權地位，從而重新融入國際人權體系與拓展國際人權互助合作，行政院乃將兩項公約送請立法審議，立法院已於民國九十八年三月三十一日完成兩項公約的審議，並且通過《公民與政治權利國際公約》及《經濟社會文化權利國際 公約施行法》的立法程序；總統馬英九於同年五月十四日正式簽署該項公約， 頒布全國正式施行。依據司法院釋字第三二九號解釋意旨，「依據憲法第六十 三條規定締結之條約，其位階等同於法律」。此舉對內的意義在於：使得公約 轉為國內法的一部分，具有法律效力；而對外的意義在於；成為我國與國際社 會人權保障接軌的重要里程碑。[16]

陸、結語

　　憲法中言論自由之保障既非絕對地不受任何限制已如前述，不僅在與公益原則的考量之下，其權利範圍應有所限縮；而不同性質言論（如廣告、商品標示等）、不同表達方式之言論（如廣播頻道、電子媒體等）乃至於不同言論價值理論等，都提供了言論自由權利範疇的判斷方法。尤其言論自由之行使往往與其它自由權利產生衝突與競合，以言論自由與人格權之競合而言，法諺所謂「有權利，即有救濟」，前揭民法第一九五條之規定或是刑法三一○條之規定等皆是針對個人之名譽等權益受到侵害之保護而設，也都是符合憲法第二十三條所規定「為防止妨礙他人之自由所必要」之目的。因此依照法治國之原理，政府與

16　民國九十八年五月十四日總統馬英九正式簽署了《公民與政治權利國際公約》以及《經濟社會文化權利國際公約》國際人權公約，並期許進一步充實台灣民主內涵。並且於十二月十日世界人權日，也就是施行法生效日當天發表談話認為：「我們希望台灣不但是 在科學技術、經濟文化其他方面能夠跟上世界的腳步，也要在人權環境上能夠跟世界接軌。——成為跟世界各國平起平坐的一個國家。」資料來源大紀元新聞網 http://www.epochtimes.com.tw/index/tv/aid/294452

人民皆需遵守憲法及有關法律規範而定其行止。所謂依法行政，依法審判，依法執行乃是檢驗一個國家是否真正達到實施民主憲政之指標，而吾人從這個法理來檢視這幾年來國內所發生的幾件名譽權益受到侵害之案件，當被害人受到真正傷害而訴諸法律救濟之途徑時，即使法院依法作了判決，但若干被告經常會提出憲法第十一條之規定來質疑其言論自由受到不當的限制。吾人若從筆者以上所論述的世界人權宣言，公民及政治權利國際公約，歐美日等民主先進國家憲法，以及我國大法官對憲法之解釋與民、刑法等有關規定，亦在在的印證言論自由固應受到法律之保障，但言論自由並非絕對無限制可以濫用在侵害他人之法益，若濫用言論自由是應承擔其所應負之責任，因為自由誠可貴而應受到憲法的保障，但國家無法保障那些蓄意侵害別人自由權利的人！

第十五章　為言論自由與名譽維護尋求一個合理之平衡點

壹、言論自由的真諦

　　西方自由主義大師約翰穆勒（John Stuart Mill, 1806-1873）在其 1859 年所著之自由論（On Liberty）乙書中開宗明義的指出：「思想與言論自由是一切自由的前提，若是缺乏了它，則其他的自由就會落空」。因此，他將言論自由視為一種權利。此一權利是不應受到壓制的，否則便無法追求真理。因為用強制的方式去限制人民的言論自由，它所造成的禍害是無窮的。但依吾人研究穆勒所指稱的言論乃是指合法、合理的言論；亦就是不應傷害到國家、社會與個人法益之言論自由，才符合憲法所保障的言論。因此，若是有人認為穆勒所提到的自由是絕對而無條件的存在，那就錯了。因為穆勒固然極力主張言論自由，但若言論是屬於一種帶有煽動性、破壞性，而造成危害他人之法益，那就須受到國家法律的約束，向法律承擔應負之責任，亦就是承擔穆勒所指出的：「社會指定的義務」。台灣社會經過幾十年來推動民主改革的結果已實現了言論自由，尤其是媒體的自由已不遜於歐、美、日等民主先進國家，而我國憲法第 11 條亦明文規定言論自由受到憲法直接保障。但無論從以上所述的約翰穆勒之自由觀，乃至於世界人權宣言，公民及政治權利國際公約，以及我國司法院大法官之解釋與民法、刑法之規定而言，在在皆可印證言論自由固然應受到憲法及有關法律之保障，但若言論逾越合法、合理之界限，亦應負起法律侵權行為之責任。這無異正符合了一句「自由應保障，但不可將自由賦予破壞自由的人」之法律諺語。

貳、言論自由的限制

按 1966 年所通過的「公民及政治權利公約（Covenant on Civil and Political Rights）」第 19 條第 1 項規定：「人人皆有權自由表達意見而不受限制」。同條第 3 項復規定：「本條第二項所載各項權利之行使附有特別責任及某種限制，但此種限制已經法律規定，且為下列各款所必要者為限尊重他人權利或 名譽，為保障國家安全、公共秩序，或公眾健康及道德」[1]。因此，各國憲法或有關法律雖將言論自由視為基本人權予以明文規定之保障，但亦絕非採取絕對之保障，若言論侵犯到個人之法益，如誹謗、破壞他人之名譽等，侵害到他人之法益，或是侵到國家或社會之法益，當然應承擔起侵害法益之法律責任。以美國聯邦最高法院的實務見解與學界相關的論述為例。首先，1942 年大法官莫菲（Justice Murphy 1890-1949）在 Chap- linsky v. New Hampshire 一案中 即已指出：「眾所周知，言論自由的權利並非在任何時刻或任何情境下都屬於受到絕對保障的權利，對於某些經過謹慎界定及範圍相當有限制的幾類言論加以禁止或處罰，也從未產生憲法之爭議。這些言論包含誹謗性言論，及侮蔑性或攻擊性言論。而且從追求真理之觀點而言，這些類型言論並無任何社會價值，同時即使這些型言論能給社會帶來任何利益，這些可能之利益也明顯地小 於限制這些言論所欲維持之社會秩序及道德規範之社會利益」。[2] 此外，芝加 哥大學法學院史東教授（Geoffrey R. Stone）則將其對言論類型分類之見解稱為雙階理論（the two-level theory），亦就是以言論對社會所具有的價值為標準分為低價值的言論（Low-Value Speech）與高價值

---

1 該原文為（ "1.Everyone shall have the right to hold opinions without interference. 2.Everyone shall have the right to freedom of expression; this right shall include freedom to seek, receive and impart information and ideas of all kinds, regardless of frontiers, either orally, in writing or in print, in the form of art, or through any other media of his choice. 3.The exercise of the rights provided for in paragraph 2 of this article carries with it special duties and responsibilities. It may therefore be subject to certain restrictions, but these shall only be such as are provided by law and are necess- ary: 蔴 For respect of the rights or reputations of others; 糍 For the protection of national security or of public order, or of public health or morals." ）

2 See Chap- linsky v. New Hampshire 315 U.S. 568 (1942).

的言論（High-Value Speech），前者諸如涉及國家安全、社會安定或他人權益時，會給予適當的限制，後者則 受憲法言論自由較高程度的保障[3]。因此，即使像美國那樣實施民主憲政先進的國家，亦規定諸如辱罵他人因而招致衝突的言論、誹謗性言論、妨害他人權利之言論……等 18 種言論是無法受到憲法所保障的。[4] 我國司法院大法官第 509 號解釋亦指出：「言論自由受憲法保障，但為兼顧對個人名譽、隱私及公共利益之保護，法律尚非不得對言論自由依其傳播方式為合理之限制」。民法第 195 條第 1 項規定：「不法侵害他人之身體、健康、名譽、自由、信用、隱私、貞操或不法侵害其它人格法益而情節重大者，被害人雖財產上之損害，亦得請求賠償相當之金額，其名譽被侵害者，並得請求回復名譽之適當處分」，而刑法第 310 條第 1 項、第 2 項之規定亦是針對保障個人之法益而定。

參、言論自由的救濟

有權利就有救濟，因此就民法第 195 條之規定或是刑法第 310 條之規定皆是針對個人之名譽等權益受到侵害之保護而設，皆是符合憲法第 23 條所規定「為防止妨礙他人之自由所必要」之目的。因此依照法治國之原理，政府與人民皆需遵守憲法及有關法律規範而定其行止。所謂依法行政，依法審判，依法執行乃是檢驗一個國家是否真正達到實施民主憲政之指標，而吾人從這個法理來檢視這幾年來國內所發生的幾件名譽權益受到侵害之案件，當被害人受到真正傷害而訴諸法律救濟之途徑時，即使法院依法作了判決，但若干被告經常會提出憲法第 11 條之規定來質疑其言論自由受到不當的限制。吾人若從筆者以上所論述的世界人權宣言，公民及政治權利國際公約，歐美日等民主先進國家憲法，以及我國大法官對憲法之解釋與民、刑法等有關規定，亦在在的印證言論自由固應受到法律之保障，但言論自由並非絕對無限制可以濫用在侵害他人之法益，受濫用言論自由

3　Geoffrey R. Stone, "Content-Neutral Restrictions", 54 U. CHI. L. REV. 46, (1987).

4　吳啟賓，〈保障名譽權與言論自由之衝突〉，《司法周刊》，1471 期，二版，民 98.12.17.

是應承擔其所應負之責任，因為自由誠可貴而應受到憲法的保障，但國家無法保障那些蓄意侵害別人自由權利的人呀！

（本文刊載於台灣法學雜誌第 151 期，2010 年 5 月 1 日）

第十六章　對「言論免責權」的基本認知

壹、民意代表與其言論關係

　　司法院大法官會議於四月二十六日，針對民意代表「言論免責權」問題，作成「釋字第四〇一號」解釋認為：「國民大會代表和立法委員依憲法第三十二條及七十三條規定，享有言論和表決的免責權：但原選區選民認為其言論與行為若有不當，選民仍可依法行使罷免權。」對此我們應當給予肯定的評價：因為，司法院大法官會議第四〇一號的解釋，無異是再一次宣示人民可透過基本參政權的罷免權來監督民意代表，也就是民意代表雖在司法上享有言論及表決之免責權，但仍須對選民負起政治責任，這不但落實「主權在民」的民主政治真義，相對地也加重了選民的責任，顯示我國主憲政又向前邁進了一大步。

　　「言論免責權」是民主政治的特色之一，即「議會議員在會議時所為之言論及表決，對會外不負責任」之意，此又稱為民意代表的「免責特權」。民主國家任何涉及重大利益之衝突，皆應由國會公開辯論，最後決定也應由代表民眾的國會議員投票決定，對於代替選民參與公共事務及政策監督的民意代表，其意見之表達更須獲得充分的自由與保障，因此其「免責特權」就相當重要，藉以充分反映民意。

貳、言論免責權的意涵探原

　　民意代表的「免責特權」，肇始於西元一五二一年英國亨利八世，而確立於十七世紀「光榮革命」後，西元一六八九年的「民權法典」，其後世界各民主國家皆相繼採用，並將之制訂於憲法中，我國憲法第三十二條及第七十三條

亦有相同之規定。

　　惟各國對民意代表的「免責特權」的保障，又可分為「絕對保障」與「相對保障」兩種立法例，多數均採「絕對保障」，即國會議員在會議時所為之言論與表決，不論是否與會議有關，對外均不負責任，如有國會議員濫用言論自由，致侮辱他人有侵害他人之名譽或破壞公物情事時，只有依賴國會內部的自治處理。惟部分國家採「相對保障」，如：德國一九四九年公布之基本法第四十六條第一項規定：「議員不得因其在聯邦議會投票或發言，對之採法律或懲戒行為，亦不對聯邦議會以外負責。但誹謗不在此限。」我國憲法對中央民意代表之「免責特權」，究竟採「絕對保障」或「相對保障」並無明示，但對地方議會依據司法院院解字第三七三五號解釋、司法院大法官會議釋字第一二二號及第一六五號解釋表示，地方議會議員在會議時，所為無關會議事項之不法言論，仍應負責，即採「相對保障」。當前國內政治 生態，尤其立法院的問政品質，長期為人所詬病，其原因係少數民意代表挾其「免責特權」為所欲為。而司法院大法官會議釋字第四〇一號解釋，雖對中央民意代表之司法上的「免責權」予以肯定，但也對民主國家民意代表受選民監督給予再次宣示，因為選民既有以「選擇權」讓其當選的權力，相對的，對於有負所託的民意代表，當然亦有「罷免權」來監督，否則將會形成所謂「國會獨裁」的情形，也將會危害到民主的制度與品質。

參、言論免責權的加強落實

　　盱衡目前我國的民主憲政尚在起步階段，對於民意代表的「免責特權」，雖賦予選民責任以「罷免權」來作監督與制衡，然而，個人認為必須再從下列四方面一起來加強，方可確保民主政治的實現：

　　一、加強選民的民主法治教育，落實民主政治，使選民對本身應有的權力，能確實了解與行使，尤其「罷免權」的行使，必須再作加強，以落實選民監督之責。

　　二、行政與立法部門應加強「選罷法」的研修，建立符合現代民主憲政要求的選舉與罷免制度，以確實保障人民參政權。

三、「徒法不足以自行」，民意機關須嚴格執行內部紀律之維護，藉以提昇
　　民意代表之問政道德與品質。

四、各政黨對於所屬黨籍民意代表，應加強黨紀約束，並加強政治人才的培
　　育，進而提高黨籍民意代表問政品質與政黨形象。

　　誠如法國大政治思想家孟德斯鳩所言：「絕對的權力，絕對腐化」，為防止
民主政治的流弊，則要強化制衡的功能，此項落實法治政治、責任政治與政黨政
治，一切須以民意為依歸，來作有效之監督。從此觀點來看，則司法院大法官會
議釋字第四○一號的解釋，將使選民的權益獲得更有力的保障，而我們的國家也
能朝向更民主化與現代化之途邁進。

第十七章　平議個人資料保護法之修正

立法院於今（民國 99）年 4 月 27 日三讀修正通過「個人資料保護法」。其立法目的乃在於貫徹對個人資料之保護，同時對於該法之保護客體，不再以經電腦處理之個人資料為限，因此將民國 84 年 8 月 1 日所公布之「電腦處理個人資料保護法」名稱修正為「個人資料保護法」。此舉將使得我國未來在個人「人格權」之維護上具備更為完善之法制基礎。以下僅粗略地就新法在法制層面所具有的意義及重要性，提出本文之觀察與平議。

壹、充實人格權的保護項目

民國 84 年公布施行的「電腦處理個人資料保護法」係參照經濟合作開發組織（OECD）所揭示的保護個人資料諸原則所制訂（如限制蒐集原則、資訊內容完整正確原則、目的明確化原則、限制利用原則、安全維護原則、公開原則、個人參加原則與責任原則等），其立法目的在於避免人格權受侵害，以及促進個人資料的合理使用。修正後的個人資料保護法不僅再次確認此一立法目的，同時在修正條文中更加充實了人格權的保障內容與規範個人資料的合理使用範圍，新法第 1 條即開宗明義規定：「為規範個人資料之蒐集、處理及利用，以避免人格權受侵害，並促進個人資料之合理利用，特制定本法」。個人資料保護法所保障之法益固為人格權，惟個人資料種類繁多，因此同法第 2 條復規定，所謂「個人資料」除現行條文例示之日常生活中經常被蒐集、處理及利用之個人資料外，另增加護照號碼、醫療、基因、性生活、健康檢查、犯罪前科、聯絡方式等「特種個人資料」。此外，因社會態樣複雜，有些資料雖未直接引用他人姓名，但一經揭露仍足以識別為某一特定人士，對於個人隱私仍可能造成侵害，因此新法參考 1995 年歐盟資料保護指令（95/46/EC）第 2 條、日本個人資訊保護法第 2 條，將

原規定「其他足資識別該個人之資料」修正為「其他得以直接或間接方式識別該個人之資料」，以期周全。

貳、新增蒐集者告知義務與當事人書面同意

新法明定無論直接或間接蒐集個人資料，都要盡到告知的義務，新法第 8 條第 1 項除明確臚列法定應告知各款事項外，還必須取得當事人書面同意。同時，對於個人資料的使用定出詳細規範，比舊法標準更為嚴格。例如第 15 條 第 2 款，第 19 條第 5 款，第 16 條第 7 款、第 20 條第 1 項第 5 款所指「書面同意」等。修正後的新法使得「經當事人書面同意」成為蒐集、處理或利用個人資料的合法要件之一。相對而言，書面同意既對當事人之權益有重大影響，自應經明確告知應告知之事項，使當事人充分瞭解後審慎為之。值得注意的是，在例外的情況中，新法第九條中增列了「大眾傳播業者基於新聞報導之公益目的而蒐集個人資料」，得免除告知當事人的條款。這是在兼顧人格權與言論自由兩大法益之間所取得的衡平，同時避免新法對於人格權保障的過度傾斜。

參、舉證責任的移轉與負擔

新法第 29 條規定：「非公務機關違反本法規定，致個人資料遭不法蒐集、處理、利用或其他侵害當事人權利者，負損害賠償責任。但能證明其無故意或過失者，不在此限」。由此可見，新法實施後個人資料遭受侵權行為的舉證責任將由蒐集、處理與利用的一方負擔。過去對於非公務機關違法侵害當事人個人資料或發生個人資料外洩時，由當事人依法舉證提出訴訟常有實際上的困 難。但新法要求使用者必需舉證說明並非自己過失，因此等於間接地課予使用 者對於內部資料採取嚴格控管與保護的義務，如此才能事先避免或事後提出有 利證據。

個人資料的保障乃彰顯個人的人格價值，而人格價值乃人性尊嚴賴以存在的基礎。為貫徹對個人資料之保護，新法對於個人資料保護法的保護客體不再以

經電腦處理之個人資料為限；同時規範行為除個人資料之處理外，亦擴及蒐集及利用等行為。整體而論，此次修正的方向與內容值得吾人肯定。至於新法 規範中許多以「不確定法律概念」做為法條的構成要件部分，例如「公共利益」、「顯有更值得保護之重大利益」、「公開場所」或「公開活動」等，其適用範圍仍有待主管機關加以釐清。歐陸各國對於人格權與個人資訊自決權的保障已行之多年，美國透過對於隱私權的保護亦早已見諸聯邦最高法院的判例中。我國礙於民主化的進程，對於個人資料的重視與法制化的工作雖然起步較晚，但近年來已逐步落實於相關的解釋與法令之中。相信經由實踐與驗證的成果，未來新法的施行將使得攸關個人資料的人格權保障更臻於完善。

（本文刊載於台灣法學雜誌第 152 期，2010 年 5 月 15 日）

第十八章　從憲法與國際人權公約論言論自由之保障與限制

　　所謂言論乃是個人依自己之自由意志，在公共場所將自己的思想言論，公開的以語言文字等方式加以發表的自由，它是屬於人民的基本權利。但依法理有權利就有救濟，任何權利之行使當以不損害他人的自由權利為原則，言論自由亦是如此。

　　每個人固然有其憲法直接保障的言論自由，但言論自由若逾越一定的法律界限，那是必須受到法律的制約的。亦就是言論自由雖是人民既得以行使的自由權利，但這種權利之使用亦不是可以無限上綱以致侵害到別人之自由權利。因為任何言論自由若令其肆無顧忌的行使，以致侵害到國家、社會與人民之法益，這已違反了我國憲法 23 條比例原則，所以個人自由之行使當然不能妨害他人之自由權利。此乃憲法保障言論自由之核心價值所在。

　　值此資訊發達一日千里的全球知識經濟來臨的時代，尤其是大眾傳播與科技高度發展，每日我們面臨新聞媒體，無論是平面或電子媒所傳播給我們的信息，在在皆與我們生活關係甚為密切，而在媒體經營者或媒體所揭櫫之新聞自由（言論自由）又往往與我們的名譽、隱私等權利有所衝突。因此，如何在言論自由與國家社會或個人法益之維護上求得一個合理的平衡點，乃是身為現代國家政府機關團體、社團法人企業經營者或個人應加以正視的重大課題，鑒於以上論述要旨，筆者謹就法理的層面來加以劃分言論自由之界定與限制如後：

壹、就憲法與有關法律之層面而言

　　依我國憲法第 11 條規定：「人民有言論、講學、著作及出版之自由」，

有關司法院大法官會議針對憲法第 11 條言論、講學、著作及出版之自由，不憚
繁鉅，再三多次解釋其意旨，充份表現在我國民主化的過程中，捍衛言論自由
的勞心意詣，殊值肯定。如釋字第 364、380、414、445、450、509、563、
577、617、623 號。[1]

　　憲法第 11 條規定：「人民有言論、講學、著作及出版之自由」，又稱之為
意見自由，這種關係人類思想之啟發、科學之發展、及文化之進步甚鉅，故應給
予保障。茲就言論自由、講學自由、著作自由與出版自由敘述如下：

一、言論自由

　　係指個人有將其思想或意見以言論方式發表之自由。言論自由目前的學說有
1. 追求真理說。2. 健全民主程序說。3. 表現自我說。論者的爭點主要在上述三種
價值上，主張其中一方為言論自由的真正價值，其餘之價值，如果有的話，也只
是剩餘價值。而「維持社會安全」之價值，所以被忽視的原因，主要即在其乃衍
生價值，而非主要價值，因為，只要為滿足自我實現、追求真理、或參與政治決
定而保障言論自由，其亦能有維持社會長治久安之結果[2]。在法例上，美國聯邦
最高法院大法官於一九一九年的 Schenck 案中，首先提出「明顯而立即危險」作
為是否受到保障的標準，而於一九六九年聯邦最高法院 Bran-denburg 案時確立。
也就是說，當言論自由如與個人生命利益或國家安全發生衝突時，言論自由應加
以管制[3]。美國憲法的起草人傑佛遜曾言：「沒有新聞自由就沒有民主，而沒有
民主就沒有美國」。因此大凡世界上真正的民主自由國家對新聞自由之維護乃是
天經地義之事，惟新聞自由固然是民主國家所尊重，但它絕對不是絕對的，任何
新聞之報導若是違反公平、公正、客觀的立場，甚而無限上綱的濫用新聞媒體自
由，則其公信力是會遭到社會大眾懷疑。新聞自由是民主政治的礎石，而民主政

1　參閱吳啟賓，保障名譽權與言論自由之衝突，刊載於司法周刊 2009 年 12 月 17 日出版。

2　林子儀，言論自由與新聞自由，台北：月旦，1994 年 10 月，頁 15-16。

3　林子儀，同前書，頁 163-192。

治所追求的目標乃是在維護人的生存與尊嚴；因此，凡民主國家對新聞自由無不都大力維護。然而，如果媒體濫用新聞自由，以致傷及人的生存與尊嚴時，將根本傷害了民主政治的礎石。再者，新聞自由係對社會違反公平、正義之情事，創造一個可以匯集眾人的智慧，以求解決問題之管道，絕非是讓新聞自由反成為製造問題，甚至滋生違反 公平、正義的負面工具，是以，媒體尤應強化本身的自律與對國家社會責任。 考諸歐美先進國家，對於言論自由的保障亦反映在對於新聞自由的尊重， 要維持一個公平完全競爭的健康政治體系，就非得靠大眾媒體以客觀公正的立場對朝野政黨客觀公正的加以監督批評，當新聞自由與國家利益或個人生命安 全之間有所衝突時，毫無疑問的，該國媒體都會站在個人生命安全或國家利益考量上，作最符合個人生命安全或國家利益的處理，亦就是在維持人民「知的權利」與社會責任上，求得一個平衡點[4]。此外，民主政治以言論自由為前提，無言論自由則其他一切自由則淪為空談，尤其民意代表代表民意監督政府，為避免行使時受到行政或司法之不當不法干預與壓迫，特賦予免責特權，其本意即在此，但另一方面又為了防止免責特權之濫用，各國憲法的規定及學者的主張對免責特權有絕對保障與相對保障之不同，然而，不論是主張絕對保障或相對保障，都同樣認為民意代表的免責特權應以不侵害他人權利為原則，以及為提昇問政品質為目的[5]。

　　關於言論自由之限制，刑法第 310 條規定：「意圖散布於眾，而指摘或傳 述足以毀損他人名譽之事者，為誹謗罪，處一年以下有期徒刑、拘役或五百元 以下罰金。散布文字、圖畫犯前項之罪者，處二年以下有期徒刑、拘役或一千 元以下罰金。對於所誹謗之事，能證明其為真實者，不罰。但涉於私德而與公 共利益無關者，不在此限。」

　　司法院大法官會議釋字第 509 號解釋文指出行為人若能證明其係有相當理由而確信其所發表之言論為真實者，即不能以誹謗罪之刑責相繩；檢察官、自訴人、

4　黃炎東，媒體應善盡責任，台灣真正站起來（下），台灣日報，2000 年 10 月 17 日，9 版。
5　黃炎東，我的理想與追尋，台北：黎明，1997 年 7 月，頁 73-75。

法院亦不免除舉證責任或發現真實之義務，其解釋文如下：「言論自由為人民之基本權利，憲法第 11 條有明文保障，國家應給予最大限度之維護，俾其實現自我、溝通意見、追求真理及監督各種政治或社會活動之功能得以發揮。惟為兼顧對個人名譽、隱私及公共利益之保護，法律尚非不得對言論自由 依其傳播方式為合理之限制。刑法第 310 條第 1 項及第 2 項誹謗罪即係保護個人法益而設，為防止妨礙他人之自由權利所必要，符合憲法第 23 條規定之意 旨。至刑法同條第 3 項前段以對誹謗之事，能證明其為真實者不罰，係針對言 論內容與事實相符者之保障，並藉以限定刑罰權之範圍，非謂指摘或傳述誹謗 事項之行為人，必須自行證明其言論內容確屬真實，始能免於刑責。惟行為人 雖不能證明言論內容為真實，但依其所提證據資料，認為行為人有相當理由確 信其為真實者，即不能以誹謗罪之刑責相繩，亦不得以此項規定而免除檢察官 或自訴人於訴訟程序中，依法應負行為人故意毀損他人名譽之舉證責任，或法 院發現其為真實之義務。就此而言，刑法第 310 條第 3 項與憲法保障言論自由 之旨趣並無牴觸。」

解釋理由書進一步指出：「憲法第 11 條規定，人民之言論自由應予保障，鑑於言論自由有實現自我、溝通意見、追求真理、滿足人民知的權利，形成公意，促進各種合理的政治及社會活動之功能，乃維持民主多元社會正常發展不可或缺之機制，國家應給予最大限度之保障。惟為保護個人名譽、隱私等法益及維護公共利益，國家對言論自由尚非不得依其傳播方式為適當限制。至於限制之手段究應採用民事賠償抑或兼採刑事處罰，則應就國民守法精神、對他人權利尊重之態度、現行民事賠償制度之功能、媒體工作者對本身職業規範遵守之程度及其違背時所受同業紀律制裁之效果等各項因素，綜合考量。以我國現況而言，基於上述各項因素，尚不能認為不實施誹謗除罪化，即屬違憲。況一旦妨害他人名譽均得以金錢賠償而了卻責任，豈非享有財富者即得任意誹謗他人名譽，自非憲法保障人民權利之本意。刑法第 310 條第 1 項：『意圖散布於眾，而指摘或傳述足以毀損他人名譽之事者，為誹謗罪，處一年以下有期徒刑、拘役或五百元以下罰金』，第 2 項：『散布文字、圖畫犯前項之罪者，處二年以下有期徒刑、拘役或一千元以下罰金』係分別對以言詞或文字、圖畫而誹謗他人者，科予不同之刑罰，為防

止妨礙他人自由權益所必要，與憲法第 23 條所定之比例原則尚無違背。

刑法第 310 條第 3 項前段規定：『對於所誹謗之事，能證明其為真實者，不罰』，係以指摘或傳述足以毀損他人名譽事項之行為人，其言論內容與事實相符者為不罰之條件，並非謂行為人必須自行證明其言論內容確屬真實，始能免於刑責。惟行為人雖不能證明言論內容為真實，但依其所提證據資料，認為行為人有相當理由確信其為真實者，即不能以誹謗罪之刑責相繩，亦不得以此項規定而免除檢察官或自訴人於訴訟程序中，依法應負行為人故意毀損他人名譽之舉證責任，或法院發現其為真實之義務。就此而言，刑法第 310 條第 3 項與憲法保障言論自由之旨趣並無牴觸。」

司法院大法官會議釋字第 364 號解釋文強調人民接近媒體使用權應與傳播媒體編輯自由同時兼顧（節錄）：「言論自由為民主憲政之基礎。廣播電視係人民表達思想與言論之重要媒體，可藉以反映公意強化民主，啟迪新知，促進文化、道德、經濟等各方面之發展，其以廣播及電視方式表達言論之自由，為憲法第 11 條所保障之範圍。惟廣播電視無遠弗屆，對於社會具有廣大而深遠之影響。故享有傳播之自由者，應基於自律觀念善盡其社會責任，不得有濫用自由情事。其有藉傳播媒體妨害善良風俗、破壞社會安寧、危害國家利益或侵害他人權利等情形者，國家自得依法予以限制。」

司法院大法官會議釋字第 401 號解釋文指出憲法保障民意代表之言論免責權範圍不及於罷免權之行使，因此，我國國內選區之立委與國大，原選區選民得罷免之，不受言論免責權規定之限制：「憲法第 32 條及第 73 條規定國民大會代表及立法委員言論及表決之免責權，係指國民大會代表在會議時所為之言論及表決，立法委員在立法院內所為之言論及表決，不受刑事訴追，亦不負民事賠償責任，除因違反其內部所訂自律之規則而受懲戒外，並不負行政責任之意。又罷免權乃人民參政權之一種，憲法第 133 條規定被選舉人得由原選舉區依法罷免之，則國民大會代表及立法委員因行使職權所為言論及表決，自應對其原選舉區之選舉人負政治上責任。從而國民大會代表及立法委員經國內選舉區選出者，其原選舉區選舉人得以國民大會代表及立法委員所為言論及表決不當為理由，依法

罷免之，不受憲法第 32 條及第 73 條規定之限制。」釋字 435 號則對言論免責權之範圍作出更明確的規範。

司法院大法官會議釋字第 414 號解釋理由書（節錄）也指出藥物廣告與國民健康有重大關係，基於公共利益之維護，自應受較嚴格之規範：「…言論自由，在於保障意見之自由流通，使人民有取得充分資訊及自我實現之機會，包括政治、學術、宗教及商業言論等，並依其性質而有不同之保護範疇及限制之準則。其中非關公意形成、真理發現或信仰表達之商業言論，尚不能與其他言論自由之保障等量齊觀。藥物廣告係利用傳播方法，宣傳醫療效能，以達招徠藥物廣告之商業言論，因與國民健康有重大關係，基於公共利益之維護，自應受較嚴格之規範。」

司法院大法官會議釋字第 364 號解釋理由書對於廣電自由與使用接近媒體權的相互關係加以探討：…廣播電視之電波頻率為有限性之公共資源，為免被壟斷與獨占，國家應制定法律，使主管機關對於開放電波頻率之規劃與分配，能依公平合理之原則審慎決定，藉此謀求廣播電視之均衡發展，民眾亦得有更多利用媒體之機會。

至學理上所謂『接近使用傳播媒體』之權利（the right of access to the media），乃指一般民眾得依一定條件，要求傳播媒體提供版面或時間，許其表達意見之權利而言，以促進媒體報導或評論之確實、公正。例如媒體之報導或評論有錯誤而侵害他人之權利者，受害人即可要求媒體允許其更正或答辯，以補救之。又如廣播電視舉辦公職候選人之政見辯論，於民主政治品質之提昇，有所裨益。

惟允許民眾『接近使用傳播媒體』，就媒體本身言，係對其取材及編輯之限制。如無條件強制傳播媒體接受民眾表達其反對意見之要求，無異剝奪媒體之編輯自由，而造成傳播媒體在報導上瞻前顧後，畏縮妥協之結果，反足影響其確實、公正報導與評論之功能。是故民眾「接近使用傳播媒體」應在兼顧媒體編輯自由之原則下，予以尊重。如何設定上述「接近使用傳播媒體」之條件，自亦應於法律內為明確之規定，期臻平等。」

綜上所述，以廣播及電視方式表達意見，屬於憲法第 11 條所保障言論自由之範圍。為保障此項自由，國家應對電波頻率之使用為公平合理之分配，對於人民平等『接近使用傳播媒體』之權利，亦應在兼顧傳播媒體編輯自由原則下，予以尊重，並均應以法律定之。

二、講學自由

係指保障學術研究、講授學問、發表學說及其研究成果，不受國家權力之干涉。此外，學者也指出學術自由應涵括在講學自由當中，講學自由必須要輔以研究自由，方能獲得充分與實質的保障，因此，學術自由應為憲法第 11 條 所稱之講學自由的概念所涵蓋[6]。

司法院大法官會議釋字第 380 號解釋文指出講學自由係屬學術自由之制度性保障大學法施行細則中，由教育部邀集各大學研訂共同必修科目之規定等，與憲法保障大學自治之意旨不符：「憲法第 11 條關於講學自由之規定，係對 學術自由之制度性保障；就大學教育而言，應包含研究自由、教學自由及學習 自由等事項。大學法第 1 條第 2 項規定：『大學應受學術自由之保障，並在法 律規定範圍內，享有自治權』，其自治權之範圍，應包含直接涉及研究與教學 之學術重要事項。大學課程如何訂定，大學法未定有明文，然因直接與教學、 學習自由相關，亦屬學術之重要事項，為大學自治之範圍。憲法第 162 條故規 定：『全國公私立之教育文化機關，依法律受國家監督。』則國家對於大學自 治之監督，應於法律規定範圍內為之，並須符合憲法第 23 條規定之法律保留 原則。大學之必修課程，除法律有明文規定外，其訂定亦應符合上開大學自治 之原則，大學法施行細則第 22 條第 3 項規定：『各大學共同必修科目，由教育 部邀集各大學相關人員共同研訂之。』惟大學法並未授權教育部邀集各大學共 同研訂共同必修科目，大學法施行細則所定內容即不得增加大學法所未規定之限制。又同條第 1 項後段：『各大學共同必修科目不及格者不得畢業』之規

---

6 董保城，教育法與學術自由，台北：月旦，1997 年 5 月，頁 24-25。

定，涉及對畢業條件之限制，致使各大學共同必修科目之訂定實質上發生限制畢業之效果，而依大學法第 23 條、第 25 條及學位授予法第 2 條、第 3 條規定，畢業之條件係屬大學自治權範疇。是大學法施行細則第 22 條第 1 項後段逾越大學法規定，同條第 3 項未經大學法授權，均與上開憲法意旨不符，應自本解釋公布之日起，至遲於屆滿一年時，失其效力。」

其解釋理由書第一段指出為保障大學之學術自由，應承認大學自治之制度，對於研究、教學及學習等活動，擔保其不受不當之干涉，使大學享有組織經營之自治權能，個人享有學術自由：「憲法第 11 條關於講學自由之規定，以保障學術自由為目的，學術自由之保障，應自大學組織及其他建制方面，加以確保，亦即為制度性之保障。為保障大學之學術自由，應承認大學自治之制度，對於研究、教學及學習等活動，擔保其不受不當之干涉，使大學享有組織經營之自治權能，個人享有學術自由。憲法第 162 條規定：「全國公私立之教育文化機關，依法律受國家之監督。」大學法第 1 條第 2 項規定：「大學應受學術自由之保障，並在法律規定範圍內，享有自治權。」是教育主管機關對大學之監督，應有法律之授權，且法律本身亦須符合憲法第 23 條規定之法律保留原則。」

其解釋理由書第二段指出學術自由保護的領域，舉凡探討學術及發現真理者，諸如研究動機之形成，計畫之提出，研究人員之組成，預算之籌措分配，研究成果之發表，非但應受保障並得分享社會資源之供應。研究以外屬於教學與學習範疇之事項，諸如課程設計、科目訂定、講授內容、學力評定、考試規則、學生選擇科系與課程之自由，以及學生自治等亦在保障之列。除此之外，大學內部組織、教師聘任及資格評量，亦為大學之自治權限，尤其應杜絕外來之不當干涉：「按學術自由與教育之發展具有密切關係，就其發展之過程而言，免於國家權力干預之學術自由，首先表現於研究之自由與教學之自由，其保障範圍並應延伸至其他重要學術活動，舉凡與探討學問，發現真理有關者，諸如研究動機之形成，計畫之提出，研究人員之組成，預算之籌措分配，研究成果之發表，非但應受保障並得分享社會資源之供應。研究以外屬於教學與學習範疇之事項，諸如課程設計、科目訂定、講授內容、學力評定、考試規則、學生選擇科系與課程之自

由，以及學生自治等亦在保障之列。除此之外，大學內部組織、教師聘任及資格評量，亦為大學之自治權限，尤應杜絕外來之不當干涉。大學法第 4 條、第 8 條、第 11 條、第 22 條、第 23 條及私立學校法第 3 條前段均定有大學應受國家監督之意旨，惟教育主管機關依法行使其行政監督權之際，應避免涉入前述受學術自由保障之事項。至於大學課程之自主，既與教學、學習自由相關，屬學術之重要事項，自為憲法上學術自由制度性保障之範圍。大學課程之訂定與安排，應由各大學依據大學自治與學術責任原則處理之。」

其解釋理由書第三段則說明了大學自治的限制：「大學法第 23 條對於大學修業年限之延長及縮短，規定為大學自治事項，有關辦法授權由各大學自行擬定，報請教育部核備後實施，故教育部對各大學之運作僅屬於適法性監督之地位。教育部監督權之行使，應符合學術自由之保障及大學自治之尊重，不得增加法律所未規定之限制，乃屬當然。大學之必修課程，除法律有明文規定外，其訂定亦應符合上開大學自治之原則，大學法施行細則第 22 條第 3 項規定：

『各大學共同必修科目，由教育部邀集各大學相關人員共同研訂之。』惟大學法並未授權教育部邀集各大學相關人員共同研訂共同必修科目，大學法施行細則所定內容即不得增加大學法所未規定之限制。教育部依此所定各大學共同必修科目僅係提供各大學訂定相關科目之準則。同條第 1 項後段：『各大學共同必修科目不及格者不得畢業』之規定，為對畢業條件所加之限制，各大學共同必修科目之訂定因而發生限制畢業之效果，而依大學法第 23 條、第 25 條及學位授予法第 2 條、第 3 條規定，畢業之條件係屬大學自治權範疇。大學法施行細則第 22 條第 1 項後段自係逾越大學法規定，又同條第 3 項未經大學法授權，均與前揭憲法意旨不符，應自本解釋公布之日起，至遲於屆滿一年時，失其效力。於此期間，大學共同必修科目之設置，應本大學自治之精神由法律明文規定，或循大學課程自主之程序由各大學自行訂定，併此指明。」

司法院大法官會議釋字第 450 號解釋文指出大學自治屬於憲法第 11 條學術自由制度性保障之保障範圍，大學法及其實施細則應設軍訓室，負責軍護課程之規劃之規定，違反講學自由所保障之大學自治：「大學自治屬於憲法第 11 條講

學自由之保障範圍，舉凡教學、學習自由有關之重要事項，均屬大學自治之項目，又國家對大學之監督除應以法律明定外，其訂定亦應符合大學自治之原則，業經本院釋字第 380 號解釋釋示在案。大學於上開教學研究相關之範圍內，就其內部組織亦應享有相當程度之自主組織權。各大學如依其自主之決策認有提供學生修習軍訓或護理課程之必要者，自得設置與課程相關之單位，並依法聘任適當之教學人員。惟大學法第 11 條第 1 項第 6 款及同法施行細則第 9 條第 3 項明定大學應設置軍訓室並配置人員，負責軍訓及護理課程之規劃與教學，此一強制性規定，有違憲法保障大學自治之意旨，應自本解釋公布之日起，至遲於屆滿一年時失其效力。」

其解釋理由書則進一步明確大學自治的內容：「國家為健全大學組織，有利大學教育宗旨之實現，固得以法律規定大學內部組織之主要架構，惟憲法第 11 條關於講學自由之規定，係對學術自由之制度性保障，大學自治亦屬該條之保障範圍。舉凡教學、學習自由、講授內容、學生選擇科系與課程自由等均屬大學自治之項目，業經本院釋字第 380 號解釋釋示在案。大學於上開教學研究相關之範疇內，就其內部組織亦應享有相當程度之自主組織權，如大學認無須開設某種課程，而法令仍強制規定應設置與該課程相關之規劃及教學單位，即與憲法保障學術自由及大學自治之意旨不符。倘各大學依其自主之決策，認有提供學生修習軍訓或護理課程之必要，自得設置與軍訓或護理課程相關之單位，並依法聘請適任之教學人員。惟大學法第 11 條第 1 項第 6 款及同法施行細則第 9 條第 3 項規定，大學應設置軍訓室並配置人員，負責軍訓及護理課程之規劃與教學，未能顧及大學之自主權限，有違憲法前述意旨。本件解釋涉及制度及組織之調整，有訂定過渡期間之必要，故上開大學法及同法施行細則之規定，應自本解釋公布之日起，至遲於屆滿一年時失其效力。大學法第 11 條第 1 項第 1 款至第 4 款所列教務處、學生事務處、總務處、圖書館為支援大學教學及研究所必要，第 7 款至第 9 款之秘書室、人事室、會計室為協助大學行政之輔助單位，該法定為大學應設之內部組織，與憲法保障大學自治之意旨尚無牴觸。至大學提供體育設施及活動以健全學生體格固有必要，然是否應開設體育課程而必須設置

體育室，亦屬大學自治之範疇，同條第 1 項第 5 款之規定仍應由有關機關一併檢討改進，併此指明。」

三、著作自由

係指人民可以藉由文學、科學、藝術以及其他學術創作，自由表示個人之意見。

四、出版自由

係指人民藉由印刷品的發行，以文字圖畫表達其思想意見的權利。國家給予人民出版自由，主要目的在於給予人民交換知識與表達思想之機會，我國司法院大法官會議釋字第 407 號解釋文曾對於出版自由中猥褻性言論加以界定：「…惟猥褻出版品，乃指一切在客觀上，足以刺激或滿足性慾，並引起普通一般人羞恥或厭惡感而侵害性的道德感情，有礙於社會風化之出版品而言。猥褻出版品與藝術性、醫學性、教育性等出版品之區別，應就出版品整體之特性及其目的而為觀察，並依當時之社會一般觀念定之。又有關風化之觀念，常隨社會發展、風俗變異而有所不同，主管機關所為釋示，自不能一成不變，應基於尊重憲法保障人民言論出版自由之本旨，兼顧善良風俗及青少年身心健康之維護，隨時檢討改進。至於個別案件是否已達猥褻程度，法官於審判時應就具體案情，依其獨立確信之判斷，認定事實，適用法律，不受行政機關函釋之拘束，乃屬當然。」

其次，在解釋理由書提到新聞局對於猥褻出版品所為之釋示，符合出版法規之意旨，與憲法尚無牴觸之處：「法官依據法律獨立審判憲法第 80 條設有明文。各機關依其職掌就有關法規為釋示之行政命令，法官於審判案件時，並不受其拘束。惟如經法官於裁判上引用者，當事人即得依司法院大法官審理案件法第 5 條第 1 項第 2 款規定聲請解釋，業經本院釋字第 216 號解釋闡釋在案。本件確定終局判決係以行政院新聞局（81）強版字第 02275 號函為其認定事實之論據，經聲請人具體指陳上開函件有牴觸憲法之疑義，依上說明，應予受理。

出版自由為民主憲政之基礎，出版品係人民表達思想與言論之重要媒介，

可藉以反映公意，強化民主，啟迪新知，促進文化、道德、經濟等各方面之發展，為憲法第 11 條所保障。惟出版品無遠弗屆，對社會具有廣大而深遠之影響，故享有出版自由者，應基於自律觀念，善盡其社會責任，不得有濫用自由情事。其有藉出版品妨害善良風俗，破壞社會安寧、公共秩序等情形者，國家自得依法律予以限制。

法律所定者，多係抽象之概念，主管機關基於職權，因執行特定法律，就此抽象概念規定，得為必要之釋示，以供本機關或下級主管機關作為適用法律、認定事實及行使裁量權之基礎。出版品是否有觸犯或煽動他人觸犯猥褻罪情節，因各國風俗習慣之不同，倫理觀念之差距而異其標準，但政府管制有關猥褻出版品乃各國所共通。猥褻出版品當指一切在客觀上，足以刺激或滿足性慾，並引起普通一般人羞恥或厭惡感而侵害性的道德感情，有礙於社會風化之出版品而言。猥褻出版品與藝術性、醫學性、教育性等出版品之區別，應就出版品整體之特性及其目的而為觀察，並依當時之社會一般觀念定之。

行政院新聞局依出版法第 7 條規定，為出版品中央主管機關，其斟酌我國社會情況及風俗習慣，於中華民國八十一年二月十日（81）強版字第 02275 號函釋謂「出版品記載觸犯或煽動他人觸犯出版法第 32 條第 3 款妨害風化罪，以左列各款為衡量標準：甲、內容記載足以誘發他人性慾者。乙、強調色情行為者。丙、人體圖片刻意暴露乳部、臀部或性器官，非供學術研究之用或藝術展覽者。丁、刊登婦女裸體照片、雖未露出乳部、臀部或性器官而姿態淫蕩者。戊、雖涉及醫藥、衛生、保健、但對性行為過分描述者」，係就出版品記載內容觸犯刑法第 235 條猥褻罪，違反出版法第 32 條第 3 款之禁止規定，應依同法第 37 條、第 39 條第 1 項第 3 款及第 40 條第 1 項第 4 款處罰所為例示性解釋，並附有足以誘發、強調色情、刻意暴露、過分描述等易引起性慾等特定條件，非單純刊登文字、圖畫即屬相當，以協助出版品地方主管機關認定出版法 第 32 條第 3 款有關刑法妨害風化罪中之猥褻罪部分之基準，函釋本身未對人民出版自由增加法律所未規定之限制，與憲法尚無牴觸。又有關風化之觀念，常隨社會發展、風俗變異而有所不同，主管機關所為釋示，自不能一成不變，應基於尊重憲法保障人民言論

出版自由之本旨，兼顧善良風俗及青少年身心健康之維護，隨時檢討改進。

行政罰與刑罰之構成要件各有不同，刑事判決與行政處罰原可各自認定事實。出版品記載之圖文是否已達猥褻程度，法官於審判時應就具體案情，依其獨立確信之判斷，認定事實，適用法律，不受行政機關函釋之拘束。本件僅就行政院新聞局前開函釋而為解釋，關於出版法其他事項，不在解釋範圍之內，併此說明。」惟出版法已於民國 88 年 1 月 25 日廢止。

關於出版自由之限制，刑法第 153 條規定：「以文字、圖畫、演說或他法，公然為左列行為之一者，處二年以下有期徒刑、拘役或一千元以下罰金：一、煽惑他人犯罪者。二、煽惑他人違背命令，或抗拒合法之命令者。」

貳、就聯合國大會決議通過的世界人權宣言及公民政治權利國際公約層面而言

一九四八年聯合國大會通過世界人權宣言後，人權委員會即開始依據世界人權宣示的內容起草相關的國際人權公約。一九五〇年第五屆聯合國大會審議人權委員會提交的公約草案內容，其中僅保護個人的公民權利與政治權利。大會認為這一公約草案並未包括世界人權宣言的全部內容。由於世界人權宣言內容包含有第一階段的公民和政治權利，以及第二階段經濟、社會和文化權利；此外，復由於資本主義國家關注公民與政治性權利的議題，而開發中國家則偏向於尋求經濟、社會和文化權利的保障。因此，第六屆聯合國大會於一九五二年決定由人權委員會分別起草這兩項各別的人權公約。一九五四年人權委員會將《公民權利與政治權利國際公約》（International Covenant on Civil and Political Rights）、《經濟、社會及文化權利國際公約》（International Covenant on Economic, Social and Cultural Rights）等兩部草案提交由第九屆聯合國大會審議。一九六六年十二月十六日第二十一屆聯合國大會於第 2200A 號決議中通過，並開放給各國簽字批准和加入。此兩個公約與世界人權宣言共同成為當前最重要的國際人權憲章（International Bill of Human Rights）。

　　我國於一九六七年十月五日由常駐聯合國代表劉鍇在兩公約上簽字，但因聯合國大會在一九七一年十月二十五日通過的二七五八號決議中排除了中華民國在聯合國的代表權，使得我國無法再參與聯合國的任何活動，同時四十多年來批准兩公約的進程因而延宕。近年政府為了提升我國的人權標準，順應世界人權發展潮流，提升我國際人權地位，從而重新融入國際人權體系與拓展國際人權互助合作，行政院乃將著手將兩項公約送請立法審議，並且依據司法院釋字第三二九號解釋意旨，「依據憲法第六十三條規定締結之條約，其位階等同於法律」。立法院於民國九十八年三月三十一日完成兩項公約的審議，並且通過《公民與政治權利國際公約及經濟社會文化權利國際公約施行法》的立法程序；總統馬英九於同年五月十四日正式簽署該項公約，頒布全國正式施行。此舉對內的意義在於：使得公約轉為國內法的一部分，具有法律效力；而對外的意義在於：成為我國與國際社會人權保障接軌的重要里程碑[7]。

　　按世界人權宣言第 19 條規定：「人人有權享受主張和發表意見的自由；此項權利包括持有主張和發表意見的自由；此項權利包括持有主張而不受干涉的自由，和通過任何媒介和不論國界，尋求、接受和傳遞消息和思想的自由。（Article 19 "Everyone has the right to freedom of opinion and expression; this right includes freedom to hold opinions without interference and to seek, receive and impart information and ideas through any media and regardless of frontiers."）[8]

　　而 1966 年 12 月 16 日聯合國大會通過的「公民及政治權利國際盟約（International Covenant on Civil and Political Rights）」，第 19 條規定：「1、人人皆有保持意見不受干與之權利。2、人人皆有權自由表達意見；此種權利包括以

7　民國九十八年五月十四日總統馬英九在臺北賓館正式簽署了《公民與政治權利國際公約》及《經濟社會文化權利國際公約》國際人權公約，並期許進一步充實台灣民主內涵。並且於十二月十日世界人權日，也就是施行法生效日當天發表談話認為：「我們希望台灣不但是在科學技術、經濟文化其他方面能夠跟上世界的腳步，也要在人權環境上能夠跟世界接軌。一成為跟世界各國平起平坐的一個國家。」資料來源 大紀元新聞網 http://www.epochtimes.com/tw/index/tv/aid/294452

8　參閱吳啟賓，保障名譽權與言論自由之衝突，司法周刊，民國 98 年 12 月 17 日出版。

語言、文字、印刷、藝術或自己選擇之其他方式，不分國界，尋求、接受及傳播各種消息及思想之自由。3、本條第 2 項所載權利之行使，附有特別責任及義務，故得予以某種限制；但此種限制以經法律規定，且為下列各款所必要者為限：(1) 尊重他人權利或名譽；(2) 保障國家安全、公共秩序、公共衛生或風化[9]。「"1.Everyone shall have the right to hold opinions without interference. 2.Everyone shall have the right to freedom of expression; this right shall include freedom to seek, receive and impart information and ideas of all kinds, regardless of frontiers,either orally, in writing or in print, in the form of art, or through any other media of his choice. 3.The exercise of the rights provided for in paragraph 2 of this article carries with it special duties and responsibilities. It may therefore be subject to certain restrictions, but these shall only be such as are provided by law and are necessary: (a)For respect of the rights or reputations of others;(b)For the protection of national security or of public order (order public),or of public health or morals."」[10]

　　從以上我們就世界人權宣言或有關國際公約之論述，我們更可瞭解言論自由固然是憲法所保障之基本人權，但這種權利並非絕對，其行使尚須附有特別責任及義務，為了防止妨礙他人自由，避免緊急危難，維持社會秩序，或增進公共利益所必要者，得以法律限制之，這與「公民及政治權利國際公約第 19 條第 3 項之規定及當前世界上各民主國家對言論自由固然加以保障，但亦對若逾越法律之界限亦皆予以某種限制[11]。

9　同前註 8。

10　參閱網路上 2009 年 10 月 4 日美國國務院國際信息局出版物「民主的原則 (Principles of Democracy)」所載「言論自由」(http://usinfo.org/zhtw/PUBS/PrinciplesDemocncy/Speech.htm) 轉引自吳啟賓，保障名譽權與言論自由之衝突，司法周刊，民國 98 年 12 月 17 日出版。)

11　參閱吳啟賓，保障名譽權與言論自由之衝突，司法周刊，民國 98 年 12 月 17 日出版。

第十九章　政治現代化與經濟發展之關聯──開發中國家的政黨角色

壹、前言

　　開發中國家無論其政治體系屬於傳統君主王朝、軍事統治政權，或者效法已開發國家的民主政體，其追求的目標終究是希望國家早日邁向全面現代化。但由於其歷史傳統、文化背景、社會經濟等本身獨特的結構，並不必然能夠有效順應現代化的潮流，而使國家全面現代化。相反地，這些國家由於長期在君主專制的統治下，或者根本只是部落尚未形成一個國家，又或者原屬西方國家的殖民地，其基本的政治體系無法適應現代化的需要，更遑論冀求其生產的迅速工業化，以及社會的多元化等發展。

　　不過面對文化的思潮衝擊，如何突破各項困難，使人民享受現代化的建設成果，已經成為開發中國家不得不去致力克服的首要課題。其中尤以如何有效整合國家菁英、確立政治體系的有效運作之政治現代化，最需要迫切加以解決。而在邁向政治現代化過程中，匯集力量去組織群眾以面對社會、經濟，甚至種族、地域的分歧，則需要有一個制度化的強大組織，始能鞏固政體、發展經濟，建設現代化的國家，而這個組織就是政黨。

　　從開發中國家特別是新興國家的資料顯示，政黨的運作不祇影響社會發展的方向，也及於該國國家政府體制與憲政結構，尤其在其建國過程中，各種成果幾乎皆是有賴政黨以民族主義為號召，使用軍事武力，並結合群眾力量所爭取得來的。當建國完成之後，政黨更是扮演控制政府、培養人民認同國家體制及加強政治教育的角色，以帶領群眾追求現代化，因此，政黨在開發中國家與新

興國家政治現代化的過程中，的確扮演舉足輕重的角色。

貳、政治現代化的指標

　　開發中國家之所以追求政治現代化，其目的在解決政治與經濟成長等問題，使社會更能夠適應人民的需求，滿足人民的欲望，但其模式及應該完成的目標並無定論。美國學者白萊班迪[1]認為政治現代化應該建立可預期獲得遵行的有效法制；擴大民主參與，使政府能對民意負責，也能和平改變；有能力融合各種分歧勢力，保持國家完整；行政單位能夠融合專長，以達到負責、理性、民主的要求，並且保持公正。我國學者呂亞力則以為政治現代化是達成政治認同、政治權威與政治權力分配三方面的變遷。在政治認同方面，傳統社會的人民，大多數只有家族、地位、部落、宗教社群的認同，對國族的認同不是全然不存，亦極為淡薄。而現代化歐洲國家國族認同的產生與成長，一方面是由於民族國家成立後，統治者刻意栽培的結果，另一方面也是現代化的溝通系統、民族語言、市場經濟等等因素的影響。這個過程歷時頗久，但在十七世紀已經大致完成。至於亞非的開發中國家，如有固定疆土、統一文字，則國族認同的培養不困難，但有的卻缺少這些有利條件，許多政治問題，都因此而起。就政治權威而言，政治現代化的過程，一方面是將個人式的權威改變為制度化的權威，自無限的權威改變為有限的權威，從任性的權威改變為依法行政的權威；另一方面就是政治權威行使社會功能方面能力的提昇歷程；已經現代化的國家，權威制度化較早完成，權威能力的提高則隨福利國家的誕生而逐步達成。至於多數亞非國家，知識份子對此有所爭執，即有的認為權威制度化比政府能力的增高重要，努力重心應在此，另一些人的看法則相反，因此發展比較困難。關於政治權力的分配，傳統社會的政治權力是集中在上層階級手中，下層群眾沒有絲毫影響力，政治現代化是一個政治權

1　Myron Weiner(ed.), Modernization: The Dynamics of Growth, Voice of America, Forum Lectures, 1966, pp. 181-2.

力漸漸分散的過程，這個歷程的終點是參政的平等，在歐美國家，這個過程發展甚為緩慢，以投票權而論，是經過數世紀才達到全民普選。亞非國家則幾乎甫告獨立，即實行民選政治領袖，賦與全民投票權，但在若干國家，也幾乎同時就使投票形式化，正因如此，參政問題常成為政治紛擾的主因。[2]

關於檢驗一個政治現代化程度的指標，以美國學者韓廷頓（S. P. Huntington）所提出的三個指標最具包涵性及最具代表性，即權威合理化（rationalization of authority）、政府結構的分化（differentiated structure）與民眾的擴大參與（mass participation）。[3]權威合理化亦即眾多傳統的、宗教的、家族的及種族的政治權威被一個單一的、世俗的、全國性的權威所取代。這一轉變意指政府是人的產物，而非自然或神意的產物。一個有良好秩序的社會，必須有一具有決定性的人或機構為終極權威存在，服從它所訂的實體法應該優於遵奉其他的義務，而權威合理化亦即肯定國家對外的主權可抗拒超國界的勢力，同時全國性政府的對內主權可抗拒地方性及地域性的權力，也就是要求國家統一及累積權力於經確認的全國性政府之手。政府結構的分化，是政治功能的分化及發展行使這些功能的特定組織，使其各具有特殊權限，諸如立法、軍事、管理、科學等事項，應與政治領域分離，由自主、專設的下級機關加以處理。如此，行政的層級組織變得更為精密、複雜與有規律，職位與職權更加依成就分配而少隨意委任。民眾的擴大參與，起因於整個社會上的社會團體日漸要求政治上的參與，其結果可能增加政府對人民的控制，如極權國家：或可能增加人民對政府的控制，如若干民主國家即然，但是在所有政治現代化國家中，國民均直接關涉並受到政府事務的影響。[4]

因此，開發中國家政治現代化的目標即在，建立一個理性、高度開放、普遍

2　呂亞力，《政治發展與民主》，台北，五南圖書出版公司，1979 年初版，頁 97 至 98。

3　Samuel P. Huntington, "Political Development and Political Decay" World Politics, ⅩⅤⅡ, No.3 (April 1965), pp. 386-430. Samuel P. Huntington, Political Order in Changing Societies (New Haven, Yale University Press, 1968).

4　Samuel P. Huntington, "Political Modernization: American vs. Europe", Reinhard Bendix ed, Sta- te and society (Little, Brown and Company, Boston, 1968), p. 170.

參與、高效率、組織高度專業化的政治體系，以解決政治發展及社會變遷所帶來的各項危機，諸如國家認同、政治合法性、行政貫徹、政治參與及福利分配的危機。

　　政治學者華特（Robert Ward）在研究日本現代化時，提出七個政治現代化的標準，也值得後人參考。

1. 政治角色的分配愈符合以「個人成就」為標準之原則的體系，愈現代化；其分配愈依「出身身份」標準者，愈不現代化。

2. 政治決策程序愈運用理性與科學的方法或技術者，愈現代化；愈依賴非理性的技術諸如星相、卜巫、「預言家」與「先知」指示等，或不科學的方法，如不按事實資料為根據的心證選擇者，愈不現代化。

3. 人民對政治興趣愈高，對體系「認同」度愈高者（此處「認同」乃指對體系之關心，並不含非積極支持不可之意，對體系積極反對亦為關心之表示，而「政治冷感」則為不關心之表示）愈現代化；相反地，「傳統」政制下，人民絲毫不關心政治，對於政治體系，則採「若即若離」之態度，而且僅具「若有若無」的關係。

4. 複雜而專業化之行政組織。這類組織之興起，韋伯（Max Weber）認為是現代化社會最主要的特徵。

5. 政府在經濟生活管理上，責任愈重者，愈現代化。換句話說，現代化國家一定是福利國家。

6. 政治功能日益集中化，即中央政治之權力日增。

7. 政府的管理與控制等愈依據「法治」，而減少「人治」者，愈現代化，反之則愈不現代化。[5]

5　呂亞力，《政治發展與民主》，台北，五南圖書出版公司，1979 年初版，頁 107 至 108。

參、政黨與政治現代化之思辨

　　憲政體制、選舉制度及政黨體制乃是民主政治的三大基石，大凡研究一個 國家的政治，除了研究其憲政體制外，尚須對其選舉制度及政黨制度之運作情 形有所了解，否則很難窺其國家實際政治之堂奧。自由選舉與建立良性競爭的 政黨制度，乃是任何真正自由民主國家不可或缺的條件。按政黨制度與選舉方 式是互為關聯的。誠如法國名政黨理論學者杜瓦傑（Maurice Duverger）在其 名 著《政黨概論》（Political Parties）一書中所指出，政黨的緣起與議會政治及 人 民選舉權的擴大，有著密不可分的關係。[6] 政黨的主要功能與目的就是取得政 權，以實現其所主張的政綱政策，達到為人民服務的目標。而在一個開放民主政 治體系中的任何政黨或政治團體，若欲取得政權，實現理想，其最主要的方式就 是透過選舉，朝野在一個共同的政治遊戲規則下，以選票決定誰來執政。政黨固 然是應民主政治的選舉而產生，但各式各樣的選舉制度對於該國的政黨體制之發 展，亦產生莫大的影響作用。政黨是代表人民表達意見的重要政治團體，也是選 民與政府間的橋樑，而提名候選人從事競選活動，以期最終能夠組織政府，實施 對政府之人事與政策之控制，乃是政黨在民主政治體制活動中的主要功能。政黨 雖然不乏追求私利者，但其最終目的是為集體的利益打算，亦即為全體的目的而 服務，以謀求國家與人民之幸福。若無政黨之居中運作，民主政治很難健全發展， 因為政黨可為每個選民提供決策所需之訊息，降低決策成本，使選民能在瞬息萬 變的政治環境中，輕而易舉地決定其投票行為，以選出其中理想的候選人。儘管 政黨的選舉關係會隨著選民自由意願的高漲、新生代選民的自我認同及新的社會 與環境問題等而式微，但在民主政治體系中，直到目前為止尚無其他組織可以取 代政黨扮演此一角色與功能，而唯有透過良好的選舉制度與政黨競爭體系，才能 真正落實國家的民主憲政，以達到政治現代化的境域。

6　Maurice Duverger, Political Parties: Their Organization and Activity in the Modern State, New York: John Wiley & Sons, Inc., 1963, p.103.

肆、政黨制度之剖析

政黨制度的界說影響一個國家政黨制度發展趨向的因素，除了其歷史傳統文化、社會經濟背景、意識型態、宗教信仰、選民結構等諸因素外，該國所採用的選舉制度往往會促成不同的政黨制度，而不同的選舉制度對該國政黨體系的發展與其人民的生活必然會產生各種不一樣的政治效果與影響。換言之，一個國家未來到底會朝向兩黨制、一黨獨大制或多黨制發展，以及是否能建立良性的政黨競爭體系，其中選舉制度是一項重要因素。為了更進一層探討選舉制度影響政黨制度發展的原理與問題所在，我們擬針對政黨制度（Party System）的界說加以解析如次：以政黨的數目來區分政黨制度，可歸納為一黨制、兩黨制與多黨制：

一、一黨制

按一黨制（One-Party System）並非一定是一黨專制或極權政權，亦有符合民主性質者的政黨制，約可區分為以下幾種型態：

（一）一黨極權制（One-Party Totalitarian System）

在這種政黨體系的國家 只允許一個政黨合法存在與獨佔政治權力。這種一黨制即為極權的一黨制（Totalitarian One-Party System）或稱獨佔的一黨制（Monopolistic One- Party System）。在這種政黨體制下，唯一合法的執政黨成為國家與社會之領導中心。這種政黨強調意識型態，嚴密控制人民的思想與行動，不允許人民自由組成政黨。依照極權者的政黨概念，政黨由統治階級（Rul-ing Class）所組成，二者合而為一。黨的使命在於實現領袖所宣示的政治理念，並以之作為整個社會與個人之最高目的；黨是最高的政治價值，其目標是無可置疑的，而政府成為黨的工具[7]。這種一黨極權制之政黨，以二次世界大戰前義大利的法西斯黨（Fascisti）、德國的納粹黨（Nazi），以及過去已瓦解之蘇聯與中國共產黨為最具典型的

7　Avely. Leiserson, Parties and Politics: An Institution and Behavioral Approach, New York: Knopf Co., 1958, p.210.

代表。以過去的蘇聯而言，由於認為政黨是階級利益之代表，因此除了代表無產階級的共產黨一黨之外，根本不容許其他任何黨的存在與發展。黨擁有至高無上的權力與意志，國家政策皆由黨中央制定，所有民間團體與輿論，都只變成為政黨之傳聲筒，一切都須唯黨的旨意馬首是瞻，藉以強固領導階層的力量，以嚴格的手續吸收黨員。每一個入黨成員必須禁得起多次整風整肅之考驗，以堅定其對黨之主義或旨意的信念，博取黨之信任，進而獲得晉身為政治及社會上特權階級之機會。

（二）一黨威權制（One-Party Authoritarian System）

在這種政黨政治制度下，國家以法律規定，只能有一個合法政黨存在，且信奉某種意理或意念。一般的反對份子因不能認同其意識型態，將被視為反革命而遭清除。在新興國家建國初期多採集體領導制，但隨著時間的變遷而漸由一位勢力強大的領袖所取代，此時黨與領袖即成為國家使命的化身，實施這種體制的原理是運用黨政合一的方法穩定政局，把政黨和國家看成一體，忠於政黨就等於忠於國家，在這種體制下，政府的一切政策也是須經由黨加以議決，但其不如一黨極權制那麼有計劃而貫徹到底。此外，任何公民皆可入黨，黨員資格是擔任政府公職之必要條件；但是黨的組織不像一黨極權制的政黨那麼嚴密，黨內會有明顯的派系存在，而依賴黨魁的聲望來維繫黨的團結。在這種政治體制下，其政權無形中潛伏著不穩定性之危機，如黨之領導階級在年歲增高後，往往無法有效控制政局，甚而導致不可預測的情勢。[8]

（三）一黨多元制（One-Party Pluralistic System）

國家政治權力雖長久為某一大黨所獨佔，然該黨內之組織則為多元化，政治理念亦更重視實際，而對其他競爭之政治團體亦採取容忍之態

8　陳鴻瑜，《政治發展理論》，桂冠，1987 年 10 月，頁 188 至 189；程全生，《政黨與政黨政治》，華欣，1988 年 4 月，頁 38-39；葛永光，《政黨政治與民主發展》，國立空 中大學，2002 年 8 月，頁 109。

度，並不施以壓迫。例如：墨西哥之革命建制黨（Party of Revolutionary Institutions, PRI），其黨的組織是依據多元民主原則建立，而政黨的公職候選人提名是按競爭結果而作決定；亦有學者將其稱作「變體的一黨制」。[9]

（四）一黨優勢制（One Dominant Party System）

　　這種政黨體系的國家，由一個大的政黨長久把持政權，惟黨內部的組織卻是多元化，而允許其他政黨合法存在，可是除了此執政的大黨外，其他小黨是政治性組織，無法與執政黨分庭抗禮，以獲得參與制定政策的機會。雖執政黨的政治獨佔地位頗為穩固，但與其他政黨關係上，則是循協調與吸收的方式，力求溝通；在政策上，不強調以哲學理念與意識型態作為政策指導原則。這種型態的政黨制度，大多存在新興國家之中，例如南非的國民黨、突尼西亞的社會主義黨，造成此種政黨局勢的因素，如同呂亞力所說：「一為執政黨在群眾中具有極高的聲望，主要是由於它是領導國家獨立，是有開國建國功勳的政黨；二是這些國家的社會情況，還無法使得足以與執政黨抗衡的反對黨建立起來。」[10]這種政黨型態的國家，往往處於農業、開發中國家階段過渡到工業、已開發國家階段的進程之中。因為位居這樣一個過渡期間的國家，其思想紛然雜陳，意識型態常較分歧，舊傳統及價值標準頗能吸收部分知識份子的思慮與向心，而新的價值標準與社會理想亦能激發人的心智而推動國家建設。這種一黨優勢制的長處：一為在黨的大架構內，可以容納不同意見的存在與競爭。因此，來自不同階層的人才，仍然可以平等競爭的方式，為國家社會發展其抱負；二為由於執政黨的強固，可為政治體系帶來極大之穩定作用，減少無謂之政爭，統合傳統制度與新價值的衝突與代溝，使之成為國家現代化之輔翼。所以，一黨優勢制，若能運行得法，可以使社會走向民主式的多元化型

9　葛永光，《政黨政治與民主發展》，國立空中大學，2002 年 8 月第 2 版 5 刷，頁 110。

10　呂亞力，《政治學》，五南，1978 年 2 月初版，頁 89。

態亦即在一黨優勢的國家中，只有一大黨長期贏得國會過半數席位而執政，但其它的政黨亦能有同等的機會與執政黨合法的競爭，其意識形態或政綱政策，亦不會受到執政黨官方的壓制，如新加坡的人民行動黨及日本的自民黨。除了亞洲國家外，美國在 20 世紀中，有相當長的一段時期，南方各州維持一黨優勢制。[11]

二、兩黨制

所謂兩黨制（Two-Party System）就是一個國家內有兩個主要政黨，在每次選舉時，兩黨之選票與席次差距不大，輪替執政，和平轉移政權，而朝野互相監督與制衡，政治責任分明的政黨制度。[12] 研究政黨制度的學者讚美兩黨制的民主精神，而此種政黨制度的形式常被各國所仰慕，且希冀引進而特意仿效。但兩黨制的形成，往往與該國之歷史傳統、政治文化、選舉制度有密不可分之關係，並非勉強學習所可獲致。例如在 1930 年的土耳其，當凱末爾的共和人民黨執政，此時凱末爾邀其摯友出面另組自由共和黨，企圖為土耳其引入兩黨制的政黨制度，然其結果是：一些反政府的破壞份子，卻以新黨為護身符，導致 1931 年自由共和黨的內亂並致解散。[13] 由此可見兩黨制的形成，不是人為勉力可就的，而與該國的歷史傳統及政治文化關係至為密切。以兩黨制之鼻祖國英國為例，其形成乃基於極端相反的兩黨，均同意英國之憲法傳統，並予以尊重，而在此傳統下相互容忍並和平競爭，由此而得以發展成優良的兩黨制。兩黨制的優點，就是能夠維持政治的穩定，因為在一黨失敗而失去政權時，另一政黨就可取而代之。這樣兩黨輪流執政，責任集中，功過分明，監督容易，實在是民主政治的常軌。因為民主政治就是政黨政治，而健全的政黨政治，不但需要強有力的執政黨，更需要強而有力的忠誠反對黨，兩黨的對立可使政界發生新陳代謝作用，一個政黨不致

11　葛永光，《政黨政治與民主發展》，國立空中大學，2002 年 8 月第 2 版 5 刷，頁 110 至 111。

12　雲五社會科學大辭典第三冊，《政治學》，台灣商務，1971 年 12 月，頁 205 至 208。

13　薩孟武，《政黨政治之論集》，中華文化，1956 年 10 月，頁 130 至 143。

因久握政權而流於腐化。而且各政黨為了爭取民心，亦必施行人民所歡迎的政策。兩黨政治常為人所樂道者，其故在此。談子民認為兩黨制有以下幾項優點：1. 兩黨制能使政治責任分明；2. 兩黨制分野自然，合於事物天然之性；3. 兩黨制之下，乃一多數決法則之政治；4. 兩黨制之政府，易趨穩定；5. 兩黨制下之政府，易為選民所控制；6. 兩黨制下之選民，易於選擇政黨，組織政府；7. 兩黨制易使人才輩出，促進政治人才之新陳代謝，獲致賢能政治；8. 兩黨制下在野黨，易於發揮監督批評之功能。[14] 西方學者紐曼（Sigmund Neumann）則指出：「兩黨法則是含有最大效能之民主方法。兩黨制是政黨制度中最理想的一種，尤其有反對黨存在，並參與輪流組織政府，能促進政治的進步。又可從監督執政黨政府工作中，充分發揮其效能。」孫中山先生對兩黨制亦頗為讚美，他說：「凡一黨執政，不能事事皆臻完善，必有在野黨從旁觀察以監督其舉動，可以隨時指明。國民見在位黨之政策不利於國家，必思有改弦更張，因而贊成在野黨之政策者必居多數。在野黨得多數國民之信仰，即可起而代握政權，變而為在位黨。蓋一黨之精神才力，必有缺乏之時，而世界狀態，變遷無常，不能以一種政策永久不變，必須兩黨在位在野互相替代，國家政治方能日有進步。」[15]

綜觀上述幾位中西學者之論述，我們可具體地歸納出兩黨制之優點約有以下幾項：

1. 兩個組織健全與人才濟濟的政治團體，皆有能力組織政府，使政權交替憲政體制能夠繼續維持。

2. 兩黨輪流執政，能夠避免因一黨長期執政而鬆懈或腐敗。

3. 於反對黨能發揮監督之功能，足以促進執政黨的政策趨於合理與有效能。

4. 責任分明，功過昭然若揭，能促進政治進步。

5. 因為兩黨彼此競爭，爭取選民甚力，因此對人民之政治社會化有很大的幫

14　談子民，《政黨論》，正中，1970 年 8 月出版，頁 50 至 53。

15　Sigmund Neumann, "Toward a Comparative Study of Political Parties", in Neumann, ed., Modern Political Parties. Chicago University Press, 1956, pp.259-321.

助,能奠定憲政法治之雄厚基礎。

當然世界上沒有一種政治制度是完美無缺的。同樣地,兩黨制亦有以下幾項缺點存在:

1. 兩黨制未能代表社會上多方面之利益與意見。

2. 兩黨制容易招致多數專制之流弊。

3. 兩黨制易使黨爭益加劇烈。

4. 兩黨制易使政府趨向於保守。[16]

儘管兩黨制並非十全十美,但兩黨制的確是到目前為止,人類所發展出之政黨制度中比較理想的一種,它較能具體實現民主精神,這也是為什麼很多國家,都正在積極朝向兩黨制發展的主要理由。

三、多黨制

所謂多黨制(Multi-Party System)就是一個國家內有三個以上政黨存在,而任何政黨在每次選舉中,皆無法獲得相對多數以單獨組織政府,而必須與其他政黨聯合組織政府,因此多黨制又稱為多黨聯立制,是歐洲各國的政治體制中常見的現象,尤其諸如荷蘭、比利時、以色列及北歐諸國更屬此類型政黨制度之代表國家。其形成之因素與其歷史傳統、政治文化,特別是比例代表制的選舉法有很大的關係,其主要特色為政黨林立,從極右到極左,不論黨派大小,同時並存,因此黨派之數量頗為可觀。但是,任何一個政黨均不獲得足夠獨自主政的民意支持,因而必須協調,平衡各黨派以組成聯合內閣。在多黨制國家中,眾多不同之政黨各自代表不同階級之利益與價值,每一政黨對政府政策均有其鮮明立場,或種因於宗教信仰(例如德國基督教民主黨),或出於對環境保護之關切(例如德國綠黨),或基於經濟立場、社會地位等等,不一而足。形成多黨制的因素很多,但其中選舉制度乃是其主要之因素,如比例代表制及兩輪投票制較容易形成多黨制,但如其國家之人民對國家定位、社會、經濟、文化之看法歧異,是造成多黨

---

16 談子民,《政黨論》,正中,1970 年 8 月出版,頁 53 至 56。

制之重要原因。

　　綜觀以上所論述當前世界上各國存在的政黨制度，皆有其特色與優劣所在。然而大體上言之，整個國家政治體系之穩定，需由各種制度來支持，而政黨制度就是主要的一種。但每一種制度並非可以一成不變或是十全十美，政黨制度亦不例外，一個國家究竟要採行何種政黨政度，實在也難找出其絕對的標準，例如：

1. 一黨威權制會在特異的政治菁英引導下，有利突破國家所面對之各種困局逆境，甚而扭轉乾坤，使國家步入現代化國家之林，但如何從威權政治體制轉化為民主政治體制，實在是其面臨的最大課題。

2. 一黨優勢的政治體制由於能有效地穩定政局，是以頗能因應開發中國家，由傳統過渡到現代所產生之社會問題，也能藉擴大參與而導引民主政治之發展，故亦獲部分學者 推崇。美國政治學者韓廷頓（S. P. Huntington）曾做了一個統計，發現新興國家 中以採行一黨制或一黨優勢制者受政變與陰謀政變的概率最小。[17]另外，麥克 迪斯（Roy C. Macridis）與布朗（Bernard E. Brown）在其合著之《比較政治學》（Comparative Politics）乙書中也指出：「一黨優勢的政黨制度具有政治安定、 措施迅速、貫徹政策、易於應付危機等四大優點。」[18]

3. 兩黨制既能符合民主政治之精神，又能兼顧效率，確實具有其他制度所不能及之處，故為多數熱 愛民主自由人士所嚮往，誠如美國政治學者韓廷頓所說：「兩黨制固然是為熱 愛民主人士所追求，其演化乃是社會變遷之結果，而非必然的政黨體制。」[19] 所以不可刻意強求。

　　依據我們的研究發現，實施兩黨制度較為成功的國家只有 英、美等英語系國家，其他曾仿效實現兩黨制的國家，幾乎沒有一個能達到上述英語系國家那樣

17　Huntington, Samuel P: Political Development and Political Decay: New York: Wadsworth Publishing Company, 1967, p.245.

18　Almond, G. A., Comparative Politics: A World View, Boston and Toronto, 1966, p.42.

19　Huntington, Samuel P: Political Order in Changing Societies. New Haven: Yale University Press, 1968, p.231.

成功的範例，甚而發生政治不穩的情勢。四、多黨制容易反映社會的多元價值，代表各階段的利益與意見，因此得以使不同的民意在國會中充分表達，不致受到獨裁專制之強力迫害壓抑。但因議會內小黨林立，意見不一致，在決策上無法果斷決定，不易貫徹政令之施行，行政首長更迭常較頻繁，在在皆易造成政治中樞軟弱及政局動盪，使政治體系之穩定性與效率性減低，而為國家種下潛伏危機。因此韓廷頓認為多黨制尤其不利正在經歷現代化的開發而為國家種下潛伏危機。因此韓廷頓認為多黨制尤其不利正在經歷現代化的開發中國家，因為對這些國家而言，多黨制較兩黨制或一黨優勢制更易遭受軍人之干政，但多黨制若在諸如瑞士、奧地利等民主憲政文化較成熟的國家，亦能組成多黨制的聯合內閣，順利推動國政。[20]

　　總之，在了解了一黨制、兩黨制、多黨制的理論及優缺點後，對於一般民主國家之政治體系中，政黨制度究竟屬於兩黨制、多黨制或一黨獨大制？而其界定的客觀標準又如何？對於這個問題，我們對於政黨制度這一個名詞需要有一個比較明確的說法。所謂一黨獨大制，意指一個國家在進行大選後，假如有任何一個政黨單獨獲取 70% 以上的國會席次，我們稱之為一黨獨大制。所謂兩黨制，意指大選後有兩個大的政黨其獲得的國會議席佔總席次 90% 以上稱之為兩黨制。所謂多黨制意指大選後，假設沒有兩大政黨其所獲取的議席合計 90% 以上，又沒有任何一個政黨單獨獲取國會席次 70% 以上者，則稱之為多黨制。吾人以上對政黨類型的分類，主要是從政黨的數目來加以分類，同時我們亦可就政黨數目和政黨競爭性質來作政黨分類之標準，將其分為：一、分競爭性政黨制度：在一個政治體系中，不論政黨數目有多少，只允許一個政黨合法從事政治活動，其它政黨是不能合法從事競爭活動；如實施「一黨極權」、「一黨威權」政黨體制的國家，這些國家除了執政黨主控政治外，其它政黨是不容許挑戰執政黨的權威，更遑論與執政黨從事公平公正的競選活動。二、競爭性政黨制度：在一個國家的政治運作中，各政黨間的競爭，乃透過公平公正公開的選舉，決定由誰來執政，

20　葛永光，《政黨政治與民主發展》，國立空中大學，2002 年 8 月第 2 版 5 刷，頁 117

如實施「兩黨制」、「多黨制」或「一黨優勢」的國家皆是。[21]

　　我國自1987年解除戒嚴與報禁、開放組黨以來,並自1992年迄今(2011年),歷經 7 次憲政改革,國會全面改革,總統公民直選,落實主權在民的理 想,已成為一個自由民主的國會。

伍、開發中國家政黨的特色

　　政黨的型態受到外在環境的影響,至深且遠,諸如社會現代化的程度、政治文化、憲政結構、政府組織都是影響的因素。開發中國家基本上是由一個傳統、落後的地區演化到一個進步、統一、現代化的民族國家體系,因此它必須面對社會、經濟、種族及地域等不利因素,常由一個強力政黨,動員及組織群眾,以建立現代化國家。所以開發中國家的政黨,是無法以西方的模式加以解釋,相反地,它在如此特別的環境中,反而顯現出其特殊的風格。

　　開發中國家政黨的起源,依政治學者杜瓦傑的分類法多是屬於外造政黨(externally created parties)。即由議會以外人士所倡導,結合議會外志同道合之士,以及各種不同類型的民間團體,結成新黨,要求發言權,甚至向統治階層挑戰。少數才是國會中派系結合的政黨,先鞏固領導中心,再擴大活動範圍,取得群眾支持的內造政黨(internally created parties)。[22] 因為開發中國家的政黨多是由現存政治制度外的政治菁英所組織而成,它為抗拒現存的政治體系,往往以民主革命為號召,或者揭櫫民族主義結合群眾,以達到推翻現存的政治體系,建立現代化國家。

　　至於從政黨的屬性而言,自二次世界大戰之後,西方民主國家隨著民主政治發展的結果,政黨強烈意識型態逐漸削弱,甚而喪失,代之而起的是注重提供選民的服務與報酬,以期獲得更多金錢與選票的支持,以追求選舉的勝利,

---

21　葛永光,《政黨政治與民主發展》,國立空中大學,2002 年 8 月第 2 版 5 刷,頁 106 至 107。

22　Maurice Duverger, "Political Parties", N. Y., p.103.

即政黨愈來愈強調利益的妥協與漸進的改革，變成掮客型政黨，亦即一般學者所謂「適應性政黨」（adaptive party）。相較而言，開發中國家的政黨則表現出相當強烈的意識型態，例如：民族主義政黨，組黨之初始目的，即在推翻傳統專制政治體制，或從殖民帝國主義者的統治下爭取獨立；獨立之後所面對的環境是：人口多、人民貧窮、教育不普及，而且水準低落、人民對政治冷漠、人才及物質設備缺乏，同時又亟需重建國家，加速國家的發展，所以需借政黨的力量影響社會大眾，使之改變其行為與態度，建立有關國家統一、經濟發展及合理生活的新態度，達到社會重建（social reconstruction）。此即學者所謂動員政黨（mobilization party）或建國政黨（nation-building party）。

依競爭的型式，開發中國家可分為非競爭、半競爭與競爭的體系。

一、非競爭體系，又可區分為：

(一) 沒有政黨的國家，其原因：

1. 對政黨的成立尚無準備；

2. 為了安全理由，禁止政黨活動；

3. 政黨活動可能激起內部團體的衝突；

4. 傳統上無政黨的觀念與組織，如君主統治的沙烏地阿拉伯及軍人專政的利比亞等等即然。

(二) 一黨控制的社會主義國家，只有一個社會主義 政黨為合法，限制其他政黨的活動，如古巴。

(三) 一黨控制的非社會主義國家，包括傳統的君主國，如蘇丹國；另有實行個人獨裁，如馬拉威的班達（H. Kamuzu Banda）；有由軍人專政，如盧安達；有實施代議民主，如中非共和 國。這些國家均只有執政黨是合法的，禁止其他政黨存在或活動。

二、半競爭體系，又可區分為：

(一) 一黨居優的民主國家，即由一個政黨執政或控制聯合 政府，並允許其

他政黨合法地競爭，如印度、墨西哥等等。

（二）一黨居優的獨裁國家，它們實施獨裁統治，雖允許少數反對黨存在，但不許它與獨裁政黨競 爭，如前南非邦聯屬之。

三、競爭的政黨體系，又可區分為：

（一）兩黨競爭的民主國家，允許政黨活動，透過選舉程序而取得政權，如烏拉圭共和國即然。

（二）多黨國家，政黨競爭非常激烈，須組成聯合政府，諸如泰國、以色列等屬之。[23]

開發中國家在發展的過程中，政黨多為民族政黨，其目的多為反殖民帝國統治或反傳統專制，其領導者必須鞏固力量，以爭取政權或獨立，因而造成開發中國家的政黨傾向一黨政治。事實上，這些政黨的領導人物，都把國家主權的獨立與民族的統一，當作是最崇高的價值與目標，並且立意去剷除部落主義、地域色彩，因此開發中國家人民，亦相信在建國初期，須奠定基礎，以求權力集中，所以需要擁戴全民政黨來推動建國大業。韓廷頓研究開發中國家指出：一黨制多發生且盛行於追求現代化過程的初期，這並非歷史的偶然，因為

一黨制是由於政治體系內較為現代化之領導者所創建，企圖對抗落後及傳統的 社會力量。因此在這個過程中，政黨及政黨所秉持的主義都扮演重要的角色，一方面主義加強支持者對黨的認同，另一方面政黨提出建國的政治理想，並成為指導政治建設藍圖的執行者，因而政治菁英必須用單一的社會力量，以組織

23　如 Joseph La Palombara and Myron Weine, (ed.) "Parties and Political Development" (Princeton University Press, 1960)，書中即指出；有人認為在新興國家中，動員政黨比適應政黨有助於開發中社會的需要，因為動員表示努力建立有關國家統一、經濟發展及合理生活之新態度，後者則在討好社會中地方、傳統及保守力量。動員政黨努力喚起政治參與的意 識，但是在政策決定的努力上，則是執行領導份子定下的目標。適應政黨所注重者是提 供服務與報酬，以期獲得更多金錢與選票的支持。「適應政黨」的目標是勝利，「動員 政黨」的目標則是社會重建。

合法的行動，進而執行政治的決策。[24]

陸、政黨在開發中國家政治現代化所扮演的角色

美國社會科學研究協會「比較政治委員會」研究開發中國家指出：開發中國家在轉型期將面臨六方面的危機：認同危機、合法性危機、命令貫徹危機、參與危機、整合危機與分配危機。

1. 認同危機：多數開發中國家的傳統認同形式，乃是對部落、種族、語言團體與階級的認同，而非對較大規模的民族認同，因此必須使人民承認他們民族的土地乃是真正的祖國，完成共同認同。

2. 合法性危機：大多開發中國家在對權威之合法本質的認同與政府之適當責任間出現了差距。

3. 命令貫徹的危機：開發中國家在行政上面臨的困難，是中央行政命令無法貫徹到下層行政單位，其原因為傳統社會的政府與人民關係非常鬆散。

4. 參與危機：多數開發中國家面臨高漲的參與熱潮，因此如何把各種不同欲望的參與者導入有效組織內，然後用法律加以控制管理，乃成為首要之務。

5. 整合危機：這涉及統合人民參與及政府行政二者間的關係，以期政體的功能發揮，團體對政府的貢獻及與人民的關係為合理的認知。

6. 分配危機：這涉及政府權力如何影響社會的財貨、勞務與價值之分配等問題。[25]

開發中國家政治現代化的目標，即在解決上述各項危機而完成政治整合，達到韓廷頓所歸納的權威合理化、政治結構分化、民眾擴大參與並導入制度化的運作。但由於開發中國家缺乏有效率的組織力量，因此政黨在開發中國家政治現代

24　S. P. Huntington, op. cit., pp.89-91.

25　Binder Leonard, et. al. Crises & Sequences in Political Development (Princeton University Press, 1971), p.2.

化過程中乃扮演舉足輕重的角色。健全的政黨應具有兩種功能：1. 在政治體系內擴大參與，因而須防暴力或革命性政治活動之氾濫成災；2. 約制並疏導新近被動員團體之參與，使之不致破壞政治體系。一個強大的政治體系提供制度化的組織與程序以容納新團體，引導其進入體系內，發展如此的政黨制度，實屬現代化中國家獲得政治安定的先決條件。[26] 它在開發中國家更具有特殊功能：甄選與訓練新領袖、提供領袖與群眾之間的溝通孔道、社會化基層民眾與解釋政府政策、提出政綱政策、解決實際問題、選擇候選人；綜合或聯合各種小型團體的特殊利益，以形成較大聯合組織，消除潛在反對者可能轉變為絕對反對的態度傾向，讓其挫折感獲得紓解。[27] 以期待得到廣大民眾忠誠擁護，為正式組織帶來合法性，而更能夠支持、整合及動員政治系統。

　　以下擬從政治發展、政治體制、意識型態及統治菁英等各個宏觀角度，嘗試探討政黨在開發中國家政治現代化的角色。

一、從政治發展層面剖析

　　西方民主先進國家的現代化，固然有賴於十四世紀至十六世紀的文藝復興（Renaissance）運動，造成人文主義（Humanism）興起，理性主義（Rationalism）抬頭，民族主義（Nationalism）高漲，大學院校林立。益以宗教改革以後，基督新教的倫理（Protestant ethics）的催化，孕育了資本主義（Capital- ism）的精神，[28] 從此，基督教禁欲主義的枷鎖被打破，新教徒以勞動、牟利為對上帝的崇拜，揚棄聖經中「有錢人要上天堂，比駱駝穿針孔還難」的信念，因此造成了生產力的大釋放，成就了資本主義社會。

　　資本主義社會，使大部分人經濟改善，足以獨立，不必為三餐發愁；而新教

26　S. P. Huntington, op. cit., pp.161.

27　Palmer Monte, The Dilemmas of Political Development: An Introduction to the Politics of the Developing Areas, (F. E. Peacock Publishers, Inc. Illinois, 1973), p. 117.

28　Max Weber 撰，張漢裕譯，基督新教的倫理與資本主義的精神（台北：協志工業社，1974年四版），頁 67 至 97。

主張人人須讀聖經，可直接與上帝溝通，又造成普及教育的現象，使人人都成識字階級。經濟獨立又讀書識字，中產階級人口激增，便厚植民主政治的基礎。沒有中產階級，就沒有民主政治，英、法等國的發展經驗足以為證。

中產階級壯大，開始不滿足於貴族和資本家等上層階級的統治，爭取權力下放，「一人一票，票票等值」（One man, one vote, one value），不從，則遊行、示威甚至暴力革命。不達政治平等、民主自由，絕不終止。

中產階級人數眾多，遂有組黨的必要，在英國為自由黨，其後為工黨；在美國為民主黨，以與代表上層階級的保守黨和共和黨相對抗。

開發中國家如果缺少英美般，有壯大的中產階級政黨，則民主政治較難成功，因為早在二千年前希臘哲人亞里斯多德就已經指出，中產階級有「中庸」（moderation）的美德，富貴階級統治，易陷於專橫，貧窮階級執政，則易陷於貪婪。近代開發中國家往往缺少龐大的中產階級，組成中產階級政黨，因此常會由上層階級的政黨主政，致陷於威權獨裁，或由下層階級組成的社會主義政黨掌權（如昔日與當今共產國家），陷於沒收私有財產的極權恐怖主義統治。凡此，皆不利於民主化或政治現代化進程。

政治發展的歷程，可粗分為漸進式與激進模式兩種，英國採漸進模式，選舉權的擴大，就花了近百年功夫，自 1832 年「國會改革法」（Reform Act），到一九四八年「人民代表法」，共用了一百一十六年時間才完成。反之，法國則採激進模式，1848 年二月革命之後，將有投票權人數由二十四萬，爆增三十九倍，成為九百三十六萬。漸進模式常採改革方法，激進模式則常用革命方法。前者手段溫和，人民有時間逐漸適應變遷，生命財產損失少。後者手段激烈，變遷快速，暴力流血，死人無數。此其間，各國政黨的領導和鬥爭策略，實至關重要。

開發中國家的政黨，對政治安定破壞最大者約有兩類，第一類為分離主義政黨，如英國北愛爾蘭的新芬黨（Sinn Fein），尤其愛爾蘭共和軍（IRA）一翼、菲律賓的「虎克黨」、西班牙的「巴斯克（Basgue）民族與自由聯盟」（ETA）屬之。其次就是共產主義政黨，如俄國、中國、北韓、越、古巴、東歐七國、柬、馬、緬、印尼、塞浦路斯等開發中國家，共產黨均不惜使用血腥手段，裹脅人民

革命，強制改變國政方針。

二、從政治體制層面剖析

政治體制可以影響甚至決定政黨的地位，間接也影響政黨在國家政治現代化的角色或功能。

1. 憲法是否承認人民有組黨的結社權利：

憲法本文或慣例，承認政黨有合 法存在權利的國家，政黨能結合公開，因此其利益匯集和表達功能 得以發揮，對政治多元化較能有所貢獻。反之極權主義國家如法西斯國家或共產國家，只允許官方一黨專政，政治現代化便無由實現。

2. 聯邦制國家或中央集權國家：

聯邦制國家反對黨即使在中央即聯邦政權選舉挫敗，仍可在各邦競選中有所斬獲，如此將有利於在野政黨的生存，不致於為執政黨打壓而萎縮甚至滅亡。反之，中央集權的開發中國家，執政黨很容易用合法或非法手段，打擊反對黨，呈一黨獨大之勢， 容易淪為獨裁政治，與政治現代化背道而馳。

3. 司法獨立與否：

司法獨立的國家，在野黨有司法為公平的仲裁者，一旦蒙受不合法打壓，可以訴諸司法，還其公道，保護權益，其生存權利不致受損，生存不致受到威脅。反之，司法不獨立的國家，執政黨能利用許多合去或非法手段，阻止在野黨受公平對待，如此將能有效扼殺反對黨生機，間接妨礙政治現代化的進程。

4. 選舉制度良善與否：

依據杜瓦傑定律，小選區制容易產生兩黨制，英語系國家行之有效，兩票制的區域選票亦採小選區制，亦有增強社會向心力的作用，[29] 社會不會被離心力所撕裂。反之，採比例代表制國家，則 易陷於小黨林立，政局紛擾的下場；而採「單記非轉讓投票法」（Single member non-transferable

---

29　F. W. Riggs, Presidentialism: An Empirical Theory (Hawaii: University of Hawaii, 1994), p.11.

voting）的國家（如 1995 年以前的日本及現今我國），則易產生派系主義（factionalism）和個人性政治機器，並且會因同室操戈，而使選舉經費增高，選舉非政黨活動而作為個人的活動，因而增加利益、誘惑、收買等流弊。[30]

5. 內造政黨或外造政黨：

　　內造政黨的領導中心在國會，外造政黨則在國會外遙控。前者較有利於政黨協商的進行及誠信的維護；後者在國會中的政黨協議，容易被黨中央所推翻，不利於政黨協商，也不利於累積誠信，不利於政黨合作，以推進現代化大業。

三、從意識型態層面剖析

　　意識型態是一種信仰與觀念的型態，它企圖解釋複雜的社會現象，並附有一種指導與簡化個人和團體所面對的社會政治性選擇。[31] 它是西方文化的產物，源於猶太教的「拯救」（Salvation）傳統。[32]

　　自從聖女貞德（Joan of Arc, 1412-31）肇始民族主義開始，世界上陸續出現自由主義、資本主義、帝國主義、殖民主義、保守主義、社會主義、馬克思主義、共產主義、列寧主義、史達林主義、毛澤東思想、法西斯主義、納粹主義、無政府主義…等意識型態，五光十色。

　　如果從政策本質和政黨主義來看，具有極權主義（Totalitarianism）性質的意識型態，是不利於政治現代化的，因為極權主義具有以下幾種特徵：

　　1. 單一的群眾性政黨；

　　2. 官方的意識型態；

30　盧瑞鍾，《選舉學：通往權力之路》，台北：翰蘆，1992 年，頁 59 至 60。

31　J. Gould, "Ideology", in J. Gould and W. L. Kolb eds., Dictionary of the Social Science（台北：馬陵出版社影印本 , 1974），p.315.

32　E. Shils, "The Concept and Function of Ideology", in D. L. Sills eds., International Encyclopedia of the Social Science（台北：虹橋書店影印 , 1968），vol.7, p.69.

　　3. 媒體壟斷；

　　4. 武器壟斷；

　　5. 官僚經濟；

　　6. 秘密警察恐怖統治；

　　7. 菁英統治。

　　其中，單一的群眾性政黨，將會完全排斥、禁止其他政黨競爭，不利於社會多元化與政治參與；官方的意識型態將無法容忍其他思想的傳播；恐怖統治將以秘密警察取締反對黨，人民自由權、生命權、財產權將大受威脅，一如納粹黨與共產黨統治之下的開發中國家，政治現代化將在黑暗統治下，黯然失色。

　　其次，無政府主義者除托洛斯泰（L. Tolstoy）以外，均鼓吹暴力，且其反政府、反體制主張，政治現代化將無由出現。此外，如二次大戰時期的日本軍國主義，或當今緬甸的軍人政權都會嚴重阻礙政治現代化。

　　除卻以上四種主義，即法西斯主義（含納粹主義）、共產主義（含列寧主義、史達林主義、毛澤東思想）、無政府主義及軍國主義，其他各種主義多能有助於標舉其主張的政黨，促進現代化的時程，尤其是自由主義、資本主義、民主主義、民主社會主義、費邊主義（Fabianism）等，與政治現代化，最能相輔相成、相得益彰。

四、從統治菁英層面剖析

　　統治菁英（ruling elite）是握有政治實權，能左右國政方針的菁英分子。其人格特質為威權人格（authoritarian personality）或民主性格（democratic character），影響常具關鍵性，尤其當權威人格者身處威權體制下，較權限人格身處民主體制之下，常發揮破壞政治現代化的負面作用。

　　權威人格者，如希特勒、墨索里尼（Mossolin）、希姆萊（Himmler）、艾希曼（Eichmann）、列寧、史達林、毛澤東、金日成、胡志明、佛朗哥（F. Franco）者流，皆缺少尊重多元、容忍異己、平等對待等民主修養，當權之際，亟思排除異己，其威權統治，甚至極權恐怖，都對政治現代化，有阻礙或破壞的

嚴重後果。

　　民主性格者，如華盛頓、美國制憲諸賢（如佛蘭克林）、甘地、孫中山、凱末爾（Kemal）、邱吉爾、林肯、雷根…等政治領袖，則頗具民主修養，重視人權、理性和平，容忍寬大，這些政治人物，對國家的政治現代化，皆卓有貢獻。

柒、政黨政治與經濟發展之關係

　　開發中國家的政黨對其國家政治現代化與經濟發展皆扮演重要的角色功能，即便是已開發國家的政黨運作，無論是在行政部門或是國會對各種政經政策之決定與推動，亦皆發揮關鍵性之功能。當前我國已邁入開發中國家之林，即將進入已開發國家之列。歷經七次憲政改革、兩次政黨輪替，落實了主權在民的理想，已由支配型的政黨轉向競爭型的政黨。一個國家政黨政治的運作順暢與否對於該國的經濟發展影響很大。所謂一致政府就是選舉獲勝的政黨掌握行政權，亦掌握國會多數的席次，使行政權與立法權皆掌握在同一個政黨的手裡。所謂「分立政府」或是分裂政府就是行政權與立法權分別為不同的政黨所掌控。一致政府之行政部門所制定的經濟政策較易獲得立法部門的贊同和支持，因而亦較易推動。例如：早期的政府之所以能夠創造經濟奇蹟成為亞洲四小龍，即因為是一致政府之故。直到政治民主化、憲政改革，2000 年至 2008 年的八年期間發生政黨輪替，形成分立政府，當時朝小野大，行政部門由民進黨籍之總統掌控，但立法部門則由國民黨掌握，當時兩者互動不良。又例如：此次美國的債信之所以評等降低，導致世界各國，尤其是歐洲、日本及我國股市震盪，這其中之原因當然不一，惟據各方學者之解讀，皆指出美國政黨政治缺乏良性運作，美國民主黨與共和黨間，尤其是當中極右派系的茶黨間之惡鬥，乃是造成美國及全世界股市信心崩盤的最重要關鍵，美國兩黨同聲批評標準普爾（Standard ＆ Poor's），但是兩黨之間，就像伊斯蘭教與基督教徒一樣，不只無法合作，甚至無法對話，繼續降低債務評等下去，假設債務利息加倍計，美國每年要額外付五千億，這會使目前佔

GDP 9% 的赤字，增加到 15%，而問題只會更嚴重，並兩黨的鴻溝只有更加寬。[33]
誠如黃達業教授所指出的：「就此番金融危機看來，美國政府的舉債額度持續調
高，與財政赤字不斷擴張 之趨勢，將因民主制度的政黨政治持續惡化」。相對的，
中國因實施一黨專政，國家政策發展方向一致且持續不中斷，正好與實施民主選
舉制度的美英日等國形成強烈對比。民主制度的國家因選舉競爭的關係，國家舉
債額度無可避免地將一路攀升，而財政赤字也會不斷擴大，這已經是民主國家選
舉制度下的不變宿命[34]。而蘇起教授亦指出：「美國最近屋漏偏逢連夜雨，才剛
度過舉債上線爭議，就遭到標準普爾調降債信評等，對它的全球威信打擊不可謂
不大。台灣除了在經濟上緊急應變外，也該冷靜評估可能的政治效應，美國今天
的問題不在民間，而在政府，更糟的是，美國政黨開始嚴重的對立甚至惡鬥，彼
此杯葛議事。為了自身的黨派利益，不惜犧牲國家利益和美國作為世界超強的地
位與形象[35]。

　　按我國自 1950 年政府播遷來台後之經濟發展過程，約可分為：1. 經濟混
亂到進口替代〔 1950960 年〕 2. 經濟起飛〔 1960973 年〕 3. 邁向新興工業國家
〔 1973999 年〕 4. 邁向廿一世紀的台灣經濟等四大階段[36]。其間，我國政府推動
諸如四年經濟計畫、六年經濟計畫、十大建設、經濟發展策略，以成長與穩重兼
顧，採用計劃性自由經濟的策略，持續而有效地完成了歷次經濟建設計畫，不但
使我國克服了資源缺乏、高度密度人口、龐大國防預算、以及各種國際衝擊的不
利條件，更奇蹟式的維持了穩定與快速的經濟成長。更重要的是，台灣在高度經
濟發展的過程中，又能兼顧創造社會財富，並平均所得分配的雙重目標。使我國
能在創造經濟奇蹟後，再創「憲政改革」之契機，落實了國會全面改選、總統直

33　〈國際金融舊秩序 正在土崩瓦解〉，中國時報，時報廣場，2011 年，8 月 13 日，A18 版。

34　黃達業，〈美中經濟消長，信評見端倪〉，經濟日報，2011 年，8 月 15 日，A16 版。

35　蘇起，〈美國怎麼了？美債風暴與美中台關係〉，聯合報，2011 年，8 月 13 日，A4 版。

36　彭懷恩，《台灣政治發展與民主化》，風雲論壇有限公司，2005 年，5 月，修訂二版，
　　頁 237 至 269。

接民選，落實了主權在民之理想。不過，由於迄今（2011 年）我國尚未建立良性
競爭的政黨制度，因而造成藍綠政黨嚴重的鬥爭。

　　美國自 1946 至 2004 年五十八年期間曾有三十六個年頭處於「分立性政府」，
另廿二年則處於「一致性政府」之狀態，美國選民不會憂慮行政與立法由同一個
政黨掌握，反而經常擔心行政與立法分別由不同政黨控制的分立政府可能引發的
紛爭。[37] 誠如吳重禮教授所指出：惟憲政制度之設計的確對政治人物之行為會產
生相當程度之影響，以美國的總統制為例，總統乃是導引國會制訂政策並做為政
策執行的領導人，然而面對分權制衡之參眾議院，總統往往很難展現施政作為，
尤其在國會為反對黨掌握多數席次時，其施政作為受到諸多掣肘。[38] 因此，一致
政府較分立政府更有利於經濟政策之推動與實施可見一斑。筆者亦認為開發中國
家之經濟愈發展，則愈易形塑一個優質的政治現代化環境。而在一個政治現代化
已達到相當水準的國家，若其政黨政治缺乏良性的運作，則往往愈會影響其經濟
的發展。

　　因此，筆者認為無論任何憲政體制之建立，必須以建立一個良性的政黨制
度為前提，因為了實踐民主憲政的理想，我們無論朝野當深切體認這是一個
政黨政治來臨的時代，當以更前瞻務實之理念推動民主改革，建立公平、公正
的選舉制度與良性的政黨競爭體系，培養優質的憲政文化，為我國的民主憲政
開創更為美麗的新願景。誠如朱雲漢教授所指出：一個設計合理的民主體制，
會引導政黨或政治人物，試圖整合不同的公共政策需求，擬訂出符合全民（或
大多數民眾）福祉之政策[39]。筆者認為我國當前與世界各國一樣，皆面臨金融危
機與經濟發展等嚴厲挑戰之際，無論朝野政黨領導人或是全民皆需同心協力，以
國家利益超越黨派利益之胸懷，共同為建立良性的政黨政治，以樹立優質的憲政
文化為前提。茲謹提以下幾點意見以供諸博雅先進參考。

37　廖坤榮，〈人民選擇了一致政府〉，2008 年 3 月 23 日，中國時報，第 22 版。

38　吳重禮，《政黨與選舉：理論與實踐》，三民，2008 年，頁 287。

39　朱雲漢、包宗和，《民主轉型與經濟衝突》，桂冠圖書公司，2000 年 6 月，頁 20。

一、因應全球化之趨勢擬定具體可行之經濟政策，並加以推動，以振興經濟、確保人民之幸福生活

　　由於全球化之趨勢，加深全球形成相互依賴度。論及十大趨勢，依據美國國家情報理事會（National Intelligence Council, NIC），其對 2020 年的全球化趨勢持以下看法：（一）全球化發展不可避免，且非完全以西化為主，東方觀點與其影響力亦占有重要角色。（二）全球經濟持續擴張等十大項。[40] 在全球社會不同權力及影響拉扯中，唯一的共同力量與趨勢是全球化，全世界各國及公民必須面對全球利益及問題，包括經濟移民的問題。因此，決策者必須儘可能放眼世界（Think as globally as possible.），[41] 加入及倡議全球及國際合作，如此，才能徹底解決其國內問題、國際關係問題及全球問題。首先，從國家當前的大環境來說，我國近半世紀以來貫徹自由開放的經濟政策，與信守民主人權的基本價值，不僅締造了世人稱羨的經濟奇蹟，更實現威權轉型的政治奇蹟，在許多政治觀察家的眼裡，台灣歷經了一場寧靜革命。然而，環顧現今國內外政經局勢，一方面，在西方工業國家為首的關貿總協定（GATT）與世界貿易組織（WTO）的整合之下，我國無從自外於自由貿易與市場經濟的全球化體系；近年來遭逢國家金融風暴，國際經濟嚴重衰退，開發國家普遍失業率不斷上升，台灣面臨全球化及後工業化時代的衝擊在所難免，因此在國家經濟問題當應以更前瞻務實的國際觀之思維，來加以規劃與推動。誠如林祖嘉教授所指出的：「台灣擁有充足的外匯存底，金融市場機制亦很健全，不過，面對全球性的金融海嘯仍不可大意，必要時政府應朝『政府挺銀行，銀行挺企業，企業挺勞工』來實踐」，以創造就業機會來縮小貧富差距，穩定股市，重建政府信心。」[42] 因此，面對於兩岸經濟問題，我們亦

40　NIC, Mapping the Global Future, Report of the National Intelligence Council's 2020 Project, December 2004. 轉引自陳春山，全球科技企業法務管理，元照出版公司，2008 年 9 月二版一刷，頁 9 至 10。

41　Sens & Stoett, Global Politics 411 (Nelson Thomson Learning, 2002). 轉引自陳春山，全球科技企業法務管理，元照出版公司，2008 年 9 月二版一刷，頁 10。

42　林祖嘉，《重回經濟高點：兩岸經貿與台灣未來》，英屬維京群島高寶國際有限公司台

應提出審慎穩健之策略加以因應，誠如名經濟學者孫震教授所指出的：「台灣位於大陸之旁，四面環海，海運便捷，以其與大陸之地緣關係、歷史文化淵源以及經濟發展中之階段互補，應最能從大陸之快速成長中獲得利益，然而不幸過去以敵對抗拒的態度，採自我設限的政策，在兩岸經貿交流中，雖獲得凱因斯效果（Keynesian effect）的利益，卻蒙受「李嘉圖效果」（Ricardo effect）的損失，以致近年資本與人才流失、外資卻步，成長停滯，失業增加，所得分配惡化……如今，台灣政權輪替，政策變易，放棄過去十數年的自我囚禁，轉向和解開放，未來經濟發展的前途正待發展。」48 的確，面臨全球化知識經濟來臨的時代，一個國家的經濟發展與世界各國是息息相關的，從歷史經驗證明，台灣的發展端賴經濟，經濟成長依靠外貿，如今政府與中國大陸簽署了兩岸經濟合作架構協議（ECFA），此乃因應未來台灣經濟發展趨勢之大戰略，我們當以更宏觀之角度來加以思維。因為開放則興旺，閉鎖則萎縮。迎接知識經濟時代的來臨，我們可以看到政府一方面對內積極推動「產業創新條例」的立法工作，將營利事業所得稅調降為 17%，僅保留創新研發之租稅優惠。並且將原促進產業升級條例提供之三十餘項租稅優惠措施，縮減為一項創新研發之功能性獎勵，簡便稽徵程序。調降後之營所稅稅率將與鄰國新加坡、香港相當。在「輕稅、簡政」的政策下，不但可增加我國傳統產業與中小企業的競爭力，亦可增加外資來台投資誘因，提升我國的國際競爭力。政府此一前瞻、宏觀的政策，殊值得全體國人肯定與支持。

　　另一方面，從宏觀的角度來說，如今兩岸都加入了世界貿易組織（WTO），而且現階段國際經貿趨勢已朝向區域經濟整合方向發展，對岸大陸擁有十三億人口，明年即將成為全球第二大經濟體，對於鄰近國家來說必然產生經濟上的磁吸效應。我國在面臨出口市場萎縮的現實危機中如何走出一條活路，乃是政府當務之急，更是全體民眾的幸福所繫。持平而論，在意識型態的思維模式下無助於我國經貿長遠的發展。面對此一嚴峻的國際經貿情勢，政府不僅應提出趨吉避凶、

以台灣為主、對人民有利的政策，同時更應加強宣導，廣辦公聽會，對於簽署
ECFA 的利弊得失，以及在簽署 ECFA 的衝擊下如何保護弱勢及傳統產業，提升
就業率等面向加以說明。知識份子與仁智之見人士亦應以負責任的態度，提出建
設性、務實性的意見，共同在理性思辨的過程中凝聚共識。全體民眾如能成為政
府的後盾，讓政府在確保國家主權、國家安全以及台灣人民利益優先的前提下從
事經貿談判，其成果必然是國家之福、全民之福。

二、建立良性的政黨協商共識與培養理性的政黨政治文化

當前朝野政黨惡鬥多由國人對於國家主權之意見分歧且又未能建立良好的政
黨協商共識，以致造成政黨間的惡鬥不已，而修憲之門檻又極高，且尚未完成政
黨法之制定，除非朝野政黨能以國家安定大局為重，天下蒼生為念，從根本激底
的捐棄南轅北轍的意識形態，共謀國事為合理的解決，否則未來我國不管走任何
方式之改革，皆是困難重重，寸步難行，猶如蜀道之難行，難如上青天，不但造
成嚴重內耗並影響經濟發展，且削弱國家之競爭力，因此建立朝野政黨良性的互
動關係，形成對國事問題解決之共識，如此才是我國發展經濟與推動民主改革的
最佳途徑。

三、建立國家利益超越黨派利益之共識，推動兩岸良性交流，確保經
　濟持續之發展

我國憲法的 141 條規定「中華民國之外交，應本獨立自主之精神，平等互惠
之原則，敦睦邦交，尊重條約及聯合國憲章，以保護僑民權益，促進國際合作，
提倡國際正義，確保世界和平」，於此已明白指出我國外交之基本原則與目的。
外交乃是內政的延長，國家雄厚的國力乃是外交工作的最佳保障與後盾，當前與
我國有正式邦交的國家雖然不超過三十個，但與我國有實質關係的國家卻有一百
多個，而這些與我國有文化經濟等密切關係的民主先進國家，其對台灣實施民主
改革與經濟發展的成果，予以高度的肯定與支持。而舉凡世界各民主國家的政
黨，在平時選舉或開會議政時，縱使有強烈的競爭與對抗，但當遇到外交、經濟

等重大事件發生皆能團結一致，以國家利益與全民的利益為前提，尤其在國家遭逢外患或面臨重大困難，皆能捐棄各政黨之私見，團結一致對外，如第二次世界大戰的英國保守黨、工黨、自由黨皆能政黨休戰（party truce），一致團結抵抗納粹之侵犯。而美國實施政黨外交之成就殊值我們借鏡，其國家一向能秉持國家利益至上的外交政策為最高指導原則，美國人亦能深深的經驗與體悟到如第一次世界大戰後，威爾遜總統推動國際和平與成立國際聯盟，所遭受到的因政黨惡鬥所造成外交遽變的慘重教訓，因此在第二次世界大戰後美國形成所謂「杜魯門－范登保傳統」，而民主黨與共和黨在聯合國等重大外交議題的充分合作，不但為美國且更為世界的和平貢獻良多。[43] 此次美國民主黨及共和黨兩黨激烈之對抗造成此次金融危機，但筆者深信美國朝野政黨當會有更大的智慧來解決政黨之間的衝突，並為其國家政經發展努力奉獻。

捌、結論

　　今後我國無論經濟或外交等工作的推展，全民無分朝野，皆應以國家利益，與台灣二千三百萬人民的利益為前提，穩健踏實的拓展經貿與推動兩岸良性交流，而我們亦應深切了解民主自由人權已是人類的普世價值與沛然莫之能禦的潮流，今日台灣能有如此的成就乃是先後來台的各族群共同努力打拼之結果，而生活在這個島上的二千三百萬住民早已凝聚成休戚與共及禍福相倚的歷史命運共同體，因為我們在這裡的人民不分族群、不分黨派皆能享有民主自由人權的尊嚴生活，儘管目前朝野之間有其不同的理念，對各種政經問題即使有多大歧異，但別忘了台灣才是我們安身立命之家園，一切考量皆需以國家與全民利益為前提，如此我們才能在這全球化的政經動盪激烈的大時代中，建立優質的憲政文化，振興經濟，增強國家競爭力，以臻國家與全民於富強康樂的新境界。

43　紀舜傑，〈從美國的外交政策看國家及政黨利益〉，自由時報，2004 年 6 月 6 日，頁15。

第二十章　選舉制度對政黨制度發展影響之研究

壹、前言

　　自由選舉與建立良性競爭的政黨制度，乃是任何真正自由民主國家不可或缺的條件。按政黨制度與選舉方式是互為關連的。誠如法國名政黨理論學者杜瓦傑（Maurice Duverger）在其名著政黨概論（Political Parties）一書中，所指出的，政黨的緣起是與議會政治及人民選舉權的擴大，有著密不可分的關係[1]。政黨的主要功能與目的就是取得政權，以實現其所主張的政綱政策，達到為人民服務的目標。而在一個開放民主政治體系中的任何政黨或政治團體，若欲取得政權，實現理想，其最主要的方式就是透過選舉的活動，朝野在一個共同的政治遊戲規則下，以選票決定誰來執政。政黨固然是應民主政治的選舉而產生，但各式各樣的選舉制度對於該國的政黨體制之發展，亦產生莫大的影響作用。

　　政黨是代表人民表達意見的重要政治團體，也是選民與政府間的橋樑，而提名候選人從事競選活動，以期最終能夠組織政府，實施對政府之人事與政策之控制，乃是政黨在民主政治體系活動中的主要功能。政黨雖然不乏對私利或權利之追求者，但其最終目的是為集體的利益打算，亦就是為全體的目的而服務，以謀求國家與人民之幸福。若無政黨之居中運作，民主政治是很難達到健全發展的。因為政黨可為每個選民提供決策所需之訊息，降低決策成本，使選民能在瞬息萬變的政治環境中，輕而易舉地決定其投票行為，以選出其中理想的候選人。儘管政黨的選舉關係會隨著選民自由意願的高漲，新生代選民的自我認同，

1　Maurice Duverger, Political Parties: Their Organization and Activity in the Modern State （New York: John Wiley & Sons, Inc., 1963）.

新的社會與環境問題等而式微，但無庸置疑地，在一個民主政治體系中，直到目前為止，尚無其他組織可以取代政黨去扮演這一個角色與功能，而惟有透過良好的選舉制度與政黨競爭體系，才能真正落實國家的民主憲政，以達到政治現代化的境域。

貳、政黨制度的界說

影響一個國家政黨制度發展趨向的因素，除了其歷史傳統文化、社會經濟背景、意識型態、宗教信仰、選民結構等諸因素外，該國所採用的選舉制度往往會促成不同的政黨制度，而不同的選舉制度對該國政黨體系的發展與其人民的生活必然會產生各種不一樣的政治效果與影響。亦即一個國家未來到底會朝向兩黨制、一黨獨大制或多黨制，以及是否能建立一個良性的政黨競爭體系，其中選舉制度是一個重要因素。為了更進一層探討選舉制度影響政黨制度發展的原理與問題所在，我們擬針對政黨制度（Party System）的界說加以解析如次：

以政黨的數目來區分政黨制度，可歸納為一黨制、兩黨制與多黨制：

一、一黨制

按一黨制（One-Party System）並非一定是一黨專制或極權政權，亦有符合民主性質者的政黨制，約可區分為以下幾種型態[2]：

（一）一黨極權制（One-Party Totalitarian System）

在這種政黨體系的國家內只允許一個政黨合法存在與獨佔政治權力。這種一黨制，即為極權的一黨制（Totalitarian One-Party System）或稱獨佔的一黨制（Monopolistic One-Party System）。在這種政黨體制下，唯一合法的執政黨，就成為國家與社會之領導中心。這種政黨強調意識型態，嚴密控制人民的思想與行動，不允許人民自由組成政黨。依照極權者的政黨概

2　A. McDonald, The Study of Political Parties,（New York: Doubleday Co., 1955）, p.35.

念，政黨由統治階級（Ruling Class）所組成，二者且是合而為一的。黨的使命在實現領袖所宣示的 政治理念做為整個社會與個人之最高目的之社會秩序；黨是最高的政治價值，其目標是無可置疑的，政府成為黨的工具[3]。這種一黨極權制之政黨，以二次世界大戰前義大利的法西斯黨（Fascisti），德國的納粹黨（Nazi），以及過去已瓦解之蘇聯與中國共產黨為最具典型的代表。就以過去的蘇聯而言，由於認為政黨是階級利益之代表，因此除了代 表無產階級的共產黨一黨之外，根本不容許其他任何黨的存在與發展。黨擁有至高無上的權力與意志，國家政策皆由黨中央制定，所有民間團體與輿論，都 只變成為政黨之傳聲筒，一切都需唯黨的旨意馬首是瞻，藉以強固領導階層的力量，以嚴格的手續吸收黨員。每一個入黨成員必須禁得起多次整風整肅之考驗，以堅定其對黨之主義或旨意的信念，博取黨之信任，進而獲得晉身為政治 及社會上特權階級之機會。

（二）一黨威權制（One-Party Authoritarian System）

在這種政黨政治制度下，國家以法律規定，只能有一個合法政黨存在，且 信奉某種意理或意念。一般的反對份子因不能認同其意識型態，將被視為反革 命而遭清除。在新興國家建國初期多採集體領導制，但隨著時間的變遷而漸由一位勢力強大的領袖所取代，此時黨與領袖即成為國家使命的化身，實施這種體制的原理是運用黨政合一的方法，穩定政局把政黨和國家看成一體，忠於政 黨就等於忠於國家，在這種體制下，政府的一切政策也是須經由黨來做議決，但不如一黨極權制那麼有計劃而貫徹到底。而且，任何公民皆可入黨，黨員資格是擔任政府公職之必要條件；但是黨的組織不像一黨極權制的政黨那麼嚴密，黨內會有明顯的派系存在，而依賴黨魁的聲望來維繫黨的團結。在這種政 治體制下，其政權無形中潛伏著不穩定性之危機，如黨之領導階級在年歲增高後，往往無法有效控制政

3　A. Leiserson, Parties and Politics: An Institution and Behavioral Approach（New York: Knopt Co., 1958）, p.210.

局，甚而導致不可預測的情勢[4]。

（三）一黨優勢制（One Dominant Party System）

　　這種政黨體系的國家，由一個大的政黨長久把持政權，惟黨內部的組織卻 是多元化的，而允許其他政黨合法存在，可是除了此執政的大黨外，其他小黨 是政治性組織，無法與執政黨分庭抗禮，以獲得參與制定政策的機會。

　　雖執政黨的政治獨佔地位頗為穩固，但與其他政黨關係上，則是循協調與 吸收的方式，力求溝通；在政策上，不強調以哲學理念與意識型態做為政策指 導原則。這種型態的政黨制度，大多存在新興國家之中，例如南非的國民黨、 突尼西亞的社會主義黨，以及解嚴以前的中國國民黨等是之。造成此種政黨局 勢的因素，如同呂亞力所說：「一為執政黨在群眾中具有極高的聲望，主要是 由於它是領導國家獨立，是有開國建國功勳的政黨；二是這些國家的社會情 況，還無法使得足以與執政黨抗衡的反對黨建立起來。」[5]這種政黨型態的國 家，往往是由一個農業、開發中國家階段過渡到工業、已開發國家階段的進程 之中。因為處在這樣一個過渡期間的國家，其思想紛然雜陳，意識型態常較分岐，舊傳統、舊價值標準頗能吸收部份知識份子的思慮與向心，而新的價值標準、新的社會理想亦能激發人的心智而推動國家建設。這種一黨優勢制的長處：一為在黨的大架構內，可以容納不同意見的存在與競爭。因此，來自不同 階層的才俊之士，仍然可以平等競爭的方式，為國家社會發展其抱負：二為由於執政黨的強固，可為政治體系帶來極大之穩定作用，減少無謂之政爭，統合 傳統制度與新價值的衝突與代溝，使之成為國家現代化之輔翼。所以，一黨優 勢制，若能運行得法，可以使社會走向民主式的多元化型態。

4　陳鴻瑜，政治發展理論，桂冠圖書公司，一九八七年十月十五日出版，頁188至189。 程全生：「政黨與政黨政治」，華新文化事業中心，一九八八年四月出版，頁38至39。 葛永光：「政黨政治與民主發展」，國立空中大學，二〇〇二年八月出版，頁 109。

5　呂亞力，政治學，五南出版社，一九七八年二月初版，頁89。

（四）一黨多元制（One-Party Pluralistic System）

　　亦有人稱之為變體的一黨優勢制，即如同前述之一黨優勢制那樣，國家政治權力雖長久為某一大黨所獨佔，然該黨內之組織則為多元化，政治理念亦更重視實際，而對其他競爭之政治團體亦採取容忍之態度，並不施以壓迫。例如：墨西哥之共和黨、日本之自由民主黨等是之。此類型之政黨制度採用民主政治的多元原則，使各利益團體、壓力團體的利益能在此執政黨的範圍內公開競爭，使政策更能合乎社會中最多數人之利益。對於開發中國家而言，此一類型之政黨制度，是使政治走向民主化的較有利途徑，惟就政治穩定性而言，或 較易有缺陷。

二、兩黨制

　　所謂兩黨制（Two-Party System）就是一個國家內有兩個主要政黨，在每次選舉時，兩黨之選票與席次差距不大，輪替執政，和平轉移政權，而朝野互相監督與制衡，政治責任分明的政黨制度。[6]

　　研究政黨制度的學者讚美兩黨制的民主精神，而此種政黨制度的形式常被各國所仰慕，且希冀引進而特意倣效。但兩黨制的形成，往往與該國之歷史傳統、政治文化、選舉制度有密不可分之關係，並非勉強學習所可獲致。例如1930年的土耳其，當凱末爾的共和人民黨執政，此時凱末爾邀其摯友出面另組自由共和黨，企圖為土耳其引入兩黨制的政黨制度，然其結果是：一些反政府的破壞份子，卻以新黨為護身符，導致1931年自由共和黨的內亂並致解散[7]。由此可見兩黨制的形成，不是人為勉力可就的，而與該國的歷史傳統及政治文化關係至為密切。兩黨制之鼻祖國英國為例，其形成乃基於極端相反的兩黨，均同意英國之憲

6　雲五社會科學大辭典第三冊：「政治學」，台灣商務印書館，一九七一年十二月出反版，頁205至208。

7　薩孟武，政黨政治之論集，中華文化出版事業委員會，一九五六年十月出版，頁，130至143。

法傳統，並予以尊重，而在此傳統下相互容忍，和平競爭。由此而得以發展成優良的兩黨制。

兩黨制的優點，就是能夠維持政治的穩定，因為在一黨失敗而失去政權 時，另一政黨就可取而代之。這樣兩黨輪流執政，責任集中，功過分明，監督容易，實在是民主政治的常軌。因為民主政治就是政黨政治，而健全的政黨政治，不但需要強有力的執政黨，更需要強而有力的忠誠反對黨，兩黨的對立可使政界發生新陳代謝作用，一個政黨不致因久握政權而流於腐化。而且各政黨為了爭取民心，亦必施行人民所歡迎的政策。兩黨政治常為人所樂道者，其故在此。[8]

談子民認為兩黨制有以下幾項優點：1. 兩黨制能使政治責任分明；2. 兩黨制分野自然，合於事物天然之性；3. 兩黨制之下，乃一多數決法則之政 治；4. 兩黨制之政府，易趨穩定；5. 兩黨制下之政府，易為選民所控制；6. 兩黨制下之選民，易於選擇政黨，組織政府；7. 兩黨制易使人才輩出， 促進政治人才之新陳代謝，獲致賢能政治；8. 兩黨制下在野黨，易於發揮監 督批評之功能。[9]

西方學者紐曼則指出：「兩黨法則是含有最大效能之民主方法。兩黨制是政黨制度中最理想的一種，尤其有反對黨存在，並參與輪流組織政府，能促進政治的進步。又可從監督執政黨政府工作中，充分發揮其效能。」[10]

國父 孫中山先生對兩黨制亦頗為讚美。他說：「凡一黨執政，不能事事皆臻完善，必有在野黨從旁觀察以監督其舉動，可以隨時指明。國民見在位黨之政策不利於國家，必思有改弦更張，因而贊成在野黨之政策者必居多數。在野黨得多數國民之信仰，即可起而代握政權，變而為在位黨。蓋一黨之精神才力，必有缺乏之時，而世界狀態，變遷無常，不能以一種政策永久不變，必須兩黨在位在

8　詹同璋，政治學新義，黎明文化事業公司，一九七六年十一月出版，頁 194。

9　談子民，政黨論，正中書局，一九七〇年八月出版，頁 34 至 44。

10　Sigmund Neumann, "Toward a Comparative Study of Political Parties," in Neumann, ed., Modern Political Parties（Chicago: University of Chicago Press, 1956）, pp.259-321.

野互相替代，國家政治方能日有進步。」[11]

綜觀上述幾位中西學者之論述，我們可具體地歸納出兩黨制之優點約有以下幾項：

1. 兩個組織健全與人才濟濟的政治團體，皆有能力組織政府，使政權交替，憲政體制能夠繼續維持。

2. 兩黨輪流執政，能夠避免因一黨長期執政而鬆懈或腐敗。

3. 於反對黨能發揮監督之功能，足以促進執政黨的政策趨於合理與有效能。

4. 責任分明，功過昭然若揭，能促進政治進步。

5. 因為兩黨彼此競爭，爭取選民甚力，因此對人民之政治社會化有很大的幫助，能奠定憲政法治之雄厚基礎。

當然世界上沒有一種政治制度是完美無缺的。同樣地，兩黨制亦有以下幾項缺點存在：

1. 兩黨制未能代表社會上多方面之利益與意見。

2. 兩黨制容易招致多數專制之流弊。

3. 兩黨制易使黨爭益加劇烈。

4. 兩黨制易使政府趨向於保守。

出之政黨制度中比較理想的一種，它較能具體實現民主精神，這也是為什麼很多國家，都正在積極朝向兩黨制發展的主要理由。[12]

三、多黨制

所謂多黨制（Multi-Party System）就是一個國家內有三個以上政黨存在，而任何政黨在每次選舉中，皆無法獲得相對多數以單獨組織政府，而必須與其他政黨聯合組織政府，因此多黨制又稱之為多黨聯立制，是歐洲各國的政治體制中常

11　孫中山，政黨之要義在為國家造幸福為人民謀樂利，國父全集，中央文物供應社，1981年八月出版，第二冊，頁334。

12　談子民，政黨論，正中書局，1970年8月出版，頁34至44。

見的現象，尤其諸如荷蘭、比利時、以色列及北歐諸國更屬此類型政黨制度之代表國家。其形成之因素與其歷史傳統、政治文化，特別是比例代表制的選舉法有很大的關係，其主要特色為政黨林立，從極右到極左，不論黨派大小，同時並存，因此黨派之數量頗為可觀。但是，任何一個政黨均不獲得足夠獨自主政的民意支持，因而必須協調，平衡各黨派以組成聯合內閣。在多黨制國家中，眾多不同之政黨各自代表不同階級之利益與價值，每一政黨對政府政策均有其鮮明立場，或種因於宗教信仰（例如德國基督教民主黨），或出於對環境保護之關切（例如德國綠黨），或基於經濟立場、社會地位等等，不一而足。

　　變成多黨制之原因每因國情而不一，然其共同之主要因素約有以下幾項：

（一）由於比例代表制（proportional representation）之選舉制度

　　　　此乃一種分配政黨當選名額的方式。此種方式是政黨按其所得選民投票數 之比例決定該黨應該產生之代表的數額。依照此種方式，獲得選民票數多者， 固然可產生較多之議員，而獲得票數較少之政黨，仍可選出少數議員。於是大 小政黨風起雲湧，爭取選票與議席。一個政黨能夠取得若干議席，就是該黨有 群眾基礎之明證，亦為該黨繼續存在與圖謀發展之要件。對選民而言，在比例 代表制下，投一票就有一票之效果，因而更樂於投票。惟吾人必須注意，比例 代表制固可刺激或便利多黨制之興起，但它並非多黨制產生的充分必要條件。 譬如，1919 年以前的德國與瑞士，都是多黨制，但那時該兩國並未實行比例代 表制。又愛爾蘭是實行比例代表制，但她卻是兩黨制的國家。

（二）由於異質型（heterogeneous）社會結構

　　　　一國之內有各種不同而相互衝突之宗教團體、階級意識、民族情緒等因素，較容易形成多黨制。在這種具有異質型社會結構的國度裡，各種不同的政黨，揭示其不同之主義與政綱，代表不同之利害與意見。例如，由於共產主義及法西斯主義，有反宗教的傾向，於是就有天主教政黨與基督教政黨興起以保護宗教自由，是以在法國、瑞士、比利時等國，均有天主教政黨，在荷蘭則有 基督教政黨。另外有階級政黨，那是工業革命與馬

克思主義的產品，自 1848 年 共產黨宣言（communist manifesto）發表後，歐洲即有社會主義政黨與共產主 義政黨之出現。此兩種政黨在歐陸比英美活躍，其原因是在歐陸，地主與農民 地位差異顯著，勞資雙方之間有較大之界限，復加社會階層明顯，社會流動（social mobilization）緩慢，所以下層階級民眾就只有藉加入激進政黨以求改 革現狀。其次，歐陸各國宗教盛行，教會對政治有其影響力，而馬克思主義政黨又企圖取教會之地位而代之，於是就出現無神論之共產黨，與護教之宗教性政黨。而且，歐陸各民族間，民族主義之衝突，亦形成不同地域之住民各自組成其政黨，各有其語文的、地理的及民族感情的基礎。

（三）由於歷史的背景

特別的歷史因素，亦為某些國家出現多黨制的原因。以法國為例，早在大 革命時代，就已產生極多政黨，著名的山黨、雅克賓黨（Jacobin）、保守黨 等，加上法國民族生性崇尚自由，傾向個人主義，容易各自為政，終於形成多 黨林立之勢。

多黨制有以下幾項優點：

1. 能充份代表與迎合一國之內各種不同階級或團體之意見、心理及利益。

2. 選民在投票時有較多的選擇機會與自由，因此可減低政治冷漠感，游離選民也較少。

3. 多黨制國家之政府，往往為聯合政府，其政策常為各黨政見折衷妥協之結果，因此比較溫和；極端的右翼或左翼政黨，不易掌握政權，因此頗適合於一個政治已上軌道而且安定的國家。

惟多黨制亦有其難以避免之缺點如次：

1. 多黨制下必然是採組聯合內閣，是以政府之政策，係經由讓步妥協而制訂，因此各政黨在競選時所提出以號召選民之政見，就不易完全兌現。

2. 由於採取聯合內閣，所以政府政策之成敗得失，亦無從確定責

任歸屬何政黨，而易流於不負責任之政治。

3. 由於聯合政府中，政黨間關係複雜多變，選民所推舉出之代表，未必入閣執政；而內閣首長亦未必是大多數民眾心目中所擁戴之人。

4. 最重要的是，由於多黨制下之聯合政府，因須就商於議會中各政黨，湊足閣員，組成頗費周章。而在入閣要員而言，因各有政黨為其後台，不免同床異夢，離心離德。由於這種互相牽制，造成政府脆弱無能，政局終必杌隉不安。以法國為例，多黨制下的法蘭西第四共和時代（1946 年至 1958 年），其內閣變動達二十餘次，閣揆更換計十七人，而其原因就是根源於其閣員來自不同政黨，往往因彼此衝突，而對政策之執行，加以拖延宕誤，遂導致連續倒閣。

綜觀以上所論述的當前世界上的各國存在的政黨制度，皆有其特色與優劣所在。然而大體上言之，整個國家之政治體系之穩定，要靠各種制度來支持，而政黨制度就是主要的一種。但每一種制度並非可以一成不變的或是十全十美的，政黨制度亦不例外，一個國家究竟要採行何種政黨政度，實在也難找出其絕對的標準，例如：

1. 一黨威權制會在特異的政治精英引導下，有利突破國家所面對之各種困局逆境，甚而扭轉乾坤，使國家步入現代化國家之林，但如何從威權政治體制轉化為民主政治體制，實在是其面臨的最大課題。

2. 一黨優勢的政治體制由於能有效地穩定政局，是以頗能因應開發中國家，由傳統過渡到現代所產生之社會問題，也能藉擴大參與而導引民主政治之發展，故亦獲部分學者推崇。美國政治學者杭廷頓（S. P. Huntington）曾做了一個統計，發現新興國家中以採行一黨制或一黨優勢制者受政變與陰謀政變的概率最小[13]。另外，麥克迪斯與布朗（Roy C. Macridis and Bernard E.

---

13 Huntington, Samuel P.: "Political Development and Political Decay," in Claude E. Welch, ed.,

Brown）在其合著之「比較政治學」乙書中也指出：「一黨優勢的政黨制度具有政治安定、措施迅速、貫徹政策、易於應付危機等四大優點。」[14]

3. 兩黨制既能符合民主政治之精神，又能兼顧效率，確實具有其他制度所不能及之處，故為多數熱愛民主自由人士所嚮往，誠如美國政治學者杭廷頓所說：「兩黨制固然是為熱愛民主人士所追求，其演化乃是社會變遷之結果，而非必然的政黨體制。」[15] 所以不可刻意強求。依據我們的研究發現，實施兩黨制度較為成功的國家只有英、美等英語系國家，其他曾仿效實現兩黨制的國家，幾乎沒有一個能達到上述英語系國家那樣成功的範例，甚而發生政治不穩的情勢。

4. 多黨制容易反映社會的多元價值，代表各階段的利益與意見，因此得以使不同的民意，在國會中充分表達，不致受到獨裁專制之強力迫害壓抑。但因議會內小黨林立，意見不一致，在決策上無法做果斷決定，不易貫徹政令之施行，行政首長更迭常較頻繁，在在皆易造成政治中樞軟弱、政局動盪，使政治體系之穩定性與效率性減低，而為國家種下潛伏危機。因此，對於一個迫切需要建設及社會整合的開發中國家而言，自然是不適宜。[16]

總之，在瞭解了一黨制、兩黨制、多黨制的理論及優缺點後，對於一般民主國家之政治體系中，政黨制度究竟是屬於兩黨制、多黨制、一黨獨大制？而其界定的客觀標準又如何？對於這個問題，我們對於政黨制度這一個名詞需要有一個比較明確的說法。所謂一黨獨大制，意指一個國家在進行大選後，假如有任

Political Modernization: A Reader in Comparative Political Change, Ca.: Wadsworth Publishing Company, In., 1967, P.245.

14　G. A. Almond, and G. B. Powell, Jr., Comparative Politics: A Developmental Approach （Boston: Little Brown）, p.42.

15　Samuel P. Huntington, Political Order in Changing Societies （New Haven, CT: Yale University Press, 1968）, p.231.

16　黃炎東，自由民主與政黨政治，聯經出版事業公司，一九八七年四月出版，頁 72 至 73

何一個政黨單獨獲取 70% 以上的國家席次,我們稱之為一黨獨大制。所謂兩黨制,意指大選後有兩個大的政黨其獲得的國會議席佔總席次 90% 以上稱之為兩黨制。所謂多黨制意指大選後,假設沒有兩大政黨其所獲取的議席合計 90% 以上,又沒有任何一個政黨單獨獲取國會席次 70% 以上者,則稱之為多黨制。[17]

參、選舉制度與政黨制度的關係

　　大體而言,影響政黨多寡之因素,主要有二:1.社會分歧的程度;2.選舉制度。如果一國社會內部有非常嚴重的種族、語言、宗教、文化、地域或意識型態等衝突,多黨制是常態;但若分歧不明顯,在適當的選舉制度下,兩黨制或將出現,但若選舉制度不適,多黨制仍有可能。[18]

　　按選舉固然促成政黨的產生,而不同的選舉制度亦可能造成不同的政黨制度,杜瓦傑(Maurice Duverger)對選舉制度影響政黨制度,這一方面的問題有其深入的探討。杜瓦傑並提出選舉制度影響政黨制度的三大規律。即 1. 相對多數選舉制(即單一選區相對多數投票制)(The simple majority the single ballot system)會導向相互輪流執政的兩黨制(如英、美等國家之政黨制度)。2. 政黨比例代表制(P. R. system)會導向多數組織嚴密的獨立多黨制,如歐陸義大利等多黨制的國家。3. 絕對多數選舉制(即二輪投票制 The simple majority in the second ballot)會導向多數彈性,互為依賴而相當穩定的多黨制,如法國。[19]

　　茲將杜瓦傑所提的三大規律分析如次:

17　Douglas W. Rae, The Political Consequences of Electoral Laws, Rev. ed.(New Haven, CT: Yale University Press, 1971),p.47.

18　謝復生,政黨比例代表例,理論與政策雜誌社,一九九二年三月初版,頁 17。

19　請參閱:Maurice Duverger, Political Parties: Their Organization and Activity in the Modern Sta- te, Trans. Barbara and Robert North(New York: John Wiley & Sons, Inc, 1963),p.217-239.

一、相對多數選舉制與兩黨制

　　杜氏認為兩者間存在著差不多一致的共通性，亦就是說採用相對多數選舉制的國家大都是兩黨制的國家，而兩黨制的國家亦大都採用，但愛爾蘭、奧地利等兩黨制國家卻非採相對多數決制，相對多數選舉制的國家，如美國、英國、土耳其等國家屬之，但亦有採用此選舉制卻未能形成兩黨制的例外情形，如加拿大、丹麥等國。此皆歸因於這些國家特殊的社會與歷史背景所致，以加拿大為例，加拿大亦實施相對多數選舉制，但卻未能如英美等國家一樣形成兩黨制，其主要的因素是加拿大這個國家是一個異質（Heterogeneity）程度很高的國家，國內有不少因歷史傳統語言文化不同而相互仇視的地方團體，這些團體就提供了小黨生存發展的空間。如在魁北克（Quebec）省地區，像社會信用黨（Social Credit Party）及一些主張分離主義（Separatisms）等法語系的小黨，竟能擊敗自由黨（Liberal Party）、保守黨（Progressive Conservative Party）等大黨。由此我們亦不難發現，所謂杜瓦傑指稱的社會真正法則（The true sociological law）其存在之前提就是必須社會沒有存在嚴重的分歧現象。

　　在採用相對多數選舉制的兩黨制國家，一般而言第三黨很難崛起的。因為在這種政黨體制之社會生活與政治生活呈現兩極化現象[20]，而在這種社會基礎的選民投票心理總認為在超額獲得席位與超額損失席位的作用下，將其選票投給無法產生作用的第三黨，無異是一種浪費，因為在採用本項選舉中，在每一個選區中任何候選人只要票數超過其他一位候選人（但不須超過半數以上）就可宣告當選。如甲、乙兩黨之候選人同時在一個選區內競選，那其中一位候選人只要取得50%加一的選票即可獲勝。如果甲、乙、丙三黨候選人，雖甲黨候選人只要取得40%的選票，而乙、丙二黨的候選人各得30%的選票，則甲黨候選人當選，而乙、丙二黨候選人加起來雖然佔全部得票的60%，但在這種選舉制度下，多餘的選票無法讓渡，乙、丙的票無異是一種浪費，因此這種選舉制基本上是不利小黨。

20　黃炎東，政黨政治與選舉，五南圖書公司，一九九〇年四月，頁192至198。

二、絕對多數投票制（兩輪投票制）與多黨制

依杜瓦傑的觀察指出，凡是實施絕對多數投票制的國家都是多黨國家，如1914 年以前的德意志帝國有十二個主要政黨，第三共和國時期的法國約有四個至六個政黨，1918 年時期的荷蘭二十年來都是七個政黨。[21]

因為在這個選舉制下，必須有任何一個候選人在第一次投票時其所獲得的票數能達到絕對數的票數，否則必須稍隔一週或二週之後進行第二次的投票以決定誰能當選。在第一次投票時不會產生兩極化與超額損失席位的現象，各政黨能各自獲得一定選票的機會。而各政黨在第二次投票時才進行串連與自己意識型態或利益相同的政黨，以對抗其他相抗的政黨，至而結合使兩個立場不同的政黨聯盟，至於參加投票的選民亦不會感到在第一次投票時，將選票投給自己中意的一黨是一種浪費的現象，因為在第二次投票時他所中意支持的政黨，會與其他政黨結合而產生選舉的影響效果，亦就是說選民認為在絕對多數選舉中，選民對其所中意的小黨所投的票是會產生相當效果的，因此從選民投票傾向與實際效用而言，這種選舉制有促成多黨制的效果。[22]

三、 比例代表制與多黨制

按比例代表制主要是針對選舉缺乏民主多元化代表制的缺失而設計。各政黨按其得票數分配席次，亦就是選票與席次成正比例。而採用本選舉制亦如絕對多數制雷同，不會發生兩極化與超額損失席位的現象，任何一個政黨只要能獲得相當的選票必能當選相當的議席。在本選舉制下沒有任何力量阻止政黨內部分裂，因此實施比例代表制容易形成多黨制。以上所論述剖析的杜瓦傑三大規律，雖被西方學者 Douglas W. Rae 認定是經得起驗證，而可稱之為真正社會學法則的公式，而由於這三大規律只有統計的關連性，缺乏因果關係的論證，而遭

21　雷競旋，選舉制度，洞察出版社，一九八九年三月初版，頁，147。

22　彭懷恩、胡祖慶編譯，「進入政治學的世界」，洞察出版社，一九八九年三月初版，頁132。

致一些政治學者的批評與修改，如意大利的政治學者沙多里（Givonni Sar-tori）更為這一規律加入了「穩定政黨結構」與「選區實力平均…」等相關條件，以提高其周延性。因此，儘管杜瓦傑所提的有關選舉制度對政黨制度形成的三大規律有若干政治學者提出修正意見，但基本上是肯定三大規律的正確性。[23]

　　許多政治學者指出，單一選區相對多數決制度與兩黨政治的形成，有著極密切的關係，但這只是存在著正相關關係，而非存在著因果關係。換言之，單一選區相對多數決制不必然會形成兩黨政治；同樣地，比例代表制也不必然會導致多黨政治。法國第五共和採兩輪投票，採取比例代表制的奧地利，長久以來即是社會黨與人民黨對峙的兩黨政治，在此顯然可知，各國政黨政治的發展，除了與選舉制度有關外，仍須視各國的社會結構及語言、文化、宗教、種族等其他因素而定。故有學者即謂：適合各國國情需要雖然是非常抽象的辭彙，但在選舉制度的取捨上卻往往是非常值得考慮的因素。[24]

　　另一個值得注意的現象是，雖然兩輪投票制與比例代表制都有促成多黨制的作用，但這兩種制度主要分別不在於他們所促成的政黨數目，而是在於政黨內部結構的變化。兩輪投票制會造成數目眾多的、個人性質、結構鬆散的政黨，而比例代表制則會造成數目眾多的、思想傾向較重的、結構嚴密的政黨。因此，若從兩輪投票制轉為比例代表制時，個人的、散漫的政黨也就會轉變為結構嚴密的政黨，1936 年至 1945 年的法國與 1913 年至 1920 年的意大利都出現過這種情況。[25]

　　一般而言，在評估各種選舉制度之優劣得失時，往往有兩個標準來衡量，一

23　Maurice Duverger, op. cit., p.245. "But it is certain that Proportional Representation always co-incide with a multi-party system; in no country in the world has Proportional Representation given rise to a two party system or keep one in existence 及雷競旋：前揭書，頁 148。

24　王業立，我國現行中央民代選舉制度的理論與實際，政治科學論叢，第二期，一九九一年五月出版，頁 143。

25　雷競旋，前揭書，頁 150。

是比例代表性，一是選舉制度本身對政黨多寡，乃至於政治穩定的影響。而此二者間，又是息息相關，互為因果關係[26]。就理論上來說，比例代表制的比例代表性應較單一選區的多數決制為高。換言之，在比例代表制下，各政黨所獲得的席位率大致應與其得票率相同，而單一選區制卻是「贏者全拿」（Winner takes all.），很可能造成得票率較高的政黨反而在國會中居少數。因此就比例代表性而言，比例代表制是優於單一選區多數決制的。然而從另一個角度，就政黨數目多寡乃至於其可能對政局安定所造成的影響這個層面來看，單一選區多數決制則是優於比例代表制的，因為就純理論上言，單一選區多數決制易形成兩黨政治而有利於政治穩定，比例代表制則易導致多黨政治的形成而不利於政局的安定。

根據美國學者小鮑爾（G. Bingham Powell, Jr.）所做的經驗研究顯示，兩黨制因較不易出現多數黨，在維持政局穩定（政府更替的頻率小）上確優於常須組成聯合內閣的多黨制；但在疏導民眾情緒，以防止暴亂發生，以及動員選民到投票所投票等問題，卻又往往不及多黨制[27]。因此，如果我們希望維持政局隱定，則採單一選區相對多數決或選區不大且訂有極高門檻的名單比例代表法，或是可行的選擇；但若我們的目的是在維持選舉的公平性，並使社會中各種聲音皆能有其代表，而有疏導不滿情緒，防止暴亂發生的效果，同時能動員選民投票，提高投票率，那麼，他類選舉制度（尤其是大選區，低門檻的名單比例代表法或大選區之單記讓渡投票法）應是較佳的選擇。[28]

在政見方面，單一選區多數決制度下兩大黨的候選人如欲獲勝，那他的政見為獲得絕大多數選民的認同與支持，他的政見就不能太偏激或太保守，因此雖然兩黨存有各自不同的立場，但其候選人在選區內的主張不致於趨向兩極化而會有某種程度的接近。比例代表制因為各政黨只要能獲得一定比率之選票即能獲得席

26　謝復生，「中央民代選舉辦法之探討」，亞洲與世界文摘，第十三卷二期，一九九〇年八月，頁 16 至 19。

27　G. Bingham Powell, Jr., Contemporary Democracies: Participation, Stability & Violence.（Cambridge, MA: Harvard University Press, 1982），pp.105-110.

28　謝復生，前揭書，頁 20。

位，故其政見只要獲得部份選民青睞，即可掌握一定比率之票源，故往往各政黨間的政見無奇不有。

在解析了單一選區多數決制與比例代表制對政黨制度影響後，再看看過去我國與日本所採用的單記非讓渡投票法，對政黨又有何影響呢？學者謝復生指出：就比例代表性而言，單記非讓渡投票法應介於單一選區制相對多數決制與比例代表制之間；因此，我們可以預料，政黨與政黨間相互聯合的意願不若單一選區制相對多數決法大，但又不像比例代表制小；同時，選民棄小黨，就大黨的誘因也不會比單一選區制相對多數決法大，但會較比例代表制強。其結果是政黨數字多於二，但小黨林立的現象會較緩和。同時，我們知道，在單記非讓渡投票法下，選區愈大，比例代表性會愈彰顯，所以我們也可預見，選區愈大，小黨生存的空間會愈大；反之，則愈小。[29]

在採用單記非讓渡投票法，我國及 1995 年前的日本，每個選區視人口之多寡產生三到五名議員，而我國選區多超過五席以上，由於應選的議員人數少於比例代表制下的全國選區，卻又大於只選一人的英美小選區，許多學者便稱過去日本的選區為「中型選舉區制」（Medium District System）。此種中選區會對政黨造成何種影響呢？以日本為例，它可保持小黨在國會擁有一定的席位，而對獨大的自民黨而言，卻助長了內部派系的形成。茲詳述如次：

小黨在三人的選區，若能掌握百分之二十五的選票，五人的選區若能掌握百分之十七的選票，就可以產生一位代表。因此，儘管日本小黨如共產黨、民主社會黨等，在全國的得票率只佔百分之六或百分之八，但一般來說，因為選票的分布不均，兩黨可以各取得十四至三十席的國會議席[30]。這情況換成在英美的小選區制上，能擁有的席次會更低，甚至連一席也無法獲得。依據李帕特（Arend Lijphart）的觀察，少數黨在日本全國的大選中只獲得百分之六的選票就可以有代表進入國會，此一比例實際上已與我們公認較為公平的比例代表制相去不遠。甚

29　謝復生，前揭書，頁 19。

30　Enid Lakeman, How Democracies Vote.（London: Faber & Faber, 1974），p.86.

至在某一個選區中，如果大黨有某一位候選人吸引了大部份的選 票，小黨甚至不需要百分之五的選票，就可以有代表進入國會，此一代表當選 的百分比甚至比一些比例代表制國家還要低。[31]

至於中選區單記非讓渡投票法會使黨紀維持不易，黨內派系林立之因如次：

由於選民只能投一票，但一個選區卻可能有數名的同黨候選人。此一情形，很自然地就會造成本黨候選人相互之間的競爭。為了防止因為本黨候選人自相殘殺而失去席次，政黨在一個選區之中，往往不願足額的提名。

然而，大黨要想提名不足額以確保提名人選的安全當選，有時卻也很難完全如願。一個選區既可選出數人，而投票者對某一候選人的支持，又無可避免地夾雜者對政黨的支持。為了避免相殘，損及政黨本身形象，政黨往往不希望候選人太過突出自己，有些候選人固然可以仗恃個人的聲望，但他卻也可能因為占掉太多本黨的票源，而造成組織配票上的困難。因此，候選人的提名就不能完全憑依個人的實力，如此，政黨的提名作業就很自然地受到其他因素的困擾，例如：黨內的大老以私人或派系的考慮，要求增加提名某位候選人等等。如果這些因素無法擺平，大黨就往往冒險超額提名，造成黨籍候選人自相殘殺的惡果。

在黨組織的立場上，當然希望候選人個個都能服從黨意，接受黨的全盤考慮與配票安排，使黨能在固定的票源下，獲得最多的席次，但是站在候選人的立場，突出自身形象，甚至以犧牲本黨其他候選人的得票來穩固自己當選的機會，卻也是一個再重要不過的策略。一旦候選人為了當選不擇手段時，黨的紀律與組織配票就不再受到候選人重視。這時候選人所依恃的，反倒是一些所謂的個人後援會，以及黨內募款能力強，具有全國性聲望領袖的支持與助選。[32]

---

31 Arend Lijphart, "Trying to Have the Best to Both Worlds: Semi-Proportional and Mixed Systems." In Arend Lijphart and Bernard Grofman, eds., Choosing An Electoral System（New York: Praeger, 1984），p.210.

32 楊泰順，前揭書，頁 37 至 38。

肆、結論

　　由以上論述可知，不同的選舉制度對政黨發展多少都會造成不同的影響，而各種選舉制度之設計與採行，皆有其政黨利益的公平性、代表性之考量，因為選舉制度之採行不但影響政黨力量之消長，甚而對整個國家政治與經濟之發展至深且鉅。

　　我國為落實選舉制度的改革，任務型國大代表曾於 2005 年 6 月通過的憲法增修條文規定有關立法委員之選舉制度自第七屆開始已改為單一選區兩票制，立委席次改為一一三席，任期亦改為四年，而由於立委選舉制度的改革相信對我國未來政黨政治的發展必然帶來相當程度的影響，按所謂單一選區兩票制即一般通稱的混合制，（Mixed or Hybrid System），其以兩票分別選出單一選區立委及政黨比例代表立委，而此制又可分為日本制及德國制，兩制亦皆各有其優、缺點[33]。如德國式的聯立制，雖然比較能顯現各黨在國會中的選票與席次的比例，但其計算投票之方式主要以其代表政黨的第二票為主，無異政黨比例代表制，往往造成超額席次，且較易形成政黨林立，甚至較不容易形成國會之多數而順利的組成多數內閣，如 2005 年 9 月 18 日德國的大選結果，不但未選出一個得票過半的總理，反而引爆德國政治危機。梅克爾女士領導的基督教聯盟以 35.2% 的得票率，險勝現任總理施若德所屬社民黨的 34.3%，以 0.9% 稍微的選票差距，贏得本次選舉，其中綠黨的得票率為 8.1%，自民黨 9.8%，左派聯盟 8.7%，比起上屆大選，兩大黨得票率明顯下跌，小黨則有明顯增加、依照民主選舉之常理，選舉獲得最多席次的黨與政治理念相同的政黨，及席次加起來過半的小黨合組聯合執政，而大黨的總理候選人應成為下任的總理。但德國這次的選舉情況特殊，因為選前合意的執政聯盟沒有一組席位是過半。險勝的梅克爾所領導的基督教聯盟已面臨是否能結盟組閣的難題，而雖敗鬥志猶甚為激昂的現任總理施若德卻又不願放棄組閣，且德國各政黨一時又很難建立共識，又為聯合執政之組成及將來之政治運作

33　黃炎東，新世紀台灣憲政體制發之研究，新世紀智庫論壇第二十八期，二〇〇四年，十二月三十日，頁 103 至 104。

頻添選後德國政局之變數。[34] 而有關此次德國大選後總理候選人經歷三個多星期談判、協商，最終獲勝政黨黨魁梅克爾確定出任德國有史以來第一位女性總理，而其所領導的基民黨與「社會民主黨」也決定合組大執政聯盟，實施左右共治，而其中梅克爾為了總理寶座，作了很大的讓步，必須允諾社民黨在聯邦政府中佔有八位部長職位，包括外交及財經兩個重要部長，總額超過基民黨六個。從這次德國大選我們由其所採用的單一選區兩票聯立制產生之各黨席次，的確是容易產生多黨的局面，而又由各黨因不易形成國會多數，而順利組閣的過程，在在的顯現其中組合聯合政府之艱難狀況，但畢竟德國乃是一個深具民主素養的國家，其朝野亦能深體沒有溫和與妥協就沒有政黨政治，而有沒有良性的政黨競爭，就沒有健全的民主憲政的政治哲理，朝野以理性冷靜的高度智慧，克服了政治上的難題，惟梅克爾是否能在上任後順利因應朝野執政的障礙，有效推動經濟改革與企業重整，皆是梅克爾面對的最大考驗[35]。

　　而日本的單一選區兩票並立制，主要以區域代表為主，比較容易形成兩黨政治。以日本第四十四屆眾議員大選為例，於 2005 年 9 月 11 日投票結果揭示，執政的小泉純一郎所屬的政黨日本自民黨得二百九十六席，民主黨一百一十三席，公明黨三十一席，社民黨七席，共產黨九席，國民新黨四席，新黨日本一 席，政治團體大地一席，無黨派十八席。日本的眾議員總額有四百八十席，單一選區選出三百席，比例代表選出一百八十席，此次小泉首相為郵政民營化法案解散國會時自民黨之席次為二百一十二席，增加八十二席，民主黨由一百七十七席減少六十四席，公明黨減少四席，共產黨維持現狀，社民黨增加兩席[36]。 按本次大選執政的自民黨本身就已贏得了超過半數之國會席次，如加上其友黨公明黨，則其席次可得 2/3 以上的席次，已達到足以修憲的席次，其實本次的

　　選舉，自民黨和公明黨的得票率是 49%，而卻能夠取 2/3 以上的席次。這正可 說明選舉制度對政黨得席次的影響力。依王業立教授的看法認為我國的立法

34　台灣日報，二〇〇五年，九月二十日，三版；聯合報，二〇〇五年，九月二十日，A14 版。

35　中國時報，二〇〇五年，十月十一日，A13 版。

36　陳鵬仁，小泉創造日本歷史性大勝選，民眾日報，二〇〇五年，九月十三日，4 版。

委員選舉制度應改為單一選區相對多數決、比例代表的混合制，並採行兩票制，並不致陷入多黨林立的政治困境，也不致走向單純的兩黨制，而扼殺了第三黨與無黨籍人士的生存空間。且在混合制下，走偏鋒型的候選人不易當選，社會兩極化的趨勢將不致繼續惡化，強化政黨的紀律，有效的改善選舉風氣[37]。

　　而在 2005 年任務型國民大會代表已通過立委席次減半（由二二五席改為一一三席），立委任期改為四年，廢國民大會，立委的選舉制度改為單一選區兩票制等憲改方案，尤其是立委選舉制度的變革，相信會對我國政黨政治的發展帶來相當程度的沖擊，惟筆者認為無論任何憲政體制之建立，必須以建立一個良性的政黨制度為前提，因為為了實踐民主憲政的理想，我們無論朝野當深切體認這是一個政黨政治來臨的時代，當以更前瞻務實之理念推動民主改革，建立公平、公正的選舉制度與良性的政黨競爭體系，培養優質的憲政文化，為我國的民主憲政開創更為美麗的新願景，因此筆者認為我國當前與世界各國一樣，皆面臨金融危機與經濟發展等嚴厲挑戰之際，無論朝野政黨領導人或是全民皆需有為命運共同體之意識，同心協力，以國家利益超越黨派利益之胸懷，共同為建立良性的政黨政治，以樹立優質的憲政文化為前提。

37　王業立，比較選舉制度（第三版），五南圖書出版公司，二〇〇三年，二月三版二刷，頁 127。

第二十一章　憲法上中央與地方權限劃分之研究

壹、前言

　　民主憲政的基礎在於地方自治，有健全的地方行政運作才能建立穩定強固的民主政治，而民眾的權益才能獲得有效的保障與提昇；按歐美日等先進國家的民主政治實應歸之地方自治的成功，因為地方自治能因地制宜、均衡發展、培養住民參與政事的興趣與政治水平、充實住民生活內涵與品質、強化住民對國家與鄉梓的向心力等功能與價值，所以落實地方自治才是建立一個真正現代化國家的不二努力指標；從我國憲法原文與增修條文及地方制度法等法規內容中，當可明白的看出我國對地方制度的重視程度，是不遜於世界其他民主先進國家的。而自國民政府播遷來台後，在中華民國自由地區所實施的地方自治，雖亦具有相當的成果與規模，但在 1999 年以前我國實施地方自治的法律基礎 如「省政府組織法」、「台灣省議會組織規程」及「台灣省各縣市實施地方自治綱要」等不是依據行憲前的法律，就是以行政命令取代憲法及法律之規範， 這不但違反了憲法第 108 條第 1 項第 1 款：「應依據立法院制定『省縣自治通則』」之規定，亦違背了憲法第 11 章地方制度有關憲法直接保障地方自治的精神。直至 1994 年訂頒了省縣自治法、1997 年的修憲及 1999 年地方制度法實施以來，中央與地方之分權才有法制之依據，但卻因中央與地方在財政、警政、教育、人事、主計等方面之權限尚須進一步因應政治、經濟、社會、文化 發展趨勢，去做妥善的釐清與，如財政收支劃分法之重新檢討統籌分配款比例，以有效改善地方財政結構，如何修法以合理的劃分中央與地方人事權，在在皆顯示解決當前中央與地方分權的問題，已是我國當前政府施政之重點之 一，而迄今我國中央與直轄

市、縣市之間權限的劃分制度雖有地方制度法第 18 條、19 條之規定，惟地方制度法於第 22 條仍規定：「第 18 條至 20 條之自治事項，涉及中央及相關地方自治團體之權限者，由內政部會商相關機關擬定施行綱要，報行政院核定。」因此所謂「施行綱要」之制定與實施亦成為未來我國中央與直轄市縣市之間權限劃分的重要準則，對我國今後釐清中央與地方權限及提昇地方自治效率與品質之關係甚為重大。

　　本論文主要研究之指標乃是擬結合憲法對中央與地方權利劃分的原理原則，對西方諸如英、美、法、德、瑞士及日本等先進國家之中央與地方分權理論與實務經驗加以剖析，採用當代比較政治研究之途徑，針對當前我國中央與地方分權問題加以探討，找出問題之癥結重點，提出根本有效解決之道，以合理的解決中央與地方彼此間權限之爭議問題，以真正落實地方自治，維護住民權益，提升國民生活品質，鞏固與深化我國的民主政治，以臻國民與住民生活於長治久安之境。

貳、世界各主要國家中央與地方權限劃分之剖析

　　近數十年來在比較政治的方法論（Methodology）上，有革命性的突破。早期政治學者對比較政治研究途徑，往往採用以一個國家為單位，或一個事件為單位，這種方式在理論上往往呈現真空狀態，缺乏學術價值和預測能力[1]。因此，目前比較成熟的方式應走向跨國（Cross-Country）研究和跨文化（Cross- Culture）研究途徑。美國政治學者克利伯格（Arthur L. Kalleberg）指出，新的研究途徑應該有一種開放分享式的架構（A Shared Conceptual Framework）[2]。自七〇年代以來，關於跨國性途徑對政治現象的研究有不少傑出作品，例如艾瑞德（Arend

---

1　Micheal Curtis, Comparative Government and Politics: An Introductory Essay in Political Science. New York: Harper and Row, 1968, p.7.

2　Arthur L. Kalleberg, "A Methodological Note on the Comparative Study of Political System" World Politics XIX. Oct. 1966 pp. 69-72.

Lijphart）從二十個發展成熟的民主體制國家，分離出所謂協合式的民主方式
（Consociational Democracy）[3]，以區分傳統上把多數決（Majorit-arian Rule）視為
民主政治的代名詞[4]，事實上它只是民主政治的一種方式而已；所謂英國西敏寺
式（Westminister），就是多數決式的代稱[5]。此外，史東（Ka-arz Storom）在跨
國研究裡提出對非多數政府在民主政治議會中理性解決之道[6]。此豐碩的研究成
果，對我們研究中央與地方分權提供不少啟發式的想法，有助於我們運用架構
（Framework）和概念（Concept）去尋找更具有普遍性、真實性的研究結果。換
言之，我們要把中央與地方分權，放在各個不同政治體系裡，從結構功能途徑，
去尋更具有普遍意義的結論，有助於對政治現象本質，有更深層的了解分析，這
樣的研究途徑，學術價值才高。

　　在各國比較政治研究方法上（Method）涉及到技術的使用和調查的程序。
艾瑞德（Arend Lijphart）論及比較方法（Comparative Method）在本質上非常簡單：
「是發現一些變數（Variable）之間所存在的實證關係（Empirical Relation-ships）
的方法，但它本身不是度量（Measurement）的方法。」[7]在研究政治文化頗有盛
名的佛巴（Sidney Verba）則主張，在單一國和全球比較研究策略中，研究者應
採取比較嚴謹和小範圍的方法[8]。但梅利和羅肯（Merritt and Rokkan）則採樂觀
態度鼓勵研究者使用大量量化資料（Quantitative Data）從事跨國（Cross-National）

3　Consociational democracy is both an empirical and a normative model. It will focus: Austria, Bel-
　　gium, the Netherland, and Switzerland.

4　Arend Lijphart, Democrocy in Plural Societies: A Comparative Exploration. New Haven: Yale
　　University Press, 1977, p.3.

5　Arend Lijphart, Democracies: Patterns of Majoritarian and Consensus Government in Twenty-one
　　Countries. New Haven: Yale University Press, 1984, pp.1-5.

6　Kaar Strom, "Minority Governments in Parliamentary Democracies" Comparative Political
　　Stu- dies, Vol. 17 No.2, July 1984, pp.199-227.

7　Arend Lijphart, "Comparative Politics and the Comparative Method" American Political
　　Science Review LXV(September), 1971. pp.682-693.

8　Sidney Verba, "Comparative Political Culture" Political Culture and Political Development,
　　ed., by Lucian Pye and Sidney Verba. Princeton, Univ. Press, 1956.

研究[9]。

一、跨國比較政治之研究方法

艾瑞德（Arend Lijphart）和梅漢（Meehan）[10]歸納下列諸種比較政治常用 的方法：

（一）實驗性（Experimental）方法：利用一組實驗群（Experimental Group）和一組控制群（Control Group）來從事比較研究，僅有實驗群被暴露在外界刺激（Stimulation），而控制群則被孤立（Isolated）。

（二）統計方法（Statistical Method）：是一種「近似」實驗方法，最主要是便利現代計算機的使用，在概念運作（Manipulation）一些實證觀察資料（Ob- served Data）－它們本身不在實驗設計（Experimental Design）情況下運作[11]。 在計算機科學裡，很常見模擬（Simulation）方法，即是此種方式。

（三）語言分析方式：在我們研究政治現象過程中，人類語言本質充滿模糊（Fussy），同時語法（Syntax）也不夠精密，因此借用語意分析方法來鑑定（Identifying）、記載資料的精確性。八〇年代中期後，由於人工智慧和專家系統（Expert System）在這方面有長足發展，借用模糊語意分析（Fussy Semantic）詮釋，對人類語言，有進一步認識與運用，對社會科學研究工具添加利器。

研究方法個案研究（Case Study），它是最有用和廣泛的使用在比較方法 上。艾瑞德（Arend Lijphart）提出六種 型態作為比 較政府研究的指標（Index）， 並

9　Merritt, Richard L, and Stein Rokkan (eds), 1966, Comparing Nations: The Use of Ouantitative Data is Cross-National Research. New Haven: Yale University. Papers from a Yale Conference is 1963 that assessed uses of quantitative data is international Social Science Research.

10　Meehan, Eugene J., The Theory and Method of Political Analysis. Home- wood, Illinois: Porsey Press.

11　同註 7。

深信個案研究在政治學的理論建立上必能有所貢獻。

（一）無理論的個案研究：傳統上的研究方法，單一國家或單一例子，在學術理論上沒有價值[12]。

（二）解釋性的個案研究：雖然以普遍性理論為前提，但僅關係到特別例子，對建構理論沒有助益[13]。

（三）普遍性假設個案的研究：它們的目的是去發展普遍性理論，在這個領域中尚無這類理論存在。它的學術價值最大。

（四）有確定性理論形成的案例：當個案研究在分析單一案例時，把它放在已經建立完整且有普遍性之概念架構下，我們把個案研究當作命題試驗時，如果有符合普遍性概念的現象出現，且有確定性理論形成時，無疑它是強化命 題的正確性。但如果這個命題沒有建構在堅實的基礎上，即使有大量數目的研 究個案，在理論上亦沒有什麼意義。

（五）無確定性理論形成的案例：當對命題做測驗時，出現是負面結果，它這個案式無確定性理論形成，必然在邊際性上削弱命題的合法性。

（六）偏離性個案分析：它對理論上有巨大的價值，當我們在做個案研究時，發現某些個案偏離已經建立好的普遍性命題時，它帶給我們反省思考的可能是有些未發現的相關性變數，可能以前未考慮過或重新精練（Refine）某些 定義或全部變數[14]。雖然削弱原命題，卻修正命題，使它更具說服性，而這種 有效性的命題修正方式可藉此來做進一步分析[15]。

12　La Palombara, Joseph, "Macrotheories and Microapplications in Comparative Politics: A Widen- ing Chasm" Comparative Politics (October 1966), pp.52-78.

13　Michael C. Hudson, "A Case of Political Underdevelopment" Journal of Politics. 29(Nov. 1967), pp.821-37.

14　P. L. Kendall and Katherine M. Wolf, "The Analysis of Deviant Case is Communications Re-search" in Lazarsfed and Frank Stanton, eds., Communications Research: 1948-49. New York: Harper, 1949, pp.152-57.

15　S. Rokkan, Comparative Research across Cultures and Nations. Paris: Mouton,1968, pp.17-53.

　　從以上簡介研究方法和途徑，我們將進一步用到各國政府對中央政府與地方分權概念。

二、由地理位置來分析中央與地方權限

　　政治學大師阿蒙（Gabriel A. Almond）在其經典大作《比較政治—系統、過程、決策》乙書中把中央與地方權限之劃分視為決策規則與決策（Policy-making）中最根本的內容之一[16]。中央與地方權限劃分始終是任何一種政治體系的重要議題。筆者擬就結構功能的觀點，經由普遍化之概念來探討它的本質，並援引北美、西歐、亞洲等各地區政治體系的現況來說明之：（一）聯邦制與單一國之比較：由地理位置來分析中央與地方權限，對現代各國政府進行分類，它的一端是單一制（Unitary），而另一端是聯邦制（Federal）。中央與地方之權力依區域分配的實例：

單一制	形式上聯邦制	半聯邦制	聯邦制	邦聯制
法國	蘇聯（1991 年前）	英國	美國	美國（1777-1787）
日本	捷克	義大利	加拿大	瑞士邦聯（1813-1842）
北歐各國	巴西	南斯拉夫	澳洲	德意志邦聯（1813-1866）
中共	墨西哥	馬來西亞	西德	聯合國
波蘭	委內瑞拉		奧地利	西歐共同市場
羅馬尼亞			印度	
保加利亞				
匈牙利[17]				

　　基本上的概念是單一國家傾向集權式（Centralized）分權；而聯邦體制（Federalism）的國家傾向分散式（Decentralized）分權，然而它們之間並無必然關聯（Linkage）。許多單獨的個案向這個二分法的概念挑戰。事實上，聯邦主義並

16　Almond,Gabriel A. and G. Bingham Powell, Comparative Politics: System, Process, and Policy, Second Edition. Boston: Little, Brown, 1978, ch.9.

17　田弘茂主編，曹沛霖等譯：《比較政治學》，台北：五南圖書出版公司，1990 年 8 月出版，頁 310。

沒必須或有一定充足條件來支持中央與地方分散式（Decentralized）的權限劃分。例如「英國」許多教科書歸類它為單一體制國，而在緊急狀態下令停止北愛爾蘭的自治權力。但英國地方自治具悠久深厚的傳統。它的中央與地方的權力劃分傾向分散式的安排。

　　現代各國政府中，百分之八十以上屬於單一制國家，它的具體特徵是政治體系中的權力和決策大權集中在中央政府。地方政府只是一種執行和代理工具而已，與前我們提到英國學者所稱代理模式，正能描述這種中央與地方分權的神韻三分。中央政府將具體的權力和責任授予地方政府，但這些授予可以被撤銷，地方政府無置喙餘地，而且必須接受中央政府監督。例如法國是中央集權傳統頗強大的國家，在 1884 年的法律，列舉了許多縣市議會行使職權的方式，縣市議會權力之行使，必須受那些規定的方式的限制；而中央或上級機關對縣市握有廣泛的監督權，縣市議會的決議案，幾乎都要經過部長或省長或內政部長等的核准。因此法國前總統狄斯尼爾曾說：「吾國在上為民主，在下為帝制。」其所謂帝制者，乃非自治之別稱也[18]。雖然法國在社會黨主政下，1982 年制定「地方分權法」後，法國的中央與地方權限劃分有極大的分野，地方政府自治權大增，而且地方政府的權力集中到地方議會，換句話說，地方議會會長，擁有立法行政大權[19]。不過由於法蘭西共和國長久以來，一直是單一體制國和中央集權方式的代表，而且自法國大革命後，對歐洲大陸和拉丁美洲諸國之政情、文化有深遠的影響，我們並不驟然改變它的類別。

　　第二種類別（Typology）的政府，是憲法上有明文規定，是聯邦制度的政府，但實際運作卻是中央集權的單一體制。例如未瓦解前之蘇聯，它是由十五個加盟國和其他正式的區域自治單位所組成，表面上有聯邦制度的憲法條文，實際上卻在意識型態下由共產黨高度集權的制度。過去的捷克斯拉夫亦是同樣情形。在第三世界方面這種掛羊頭賣狗肉的情形，更是不少見，例如巴西的成文憲法明定是

18　薄慶玖：《地方政府與自治》，台北：五南圖書出版公司，1991 年 4 月，頁 186-187。

19　同上註，頁 211。

聯邦制，但在軍人獨裁政府下也是名存實亡，墨西哥的聯邦制也停於紙上作業，實際上權力集中在中央政府[20]。全球聯邦制的國家僅有二十個左右[21]，但大約佔據地球的一半左右，大體上都是一些領土遼闊，差異性大的 國家。

威廉·瑞克（William H. Riker）對聯邦主義的權威解釋：「聯邦主義是一 種政治組織，其中政府的運作被劃分為地方政府和中央政府，在這種劃分的方式下每一部分政府有某種權限能做決策權。」[22]艾瑞德（Arend Lijphart）定義 它為：1.一部寫好的憲法。2. 兩院制組成型態。3. 在修正憲法過程中給予每一組成單位皆有權參與而不是片面某一單獨修改。4. 採行平等 的代表權或給予較小單位較多的代表權。5. 一個分權的政府（Decentralized Government）[23]。

（一）美國之分權制度

美國學者皮契特（Pritchette）對美國在聯邦主義下，其國家權力分由兩個層次的政府行使，並對兩層次政府使用權力做適當性的規範如下：

1. 聯邦之專屬權力（Exclusively National Powers）：因為一個國家在對外關係方面，顯然須有統一的發言、宣戰權及解約權限分配給中央政府。很清楚的道理可以看出，一個統一貨幣制度是重要的，而該制度需要中央控制貨幣鑄造權。

2. 州之專屬權力（Exclusively State Powers）：因為聯邦政府為被授權者之 一，顯然地任何未授予它之權力，仍由州保有。然與其讓此事流於推論，聯邦憲法修正第十條作了規定：「聯邦憲法未授予亦未禁止合眾國行使之權力，由各州分別保有之，或由人民保有之。」人們對此修正條文有許多誤解，且常認其為是州權利的主要保證者。實際上，該修正條文未帶給聯邦憲法

20　同註 17，頁 309。

21　同註 17，頁 311。

22　William H. Riker, "Federalism" in Fred I. Greenstein and Nelson W. Polsby, eds., Handbook of Political Science, p.101.

23　同註 5，頁 16980。

任何新解釋，只是宣布了中央政府與州政府間的關係。

3. 競合的權力（Concurrent Powers）：聯邦憲法明白地授予中央政府如徵稅及管制通商等重要權力，但並未禁止州於其境內亦行使該權限。

4. 禁止邦政府之權力（Powers Prohibited to the National Government）：依中央政府乃被授權的原則（該原則雖在聯邦憲法修正第十條被採用之前未有明文，但已為制憲者所接受），中央政府無權行使聯邦憲法所未授予之權力。

5. 州政府被禁止之使用權力（Powers Prohibited to the States）：聯邦憲法第一條第十節對州行使權力作一些禁止規定，其目的主要在於實現中央對於外界關係，例如對外談判權、外交權、貨幣制度及對外通商之專屬管制的本質。除此三範疇外，對損害契約上義務之任何法律，有更進一步的禁止規定。

6. 同時禁止中央及地方州政府行使之權力（Powers Prohibited to both the Nation and the States）：聯邦憲法第一條第十節對州所課之某些禁止規定，亦以同樣第九節課於中央政府，某規定包括禁止通過褫奪公權議案（Bills of Attainder）、事後法（Ex Post Facto Laws）及允予貴族封號（Granting Titles of Nobility）[24]。

因此，美國的聯邦政府是二元的型態，理論上聯邦政府與州政府的權力分配是平行，兩者各自在其管轄內均屬於至高無上，為了使各州的權力得到保障，對於分權的內容必須由聯邦政府或州政府採取協調的行動[25]。這種情況源自在聯邦制度未建立前，各州地方政府已是具有主權獨立的政治實體，1787 年各州代表雲集費城，草擬聯邦憲法時，一項重要的任務，便是商討經各州代表，將各州的部分權力讓予聯邦，以處理州內本身的問題。因此聯邦憲法第一條第八項規定聯邦的權力共十八款，內容非常具體，由此，聯邦的權力是列舉的。憲法修正案第

24　C. H. Pritchett 著，陳秀峰譯：《美國聯邦憲法制度》，台北：文笙書局，1991 年 7 月，頁 26。

25　劉瓊：《比較地方政府》，台北：三民書局，1979 年 7 月，頁 20。

十條規定，凡未賦予聯邦政府的權力都由各州或人民保留，此項規定僅舉概要，未具體列舉。簡言之，聯邦政府的權力是授予的（De- legated Powers），而州的權力是保留的（Reserved Powers）[26]。

另一方面而言，各州地方所屬的縣市地方政府，則不能比照聯邦政府與州政府兩者之劃分方式。美國聯邦憲法中第十條規定，凡憲法中未授予聯邦政府行使，未禁止州政府行使之權力，都自然保留給州政府。由於憲法中沒載明有關州以下縣市政府之組織型態，因此各州以下政府的法律地位，乃類推解釋憲法法理而逐漸形成。從美國全國政治體系而言，有三層級單位：中央的聯邦政府、各州政府及各地縣市政府。中央聯邦政府與各州政府的關係是聯邦制，各州與縣市地方縣市政府的關係卻是直屬形式，與英國的情形大異其趣[27]。

雖然美國的聯邦憲法明載二者之權力分配方式，但由於經濟大恐慌，二次大戰之後，聯邦政府插手社會福利政策，並推行「補助制度」（Grand-in-aid），對州或地方政府指定施政要項，予以專案補助。這種經費式補助地方政府，事實上是無形擴充權力於各州，甚至各州的縣市。例如美國交通道路及都市計劃由各州政府管轄，但由於各州公路上速限不一致；聯邦政府在補助各州政府修建高速公路時，規劃出五十五哩的限制，作為交換條件，成為另一種權力的使用。

（二）英國之分權制度

英國的權力劃分頗為特殊，雖然是單一國，然而地方政府則傾向分散式權力（Decentralization），三級地方自治團體，互不相屬，而且沒有上下級自治團體指揮控制之關係，各級地方政府有充分自主權。在英國政治體系裡，國會有最高權力，中央與地方政府皆由國會以法律授予權力，各級政府運作必須在法定權力範圍內，才有所作為。法院當然無權審查國會的法律是否有效，但對於中央各部及地方政府根據法律而制定的規章，可以審查，如其越出權限有權宣布其無

26　同前註。

27　李宗黃：《美國地方政府－美國篇》，台北：著者自刊，1980 年 2 月再版，冊 2，頁 189。

效。每一項地方政府之合法權力，都源自國會法律的規定。同理下，地方政府為承擔某些沒有規定的成文法以外事項，常請求國會制定相關法令，使其施政有法律根據，這裡中央與地方分權型態，頗有前文所提互動式的模式（Interactive Model），事實上，雖然地方政府的施政有法律的嚴格規範，但同時它有免於中央政府干涉的保護作用。法定主義不只約束地方政府，也同時規範中央政府各部，中央政府雖可發布行政命令，規定地方政府執行法律應遵守的事項，但這些規定本身也受到這些法律的限制，如其越出法定權限，法院也得宣布它們無效。像這樣的方式，法律原在限制地方政府，但同時亦給予地方政府以保障，地方政府在法律規定的範圍內，乃得坦然無懼的自由行使其權力，而不受中央各部的任意干涉[28]。

有些政治學者如阿蒙（G. Almond）就把英國視為準聯邦，因為蘇格蘭和威爾斯，這兩個區域近來取得了處於議會全面監督之下的不同程度的自治權，聯邦制最近才開始形成，但尚未當作成熟穩定的聯邦制度看待[29]。在英國地方政府組織中，不僅自成體制，而且有一些特色，即就是行政與立法不分，一切權力集於選舉產生的議會，由各級民意代表、議員等聯合結成一個自治團體。由於自治團體集權於具有民意基礎的議會，故使英國地方自治，具有歷史悠久，源遠流長，不可動搖牢固的基礎。英人常以其地方制度引以為傲，例如布列斯頓（William Blackston）就認為，英國的民主政治制度應歸功良好的地方分權制度[30]。

但此一制度，實施至今，已逐漸演變與地方實際情形脫節，受到各方指責。其主要原因乃地方行政單位與人口多寡不均，許多地方轄區太小，財源枯竭，地方政府缺乏人才、財力，無法提供良好服務。而且由於社會情況的變化及經濟發展，中央政府職權自然水漲船高，促使政府不斷採取新的措施，結果導致

28　同註 25，頁 28。

29　同註 17。

30　張佐華：《各國政府》，台北：覺園出版社，1990 年 3 月，頁 211。

對地方政府控制增多[31]。英國政府有鑑於此，乃於 1972 年制頒「地方政府法案」（The Local Governmnent Act, 1972），以圖改進。1974 年 4 月 1 日起在 英格蘭與威爾斯兩地，對各級地方機關進行全面改組，其重點是將原來的三級 地方制度改為二級制。除在大倫敦之下，設有三十二自治市外（London Bor- oughs），其餘一律納入縣制體系，廢棄原有縣等市與縣轄市的設置。並針對自然環境、經濟狀況、人口分布等地理人文因素，將各縣轄區內範圍，重新規劃調整，有的合併，有的擴充，使其均勻以符合實際狀況。但是中央政府授權逐漸減少，集權（Centralization）現象加深，浸蝕地方分權的精神[32]。英國國會開始大量插手地方政府經費，補助教育開支、警察費用，及其他公益福利事業，並協助分攤日益沈重的財務需求。表面上是中央協助地方政府解決問題，但在權力劃分的觀點，地方政府被迫接受中央政府的影響力。自此制以來，各縣市及市區雖不能算是中央政府的執行單位，但無可否認卻受到中央政府的監督與管制[33]。

　　就以稅收為例，地方政府的收入，充其量不能應付地方四分之一的支出，而地方對中央貸款及補助金的依賴，日益增多。而中央貸款和專案補助金的運用，必須符合發放規定條件，時時刻刻受中央政府的控制與審核。另外英國行政體系採取相當嚴密的政策執行考核監督，地方借款必須向衛生部請求批准才能申請。因此，目前地方政府的一切行政計劃、借款及補助款項，皆須中央政府批准，對於這種型態的分權方式，地方政府除了向國會反映外，對中央政府任何措施，無能力否決[34]。

（三）法國之分權制度

　　從法國中央與地方分權關係來看，法國是典型集權式（Centralization），中

31　Harolod Zink　著：Modern Government，佟樹春譯：《現代政府》，台北：黎明公司，1965 年 11 月，頁 311。

32　同註 30。

33　同註 30，頁 54。

34　同註 30，頁 45。

央政府握有最高主權，地方政府的權力來源，由中央政府所賦予它，並接受中央政府控制和監督。法國的地方制度有非常濃厚的軍事思想，它源自法國大革命的傳統，並落實於拿破崙法典，將其地方制度劃分建立之。它的特點是如軍事指揮系統，從中央政府至偏遠小鎮，徹底貫徹行政命令，達成上級要求。

從地方制度本身而言，法國地方制度的特性有下列兩點：

1. 地方自治團體有雙重的法律身分，地方政府是中央政府的下級單位；用分權模式分析來觀察，地方政府僅是代理人（Agency）而已，換句話說，地方政府是充作中央政府所運用工具，和適應國家集權式行政需要所設立機構。它的作為和施政內容以中央政令為準則，其責任僅是執行中央政府的法令，貫徹中央政府的意志，不必受控於地方議會牽制。可是另一方面地方政府又是一個自治單位，它必須依地方實際需要，開闢財源，選聘人員開辦地方各類衛生、建設等自治事業。

2. 地方制度高度一制性。法國地方區域的劃分，自法國大革命後分為省（Department）、郡（Arrondissement）、道（Canton）、縣（市）（Community）四級單位。但每一層級政府組織大致相同。就層次最高的地方政府的省而言，有的省人口稀少，有的省已高度工業化，有的仍保留在農業社會。有的省多為山區而交通不便，有的省濱海洋而交通發達，但它們在政治上卻是齊頭式的平等，並無任何差異。省以下的各級 地方政府，亦類似情形，並不因地區性的差異，而因地制宜[35]。

法國地方政府在 1982 年「地方分權法」（Laws of Decentralization, lois de decentralization）通過後，地方與中央權力劃分有重大的分野，以往的四級制中，郡實際上僅為省的分支，區只不過是軍事、司法與選舉的區域而已。郡與區的自治單位只是國家權力劃分單位，不是地方政府，當然更談不上議會的設置。1982 年通過的「地方分權法」將法國地方政府劃分為行區（Region）、省（Department）與縣市（Community）三級，在此三階層中皆有地方政府及地方 自治團體的地

35　同註 18，頁 18082。

位 [36]。而此法是真正把法國自一個具傳統的中央集權單一體制國 家帶到地方自治的階段,由於新法實施後行區可擁有與省及縣市相似法律人格,行區地方政府與地方自治團體的地位始確定 [37]。

其中最大的差異是地方政府的自治權大為增加,即地方體制由原先分立制,轉成權力一元化,也就是立法行政大權都集中於地方議會,尤其是地方議會議長。議長不僅是立法機關的首長,也是行政機關的首長 [38]。

1982 年社會黨主導的地方分權法實施後,省長一職被廢止,改設「共和國 專員」,原省長之行政權移交給地方議會議長,相同地,行區長之職權亦移交 給行區議會議長。至於共和國專員的身分具有雙重性功能,在地方行政區內代 表中央政府派駐地方的身分,另一方面他又是行政區內中央機關的協調,負有 特殊使命,監督地方政府是否確實執行中央政府之政令,在國家發生緊急狀況(Civil Disorder)下,他有處理防衛、治安與民防之事務權,同時對保安隊及軍隊發布命令。面對各級地方政府之法律衝突(Law Conflict)時,提供仲裁的作用。

省長、行區長在被廢止後,共和國專員不再握有地方行政大權,換句話說,共和國專員只是對行區或省內中央政務做協調、分配之責任,以促進中央政府及地方政府之和諧關係,不得再對各級地方政府之行政事務做全面性干預。至於地方級共和國專員功能,僅能檢查地方政府之政務是否有違背法律之規定,對於具有爭議性之案件則送交行政法院審理之。對各級地方政府預算編列,共和國專員無權修改已定之方案或指示採行某一預算方案;但如果地方政府對預算編列工作有遲誤,收支赤字或各項未依照規定完成預算編列、法定支出社會福利、私校補助等未編列之原因時,共和國專員即能行使監督權,嚴重者可依程序經詢問「行區審計法庭」(Chambre Regionale Des Comptes)之意見,並獲同意後亦可強制地方政府實施經濟復甦之計劃以資補救 [39]。

---

36 薄慶玖:《地方政府與自治》,台北:五南圖書出版公司,1991 年 4 月),頁 21517。

37 同註 36,頁 7。

38 同註 25,頁 14854。

39 同註 36,頁 214。

（四）瑞士之分權制度

瑞士政府在阿蒙（G. A. Almond）的分類表裡，是屬於典型的聯邦制政府，但瑞士在政治體制有二階段的演進，1813 年至 1842 年是瑞士邦聯時期；由邦聯（Confederate）時期，政府組織鬆散又微弱，對內無法維持統一，對外又不能獨立。1843 年 9 月，七個舊教的州加入德聯盟（Sorderbund）之後，與中央政府對立，為本身的地方利益而宣告獨立，因此 1847 年發生血腥內戰。內戰平定後，乃於 1848 年草擬聯邦憲法，共三章一二三條，另有暫行條文六條[40]。從決策結構來分析瑞士政府制度，主要特色在委員制。委員制在屬性上既不同於總統制國家，亦不同於內閣制國家，它本身並不講究一般西方國家分權原則，但它的議會擁有立法權、行政權和司法權，其權力劃分比內閣制度更不清楚，然而這種體制受到不少政治學者青睞，認為是最徹底民主政治政體之一。瑞士國家的政治體系，有它獨有文化、歷史、地理因素在內，並不是其他國家可模仿引進的。瑞士的中央政府主要有行政委員會和瑞士議會兩個機構、兩個組織。行政委員會（Bundesrat）為聯邦體制下最高行政機關，總共有七名行政委員從聯邦議會在聯席會選出，但不能兼有聯邦議會議員身分。在政治甄選的過程和執行角色的類型，必須能符合地理環境和文化社會的異質性（Het-erogeneous），例如聯邦行政委員會之委員必須分散在各州，同州不得有兩人當選，同時必須包含三種語言的委員在內。

瑞士政府的行政最高首長，由聯邦議會之兩院聯席會裡之七位行政委員中選出總統和副總統，在任期方面的限制其任期均為一年，任滿不得次年連任，總統在形式上雖然代表瑞士聯邦政府，但他卻沒有一般總統元首的權力，只能對外代表行政委員會之決議，並於會後與聯邦秘書長共同連署，產生法律效力。

在中央與地方分權的劃分上，因為瑞士是聯邦體制，因此以列舉方式規定聯邦權限，聯邦憲法把聯邦權力和州政府權力明確規定，凡不列舉的聯邦的事項，均劃由州政府管轄。在瑞士的聯邦憲法裡列舉者有十七項之多，但這些列舉之事項，必須在聯邦議會中獲得通過。但在聯邦議會體制裡主要分為兩院制，

40　同註 30，頁 593。

一代表各州，名曰參議院（Council of States）；二代表人民，稱為眾議院（Council of Nation），兩院聯權又相等，任何提案可由任何一方提出，只要過半數通過就可成立，因為對此種巧妙權力劃分與融合，因此一般西方政治學者對瑞士的政治制度能依民主之原則而組成是頗為稱讚的。」[41]

在聯邦政府與州政府的分權關係，從以權限之性質為標準可分為大原則：

1. 由聯邦政府立法並執行之事項：如宣戰媾和、關稅稅率訂定、國幣發行，均由聯邦立法並加以執行。

2. 聯邦政府立法而不執行之事項：如軍隊之組織、司法事務、生態保護、保險、工業和度量衡事宜等。

3. 聯邦僅是原則而不立法亦不執行的事項：即聯邦將原則確定之後，乃交由各州依其原則立法執行。但聯邦所定原則可分為積極與消極兩種：積極者為下命令（Gebot），即命令各州為其所為；如國民教育應為強迫教育，而免納學費及人民之自由權利應受保障等，各州對之應遵照辦理。消極者為「禁止（Verbof）」，即禁止各州為其所不當為，如禁止各州之間訂立含有政治性的同盟條約，禁止各州開設賭場，禁止各州製造及 出售軍火，以及禁止剝奪人民受法院審判之權利，各州對之必須遵守。

瑞士憲法第三條規定：「各州主權，未經聯邦憲法限制者均得自主。」因此這種情形頗有美國聯邦二元主義之特色，一種伙伴模式（Partner Relationship）的關係，各州在自己權限範圍以內，對於立法、行政、司法等，均有權自由裁量，不受聯邦干預。瑞士各州的面積，雖大小不一，都只能同票，和選舉兩名議員之權。

1. 在組織權方面：各州府可以自己制定其組織型態，惟制定州政府憲法時，須依聯邦憲法規定：州政府須採取共和政體。州憲法須經人民認可。州憲法經公民過半數的請求得予修正。至於立法權的行使方式，是依創制、複

41　James Bryce, Modern Democracies, New York Macmillan, 1924 , 文星書店，1964 年 3 月出版，pp461-476.

決，還是召開州民大會？則由各州自行決定。同時憲法第六條所稱之「人民」（Volk），實指「公民」（Aktivburger- schaft）。孫中山先生對瑞士地方民主制度稱讚有加，就是指此一事實。

2. 在參政權方面：聯邦制度下，被視為國家機關，每一州在平等基礎下，都有參政之權利。瑞士聯邦政府各州之參政權可分為下列兩項：對聯邦參院之組織，參議員之選舉、資格、任期及薪俸，各州有權參與並決定之。有權提請聯邦議會召開臨時會議；此一動議之提案必須眾議員四分之一的提議，或根據五個州的提議皆可，然後由聯邦行政委員召集之。

3. 請求權（Anspruch）主要有下列二項：（1）在軍事之請求權，任何一州如果有緊急危難，遭受外來入侵時，各州政府有權請求聯邦政府援助。（2）經濟上之請求權：瑞士聯邦政府在財政有豐富的收入，例如財稅、關稅、郵電、貨幣發行，在全國財政收支上有 70% 比例。因此州政府在財政上可以請求聯邦政府的補助[42]。

在聯邦政府各州的監督上，有兩種方式：

1. 預防的方式：各州憲法及法令在制定之後，須經聯邦核准之後才能實施。而各州憲法是由聯邦議會核准，各州法令由聯邦行政委員會推行。各州與州之間或州與外國之間簽訂之條約，亦須經過聯邦行政委員會核准，因此瑞士聯邦政府可以達到預防監督之效果。

2. 約束之權力：聯邦行政委員審核各州法令之後，可以對各州行政單位行使行政監督權，即要求各州報告施政情形，若發現地方政府有違背中央政府之行政命令，聯邦行政委員會得以必要加以制裁矯正。有關行政制裁方式，則由聯邦行政委員會審議決定之，如因地方政府有異議時，依照瑞士聯邦憲法一一三條規定，交由聯邦法院來做裁決。而聯邦議會所使用約束方法，不外乎扣發中央政府補助金，代替執行與武力干預等方式。因此整體而言，瑞士之聯邦制度原來為政治學者所稱羨，但近來的趨勢，各州

42　劉慶瑞：《比較憲法》，台北：大中國圖書公司，1982 年 8 月，頁 28791。

雖然形式上分別與聯邦政府處於平行地位，但財政上受聯邦政府補助，政治方面又受制於聯邦政府指導，因此實質上，地方分權將逐漸被中央集權所取代[43]。

三、從政府體系的實際作為來分析中央與地方權限劃分

從結構功能途徑看政治體系的輸出項（Output），主要可分為提取性（Extract）、分配性（Distribution）、管制性（Regulation）和象徵性（Symbol）四項，但根據阿蒙（G. A. Almond）的理論，任何政治體系的實際作為必須從國內和國外抽取資源以維持其體系生存運作。對於政治體系提取的對象、種類、數量、比例都可以來衡量中央與地方的分權實行狀況，換句話說，最重要權力莫過徵稅權；政治體系第二種是分配權（Distribution），本文最關心者是財稅權，財政權劃分亦可彰顯出中央與地方分權之實際狀況。第三種功能是指管制權（Regulation），例如人事權、官吏任免程序、警察權等亦是評估中央與地方重要標準之一。

但是結構功能大師阿蒙（G. A. Almond）特別強調使用系統分析時，對這些政治輸出類型，必須認識到它們之間相互關係（Interrelation）的複雜性，細分政策和輸出項兩種概念；雖然政策的概念是指一套目的和手段（End and Mean），但並非僅靠單一輸出項和單一手段能達成政治體系的目標[44]。

（一）從收支來看分權問題

艾瑞德（Arend Lijphart）提供一套有力評估中央集權與地方分權程度的方法：一個最簡單的途徑來評估它，就是從中央與地方的施政中，衡量中央與地方政府的支出（Expenditures）和收入（Revenues）所佔全國總財政比例。例如中央政府對全國稅收持有的股份（Share），便可辨別權力分配狀況。假如不平衡，至少可以粗略顯示權力劃分的傾向度。但是如果我們對中央與地方劃分有興趣，就理論上而言，這種財政資源的分配就是一項很吸引人的課題。當然在討論這個

43　同註 30，頁 60103。

44　呂亞力：《政治學方法論》，台北：三民書局印，1991 年再版），頁 22232。

課題以前，必須釐清的是中央政府的補助（Grants）款項的歸屬性。因為如果中央政府補助款有附帶條件和限制的話，不能算是地方政府的資源，它的花費實際上是增加中央政府的影響力（Influential）。如同阿修佛（Douglas E. Ashford）所提，重點不在地方政府有多強的功能，而是去衡量中央政府預期資源如何被使用的能力 "not functions of the strength of local government, but a measure of the central governments ability to predict how the funds will be well." [45] 在衡量集權化的程度方面：最適當的方法是比較中央與地方的稅收。首先要對地方稅收加以界定：1. 稅收僅為地方政府本身。2. 除了額外被中央政府所課稅和特別被中央政府所課稅目中應有比例外，其餘應歸諸地方政府。當然屬於中央所徵收稅款，劃歸到地方政府是不被允許的。在下面的列表中，從 1970 年代的二十一個民主國家的稅收中，我們可以看到從它所排列遞減的次序（主要指中央政府所佔總稅收比率），看到中央集權也是呈現一種遞減的次序。例如荷蘭的中央政府握有全國稅收的百分之九十八為高，瑞士政府列在末尾，顯示出的中央與地方的劃分最分權化，中央政府所佔全國的稅收僅佔全國百分之四十一 [46]。

　　下表為在十五個單一國和六個聯邦國中，測量中央政府所佔全國總稅收之比率：[47]

45　Douglas, E. Ashford, "Territorial Pollitical and Equality: Decentralization in the Modern State" Politcal Study 27. No.1(Mar. 1979), p.82.

46　同註 5，頁 171。

47　同註 5，頁 178。

單一國	聯邦國	中央政府所佔稅收比率
荷蘭		98%
以色列		96%
義大利		96%
比利時		93%
紐西蘭		93%
愛爾蘭		92%
法國		88%
英國		87%
冰島		83%
盧森堡		82%
	澳洲	80%
丹麥		71%
芬蘭		70%
	奧地利	70%
挪威		70%
日本		65%
瑞典		62%
	美國	57%
	西德	51%
	加拿大	50%
	瑞士	41%

　　以上的列表中，我們把單一國和聯邦國作分類，很明顯可以發現，聯邦國和分權式較為接近，在六個聯邦國中，中央政府所佔比率平均是 58%；在十五個單一國中央政府，中央政府所佔比率是 83%，是和集權式比率接近。不過不論如何，二次大戰後由於科技進步，各國福利政策擴張，中央政府的控制力，無不呈現強化趨勢。其強化原因不外乎兩類方式：一、由於中央政府掌握全國大部分資源，因此吸收大批人才，尤其高度工業化，一些大型專案，或福利政策，需要有全國一致性的規定，自然只有中央政府有能力承擔，無形中加強中央政府的權力，擴張中央政府對地方的監督權力。在地方政府財政日形見絀，事事須仰賴中央政府貼補，因此，中央政府對地方政府之施政，自然產生監督權[48]。

48　曹興仁：《政治學概論》，台北：五南圖書出版公司，1990 年 8 月），頁 183。

(二)日本財政收支分權制度

　　雖然各國中央政府的權限有明顯的擴張,但如果有合理化權力劃分方式,地方自治事業亦能積極有效規劃推動。例如日本地方自治財政就辦得不錯,日本是單一國家,但其中央政府對全國稅收佔有比率僅 65%,和目前我國中央與地方財政劃分相當[49]。日本的制度是中央政府置「地方財政局」,專責指導與 輔助地方自治團體財務行政,並代為向中央財政部爭取年度補助款預算,並協 助其籌措財源[50]。按日本中央政府減輕地方政府財政負擔的實際作法如次:

1. 凡是有全國性利害關係之事務,例如健康保險、社會安全保險、醫藥之管制、國會議員選舉所需經費等事項由國庫中央政府負擔,地方政府不負擔其業務行政經費。

2. 雖然法令有明定地方政府應處理之事務,但其屬性對中央政府和地方政府均有利害關係,為使其施政合理效率,均由中央政府按其事務之輕重,承擔全部或一部分經費。例如全國義務教育職員之人事費及校園建築費、環保經費、全民保險經費。為了鞏固地方政府財源,在 1976 年日本政府建立「地方交付稅」制度,將全國稅收中之所得稅、酒稅、法人稅大約百分之三十二交給地方政府,作為固定財政來源,以協助地方克服財政問題。

3. 日本地方與中央為二級劃分制,虛擬省制,但它特殊的地方,並非將一種事務分割為數部分,而是將某種事務劃分為全國性之實施計劃及具體實施計劃之階段,並由中央與地方兩方面在各階段,相互合作,適當配合,並各方協調分擔經費與行政支援[51]。從財政學或財政法來看 - 最主要是指政府的收入及支出二大項。政府收入要靠稅收、各種不同收入的種類,當中最值得我們關心的事就是各種收入來源、課稅之權限、其法律上實體法、

49　經濟日報,1991 年 12 月 23 日,三版。

50　許新枝:台灣省地方自治之檢討,《公共行政學報》第四期,1988,頁 135。

51　同前註。

程序法之限制；至於政府支出方面，主要在對政府各項施政支出之適當性、
政府間之權限比重，以及得失問題。如果加入中央與地方權限之討論，在
層次上整體政治體系收支問題倒不嚴重，而與本文關聯焦點倒是中央與地
方政府關係中，地方財政支出是否過重，以及如何劃分支出負擔之合理
性，和地方財政收入不足時補助金之調整問題[52]。由阿蒙來分析時，為增
加國家歲入而徵稅，主要是提取性的。但有效率制度必須兼用管制和象徵
的手段，例如不納稅的國民可能會受到罰鍰和法院判刑－管制，同時政治
領導人也出現電視媒體，大聲疾呼發揮國民 守法精神繳稅－象徵功能。因
此推動一項政府收入政策時，至少要用三 種類型的輸出項－提取、管制和
象徵，三方面實際作為。進一步而言， 一項稅收財政政策所帶來的結果
往往是很複雜的，它會以各種直接和間接的方式影響整個政治體系層面。
當提取徵稅和社會結果之間的關係愈來愈清楚為人們理解，關於稅收政策
的爭議性和評估也就愈複雜。在於居民息息相關的地方自治系統和全國性
政治體系整合時，這些具體稅目或稅率政策是否能產生足夠的國家歲入來
滿足計劃中各項分配？當然政策體系抽取的效率愈高、愈公平，它的合法
性就愈高。同樣道理在分配和管制功能上，政府在稅收制度上，能愈趨公
平合理分攤在全體人民上；政府部門裡中央與地方權力分配合理化，整個
體系的合法性也愈高，在促進幸福上也愈大。

（三）德國財政收支分權制度

在德國乃是透過法制化的手段以達到紓解地方財政平衡的目的。按地
方課 稅權是地方財政收入最主要的來源。德國對地方的課稅權有嚴格的
制約，對財 政收支劃分法所列之稅目不容地方重複課稅。德國地方政府
只能就屬於地方消 費性貨物或勞務之行為過程或持有一定物品－例如娛
樂稅、酒稅、餐飲稅、養 狗稅、打獵稅、捕魚稅等。原則上經核准後地

52　黃錦堂：縣（市）財政困窘之根源及其對策，《政治科學論叢》，1991 年 5 月，頁
106。

方政府（邦）對以上的稅目才擁有立法權，再經過各邦授權鄉鎮市制定規章經核准後才能實施，在鄉鎮市的政 府對於稅目發現權及課徵權只有在很小範圍之內才有實施的可能。第二種財政 收入來源為規費（行政規費、使用規費、特許規費）與工程受益費。第三類地 方政府收入為變賣公產（如公有非公用土地）、公債及賒借收入。無論是變賣公產、公債或賒借在邦法中皆有規定要件，例如賒借一項而言，必須是當其他財政收入不可能或經濟上不合目的時，並且用途限於投資行為或投資促進行為或轉支付已有帳目，借貸總數額不得有害於地方自治財政正常經營。有關縣產的變賣依西德拜亞邦自治法第七十五條規定，必須以不低於市價出售，而且必須限於地方自治主體履行其任務所不須用之財產方得核准。至於其他項皆微不 足道，例如罰鍰收入、信託管理等。德國在中央與地方財政劃分原則是體系性規範，在共同體事項各邦與中央聯邦政府經費分擔責任。地方事項中有一部分屬於不同級政府應該共同協調和負責之事，例如邦與縣之間道路、河川等之新開發地或修建，執行計劃特別需求之人力、財力之法案和因為中央與邦之間需要特別經費支出者等。德國各邦財政調整財產之全額每一年固定，和必須在預算中另立項目提撥。這類財政劃分辦法，主要是上述這類支出，往往大到一定程度，尤其工程營造類，其經費絕非地方政府所能承擔，而且即使採用三分之一地方配合款制度也不能為地方政府所負荷，因此事前剔出正常預算編列，以免妨害地方財政補助之穩定。這是德國地方財政制度的優點，先行從立法上著手，把大規模工程案或特殊負擔案之經費分擔立法，以劃清各邦政府與鄉鎮地 方所承擔比例。在財政調整中之經費專款補助所涉及者大抵只是小規模之公共投資案，而另方面在各邦政府財政法規中規定各邦財政調整財產之總額，如此地方各邦不至於無謂被要求負擔龐大經費而破產[53]。德國在聯邦體制下，在共 同體事項之經營負擔項下有數種可能發生案例：

53　同前註，頁107。

1. 大型經建投資計劃：對於大型經建交通投資計劃，例如都市環帶公路、都市更新、新市鎮之開發計劃，雖然為地方自治團體所使用，但地方政府通常無力負擔這種規模經費。而像這類型規模大型經建投資計劃，實質上對區域平衡發展，經濟成長有所助益，而且相當程度上有實踐照顧增進全國人民生活福祉功能，因此地方自治團體可允申請中央政府專款補助。

2. 在執行專案法律實施時，中央聯邦政府必須考量在這種情形是否影響地方政府正常運作的可能，在此項法律立法之始，立法者必須有責任義務考慮斟酌中央聯邦政府負擔此項法律所費行政成本，否則地方自治團體可能被迫拖累至財政赤字，而立法有侵害地方自治團體財政權之虞。在德國基本法第一百零四之一條第三句第三項有明文規定，只適用聯邦政府與各邦任務同時承擔之功能，當然各級政府間之經費分攤免不了有爭執，因此原則以上述兩級政府為主。在邦與縣市之間雖無任何憲法有做類似規定，但在邏輯推衍下，依然可在邦法中找到證明。例如巴登｜符騰堡邦法明定青少年社會教育補助法第二條，同邦私立學校法第十七條；同邦推廣教育暨圖書館法第二條均規定有補助之義務。

3. 共同任務事項：就德國聯邦法與邦之間規定基本法第九十之一及九十二之二等兩條中，對邦所管轄範圍內，若公共建設對整體重要而且限於擴建或新建大學，區域經濟結構之改善，或對農林事業規劃，海岸線之保護與改善時，若中央聯邦政府介入有助於提升改善全國國民之生活素質等重大事業，理所當然聯邦政府與邦政府各付一半之支出，而且在實際立法過程可規定聯邦政府負擔較高比率。

4. 因聯邦政府或邦政府之特殊設施而有特別負擔：依德國基本法第一百零六條第八句之規定，若聯邦在各邦或縣（市）鄉市中促成設置特別機構，而致地方必須直接有更多支出或收入減少之特別負擔時，若邦與地方實際上無法負擔時，邦必須提供必要補助。例如鄉鎮市因有軍隊之駐紮而需進一步建設時，該市及附近地區便有聯邦補助。例如美軍基地、波昂市首都特區。

5.特殊活動之補助：例如德國慕尼黑舉辦世運會、教宗訪問、世界足球賽
等，聯邦政府皆有專案補助款項[54]。

四、從非領土的觀點看分權的事實

（一）從政治文化、社會結構看分權問題

阿蒙（Gabriel A. Almond）在著名政治體系分類上大略把當今世界上的國
家分為三大體系：1. 盎格魯與美國體系（Anglo-American）2. 歐陸體系（Conti-
nental European Pollitical System）3. 斯堪地那維亞和低陸區國家（Scandinavian and
Low Countries）這三種分類（Typology）對日後比較分析民主政治有重大影響。
但值得注意的是，這類分類的事實是基於兩種關係－政治文化和社會結構和政治
穩定而言。在英美體系的特徵不外乎「同質性、世俗化」的政治文化和高度的分
化的角色結構分布在政府機構、政黨、利益團體和大眾傳播媒體，而它們之間
存在特殊功能關係和彼此間有相互依賴的功能[55]。相反地，歐陸的民主政治體系
被形容為「破碎的政治文化」和帶著「政治的次級文化」（Sub-cul- tures）它們
的角色被深藏在次級文化和構成分離式次級體系的角色。阿蒙這種分類事實上
只是便利使用者，但是在無形中用地理位置來暗示這種分類。克利伯格（Arthur
L. Kalleberg）就直接批評「這種分類法是基於地理位置和區域的標準」和「阿蒙
沒有處理和特別說明這種分類」[56]。事實上，阿蒙清楚這項尺寸標準是拒絕把地
理位置當作政治文化分類標準，主要問題是，這種政治文化體系的屬性，不應
該在結構功能途徑下討論。政治文化和社會結構在實際上有密切關係，在整個
政治體系的穩定功能上，英美體系的民主政治呈現有高度的穩定性和效率性。
但是歐陸民主的政治體系則呈現不穩定性，它們通常被形容為政治上不流通性

54　同前註，頁 10714。

55　Gabriel A. Almond, "Comparative Political Systems" Journal of Politics, XYIII(Aug. 1956),
　　pp.392-93, 405.

56　Kalleberg, "The Logic of Comparison:A Methodological Note on the Comparative Study of
　　Poli- tical Systems" World Politics, XIX (Oct. 1966), pp.73-74.

（Immobilism）；這種不流動性導致一個破碎的政治文化[57]。阿蒙這項分類的理論基礎是源自重疊身分（Overlapping Membership）的主張，它的定律化主要來自團體論（Group Theory）者，例如班特利（F. Bently）[58]、杜魯門（David B. Truman）等人[59]，和非常相似李普賽（Seymour Martin Lipset）的橫切分裂面（Crosscutting Cleavages）的主張。它主要說明在心理上的橫切壓 力面可導致各種社會團體的成員在不同團體、不同利益下經妥協出現較溫和的立場[60]。不過以上的論述中，我們最關心者在於次級的政治系統。在聯邦主義體系內，次級的政治體系，例如地方政府，它們都有明確的行政區範圍來劃分中央與地方分權；然而有些學者認為，次級政治體系不一定要有領土為限，聯邦主義定可以拓展至非領土性的次級政治體系。例如菲特烈（C. J. Friedrich）是研究聯邦主義的大師，便主張聯邦主義是當作一個聯合體，可能國家和州，或是社區（Community），例如教會、貿易會、政黨，在他定義裡不嚴格一定 有領土為限制。但是曼夫克等人就主張中央政府與地方政府的分權必須建立在 行政區域領土的基礎上[61]。在前面提到多元分歧的政治文化裡，次級的政治體系，並不一定有確定的行政區管轄；這些少數團體的言語、種族、倫理、宗教等社團，打散在行政區各處，而且被其他強勢社團所主宰。他們並不願意被迫融入以領土為單位共同體，也不願放棄他們的特殊認同。在歐洲大陸、亞洲大陸等地，有許多少數民族面臨這類問題，例如庫德族（Kurd）有共同語言、文化、倫理的認同，並沒有明顯領土領域可區分。巴魏（Otto Bawer）和潘勒（Karl Penner）就曾經提出一種無領土式的次級政治體系方法，來

57　同註 55。

58　Arthur F. Bently, The Process of Government: A Study of Social Pressures, 4th ed. (Evarston, 1955), p.208.

59　David B. Truman, The Governmental Process:Political Interests and Public Opinion, New York, 1951, pp.508,511.

60　Seymour Martin Lipset, Political Man: The Social Bases of Politics. Garden City, 1960, pp.88-99.

61　Carl. J. Friedrich, Trends of Federalism in Theory and Practics, 1968. Praeger. p.117.

解決奧匈帝國的少數民族問題[62]。

（二）從非領土標準看分權問題

　　例如在 1925 年的愛沙尼亞（Estonia），對於境內少數文化團體准許他們本身有權建立自己的學校和文化機構在某些區域內。這種文化自治團體的管轄權，被定義在會員的身分上，而無視領土居民的條件。猶太人和日爾曼人也模仿這種方式去建立一系列以民族、文化認同為基礎的文化自治團體。愛沙尼亞政府曾宣稱他們有能力運用各種管轄權，去解決少數民族的問題[63]。在這種理論基礎上，當沒有領土團體被組織後，它們似乎頗有利益團體的味道，例如像工會、商會、職業團體，這些利益團體沒有清晰的領土利益，但是在它們之間仍有所區別，像這類被打散的群體，依然是有一無領土型態的潛在國家，例如分散在伊拉克、土耳其、伊朗之間的庫德族，美國的猶太人議會、蘇聯境內的韃靼人等。更進一步而言，雖然這些打散的群體，在某種意義上是沒有領土界限，但仍有種意識上覺醒的共同領土－「根源於過去」。例如對語言、種族和倫理的認同，和感覺自身別於其他文化上之優勢團體。他們通常希望他們能保留不同形式的承認與保證他們分離的認同和利益，例如社區代表，以保護他們免於不自願整合，和優先去使用自己的語言，當作官方、教育、財政和娛樂的媒體，而有機會去支持他們次政治體系中的文化發展。雖然傳統地方自治理論，未曾觸及這種非領土式的次級政治體系，不過作者在學術理論的層次上，主張更進一步擴充與探討。例如台灣省都市的原住民問題，各種邊疆少數民族 問題，牽涉文化、種族及強勢團體的關係。因為固定成型，傳統式中央與地方 分權關係實不足解決這類型問題。究竟地方自治理論應否包括沒有固定領土的 自治團體？都是值得我們進一步探討的問題。

62　同註 5，頁 183。

63　George Von Rauch, The Baltic States-Estonia, Latvia and Lithuania: The Years of Independence, 1917940, trans. by Gerald Onn. Berkeley: University of California Press, 1974, p.142.

參、我國中央與地方權限釐清問題之探討

一、概說

民主憲政的基礎在於地方自治，有健全的地方行政之運作，才能建立穩定強固的中央政局，而民眾的權益才能獲得有效的保障與提升。誠如西儒布列斯頓（William Blackstone）所言：「英國民主政治的落實，乃歸之於地方自治的成功所致。」國父孫中山先生亦肯定地方自治乃國之礎石，礎不堅則國不固。因為地方自治深具坅行政能因地制宜，均衡發展；培養住民參與政事的興趣及政治水平；充實住民生活內涵與品質，強化住民對國家與鄉梓的向心力等功能與價值。所以落實地方自治才是建立一個真正現代化國家的不二努力指標。

從我國現行憲法第十章、第十一章分別規定的「中央與地方權限」及「地方制度」諸條文之內容中，當可明白我國憲法對地方自治所重視的程度是不遜於其他世界民主先進國家的。但由於在憲法未增修及地方制度法未制定實施之前，我國實施地方自治所依據的法規，如「省政府組織法」、「台灣省政府合署辦公暫行規程」，以及如「台灣省議會組織規程」、「台灣省各縣市實施地方自治綱要」、「台北市各級組織及實施地方自治綱要」、「台北市議會組織規程」、「高雄市各級組織及實施地方自治綱要」、「高雄市議會組織規程」等行政法規或行政命令皆是不合憲的法律或法規，這不但違反了憲法第一〇八條第一項第一款，應依據立法院制定「省縣自治通則」之規定，亦違背憲法第十一章地方制度直接保障地方自治的精神。我國第二屆國民大會修憲會議通過憲法增修條文第十七條，在省、縣地方制度之憲法條文中，增修省長民選之憲法法源，並排除憲法一〇八條中有關制定「省、縣自治通則」之限制，並配合憲法第一一八條，直轄市之自治以法律定之規定，只要中央能早日頒布「省縣自治法」及「直轄市自治法」，賦予省市長民選的法源，我國台灣地區即可在最短時間內推行法制化的地方自治，將自治權完整的還給民眾，使國家的政治現代化工作邁向一個新的里程。惟後修憲雖為台灣地區地方自治建構了簡捷的法源，排除了憲法原本

條文規定實施地方自治之複雜程序，使地方自治步入合憲化的常軌，但由於修憲雖凍結了原來憲法保障省縣得制定省縣自治法的權限，改由中央統一立法，使本已相當薄弱的地方自治權，遭到若干削弱，違反均權主義的精神，致而遭受若干學者的批評為「憲法實施怠惰[64]」。同時多年來因中央與省縣或省與縣之間在財政、警政、教育、人事、主計等方面之權限並未能進一步因應政治、經濟、文化發展趨勢去做妥善的釐清與劃分，導致中央與地方或省與縣因權限劃分及歸屬等問題迭生爭議。如前台北縣教育局長、宜蘭縣警察局長等的任用案，及 1992 年 7 月財政部在台省北中南分設三個國稅局以便自行徵收國稅，曾引發地方議會強烈反彈，且不惜休會表示抗議，同時立法院亦曾在預算審查聯席會決議，將省菸酒公賣業務收回中央，並聲稱公賣局資產屬中央，省府無權處分，導致省府及省議會強烈的議產、護權行動，而中央與地方政府為行政區重新劃分互爭主導權之種種問題，更使中央與地方爭權與爭錢的糾紛益形複雜。此外，已實施多年的「財政收支劃分法」亦未能合理有效的解決地方財政問題，引發地方政府要求財政自主權的高漲意識。如最近發生台灣省各縣市與中央部會有關財政分配問題再三的發生之爭議，諸如全民健保醫藥費用之負擔問題、水源資源分配與供應及維護權責諸問題，在在顯示出解決當前中央與地方分權的問題，已至刻不容緩之地步。本論文擬就　國父孫中山先生對中央與地方權力劃分的規範原則－均權制度以及台灣地區多年 來推行地方自治的經驗，針對我國當前中央與地方分權問題加以探討、分析其 利弊得失，找出真正問題之重點，提出根本有效解決之道，以合法合理的解決 中央與地方彼此間權限釐清問題，化爭端於無形。真正做到落實地方自治，維護住民權益，提升國民品質以臻國家於長治久安之現代化境域。

64　參見薄慶玖：《地方制度與中央地方權限劃分問題》；荊知仁、法治斌、張治安編：《憲政改革芻議，修憲五大議題學術研討會》，政治大學法學院出版，台北，1991 年 5 月，頁 298 及頁 31213；趙永茂：《憲法修改後地方自治法制化與中央與地方權限劃分 問題之探討》，修憲後的憲政體制論文研討會，中山社會科學季刊主辦，1992 年 7 月 12 日，頁 19。

二、我國憲法中有關中央與地方權限劃分之剖析

近代各國政府對釐清中央與地方權限的方式，不外乎採「中央集權制」與「地方分權制」兩種模式，但是各有其利弊得失，因此，國父孫中山先生針對上述兩者優點和我國特有國情創立「均權制」作為我國中央與地方權限劃分的準則。我國現行憲法有關中央與地方權限劃分的方式，分別規定在第十章有關中央與地方權限劃分之方式；第十一章規定各級地方政府組織、制度。根據林紀東先生對我國現行憲法第十章的特點歸納下列四大要點：1.中央及省與縣之權限，均由憲法分別列舉規定，既非如單一國家者然，不於憲法上規定地方之權力，聽由中央政府以法令規定之；與一般聯邦國家，僅就中央或地方權力之一方，為列舉規定，他方為概括規定者，又不相同。2.因憲法以省為地方自治團體，故分權之對象，不僅為中央與縣之劃分，且為中央與省縣之間，各有其權力，涇渭分明。3.美國憲法規定由中央立法之事項，歸中央執行；由地方立法之事項，則歸地方執行，立法權與執行權之歸屬，完全一致。我國憲法則仿德國威瑪憲法之例，有由中央立法而交省縣執行者，有由省立法而交縣執行者，立法權與執行權之歸屬，不甚一致。4.對於剩餘權之歸屬，則依　國父遺教均權主義之精神，以解決之[65]。

事實上，我國憲法本文的特性是把省縣列為地方自治團體，不若聯邦國家，把省或州列為與中央平行的地位，立法權與執行的歸屬也不一致，有由中央立法交由省執行，省立法交由縣市執行者。但以美國聯邦制度為例，為確保中央立法能徹底執行，絕不假手地方政府執行，中央立法事項，由中央官員推動執行，地方立法由地方官吏執行，使立法權與執行權合一。在剩餘權處理的方式，我國憲法既未概括的劃歸中央，亦未概括的劃歸地方，而是以均權主義的精神解決之。

從理論上而言，無論中央性或地方性的公共事務，都是屬於國家事務。美國政治學者阿蒙（G. A. Almond）認為，方便處理國家事務，權力的劃分必須依照地理位置來區別，故必須有地方政府的設置，並授予一定的權責推動地方性事

65　林紀東：《中華民國憲法釋論》，大中國圖書公司，1980年9月，頁310。

務，以滿足人民生活需要，所以產生與全國事務相對性質的地方事務，和自然衍生出所謂中央與地方權限劃分的問題。以下茲就我國憲法中有關中央與地方權限劃分的方式、劃分的對象及地方自治團體自治權限和中央委辦事項分別討論之。

(一) 中央與地方權限劃分之方式

儘管各國在政治文化、歷史淵源有所不同，但對中央與地方權限劃分方式不外乎中央集權制、地方分權制以及均權制三大類：

1. 中央集權制：原則上，是把全國一切事權集中到中央政府手中，誠如中央集權國家的代理模式，地方政府只是一個分設機構，一切法律或命令規定，權力的限制範圍，來自中央政府，不論在行政、立法或司法，地方政府凡事必須聽命於中央。

中央集權制特點有下列幾項：中央與地方並沒有分權，只是職務上的分配而言，換句話說，地方政府沒有自治團體的地位。中央對地方的權力分配裡，權力仍為中央政府所擁有，地方政府只是以中央政府代理人身分行使權力。中央政府對地方政府授權的方式有概括式一次授予和列舉式的逐次授予。中央政府與地方政府的關係，以單純隸屬關係為主，權力行使力都以行政機關的指揮命令。典型的中央集權國家，例如 1982 年以前的法國，各共產國家為代表。

論其中央集權制的弊端主要有下列數點：只圖外表整齊劃一，而失之因地制宜的施政。一國之內，各地區需要不同，尤其幅員遼闊的國家，其差異性特大；中央政府往往對各地方情形難免有欠明瞭，若以同一法規或政令，施行 於全國各地，則難適合各地之實情及利益，妨害地方發展。漠視地方自治，抑制國民對公共事務參與的興趣，阻止地方自動自發的精神，導致全體國民對政治產生疏離感，不能培養廣泛的公民文化，以利於民主政治的推行。在中央集權體制下，由於事權集中，各級政府形成層層節制的管轄系統，權力集中到上層結構，日久所行使皆例行方法，不會做伸縮性的調整，導致中央政府日趨於專制獨裁，而地方政府處處受束縛。中央集權下，地方政府官吏皆由中央任命，他們不必理會地方民意的反

映，只要仰賴中央意旨，不惜犧牲地方利 益，甚至違反人民意志，造成
人民反感，扼殺地方在公共事務方面的創造力、人民的公益熱心，進而產
生離心力，對國家長期統一會產生不良影響。中央集權的立法機關，往往
必須處理地方性事務而負擔過重，結果既妨礙了全國性的行政工作及立法
工作，也妨礙了地方性的行政及立法工作。中央集權對事務的處理，往往
招致不必要的耽誤。地方政府為了要等候「中央授權」的指示，往往招致
不必要的延誤，對自身熟悉的事務，反而無權處理[66]。

2. 地方分權制：大凡中央事權與地方事權，各有一定界限，不受他方的干預，
　互不侵越，雙方權限的劃分保障，不僅規定憲法條文外，對任何權限劃分
　的變動，必須取得雙方同意者。中央政府僅依憲法保持其有限度的監督指
　揮權 外，地方政府有自治權處理本身事務。原則上聯邦國家採地方分權
　制，例如以 美國、加拿大、澳洲、印度為代表，但並非所有分權制國家
　就是聯邦，例如過 去的蘇聯及墨西哥，憲法明訂為聯邦國家，但事實上
　卻是不折不扣的中央集權 國家。單一國原則上亦是中央集權制國家，但
　英國在地方分權上，具有悠久深 厚的傳統，為其特例。

　　地方分權有下列幾個特點：c地方政府，可依自治法人團體的地位，
　行使 自治權，若非違反憲法的規定，中央政府不得隨意干涉。d地方政
　府權力源於 憲法、法律或不成文規定，非經修憲或法律修訂，中央政府
　不能片面修改。e 中央政府對地方政府，只有監督權，沒有指揮權，而在
　監督權，所有中央政府 所行使的監督權行使必須有法律上之依據方可行
　之[67]。

　　一般而言，聯邦國家和單一國家對地方分權制有很顯著差別。例如以
　美國 為例，聯邦憲法係列舉中央事權，而以未列舉其餘事權歸各州政府；
　這種中央 事權列舉制，各州政府概括制，實源於歷史背景使然，因為美

66　卓播英：《均權制度研究》，國父遺教研究會編印，1975 年 6 月 30 日出版），頁 778。

67　同註 3，頁 53。

國各州政府早已 先聯邦政府存在一段長時間。在單一國方面，各地方政府所擁有事權皆由中央 政府以法律委任授予，換言之，中央政府對地方自治權限、法律制定，有單獨 片面決定權。不過分權制有其先天性的缺點，過分分權制度，會危及國家的整 合性，妨害國家的統一。另一方面，將國家的人力財力打散到各地方，國家整 體發展的目標難以達成，更以現代社會愈來愈複雜，面對新環境劇烈的變化， 分權過度結果，使國家面對內政、經濟事務時軟弱無能 [68]。

3. 均權制：由於中央集權制和地方分權制都有明顯的缺失，我國歷代政治上所謂「外重內輕」、「強幹弱枝」，就是明顯說明中央與地方權限劃分不均 的現象，因此　國父孫中山先生主張均權主義來徹底解決問題。

國父在演講「中華民國建設之基礎」裡對我國中央與地方權限之劃分曾經昭示：「所謂中央集權或地方分權，甚或聯省自治者，不過內重外輕、內輕外重之常談而已。 權之分配，不當以中央或地方為對象，而當以權之性質為對象，權之宜屬於中 央者，屬之中央可也；權之宜屬於地方者，屬之地方可也。例如軍事外交，宜統一不宜紛歧，此權之宜屬於中央者也。教育衛生隨地方情況而異，此權之宜 屬於地方者也。更分析以言，同一軍事也，國防固宜屬中央，然警備隊之設施，豈中央所能代勞，是又宜屬地方矣。同一教育也，濱海之區宜側重水產，山谷之地宜側重礦業或林業，是因宜予地方措施之自由，然學制及義務教育年限，中央不為劃一範圍，是中央亦不能不過問教育事業矣。是則同一事業，猶當於某程度以上屬之中央，某程度以下屬之地方。彼漫然主張中央集權或地方分權甚或聯省自治者，動輒曰某取概括主義，某取列舉主義，得勿嫌其籠統乎？……權力之分配，不當挾一中央地方之成見，而推以其本身之性質為依歸，事之非舉國一致不可者，以其權屬於中央；事之應因地制宜者，以其權屬 於地方。

68　Leacock, Limitation of Federal Government，引自迦納著，林昌恆譯：《政治科學與政府》（三），頁 69798。李瞻：政府公共關係，理論與政策雜誌社，1992 年 1 月出版，頁 3。

易地域的分類，而為科學的分類，斯為得之。」[69] 故其原則為凡事務 有全國一致者劃歸屬中央；有因地制宜之性質者劃歸屬地方。屬於中央性質者，地方不能越權；屬於地方事權者，中央政府不能侵犯，以克服中央集權與地方分權先天對立性之本質。基本上均權的對象為行政權與立法權為主，至於 其餘三權司法、考試、監察，在性質上全國一致性，不適用之。國父所以採取西方各國中央集權與地方分權之優點，針對我國歷史、地理環境，以及辛亥 革命後軍閥割據混戰的慘痛教訓創立「均權主義」的原則，作為我國憲法裡中央與地方權限劃分之依據，以避免中央專橫之弊，又可防止地方把持之弊，國家力量既可有效集中統一，地方自治又可充分推行，厚植民主政治基礎。

　　另外而言，對於「均權主權」的原則，我們必須釐清所謂「均權」非把「中央集權」或「地方分權」兩者用來「平均」，基本上，「均權主義」的真諦應該是「按事務的性質，來做合理的分配」。因為從學理的觀點或實際上運作的政治制度上，政府的本質是不能用「平均」來劃分，所謂「均權」係對地方分權與中央集權相對而言，沒有中央集權和地方分權就沒有所謂「均權」， 因此　國父的「均權主義」是指對行政事務而非政治性而言[70]。

　　1947 年我國進入憲政階段，目前我國現行「中華民國憲法」之第十章「中央與地方之權限」法理淵源自　國父孫中山先生之「均權主義」理想與精神。其內容分述如次：

1. 中央立法並執行之專屬權：我國憲法第一百零七條規定：外交。國防與國防軍事。國籍法，及軍事、民事、商事之法律。司法制度。航空、國道、國有鐵路、航政、郵政、郵電。中央財政與國稅。國稅與省稅縣稅之劃分。

69　中國地方自治學會主編：《國父地方自治之理論與實踐》，中國地方自治學會印行，1965 年 11 月 12 日初版），頁 134。

70　卓播英：《均權主義的理論與實踐》，中華民國中山學術會議論文研討集（冊三），頁 427。

國營經濟事業。幣制及國家銀行。度量衡。國際貿易政策。涉外財政經濟事項。其他依本憲法所定關於中央之事項。

在上列諸般事項，均為中央之專權，完全吻合　國父均權主義之主張，即是中央政府專屬權之事項，唯有中央政府才有權行使，地方政府無權過問。對於中央之專屬權，如果再進一步深入探討有兩種特性：屬於涉外事項，例如：國防、外交以及國際性的經濟事務均屬這一類；具有全國一致性的事務。換言之，關係全體國民利益，並非地方政府有能力承辦者，例如郵政電信事業、司法制度、交通事業、國家貨幣、度量衡等事務。這些事務屬於中央專 屬權者，應由中央立法、中央執行[71]。

2. 中央立法並執行或交由省縣執行之事項：（我國憲法第一百零八條）有些事務，本質上屬於內政事項，沒有涉外性質，但具有全國性、普遍性，而且 各地方情況不同，為便利實施起見，允許各地方政府因應地方特殊需要，由中 央立法原則下，得制定單行法以利於地方自治推動。省縣自治通則。d行政 區劃。森林、工礦及商業。f教育制度。銀行交易所制度。航業及海洋漁業。公共事業。合作事業。二省以上之水陸交通運輸。二省以上之水利河道及農牧事業。中央及地方官吏之銓敘任用糾察及保障。土地法。勞動法及其他社會法。公共徵收。全國戶口調查統計。移民及墾殖。警察制度。公共衛生。賑濟撫卹及失業救濟。有關文化之古蹟、古物及古蹟之保存。 以上條文之特性、雖是由中央立法，但中央亦有權執行，但也可交由地方省縣執行，省縣在不牴觸國家法律範圍內，可經由中央授權，自訂定單行法規，以利於執行中央各種立法。至於其他國家為例，對於中央所屬事權執行的方式有歐陸制和美國兩種情形，我國是仿德國威瑪憲法和瑞士憲法其規定，這與美國、加拿大有所不同。歐陸制中如瑞士的情形，為中央所屬事權的執行辦法有二：為中央官員直接執行；各邦政府代為執行，原有監督權由中央保有。至於德國威瑪憲法的劃分方式，由中

71　耿雲卿：《中華民國憲法》，台北：華欣文化事業中心，1989 年 9 月四版，頁 15658。

央制定立法原則，由地方政府自行訂定執行細則，代中央政府執行。美國的方式為中央與地方事權的執行，涇渭分明，中央所立事項「為能達到貫徹執行，絕不授權地方執行，全由中央執行」[72]。

3. 由省立法並執行之，或交由縣執行事權之。根據我國憲法一百零九條規定，下列事項為自治團體和縣自治團體共有事權：省教育、衛生、實業及交通。省財產之經營及處分。省市政。省公營事業。省合作事業。省農林、水利、漁牧及工程。省財政及省稅。省債。省銀行。省警政之實施。省慈善及公益事項。其他依國家法律賦予之事項。

　　以上各款有涉及二省以上者，除法律別有規定外，得由有關各省共同辦理。省辦理第一項各款事務，其經費不足時，經立法院議決，由國庫補助。

4. 縣之專屬權：依我國憲法第一百一十條規定，下列事項由縣立法並執行之：縣教育、衛生、實業及交通。縣財產之經營及處分。縣公營事業。縣合作事業。縣農林、水利、漁牧及工程。縣財政及縣稅。縣債。縣銀行。縣警政之實施。縣慈善及公益事項。其他依國家法律賦予之事項。

　　前項各款，有涉及二縣以上者，除法律特別規定外，得由有關各縣共同辦理。我國在中央對地方政府補助款方面，是採取與英、美國家的補助金方式（Grant-in-aid），例如當省級政府面臨經費使用不足時，憲法明文規定由立法院決議，國庫補助之；在縣級政府雖然沒有明文規定，但第一百四十七條規定：「中央為謀省與省間之經濟平衡發展，對於貧瘠之省，應酌予補助，省為謀縣與縣之間經濟平衡發展，對於貧瘠之縣，應酌予補助。」說明省對縣級政府，應有補助責任。

5. 關於中央與地方對剩餘權解決之辦法：由於社會不斷發展，科技不斷的進步，憲法裡對中央與地方權限概括式劃分，不能涵蓋所有公共事務，因此對於許多新興事項預做事先周全規定，因此就產生所謂「剩餘權」的

72　羅志淵：《中國憲法與政府》，正中書局，1979 年 4 月初版，頁 65253。

歸屬問題。

　　以美國為例，聯邦憲法係單獨列舉中央事權，而未提到其餘事權則歸各地州政府，這種劃分方式為中央事權列舉，地方事權概括。加拿大的方式，為將中央、地方事權雙方列舉，對於產生「剩餘權」問題時，對未列舉的事項，如關係全國性質者歸屬聯邦，關係地方者屬於各邦。南非聯邦制，對剩餘權的 處理方式，中央與地方各列舉事權，把未列舉的事權悉推定中央。至於解決「剩餘權」爭議的方式，在美國、加拿大由最高法院裁判之，在德、奧各國則由憲法法院裁判之[73]。

　　綜合以上諸項，與 國父遺教的精神，我國憲法本文對於權限劃分有下列幾個特點：

1. 我國憲法關於權限劃分方式，係加拿大聯邦制，簡言之，即是將中央與地方之權，個別列舉之。例如憲法第一○七條列舉中央立法並執行之專屬權事項，第一○八條列舉中央立法執行或交省縣地方執行的事項。第一○九條及第一一○條列舉地方立法並執行的事項。對於剩餘事權歸屬的方式，究竟是歸中央？例如南非方式，或是歸地方？例如美國方式，我國現行憲法既未概括的劃歸中央，亦未概括劃歸地方，而是根據 國父均權主義精神，視事務的性質，分屬中央與地方。遇有上述爭議發生，其有權判定歸屬權的機構為中央之立法院，地方無權參加，以確保單一國之體制。就對於中央與地方事權的執行而言，我國現行憲法則採用直接執行或間接委任執行的方式處理之，例如憲法第一○七條所規定事項，由中央立法並執行之；第一○八條所規定事項由中央立法，可交由省縣執行之。

2. 我國的均權制度落實到各級政府之間：從憲法條文裡對事權劃分方式，我國政府體制，不但中央與地方採均權主義，省與縣級政府亦採均權主義，不若美國方式，所謂「聯邦二元主義」，就是聯邦政府與州政府之間，採平等式的分權原則；另有地方州政府與縣市政府則採隸屬上下關係。

73　同註72，頁16364。

3. 我國憲法規定地方政府具有雙重地位，例如各地縣市地方行政首長，在處理地方公共事務，推動地方自治事項時，有獨立自主行使地方自治固 有權；在執行中央所授予或委辦事項時，則具有國家官署的性質，代理 中央或省政府。這種均權方式，可以解決中央集權或地方分權的缺點， 一方面可以集中力量，創造強有力的萬能政府；一方面又可兼顧地方特 殊情況，發展有利地方各種自治事業。

4. 對於地方自治團體的組成，有省縣自治通則為依據，省自治法不得與憲法牴觸；縣自治法不得與省自治法牴觸。這種方式有別於法國式的過分集權，美國式的過分分歧。

5. 一般而言，中央政府對地方的監督方式不外乎立法、行政、司法三種途徑，例如英國雖然地方分權很發達，中央政府對各地方政府組織和自治權，均以法律規定，地方政府議會和行政單位合一；所有經由地方議會制定之單行法或實施細則，不能與中央頒布法律衝突。美國是聯邦與州 是平等劃分權限，但州政府以下，聯邦政府很少行使行政或立法監督； 但州以下的縣市的議會立法權，必須接受州議會的立法監督，所有自治 法規，縣市議會組織與行使自治權範圍，都必須由州議會批准授予。我 國因受 國父五權憲法影響，政府體制採行五權分立，中央對地方的監 督則是以立法、司法、行政、考試、監察五種並行。對於司法、考試、 監察三種監督權，省以下地方政府不便行使，完全由中央政府行使。

「均權主義」所涵蓋僅有立法、行政兩種。所以立法、行政監督權，不但中央行使，省政府對地方縣市政府亦得行使之[74]。

（二）中央與地方權限劃分原則之分析

依國家事務的性質來說，大體上我們可以分為五大類：國防事務、外交事務、財政事務、司法事務和內政事務。其中外交、國防、司法為具有全國一致外，內政和財政項目甚廣，涉及中央與地方自治團體間關係錯

---

74 同註66，頁590。

綜複雜，大體而言，可分兩大類：為保育事務，主要內容為教育、文化、衛生、農林、交通、水利、實業、社會福利、公共建設。其功能提供人民良好的生活品質，增進社會福利，發揚國家文化為宗旨。為保安事務，為維持社會秩序、防治犯罪、保障社會安全，以謀求國家長期穩定發展的環境。事實上，與人民生活息息相關，關係最密切者，以這兩類事務為主要內容，中央與地方權限劃分的對象也是以這兩類為主，我國憲法所均權的對象也是上述兩項。對於內政事務及財政事務之劃分原則，可以從下列幾點說明之：

1. 從地區範圍性質來劃分：凡是事務性質關係全國事務，而興辦範圍以全國為主，例如高速鐵路、高速公路、郵政、通訊、全民保險等事務，當然劃給中央政府管理。若僅以地區性的事務，例如省縣產業道路、戶口、公共衛生等事務應劃歸地方。

2. 從受益對象來劃分：凡受益對象遍及全國人民者，其所產生之利益涉及全國者，例如國家銀行系統、證券交易制度、對外國際貿易，應劃歸中央所有；凡受益僅及於地區性的事務，劃歸地方政府。例如地區性水利工程、電力設施、天然煤氣、各縣市文化中心等公共設施，劃歸地方掌管。

3. 從事務性質來劃分：凡事務性質必須整齊劃一、全國統一者，劃歸中央管理，例如度量衡制度、全國幣制、勞工政策、醫療保險，劃歸中央；可以依地方特殊性質個別發展者，如農林、水利、漁牧等事務，可歸地方辦理。

4. 依所需要的技術層次來劃分：凡事務需要大規模人力、物力及技術較高層次者，劃歸中央處理，例如大規模的水利工程、國家公園規劃管理、核能發電廠、國際機場等，由中央政府出面辦理較為合適；至於技術層次較低者，規模較小者由地方處理，例如合作社、公共汽車等。

以上所列舉僅是原則性的規定，不是絕對性，因為各國環境不同，地域不同，更以科技發展日新月異，社會分工愈細，各種複雜因素，很難找到一個明顯界線，唯有適時調整、權衡輕重，以找到合理劃分的依據[75]。

75　同註66頁62。

（三）中央委辦事項與自治事項

由於地方政府具有地方自治法人身分和國家行政區域的特性，因此對公共事務有地方自治事項和中央委辦事項的分別。

1. 自治事項：一般而言，可區分兩種：

(1) 固有事項：我國憲法本文第一百零九條，及第一百一十條所列省縣立法並執行的事項，理論上為地方自治團體本身不可缺少的事務，和自治團體內居民有息息相關，密不可分的關係，即所謂固有的事務，有警政、地方財政、國民教育、公共衛生、交通建設、合作事業、水利、農林、慈善公益等及其他事項，這項事務本身係有維持地方自治團體其存在目的。

(2) 委任事項：這類事項，原非地方政府所有，但與地方人民利害關係密切，故中央授權，委託地方政府辦理，故稱委任事項。我國憲法第一百零八條所列，由中央立法並執行或交由省縣執行之公共事務，例如省縣自治通則、行政區域、工礦商業、教育制度、公共事業、合作事項、農村、二省以上之水陸運輸、全國戶口普查及工商業調查等國家事務。這類事項必須在執行前，經過地方議會通過。我國憲法規定，某些國家事務由中央立法執行「或交由省縣執行」，如交由省縣執行，係經法律授權，一經委任，地方政府視為本身事務，全權處理，因此可視為省縣本身之自治事務。

2. 委辦事項：所謂委辦事項，即委託地方政府辦理之事項。例如憲法本文規定，原屬中央立法並執行的事項，委託由地方省縣政府執行；省政府立法並執行之事務，交由縣市政府執行者，憲法第一百二十七條規定：「縣長辦理縣自治，並執行中央及省委辦事項。」由於中央基於執行時的時效和成本效益，或其原因，若委託地方行政首長執行辦理更為恰當。在理論層面而言，委任事項和委辦事項的分野在於委任事項乃委任地方政府辦理，委辦事項乃委託地方行政首長執行，在執行委辦事項的過程裡，以中央或上級政府代理人身分執行，和上級委辦機構有隸屬主從關係，要受上級政

府指揮監督。接受委辦事項地方行政機關沒有自由裁量權，權力劃分屬代理模式，換句話說，受委辦的地方機構，要忠實根據上級機構所訂原則去執行，以達成施政目標。本質上委辦事項只是一種權限的委任，並無法律授權，因此不必經過地方民意機構，議會代表審查監督，委辦事項所需經費由委託機關負擔，不必執行機構自掏腰包。

根據我國憲法第一百二十七條規定：「縣長辦理縣自治，並執行中央及省委辦事項。」而依前台灣省各縣市實施地方自治綱要第二十條亦規定縣市長之職權：「辦理縣市自治事項，執行上級政府委辦事項，以及指導監督鄉鎮縣轄市自治事項。」由以上條文可知，我國地方自治事務可分為自治事項和委辦事項。由於省縣自治通則未訂定立法程序，因此前台灣省自治事項和委辦事項並未能嚴格區分，許多委辦事項在前省政府的立場，視為對縣市政府的補助金，在縣市政府的立場，認委託機關應自行負擔。根據前台省縣市政府年度預算資料顯示，大部分的公共支出，為辦理中央與省之委辦事項，而非縣市自治事務，因此早已有重新釐清省縣權限，徹底解決這種糾纏不清的財政關係的主張之提出[76]。

而依照以前「台灣省各縣市實施地方自治綱要」裡第四章第十五條規定，下款為縣市自治事項，作列舉規定：縣、市自治之規劃。縣、市所屬行政區域之調整事項。縣、市公職人員選舉罷免之執行事項。縣、市辦理之地政事項。縣、市教育文化事業。縣、市衛生事業。縣、市農、林、漁、牧事業。縣、市水利事業。縣、市交通事業。縣、市公用及公營事業。縣、市公共造產及觀光事業。縣、市工商管理。縣、市建築管理。縣、市財政、縣、市稅及縣、市價。縣、市銀行。縣、市警衛之實施。縣、市戶籍登記與管理事項。縣、市國民住宅興建及管理事項。縣、市合作事業。縣、市公益慈善事業及社會救助與災害防救事項。縣、市人民團體之輔導事項。縣、市國民就業輔導事項。縣、市勞工、婦幼、老人、殘障福利及其他社會福利事項。縣、市社區發展事項。縣、市有關文化之古籍、古物及古蹟保存之執行事項。縣、市文獻編撰事項。縣、市端正禮俗及心理建設推

行事項。縣、市新聞事項。與其他縣、市合辦之事業。其他依法賦予之自治事項。
綱要第十六條規定，下列各款為鄉鎮縣轄市自治事項：鄉鎮縣轄市自治之規劃。
村里區域之調整事項。鄉鎮縣轄市公職人員選舉罷免之執行事項。鄉鎮縣轄市教
育文化事業。鄉鎮縣轄市衛生事業。鄉鎮縣轄市農、林、漁、牧事業。鄉鎮縣轄
市水利事業。鄉鎮縣轄市交通事業。鄉鎮縣轄市公用及公營事業。鄉鎮縣轄市公
共造產及觀光事業。鄉鎮縣轄市財政事項。鄉鎮縣轄市合作事業。鄉鎮縣轄市公
益慈善事業及社會救助與災害防救事項。鄉鎮縣轄市社區發展事項。與其他鄉鎮
縣轄市合辦之事業。其他依法賦予之自治事項。

　　同時台灣省政府於 1973 年曾頒布「台灣省縣市自治事項細目與委辦事項劃
分原則」。依該原則規定如下：

1. 下列事項為自治事項：由縣市立法，縣市執行之事項。由省依法授權縣市
　 立法並執行之事項。由省立法交由縣市執行，其經費依法由縣 市負擔之
　 事項。除法令另有規定外，凡不須呈請上級政府核准即可執行之事項。

2. 下列事項為委辦事項：由省立法交由縣市執行，其經費未依法由縣負擔之
　 事項。縣市上級命令辦理之國家行政，其經費悉由上級負擔並對上級負責
　 之事項[77]。

　　1994 年〔省縣自治法〕〔直轄市自治法〕公佈實施後，台灣的地方自治有別
於自治綱要，依行政命令實施地方自治時期正式進入地方自治法治化時期，而此
一時期自治二法的權限劃分最大特點 除以法治化列舉自治事項外，並列舉委辦
事項。但我們就自治二法對權 限劃分之原理與列舉的自治事項條文，可知其與
自治綱要之規範大同小異，且有關自治事項、委辦事項、區分原理之劃分原理幾
乎相同，亦就 是仍以辦理之地方自治主體是否具有立法權、執行權，其經費負
擔究竟 為中央或地方，來區分辦理事項為自治事項或委辦事項，或依各種專業
行政法之規範，在各種專業行政領域中區分事項屬性。1988 年地方制度法頒布
後，取代原自治二法後有關自治事項與委辦事項之區分，才有比較明確之定義。

77　薄慶玖：《地方政府與自治》，台北：五南圖書公司，1991 年 4 月，頁 14455。

依地方制度法第 2 條第 2 款對地方自治事項定義為：「指地方自治團體依憲法或本法規定，得自為立法並執行，或法律規定應由 該團體辦理之事務，而負其政策規劃及行政執行責任之事項。」即將自治事項分為：1. 依憲法或地方制度法規定自為立法並執行之事項─即自 願辦理的自治事項。2. 由法律規定應由自治團體辦理而負政策規劃及執行之事項，即法定自治事項。而有關委辦事項則依地方制度法第 2 條第 3 款規定：「指地方自治團體依法律、上級法規或規章規定，在上級政 府指揮監督下，執行上級政府交付辦理之非屬該團體事務，而負其行政執行責任之事項。」地方制度法第 18 條至 20 條分別規定直轄市、縣市、鄉鎮（市）之自治事項。而自治事項與委辦事項之判斷基準為何？依據陳慈陽等研究團隊指出：「應優先以事務本質作為區分依據，如該基準無法區分，再以責任歸屬來作為判斷標準，最後再以經費分擔或既成事實來加以論斷。」[78]

三、當前我國中央與地方分權的爭議焦點與解決方向

由於我國憲法第十章有關中央與地方權限之劃分係採列舉方式，以致在實施時難免缺乏彈性之因應功能，且在規定中央與省縣或省與縣事權之間，亦有多項重疊難以釐清之點，目前我國之中央與直轄市、縣市之間的權限劃分之制度，雖然已有地方制度法第 18 條、第 19 條之規定，但地方制度法第 22 條仍規定：「第 18 條至第 20 條之自治事項，涉及中央及相關地方自治團體之權限者，由內政部會商相關機關擬定施行綱要，報行政院核定」，而直至目前為止所謂之「施行綱要」尚未訂定頒布以作為中央與直轄市、縣市之間權限劃分之原則[79]以致中央與直轄市或縣之間迭生爭議。尤其自政府解嚴開放報禁、黨禁以來，國內民主浪潮有如風起雲湧，而在地方政府要求自治權之意識高漲下，有關中 央與地方

---

78 社團法人台灣法學會，陳慈陽主持研究，陳朝建協同主持、卓達銘、蘇玉坪研究助理，內政部委託研究報告，中央與地方自治團體就自治事項權限劃分之研究、2006 年 12 月 p48 至 p50。

79 同前註 p1 至 p3。

分權的問題，實已成為當前我國必須加以面對且須加以合理有效解決之要務。茲謹舉其中舉舉大者如次：

(一) 地方政府自有財源缺乏問題

　　歷來我國有關中央與地方財政權限劃分之制度，一向是根據「財政收支劃分法」，但由於劃分還不夠明確，以致各級政府權限有重疊現象，且由於政治、經濟、社會、文化環境之急遽變遷，各級政府財政結構亦有極大變動，其中規定地方政府租稅之徵收必須遵循中央政府統一規定，無法自定稅率，缺乏因地制宜之彈性，導致地方自有財源逐年降低，收支差距逐年擴大之勢。以前台灣省政府為例，無論是前朝野省議員或前省府主席，皆已深自感到前省府財政困難乃是省府最大的危機。如前省府八十二年度編列了二千八百一十一億餘元的預算，歲入部分只佔總預算百分之三十七點八，其餘短差的部分有百分之六十二點一九，必須仰賴中央補助及發行公債，賒借方式來維持。若與台北市相比，台北市編列了一千二百三十九億多元經費，其歲入財源佔總預算百分之七十八點二五，以當時台灣省的土地面積與人口，跟台北市相比，台北市總預算高達前台灣省的百分之四十五。而就前台灣省、台北市、高雄市與中央年度預算做比較，前省府短差百分之六十二，佔最多，其次高雄市百分之三十三，中央政府短差百分之二十六，台北市短差百分之二十一，為最少。前省府的總預算有一年不如一年之趨勢。無怪乎前省府的財政已至非靠舉債無以度之困境[80]。當時，各地方縣市政府經常支出經費百分之五十以上依賴上級政府補助，鄉鎮縣轄市則高達百分之五十五以上依賴上級政府補助。「財政為庶政之母」，而「巧婦難為無米之炊」，在地方自有財源無法充裕之下，是很難完整的實現地方自治。直至 1999 年實施地方分權法，且有關「財政收支法」經過多次的修正後，至今仍未能解決地方財政的種種問題，地方政府與中央政府有關財政問題仍有待加強妥善規劃處理。因此，政府應該從根本上去改善不合理的租稅制度，以有效的解決地方政府財源問題。

80　黃炎東：《我國憲法中央與地方權限劃分之研究》，台北：五南圖書公司，1992 年 6 月出版，頁 165。

根據前省財政廳對行政院「修正財政收支劃分法之具體建議方案」裡，即有提出說明各級政府之政務如須正常推展，其自有財源比重至少應將持有百分之六十至七十間[81]。而財政收支劃分法規下，省縣市之自有財源比重偏低。以八十年度預算為例，各級政府之自有財源佔總歲入總額比重為：中央八四‧五一，台北市七九‧三四、高雄市六六‧○三，台灣省四○‧二七，縣市鄉鎮四七‧四○，這除了顯示我國稅則結構一向不合理外，省縣市、地方政府自有財源之不足，以致嚴重影響地方自治正常發展。當前我國地方政府台灣省已虛級化，實施地方自治之地區除了六個院轄市，另加上十七個縣市，在財政的劃分上亦迭生爭議不已，因此筆者認為「財政為庶政之母」，為徹底解決地方財政問題，有關單位今後應就以下幾個方向努力：

1. 修改「財政收支劃分法」，適度的提高地方政府自有財源之比重：目前中央與地方財政問題所衍生的問題，源自各級政府劃分法不明確，甚至各級政府權限有重疊現象，且台灣地區政、經、社會情勢急遽變遷，各級政府財政結構亦有極大變動，地方稅目因缺乏彈性，導致地方政府自有財源逐年降低，收支差距逐年擴大現象。因此，應妥適的予以修改；而欲真正有效解決地方財政困境，若僅從稅課收入重新劃分，還不能完全徹底解決，亦須配合「支出轉移」之實施，亦就是將由地方負擔的經常性固定支出經費，改由中央補助，以減少地方政府的負擔；另一方面中央在「改善地方財政方案」辦法，減少補助款的支出，使地方政府逐漸減少對中央之依賴，以提升地方財政自主性。在積極上，中央應予地方政府更大財政自主權，使地方政府能有效的發展地方性公共財，並賦予對租稅有更多課徵權。

2. 在長期之規定規劃上可參考日本等國家之制度，以代替目前統籌分配制度，並建立各地方縣市人口、面積、經濟、社會結構等發展指標，以作為平衡地方發展之參考。

3. 在中央設立專責機構，專門負責協助輔導地方政府解決稅務問題，並代

81　參見省府財政廳對行政院建議修正財政收支劃分法案之附件。

為向中央爭取各項年度補助款項，並開拓財源，改善財務結構。

4. 目前地方若干縣市人事行政經費負擔過重，為使地方政府能更有充裕經費，從事各項建設，中央政府對澎湖、苗栗、花蓮、台東等財政較為艱困地區，應依憲法第一四七條規定予以特別專款補助，使各縣市能獲得均衡發展。

5. 自助而後人助，除了審慎合理的修改「財政收支劃分法」外，地方政府本身亦須注重開源節流，如改善地價稅的徵收方式，精簡機構，充分運用人力資源，妥善的編列預算，合理的開支，因地制宜的開拓地方興利事業，充分利用民間資源，如土地重劃、鼓勵民間投資、公共造產等，有效的運用有限資源，以使地方財政收支能更為合理健全[82]。

6. 建立中央與地方共同參與預算與財稅分配之協商制度：國家的行政體系雖分為中央與地方之層級，但基本上其利益乃是互為一體的，有了健全的地方自治，才有穩固堅實的中央政局，因此中央與地方政府彼此當徹底的摒除本位主義，在均權主義的原則下，共同建立協議式的制度，將 中央、直轄市與縣稅收之使用，亦可邀集地方政府共同參與預算與財稅 分配之協議，同時允許中央與地方有財政請求權，並且機動的調整稅率 及分配，以利中央與地方事權彼此之動態均衡關係[83]。

（二）警察權歸屬問題

依據我國憲法第一〇八條規定，警察制度為中央立法並執行或交由省縣執行。第一〇九條規定，省警政之實施由省立法並執行之。或交由縣執行之。第一一〇條規定，縣警衛之實施由縣立法並執行之。惟依憲法增修條文第九條第一項規定，省、縣地方制度，以法律訂之，不受憲法第 108 條第一款、第 109 條、第 112 及 115 條之限制。而地方制度法乃依憲法增修條文第九條之規定於 1999

82　參見黃炎東前書，頁 166。

83　趙永茂：《憲法修改後地方自治法制化與中央與地方權限劃分問題之探討》，頁 17，發表於 1991 年 7 月 12 日，中山社會科學季刊主辦之修憲後的憲政體制論文研討會。

年 1 月 25 日公佈施行，依據地方制度法第 2 條第 2 項規定自治事項係指地方自治團體依憲法或本法規定得自為立法並執行，或法律規定應由該團體辦理之事務，而其政務規劃及行政執行責任之事。又依據地方制度法第 18 條與 20 條分別規定直轄市、縣（市）、鄉鎮市之自治事項當中第 19 條第一項第 11 款有關縣市公共安全如下：「一縣（市）警衛之實施。」因此可知地方制度法乃是地方警察機關執行地方警政、警衛事項的重要法源之一。而警察法第 3 條規定須中央立法之項目為警察官制、官規、教育、服則、勤務制度及其他全國性警察法則，由中央立法並執行之，或交直轄市、縣（市）執行之。第 4 條至第 8 條規定中央及地方掌理指導、監督及執行機關有關直轄市警政、警衛及縣（市）警衛之實施事項，其立法及執行，應分屬於直轄市、縣（市）。第 9 條規定警察職權之範圍，第 15 條規定中央設置警察教育機關，第 16 條規定地方警察機關預算之規劃與補助。[84]

　　惟治安問題有全國一致的性質，由目前犯罪的手法和範圍有升高擴大趨勢，警政人員須有統一調配及指揮監督之必要，以便提高打擊犯罪效率；否則以目前交通方便，幅員狹窄的台灣省，各縣市若自以為政，本位主義，國防治安可能更惡化。以美國為例，雖地方首長有任免地方警察人員權，但對全國治安、調配、指揮權則由聯邦政府主持。

　　在警察權方面，依我國憲法規定自第一百零七條至一百一十條有關中央與地方警政權之劃分皆有明文規定，而目前我國實施的警政內容約可分為警察指揮權與警察人事權二項。茲說明如次：

1. 具有警察指揮權之機關：縣市長有權指揮縣市警察局長、內政部警政署及檢察官依據刑事訴訟法，及司法警察條例，在犯罪偵查上，有權指揮或命令警察。

2. 警察人事權方面：立法院於 1953 年制定警察法以為警察之基本法，1986 年修正通過。內政部設警政署，掌理全國性警察業務，並依法律規定管理

84　同前註 79，頁 127 至 130。

全國警察人事。然而縣市地方政府對警察僅有執行權，欠缺人事權。因此，縣市長、檢察官、上級警政機關，最高治安機關有權指揮警察；但唯有內政部對警政有人事任用管理權。目前社會日漸複雜，警政需要高度專業技巧，縣市地方警察業務雖屬地方性，但警政具有全國性、國際性特質，不但裝備服飾應全國統一，人事上由中央統一管理任用，較能提升警察專業水準與運作。惟地方自治推行，縣市長需要靈活指揮權實施之，若能對警政地方首長有適度權限，因此有關各縣市的警察局長之任命權雖屬中央，但在任命過程中亦應充分與地方政府做溝通，以達到真正拔擢維護治安首長的功能[85]。

3. 警政人事與經費宜統一調配指揮監督：

(1) 世界各主要民主國家警察權歸屬因各國之制度不一，如法國、德國、日本之警察權完全由中央政府主控。當前我國憲法因是 1946 年制定，1947 年公布，以當時大陸上土地遼闊人口分布廣泛為適用對象，惟以目前台灣土地狹小，人口稠密，憲法部分條文適用已不符合台灣現實需要，實有修改憲法之必要。以台灣犯罪行為人流竄之迅速，從台北到高雄只要一個多小時的時程，警察機關如死守中央與地方權限之劃分，將使犯罪嫌疑人緝捕行動之協調更顯困難；再者，中央機關到地方機關間連繫因交通發達，政府首長皆能從中央到地方進行巡視與了解，對基層工作之落實實有裨益，因此減少業務層級及不必死守中央與地方形式之劃分乃為符合實際之作法。我國台灣地區犯罪的手法與範圍有升高趨勢，幾件重大刑案皆有待偵破，警政人事與經費實在有統一調配、指揮監督之必要，否則若各地警政各自為政，堅持本位主義，不僅無法提高打擊犯罪效率，反而使國內治安狀況更形惡化，因此對警政系統應有全國一致性的規定。而且未來警政需要高度專業技巧，縣市地方警政雖屬地方性，但警政具有全國不可分割性事務，經

85　謝瑞智：縣長對警察局長有任命權嗎？，台灣新生報，1990 年 1 月 12 日，二版。

費預算、人事管理、警備訓練等，應由中央統一規劃，所以這些問題均須從制度面徹底解決，修改憲法部分條文及有關法律，才能符合時代之要求。否則依目前之縣市之警察局長依條例，由中央派任，但警政經費卻由地方編預算支應，以致在警察局長之派任協調過程時有爭論發生，實在有加以檢討改進之處。

(2) 建立中央統一領導的國家警察體制可徹底避免警力受制於黑道民代惡勢力，以達到國家警政現代化的效果。我國已進入政黨政治的民主時代，黑道人物往往藉選舉掌握地方政治勢力。我國警察預算與一般行政機關一樣，原則上分為中央與地方預算，在中央由立法院審查，在地方則由地方議會審查，並未能依功能取向來編列，以致各級民意代表常以審查預算或刪除預算威脅警政首長，試問：連經費與人事權都無法掌握，又如何要求警察人員在面臨黑道等惡勢力公然挑戰時，挺直腰桿，勇敢的執行公權力呢？又如何去避免選舉而衍生的地方派系干預警政之運作呢？而日本的警察雖為行政機關，但在犯罪偵查上是隸屬於司法體系，因此其預算具有其特殊性與獨立性，而其預算之編列中央能充分掌握重要之警察經費，除了警視正以上人員由中央負擔可掌握人事調遷權外，並對地方之警察經費依治安之需要撥付一定之補助款，使中央能掌握地方政府之警察權，充分發揮全國警力之統合功能，有效的打擊犯罪。

　「工欲善其事，必先利其器」，他山之石可以攻錯，日本之治安之所以能稱為世界第一，從以上制度面之建立實可見其一斑，而日本能，為何我們不能？做好治安是當前政府施政的重點，亦是民眾最深為關切的問題。因此有關警政人事權與預算權之歸屬與做最較為合理、合時、合地、合用的規畫與實施，才是整治當前我國治安的一帖良藥，如此才能為我國的警政現代化再開一光明新里程，以重拾民眾對治安之信心。

　在實施地方自治的民主國家，中央與地方往往因權力競合問題或其他法令解釋與適用等問題，難免會發生爭議，依據薩孟武教授《中華民國憲法新論》一書

中就指出，中央與地方發生爭議可分為三種：「1. 中央與省的爭議，即中央認為全國一致之性質，省乃認為必須因省制宜。2. 中央與縣的爭議，即中央認為有全國一致之性質，縣乃認為必須因地制宜。3. 省和縣的爭議，即省認為有全省一致之性質，而縣乃認為必須因縣制宜。」此三種爭議乃屬憲法上權限爭議，目前憲法規定皆歸立法院解決之，是否合理，實有待進一步探討商榷餘地。依筆者之觀點，有關中央與地方權限，若發生爭議應交由司法機關審理，如西德、日憲法法院等類似機關審理。

首先，從我國憲法之規定而言，涉及各部會政府機關權限爭議，依憲法第一七三條、七八條、七九條及司法院組織法規定，交由司法院大法官會議處理，而司法院大法官會議，由大法官組成之，職掌解釋憲法與統一解釋法律及命令之權，若各級政府對權限發生爭議時，皆交由大法官會議審理，較能超然獨立，立場公正，其審理之結果，亦較能為各方接受。再者，直轄市與縣的爭議，立法院不是兩造之一，由其審理解決，尚可勉強說得過去，但若中央與直轄市或縣發生權限之爭議時，立法院本身便是代表中央之當事人，自己違反法律公平原則，換言之，兩造當事人的爭議，由兩造之一的當事人解決，無法公平解決，乃是至明之理。同時，依憲法七十八條、七十九條規定，司法院大法官會議掌理解釋憲法，並有統一解釋法律及命令之權。如中央與直轄市或縣發生權限之爭議時，立法院認為，該爭議之事權應歸屬中央，而由其代表中央行 使立法權，俟立法院制定法律之效，再由司法院大法官會議依據憲法職權來解 釋該項爭議之事權應屬直轄市或縣（市），而致立法院所制定之法律歸為無效 時，那立法院對該項憲法解釋之爭議，不但無法達到真正解決的目的，且自相 矛盾，徒增無謂困擾。其次，一般民主國家對解決中央與地方政府權限劃分之 爭議，依憲法或慣例大都歸屬司法系統審理之，以昭公允審慎。例如：（一）美國和加拿大，對未列舉之剩餘權，若遇聯邦政府和省州以下地方政府爭議 時，交由最高法院負責審理裁判之；（二）德國制度（威瑪憲法第十三條），其最高法院只得審理各邦法律有無牴觸中央法律，倘有牴觸，各邦法律失去效力，不問中央法律有無牴觸中央憲法；（三）奧國制度則置憲法法院，依中央 政府之聲請，審查邦法律有無牴觸中央

憲法，又依邦政府之聲請，審查中央法 律有無牴觸中央憲法，而宣告違憲之中央或邦法律無效（請參閱薩孟武教授著 中國憲法新論五二九頁，及林紀東教授著《中華民國憲法釋論》三二二頁）。綜合以上三點，在我國實施地方自治之中，發生各級政府有關「剩餘權」之爭議時，改由司法院大法官會議審理解決，較為合理，因為此項爭議，其本質是屬於憲法解釋之爭議，而解釋憲法之權，依我國憲法七十八條規定歸屬司法院大法官會議，乃是無庸置疑之法理也。

肆、結論

近代以來，西方各民主先進國家，莫不重視地方自治之建設；許多民主政治理論學者都指出，民主政治的成熟發展唯有靠具有健全的地方團體機能，並且主張以完善的地方自治作為達成此種目的之手段，民主政治與地方自治實具有相輔相成，殊途同歸的重大關係。政府自播遷來台後，勵精圖治，在經濟建設取得重大成就後，執政當局為因應未來國家憲政發展與民眾意願需要，現正以積極審慎的態度，廣徵各界民意，提出具體、穩健、合理具有前瞻性之憲政改革規劃。

我國已先後透過修憲與地方制度法之制定與實施，使我國地方自治朝向合憲法體制化方向發展，而其中憲法第十章有關中央與地方權限劃分之規定，並未作修訂，但當中仍有若干不合時宜而值得商榷的地方。按世界各主要民主國家，對中央與地方權限劃分的方式，不外乎憲法列舉、法律制定、行政委任授權不等。事實上，法制化只是釐清中央與地方權限的手段之一；對若干不合時宜，因地方與中央權限競合衝突所造成爭議之各項法律應予全面檢討，徹底解決，以徹底落實地方自治，鞏固憲政基礎。 國父孫中山先生曾說：「地方自治乃國之礎石，礎之不堅則國不固。」地方自治之良窳成敗，關係國家民主憲政百年大計至深且鉅。而健全地方自治之首要乃在合理地劃分中央與地方權限，以適應國家社會發展需要。

總而言之，綜觀當今世界各民主先進國家，實施民主憲政的經驗，可以肯

定的說，唯有真正落實地方自治，才能建設一個真正現代化自由民主憲政國家。而健全落實地方自治的關鍵不外乎在合理適當劃分中央與地方權限，從結構功能途徑而言，要使政治體系增加解決問題，學習能力和調整力，唯有做好中央與地方分權的安排。

目前我國正面臨進入現代化國家之際，而當前政府施政之重點以提升治安品質與經濟為主，為了使憲政大業更周延健全，全體國民，當無分朝野，團結和諧，共同努力以赴。尤其是對於事關住民權益與國家現代化最為重大的地方自治問題應更加以落實，不但要完成憲法化、法律化，並依據均權主義精神及在我國台灣地區五十多年來實施地方自治的經驗，且須因應政治、經濟、社會文化發展趨勢，早日擬訂「自治事項施行綱要」，就自治事項上的中央權責予以列舉，並使地方自治團體對於自治事項有優先管轄權，建立中央與地方就自治事項如發生權責爭議時，而能有一個適用的解決機制，以合理合法的釐清中央與地方事權，徹底摒棄各層級政府或各單位間之本位主義，以市場機能的理念有效的落實地方自治，以化諸如中央與地方財政劃分、全民健保費用支付問題、充足各縣市財政問題、各縣市警察局長派任問題、水資源之應用與環境維護等爭端於無形，維護住民權益，提升國民生活品質，以臻國家於長治久安之境。

第二十二章　論國家根本大法與國家發展

壹、他山之石可以攻錯

　　憲法是國家的根本大法，現代民主時代，無憲法不成其為國家。有憲法卻供若花瓶，不予遵循甚至加以破壞，則亦國不成國，又何能冀望其有良好的發展？

　　近代日本崛起於東亞，其國力之增強，一日千里，能與西方列強並駕齊驅，稱雄世界，其主要原因乃是在明治天皇時代，實施君主立憲，為了要推動憲政，先行訂定明治憲法，全國厲行現代化，以一個蕞爾小國，一戰勝大清帝國，再戰勝俄國，讓世人充分的體認到日本的強盛，乃皆歸功於立憲維新的啟動與厲行。當時的滿清政府在各界有志之士及強大輿情的內外交相逼迫下，不得不派大臣考察各國實施憲政典章制度與經驗教訓，當時在日本的考察過程中，日本當政的內閣大臣伊藤博文，在向中國滿清的考察大臣作簡報時即指出：「要建立一個現代化的國家，最重要的方法就是要先制定一部符合國家與人民需要的憲法。」，亦即憲法必須要訂出國家的目的、發展方向及憲政體制，然後跟著憲法之原則再來制定所有的法律，因此日本的法律皆必須根據明治憲法的原則來制定，使明治憲法真正能夠成為日本萬法之法，全國上至天皇、下至一般人民皆能遵守憲法與法律，自茲而後，其國力日益強大，實良有以也。

　　其他諸如歐美等先進國家能擁有堅強的國力發展，政府與人民能擁有一部符合其國家發展的現代化憲法，且加以力行實踐，實有莫大關聯！

貳、我國憲政體制之制定與轉型

　　追溯我國實施民主憲政之歷程實在是充滿荊棘、坎坷不已，在清末與民初的

軍閥混亂時期，徒有制憲之形式，卻無實施憲政之實，即使到民國 36 年公布實施現行的中華民國憲法後，國家旋踵陷入長期國共內戰及長達 50 多年台海兩岸對峙之局，我國當局為了進行行憲與戡亂之需要，於民國 37 年依據憲法第 174 條規定制定了動員戡亂時期臨時條款，同時臺灣地區又自民國 38 年起開始實施戒嚴長達 38 年之久；目前動員戡亂時期臨時條款與戒嚴令雖然先後於民國 76 年與 80 年由總統依法加以廢止，而憲法自民國 80 年至 94 年亦歷經了 7 次修改，但迄今我國中央政府體制雖號稱為雙首長制，但又與法國的雙首長制有所不同，因法國總統享有主動解散國會權，且又能主持部長會議，不但能有效的解決行政與立法所造成的僵局，並能隨時探求最新民意，隨著國會改選的政治形勢，自動換軌，有效釐清總統總理之權責。但在我國，總統不但沒有主動解散立法院之職權（僅有被動解散權），且又無法主持行政院會議（依憲法第 58 條規定由行政院長主持），但我國自民國 85 年實施總統公民直選後，臺灣人民普遍希望民選出來的總統是一位具有強大民意，且能為國家與人民解決各種問題的萬能總統。

但依據憲法規定行政院為國家最高行政機關（53），行政院副院長各部會首長及不管部會之政務委員，由行政院院長提請總統任命（56），總統依法公佈法律，發布命令須經行政院院長之副署，或行政院院長及有關部會首長之副署（37），因此我國憲政體制實具有總統制與內閣制融合之特色。

依民國 86 年第四次修憲規定行政院長雖由總統直接任命，但依憲法增修條文規定，行政院仍必須向立法院負責，以致臺灣人民對總統或行政首長施政之期待又與憲法及增修條文之規定，在認知與實際之情形上往往有很大的落差；惟在 2008 年歷經總統、立法委員選舉。結果，國民黨不但贏得了總統的選舉，且在立法院亦贏得 3/4 以上之席次，組成了所謂「一致政府」，而在執政黨間遵守憲法雙首長制之精神下，府院國會間之運作目前尚稱順暢，惟在而在民主政治是民意政治、法治政治又是責任政治之理念下，如何滿足全球化與民意高漲的時代，當前國內朝野政黨無論在意識形態、國家定位、兩岸互動及國家主權歸屬等問題，皆各有其不同的理解與爭議，如在民國 99 年 7 月 8 日在立法院審議「兩岸經濟合作架構協議」（ECFA），朝野立委所發生的嚴重肢體衝突，向諸如種種所出

現的狀況亦不只此次而已，早已造成朝野黨派互信不足嚴重內耗，這對我國未來的國家發展將會形成不良的負面作用，嚴重影響國家競爭力至深且鉅，實在到了必須加以重新思考與調整處理方式的時候了；朝野全民此時當冷靜下來思考我們民主憲政發展的方向在哪裡？以及如何建立優質的憲政文化與良性的政黨競爭體制等問題，從根本上來提昇與鞏固我們的來不易之民主改革成果呀！而誠如西諺云：「觀念足以改變世界」；有良好的教育才能培養健全的國民，有良好的國民才能組成一流的政府，筆者認為一切的改革當然應從國家的教育根本做起，而教育與考試部門更應該審慎的來加以評估這一個關係國家百年大計與永續發展的憲法教育與考試方式之重大問題。

　　惟誠如美國總統傑佛遜所指出的：「執法比立法重要」，而「徒法不足以自行」任何法律之制定即使是多麼的完整，若不去加以執行，那就比沒有法律更為嚴重了。當前我國之中央政府體制乃是民國 86 年第四次修憲時，歷經朝野協商建立共識後才修定為「雙首長制」，所謂法治國之原則乃是依法行政、依法審判、依法執行；因此筆者認為憲法的確是國家之根本大法，不宜動輒修改之，當前最重要就是遵守憲法「雙首長制」，來加以運作，按全世界很難找到一種十全十美的政治制度，所謂「無百利不輕變一法」古有明訓。當前實不宜輕言再啟動修憲之議；當就當前之憲政體制實施一段期間後，再視其運作之實際情況是否順暢再做研議似較為妥適。

參、憲法教育關係國政之推展至為重大

　　有關文教單位雖已順應各界之呼籲，決定在國文課程的教學內容方式之各項改革，如增加文言文的比重及增加國文之上課之時數，提昇學生本國語文能力這個方向是正確的！但是我們別忘了尚有一個關係國家未來政經文教發展更為重大的議題，即治理國家的根本大法 - 憲法教育與考試等重大課程之改革問題，睽之當前國家面臨全球化的金融危機後，各項政經教育文化之重整與提昇之際，尤其在簽署「兩岸經濟合作架構協議」之後，有關當局及朝野全民若能注意到我

國立國精神之重振與憲法教育之強化與落實，當可更能凝聚國人榮辱與共、命運共同體之堅定意識，共同為提昇國家之競爭力而共同努力打拼，一切問題當可加以肆應，且有效的加以解決。

舉凡世界上民主憲法上軌道國家，無論政府的施政與人民的行止，若皆能以憲法之治為本，則全國上下之誠信能有效的樹立，政府人員知法守法，老百姓亦能奉公踏矩，亦必能立竿見影的建立一個真正公正廉能之政治，且能有效因應各種危機的高度效能之政府，試問若一個國家的法制不彰，那又何能建立廉能的政治呢？又何能建立一流的政府行政與高品質的國民來共同為國家效力呢？若一個國家的政府機關奉法是從與人民皆具有高品質的法治素養，那又能容許任何黑心商品充斥臺灣市場，嚴重影響國人之健康，因此筆者堅信惟有良善的憲法教育才能帶來國家良好的永續發展。

筆者長年在臺灣大學、警察大學、崇右技術學院等學府從事憲法學之教學研究工作，且曾擔任考試院司法人員考試之典試委員工作，但心中常有一個疑問存在，既然世界各國那麼重視憲法的教育與實施，為何我國大學的憲法課程或是考試院所舉辦的憲法科目一改再改，且限縮再限縮，憲法不是只有文字而已，更不是單純紙上的知識，而是一種「規範政治行為的規範」。憲法不應受到政治勢力的扭曲，憲法最大的弱點是，她沒有執行的機關，民事判決，有民事執行處透過公權力加以執行；刑事判決有檢察官加以執行；行政處分亦有行政執行處或主管機關加以執行。但憲法解釋的奉行，端賴政治機關的奉行與人民監督，所以人民是否具有充分的憲法知識，是一個國家實施憲政是否成功的關鍵。

我國原本憲法課程是規定開授 1 學年 4 學分，但不知為何改為 1 學期 2 學分，以筆者多年的教學經驗，即使以 1 學期 2 學分呢？這不但嚴重影響憲法的教學品質，亦充分的顯示相關單位忽略對憲法教育之落實工作，所謂「考試引導教學」，筆者亦深深的感受到既然憲法教育對一個國民基本權利的保障與國家競爭力提昇的重要性，但不知為何最近幾年來我們的考試單位，首先竟規定某類專技人員免考中華民國憲法，就是其他必考憲法科目的國家考試，亦大幅地將憲法分數比重予以調降，像這樣的教學或是考試方式之設計邏輯，不知是如何研提出來的？試

問擔任一個現代化的公務員或是從事各行各業的人士，除了本身需具有之專業知能素養外，難道不需要對其國家的根本大法有所了解嗎？像這樣的憲法教學與考試制度，固然能培養具有各種職場專業的各種人才，但若其連對自己國家的憲法皆欠缺了解，或是根本就存著漠視之心態，試問我們培植出來的人才又如何寄望其能忠愛國家與人民，公正誠信廉能的發揮其所長，以為國家與人民竭智盡忠的做出最佳的貢獻呢？

因此筆者藉此誠懇的呼籲我們的教育與考試部門，今後更應重視憲法教學與考試之改革工程，不但要增加憲法上課時數，更應加強國家考試有關憲法科目之比重，且恢復各種考試皆須將憲法列入必考科目，如此我們所培養出來的人才不但具有其工作領域之專業知能，且又具備熱愛臺灣斯土斯民與守法的現代化優質公民之高尚情操，如此才能真正落實政府所倡導的公正廉能的政治，以確保國家的安全與人民之幸福生活。

肆、結論：強化憲法教育以提昇國家競爭力

依筆者長期的觀察近幾十年來我國推動民主化固然有其成就，但為何社會價值遭受嚴重扭曲，臺灣人民失去努力的核心價值，朝野黨派嚴重對立，造成莫大的內耗，令國人喪失生存的核心價值與人生努力的方向，其中原因固然不只一端，但其中最為重要的因素乃是我們國家有關部門忽略了憲法教育之落實所致，以致我們培育出來的學生，雖然具有卓越頂尖財經科技之專業知能，但卻缺乏我國立國精神與憲法的最基本之人文素養，無法凝聚休戚與共、歷史命運共同體的堅定意識，如此教育出來的人才其對國家與社會究竟是正面之資產或是負面的負債呢？究竟是國家競爭力的原動力或是嚴重的阻礙呢？這些問題實在有待國人來共同審慎加以去思考，並找出問題癥結根源所在而加以解決，共同為臺灣找出新的臺灣核心價值與努力方向呀！古人云：「物有本末，事有先後。」，西方大思想家培根說：「知識就是力量，而學歷史使人聰明，學法律使人思維精細。」而德國哲學家康德亦云：「教育之目的乃是培養有道德且 守法的人」，古今中

外任何國家的存在與發展，皆有賴其立國精神發揚與大家所奉行遵守的根本大法 - 憲法之力行實踐，誠如古人所云：「以銅為鑑可以正衣冠，以史為鑑可知隆替！」，值此國是正在推動各項改革之際，筆者謹撰本文，乃是本著熱愛臺灣斯土斯民之情懷與對國家永續發展之千秋大業而作，但願天佑國家與人民，以臻富強康樂之美好境界！

第二十三章　力行國會全面改革，建構優質的國會文化議事品質

壹、國會與選舉制度

　　一個國家的憲政體制之制訂或改革如果只針對行政權的改革，沒有與國會及選舉制度，政黨制度一併考量規劃，那是很難達成全盤憲政改革之預期目標。尤其當前我國國會的改革，乃是國人無分朝野共同期盼、刻不容緩的要事。近來有人主張立法院應朝立委名額減半，並採單一選區兩票制的方向，來推動國會改革。因為國會議員的良窳，往往代表該國民主政治的成熟穩健程度，因此國會選舉制度的改革刻不容緩。目前世界上各主要民主國家的選舉制度，大致可區分為多數決制（Plurality and Majority System），比例代表制（Proportional Representation System），混合制（Mixed or Hybrid System），而一般所通稱的單一選區兩票制極為混和式，只以兩票分別選出單一選區議員及政黨比例代表議員，此制又可分為日本制及德國制兩種。

一、日本制

　　又稱為「並立制」，乃將每個單一選區直選的結果和第二張票投政黨的結 果分開計算。假設立法院共一百席，其中直選的單一選區劃分八十席，另外二 十席是政黨比例，假如甲黨在八十個單一選區贏得四十六席，在圈選政黨部份 獲得百分之三十的選票，可獲得政黨比例代表二十乘以百分之三十即六席，合 計五十二席，贏得絕對多數，可以單獨掌控國會，在內閣制國家中

即獲得執政權。

二、德國制

又稱為「補償制」，是完全以第二張票（圈選政黨）決定每一政黨最終在國會的總席次，其理念在於各政黨在民間有多少支持率，其在國會席次所佔的比率也應恰恰反應這個支持率，如此才是最公平的選舉制度。假設甲黨在第二張票中獲得百分之三十，即有三十席名額，如甲黨在八十個單一選區中獲得二十五席，則可由甲黨政黨比例代表名單中在補上五人，合計仍為三十席，如甲黨在八十個單一選區中超過三十席，如四十五席，則無法由政黨比例代表名單中遞補。

以上所述德、日兩制各有其優缺點，我國未來選制之改革究竟採用那一種方式，曾引起朝野政黨及各界學者專家之廣泛討論，至今尚未有定論。目前我國各級民意代表選舉採複數選區單記非讓渡投票制（SNTV-MMD），即同一選舉區內同時選舉出數席國會議員，但這種選舉制度長期來為國人所詬病，因為這種選舉制度容易誘使選舉人「選人不選黨」，不利政黨的發展，同時亦使當選的民意代表只偏重服務選民，卻忽視了議事品質與效率[1]。依據統計，當前世界 150 個有選舉資料的國家中，有 43 個國家採用單一選區相對多數決之選舉制度選出國會議員（係指下議院或眾議院）（Norris, 1997：299）；而在 91 個國家元首由人民直接選舉產生的國家中，則有 19 個國家（和我國的總統、直轄市市長、縣、市長等政府首長之選舉）採相對多數決制（Blais , Massicotte & Dobrzynska 1997：441-445：王業立，2003a：3）[2]。而目前全世界大概已有超過 30 個國家在其下議院、上議院或地方選舉中使用各式各樣不同搭配比例的混合制。[3] 單一選區制及複數

---

1 張文貞 - 憲政主義與選舉制度：新國會選制改革芻議，收錄於新世紀智庫論壇，第十七期，財團法人台灣新世紀文教基金會，2002 年 3 月 30 日出版，頁 26-27。

2 王業立，比較選舉制度，五南圖書公司，2003 年 2 月三版二刷，頁 13-14。

3 王業立，同前註，頁 42。

選區制各有優劣。單一選區制除可使當選的候選人得道該選區最高民意的認同，以提升問政品質外，亦可促進政黨政治之良性發展，惟無法選出代表少數民意之代表，是為其缺點。

貳、立委席次之商榷

　　至於有關立委席次的改革是否一定要將 225 席次減至 113 席，而如果將席次減至 113 席，是否就可立竿見影地提昇立委問政的品質與效率，亦有商榷之必要。首先我們可就政治學理論中所謂的「議會規模立法方跟法則」（The Cube Root Law of Assembly Sizes）來家以參考[4]，該法則根據對於各國國會的經驗性研究與所建構之理性模型加以驗證，指出「各國的實際國會議員數目傾向接近各國人口的立方根」[5]，如果依據此公式計算，則我國立法院的立法委員總額應為 282 [6]。而依據中央通訊社 2001 年出版的世界年鑑，所提出的世界主要民主國家國會議員數目與人口數的比例，亦明確的顯示出許多人口比台灣少的國家（如希臘、瑞典、葡萄牙等國），其國會議員數目多過台灣，如果以國會議員數目與人口的比例來衡量，目前台灣每一位國會議員代表近十萬人口，除了少數人口逾億的國家外（如美、日、印度），實際上已經比大多數的民主國家來得多。因此，部份人士認為台灣立法委員的數目已經太多，這個論點並無法找到太多的客觀數據資料來加以佐證與支持。依筆者的觀點，政制的學理與外國實施民主的經驗，固然值得作為我們國會改革的參考，但制度的改革亦必須能符合我國政制發展的需要，且當前朝野各界亦已有達成未來規劃立委席次有必要予以減少之共識，因此筆者認為未來立委數額如果因朝野達成決議要進行減少至苟裡的席次，亦必須

4　Rein Taagepera & Matthew Soberg Shugart, Seats & Votes: The Effects & Determinants of Electoral Systems, 1898, New Haven, CT: Yale University Press, pp.173-183.

5　Ibid.,p.173.

6　王業立，再造憲政運作的理想環境 - 選舉制度、國會運作與政黨協商機制的改革芻議，收錄於陳隆志主編，新憲政新世紀憲政研討會論文集，台灣新世紀文教基金會 2003 年 8 月出版，頁 345。

考量到諸如強化委員會功能、改革黨團制度等配套措施、且諸如立委任期延為四年、單一選區兩票制及是否廢除任務型國大等重要修憲提案，亦應考慮到其改革之時效，充分表現民主憲政改革的毅力與決心，並培養良性政黨競爭與國會優質文化，如此才能真正達到節省公帑，提昇國會議事品質與效率，從根本上來改善國會在台灣人民心目中之良好形象，凡此在在皆有待朝野全民，尤其是負責憲改籌劃的朝野政黨及立法院修憲委員會，能以更負責、審慎、前瞻又宏觀務實的思惟去加以考量。

（如下附表）

世界各主要民主國家國會議員數國家國會議員數

國家	國會議員數 （眾議院）	人口（萬人） （2000 年）	人口／議員數 （萬人）	國土面積 （平方公里）
澳大利亞	148	1917	13.0	7686850
奧地利	183	813	4.4	83858
比利時	150	1024	6.8	30510
加拿大	301	3066	10.2	9976140
丹麥	179	533	3.0	43094
芬蘭	200	516	2.6	337030
法國	577	5932	10.3	547030
德國	656	8210	12.5	356910
希臘	300	1060	3.5	131940
冰島	63	27	0.4	103000
愛爾蘭	166	379	2.3	70280
以色列	120	584	4.9	20770
義大利	630	5763	9.1	301230
日本	480	12607	26.3	377835
盧森堡	60	44	0.7	2586
馬爾他	65	39	0.6	320
荷蘭	150	1586	10.6	41532
紐西蘭	120	383	3.2	268680
挪威	165	448	2.7	324220
葡萄牙	230	1004	4.4	92391
西班牙	350	3999	11.4	504750
瑞典	349	887	2.5	449964
瑞士	200	726	3.6	41290
英國	659	5951	9.0	244820

世界各主要民主國家國會議員數國家國會議員數（續表 1）

國家	國會議員數 （眾議院）	人口（萬人） （2000 年）	人口／議員數 （萬人）	國土面積 （平方公里）
美國	435	27400	63.0	9629091
台灣	225	2228	9.9	36152

資料來源：2000，世界年鑑，台北：中央通訊社。Http://www.mai.gov.tw/w3/stat/ 本書摘錄於
《新世紀台灣憲政體制與政黨政治發展趨勢》之中。

第二十四章　我國中央政府體制剖析

壹、我國中央政府體制的屬性

關於我國憲法中中央政府體制的屬性，各家學者說法不一，大抵上來說，可分為「修正的內閣制」、「總統制」及「雙首長制」等三大類，以上各種說法皆有其立論根據，然作者認為此乃是隨著時代的變遷與政治環境的不同所致，茲分述如下：

一、屬於修正式的內閣制（1947 年以前）

依制憲學者張君勱所述，我國憲法中有關中央政府體制的設計，是屬於「修正的內閣制」。他認為當時在中國的狀況，無論是採美國的總統制，或是採英國的責任內閣制，都不甚適合。因此，他以為我國必須折衷二者，而走出第三條路。其中，他對於中央政府體制設計中，最核心的主張，便是為了避免一個不合學理之「間接的直接民權」之國民大會的存在，以免其成為一個「太上國會」，造成憲政危機。

而後在制憲的過程中，雖與國民黨折衝下同意國民大會有形化，但卻力主國民大會除了選舉與罷免總統、副總統及修憲外，不得有任何的權力，否則不惜與國民黨決裂，讓中華民國憲政體制難產。在另一方面他的主張，則是行政院對立法院負責，避免當時的國民政府與立法院的兩層樓政府，縱使最後的結果，立法院的倒閣權完全被取消，代之以美國總統制的「否決權」之設計，他還是強調採取美國總統制行政部門穩定的長處，但行政院仍必須對立法院負責。結果中央政

府體制與他在〈國憲草案〉的設計相仿，謂之雙首長制[1]。但從「行政院仍必須對立法院負責」的精神來研判，嚴格的區分，還是屬於修正的內閣制。

二、屬於總統制（1947-1997 年）

國民政府雖於 1947 年頒布了中華民國憲法，但在抗日戰爭剛結束的時後，中國共產黨軍隊的勢力逐漸擴大。於是蔣中正先生在同年 7 月 4 日向南京政府 第六次「國務會議」提交了「厲行全國總動員，以戡共匪叛亂」的動員令，並 於次日公布，從此全國進入了「動員戡亂時期」。

1948 年 4 月為擴大總統權力，召開第一屆國民大會第一次會議時，許多國大代表提議要修改剛剛生效不到四個月的憲法，但修改憲又怕失掉民心，磋商的結果認為最好的辦法莫過於「為於暫不變憲法的範圍內，予政府以臨時應變之權力」。於是張群、王世傑等 721 名國大代表聯名提出了「制定《動員戡亂時期臨時條款》」一案。於宣告動員戡亂期間，就國家實施緊急權之程序給予特別之規定，使之不受《憲法》本文規定之限制。同年的 4 月 18 日，大會正式通過該案，並於 5 月 10 日實行，並規定有效期為兩年半。《動員戡亂時期臨時條款》的具體內容規定，總統在動員戡亂時期，為避免國家或人民遭遇緊急危難，或應付財政經濟上重大變故，得經行政院會議之決議，為緊急處分，不受憲法第 39 條或第 43 條所規定程序之限制。其條文中關於「總統緊急處分權」、「總統、副總統得連選連任」、「動員戡亂機構之設置」及「中央行政 人事機構組織之調整」等規定，如此一來，乃將我國中央政府體制推向總統制 的方向發展靠攏。

三、屬於雙首長制（1997 年以後至今）

1989 年 7 月，國民大會決定第五次修訂臨時條款，但由於第一屆國代抗

1　薛化元，《民主憲政與民族主義的辯證發展張君勱思想研究》，臺北，稻禾，1993 年 2 月，頁 60-62。

退者眾，並且又提案擴大國民大會的職權。1990 年 3 月，臺北爆發學生運動，提出廢除《臨時條款》和召開國是會議等訴求。1990 年 5 月 22 日，總統李登輝先生在總統就職記者會上，表示計畫在一年內完成動員戡亂時期的終止；12 月 25 日行憲紀念日上，李總統再度明確宣告將在 1991 年 5 月前宣告終止動員戡亂時期，並在民國 81 年完成憲政改革。

為配合終止動員戡亂時期的政策，1991 年 4 月第一屆國民大會第二次臨時會時，茲有代表李啟元、鍾鼎文、楊公邁等 245 人提出廢止動員戡亂時期臨時 條款之提案，該項提案經主席團決定依照修憲之三讀及審查會程序進行處理，於 1991 年 4 月 22 日，進行三讀作成決議：廢止動員戡亂時期臨時條款三讀通過，咨請總統明令廢止，李登輝總統乃依照國民大會之咨請，於 1991 年 4 月 30 日明令宣告動員戡亂時期於 1991 年 5 月 1 日零時終止。

1991 年動員戡亂時期雖已宣告終止，鑑於國家尚未完成統一，原有憲法條 文仍有窒礙難行之處，為因應國家統一前的憲政運作，第一屆國民大會第二次 臨時會在不修改憲法本文、不變更五權憲法架構的原則下，於 1991 年 4 月議決 通過「中華民國憲法增修條文」，直至 2000 年止歷經了六次增修，而其中有 關中央政府體制修改為向法國的雙首長制靠攏部分，是在憲法第四次增修。

1997 年 6、7 月間，第三屆國民大會第二次會議將第三次憲法增修條文全盤調整，修正為第 1 條至第 11 條，於 7 月 18 日議決通過，同（1997）年 7 月 21 日由總統公布，是為第四次憲法增修條文，其有關內閣制主要內容為：

1. 行政院院長由總統任命之，毋庸經立法院同意。

2. 總統於立法院通過對行政院院長之不信任案後 10 日內，經諮詢立法院院長後，得宣告解散立法院[2]。

至此，我國中央政府體制的精神，已明顯地向雙首長制緊密地靠攏[3]。

2　總統府網頁，〈憲政改造〉，http：//constitution.president.gov.tw/law/law.htm

3　憲法學者湯德宗認為，憲法本文所採取的「修正式內閣制」，實際上是「弱勢內閣制」，

　　我國憲法的中央政府體制經過半個世紀歷史的洗滌與淬煉，從修正式的內閣制走向當前的雙首長制。這部憲法有總統制和內閣制的混合精神，而它的制定是有其時空的背景，當初制定這部憲法，是經歷多黨的政治協商而制定，就憲政體制的基礎，除國民大會以外，大致維持了二元型的內閣制之設計。而現行我國實施之雙首長制，的確是當年（1991-2005）朝野政黨以協商方式而修成的，目前我國雖成功地轉型為民主開放的政治體系，但為何還會出現運作上處處不順暢之境？立法與行政互動關係欠佳，藍綠內鬥不已，國力嚴重內耗，甚至造成嚴重僵局。其中原因當然不只一端，但其中最大的關鍵因素乃在於憲政運作未能達到真正權力分立與制衡，權責相符之功能。因此，我國未來憲政體制之走向何去何從？究竟應朝總統制、內閣制或是維持當前雙首長制並加以改良，乃是我們當前急需正視且必須從根本上去加以解決的重大憲政課題。

貳、各界對中央政府體制的看法與建議

一、對雙首長制的看法與建議

　　王業立教授認為，國內部分支持「總統制」的人士在思考如何擴充總統行政權的同時有無樂見到一個健全的國會也能在臺灣出現？他進一步闡釋說到，國內支持「總統制」的人士，如果只是意在總統如何擺脫國會的掣肘，而不願意賦予立法院完整的國會權力，諸如「人事同意權」、「調查權」、「彈劾權」、「聽證權」……，則我國的中央政府體制，將不可能走向真正的總統制。另外對於走向「內閣制」的困難部分，他也認為，如果臺灣要走向「內閣制」，則我們社會首先會遇到一個難題，我們還要不要直選總統呢？當前

目前貌似半總統制的「弱勢總統制」，實際上是「修正式總統制」。——參閱〈新世紀憲改工程——弱勢總統改進方案〉，《臺灣法學新課題（三）》，社團法人臺灣法學會主編，臺北，元照，2003，頁21。

的政 治文化是否容許我們選出來的國家元首是一個虛位的總統呢？如果這個問題沒 有取得共職，則議會內閣制將只是不切實際的空談。

　　他更進一步提出對於現行雙首長制可行性的看法，他認為，2005 年 6 月 7 日任務型國大所完成的第七次修憲，替未來修憲樹立了非常高的門檻，因此 未 來進行任何的憲改，雖非完全不可能，但也是十分的困難。如此一來，欲 進行憲政改革使我國成為「總統制」或走向「內閣制」，都將變成空談。較 務實的作法，應在現行的「半總統制」憲政運作下，在不修憲的前提，透過 憲政的慣例之建立而進一步落實憲改的理想。他同時相信，除非未來出現重 大的關鍵轉折，我國的憲政改革，仍將可能只是「半總統制」的各種次類型 之間進行微調而已[4]。

　　王教授的理論，國內亦有多位學者贊同，如周育仁教授即認為：國內的 政治環境及現有憲政體制，實施「內閣制」並不可行，而若實施「總統制」 則又比現行體制缺乏化解僵局的機制。透過強制換軌的機制，讓行政、立法 由同一政黨或聯盟掌握，一方面能澈底解決現有的政治僵局，另一方面應也 能有效提升政府與國會之效能。

　　周育仁教授強調，透過強制換軌的機制，確保多數政府乃是當前憲政改 革 的最佳選擇。他提到，要化解現行行政立法衝突與對立的困境，根本之計 是讓 相同的政黨或聯盟同時掌握行政與立法。為落實貫徹此一目標，解決之 道是透過建立換軌的機制，讓我國的政府體制在「總統制」與「雙首長制」 之間換軌，確保行政立法由同一政黨或聯盟掌握，而其對策是建議未來憲法 修改時，應在憲法中明定行政院長由總統任命國會之多數黨推薦者出任，其 次憲法要賦予總統有一次主動解散立法院的權力，使其有機會化解府會不一 致的情況。再者，為避免換軌成內閣制時，民選總統淪為虛位總統，應於憲

4　王業立，2002 年 8 月，〈再造憲政運作的理想環境：選舉制度、國會運作與政黨協商機 制的改革芻議〉，收錄於陳隆志主編，《新世紀新憲政研討會論文集》，新世紀智庫叢 書 e，臺北，元照出版公司，頁 331-349。

法中明確賦予總統國防、外交及兩岸事務的專屬權,最後總統的選舉制度可改為絕對多數當選制,俾使總統能有充分的民意基礎,強化其解散國會的正當性。如此一來,在政府換軌的過程中,無論是內閣制也好,總統制也好,皆能呈現多數政府的結構,而現在的行政立法分立、對立的困境,也絕對不會出現[5]。

　　黃秀端教授亦認為,從過去的幾次修憲歷程來看,我國的政治體制逐漸在遠離內閣制,1992 年第一次修憲將原先於動員戡亂時期臨時條款賦予總統的緊 急命令權以及總統府所屬的國家安全會議、國家安全局正式合憲化。使得原本 在憲法上並無真正權力的總統,至少可以於國家安全及兩岸關係中使力。接下 來的第四次修憲的結果,法國的雙首長制是我國模仿學習的對象,然 1999 年的修憲,卻與法國第五共和所設計之削減國會權力有所不同,似乎有意往總統 制的國會方向前進。2000 年政黨輪替後,面對國會在野黨的勢力還是遠勝於執政黨的局面,鑑於總統無主動權解散國會,而國會又因選舉的代價太高,不願意倒閣,以致於衝突不斷。在檢視了我國中央政府改革的不同走向,以及不同走向所遇到的問題,黃教授認為未來中央政府體制要往純內閣制走,恐怕不太容易,而最簡單的就是將目前的雙首長制加以修正,然而雙首長制是否能夠建構有效的政府,黃教授認為應該在現行的憲政體制下修正下列事項:1.總統主持部長會議,2.總統擁有主動解散立法院的權限,3.將公民投票法制化[6]。

　　在另一方面,李鴻禧教授及黃昭元教授等二人對目前我國的「雙首長制」有 不同的見解,他們說:現在我國所謂的「雙首長制」,並不是總統「擴權」,而 是總統「有權無責」,他們指出,總統已經直選的今日,我們不怕也不反對給 總統權力,我們反對的是總統「有權力而沒有責任」、「有權力不受制

5　周育仁,〈建構多數政府的憲政基礎〉,《國政研究報告》,憲政(研)094-15 號,2005 年 7 月 11 日。

6　黃秀端,〈我國未來中央政府體制何去何從〉,《新世紀臺灣憲政研討會論文集》,頁 11 以下。

衡」，基於這樣的堅持，他們認為現行我國的所謂「雙首長制」，絕對不可行。

　　此外，他們更進一步的提出，對於目前我國中央政府體制採行的「雙首長制」，乃不是一個良善制度的看法，他們認為「雙首長制」不但會造成行政權內在的分裂，形成政爭的溫床；又會造成「有權無責」的現象[7]。

二、 對內閣制的看法與建議

　　學者陳慈陽認為，美國式的總統制有優良的憲政運作基礎，它內涵了英式優良的民主傳統，但這美國的總統制是幾乎近於「獨裁」，雖有憲法或是憲政慣例上之制衡，但如無優良民主傳統的背景，總統之統治權將無所節制，例如菲律賓在第二次世界大戰後逐漸走向獨裁及中南美洲各國等等，就是最好的例子。

　　他認為西歐普遍適用的國會內閣制的優點，可避免上述總統制的缺失，雖 然行政與立法之制衡作用喪失，但國內許多學者針對此缺點亦提出許多種類型 權力制衡的模式，使得內閣制出現的缺點逐漸填平。故他認為未來政府體制， 應朝將現有之憲政體制改成內閣制之方向[8]。

　　另外亦有《世代論壇》執行長周奕成等 55 名法政學者所發起的「五五內閣制民間推動聯盟」（Alliance for Parliamentalism: 5 YES and 5 NO）亦認為，我 國中央政府體制未來應修正為內閣制，他們更提出口號說明內閣制的優點，例如「要權責分明！不要有權無責！我們主張議會內閣制」等等。這些學者主張：中央政府應採取議會內閣制，因為議會內閣制擁有許多解決政治僵局的機制，現制則不斷出現行政立法對立的困境；議會內閣制強調和解共治，現制則是勝者全拿，鼓勵相互對立；議會內閣制虛位元首為社會超然領

7　參閱民間監督憲政聯盟：台灣人民的歷史選擇，我們不要〔民選皇帝〕第三部份，李鴻禧、黃昭元聯合執筆《所謂雙首長制為何不可行》，自由時報，1997 年 5 月 23 日，第 6 頁。

8　陳慈陽，〈憲改工程的另類思考：由準總統制邁向內閣制的制度安排〉，《國家政策季刊》，第四卷，第二期，2005 年 6 月，頁 104 以下。

袖，現制實權 總統則帶頭進行政黨鬥爭；議會內閣制公職與人民權力距離較小，現制沿襲帝王獨裁概念，形成宮廷政治；議會內閣制講求團隊，形成集體共議領導，現制講究個人，形成強人政治；議會內閣制政黨必須重視其團體形象，政黨紀律性高，現制只需突顯個人，導致譁眾取寵、爭相作秀；議會內閣制採內閣團體領導，個別領導人配偶較難干政影響，現制獨尊總統，親信家人容易介入；議會內閣制行政首長失去執政正當性則立即下臺，現制總統獲得任期保障，即使貪污濫權也能作滿任期。以上種種的優缺之比較，內閣制顯然勝出，較有利於國 家未來的生存與發展。

另外，此派連署的學者，同時進一步建議主張以聯立式兩票制及降低修憲門檻等等措施，革除我們憲法中不合法理的問題與現象，並有效的促進內閣制的運作，以革除我國政黨政治的亂象[9]。 此派學者認為，在國會改造部分，採用單一選區兩票聯立制，也就是當政黨獲得某比例的選票，也將獲得同樣比例的國會席次。現時的制度抹殺所有弱小政黨或新興勢力生存的可能性，也就是保障現有兩大黨瓜分政治資源的畸形體制。新的世代、新的社會力量沒有辦法進入國會，鼓勵兩大黨繼續升高對抗，讓人民對政治疏離，也將嚴重危害臺灣的民主政治。聯立式兩票制將讓社會各種多元聲音在國會中獲得代表，創造多元合作政治，讓人民重拾對民主政治的信心與熱情。

對於憲法修改門檻過高問題，他們也提出看法，他們認為，第七次修憲訂下了舉世無雙的不合理超高修憲門檻，幾乎剝奪了人民行使修憲權的基本權力，憲法若無法與時俱進，變成為一灘死水，也將成為後代子孫的負擔。因此主張將憲法修訂的立法院門檻改為三分之二立法委員出席、三分之二同意，將公民投票門檻改為超過選舉人總數的二分之一有效票，其中過半數以上同意，使得未來的世代也有機會依照他們的意志來修改憲法，以確保憲法能夠適時的順應世界的潮流及人民的需求。

9　〈五五內閣制民間推動聯盟〉，http：//caps55.pbwiki.com/

　　此外，學者孫善豪亦於報章媒體中撰文認為，臺灣確實較適合內閣制[10]，他駁斥陳一新教授對於：「相信總統制一定能為臺灣帶來政治安定，固然不正確，但相信內閣制就必能為臺灣帶來長治久安，也不切實際」的說法。他指出，內閣制雖然不能說是百利而無一害，但是相較於總統制來說，內閣制的弊害較總統制為小，而利處較總統制為多，在弊害參酌之間，仍然有可以商量討論之空間的，至於選民似乎無法接受一個「虛位的總統」之揣測之詞，他亦同時認為太低估了臺灣真正的輿情，加上臺灣本身的政治環境及將來所推行的

　　「單一選區兩票制」的選舉制度，係只能在「內閣制」的環境下來生存發展，因此，他認為臺灣確實較適合內閣制的中央政府體制。

　　而有趣的是，有執政民進黨背景的學者陳明通教授等人，對於提倡改為內閣制更是不餘遺力，他們更提出《中華民國第二共和憲法》為藍圖，試圖改革現在憲法的不足之處，他強調，制定第二共和的考量，在於現行憲法面臨種種 的困境，無法有效的處理臺灣民主化過程中所涉及的國家與國家機關兩個層次 的解構與重建問題，制定第二共和是比較務實的考量。

　　在《中華民國第二共和憲法》中，陳教授亦強調內閣制的精神，同時規劃將行政院改為國務院，而國務院是最高行政機關，國務院總理由總統提名，經國會全體議員二分之一以上同意任命之。被提名人未獲同意時，總統不再提名，國會應於十四日內自行選舉，以獲得全體議員二分之一以上得票者為當選，提請總統任命為國務院總理。若未有當選者，總統應於七日內解散國會……。而此部內閣制憲法草案的設計，國會席次增加為兩百席，同時國會享有調查權，可經由全體議員三分之一以上提議，設置由議員組成的特別調查委員會。這種以議會─總統為權力與制衡為架構，企圖改良現行府、會的不良關係，亦是用內閣制為基礎架構來企圖改革目前我國中央政府制度

的窘態 [11]。

三、對總統制的看法與建議

　　針對以上問題，有若干學者專家認為，朝總統制規劃，是一個值得我們思考的方向。因為自第九任總統由公民直選後，總統應負責任更形重大，例如財經、治安等等問題，皆有賴總統領導政府以結合全民共同解決。尤其是兩岸關係，一直以來存著高度不安的狀況，若能實施總統制以強化政治運作之能力，以適應當前國家面臨的各項改革與挑戰，此乃任何政黨人士當選總統後全國人民的最大期望，否則憲法若無法賦予總統適當的權力，就是請天上神仙來作總統，亦很難推展各項施政。

　　美國是實施總統制的代表，按美國憲法規定，總統就是國家元首亦是最高 行政首長。若我國未能憲改將中央政府體制改為總統制，則有關行政院院長、 各部會首長及不管部之政務委員等，均由總統任免之，總統依法公布法律，發布命令，不需行政院長及相關部會人員之副署，總統應隨時向立法院報告國家情勢，並將個人所認為適合國家施政的政策咨送於國會以備審議，以求得國會的配合與支持。如此一來，總統在任命重要官員時，亦需像美國總統一樣，遵照所謂參議員禮貌，充分尊重立法院之意見。立法院對於總統意見不贊同時，得以決議移請總統變更之，但總統對於立法院亦應有覆議權以為制衡。行政院之政務會議改為國務會議，由總統親自主持，其成員包括副總統、行政院長等各部會首長，會議閣員仿造美國總統制，其只對總統負責，不必對國會負責，但總統施政必須依照立法院所定的法律施政。如此一來，行政部門與立法部門 則既分權又制衡，方符合總統制的精神。

　　國內亦有許多的學者認為，實施總統制，才能符合臺灣目前的現況及未

11　參閱：陳明通等撰著，中華民國第二共和國憲法草案全文，發表於 1997 年 3 月 18 日，中華亞太菁英交流協會與臺灣智庫共同主辦之審議式民主：〔中華民國第二共和憲法草案〕研討會。

來的發展。例如臺灣心會副理事長曾肇昌曾於 2004 年 9 月 18 日舉辦的「政府體制：總統制或內閣制？」座談會中指出，總統直接民選後，實權有增無減，如採內閣制，總統變為虛位元首，非國人所能接受，他強調，依國情及人民期望，未來應朝總統制發展，制定完善新憲法，才能立下長治久安的國家政體。同時召集人陳春生教授更強調，面對中共威脅，強有力的國家領導人才能保障國家安全，如實施內閣制，國家一旦遭受危機，讓人擔心國會與內閣仍將為政策爭辯不休，臺灣民主尚未成熟，如實施內閣制，部會首長由立委兼任，國會選舉競爭激烈，黑金政治將更嚴重，恐步入法國第三、第四共和之覆轍。同時立委黃適卓更進一步的表示，兩岸關係緊張逐年增加，為因應中共可能的威脅，政府政策制定須有效率，在內閣制與總統制相較之下，總統有做出緊急判斷的能力，因此應採總統制，尤其是在野對國家定位仍不清楚，內閣制恐怕會有危險[12]。

　　另外，早於 1997 年 5 月 23 日，自由時報之社論中亦提到，以總統制建構臺灣的中央政府體制，該社論認為總統制比雙首長制更符合權力分立與制衡的原則。在總統制下，總統會更有能力團結國家去處理內外危機，加上我國向來地方政治實務已很接近總統制的運作等等因素，所以建議我國中央政府體制應採總統制。同時更進一步的說明，在實務上，總統制下的行政權較為優越，行政權優越，更可發揮行政效率，一個設計完善運作良好的總統制，不僅行政權強大，立法權也是十分的強大，也就是說，總統制是靠一個強大的行政權與一個強大的立法權，甚至再加上一個強大的司法權，相互對抗、監督與制衡來維持權力平衡。自由時報 2003 年 10 月 7 日的社論中亦指出，目前憲政體制造成政府無效率的原因主要來自代議政治未能真正代表民意、立法與行政權的衝突及總統和行政院長對政府指揮權的混亂。而要解決這個問題，最好的辦法就是三權分立的總統制，目前經常有人指出批判，總統不得干預行政的論點，造成行政院和總統府間運作的困難，從這個角度來看，

12　臺灣心會座談會，〈政府體制：總統制或內閣制？〉，2004 年 9 月 18 日。

我們應該建立明確總統制的新憲法,不能再以拼裝車式的雜牌憲法繼續亂下去了。

　　而汪平雲、施正峰等法政專家學者在民主進步黨於 2006 年 9 月 24 日所舉辦的一場座談會中 [13],也是支持總統制的,同時亦對總統制也提出了他們的看法。他們認為由於現行憲政體制國會與總統皆由人民選舉產生,且選舉的時間不同,容易造成民選總統與民選國會的衝突。簡言之,如何由憲政制度上,妥當處理民選總統和民選國會合理關係,就是解決當前憲政困境的關鍵。他們更進一步的闡述,當國內仍有國家認同的分歧時,總統仍然有必要繼續由人民直選,才能確保具有臺灣主體意識的政府產生。在兩岸關係詭譎和全球化競爭激烈的此刻,我們需要的是一個直接面對臺灣人民、向臺灣人民直接負責,並且擁有施政效能、權責相符的憲政體制,那就是總統制。他更進一步說明,從「臺灣主體意識」、「行政民主化」、「權力分立制衡」、「面對中國壓力」等等幾個面向來建立權責相符的總統制,都應該是比較能夠確保臺灣人民權益與主體性的正確方向。他們亦提出廢除五院制、總統與國會任期相同、增加國家行政效能、規定總統為最高行政首長、擴大國會職能、強化對總統的制衡權力、選舉制度的改革等等憲改措施來增加總統制的可行性。陳春生教授亦指出:「主張我國應採行內閣制者,認為世界各國實施內閣制國家,其政治民主且政局穩定;實施總統制國家,除美國外,多走向獨裁,且政局不穩定,吾人認為這是偏見,因為事實上政治民主與否,政局穩定與否,和經濟文化有關,如中南美洲的軍事政變頻仍,並非實施總統制之故,而是沒有民主文化和健全的政黨政治使然,如果有健全的政黨政治與民族文化傳統,不論總統制或內閣制,都能展現民主精神 [14]。」李酉潭教授亦認為總統制乃是較適合臺灣的政府體制,因為我國政府自退守臺灣後,因實施

13　民進黨憲政改造系列研討會,〈臺灣憲政的困境與重生總統制與內閣制的抉擇〉,臺北國際會議中心,2006 年 9 月 24 日。

14　陳春生,《憲法》,臺北,翰蘆圖書出版有限公司,2003 年 10 月初版,頁 598-599。

動員戡亂時期臨時條款與戒嚴統治，以致原具議會色彩的憲政體制並未實行，形成超級總統制；目前我國民眾普遍認知總統既是國家元首，也是最高行政首長，如果總統無法擁有實際的權限，那在政治運作與政務推動上，將會面臨相當程度的困難。目前總統的權力看似很大，但卻只集中在人事任命權上，缺乏行政指揮權，造成行政部門與立法機關之間的制衡失序，且當前我國仍面臨中共嚴重的武力威脅，亟需有一個強而有力的領導中心，以因應國家遭逢各種緊急危機，我國雖已歷經多次的憲改，但政府體制尚未發展成熟，由其行政與立法部門互動欠佳，造成政局不穩與嚴重內耗，因此必須加以解決[15]。

但在另一方面，學者盧瑞鍾教授也指出，美國總統制的成功條件有二：其一是關於重要的制度性因素，它包括了開放且向心的政黨制度、選舉制度、聯邦制度、資本主義等等，以上這四種制度對於總統制的維持顯然十分重要，其中頗隱含「權力平衡」、「比例性權力分配」以及「反對中央集權」的實質意義。避免受挫的全國性政黨在政治權力的分配上一無所有，而有「比例性平等」的分配正義。另外自由投票制、國會資深制及遊說制度等，皆是美國總統制在重要制度上的成功因素。而其二之因素，更有地理、歷史、文化、經濟、社會結構、幅員遼闊人口比例較少、深遠及普及的民主精神等等之因素[16]。在如此眾多因素之條件下，方成就了美國實施總統制的成功。反觀我國的人文、政治環境及地理的各項條件，是否足以成就總統制實施，實有賴時間的考驗。

15　李西潭，《臺灣憲政工程較適當的選擇：總統制》，發表於臺灣新憲法國際研討會，2004 年 11 月 27-28 日，頁 165。

16　盧瑞鍾，《內閣制優越論》，臺北，三民，1995 年 6 月，頁 103-109。

第二十五章　在民主的十字路口

壹、總統制、內閣制或雙首長制之抉擇

所謂總統制、內閣制或法國式的雙首長制，當各有其制度性的特色，而各國之所以會採用以上任何一種制度，亦皆有其歷史文化背景與民意的需求取向，實在很難武斷地說哪一個制度是最好的，而哪一個制度是最劣的，只能說哪一種制度較適合哪一個國家的國情與民情罷了。的確，內閣制合乎憲政原理並有不少的實施成功例證。而我國的憲法不但有總統制的精神，也有內閣制之色彩，但在實際運作上，尤其是政府播遷來臺後 60 年來，總統一直擁有實質上的權力，而修憲後自第九任開始總統改為公民直選後，民意的趨向亦是希望有一個實質的總統，來解決國家所面臨的多項改革或兩岸關係等諸問題，因此若要將現行憲法調整為純內閣制，是否符合我國之政治文化與實際政治之運作方式及臺灣的民意主流趨勢，亦有待商榷。

而從憲政原理比較世界各國總統制、內閣制及雙首長制之利弊得失，就我國實施憲政的歷程之經驗及教訓，與未來國家政治發展趨勢，究竟我國未來的中央政府體制要朝向總統制、內閣制或是就目前所實施的雙首長制加以改良，殊值得朝野全民加以慎思明辨之。

根據憲法本文原來的規定，我國中央政府體制具有較濃厚的內閣制色彩，這主要表現在以下幾點：

1. 總統雖貴為國家元首，對外代表國家。統率全國陸海空軍。但其所公布的法律、發布之命令，均需經行政院長之副署，或行政院長及有關部會首長之副署。

2. 憲法第 55 條對於行政院院長之任命，指出「行政院院長，由總統提名，經立法院同意任命之。」

3. 行政院為國家最高行政機關。各項法案欲送立法院前，必須經行政院會議

議決之。（憲法第 58 條）

4. 行政院有向立法院提出施政方針及施政報告之責。立法委員對行政院長及
各部會首長有質詢權。（憲法第 57 條）

由上述可知，無論從總統和行政院的行政權劃分，或者行政院與立法院的關係觀察，憲法本文是具有較濃厚的內閣制色彩。另一方面，憲法本文所建立的「責任政府」制度有以下幾個特點：

1. 不採英國議會內閣制（各部長同時須為國會議員）。

2. 不要求行政院負連帶責任。

3. 放棄國會立即倒閣之不信任投票制度。

4. 總統的覆議權不致引起倒閣風潮。

「不要求行政院負連帶責任」使得行政院不必如英國內閣因為一個部長之錯而牽動全部內閣。「放棄國會立即倒閣之不信任投票制度」則可保內閣之穩定，不致影響政局而導致不安。「總統的覆議權不至於引起倒閣風潮」，如覆議的結果得不到立法委員三分之二維持原案，則行政院辭職問題就不致發生。這些特點都與議會內閣制不同。但是，憲法本文中也兼含總統制精神，這主要表現在以下幾點：

1. 總統有覆議核可權，行政院對於立法院決議之法律案、預算案、條約案，如認為有窒礙難行時，得經總統之核可，於該決議案送達行政院十日內，移請立法院覆議。……（第 57 條）

2. 總統有三軍統帥權，第 35 條規定「總統為國家元首，對外代表中華民國。」第 36 條規定「總統統率全國陸海空軍。」

3. 此外，憲法第 75 條規定「立法委員不得兼任官吏。」是以，我國憲法上總統並非虛位元首，而享有某些政治實權。歷經七次修憲，我國早非當初內閣制傾向的憲政體制，而已朝向類似法國第五共和的雙重行政首長制邁進。雙行政首長制政黨間合縱連橫的關係遠較總統制與內閣制來得複雜，但依法國的行憲經驗，仍有軌跡可循；那就是當總統所屬政黨握有國會多數席次時，朝總統制偏移；但當總統與國會多數分屬不同政黨時，則需「換

軌」，朝內閣制偏移。

其次，我國中央政府組織部分的最大改變在於延續政府播遷來臺以來「總統─行政院」的雙元行政體制，進一步引入倒閣與解散立法院之被動機制，作為取消立法院閣揆同意權的替代制度。因此，雙首長制其實是以類似內閣制的基礎架構，加上總統享有部分行政權的混合設計，它是一種獨尊總統權，分裂行政權，並且弱化立法權的設計[1]。

不過，當今我國憲政體制下雙首長制的運作仍有許多問題尚未釐清，反映在以下幾個方面：行政權無法完全一元化、國會改革、立法權限仍不夠健全、行政與立法部門的協調機制並未完全建立等[2]，茲敘述如下：

我國當前的確處於憲政改革的十字路口，有關未來憲政體制的選擇或是憲改的時機及民主的深化等諸問題，無論是朝野政黨或是學者專家之意見均頗為分歧。自從 1947 年我國憲法公布實施以來已逾一甲子，而對這個關係著國家民主憲政的發展與民眾自由民主人權的重大課題，仍是困擾且爭論不已。但從世界各民主先進國家實施憲政的歷史沿革或是就比較憲法的觀點而言，他們的憲法都是由其制憲者先行制定，歷經代代相傳的實施後，再就所發生的問題加以改革修正，以符合民意的期待與國家發展的需求。而有關中央政府體制所謂總統制、內閣制、雙首長制（或稱半總統制）、委員制等政府體制之實施亦皆各有其國家政治、歷史、文化背景，以尋求比較能符合該國國情的制度。因此，筆者認為，我們在思考國家未來的憲政體制改革時，亦應以世界民主先進國家實施民主的經驗與教訓，並針對我國當前的政治發展趨勢與民意的需求，能以更理性、客觀、負責的態度來思考這一個關係國家未來民主發展之重大問題。

1　見許志雄，〈從比較憲法觀點論「雙首長制」〉，《月旦法學雜誌》，第 26 期，1997 年，頁 30-34。

2　同前註，頁 35。

貳、透過憲政改革建立中央政府體制

一、就事論事地謀求妥適解決

　　值此國是正處於嚴厲考驗之秋，朝野政黨尤其是居高位者，當更能以天下蒼生為念，千萬不可為了自己黨派之利益而置人民之福祉於不顧，以犧牲國家與民眾的廣大利益，而去成就自己與所屬政黨之利益，這當不是一個負責任的政治家應有的風範。一切的國是要依憲法的法理與規定，就事論事的來解決問題，而不是進行政黨間的惡鬥，所謂黨爭可也，但千萬不可有意氣之爭。而論及現行我國之憲政體制，的確是國、民兩黨透過修憲方式達成的。我國未來的中央政府體制之走向，究竟應朝向總統制或內閣制或維持現行體制或就現行體制加以改良，亦是我們必須正視且必須加以從根本上去加以解決的問題。

二、博採眾議取精用宏以防止一切流弊

　　記得在進行七次憲改當中，無論是國民黨或民進黨、新黨或各界的法政學者，對我國的中央政府體制之修改意見可說獻言無數，字字珠璣，皆能分別就各種制度的利弊得失加以深入地剖析。在國發會後，國民黨乃依據國發會之共識研擬修憲黨版，提出所謂的雙首長制，認為此乃是根據 50 年憲政的經驗最合理的修憲。而民進黨亦提出雙首長制，認為要吸取內閣制與總統制的優點，以總統作為國家領導中心，而行政院長向國會負責。而在 1997 年 5 月 30 日姚嘉文、張俊宏、林濁水、郭正亮聯合執筆民進黨主席許信良定稿所發表的「不要成為反改革的歷史罪人」憲改萬言書中，民進黨堅決反對內閣制批評總統制，並主張雙首長制才能兼顧國家整合與民主鞏固[3]，而新黨的代表學者周陽山博士則力主採用內閣制。他指出從二次大戰後，在全世界有 23 各國家維持了 50 年的憲政民主，23 個國家中有 20 個國家採取內閣制，而內閣制能夠構成

　　國家的穩定，憲政的成長。而過去 50 年間，整個拉丁美洲國家都實施總統制，沒有一個國家建立了穩定的民主，但哥斯大黎加是例外。同時從 1988 年解

3　參見 1997 年 5 月 30 日自由時報。

體以後，東歐及以前的蘇聯，絕大多數國家實施雙首長制，半總統制[4]，但沒有一個國家可以建立最基本的民主體制[5]。

　　而林子儀教授則認為「在雙首長制之下，如果總統與國會是屬於多數同一政黨，總統基本上不直接向其政策負責，躲在後面，若總統與國會不屬於同一政黨，會造成行政內政分裂」，因此，總統制是比較適當的選擇而政府要修憲的理由，其重點亦是擔心權責不清，政府無效率。而當時由憲法權威學者臺灣大學法律系教授李鴻禧先生所領導的民間監督憲改聯盟成員顏厥安、金恒煒、黃昭元等先生共同聯合執筆：〈臺灣人民的歷史選擇—我們不要民選皇帝〉乙文中即已明確的指出：當時國、民兩黨的主流憲改方案即所謂的雙首長制不可行，因為這一制度根本無法改變臺灣的惡質政治體質，而且雙首長會是造成行政權分裂的「雙頭馬車制」，有權無責的「藏鏡人」制度，雙首長制可說充滿人治色彩。它會因為選舉結果而改變總統與國會的權力結構，亦就是說在總統與國會之選舉結果若同屬一個政黨勝利，則總統之權利便會超凌一切，成為所謂超級的巨無霸總統。而若總統與國會之選舉分由不同政黨獲勝，則總統的權力必然受到相當節制，雙方若無法妥協難免會成政治僵局，如目前臺灣的政局發展就頗為類似，況且臺灣也沒有實施雙首長制的充分政治社會條件。從 1997 年第四次修憲後，行政院長產生由總統直接任命，毋須立法院同意，造成中央政府體制嚴重失衡的狀況，府院權責不但無法釐清，行政院依憲法第 53 條規定仍為最高行政機關，且依增修條文第 3 條規定仍須向立法院負責，如此一來，擔任行政院長者一方面必須貫徹總統的施政理念，一方面又要向立法院負責，立委又由泛藍占多數，形成

4　參見 1997 年 6 月 2 日自由時報二版自由時報主辦 TVBS 協辦的修憲辯論會—何種憲政體制適合臺灣國情及實際需要。

5　的確，內閣制合乎憲政原理並有不少實施成功的例證。而我國的憲法不但有總統制的精神，也有內閣制之色彩，但在實際運作上，尤其是在政府播遷來臺後 50 年來，總統一直擁有實質上的權力，而修憲後自第九任開始總統改為公民直選後，民意的趨向亦是希望有一個實權的總統，來解決國家所面臨的多項改革或兩岸等諸問題，因此若要將現行憲法調整為純內閣制是否符合我國之政治文化與實際政治之運作及臺灣的民意主流趨勢亦有待商榷。

朝小野大的政局，加上政黨之間的惡鬥，以致許多法案無法如期完成，甚至連國家總預算案都無法如期審查通過！總統雖掌有政治實權，卻不能像法國總統一樣享有主持部長會議及主動解散國會權；而立法院雖可提出罷免、彈劾案，但門檻偏高，以致造成行政與立法部門嚴重失衡，亦很難有效的打開政治僵局；惟目前我國所實施的乃是偏向總統制的雙首長制，也的確是當年由國民黨與民進黨達成共識，才得以修成，況且目前朝野亦尚未達成再次修憲之共識且修憲的門檻亦甚高，因此目前全民亦惟有秉持遵守憲法精神予以運作，惟筆者認為「法與時轉則治」，為使我國未來的政局能達到權責相符的憲政理想境界，我國的中央政府體制當朝向總統制或內閣制之方向規劃。因為總統制或內閣制比雙首長制更符合權力分立與制衡的憲政原理。

三、憲政改革須符合我國當前的時空及背景

按照我國現行憲法（含增修條文）規定之內容看來，我國中央政府體制的確兼具總統制與內閣制之精神與特質，究竟我國未來中央政府體制之走向是應採取總統制、內閣制或就現制加以改良，一直是朝野政黨及憲法學者專家們所爭議之議題。同時，隨著民主化過程的演進，社會趨勢向開放式的多元化發展，在實際的運作中，有時會呈現總統制的特徵，有時會有內閣制的表象，常是困擾不已。甚至我國自 1991 年至 2005 年間進行了七次修憲工程，其結果固然使我們國家的民主開放向前邁進了一個新里程，但至今有關中央政府體制之權責劃分與運作卻仍有改善使其更臻於理想的努力空間。

當然，就民主憲政的原理及西方民主先進國家實施民主化的過程經驗來看，無論是總統制或內閣制及法國的雙首長制，皆有其自己國家的立憲歷史背景與特色。政治制度並沒有絕對的優劣標準，只能說那一種憲政制度比較適合那個國家當時的民意主流趨向與政治發展需要罷了。

惟筆者認為，世界上實在很難找出一種十全十美的政治制度。蓋民主政治即是民意政治、政黨政治、法治政治；因此，未來我國憲政改革無論採用任何一種體制，皆須以民主和平協商之方式廣徵民意，進行朝野協商，凝聚共識，以較能符合世界自由民主人權法治的普世價值，與顧及台灣主體性之主流民意。同時，

筆者亦深感徒法不足以自行之政治哲理；未來在進行憲政改革的同時，更必須強化遵守憲法與法律之精神，如此才能為國家之永續發展與二千三百萬人民之幸福生活建立一個長治久安的中央政府體制，形塑更為優質的憲政文化。

第二十六章　人權保障的落實與展望

壹、《公民權利與政治權利國際公約》與《經濟、社會及文化權利國際公約》

　　一九四八年聯合國大會通過世界人權宣言後，人權委員會即開始依據世界人權宣示的內容起草相關的國際人權公約。一九五〇年第五屆聯合國大會審議人權委員會提交的公約草案內容，其中僅保護個人的公民權利與政治權利。大會認為這一公約草案並未包括世界人權宣言的全部內容。由於世界人權宣言內容包含有第一階段的公民和政治權利，以及第二階段經濟、社會和文化權利；此外，復由於資本主義國家關注公民與政治性權利的議題，而開發中國家則偏向於尋求經濟、社會和文化權利的保障。因此，第六屆聯合國大會於一九五二年決定由人權委員會分別起草這兩項各別的人權公約。一九五四年人權委員會將《公民權利與政治權利國際公約》（International Covenant on Civil and Political Rights）、《經濟、社會及文化權利國際公約》（International Covenant on Economic, Social and Cultural Rights）等兩部草案提交由第九屆聯合國大會審議。一九六六年十二月十六日第二十一屆聯合國大會於第 2200A 號決議中通過，並開放給各國簽字批准和加入。此兩個公約與世界人權宣言共同成為當前最重要的國際人權憲章（International Bill of Human Rights）。

　　我國於一九六七年十月五日由常駐聯合國代表劉鍇在兩公約上簽字，但因聯合國大會在一九七一年十月二十五日通過的二七五八號決議中排除了中華民國在聯合國的代表權，使得我國無法再參與聯合國的任何活動，同時四十多年來批准兩公約的進程因而延宕。近年政府為了提升我國的人權標準，順應世界人權發展潮流，提升我國際人權地位，從而重新融入國際人權體系與拓展國際人

權互助合作，行政院乃將著手將兩項公約送請立法審議，並且依據司法院釋字第三二九號解釋意旨，「依據憲法第六十三條規定締結之條約，其位階等同於法律」。立法院於民國九十八年三月三十一日完成兩項公約的審議，並且通過《公民與政治權利國際公約及經濟社會文化權利國際公約施行法》的立法程序；總統馬英九於同年五月十四日正式簽署該項公約，頒布全國正式施行。此舉對內的意義在於：使得公約轉為國內法的一部分，具有法律效力；而對外的意義在於：成為我國與國際社會人權保障接軌的重要里程碑。[1]

貳、我國司法審查中關於人權保障的歷史軌跡

一、司法審查作為憲法守護者的角色與意義

　　近代成文憲法的發展可說是基本人權保障與憲政主義思潮的結晶成就。在民主憲政國家體制下，憲法乃規範人民基本權利、政府組織與權力分立乃至於國家基本任務基本國策的根本大法（leges fundamentales / fundamental law）。

　　做為國家公共秩序的根本規範，憲法具有一定的規範性，同時亦具有國家規範秩序中優越性的地位，此一概念已成為現代民主法治國家之政治理論與司法實務界所不爭之共識。[2] 為了確保憲法的規範性與優越性，近兩百年間多數 民主憲政國家，無不基於對代議民主政治反省，而逐漸發展出司法審查（Judicial Review）制度。隨著各國憲政民主化的發展，司法審查可說是最重要的憲法保障

1　民國九十八年五月十四日總統馬英九在臺北賓館正式簽署了《公民與政治權利國際公約》及《經濟社會文化權利國際公約》國際人權公約，並期許進一步充實台灣民主內涵。並且於十二月十日世界人權日，也就是施行法生效日當天發表談話認為：「我們希望台灣不但是在科學技術、經濟文化其他方面能夠跟上世界的腳步，也要在人權環境上能夠跟世界接軌。成為跟世界各國平起平坐的一個國家。」資料來源 大紀元新聞網 http://www.epochtimes.com.tw/index/tv/aid/294452

2　Gough, John W., （1955）, Fundamental Law in English Constitutional History, Oxford: Clarendon Press, p.32.

制度。[3]

　　就我國的憲政發展與人權保障的歷程觀察，我國憲法中對於人民權利的保障有相當完備的規範，同時，為確保國家公權力行為不致逾越憲法所劃定的界限，也設有司法違憲審查的機制。然而在行憲之後，卻由於政府宣布長時間的動員戡亂與實施戒嚴，使得憲法中的權利保障條款幾乎全數遭到凍結。在此期間，司法審查做為憲法守護者的功能亦無法彰顯。直到民國八十年四月，廢止動員戡亂臨時條款後，我國的民主政治與人權保障才得以在正常的憲政秩序下運行。

　　如果以我國憲法中人民權利解釋案件的內容和數量，做為憲法規範是否落實的具體標準。我們會發現，在解除戒嚴之後司法院大法官作為憲法守護者的角色，顯現出具有相當突破性的發展。其中，又以維護人民基本權利的功能表現得最為亮眼；特別是關於人民基本權利平等保障的案件，在逐年增加的人權解釋案件中，更是占有舉足輕重的地位。其中，在案件的數量上包含警告性、定期失效、或宣告違憲等解釋，與其他民主憲政國家相比，可說是相當突出。對於一個現代民主法治國家而言，人民基本權利保障可以說根本就是憲法制定的最終目的，不僅為憲法秩序中不可或缺的重要構成部分，甚至可視為實現人權正義的主要指標。

　　值得思考問題的是，我國憲法對人民基本權利之保障置於政府組織之前，然而權利之擁有者 - 人民，直接根據憲法中簡單的文字規定能向國家主張何種請求？受規範的對象 - 國家，又因為憲法中人權清單的規定而被課以何種作為或不作為的義務？憲法中相關規定在規範結構上具有簡潔與開放的特性，使得司法審查所扮演憲法解釋者的角色益形重要。徒法不足以自行，立法者固然有義務制定

3　早年美國憲法理論家 Alexander Hamilton 於一七八八年即提出「法官本身的任務是在解釋法律，而憲法的本質乃是一項根本大法，自當視為法官價值評斷與解釋的最高規範。 法官有義務對憲法的真義加以詮釋，若法律與憲法規範有所牴觸者，應為無效」Ch.G. Haines,（1959）, The American Doctrine of Judicial Supremacy, N.Y.: Macmillan, p.88. 在美 國此一理念歷經一八〇三年最高法院首席大法官 John Marshall 於 Marbury v. Madison 一 案中正式確立成為司法審查制度；二次大戰之後，歐陸國家如德、法等國則相繼設置了 解釋憲法乃至於審理規範違憲案件的憲法法院或專責機關。

符合憲法誡命應為的法令，司法者對於形塑人權的具體內涵，更是享有最終決定權的地位。一旦人民基本權利因為國家行為不當或違法的侵害時，在沒有一個以保障人民權利為職志的司法審查下，所有憲法中規定的人權條款無異充飢之畫餅。因此，司法審查在我國民主法治的進程中可說是扮演著人民權利守護者的最重要角色。[4]

二、我國司法審查中人權保障的歷史軌跡

就憲法解釋的歷史軌跡加以考察，如前所述，作為憲法的守護者，司法審查具有維護憲政秩序以及保障人權的釋憲功能雙重功能。在維護憲政秩序方面，具體來說大法官除了透過解釋促成國會全面改選，確立中央民意代表必須定期改選的憲法要求外（釋字第 261 號、第 499 號解釋），在許多中央機關之間發生爭議（例如釋字第 419 號、第 520 號解釋、第 632 號解釋等），或者中央與地方之間有所紛爭時（例如釋字第 647 號解釋、第 498 號解釋等），也都適時發揮定紛止爭的功能。 其次，維護憲法更重要的意義在於落實憲法中對於人民基本權利的落實。

如果從歷年來對於人權的相關解釋加以考察：在人身自由方面，例如警察機關的拘留、移送管訓及臨檢、羈押權的行使、少年的收容與感化教育等；在平等權方面，例如父母親權行使、夫妻住所決定及財產制、性交易的處罰等；在訴訟權方面，例如特別權力關係的限縮、被告防禦權的保障等。[5] 對此，如果再進一步以憲法解釋權利類型的發展過程來看，我們也可以發現我國實踐人權理念的脈絡：從早期人民尋求司法救濟的訴訟權、訴願權與正當法律程序條款，逐漸及於

4　嚴格來說，司法院大法官在有關人權議題上顯著的表現，並不表示已完全發揮了其應有的功能。主要原因是因為一方面解除戒嚴與終止動員戡亂時期之後，台灣正處於民主轉型的階段，對於以往威權統治時期，許多不當侵害人民權利的政府作為，已到了不得不加以正視而必須徹底檢討的時刻。另一方面，我國司法救濟的管道仍囿於現行違憲審查制度上的侷限，無法提供一個快速而有效的救濟途徑。

5　賴英照，〈守護憲法保護人權〉載於《司法周刊》，第 1472 期，二版，民 98.12.25.

財產權（如租稅法定、工作權等），以及自由權（如人身自由、學術自由、言論自由、集會自由等），再其次則是參政權，而貫穿其間為大法官所併舉的權利則為平等權。換句話說，也就是從不涉及實質權利內容的程序性權利開始，再擴及於實質性的權利；而實質性權利則是從經濟性的權利開始，再擴及於政治性的權利；從消極性的權利開始，再擴及於積極性的權利。從這一頁關於人權解釋在我國發展的歷史軌跡中，我們可以發現人權意識成長的趨勢；同時，也標誌出台灣民主階段性發展的歷程。

參、人權的落實與未來展望

一、我國未來的修法方向

我國於簽署兩項國際人權公約之後，馬英九總統已於九十八年四月二日公布兩公約施行法。基於人權保障的理念與時代潮流，司法院亦將著手進行與審判有關的程序法修法工作，預計於兩年內完成。[6] 其內容包括：

1. 修正刑事訴訟法第八十九條，明定拘提、逮捕之執行要件，並須當場告知原因、罪名，以及可主張的權利。
2. 刑事訴訟法第一〇八條第五項，有關犯最重本刑為十年以上有期徒之罪，於審判中無限期羈押，以及刑事訴訟法中預防性羈押，都將檢討修正。
3. 偵查中檢察官限制住居、出境、出海的強制處分，將研究修正由法官審查。並且檢討明定期限的可行性，以避免造成侵害人民遷徙自由的疑慮。
4. 制定刑事妥速審判法，並送請立法院審議，使正義不再遲來。
5. 研究修訂刑事訴訟法，保障偵查中被拘提或逮捕的被告或犯罪嫌疑人，與律師間的合理無礙的接見通信權以及正當防禦權，另增定沒有辯護人及被告表示要選任辯人時應立即停止訊問，以落實實質辯護依賴權的行使。
6. 為避免不必要的羈押，將研究增定具保責付或限制住居的被告，可接受適

6　《司法周刊》，第 1475 期，二版，2010.01.14。

當的科技設備監控。

7. 對於被諭知驅逐出境的外國少年，在少年事件處理法中增訂少年及其法定
代理人的抗告救濟程序。

8. 法務部亦將於偵查庭設置電腦螢幕，使偵查階段的問答實錄能比照法院開
庭方式清楚表現，提高偵查筆錄之正確性，保障犯罪嫌疑人在偵查階段之
人權。[7]

二、第三代新興人權理念的推展

除了基於個人主義思潮而孕育茁壯的古典人權清單之外，隨著人權理念的
發展，憲法所保障的權利內涵已逐漸由個人為主的憲法人權體系擴張至集體人
權（collective human rights 或稱為團體權），因而產生了所謂第三代人權的理論。[8]

在第三代人權的理論中，屬於複合性或集合性之權利者，包括如和平權、環
境權、文化權、民族自決權、民族平等權等；其意義在於彰顯此一團體的連帶關
係與團結關係，從而藉由連帶與團結的力量，得以爭取不易由個人向國家所主張
的權利。以民族自決權為例，在「公民與政治權利國際公約」第一章第一節中即

---

7 馬英九總統於九十八年元月十一日第六十五屆司法節，參加由司法院與法務部所舉辦的 研
討會中，除肯定所舉相關機關未來的修法方向外，亦指出「公民與政治權利國際公 約」及
「經濟社會文化權利國際公約」的批准與施行法的公布生效，是向全世界宣示， 我國在人
權國際化的潮流中，並沒有缺席。至於在落實司法為民方面，馬總統認為，司 法是人權的
守護者，法律制定的目的在於避免損害的發生，因此，司法人員不只要有正 確的觀念，更
要能從人權的角度去思考司法的運作。《司法周刊》，第 1475 期，二版， 2010.01.14。

8 法國人權學者瓦薩克（Karel Vasak）於一九七七年以相應於法國大革命的口號「自由、
平等、博愛」為基礎，建構其人權發展中所謂「第三代人權」（three generations of human
rights）的理論。首先，以西方價值取向為首的「消極人權」，其本質是爭取個人享有免
於政府干預的自由，屬於第一代人權。其次，需要政府積極作為以實現社會平等目標的
「積極人權」屬於第二代人權。至於必須建立在社群與集體連帶關係（solidarity）和同
胞愛（fraternity）的基礎上，並透過國際社會共同努始能落實的權利屬於第三代人權。 陳
秀容，〈近代人權觀念的轉變：一個社會生態觀點的分析〉《人文及社會科學集刊》9 卷
2 期，中研院中山人文社會科學所，1997，頁 122。李鴻禧，〈現代國際人權的形成 與發
展概說兼論「第三代國際人權」〉氏著《憲法與憲政》，台北：植根雜誌社， 1997。吳庚，
《憲法的解釋與適用》，作者自刊，2004，頁 71-82。

已肯認此一集體權利，「所有民族享有自決權，並得據此權利以自由決定其政治地位，自由從事其經濟、社會與文化之發展」。可見集體權往往需要國家與國際社會的支持與合作始能實現。[9]關於民族自決權實證的考察，例如戰後舊蘇聯解體、歐洲統合、兩德統一、加拿大魁北克獨立運動等，皆涉及人民自由決定之團體權行使的問題。個人自我決定權固然屬於人格尊嚴的範疇，但若擴及團體、民族與國家，依據各國簽署並生效的公約，亦當有其合法與正當性。以我國憲法第五條規定之民族平等原則為例，就法釋義學的角度來說，其意義即在於強調保障「族群群體」之平等，具有集體人權的性質，亦有 別於以個人為基礎的平等保障。[10]

肆、新移民人權民權與多元文化公民權

一、新移民多元文化的形塑

我國已從農工社會，開始轉型成商業與科技技術為主導的社會型態，人民的生活水平提高後，已逐步地從接受移民的社會，一直發展到現今成為仰賴移民人力的國家。

對一個移民的社會來說，文化的衝擊是必然的，然而如何將文化的衝擊（或者是融合過程）規範在一定的模式，使其循序漸進的發展到對社會有益的情況，則有賴法律來的規範。而其規範的藍本，乃是必須以國際人權為核心價值來做為依循的指標，如此一來，方得可稱為國家長治久安之道。因此，以國際人權的道德規範標準來檢視國內法律對人權的實踐，才是一個以發展民主法治的國家應有之正確作為。而我們面對這些文化的衝擊，就要「平等且慎重」看待這些新移民，

9　學者或認為，集體權需要國家與國際社會的支持與合作始能實現，屬於仍在發展中的第三代人權。尚處於立法前階段，僅體現在區域性或國際性的決議或宣言中。柴松林，〈人權伸張與人權譜系的擴增〉，中國人權會編，《人權法典》，〈序言〉，台北：遠 流出版社，2001。

10　蓋個人得據以向國家主張平等權受侵犯的憲法規定，乃是憲法第七條的基本權而非憲法第五條。

尊重多元文化，把「多元文化」當成是台灣的資產，促成台灣文化產生新風貌，創造台灣的新視野[11]。

二、自由人權乃是普世主流價值

人權（human right），乃是人類與生俱有之權利並為國家權力所保障。按權力可分為法治主義、國民主權、人權保障等，皆是現代立憲主義之基本原理。而各國憲法內涵乃是以人權條款為其保障之主核心內容。人權之涵義與內容亦隨著時代的潮流趨勢而逐漸發展，諸如所謂古典人權、現代人權、第一代人權、第二代人權、第三代人權等之稱謂。但其核心價值乃是在於確保人類與生俱有的平等權、自由權、生存權、工作權、財產權及人性尊嚴等之實現。按基本人權之思想已蔚為今日主要潮流與普世價值，其產生之哲學基礎有二，即西方基督之「自然法」思想與「主權在民」之思想[12]。

人權法典，乃先由美國濫觴，法國繼而發揚光大。在 1776 年時維吉尼亞州公佈的「維吉尼亞權利法案」（Bill of Rights Virginia）乃是世界上第一部成文憲法，這部法案給當時北美洲其他邦國（州）的宣言或章典提供了型範，之後也影響了不久之後法國。法案其中第 1 條宣示了天賦人權與社會契約論等自然法思想，第 2 條規定主權在民，第 3 條則賦予國民有變更政府的權利，第 4 條規定了國家三權分立。1776 年 4 月 10 日通過的「人權宣言」亦主張天賦人權，主權在民及社會契約論之原則。而美國在 1791 年之憲法修正案等，成為美國憲法之重要原則。後來法國於 1789 年 7 月 14 日發生大革命，並於同年 8 月 16 日通過了「人權宣言」全文共 17 條，而這個人權宣言可謂是影響後世最重要之人權典章，其對促進世界人類人權之維護與發展之貢獻，是至為重大。之後 1945 年的「聯合國憲章」、1948 年的「世界人權宣言」、1976 年的「經濟社會文化權利國際公約」及「公民與政治權利國際公約」及其他諸如 1950 年的「歐洲人權公

11　陳榮傳，《新移民。新未來》，台北市，新台灣人文教基金會，翰蘆，2008 年 1 月，頁 4。
12　參閱陳新民，《憲法學釋論》，五版，三民書局，2005，頁 115-121。

約」、1961 年的「歐洲社會公約」等等，甚至為了督促 各國保護人權，國際上有組成了若干組織如歐洲法院、荷蘭海牙國際法院等，共同來制止違反人權之行為[13]。由此可知，基本人權的觀念業已蔚為世界之普世價值，而保障基本人權之理念，已超越國界、種族之界限，成為每一位地球村之人民孕育道德情操與世界公民之責任。但各國由於國情與文化背景之差異，以及對基本人權之來源、保障及限制，皆有其不同之思想。因而在法理解釋與制度之建立及實施，亦有所不同。如美國的「獨立宣言」法國的「人權宣言」皆是提倡人之自由平等之基本人權，但兩者亦有不同之處，因為是美國的「獨立宣言」是起蒙於宗教思想之基礎，它主張人生而平等為自然之真理，因此不受國家之限制。而法國的「人權宣言」乃是以既成之國家為基礎，因此認為人權係國家法律所賦予人民之自由，得以法律限制之，而此法律，更必須由人民來制定，以保障人民權利，以防止統治者的極權及濫權，造成人權之害與剝奪。

　　此乃歐洲大陸各國法系憲法與美國法系憲法有所不同之重大差異所在之處[14]，但這兩個法系之憲法無論是憲法制定之規定與其主要核心價值，皆是以維護人類之基本人權為鵠的，乃是無可置疑的。而自由與人權涵意相近，近代以「權利」譯（Rights）一字，早已成為法律名詞，綜合「人權」的觀念和制度， 更衍繹出生命權、自由權、財產權、尊嚴權、獲助權、公正權等基本內容[15]。

三、台灣新移民現象產生之因素

　　新移民，係指剛移民到另一個國家或地區的人士[16]。依我國政府現行對新移

13　同前註，頁 121-126。

14　林紀東，《中華民國憲法逐條釋義（一）》，三民書局，1994 年 1 月修定 7 版，頁 49-51。

15　維基百科，〈http://zh.wikipedia.org/wiki/%E4%BA%BA%E6%9D%83〉。

16　新移民，指剛移民到另一個國家或地區的人士。部分新移民本身的謀生技能及適應能力不及本地人士，令新移民不少停留在社會較低階層，需要社會保障的支持。資料來源：《維基百科》〈http://zh.wikipedia.org/w/index.php? title=%E6%96%B0%E7%A7%BB%E6%

民的解釋，係泛指外來人口總稱而言，而這些外來人口包括外籍配偶、外勞及來台工作的外國人、港澳與大陸來台人士。以在本國的外國人而言，外籍配偶及外勞的人數，佔全部來台外國人的百分之 75 以上。而這百分之 75 的外籍配偶及外勞，適時的補充了我國中低階層的勞動生產力，對我國社會的生產結構有重大的貢獻。

　　台灣自十六世紀以後，先後遭遇荷蘭、西班牙及日本的佔領與殖民，惟其政權隨著戰爭的失敗即全部退出，在那段時期，反倒是來自廣東、福建的漢人前來台灣開墾者居多 [17]。在 1992 年之後，政府為因應國內勞動人力的短缺及國人自由婚姻之需要，新移民人口數就開始有急遽的上昇增加的現象，就我國整體而言，新移民的人口數除了在 SARS 發生的那年有下降一點外，每年都是呈現增加的趨勢。

　　由內政部統計處的一項報告顯示，至 96 年底，在我國外籍人士有 57 萬人，其中持居留簽證者 48 萬人，持停留及其他簽證者 9 萬人。而在我國境內的 48 萬人外國人之中，外籍勞工 35.8 萬人占 62.8% 最多，外籍配偶（尚未取得我國國籍）6.5 萬人占 11.4% 次之，二者合占在我國外籍人士約四分之三，其中來自東南亞者占 98.02%；外籍勞工之來源國以印尼占 32.27% 最多，其餘依序為泰國占 24.29%、菲律賓占 24.14%、越南占 19.29%；而外籍配偶則以越南占 59.24% 最多，其餘依序為印尼占 10.80%、泰國占 10.73%、菲律賓占 4.44%[18]。

　　由此可見，在我國社會快速的國際化同時，外來人口移民來到我國的比例，已經逐年穩定的升高，而這些逐漸成長的外來人口，已佔我國總人口數一定的比例。他們前仆後繼的來到臺灣寶島，其背後最主要的成因，有許多的專家學者認為，有經濟性的移動（推拉理論）、國際婚姻及填補我國生產勞工不足種種因素，

B0%91&variant=zh-tw〉

17　廖元豪，〈建構以平等公民權（Equal Citizenship）為基礎的人權保障途徑─對傳統基本權理論之反省〉，2008 年，頁 31。

18　資料來源：內政部統計處、九十七年第十三週〈內政統計通報〉。

但無論如何，對於我國逐年增加的外來人口，更必須依照國際公約的精神，給予這些新移民妥適的保護與照顧，才能使其早日融入我國社會，為我們社會做出最佳的貢獻。

四、我國對國際法的實踐情況

國際法上對新移民的人權之各項保護公約，有所謂的自由、受益及參政等權力之分別，但在各國的國內法上卻有著不同的處遇。就我國而言，因承襲德國威瑪憲法的各項基本理論，同時也移植了德國憲法中基本權力的三分法，其內容大致上為—人權、國民權及公民權等三個層次。而此三種權力之區分如下：

1. 人權

基於人之所以為人「人性尊嚴」，任何人無分國籍均有資格享受的權利。如人身自由，思想良心信仰等內在精神自由。

2. 公民權

有強烈國家主權意識，涉及國家政策決定或基本認同，應由國民行使的政治權利。如選舉、罷免、創制、複決及服公職權等等。外國人無法擁有此項權利。

3. 國民權

雖與政治權力分配並無直接關連，但涉及國家經濟或其他資源之分配，應以本國人優先的權力。各類型的經濟權利或福利措施的受益權，如工作權，財產權，入境權等。原則上屬於這個領域[19]。

以上三種權限，在我國的憲法中，並無明確的文字敘述，而使得眾家學者爭論不休，究竟什麼是「公民」，什麼是「國民」？而憲法之中，究竟賦予其什麼樣的權利與義務[20]。在這種思維邏輯之下制定的法律制度與體系，確實對於在我

19　廖元豪，〈外國人做頭家？論外國人的公民權〉，司法院大法官九十五年度學術研討會—憲法解釋與平等權之發展，頁 9-10。

20　例如我國憲法第 7 條：「中華民國人民，無分男女、宗教、種族、階級、黨派，在法律上一律平等。」這個「人民」是指國民還是公民，眾說紛紜，莫衷一是；另外有關政治

國的這些新移民族群們的各項應有的基本權利，有非常大的傷害。

　　由於我國的國情特殊，對於新移民所制定的法律，乃設計出與世界上其他正常民主國家不同的法律體系，它們分別又適用在外國人與港澳大陸人士二個不同的領域，可說是一國好幾制。茲以下簡要的臚列出關於新移民的相關法律，並以這些法律來檢視我國對於國際人權的實踐，以提供將來我國對新移民有關法律修定時之參考。

　1. 國籍法

　　　　《國籍法》之中，對於外國人之歸化、歸化後應服公職的權力，均有很大 的限制，例如該第三條規定：外國人或無國籍人，現於中華民國領域內有住 所，並具備下列各款要件者，得申請歸化：

（1）於中華民國領域內，每年合計有一百八十三日以上合法居留之事實繼續五年以上。

（2）年滿二十歲並依中華民國法律及其本國法均有行為能力。

（3）品行端正，無犯罪紀錄。

（4）有相當之財產或專業技能，足以自立，或生活保障無虞。

（5）具備我國基本語言能力及國民權利義務基本常識。

　　　　以上各款中，後三款屬於不確定的法律概念，立法者對於其可否取得我國的國籍之條件，因為國家的社會資源有限，乃交由執行者來自行訂定取得國籍之標準，而如此一來，如又執行者所自行訂定的標準過於嚴苛，就不免有侵害外國人的權力之虞。在另一方面，同法第 10 條之中，對於外國人或無國籍人 歸化者，亦規定其不得擔任公職，而歸化者，需自歸化日起滿十年後方得可有 此項政治權利。

　2. 入出國及移民法

權力部分（憲法第 12 章（選舉、罷免、創制、複決及服公職等權力）亦沒有明確的陳述，或是限制「非國民」不得擁有此種權力，或不得享有）。

　　我國《入出國及移民法》對於外國人的入境、居留、停留與收容、驅逐及 遣返等，均訂有很詳細的規定，但這些規定之中，對於來台灣的新移民外國人來說，不泛有許多侵害其公民權及人權的地方。舉例來說，該法第 18 條規定中，外國人有下列情形之一者，入出國及移民署得禁止其入國：

（1）申請來我國之目的作虛偽之陳述或隱瞞重要事實。

（2）在我國或外國有犯罪紀錄。

（3）患有足以妨害公共衛生或社會安寧之傳染病、精神疾病或其他疾病。

（4）有事實足認其在我國境內無力維持生活。但依親及已有擔保之情形，不在此限。

（5）曾經被拒絕入國、限令出國或驅逐出國。

（6）曾經逾期停留、居留或非法工作。

（7）有危害我國利益、公共安全或公共秩序之虞。

（8）有妨害善良風俗之行為。

（9）有從事恐怖活動之虞。

　　以上這些條款之中，如危害我國利益、公共安全或公共秩序之虞、從事恐怖活動之虞、患有足以妨害公共衛生或社會安寧之傳染病、精神疾病或其他疾病等等，皆有戕害新移民的基本人權之虞，也皆為國際輿論所詬病。另外，有 關強制驅逐出國、限令出國、收容、遣返等等，與人身自由有關的部分，亦皆 是以行政處分的方式，來取代司法之涵攝，這與國際上，各人權公約所提倡的 維護基本人權的意旨相去甚遠，同時也為國內外人權維護人士所撻伐。

3. 台灣地區與大陸地區人民關係條例

　　依據《臺灣地區與大陸地區人民關係條例》之規定，其設立之目的係為確保臺灣地區安全與民眾福祉，規範臺灣地區與大陸地區人民之往來及處理衍生 之法律事件而制定。同上所述，其中有關於歸化，入出境等規

範，均有別於一 般法而特別針對這個群族所量身制定，而這也是國內外
人權維護人士所大加以撻伐的。例如該法之子法（面談管理辦法）[21]，其
目的是為了要查明大陸人士 來台事由是否真實，或是有假結婚之情事。
因此在其執行的過程之中，執行人員不免有因個人不同程度認定的問題而
否決申請案件，因此而產生許多人權上的疑慮。另外，大陸來台的配偶在
歸化的流程上，也和外國人截然不同，他們必須經過探親、依親，長期居
留及定居等四個不同的身份後，才能取得在台的戶籍（身分證），然而在
最後的流程中，依然還有「配額」的限制，所以他們要取得在台的戶籍，
可說是難上加難 [22]。

以上我國有關新移民的三大法律，基於國家主權至上及憲法中基本權
力的 三分法的劃分之下，不乏對新移民個人的基本人權、民權及公民權
有很大的傷 害，因此國內有許多專家亦對此提出了批判，認為新移民應
與本國人擁有一切完整的憲法權利 [23]。

伍、結語

外國人願意移民至我國，表示我國亦有過人或值得生根發展之處，作為文
明國家一份子，思維上，不應一直停留在抽象的國家安全與利益上打轉，如何運
用衡平、寬容的態度將民主、法治、人權的果實與外國人分享，並使新移民者能
融入我國社會，進而有歸屬感。此時，建構具有前瞻、寬容且合乎國際潮流的法

21　該辦法為《大陸地區人民申請進入臺灣地區面談管理辦法》，其內容是規定如何鑑別大
　　陸來台人民（大部分是婚姻移民）目的的真偽，特別是針對假結婚。

22　學者或認為，該法有許多戕害基本人權之處，處處充滿了仇恨與鄙視的態度，令法學界
　　無法苟同。該法對於一個從大陸地區來台的新移民，以此種以排外、非我族類之立法心
　　態來加以箝制其基本人權，而其基本的公民權更是被剝奪殆盡，真有違反我國政府向國
　　際視聽宣示以「人權立國」之主張。廖元豪，〈試用期的台灣人？承認次等公民的釋字
　　六一八號解釋〉，《全國律師雜誌》，2007 年 11 月 6 日。

23　同註 6，頁 32。

制，恐怕是必須努力的方向 [24]。 我國社會的主要經濟型態正在急遽的轉變，新移民對我們社會的貢獻，是遠大於報章媒體所報導的負面問題，就此而言，我們似乎應該對於他們有正面的評價，而不是多以負面的觀感來看待他們。同時，我們應該深切體認到新移 民乃是全球化之趨勢。因此，我們除了學習如何接納這些新移民之外，政府有 關部門應提出更為前瞻、務實，且更具人權理念的新移民政策，並且從制度上 規劃，給予他們較為妥適之協助與輔導。例如，對於外籍配偶、外籍勞工、外 籍幫傭等之日常生活、教育、經濟、就業、文化認同、人際關係、健康照顧、 社會福利、公民權之取得等各層面問題之妥適解決，以更為包容、關懷、尊重 雙方多元文化之原則，使新移民更能適應融入台灣社會，促進優質的多元文化 活力 [25]。

筆者之所以提出這個看法，是希望社會各界能夠了解，我們對於這些新移民，應該要以多一點的感謝及感恩來取代一般社會對他們的排斥與鄙視及疏離，我們要知道，社會是一個多元的共生體，在它們沒有來之前，我們不覺得他們的存在與否有何不同，但是如今，這些新移民已在你我的四周，我們可以確定的一件事是，如果我們現在以排斥與鄙視的態度來疏離他們，那麼我們全體人民的生活肯定會過的比從前更為辛苦，社會亦將會更為的紊亂，這是我個人認為社會對新移民應有的認知。因此，政府當局更應正視新移民的問題，本於地球村的一份子，致力憲法保障基本人權治國的理念，以具體有效的改善及提昇新移民的人權問題。

24　李震山，〈論移民制度與外國人基本權利〉，《台灣本土法學雜誌》第 48 期，2003 年 7 月，頁 51-65。

25　莫藜藜，〈建構新移民家庭的社會安全網〉，陳榮傳主編，《新移民、新未來》，台北：新台灣人文教基金會，2008.01，頁 195-212。

第二十七章　司法人員不能不食人間煙火，但要甘於寂寞

　　我們的鄰國日本司法體系之運作為何那麼健全，充分彰顯執法人員之公平、公正與清廉之良好形象，不但贏得日本國人之信賴與敬重，且享譽萬國歷久不衰。而這種高尚的司法風範，一路傳承下來，亦大大有效地改進日本的社會守法風氣。筆者願藉此謹舉例說明，日本司法風氣之所以能成功之原因：日本民法權威學者川島武宜教授自東京大學退休後，旋獲聘為三井公司之法律顧問，當時我國有幾位法政學者前往日本考察，特地前往拜訪川島武宜氏，並請教他有關日本自明治維新以來，迄今其司法百年來都能維持公正、公平之關鍵性原因何在？川島教授回答說他一輩子終其一生之黃金歲月均在東京大學擔任法學教授，目前在日本法院，無論是上、中、下階層之法官、檢察官，約有百分之六十以上都有他曾經教過的學生，因此對其甚為敬重，但自從他從東大退休轉任公司之法律顧問後，那些過去他教過而現仍在法院服務的昔日門生，他立即以公平、公正、大公無私之態度與決心，與他們劃分界線，謹守一個法律人應守之分寸。川島教授此一師生間之互動關係，似乎有一點不近情理，但就司法審判必須符合公平公正之角度來看，避免將非理或私情滲入審判，在維護法律之精神而言，本來就不可有所偏私，誠如孟德斯鳩所說：「法官是法律之口。」

　　而馬克斯韋伯亦云：「法官將法律的解釋與適用，單純的實施論理操作即可，個人的心情與主觀的判斷，不可乘機滲入，所以既不可憤怒，也不可以興奮，竭盡自己的職能，非主觀的從事，才能盡到法律人的職責。」Pranger 說：「一個國家的優良公職人員，尤其於司法體系服務的人員，必須具有良好的操守與品德，

其義務是要具有決定政策與執行的能力，這些政策之決定與執行，同時能保護自己並考驗他的廉潔與道德心。」而民主政治又是法治政治，惟誠如美國的制憲先賢所指出的，因為人不是天使，所以要設置政府來服務人民，而正因為政府的官員亦不是天使，所以要設置內外控制機制，以權力分立與制衡原則來運作，才能防止權力的腐化與濫用，以便有效地保障人民之基本人權。這也就是歐美等民主先進國維護司法獨立與廉能政治之不二法門。而聯邦論作者漢彌爾頓亦指出：「審判若是不和立法與行政權分開時，自由就不可能存在，所以法院的完全獨立性，是一個有限憲法所不可缺之要件。」曾經有一個歐洲的法政學者以「宣誓」為題，撰寫其博士論文，在論文中曾提到，在東西方國家其公務員在就職宣誓時，凡是信奉基督教的就拿聖經，回教徒就拿可蘭經。按宣誓之重要意義，乃對宇宙偉大的精神導航手與人民之忠誠發願。我們國家的公務人員，尤其是重要的政府官員就職時亦皆有宣誓之儀式，亦含有這種重大之意義在內。因此筆者認為立法委員審查國家重要官員如司法院正副院長、大法官、考試院正副院長、考試委員、監察院正副院長、監察委員或是最高檢察總長等之任用資格時，應當以更為負責、審慎的態度，嚴格的為人民把關，而任何政府各級公務人員，亦應本著不忘當初宣誓要為國家盡忠、為人民負責的初衷，以公正廉能的品操與效能，為國家與人民作出最佳之奉獻。

第二十八章　平議死刑執行的爭議

壹、前言

近日來國內對於死刑執行的爭議已引發不少的討論。事實上此一看似單純的問題卻涉及了憲法上包括依法行政原則、民主公益原則與基本人權保障等重要原理原則的爭議。另一方面，我國自去（民國 98）年 3 月 31 日立法院甫完成兩項重要國際人權公約的審議，並且通過《公民與政治權利國際公約及經濟社會文化權利國際公約施行法》的立法程序；馬總統並且於同年 5 月 14 日正式簽署該項公約，頒布全國正式施行。此舉對內的意義在於將國際人權公約轉為內國法的一部分，具有法律效力；而對外的意義在於奠定我國與國際社會人權保障接軌的里程碑。值此國內因死刑執而引發憲法上爭議的重要時刻，筆者特就此一國人關切的議題，從法理上撰文平議，並就教於諸博雅先進。

貳、依法行政原則

首先就依法行政的立場來說，依法行政乃是法治原則（Rule of Law，Etat de droit）的具體表現。我國行政程序法第四條規定「行政行為應受法律與一般法律原則之拘束」，同法第六條復規定「行政行為非有正當理由不得為差別待遇」。按國內憲法學界的通說均認為，依法行政原則在適用的層次上尚可區分為消極的依法行政（法律優位原則）與積極的依法行政（法律保留原則）。換句話說，現行法律的規定乃是國家公權力行使的界限。如果再從權力分立的角度來分析，行政機關通常被界定為國家權力中的執行權；基於傳統國民主權之原理，國會透過

法律的制定，所表現出代表全體國民的國家意志，自然具有優先於其他國家意思表示的地位，行政機關自應受其拘束。

姑且不論死刑存廢所牽涉的生命權爭議，單就死刑的執行層面來說，司法行政機關除遇有依刑事訴訟法中再審或非常上訴的事由，斷無准駁與否的裁量餘地。而公務員依法令的行為符合刑事責任上阻卻違法事由，亦殊無刑法上殺人罪責可言。

參、民主公益原則

一般來說，所謂公益原則在現代國家乃是以維持和平的社會秩序，保障人性尊嚴與人民基本權利為其內容。民主政治就是民意政治、法治政治，而經過讀會程序與多黨辯證所形成的法律，即為民意的具體化表現。如果從法律的內涵在於實現多數人的公共利益與國民福祉的角度觀察，我們也可以說，在以民主法治為基礎的現代化國家，憲法及法律之內涵本身即為實現公共利益的具體化做法。因此，執行政府公權力的公務員若能忠誠地執行憲法與法律，才是符合最大多數人的民意，也是實現公共利益的最直接表現。

肆、國際人權公約

按 1976 年 3 月 23 日生效的《公民與政治權利國際公約》第 6 條第 1 項規定：「人人皆有天賦生存權利。此種權利應受法律保障。任何人的生命不得無理剝奪」。同條第二項復規定：「凡未廢除死刑之國家，非犯情節最重大之罪，且依照犯罪時有效並與本公約規定及防止及懲治殘害人群罪公約不牴觸之法律，不得科處死刑」。因此，若就此一條文規範意義的反面解釋來說，對於違犯情節最重大之罪，在符合法律保留原則的前提之下，仍允許有科處死刑與執行死刑的必要。

伍、結語

總而言之，依法行政、依法審判與依法執行乃民主法治國家行使公權力的基本素養。此一法理尤其不應受到公務員個人理念與信仰所凌駕。廢除死刑固然是國際人權法未來的趨勢，民主先進國家對此立法例亦值得我國參考，甚至成為未來修法的努力方向，但未必當然適合於此時此刻的國民情感與社會氛圍。然而值得正視的是，在日趨重視人權保障的世界潮流中，當前我國的刑事政策與修法方向或許可就僅有的相對死刑條文，凝聚國人共識，思考如何更加嚴謹地看待死刑宣判的構成要件與訴訟程序；同時更應從犯罪心理學、法律道德、凝聚社會共識、民意取向趨勢等深度層面思考合宜的配套措施；如此一方面不致流於對加害者報復性的情緒，另一方面也可能兼顧對受害人傷痛的衡平，透過理性的思辯民主過程而實現憲法的最終價值。

（台灣法學雜誌第 150 期，2010 年 4 月 15 日）

第二十九章　司法審判之目的在於正義之實現

壹、以歷史為鑑

　　西諺云：「觀念足以改變世界」，大思想家培根亦云：「學法律使人思維精細，學歷史使人聰明」，史記太史公曰：「通古今之變，究天人之際而成一家之言」誠哉斯言！歷史是一面很好的鏡子，從研讀歷史中，我們往往能獲得珍貴經驗與教訓。如我們的鄰國日本自明治維新以來，由於立憲成功，司法始終保持中立公正，故國力得以強盛，故能在甲午之戰擊敗大清帝國迫使清廷於 1895 年與其訂下永久割讓台灣的馬關條約，更於 1904 年擊敗了龐大的俄國，使日本不但稱霸於東亞更昂首於國際社會，日本國力之所以強盛，其因素不只一端，但司法改革成功乃是最大的部份。

　　德國的法律本來非常公正，法官皆能依法律來審判各種案件，但是在第二次世界大戰希特勒執政時期，當時德國學者間主張實證主義法學，而希特勒就利用實證主義公布一些不符合法理的法律，例如殘殺猶太人之案件，若干法官卻屈服於希特勒之淫威，就只好以「惡法亦法」的心態來審判。因此一些有良知的專家學者或是從事司法實務工作卻不贊同希特勒的做法者，都紛紛逃至外國，如已併入德國的奧地利名學者克爾遜（Hans Kelsen）就早逃亡至美國避難，而留在國內的一些司法人員卻不能堅守司法獨立公平公正的原則，一昧仰賴希特勒的鼻息，濫權起訴審判善良無辜百姓，雖然一時獲得希特勒的拔擢而得以升官，但在二次世界大戰後，那些附和希特勒獨裁統治者皆成為戰犯，而那些在大戰期間一時逃離國外的法律人也紛紛回德國，其中有一位被軟禁在國內的知名法學家拉特布魯福（Radbruch），當時英國的大學曾有意聘其至英講學，但他認為自己是德國人，

就是死也要死在德國，而予以婉拒，因為他相信暴政必亡，他寫了一篇〈五分鐘的法律哲學〉，嚴厲批判當時在二次大戰期間，為希特勒而助紂為虐的那些司法人員，以司法為暴政服務者，拉氏此舉使德國司法獨立與公平審判的精神得以重振。

貳、司法官之職責

按理檢察官與法官，一個是代表國家起訴犯罪嫌疑犯，一個是代表國家從事司法審判，無異是司法工作之兩翼，對於維護司法公平正義之功能應是殊途同歸的，而檢察官與警察都是負責偵查犯罪起訴犯人，法官是依事實與法律做公正判決，如檢察官若疏於偵查或過度起訴或是法官有枉法審判或縱放嫌犯，一切都會造成國家社會極大傷害。日本司法體系甚為健全，法官與檢察官皆能各盡其職，檢察官起訴的案件，大部分法官皆會尊重檢察官的求刑而依法審判，但檢察官亦會盡心盡力地去尋找嫌犯之犯罪事實，以提供法官做為審判之參考。

參、法院是正義殿堂

按法律乃是民主政治的基礎，它是維護社會公平正義的最後一道防線，而司法人員更應超越黨派族群及個人意識型態，而做司法獨立的守護神，千萬不能淪為正如日本憲法名學者小林直樹所指出的「法律往往會淪為政治的兒子」以致造成藉司法搞獨裁的不合理情況，那對民主政治與人民的基本人權是會造成無法彌補的傷害。誠如曾任日本札幌高等法院院長亦是早稻田大學法學教授橫川敏雄在其所著的「公正的審判」乙書中所指出的：「法院乃是正義的殿堂，亦是民主主義最後城堡，在英美法之國家裡，裁判之目的在於正義之實現！」亦就是說法官對雙方當事人要堅持絕對公正的態度，要有萬全的考量，如此才能避免遭受任何之疑惑。按世界民主先進國家司法權是否獨立，人權是否受到真正保障，乃是檢驗該國是否符合民主的最高指標。凡是歐美日等民主先進國家，無論是憲法或是有關法律中皆對法官的獨立性予以明文的保障，而法官必須超越黨派以外獨立

審判，不受任何干涉。美國所謂的「司法最高至上之信念」（Doctrine of judicial supremacy），亦就是法官必須超越黨派之外獨立審判的最佳說明，此一堅守自由民主法治人權的精神，確實值得我們參考。

第三十章　建立優質的憲政文化—政黨與選舉

壹、選舉制度與政黨競爭之體系

　　2008 年 1 月 12 日立委及 3 月 22 日總統兩次的選舉，的確關係著未來朝野政黨政治勢力之消長，尤其對台灣 2300 萬人民的命運走向之影響至深且鉅，因此各政黨及其所提名的候選人或獨立參選人無不卯足勁力為求勝選。

　　大凡要研究一個國家的政治，除了探討其憲政體制外，尚須進一步對其選舉制度、政黨制度之運作及其憲政文化發展之風貌加以深入研究，否則是很難窺其國家實際政治之堂奧。誠如法國名政治學者杜瓦傑（Maurice Duverger）在其政治學名著政黨論（Political Parties）所指出的，政黨的緣起是與議會政治及人民選舉權的擴大，有著密切的關係。儘管政黨的選舉關係會隨著選民自由意願的高漲，新生代選民的自我認同，新的社會與環境問題等而式微。但無庸置疑地，在一個政治體系中，直到目前為止，常無其他組織可以取代政黨去扮演這一個角色與功能，而惟有透過良好選舉制度與政黨競爭體系，才能真正落實國家的憲政體制。

貳、選舉制度之運作與政黨發展

　　依照杜瓦傑所提出的所謂選舉制度對政黨制度發展影響的三大規律即即單一選區相對多數投票制會導向兩黨制，如英、美國家之政黨制度；政黨比例代表制會導向多數嚴密的獨立和穩定的多黨制，如歐陸的多黨制國家；絕對多數選舉制（即二輪投票制）會導向多數彈性、互為依賴而相當穩定的多黨制。杜瓦傑這一個法則雖被西方學者雷伊（Douglas W. Rae）認定是經得起驗證，而稱其為「真正社會學法則的公式」，但由於這三大規律只有設計的關聯性，缺乏因果關係的論證，而遭致若干政治學者如意大利的政治學者沙多里（Giovann Sartori）（曾任

美國哥倫比亞大學教授）之批評與修改，但他們基本上是肯定杜瓦傑的三大規律之正確性。

　　而不同選舉制度對政黨發展會造成不同的影響。就以德、日兩國所採用的單一選區兩票制即一般通稱的混合制（mixed or Hybrid System）為例，所謂德國制或日本制的計票方式亦皆各有其優缺點，但不可否認的其對各該國家政黨政治發展的影響與憲政體制的運作是有很大的關係的，如前次德國大選結果，不但未能選出一個得票過半的總理，反而引爆組閣過程的困難重重，梅克爾女士領導的基督聯盟以 35.2% 的得票率，險勝現任總理施若德所屬的社會黨 34.3% 的得票率，亦就是只以 0.9% 稍微的選票差距，贏得本次選舉，最後歷經三個多星期的談判協商，得勝的政黨黨魁梅克爾確定出任德國有史以來第一位女性總理，而其所領導的「基民黨」與「社會民主黨」也決定合組大執政聯盟，實施左右共治。

　　從這次德國大選所採用的單一選區兩票制產生之各黨席次觀察，的確是容易產生多黨的局面，各黨因不易形成國會多數，而在組閣的過程中，顯現其中組成聯合政府之艱難狀況。不過，畢竟德國乃是一個深具民主素養的國家，其朝野全民亦能深體「沒有溫和與妥協就沒有政黨政治」，而沒有良性的政黨競爭，就沒有健全的民主憲政的政治哲理，朝野最後能以理性冷靜的高度政治智慧，一切以國家與人民的福祉為前提的最高考量原則下，共同克服了這一政治上的難題。

參、候選人民主風範是百姓之福

　　在 2000 年美國總統大選布希與高爾亦因佛羅里達州計票問題引起了民主與共和黨之間激烈的爭執，最後由最高法院做出布希勝選的判決，高爾立即向布希表達恭賀與支持之意，共同為明日更有美麗願景的美國人民而奮鬥，高爾於 2007 年榮獲諾貝爾和平獎，其貢獻更是獲得美國及世界人類所推崇與景仰，古人所說：「失之東隅，收之桑榆」，人世間一切之得失實毋須太過於計較，此乃高爾良好的民主風範，更能彰顯美國人民充分尊重民主法治的高尚情操。

　　因此，筆者認為每位候選人，當秉持一切以國家與民眾福祉為前提，共同塑

造一個理性、溫和、安寧、優質而良好的選舉大環境，以爭取為國家與民眾服務的機會，因為「選舉的勝負是一時的，而國家的安康與民眾的幸福生活之維護是永遠的」，畢竟為國家與民眾服務的機會是多方面的。

肆、形塑優質憲政深化民主根基

不同的選制會產生不同的結果，也可供檢驗選制是否公平。因此，在實施新制選舉後，國人應以更冷靜的心情來思考我們所採用的單一選區兩票制是否能為台灣帶來更為優質的憲政文化，諸如 5% 之門檻是否過高，以致扼殺了小黨的生存空間；是否「票票不等值」及未來立法委員的問政品質是否能真正到我們改革選舉制度的預期效果，而目前憲政體制的運作是否能符合權責相符與人民對民主改革的殷切期盼等等，這些都是朝野上下全民應加以審慎思辨的重要課題，同時我們亦應體認現在雖是一個政黨政治來臨的時代，但「政黨政治」並不是「仇敵」的政治，而是建立在公平公正的既合作又競爭的基礎上，因為執政黨與在野黨雖然在政治理念上有所不同，但他們對國家與人民的貢獻是殊途同歸的，國人若能具有如此包容與溫和理性的理念，則我們的民主政治當能朝向更為健全的方向發展。有關這點，老牌的歐美民主先進國家，其高尚典雅的憲政文化，選舉時各政黨與候選人之間那種良好的君子風範，尤其是一般國民，在選舉時亦皆能秉持高品質的道德情操，以善盡社會責任，共同為維護良好選風而做出最佳表現之精神，殊值我們參考借鏡。

第三十一章　發揚憲法保障婦女精神，以順應世界主流普世價值

　　內政部日前在行政院會「台灣十年婦女權益發展及未來願景」之報告中指出：「依據聯合國開發性別發展指數（GDI），行政院主計處計算國內資料所得，我國可以排在全球第二十二位，超過韓國的第二十六位及新加坡第二十八位，僅次於日本的第十二位」。在性別權力測度（GEM）中，經主計處計算，我國可以居全球第二十四位，優於日本的第五十九位及韓國的第六十九位，在亞洲國家僅次於新加坡的第十五位，有關對於婦女政策，內政部亦提出將致力發展婦女生命力、知識力、經濟力與社會力，達成各項願景，包括降低孕產風險，改善高等教育性別落差，促進就業平等機會，鼓勵婦女共同參與。而行政院長劉兆玄先生指出：「追求性別平等社會，已是世界主流的普世價值，我國婦女權益的發展用國際性指標來檢視，已位居亞洲第二，展現了相當卓著的成　績，並要求各機關應將促進婦女權益列為施政重點。」誠哉斯言，的確政府近九年來推動提升婦女權益之政策已有良好的表現，這是值得國人加以肯定與支持的。針對這點筆者僅提供以下意見，以供國人參考：

1. 加強我國憲法婦女人權之保障教育。我國憲法規定及大法官會議對婦女人權之保障皆有明確的規範與說法如憲法第七條、一百三十四條、一百五十三條、一百五十六條之規定其主要之目的乃是要使長期處於弱勢之婦女能夠享有與男性同等之待遇，且能免除受到不合理的歧視與迫害。尤其是憲法增修條文第十條更明文規定：「國家應維護婦女之人格尊嚴，保障婦女之人生安全，消除性別歧視，促進兩性地之實質平等。」而有關

保障婦女人權，提升婦女地位，從大法官釋字第三六五號，釋字第四五二號解釋，有關於未成年子女親權行使，父權優先之權條款宣告違憲無效，及舊民法第一前零二條夫妻住所之規定，大法官亦以其違反男女平等之原則宣告無效及有關子女姓氏是否從父姓或從母姓皆以平等的精神予以協助。此皆在我國憲法對於婦女的人權乃是採憲法直接保障主義。由憲法上所規定就更能彰顯我國的尊重女性的人格尊嚴之意理。

2. 家庭是國家社會形成的礎石，有健全的家才能建立富強康樂的國家，而有和樂健康的家庭才能使 社會充分展現活力有秩序，增強國家競爭力，所謂「一室之不治又何以天下國家為」，而在一個家庭中婦女乃是維繫一個家庭和諧安定的重要支柱。因此在一個家庭中婦女所扮演的角色無論是從事各種職業的職業婦女或是從事家管工作者，她們對家庭、社會國家之貢獻皆是一致的，因此她們的地位人格尊嚴皆應受到應有的尊重與維護。

3. 發揮憲法精神，協助弱勢婦女創業，以擺脫經濟困境：當前國際經濟海嘯席捲全球，我國當然不能例外，因此我們更應該發 揮扶弱濟貧的傳統、優良的美德，扶助弱勢者，共濟經濟危機之難，尤其是處 於經濟弱勢的婦女同胞更需要我們大家全體發揮「人飢己飢，人溺己溺」的憲法博愛精神，大家更應該具體的伸出援手，加以協助減少桃園縣政府為提供弱勢家庭婦女創業機會，結合勞委會與微型創業鳳凰貸款，現推動「桃園陽光廚房」方案，希望能以此方案協助弱勢婦女成功創業，擺脫經濟之困境，如桃園縣長朱立倫所指出的「希望結合社區力量，透過陽光廚房專案，讓弱勢家庭媽媽學習並發揚專長，藉此協助弱勢婦女成功創業。」對桃園縣政府這個頗具創意並能立即有效的協助那些正需要幫助的弱勢家庭婦女們，讓他們能夠無後顧之憂之施政亦正式充分掌握提昇婦女權益的普世價值，貫徹我國憲法保障婦女權益，並能具體有效的貫徹當前新政府促進婦女權益的施政作為，相信必能達到提昇婦女同胞之權益之預期效果，值得我們肯定與支持。

值此婦女節前夕，筆者謹撰本文，除對政府近年來推動提升婦權政策

卓著之績效，深表敬佩外，亦藉此對全國一整年為家庭、社會、國家不計一切犧牲奉獻的婦女同胞們辛苦 之敬佩，並祝婦女節快樂。

第三十二章　發揚憲法公平正義的精神，共創人間淨土

壹、美國憲法之自由平等與包容

　　美國是一個多元種族的國家，曾經因黑人奴隸問題而引起南北戰爭，經過無數的慘痛代價，不斷地摩合，才有今天自由民主的社會，人人都須為維護憲法的平等精神而努力。如今在美國，不分族群、宗教、黨派、性別，都受到憲法平等的保障，只要努力，人人都可出人頭地。

　　據日前媒體報導：美國前國務卿賴斯，她從小就體認到一個嚴酷真理，因為她天生來自黑人家庭，如果在工作上只努力一分是無法與同是努力一分的白人受到相同的肯定，若要得到相同的肯定就必須比白人多努力二倍，若要勝過別人就必須努力三倍，也就是她能頓悟這個重要的現實道理，因此她能努力奮發向上，在國家安全戰略方面之學術研究與實務工作上能有傑出的表現，獲得美國布希前總統的重用。按賴斯的成功，固然植基於她個人的天縱聰穎與不斷奮發努力，但更重要的因素乃是受惠於美國自由平等人權之開國精神，尤其是美國憲法平等權與民權法案的有效實施所致也。賴斯雖是黑人，透過不斷地努力，仍能獲拔擢進入華府，而當美國總統歐巴馬以非裔少數族群能當選美國新任總統，此皆是美國人民充份發揮憲法維護族群平等的最佳例證。

　　西方有一句諺語：「容忍是民主政治生活的重心」，因為每一個人出身所屬的族群不是自己可以選擇的，一個人他可能出身於歐美等工業發展甚為先進國家，亦可能出身於亞非第三世界開發中的國家，無論是膚色、語言、文字、風俗習慣與生活水平皆有所不同，因此族群融合的基本精神，就是憲法學上所強調的

自由平等人權的精神，亦就是要尊重他人的人格權，容忍他人之不同意見，在教育體系教育所有受教育的人，應具有容忍他人存在的胸襟，尤其現在世界的潮流趨勢乃是朝向地球村發展的時代，世界人類唯有建立彼此包容、互助、互助、互諒、共存、共榮的共識，才能為人類帶來更為和諧的關係，共享人類所創造的高品質與安和樂利的幸福生活。

貳、台灣亦須有自由平等之包容

反觀台灣，歷經荷蘭、明鄭、清朝及日本 50 年的殖民統治，並經二次世 界大戰後早期威權統治，自由平等的權利長期受壓抑，但由於台灣人民，無分 朝野在近代幾十年來共同致力於民主憲政改革，如解除戒嚴、開放報禁、國會 全面改選、總統公民直選、政黨輪替與和平轉移政權，繼續被美國人權組織「自由之家」列為自由國家，在「政治權利」及「公民權利」兩項指標上更首度同時獲得最高等級第一級，而根據法國「無疆界記者組織」所發布的全球新聞自由指數在 2006 年度評比台灣從 2005 年的 51 名進步為 43 名，排名比日本的 51 名，美國的 53 名為前，但由於政治等相關因素，若干人士對於族群，卻仍無法互相尊重來加以包容，實在令人婉惜。按台灣除了早期的原住民外，大多數皆是從中國大陸移民至此，無論是原住民、福佬人、客家人或是二次世界大戰後隨國民政府遷台的新住民同胞，來台雖有先後，但早已是結合為命運共 同體的台灣人，而種族或宗教的偏見與歧視，乃是造成國家或種族間悲劇的最大因素，台灣內外仍舊面臨嚴峻的挑戰，因此台灣最需要的乃是一個安定和諧、族群融合、永續發展的台灣，而不是一味族群撕裂的台灣。縱然親如兄弟都難免有差異，故須講究孝悌之倫理；更何況國家是由家族、宗族、種族、民族所組成，由於成長環境不同，自然造就不同的特性，所以更應發揮憲法平等 之精神，彼此包容尊重，互通有無，截長補短，進而創造族群之和諧。

參、大愛無私包容萬物形成淨土

　　所謂：「心平路就平」。有形象就有差異，有陰陽就有對立，天地間充滿著差異與對立，其間的矛盾與和諧，端視您如何用心！以彼此利害看待一切，一切就充滿對立與矛盾；以慈悲平等看待一切，一切又充滿互補與和諧。從飲食一事深入觀察，動物的衣食父母是植物，植物的能源來自日月星辰與風霜雨露。人與大自然息息相關，人與天地萬物是一體的，人是天地之子，亦是萬物之子。

　　愛是生命永續發展的原動力，唯有真愛的發揮，才能創造宇宙萬物天人合一的境界，按各宗教所提倡之教義，皆以大愛為核心：如基督教主張博愛，佛教之慈悲喜捨，道家的清靜無為，儒家之忠恕仁愛，現今的聯合國憲章亦是主張維護全人類的自由平等與人權。

　　台灣本是蓬萊仙島，人仙本是逍遙自在，萬物本是同心同德，處處充滿自然和諧。惟自西風東漸後，物質文明昌盛，致有若干人士，由於沉溺名利，唯名是問，唯利是圖，致令浮雲蔽日，霪雨霏霏，有礙生機發展。因此筆者深深感到凡是真正熱愛台灣斯土斯民者，皆應捐棄一切族群與意識型態的偏見，讓愛從台灣出發！莫再陷入族群紛爭的輪迴裡，拿出真心、真智慧來愛台灣吧！什麼是真心？真心是不變的，真心是平等的，真心裡沒有名聞利養。什麼是真智慧？真智慧來自真心，真智慧是清淨的，真智慧是慈悲的，真智慧裡沒有貪瞋痴慢。因此祈願蒼天，賜我淨土，慈悲博愛，順應天理自然，重振倫理道德，追求符合自由民主人權的普世價值，再創更為優質的民主憲政文化，以更前瞻包容的胸襟共同為台灣美麗新遠景而努力，果能如此，則國家甚幸！臺灣人民甚幸！

第三十三章　拼治安—檢警調與司法應同步

壹、維護治安，三位一體

　　按司法與檢警調在打擊犯罪，維護國家與人民之治安工作上本屬三位一體的。一個重大刑事案件若警察人員不眠不休甚至犧牲寶貴性命亦在所不惜地投入偵辦、待成功地逮捕到犯人，若無法獲得檢察或司法人員之配合，那往往是會功敗垂成的。若司法無法達到公平正義之判決以發揮懲戒犯罪之功能，則警察與檢察官之努力都會大打折扣的。因為自由主義的社會，其交易的多元化與自由化，假如沒有法律的預測可能性，即做壞事的人必得應有的懲戒，亦就是說假若司法之審判沒有讓人民能夠預知其量刑的合理結果，則社會就變的沒有行為的標準，而被叢林法則所支配，所以治安之改進與司法之改革必須充份的配合，才能有效達成共同打擊犯罪之目標。

貳、認識犯罪，健全法制

　　從古今中外各國的法制史中我們更可印證，司法之健全關係到國家興亡隆替，因此法律之制定與修改亦需考慮到人性之心理問題，因為大凡犯罪人在犯罪之前大皆會計算犯罪後之成本與所應負出之代價。按我國的法定刑比歐美國家的法定刑短，但我門的赦免（假釋與交保）往往較為寬鬆，所以犯罪人在監獄與家庭間猶如平凡地走動著，犯罪人一再重操舊業，已不再以為可恥，因此若無法改善我們的周圍大環境，建立完善司法與治安體制以因應急遽變遷的社會所帶來的高度智慧型犯罪，來予以有效的打擊與嚇阻，則再犯之機率甚高。如不久前所發生的炸彈重大嫌疑犯高寶中案件即是一個很明顯的例子，司法人員讓警察辛

辛苦苦抓來的重大嫌犯，卻很輕鬆地予以交保， 這亦違反了誠如近代刑法學之父費爾巴哈（Anselm Von Feuerbach, 1775-1833）所提出的心理強制說（Theorie des Psychologischen Zwangs），形成無嚇阻之功能。

參、警勤區域，落實查察

而從警察的本質上來論，二次世界大戰後我國台灣警察之組織體系是師法早期日本殖民時代由日本人所建立的，其中最重要的是基層派出所，而派出所之中心點是警勤區，用警察佈崗的方法，網住所有犯罪嫌疑犯，以保護善良民眾，所以警勤區的健 全與否乃是預防犯罪的最重要手段。因此，警勤區的功能若被忽略，諸如嬰兒之所以會有非法販賣、社區竊盜案件、電話詐欺等案件之猖獗，其主因乃是警勤區的查察沒有落實所致。以歐洲國家為例，例如社區居民中若有一個婦女懷孕，其房屋之管理人員就有義務向警察人員報告，而醫生也有義務向市政府報告，如此那個胎兒之一切即在有關單位充分控制中，且警察就必須將這個懷孕婦女列入登記。而假如那位婦女有流產，醫生就要通知市政府，市政府則必須分別通知警察，所以在這個市區之每一個家庭，若沒有懷孕又怎麼會有嬰兒之出現呢？如此便可防止非法地販賣嬰兒。

如果警勤區查察能夠強化管區裡的諸如古董店、修車廠、跳蚤市場等之查察工作，當可有效地達成防犯宵小犯罪之預期指標。因為根據世界各國刑事案件所統計可靠資料顯現，各國竊盜案約佔所有刑案 60% 左右，如果能在這方面有效地落實查察，則刑案犯罪自然能降低。同時，加強機動警力之運作亦是當前提昇基層治安刻不容緩之要務，保持每一個分局有一定數目之機動警力，若有任何刑案發生，在人民報案時，立即由機動警力出動迅速查辦之。因為若能備有充裕之機動警力，則可補足與監督基層員警受理刑案之執行是否落實，並有效地消除被害人在事件發生後責怪警方辦案不力之怨言。

在歐、美、日等先進國家，但凡遇到刑事案件發生時，除了社區警察等人應即於三至五分鐘到達現場查辦外，而中央之機動辦案人員亦會立即到場了解狀況

並列入管制。我們常可從電視影集中不難看出歐、美、日等先進國家治安人員處理刑案之過程甚為細密之步驟與高品質之效率。在國外警察之勤務中心皆可根據警員巡邏時陳報的地點予以隨時抽查，執行勤務之員警可到監視器以讓該指揮中心查看，以有效地管制值勤員警，使他們不能擅自離開警勤區。並對各種犯罪充份發揮致命之打擊任務，且迅速地追回為盜賊所搶奪之不法所有。因為這些犯罪者皆會留下轉帳等犯罪之痕跡。而當前政府要增加警力應可配合強化警勤區的機動辦案功能與效率，當更能有效地落實警政社區化，從根本上提昇當前的治安之品質與效率，使民眾重拾振興經濟之高度信心，並真正享有免於恐懼並能立竿見影的驅除遭受竊盜與詐騙等夢魘，以真正確保安和樂利之幸福生活。

第三十四章　建立全球化的一流警政制度，以確保民眾的幸福生活

最近國內發生幾件重大刑事案件，引起國人高度關切，其實治安本身與政治、經濟、文化，甚至兩岸關係息息相關，尤以政治因素影響治安之良窳至為重大；政府近幾年結合全民拼治安，確實有相當成果，因此我們也不能因幾件突發案件，而抹煞警察朋友們的辛勞，我們更應給予他們多一點愛的鼓勵，同時筆者亦認為若要使一個國家要有一流的治安，除了根本上落實完整的警政教育訓練，更需要建立一流的現代化的警政制度。

壹、警政一元化法制之必要

世界各主要民主國家警察權歸屬因各國之制度不一，如法國、德國、日本之警察權完全由中央政府主控。以台灣犯罪行為人流竄之迅速，從台北到高雄只要一個多小時的時程，警察機關如死守中央與地方權限之劃分，將使犯罪嫌疑人緝捕行動之協調更顯困難。我國台灣地區犯罪的手法與範圍有升高趨勢，幾件重大刑案皆有待偵破，警政人事與經費實在有統一調配、指揮監督之必要，否則若各地警政各自為政，堅持本位主義，不僅無法提高打擊犯罪效率，反而使國內治安狀況更形惡化，因此對警政系統應有全國一致性的規定。而且未來警政需要高度專業技巧，縣市地方警政雖屬地方性，但警政具有全國不可分割性事務，經費預算、人事管理、警備訓練等，應由中央統一規劃，所以這些問題均須從制度面徹底解決，修改憲法部分條文及有關法律，才能符合時代之要求。否則依目

前之縣市之警察局長依條例，由中央派任，但警政經費卻由地方編預算支應，以致在警察局長之派任協調過程時有爭論發生，實在有加以檢討改進之處。

貳、消弭中央與地方之歧異

　　同時建立中央統一領導的國家警察體制可徹底避免警力受制於黑道惡勢力，以達到國家警政現代化的效果。我國已進入政黨政治的民主時代，黑道人物往往藉選舉掌握地方政治勢力。我國警察預算與一般行政機關一樣，原則上分為中央與地方預算，在中央由立法院審查，在地方則由地方議會審查，並未能依功能取向來編列，以致各級民意代表常以審查預算或刪除預算威脅警政首長，試問：連經費與人事權都無法掌握，又如何要求警察人員在面臨黑道等惡勢力公然挑戰時，挺直腰桿，勇敢的執行公權力呢？又如何去避免選舉而衍生的地方派系干預警政之運作呢？因此有關警政人事權與預算權之歸屬與做最較為合理、合時、合地、合用的規畫與實施，結合各界有效做好警政投資工作，如此才是整治當前我國治安的一帖良藥。

第三十五章　速審法制定與人權保障之研究——兼述推動法官法之立法

壹、前言

　　立法院於今（九十九）年四月二十三日三讀通過「刑事妥速審判法」（以下簡稱「速審法」），並於同年五月十九日由總統公布。[1]該法第一條即開宗明義規定「為維護刑事審判之公正、合法、迅速，保障人權及公共利益，特制定本法」。綜觀速審法全文共計十四個條文，除第九條、第五條第二項至第四項之外，其餘條文已由司法院定於今年九月一日正式施行，儘管新法中仍可能有其不周延之處，然而令人感到欣慰的是，速審法正式上路總算為國人多年來對於司法改革的期待，跨出了重要的一步。

　　從比較法的觀點來說，美國聯邦憲法增修條文第六條明定「保障刑事被告有接受迅速審判的權利」，美國國會並於西元 1974 年制定「聯邦速審法」（Federal Speedy Trial Act）。日本憲法第三十七條第一項規定「在所有刑事案件，被告享有受公平法院迅速且公開審判之權利」，並於 2003 年（平成十三年）通過「關於裁判迅速化之法律」。承先啟後，繼往開來，尤其我國在簽署了兩項國際公約

1　為保障刑事被告的基本人權並兼及公正利益的維護，由司法院擬訂該法草案，於 98 年 10 月 16 日函請立法院審議。草案擬具的過程中曾先後舉辦八次公聽會，邀請審、檢、辯、學參與討論，廣徵各界意見。於立法院審議期間，謝國樑委員等二十六人及柯建銘委員等二十人亦分別提出不同草案版本，由立法院院會併案交付司法及法制委員會審查。歷時近八個月的審議，終於在 99 年 4 月 23 日經立法院完成三讀程序。資料來源《司法週刊》，第 1488 期，2010.04.23。http://www.judicial.gov.tw/jw9706/1488_main. html#1

之後，對於在刑事人權保障的成果上具有重大的歷史意義。本文僅就新法制定在司法改革中的重要意義，以及在我國人權保障方面的成果，從不同的角度概略地提出平議與觀察。

貳、正視司法改革的核心問題

司法一向是我國憲政改革中重要的一環，也是我國在民主化的進程中檢視國家是否落實人權保障最鮮明的指標。這不僅是人民要求國家提供人權保障的必要機制，也是人民判斷自身權利能否獲得實現最直接與真實的感受。在我國民主憲政架構中，司法權為國家權力分立重要的支柱之一，司法機關受憲法所付託的重要權限包括了違憲審查、解釋憲法、統一解釋法令、公務員懲戒、民事、刑事以及行政訴訟審判等。

回顧我國自行憲以來司法改革的腳步，其中又以大法官在違憲審查方面的表現最為顯著。累積至今多達六百八十多號的大法官會議解釋，其成果不僅使得個案當事人得以透過再審的救濟程序得到「個案的正義」；對於違憲法令的宣告亦可使得不當侵害人民基本權利的相關規範不再適用，而得以實現「普遍的正義」。例如，釋字六三六號解釋宣告檢肅流氓條例部分條文違憲，此舉促使國會於去（九十八）年一月六日三讀通過了全面廢止檢肅流氓條例，為人權保障樹立新的里程碑。再如釋字六五三號解釋，大法官基於憲法第十六條保障人民訴訟權之意旨，宣告羈押法及同法施行細則中有關不許受羈押被告向法院提起訴訟請求救濟的條文違憲，並且限期兩年內檢討修正羈押法及其相關法規。法務部因而提出修正草案，就我國羈押制度中訂定適當的規範，使受到羈押的被告能夠獲得及時而有效的訴訟救濟管道。從歷史考察的角度與累積至今的釋憲成果而言，由於人民權利意識的覺醒與主政者推動司法改革的誠意，大法官基於憲法保障人民基本權利意旨所為的相關解釋，始終是我國憲法解釋的主軸。

不容諱言，相較於大法官會議在人權保障部分所做出亮眼的表現，司法實務中的審判權則多年來一直為人所詬病。無論就裁判品質、裁判時效等面向，

始終是司法改革的核心問題，尤其在刑事訴訟的審判程序中，執司法審判公器的檢察官、法官享有法律與憲法所保障的獨立辦案、獨立審判寬廣的自由空間，司法人員一旦有所偏執、草率，或是敷衍塞責，不僅當事人的損害無法獲得及時的救濟，受害人的權益無法伸張；影響所及，甚至往往造成被告與被害人兩個家庭的破碎與無法彌補的遺憾。

考諸史實，民國七十六年陸正遭綁票撕票案被告邱和順、民國七十五年金珍源銀樓搶案被告蘇炳坤，民國八十年汐止吳銘漢夫婦命案被告蘇建和等，這些震驚社會的重大刑案，每一件都經過反覆的非常上訴與再審程序，每一案也都經歷了近百位的檢察官和法官。在纏訟的過程中，無論是被害人或是被告，當事人的家屬無不承受著無止盡的傷害，甚至面臨家破人亡、妻離子散的處境。然而，在這樣的「司法救濟」制度中，承辦案件的法官或檢察官無須承擔任何責任，也沒有任何人受到懲處。相對而言，被害人與當事人在訴訟程序中遭漠視的權益又當如何衡平。

參、速審法制定的重要意義

綜觀速審法全文十四個條文中，按其制定的立法意旨與目的，本文約略地可區分為：一、速審法所揭示的基本原則。二、明定侵害速審權的法律效果，兩個重要的觀察面向加以探討。

一、速審法所揭示的基本原則

速審法第一條明定立法之目的乃是「為維護刑事審判之公正、合法、迅速，保障人權及公共利益」。顧名思義，速審法之主要精神在於追求刑事審判的「妥」與「速」。換言之，也就是在發現真實的刑事程序中，避免案件因為久懸不決而造成正義的遲來。接續第一條立法目的之後，同法第二條則強調裁判品質的維持，謂「法院應依法迅速周詳調查證據，確保程序之公正適切，妥慎認定事實，以為裁判之依據，並維護當事人及被害人之正當權益」。除基於刑事「妥與速」

的立法目的與兼顧裁判品質的原則外，同法第三條以下則分別揭示適用於刑事審判程序中的其它一般原則，包括「法院及訴訟相關當事人為訴訟行為之誠實信用原則」（第三條），「落實準備程序行集中審理原則」（第四條），「被告在押案件優先且密集審理原則」（第五條）以及「貫徹無罪推定原則」（第六條）等。以下就此分別說明之。

（一）誠實信用原則

有帝王條款之稱的誠實信用原則原為民事私法中的基本原則，亦即「行使權利，履行義務，應依誠實及信用之方法」。[2] 國內學界普遍認為誠實信用原則亦應援用於公法領域，而使其成為具有法源效力的基本原則。[3] 因此，誠實信用原則已不僅明定於我國民法中成為民事法適用之指導原理，在現代民主法治社會，國家權力的行使，無論司法機關依法裁判[4]、行政機關依法行政[5]，其解釋法令、認事用法都離不開誠實信用原則。速審法第三條首先明示此旨，謂「當事人、代理人、辯護人及其他參與訴訟程序而為訴訟行為者，應依誠信原則，行使訴訟程序上之權利，不得濫用，亦不得無故拖延」。

（二）落實集中審理、優先審理原則

首先，速審法第四條規定落實準備程序行集中審理原則，謂「法院行準備程序時，應落實刑事訴訟法相關規定，於準備程序終結後，儘速行集中審理，以利案件妥速審理」。其次，有鑑於「羈押」乃是公權力對於人身自由干預手段中最為強烈的強制處分，同法第五條乃規定對於重罪羈押案件採優先審理原

2　參照 民法第一四八條第二項。此外，修正前民法第二一九條亦規定「行使債權，履行債務，應依誠實及信用方法」。

3　吳庚，《行政法之理論與實用》，增訂四版，民 87.07，頁 56。

4　例如最高行政法院五十二年判字第三四五號判例「公法與私法，雖各具特殊性質，但二者亦有其共通之原理，私法規定之表現一般法理者，應亦可適用於公法關係。依本院最近之見解，私法中誠信公平之原則，在公法上應有其類推適用」。

5　例如，我國行政程序法第八條規定「行政行為，應以誠實信用方法為之，並應保護人民正當合理之信賴」。

則，並且明訂羈押期限，謂「法院就被告在押之案件，應優先且密集集中審理」（第一項）。「審判中之延長羈押，如所犯最重本刑為死刑、無期徒刑或逾有期徒刑十年者，第一審、第二審以六次為限，第三審以一次為限」（第二項）。「審判中之羈押期間，累計不得逾八年」（第三項）。「前項羈押期間已滿，仍未判決確定者，視為撤銷羈押，法院應將被告釋放」（第四項）。此外，配合同法「國家應建構有效率之訴訟制度，增加適當的司法人力，建立便於國民利用律師之體制及環境」的規定，期使羈押被告人權的保障與國際人權標準接軌。

（三）貫徹無罪推定原則

「無罪推定原則」是國際公認的刑事訴訟基本原則，我國刑事訴訟法第一百五十四條第一項規定「被告未經審判證明有罪確定前，推定其為無罪」，即揭示此一原則。此一原則之下又包括了兩項子原則，其一，在未有證據證明被告曾有犯罪事實之前，推定被告為無罪，此即犯罪依證據認定之證據裁判原則；其二，證明被告有罪之證據，必須無合理可疑，否則，即應作有利被告之認定，此即所謂罪疑有利被告原則（in dubio ; pro reo）。[6] 落實無罪推定原則與檢察官舉證責任乃一體之兩面，速審法承襲了此一精神於第六條規定「檢察官對於起訴之犯罪事實，應負提出證據及說服之實質舉證責任。倘其所提出之證據，不足為被告有罪之積極證明，或其指出證明之方法，無法說服法院以形成被告有罪之心證者，應貫徹無罪推定原則」。

二、明定侵害速審權的法律效果

針對久懸不決的纏訟案件、無限期羈押、檢察官濫權起訴等侵害速審權的相

6　另司法院大法官會議第五八二號解釋乃針對「共同被告不利己陳述得為他共同被告罪證之判例」所為之解釋。於解釋文中亦強調「刑事審判基於憲法正當法律程序原則，對於犯罪事實之認定，採證據裁判及自白任意性等原則。刑事訴訟法據以規定嚴格證明法則，必須具證據能力之證據，經合法調查，使法院形成該等證據已足證明被告犯罪之確信心證，始能判決被告有罪」。資料來源 司法院網站 http://www.judicial.gov.tw/constituti-onalcourt/p03_01.asp? expno=582

關問題，速審法均明定其法律效果。此舉可謂大幅度提升我國刑事司法的人權保障。包括未來刑事案件審理超過八年仍未判決確定的案件，如經判決無罪即應定讞，如判決有罪被告得聲請酌減其刑；審判中之羈押期間，累計不得逾八年，逾期應釋放被告。此外，檢察官對於被告無罪判決之上訴權亦受到相當的限制。

（一）被告得聲請減輕其刑

　　速審法第七條列舉被告得聲請減刑之情形，謂「自第一審繫屬日起已逾八 年未能判決確定之案件，除依法應諭知無罪判決者外，經被告聲請，法院審酌 下列事項，認侵害被告受迅速審判之權利，情節重大，有予適當救濟之必要 者，得酌量減輕其刑：（一）訴訟程序之延滯，是否係因被告之事由。（二） 案件在法律及事實上之複雜程度與訴訟程序延滯之衡平關係。（三）其他與迅 速審判有關之事項」。

（二）無罪判決不得上訴最高法院

　　速審法對於檢察官設有上訴之限制，第八條規定「案件自第一審繫屬日起 已逾六年且經最高法院第三次以上發回後，第二審法院更審維持第一審所為無 罪判決，或其所為無罪之更審判決，如於更審前曾經同審級法院為二次以上無 罪判決者，不得上訴於最高法院」。

　　第九條規定「除前條情形外，第二審法院維持第一審所為無罪判決，提起 上訴之理由，以下列事項為限：（一）判決所適用之法令牴觸憲法。（二）判 決違背司法院解釋。（三）判決違背判例」（第一項）。「刑事訴訟法第三百 七十七條至第三百七十九條、第三百九十三條第一款之規定，於前項案件之審 理，不適用之」（第二項）。

　　第十條則就現已繫屬最高法院，或已上訴最高法院之案件作緩衝規定，謂「前二條案件於本法施行前已經第二審法院判決而在得上訴於最高法院之期間 內、已在上訴期間內提起上訴或已繫屬於最高法院者，適用刑事訴訟法第三編 第三章規定」。依此規定，檢察官不得再不斷上訴，在案件繫屬六年及八年之不同情形下，分別設有限制，避免在追求實質正

義的同時，過分侵害被告之程序正義。[7]

　　平心而論，速審法的制定與施行可謂相當程度落實了憲法保障人民訴訟權之意旨。然而不容諱言地，在現行制度下仍必須正視的問題是，法院所累積案件的數量龐大，要求法官在一定期間內終結案件，如何與發現事實、提升判決妥適正確性結合，而不致因此犧牲裁判品質的目的。此外，對檢察官上訴作限制，如何根本解決訴訟過程調查事實、蒐集證據不完整所致之程序瑕疵，避免造成本末倒置的現象。尤其當國家對於被告的人權投入大量司法資源的同時，如何相對地實現對於犯罪被害人權益的衡平。凡此，仍亟待學界與實務界的共同努力。[8]

肆、我國刑事司法人權保障與國際人權公約的匯流

　　近年來政府為了提升我國的人權標準，順應世界人權發展潮流，提升我國

7　立法院三讀通過速審法，限縮檢察官上訴權，引發不少正反兩面的意見。反對者認為影響被害人權益，檢察官和民間司改會也一致質疑速審法草率。「檢察官批評，最高法院一再發回，讓案件流連二、三審無法確定，導致案件拖延，若檢察官上訴無理由，上級審可逕行駁回，限制檢察官上訴權，實在本末倒置，速審法相關規定，只要在刑事訴訟法增修就行，不須大費周章制訂疊床架屋的速審法」。法務部發表聲明指出，「速審法第八條規定，使檢察官上訴權受到剝奪，但因在現行法制下，僅檢察官可為被害人提起上訴，故檢察官上訴權限因速審法受到限縮後，被害人即使不服法院判決，也因檢察官無從上訴，莫可奈何」（中國時報 2010-04-24）。 支持者則認為「有人質疑羈押審理不能超過八年，可能讓死刑犯趴趴走，但八年如果一件重大刑案還審理不完，該檢討的本來就是司法，難道還押到人死在看守所」（中廣新聞網 2010-04-26）。

8　速審法於今（民九十九）年九月一日施行後，為使新法順利實施，司法院採取配套措施包括：「一、繼續補充必要人力、物力，九十九年九月一日預計有八十五位法官加入審判的行列。二、研擬公布適用刑事妥速審判法之注意事項，說明各條重要內容，其實施應行注意之事項。司法院並將巡迴舉辦法案宣導。三、為配合羈押總期限改革規定於二年後實施，司法院將通函各法院將重罪羈押案件列為最優先審理案件，並請相關法院院長提供必要的行政協助。司法院將與相關法院進行書記官訓練及相關資訊系統之更新。依民國 88 年全國司法改革會議及速審法第 12 條國家應建構有效率的訴訟制度之規定，司法院將繼續推動刑事訴訟法第二、三審訴訟制度的改造，預計於立法院下個會期開議前（九十九年九月），將修正草案會銜行政院送請立法院審議」。引自《司法周刊》，第 1488 期，2010/04/23。

際人權地位，從而重新融入國際人權體系與拓展國際人權互助合作，行政院乃將著手將兩項公約送請立法審議，並且依據司法院釋字第三二九號解釋意旨，「依據憲法第六十三條規定締結之條約，其位階等同於法律」。立法院於民國九十八年三月三十一日完成兩項公約的審議，並且通過《公民與政治權利國際公約》及《經濟社會文化權利國際公約施行法》的立法程序；總統馬英九先生於同年五月十四日正式簽署該項公約，頒布全國正式施行。此舉對內的意義在於：使得公約轉為國內法的一部分，具有法律效力；而對外的意義在於：成為我國與國際社會人權保障接軌的重要里程碑。[9]

　　以《公民與政治權利國際公約》為例，其中第十四條乃是有關人民有接受公正裁判權利之規定，該條第三項規定：「在判定對他提出的任何刑事指控時，人人完全平等地有資格享受以下的最低限度的保證」。[10] 同項第三款即明文規定：「受審不可無故拖延」（To be tried without undue delay;）。除此之外，公約中其它相關條文還包括：

第九條（人身自由及逮捕程序）

　　第三項：「任何因刑事指控被逮捕或拘禁的人，應被迅速帶見審判官或其他經法律授權行使司法權力的官員，並有權在合理的時間內受審判或被釋放」。[11]

第十四條（接受公正裁判之權利）

　　第一項：「所有的人在法庭與裁判所之前一律平等。在判定對任何人提出

9　民國九十八年五月十四日總統馬英九正式簽署了《公民與政治權利國際公約》以及《經濟社會文化權利國際公約》國際人權公約，並期許進一步充實台灣民主內涵。並且於十二月十日世界人權日，也就是施行法生效日當天發表談話認為：「我們希望台灣不但是在科學技術、經濟文化其他方面能夠跟上世界的腳步，也要在人權環境上能夠跟世界接軌。成為跟世界各國平起平坐的一個國家。」資料來源 大紀元新聞網 http://www. epochtimes.com. tw/index/tv/aid/294452

10　原文為 "In the determination of any criminal charge against him, everyone shall be entitled to the following minimum guarantees, in full equality."

11　原文為 "Anyone arrested or detained on a criminal charge shall be brought promptly before a judge or other officer authorized by law to exercise judicial power and shall be entitled to trialwithin a reasonable time or to release."

的任何刑事指控或確定他在一件訴訟案中的權利和義務時，人人有資格由一個依法設立的合格的、獨立的和無偏倚的法庭進行公正的和公開的審訊。由於民主社會中道德的、公共秩序的或國家安全的理由，或當訴訟當事人私生活的利益有此需要時，或在特殊情況下法庭認為公開審判會損害司法利益因而嚴格需要的限度下，可不使記者和公眾出席全部或部分審判；但對刑事案件或法律訴訟的任何判決應公開宣布，除非少年的利益另有要求或者訴訟係有關兒童監護權的婚姻爭訟」。[12]

第二項：「凡受刑事控告者，在未依法證實有罪之前，應有權被視為無罪」。[13]

另外歐洲人權公約（European Convention on Human Rights）亦有如下之規定：

第六條（公平審判之權利）

第一項：「在決定某人的公民權利與義務或在決定對某人的任何刑事罪名時，任何人有權在合理的時間內受到依法設立的獨立與公正的法庭之公平與公開的審訊」。[14]

12　原文為 "All persons shall be equal before the courts and tribunals. In the determination of any criminal charge against him, or of his rights and obligations in a suit at law, everyone shall be entitled to a fair and public hearing by a competent, independent and impartial tribunal established by law. The press and the public may be excluded from all or part of a trial for reasons of morals, public order or national security in a democratic society, or when the interest of the private lives of the parties so requires, or to the extent strictly necessary in the opinion of the court in special circumstances where publicity would prejudice the interests of justice; but any judgment rendered in a criminal case or in a suit at law shall be made public except where the interest of juvenile per- sons otherwise requires or the proceedings concern matrimonial disputes or the guardianship of children."

13　原文為 "Everyone charged with a criminal offence shall have the right to be presumed innocent until proved guilty according to law."

14　原文為 "In the determination of his civil rights and obligations or of any criminal charge against him, everyone is entitled to a fair and public hearing within a reasonable time by an independent and impartial tribunal established by law. Judgment shall be pronounced publicly.

伍、速審法與推動法官法立法之關聯性

相較於速審法的內容多從人民刑事司法基本權利的角度出發，法官法的立法則是從執司審判公器的法官的角度著眼。近年來由於爆發多起司法官風紀案件與多起性侵幼童被法官輕判的案件，社會上普遍的發起對於落實司法改革與建立不適任法官淘汰機制的運動。[15] 延宕近二十年的法官法，目前已由司法院 於今（九十九）年九月二十三日將法官法草案送交立法院審議。[16] 對此，本文 除肯定司法院及時回應民意趨向提出草案版本外，並擬從應然與實然層面就其規範重點提出建議：[17]

一、立法目的、法官之任用關係

法官法之立法目的在維護法官依法獨立審判，保障其身分，以確保國民接受公正審判之權利。又法官獨立審判，並非一般上命下從之公務員，乃明定法官與國家之關係為法官特別任用關係，以與一般公務員有所區別（草案第一 條）。

二、法官來源的多元化

為提高人民對法官裁判之信賴，吸引優秀人才（包括檢察官、律師及學界）

---

15 由於近年來社會上多起性侵幼童案件被法官輕判，引發廣大民怨，有廿七萬人連署要求儘速通過「法官法」立法，並開除不適任的法官。同時，由網友自發組成的「正義聯 盟」與勵馨基金會等民間團體，九月二十五日於總統府前凱達格蘭大道發起「925 白玫 瑰運動」，以淘汰不適任法官的司法改革為訴求。資料來源 中時電子報 2010-09-26 http:// news.chinatimes.com/focus/0,5243,50106704x11201009 2600105,00.html

16 「法官法」草案條文共計七十六條，分「總則」、「法官、檢察官、律師之考試與研習」、「法官之任用」、「法官職務之執行與監督」、「法官會議」、「法官評鑑」、「法官之保障」、「法官之懲戒」、「法官之給與」、「法官之考察、進修及休假」、「檢察官」及「附則」等共十二章。資料來源〈法官法草案總說明〉司法院網站 http:// www.judicial. gov.tw/draft/y8908j10.htm

17 資料來源〈法官法草案總說明〉司法院網站 http://www.judicial.gov.tw/draft/ y8908j10.htm 引自 2009 年 1 月 9 日司法節慶祝大會 賴英照院長致詞稿「攜手同心，共創司法新局」。《司法周刊》，第一四二三期，98.01.10。

投入法官職務，規定法官的積極資格（草案第十三條），並設司法院法官遴選委員會，以多元人士組成委員會，透過嚴謹之遴選程序遴選法官（草案第十五條、第十六條）。藉由多元的管道遴選法官，可以降低法官僅經考試合格而有過於年輕及社會經驗不足之疑慮。

三、法官職務之監督機制

法官應本於良知、超然、獨立、公正、謹慎、不受干涉等原則執行職務。其職司審判，務須自律，遵循一定言行品位之「法官守則」。「法官守則」由司法院定之（草案第二十一條）。

法官於其獨立審判不受影響限度內，應受「制止違法行使職權」、「糾正不當言行」、「督促依法迅速執行職務」等職務監督（草案第二十七條前段）。

法官應受懲戒事由包括，「執行職務違反法令或怠於執行職務」、「審判案件顯然違背職務義務且情節重大」、「違反法官守則，情節重大」、「違反第二十四條、第二十六條之規定者」、「經法官評鑑委員會為法官不適任之決議」等情事之一者，應受懲戒；惟裁判上適用法律見解之歧異，乃獨立審判之結果，則不得據為法官懲戒之事由（第五十條）。此外，為淘汰不適任之法官，明定法官如有不適任情事，應受「撤職」之懲戒（草案第五十一條）。

法官於其獨立審判不受影響限度內，應受「制止違法行使職權」、「糾正不當言行」、「督促依法迅速執行職務」等職務監督。對於法官怠於行使職務所生之遲延未結案件，亦應特別規定得提經法官會議決議改分同院其他法官辦理，或為其他適當之處理，以確實保障人民訴訟權。

四、建立法官評鑑機制

法官評鑑係法官他律的具體作法。為貫徹憲法有關法官為終身職，非依法律不得停職、轉任或減俸之規定，並為維護良好司法風氣、提高司法公信力、淘汰不適任法官，對於違反職務上義務、怠於執行職務或品行未達法官倫理規範之要求的法官，宜設置評鑑機制，藉由公平客觀之程序，對法官予以個案評

鑑，並依評鑑結果移請監察院審查或為其它適當之處理，因此明定司法院設法官評鑑委員會，評鑑該院及各法院法官。（草案第三十條至第三十九條）

五、職務法庭之設置

職務法庭審理之事項有：法官懲戒之事項、法官不服撤銷任用資格、免職、停止職務或轉任法官以外職務之救濟事項、法官認為職務監督危及其審判獨立之救濟事項、其他依法律應由職務法庭管轄之事項。職務法庭之案件，涉及法官之適任性、法官身分之變動或職務監督之正當性，因此職務案件之審理採言詞辯論主義，予當事人正當法律程序之保障。（草案第五十五條、第五十六條）

職務法庭審理法官之懲戒案件，認為情節重大，有先行停止職務之必要者，得依聲請或依職權裁定先行停止被付懲戒法官之職務，並通知所屬法院院長。職務法庭為停止職務之裁定前，應予被付懲戒法官陳述意見之機會。職務法庭如駁回懲戒案件之起訴，被停職法官得向司法院請求復職，並補給其停職期間之俸給。（草案第五十七條）。法官經監察院移送懲戒者，非經職務法庭之同意，在判決前不得資遣或申請退休，以免被移付懲戒之法官藉辦理資遣或申請退休，規避懲戒責任。但為保障判決結果未受撤職處分之法官，不因彈劾懲戒程序中退休申請之禁止而於退養金之給與上受有不利益，於判決時逾七十歲，且未受撤職之處分，並於收受判決之送達後六個月內申請退休者，仍可領取退養金。（草案第五十三條）。

陸、結語──建議與展望

如同新法的名稱，速審法之主要精神在於追求刑事審判的「妥」與「速」。而速審法中揭示誠實信用原則，集中審理、優先審理原則，無罪推定之原則等，都是以明文規範保障被告訴訟程序中的速審權。英美法諺中早有所謂「遲來的正義並非正義」（"Justice Delayed is Justice Denied."），其思想基礎不僅深植人心，探究其根源甚至可上推至西元一二一五年英國的大憲章，其中第四十條已有所

謂「人民的權利與正義，不容被出賣、拒絕或是遲延」的法律條文（ "To no one will we sell, to no one will we refuse or delay, right or justice." ）。然而，在我國目前司法實務與訴訟制度中要實現這樣的理想，本文認為仍有其它值得關注與探討的配套工作與努力空間。

一、改變「圓桶型」的訴訟制度

由於我國刑事訴訟實務運作往往形成「圓桶型」的審級制度。也就是一個案件經過地方法院確認的事實，到高等法院往往需要重新調查與認定；甚至許多上訴到最高法院的案件，仍是為了事實問題爭執不休。訴訟案件不但在地院和高院之間重覆審理，更往往在高院和最高法院之間反覆更審。官司曠日廢時，久懸不決，固然徒增法官的案件負荷，對當事人而言，更是難堪的折磨。在確保人民訴訟權的前提下，最高法院應減少不必要的發回。誠如前司法院賴英照院長所指出「和九十六年相比，去（九十七）年刑事案件發回的比率由 43.22% 降為 33.11%」。「當然，要根本解決重覆發回更審的問題，還是要修改刑事訴訟法，改變圓桶型的制度。同時也要檢警調合作無間，貫徹精緻偵查的政策」。[18]

二、增設專業法庭與充實司法人力

除了刑事訴訟制度設計上的問題之外，一個案件案情的複雜性與專業性往往也是造成案件久懸不決的原因之一。例如智慧財產權侵權案件、經濟犯罪案件等，無不牽涉複雜而專業的科技與經貿知識。對此，司法院已於民國九十七年間成立了智慧財產權法院，以及於台北地方法院成立金融專業法庭。除了朝向增進審判專業化的方向而努力外，隨著科技日新月異與社會分工細緻化，法院更應充實法律領域以外的專業人才，以提升審判的質與量。

18　以民國九十七年為例，「各級法院收到大約 330 萬件的案子，包括 50 多萬件的訴訟案件，和 270 多萬件的非訟和強制執行案件。…而辦案的法官只有 1,600 多人，雖然有司法事務官、書記官及相關人員的協助，要處理數量如此龐大的案件，當然是非常艱鉅的任務」。資料來源同上註。

　　總而言之，國家提供公正與妥速的審判，本來就是人民的基本權利；速審法的精神其實就是表彰人民享有受法院公正、合法及迅速審判之速審權，就是憲法第十六條保障訴訟權的重要實質內涵。司法改革是一項無可迴避，而且永無休止的艱鉅工作，期待速審法上路施行後，配合將來「法官法」的制定與其它配套工作的推動，能夠為我國的刑事司法人權的帶入一個嶄新的紀元。

第三十六章　警察執法與人權之維護──以釋字 535 號解釋為中心

壹、前言

　　我國憲法對於人民身體自由之保障開宗明義於第八條第一項規定「人民身體之自由，應予保障，除現行犯之逮捕由法律另定外，非經司法或警察機關依法定程序不得逮捕拘禁，非由法院依法定程序不得審問處罰。」因此，早於民國七十九年一月十九日大法官會議即以釋字二五一號解釋宣告違警罰法中多處相關涉及侵犯人民身體自由之條文違憲。其後大法官會議更於民國九十年十二月十四日作成了釋字第五三五號解釋，針對警察行政作為中已行之多年的臨檢執法之要件、執法之程序及違法臨檢救濟等方面，作出明確闡釋及規範。成為自違警罰法被宣告違憲後另一對警察執行勤務法制的衝擊，其影響甚為深遠。本文擬從警察勤務條例，警察職權行使法，以及行政程序法等相關警察執法之法制層面與人權保障之議題提出若干重點及平議。

貳、警察勤務條例

　　首先就臨檢之性質而言，依照警察勤務條例第十一條第三款規定，臨檢是指在公共場所或指定處所、路段，由服勤人員擔任臨場檢查或路檢、執行取締、盤查及有關法令賦予之勤務。由條文的定義來看，臨檢只是警察勤務方式之一，目的在執行取締、盤查等勤務而非偵查犯罪。任何依取締或盤查所作成之處分，

性質上屬於行政處分之一種，如交通違規告發，人民若有不服自可向原處分機關聲明異議，並繼而提起司法訴訟，以資救濟。

釋字五三五號解釋認為「警察勤務條例規定警察機關執行勤務之編組及分工，並對執行勤務得採取之方式加以列舉，已非單純之組織法，實兼有行為法之性質。依該條例第十一條第三款，臨檢自屬警察執行勤務方式之一種。臨檢實施之手段：檢查、路檢、取締或盤查等不問其名稱為何，均屬對人或物之查驗、干預，影響人民行動自由、財產權及隱私權等甚鉅，應恪遵法治國家警察執勤之原則。實施臨檢之要件、程序及對違法臨檢行為之救濟，均應有法律之明確規範，方符憲法保障人民自由權利之意旨。」

至於警察實施臨檢之要件、實施臨檢之程序與應遵守之基本原則，解釋文中亦作出具體明確闡釋。本文分別臚列如下：

一、實施臨檢之條件

「上開條例有關臨檢之規定，並無授權警察人員得不顧時間、地點及對象任意臨檢、取締或隨機檢查、盤查之立法本意。除法律另有規定外，警察人員執行場所之臨檢勤務，應限於已發生危害或依客觀、合理判斷易生危害之處所、交通工具或公共場所為之，其中處所為私人居住之空間者，並應受住宅相同之保障。」

二、實施臨檢之程序

「臨檢進行前應對在場者告以實施之事由，並出示證件表明其為執行人員之身分。臨檢應於現場實施，非經受臨檢人同意或無從確定其身分或現場為之對該受臨檢人將有不利影響或妨礙交通、安寧者，不得要求其同行至警察局、所進行盤查。其因發現違法事實，應依法定程序處理者外，身分一經查明，即應任其離去，不得稽延。」

三、實施臨檢應遵守之原則

「對人實施之臨檢則須以有相當理由足認其行為已構成或即將發生危害者為限，且均應遵守比例原則，不得逾越必要程度。」

平心而論，警察實施臨檢之作為中無論是路檢、取締或是盤查，無不涉及人民自由權利之干涉，而現行警察勤務條例第十一條第三款所謂「於公共場所或指定處所、路段，由服勤人員擔任臨場檢查或路檢，執行取締、盤查及有關法令賦予之勤務。」該條文規範又相當簡略而有所不足。因此，釋字五三五號解釋乃基於正當法律程序原則與法律明確性原則，補充該法規範之正當性與合憲性。解釋文因而指出「前述條例第十一條第三款之規定，於符合上開解釋意旨範圍內，予以適用，始無悖於維護人權之憲法意旨。現行警察執行職務法規有欠完備，有關機關應於本解釋公布之日起二年內依解釋意旨，且參酌社會實際狀況，賦予警察人員執行勤務時應付突發事故之權限，俾對人民自由與警察自身安全之維護兼籌並顧，通盤檢討訂定，併此指明。」

參、警察職權行使法

繼釋字五三五號解釋做成後，大法官要求通盤檢討警察法制並訂定警察人員執行勤務之權限，立法院旋即於民國九十二年六月五日制定警察職權行使法。此一立法之意義，誠為警察執法與人權維護之重要里程碑，該法中實現了憲法所誡命之重要原則包括：

一、落實法律保留原則之憲法誡命

所謂法律保留原則，係指凡行政機關之行政行為，尤其是干預人民自由權利之行為，所依據之規範，應保留給立法機關以法律規定。[1]如就該法之定位而

1　法律保留原則又可區分為相對的法律保留與絕對的法律保留，前者除立法機關制定的法律外，尚包括立法機關授權行政機關制定法規命令；而後者亦稱之為國會保留，只能由立法機關制定之，不得由行政機關以行政命令為之。在此法律原則下，行政行為不能以消極的不牴觸法律為已足，尚須有法律之明文依據，故學理上又稱之為積極的依法行政。參考 吳

言，警察職權行使法係警察職權作用法，亦為警察職權行使之基本規範，以落實法律保留原則之精神。凡警察行使職權時，應依該法之規定；職權行使事項如未在該法規範而在其他法律另有特別規定者，例如集會遊行法、警械使用條例、社會秩序維護法、國家安全法、道路交通管理處罰條例、檢肅流氓條例等，則適用各該法律之規定。

二、遵守明確性原則之要求

　　我國行政程序法第五條明文規定，「行政行為之內容應明確」。所謂明確性原則，係指法律、法規命令及行政行為之內容必須明確，於涉及人民權利義務事項時，始有清楚之界限與範圍，對於何者為法律所許可，何者為法所禁止，必須使人民於事先可得預見。司法院大法官對法律之內容範圍應具體明確之判斷曾謂，「法律明確性之要求，非僅指法律文義具體詳盡之體例而言，立法者於立法定制時，仍得衡酌法律所規範生活事實之複雜性及適用於個案之妥當性，從立法上適當運用不確定法律概念或概括條款而為相應之規定。」[2] 因此，警察職權行使法之立法原意以及警察職權行使法所定事項，主要即在於針對現行警察法律中，有關警察行使職權時，採取必要強制手段、措施而涉及人民權利、義務，特別是干預、限制人民自由權利部分缺乏明確授權者，予以明文規範，使警察在行使職權，有明確之法律授權依據。

三、具體化比例原則與必要性原則之內涵

　　比例原則旨在規範行政目的與手段之合理聯結，學理上通常將其細分為「適當性」、「必要性」與「衡量性」等三項次要原則。警察職權行使法第三條第一

庚，《行政法理論與實用》，四版，民 87，頁 80 以下。

2　引自大法官會議釋字 432 號解釋理由書。此外，近年對於判斷法律之授權是否符合明確性原則，可參考如釋字 680 號、676 號、672 號、669 號、659 號、636 號、635 號、633 號、629 號、623 號、617 號、604 號、603 號、602 號、594 號、593 號、585 號、577 號、573 號、547 號、545 號、524 號、523 號、522 號、491 號、445 號等。

項明文規定：「警察行使職權，不得逾越所欲達成執行目的之必要限度，且應以對人民權益侵害最少之適當方法為之。」此外，同條第二項、第三項更具體化該原則，規定「警察行使職權已達成其目的，或依當時情形，認為目的無法達成時，應依職權或因義務人、利害關係人之申請終止執行。」「警察行使職權，不得以引誘、教唆人民犯罪或其他違法之手段為之。」我國行政程序法第七條亦有相關之詳盡規定，謂「行政行為，應依下列原則為之：一、採取之方法應有助於目的之達成。二、有多種同樣能達成目的之方法時，應選擇對人民權益損害最少者。三、採取之方法所造成之損害不得與欲達成目的之利益顯失均衡。」[3]

肆、警察執法與品德素質之提升

　　我國警察機關對基層警察執法管理一向強調「依法行政」的概念。除警察執法不得逾越憲法之界限外，另一方面如專就公務員品德素質提升之相關法令而言，因其特殊身分關係而受限於現行法令，具體規範則包括行政法上責任與刑事法上責任，分別敘述如下：

一、行政法上的責任

（一）公務員服務法

第一條：（忠實義務）

　　「公務員應恪守誓言，忠心努力，依法律、命令所定執行其職務。」

第二條：（服從義務）

3　我國現行法令中將此一原則法制化者，如社會秩序維護法第十九條第二項規定「勒令歇業或停止營業之裁處，應符合比例原則」。同法第二十二條第三項規定「供違反本法行為所用之物，以行為人所有者為限，得沒入之。但沒入應符合比例原則」。再如，集會遊行法第二十六條規定「集會遊行之不予許可、限制或命令解散，應公平合理考量人民集會、遊行權利與其他法益間之均衡維護，以適當之方法為之，不得逾越所欲達成執行目的之必要限度」。以及警械使用條例第六條「警察人員應基於急迫需要合理使用槍械，不得逾越必要程度。」

「長官就其監督範圍以內所發命令，屬官有服從之義務。」

第四條：（保密義務）

「公務員有絕對保守政府機關機密之義務，對於機密事件，無論是否主管事務，均不得洩漏；退職後亦同。」[4]

第五條：（保持品位義務）

「公務員應誠實清廉，謹慎勤勉，不得有驕恣貪惰，奢侈放蕩及冶遊、賭博、吸食煙毒等足以損失名譽之行為。」

第六條：（濫權之禁止）

「公務員不得假借權力，以圖本身或他人之利益，並不得利用職務上之機會加損害於人。」

第七條：（執行職務之準則）

「公務員執行職務，應力求切實，不得畏難規避，互相推諉或無故稽延。」

二、刑事法上之責任

　　刑法上以公務員為主體的罪名，如刑法第一百三十一條第一項規定：「公務員對於主管或監督之事務，直接或間接圖利者，處一年以上七年以下有期徒刑，得併科七千元以下罰金」。以及刑法「瀆職罪章」明訂，收賄是公務員對於職務上的行為或違背職務上的行為要求期約、收受賄賂或其他不正利益的行為。

　　除行政責任與刑事責任外，考試院則依據公務人員考績法之授權，早於民國七十九年八月十五日訂定發布「公務人員品德修養及工作潛能激勵辦法」，其後歷經民國八十一年至九十六年間四次修正。綜觀其規範意旨，即在於從積極鼓勵的角

4　相關規定如公務人員考績法第十二條辦理平時考核及專案考績事項，規定「洩漏職務上之機密，致政府遭受重大損害者。」

度，導正公務員之言行，提昇公務員品德操守與文官效能。並且將此一機制法制化。

伍、國際人權公約的內國法化

一九四八年十二月十日聯合國大會通過之《世界人權宣言》第一條即開宗明義規定「人生而自由、尊嚴和權利上一律平等。」[5]第三條復規定「人人有權享有生命、自由和人身安全。」[6]

此外，一九六六年所通過的《公民與政治權利國際公約》（Covenant on Civil and Political Rights）第九條第一項亦規定：「人人有權享有人身自由和安全。任何人不得加以任意逮捕或拘禁。除非依照法律所確定的根據和程序，任何人不得被剝奪自由。」[7]同條第二項則謂：「任何被逮捕的人，在被逮捕時應被告知逮捕的理由，並應被迅速告知對他提出的任何指控。」[8]第十條復規定「所有被剝奪自由的人應給予人道及尊重其固有的人格尊嚴的待遇。」[9]因此，世界上先進之民主國家以及戰後新興立憲政體多秉持國際人權公約之規定將人身自由保障入憲或制定相關之法律，以防止人民自由權利遭受公權力之不當干涉。

近年來政府為了提升我國的人權標準，順應世界人權發展潮流，提升我國際人權地位，從而重新融入國際人權體系與拓展國際人權互助合作，行政院乃將兩項公約送請立法審議，立法院已於民國九十八年三月三十一日完成兩項公約的審議，並且通過《公民與政治權利國際公約》及《經濟社會文化權利國際公約施行

5　該原文為（ "All human beings are born free and equal in dignity and rights.." ）

6　該原文為（ "Everyone has the right to life, liberty and security of person." ）

7　該原文為（ "Everyone has the right to liberty and security of person. No one shall be subjected to arbitrary arrest or detention. No one shall be deprived of his liberty except on such grounds and in accordance with such procedure as are established by law." ）

8　該原文為（ "Anyone who is arrested shall be informed, at the time of arrest, of the reasons for his arrest and shall be promptly informed of any charges against him." ）

9　該原文為（ "All persons deprived of their liberty shall be treated with humanity and with respect for the inherent dignity of the human person." ）

法》的立法程序；總統馬英九於同年五月十四日正式簽署該項公約，頒布全國正式施行。依據司法院釋字第三二九號解釋意旨，「依據憲法第六十三條規定締結之條約，其位階等同於法律」。此舉對內的意義在於：使得公約轉為國內法的一部分，具有法律效力；而對外的意義在於：成為我國與國際社 會人權保障接軌的重要里程碑。[10]

陸、結語

西方自由主義大師約翰穆勒（John Stuart Mill, 1806-1873）在其一八五九年鉅著自由論（On Liberty）乙書中第二章舉出著名的「傷害原則」（harm principle）強調，社會可以對個人進行強迫的干預，「只有基於自由的目的，人類才有理由，集體或個別地干預他人行動自由；只有基於防止一個人危害他人的目的，才能不顧其自我意願，正當地對文明社會中任何一個人行使權力」[11]。從另一方面來說，警察代表的國家行使公權力，自然不能毫無範圍恣意的干涉人民之自由權利。釋字五三五號解釋對於警察依法執行公權力加上了界限，並且提示憲法第二十三條「比例原則」的重要性，同時並賦予人民對於違法臨檢的救濟，值得吾人肯定。警察必須依法行政，然而當法律規定不明確或不周延，致使警察必須遊走在適法與違法之間，其自由裁量的空間往往逾越憲法的界限而造成人權的侵害；換個角度言，我們除了肯定釋字五三五號解釋對於人權的保障的用心外，更應體認解釋意旨與其說是在於限制警察之執法，無寧是在於保障警察執法與警察法制之落實。

---

10 民國九十八年五月十四日總統馬英九正式簽署了《公民與政治權利國際公約》以及《經濟社會文化權利國際公約》國際人權公約，並期許進一步充實台灣民主內涵。並且於十二月十日世界人權日，也就是施行法生效日當天發表談話認為：「我們希望台灣不但是 在科學技術、經濟文化其他方面能夠跟上世界的腳步，也要在人權環境上能夠跟世界接軌。-- 成為跟世界各國平起平坐的一個國家。」資料來源 大紀元新聞網 http://www.epochtimes.com.tw/index/tv/aid/294452

11 John Stuart Mill 著，鄭學稼 譯，〈自由論〉，收錄於 帕米爾書店編輯部編，《自由主 義》，台北，民 65，頁 9。

第三十七章　大學財經法學教育的思考—以「應用科學」與「科技整合」為特色

　　98 年 10 月初，筆者自中央警察大學借調至崇右技術學院服務，擔任財經法律學系系主任乙職。到校服務一個月後，配合校務未來長遠發展的規劃與需要，於 11 月初接任崇右技術學院副校長，並同時兼任財經法律系系主任。茲藉此機會就我國目前高等教育的大環境，以及財經法律學系的核心價值與未來發展做一粗略的觀察報告，與讀者分享，並盼先進不吝指正。

壹、大環境的發展

　　首先，從國家當前的大環境來說，我國近半世紀以來貫徹自由開放的經濟政策，與信守民主人權的基本價值，不僅締造了世人稱羨的經濟奇蹟，更實現威權轉型的政治奇蹟，在許多政治觀察家的眼裏，台灣歷經了一場寧靜革命。然而，環顧現今國內外政經局勢，一方面，在西方工業國家為首的關貿總協定（GATT）與世界貿易組織（WTO）的整合之下，我國無從置外於自由貿易與市場經濟的全球化體系；近年來遭逢國際金融風暴，國際經濟嚴重衰退，開發國家普遍失業率不斷上升，台灣面臨全球化、後工業化時代的衝擊在所難免；另一方面，國內高等教育的生態亦不同於以往，不僅受到人口結構高齡化、少子化的影響，政府開放外籍人士、大陸配偶來台定居、工作的政策，亦形成國內人口結構的多元化與複雜化。對於技職院校來說，可以預見地，在這「五化」的大環境衝

擊之下（全球化、後工業化、人口結構高齡化、少子化與多元化），不僅在招生、師資等根本問題上，面臨較以往更為嚴峻的挑戰與考驗；甚至在教學研究、課程規劃、硬體建設、乃至於數位化環境的建置與更新、有限資源的有效配置與投入等問題，勢必更為複雜而多元。法學教育的因應其次，就財經法律的系務推動而言。傳統法學教育中，係以基礎法學組與司法組 作為二大法學教育體系，前者著重於法學基礎理論的介紹，期盼能訓練未來投 入法理論研究的基礎人才；而後者著重法學教育與實務的融合，期望能培訓未 來從事國家司法實務的專業人才。台灣早期公、私立大學之法學教育多以此一 目標規劃建置。惟自民國七十年代以來，台灣在政府經貿政策的推動之下，仰 賴國際貿易的豐厚成果，已促成工業與經濟的高度發展；隨著社會環境的變 遷，人民權利義務的法律關係、涉外民商法律案件的爭執，乃至於立法、修法 的腳步，大法官憲法解釋的重心，在在都與財政經濟的領域息息相關。尤其財 經貿易國際化、自由化及因科技日新月異、交通方便，形成地球村思想以來， 一般傳統法學教育已無法適應社會變遷所需，非改弦更張不可，於是在各大學 法學教育科目中逐漸開設有國際貿易法、證券交易法、銀行法、租稅法、專利 法、商標法等財經法律課程，以期加強受教者之財經法律專業知識，以因應社 會所需。不僅如此，自民國八十年代起，時至今日已有近三十所公私立大學設 有財經法律學系存在。

貳、財經法律的分類

　　如將財經法律的領域加以約略細分，筆者認為其中應含括了：

　　（一）財經憲法：如生存權、工作權、財產權、職業自由、徵收補償、國 家賠償等議題。

　　（二）財經行政法：如公平交易法、消費者保護法、消費者債務清理條例、智慧財產權法（著作權法、專利法、商標法、電腦處理個人資料處理法、網際網路與電子商務法律）、智慧財產案件審理法、租稅法總論、租稅法各論（如所得稅法、遺產及贈與稅法等）、其它財經行政法（如

生物科技法、野生 動物保護法等）。

（三）財經民事法：如民法（總則編、債編、物權編、親屬編、繼承編）、與民事特別法（商事法）等。

（四）財經刑事法：刑法（總則、分則）、與刑事特別法（如期貨交易法、證券交易法、營業秘密法、企業併購法與其它經濟刑法等）。

（五）財經國際法：例如東協十三加一將在 2010 年廢除區域內所有關稅，並謀求政治、安全、軍事、運輸和觀光等方面的全面合作，建立世界最大的自 由貿易區的相關議題，以及兩岸經貿議題等，事涉我國國家競爭力強弱，而迫切需要此一領域的專業與談判人才。筆者認為，尤在社會分工日細的今日，對 於財經法學的研究與教學加以「類型化」與「部門化」，誠為當前迫切而重要 的工作。唯有如此，才能掌握財經法學教育的正確方向，在教學方向上不致偏 廢，同時亦可訓練出法學知識與財經專業兼備的優秀人才。尤有甚者，財經法 律人才與一般司法人員有所不同，自應有其專業價值。

參、財經法學教育的思考

就攸關財經法學的教學規劃而言。首先，在近程具體發展的方向上，走出以「應用法學」與「科際整合」獨有的教學特色。此外，推動產學合作，改善師資結構，獎勵學生參與國家公務人員考試與取得證照，亦屬當務之急。取之於社會，用之於社會，一向是筆者從事教育工作的理念與堅持，因此，在研究教學之餘，本系也將提供財經法律諮詢服務，以達到服務社會之目的。筆者在學術與行政多年的服務生涯中，心目中未來的教育遠景藍圖，乃是期望學生未來都能夠成為經世致用的棟樑之材，為國家社會做出最佳貢獻。

古諺云「駑馬十駕，功在不捨」，筆者自忖才疏學淺，值此履新時刻，不憚簡陋，撰文就教於諸博雅先進指正。

（本文刊載於司法周刊，2009 年 12 月 17 日）

第三十八章　從管理哲學之觀點論國家政府機關或企業組織拔擢運用人才之道

壹、管理哲學與管理策略之運用得法關係企業經營之成敗

　　一個組織的管理，無論是國家機關或私人企業團體，其管理者必須具有良好的哲學思維，如此才能在人員的任用或制度的建立以及組織的運作上得以順暢，以凝聚組織成員之共識，提高工作之效率與品質，並強化其競爭力。而管理哲學之運用，若有卓越的管理策略之配合，則必能充分發揮企業經營的能量，為企業提供最佳的永續發展方向。

　　日前筆者從媒體上得知教育部長吳思華，在出席高教創新轉型論壇，針對人才培養，特別呼籲國內大學以「聘用國內博士生優先」。他特別強調「若自己都不敢用自己培養的人才，代表人才培養是失敗的」(參閱聯合晚報 2015 年 6 月 26 日八版)，誠哉斯言，的確，值此全球化知識經濟來臨的時代，資訊產業之精進一日千里，知識學習之環境在國內外是沒有多大差別的，況且國內有相當水準的大學院校所培育出來的博士，歷經長期中華文化的薰陶下，對國內的環境較熟悉在步入社會後之工作績效與在國外獲得博士者難分軒輊。只要他們肯努力學習，熱心奉獻，其成就，皆會受到國內大學或業界的肯定與拔擢。譬如在政壇、學術、企業或藝文等在各界發展表現傑出的人士，不少是從國內學府培育出來的，他們分布於各界，無論是在學術或實業界亦皆有卓越之貢獻。

　　記得筆者早年求學時代就常聽到一首親切且具有本土味的廣告歌：「大同大同國貨好…」，聽了令人對「MIT」之產品價值更增添了無比的信心。大同公司

自創立以來，無論在公司的規模體制和經營策略及產業品質研發之提昇，皆能以前瞻、宏觀、務實、創新之理念，順應國內政經及世界發展潮流趨勢，在各種產品之研發不斷創新，精進品質，並有效提昇國際競爭力。尤其在人才之進用，更能引進國內外高品質的專業人才，有計畫的加以培植，以強化大同企業集團永續發展與提昇企業產值之高品質能量，依據 2015 年 7 月出刊的遠見雜誌報導指出：大同集團旗下的子公司 - 拓志光電，所研發出的「可橈曲薄膜電池，具有低耗能、薄型化、輕量化優質功能，他可隨智慧聯網而普及於每一項穿戴式裝置中。此項創新技術的確頗能符合智慧消費、智慧聯網、智慧包裝的三大潮流趨勢，讓產品之運用與拓展之能量無限擴大，啟動了大同集團之新商機。由此我們更可深切的體會到經營將達百年的大同集團不但人才濟濟，而且其企業經營領導階層能充分掌握企業經營管理哲學之核心價值及與時俱新的策略管理。隨著國內外產業結構與消費者之需求，以創新思維突破瓶頸，領先推出薄膜電池之創新技術，必能再創「新台灣之光」之新願景是指日可待的，殊值國人予以高度肯定。 而類似的國內培育出來的博士獲業者成功表現的例子不甚枚舉。

可見吳思華部長，針對人才培養，特別呼籲的國內大學以「聘用國內博士生優先」的思維與卓見，實值國內大學與企業省思。畢竟文化的差異所培育出來的人才比較有本土意識，比較了解國人的需求，而經由國外培育而願意返國服務的人才則有西方科學探索的精神與國際觀，各有優點，如能結合雙方優勢而提供人才發展的空間讓他們發揮所長，時值國際競爭日愈劇烈的環境下將更具國際競爭力。

如日本電機大廠夏普（Sharp）於 2012 年 3 月 27 日宣布，將與鴻海精密工業進行資本合作，由鴻海集團出資約 670 億日圓（約新台幣 239 億元）入股夏普股權約一成，不但成為夏普最大股東；而且同時取得夏普十代面板廠 46.5% 的股權。[1]郭台銘擁有的企業集團，此次看準夏普擁有頂尖卓越之品牌與技術實力，加上鴻海的優越製造能力，如此的投資策略是頗為前瞻宏觀的。

1　張大為，〈鴻海入股夏普創新是勝負關鍵〉，旺報，2012 年 4 月 2 日 C6 論壇。

　　誠如郭台銘所指出的：「日本人做事比較謹慎、有自信」。的確，這是日本企業一向保守的管理哲學之最佳寫照。鴻海發言人邢治平亦表示：「夏普擁有世界知名品牌與頂尖之技術研發能力，而鴻海則具備光電技術、精密製造能力與強大的垂直整合，雙方結盟更能靈活運用彼此的強勢，互補競爭力，而且兩大集團都有全球的據點，未來在技術、成本、效率、彈性、品質與客戶的服務方面，進行全方位的合作，並加強關鍵能力，在消費電子產品上取得優勢，因此夏普和鴻海將會『共生共榮』。」[2]

　　鴻海集團這次的聯日抗韓之經營策略，消息一經傳出，法人圈皆一致稱讚叫好，預期將可與韓國三星力拼高下。按鴻海入股夏普之舉，可說是震撼了面板業市場，此次的合縱連橫策略，不但能暫時舒緩夏普的營運虧損壓力，而鴻海亦鞏固與客戶的關係及生產線，成為全球唯一有能力與三星抗衡之航空母艦。[3]

　　而日本經濟之所以陷入失落低迷的原因，如繼動態隨機存取記憶體（Dynamic Random Access Memory, DRAM）大廠爾必達聲請破產保護以後，新力（索尼）、夏普亦紛紛凋零，甚而敗給韓國的三星。其經營管理策略失誤之最大因素，依據《經濟學人》雜誌 2012 年 2 月所指出的：除了日圓匯率近年來居高不下，加上海外市場逐漸被韓國廠商侵蝕外，日系廠商產品線重疊且經營效率持續滑落乃是最大因素。以日本廠商擁有之技術與台灣廠商善於製造，原本是很好的合作對象，不料日本新力廠商當年發展面板科技，卻偏偏與韓國三星合作，最後落得不愉快拆夥之下場。[4] 夏普成立於 1912 年，在此關鍵時刻能夠選擇與鴻海合作，應該是其最佳之經營策略。[5]

　　由以上鴻海與日本夏普企業合縱連橫的例子，更可以印證：古今中外，無論是任何事業之經營者，都不能沒有優質的管理哲學素養或者通權達變的管理

2　黃菁菁、康文柔，〈鴻海成夏普最大股東〉，中國時報，2012 年 3 月 28 日 A1 版。

3　王宗彤、康文柔，〈鴻海成夏普最大股東〉，中國時報，2012 年 3 月 28 日 A2 版。

4　林上祚，〈日系品牌走下坡敗在產品線重疊〉，中國時報，2012 年 3 月 28 日 A2 版。

5　林上祚，〈夏普去年震傷估虧千億元〉，中國時報，2012 年 3 月 28 日 A2 版。

策略，否則企業是很難達成拓展市場與永續發展之目標的。

　　管理哲學與管理策略，這兩個因素對整個企業之經營成功與否關係至深且鉅。其實，無論是任何公私立機關團體，其經營者之管理哲學素養與策略之運用，乃是公司經營成敗之核心問題，而企業之管理不外是人才之選拔與任用、產品的生產與市場行銷、組織制度之建立與運作、組織衝突與危機處理、經營策略的擬定與執行以及調整、人際關係之建立與人力資源之開發與運用等。而當中企業管理哲學乃是企業管理者掌握整個企業經營之靈魂，而企業管理哲學與管理策略－新世紀全球化管理思維之實踐管理策略乃是企業在市場競爭成敗之關鍵因素。所謂「運籌策帷帳之中，決勝於千里之外」，研究企業管理的學者或實際從事企業管理者不能不加以研討或力行實踐之重要課題。

　　按古今中外國家政治、經濟、教育、文化等之推動與現代企業管理經營之策略與原則是相同的，而國家乃是一個大公司，經營國政者無論是國家元首、部會首長或地方政府首長，都要將政治、經濟、教育、文化等工作做好。無論其專業背景為何，皆必須具有管理哲學之素養與懂得管理策略之運用；無論內政、外交、經濟等，皆需運用得體。尤其在這個企業發展關係互動頻繁之全球化時代，如果沒有通權達變之哲學思維以及為因應政經時勢變遷之需要而加以調整經營策略之能力，則將很難達成國政或企業發展之預期指標。

貳、從歷史案例論述管理哲學與管理策略之運作要訣

　　謹就以下分成幾個重點並舉古今中外歷史的案例來加以解說之：

一、管理者必須懂得知人善任並具有領導統御之藝術與才能

　　楚漢之爭漢勝楚敗之主要原因在於：一個懂得任用人才；而另一個則不懂得任用人才。楚漢相爭，西楚霸王項羽力拔山河氣蓋世，驍勇善戰，能為萬人敵，然而最終仍是敗於他一向看不起與其競逐天下之對手劉邦，其原因當然不止一端，但其中最大的因素乃是劉邦了解：自己的才能在領軍作戰方面是比不上韓

信的；在「運籌策帷帳之中，決勝於千里之外」之能力，亦不如張子房（張良）；而在安邦定國、運糧供應前線將士、使劉邦能安心在外征戰方面，蕭何的能力是頗為上乘的。劉邦能了解他們的能力並加以重用，使他們施展長才，發揮堅定團隊的精神，最後在垓下一戰打敗了項羽，逼使西楚霸王無顏回江東見父老，自刎於烏江而敗亡。

項羽之所以在與劉邦約一百零三次的戰役中，每戰皆捷，唯獨垓下一戰才輸給劉邦，其最大的因素乃是他有一個重要的謀臣范增，甚而中了劉邦的反間計，最終離項羽而去，種下了項羽失敗最大的禍因。

史記高祖本紀曾提到，有一天，劉邦在洛陽南宮擺設酒宴時，希望他的列席酒宴之臣子要說實話，問臣子們：他之所以能打敗項羽，取得天下之真正原因為何？當中有高起、王陵回答說：「陛下雖然待人傲慢且喜歡欺侮人，但能與有戰功的人同享利益，而項羽妒賢嫉能，對有功之人就予以加害，不給有功之人好處，此乃項羽失去天下的管理哲學與管理策略－新世紀全球化管理思維之實踐最大原因。」

漢高祖劉邦則指出：此乃其中之一部分原因，其之所以能戰勝項羽而取得天下，乃是因為他能知人善任重用蕭何、韓信、張良等人才。由此可知，經營任何企業，要想獲得成功，其中最重要的就是選拔任用真正的人才。國家之大事如此，企業組織之經營又何嘗不是呢？尤其是千軍易得，一將難求呀！[6]

二、不計前嫌，唯才是用：唯才是用才能成其大事

（一）齊桓公重用其仇人管仲，終於「一匡天下，九合諸侯」，稱霸諸侯

孔子對管仲管理國家之才能甚為讚許，曾經說：「微管仲，吾其被髮左衽矣！」也就是說，若沒有管仲，我們將變成蠻夷之邦的不文明人了。

我們大家都知道，春秋戰國時代有燕韓魏趙齊楚秦七國，彼此交互征戰。

當中，齊桓公之所以能稱霸諸侯之最大原因，就是他能不計前嫌，重

6　司馬遷，《史記》，卷八，高祖本紀第八。（參閱附錄一）

用其仇人管仲為其效命所致。 在歷史上，春秋戰國時代有名的「管鮑之交」是眾所周知的故事。管仲和

鮑叔牙乃是知己至交，管仲出身寒微，而鮑叔牙家境富裕，兩人做生意，鮑叔牙雖然出錢與管仲合夥經營，但分帳時，管仲拿的總是比較多。但是鮑叔牙卻 不以為意，對管仲維護有加。

在春秋時代，齊襄公死了之後，其兩個兒子即公子糾與公子小白（也就是 後來的齊桓公）相互爭奪王位。管仲乃輔佐公子糾，甚至在相互作戰中，管仲還對公子小白射了一箭，剛好射中其帶鉤，差點將公子小白殺死。等到小白當上國君即齊桓公後，不但殺了公子糾，還要捉拿管仲治罪，管仲因此而逃至魯國避難。鮑叔牙後來向齊桓公舉薦任用管仲為相，但齊桓公一聽到要進用管仲時，就向鮑叔牙說：「管仲是我最可恨的敵人，我正要報其射我的一箭之仇呢！」鮑叔牙說：「若您只想好好治理一個齊國之地，當然不一定要找管仲， 但您若要富國強兵，那就有任用管仲的需要了。」齊桓公果然聽信了鮑叔牙之建言，迎回管仲，並禮遇他、重用他為齊國宰相。

由於管仲有謀國經世之治理長才，因此不但將齊國治理得井然有序，國富民強，而且能九合諸侯，一匡天下，成就了齊桓公之霸業。由此可知，身為一 個國家或企業組織之領導人，千萬不可小裡小氣、氣度狹小，所謂「宰相肚裡 能撐船」，就是這個用人的道理。[7]

（二）劉邦不計前嫌封賞雍齒為什方侯

漢高祖劉邦得天下後，封張良、蕭何等大功臣，其他未受封賞之功臣心中頗為忿怒不平，紛爭迭起。劉邦後採張良之議，封賞其最憎恨之功臣雍齒，群臣見連最受皇上所不喜歡的人都能得到封賞，那些尚未受到封賞

7　南懷瑾，《漫談中國文化—企管、國學、金融》，臺北市：老古文化事業公司，2008 年 12 月，27-30 頁。

之功臣自然就 心安，堅信自己必能得到封賞，更別論要去謀反了。[8]

(三) 唐太宗李世民重用魏徵

魏徵自幼胸懷大志，深諳奇謀深策之術，曾歸附於太子建成門下，深受器重，為太子洗馬。魏徵看到時任秦王的李世民聲勢日漸擴大，暗中建議太子建 成能早日設法剷除李世民。待玄武門事變後，李世民將魏徵找去責問：「你離 間挑撥我們兄弟之感情，該當何罪？」魏徵非常鎮定地回覆李世民說：「太子 建成若能依吾之計進行，就不會落到今日失敗慘死之境地了。」李世民有感於 魏徵忠於其故主，他的坦率與卓越之才能深得李世民之賞識，因而任命他為諫 議大夫，而且派他到各地去安撫建成、元吉逃亡至民間之黨徒，自此魏徵深得李世民之重用。李世民對魏徵信任有加，可謂，言必聽計必從」，君臣共同開創了中國歷史上有名的貞觀之治。

唐太宗李世民在魏徵死後，有一天在上朝時，對群臣嘆息說：「以銅為鏡 可正衣冠；以古為鏡可知興替；以人為鏡，可明得失。」「現在失去了魏徵， 無異失去了一面鏡子。」同時，李世民又提到，「他派人到魏徵的家裡，得到 了一份他遺留下來的稿子，其中提到一段話：『天下之事有善亦有惡，任用善人，國家就安全；任用惡人，國家就會衰亡。對於國家大臣，在感情上有喜歡的、有厭惡的，如果對喜歡的人能夠了解他的缺點、對厭惡的人又能夠知道他的優點，國家就可以興盛了。』希望大臣們能深切記得魏徵的這幾句話，隨時指出我在用人方面的缺失。」誠哉斯言，李世民不計前嫌，重用有才能的人才，讓魏徵毫無保留地貢獻其經驗智慧，君臣彼此推心置腹，為國家開創了中國歷史上輝煌聖君賢相之史頁[9]。而美國林肯總統能任用其兩位政敵之良好風範，殊值吾人敬佩。

8　司馬遷，《史記》，卷五十五，留侯世家第二十五。（參閱附錄二）

9　馮建國，《唐太宗的用人藝術》，台北：知青頻道出版有限公司，1994 年 2 月 10 日初版，61-67 頁。《全唐文》卷十《金鏡》。轉引自馮建國，《唐太宗的用人藝術》，台北：知青頻道出版有限公司，1994 年 2 月 10 日初版，49 頁。

三、取用人才之方法

　　所謂知人難，用人亦難，因為人心不同，而用人之所以難，係在於必須能用其所長，使其能充分發揮其長才，為國家或企業體之永續發展作最佳之奉獻。李世民深諳用人之道，廣開才路，網羅天下英才為國家所用，且能取精用宏，捨短取長，知人亦要兼明善惡。

　　唐太宗李世民對於用人之道表示：「用人之道，尤為未易。己之所謂賢，未必盡善；眾之所謂毀，未必全惡。知能不舉，則為失材；知惡不黜，則為禍始。又人才有長短，不必兼通。是以公綽優於大國之老，子產善為小邦之相。絳侯木訥卒安劉氏之宗，嗇夫利口不任上林之令。捨短取長，然後為美。這段話充分地顯現唐太宗能知人善任，因而才能締造了唐朝「貞觀之治」，有唐朝盛世之政局。[10]

　　唐太宗取才用人之道是有其識別人才之標準。魏徵曾為唐太宗擬定 12 條選拔人才之標準，此 12 條標準即漢代劉向《說苑》卷一中所提出的所謂「六正」與「六邪」。

　　所謂「六正」：一曰萌芽未動，形兆未見，昭然獨見存亡之機，得失之要，預禁乎未然之前，使主超然立乎顯榮之處，如此者，聖臣也。二曰虛心盡意，日進善道，勉主以禮義，諭主以長策，將順其美，匡救其惡，如此者，良臣也。三曰夙興夜寐，進賢不懈，數稱往古之事，以厲主意，如此者，忠臣也。四曰明察成敗，早防而救之，塞其間，絕其源，轉禍為福，使君終以無憂，如此者，智臣也。五曰奉文守法，任官職事，不受贈遺，辭祿讓賜，飲食節儉，如此者，貞臣也。六曰家國昏亂，所為不諛，敢犯主之嚴顏，面言主之過失，如此者，直臣也。在這裡提出了所謂聖臣、良臣、忠臣、智臣、貞臣、直臣，就是選用人才必須才德兼顧、重用正直廉能之士。

　　所謂「六邪」：一曰安官貪祿，不務公事，與世浮沈，左右觀望，如此者，

10　同註 46，49-50 頁。

具臣也。二曰主所言者皆曰善，主所為者皆曰可，隱而求主之所好而進之，以快主之耳目，偷合苟容，與主為樂，不顧減其後害，如此者，諛臣也。三曰內實險詖，外貌小謹，巧言令色，妒善嫉賢，所欲進，則明其美、隱其惡；所欲退，則明其過，匿其美，使主賞罰不當，號令不行，如此者，奸臣也。四曰智足以飾非，辯足以行說，內離骨肉之親，外構朝廷之亂，如此者，讒臣也。五曰專權擅勢，以輕為重，私門成黨，以富其家，擅矯主命，以自貴顯，如此者，賊臣也。六曰諂主以佞邪，陷主於不義，朋黨比周，以蔽主明，使黑白無別，是非無間，使主惡布於境內，聞於四鄰，如此者，亡國之臣也。

　　以上所指陳的具臣、諛臣、奸臣、讒臣、賊臣、亡國之臣等六種奸邪之臣皆是奸邪無德之人。

　　同時，魏徵亦提出觀察人的六種方法，即一、「貴觀其所舉」。二、「富則觀其所養」。三、「居則觀其所好」。四、「習則觀其所言」。五、「窮則觀言」。五、「窮則觀其所不受」。六、「賤則觀其所不為」。

　　透過這六種觀人術則要辨別所謂的「六正」與「六邪」之良臣與奸臣，就能比較容易地分辨出來了。[11]

四、國家或企業組織分工職責必須各司其職、分層負責

　　建立良好制度，分層負責，使組織成員皆能明白做好自己份內的事，以發揮組織管理之效能，提昇工作效率與品質，增加競爭力。身為組織管理者，不必事必躬親，只要能做好決策，使每位員工皆能堅守崗位，各盡其職，自然就能達到組織經營的預期目標。

　　孝文帝即位初期，以絳侯周勃為右丞相，陳平為左丞相，曾召見右丞相周勃，問其全國一年中之判決案件有多少？一年中之錢糧有多少？周勃皆回答不知道，深感惶恐，慚愧無比。孝文帝又問左丞相陳平相同的問題，陳平回答說：「問主管的人即可得到正確的答案」，孝文帝甚感疑惑說：「既然皆各自有主管

11　同註46，51-52頁。

的人，那你們做丞相的人又所司何事呢？」陳平回答說：「丞相之職責乃是輔佐天子理陰陽，協和萬邦，內親附百姓，使卿大夫各盡其職，為朝廷效命。」孝文帝聽了很高興，認為陳平答得很得體。[12]

這亦正如宋朝司馬溫公所指出的：「夫為國家者任官以才，立政以禮，懷民以仁，交鄰以信，是以官得其人，政得其節，百姓懷其德，四鄰親其義，夫如是，則國家安如磐石…。」[13] 誠哉斯言，按國政之推展乃上自國家領導人，下至各級百官，只要各司其職，竭智盡忠，把自己份內的事做好，則國家政務之治理自然得宜，自然能達到國泰民安，四時順暢，四方歸附，才能發揮組織運作與人力資源充分利用之功能。

五、將相和、共赴國事、堅忍圖成

為了國家大事或企業組織營運順利成功，尤其是處於危難之際，更應您凝聚組織成員之團結力量，如此才能化危機為轉機。歷史上有名的將相和，廉頗與藺相如相忍為國的故事，至今仍是膾炙人口，傳為美談。

春秋戰國時代，廉頗乃是趙國之良將，頗為成功，拜為上卿，但一向對同朝的藺相如甚為瞧不起。即便藺相如完成了「完璧歸趙」與「澠池會」兩件大智大勇之偉大功績，也就是以超越卓群之智慧為國家保持了利益與尊嚴，但是廉頗對藺相如仍是傲慢無禮有加。而藺相如深諳為了國家之利益就必須忍受個人所受屈辱之道理，因為戰國七雄之間互相征戰，唯利是圖，唯有安內才能確保國家的生存發展。如果他與廉頗不和，則必為一向對趙國虎視眈眈的秦國所乘，則國家的災禍必隨之而來矣。

藺相如這種相忍為國之苦心終於感動了廉頗，讓廉頗肉袒負荊請罪。兩人自此結為刎頸之交，將相和共為國是效命。[14]

12　司馬遷，《史記》，卷五十六，陳丞相世家第二十六。（參閱附錄三）

13　司馬光，《資治通鑑》，卷七秦紀二。

14　司馬遷，《史記》，卷八十一，廉頗藺相如列傳第二十一。（參閱附錄四）

六、帶人要帶心

　　與部屬同甘共苦，堅定部屬的信心，則任何之分化離間自然無效。楚漢之爭，漢之所以能最終擊敗楚，其中最大的因素乃是劉邦能與部屬同心同德，且劉邦對功臣亦盡能言必聽計必用，且能毫不吝嗇地封賞有功之功臣。如對韓信之重用其為大將軍，韓信要求封〔假齊王〕即改封為〔真齊王〕。

　　因此，楚漢在榮陽一地相持不下約三年多，項羽屢派諸如武涉、蒯通等人相繼地前往遊說韓信歸順楚，但他並不為所動，一心一意擁護支持劉邦。以當時韓信之實力，他若幫項羽，則勝利必歸楚，他若歸漢，勝利必歸劉邦。這其中最主要的因素乃是項羽未能知人善任，且又不知帶兵必須帶心之道，使人心悅誠服、生死與共也。[15]

七、通權達變、因應時代新變局

　　西方思想家培根曾云：「讀歷史使人聰明，讀法律使人思維精細」。的確，無論古今中外，任何人若想順利達成目標的話，不但需具有豐富的學識，更重要的是必須懂得通權達變以因應時代的新變局。尤其是值此世局多變，隨時皆需面臨危機或挑戰，無論是國家或企業的管理者更需具備此種憂患意識與因應危機之知能。

　　史記太史公司馬遷稱讚戰國時代楚國的愛國詩人屈原曰其：「學問淵博，明政治之得失，長於外交辭令，志遠大行正直。」按戰國時代有燕韓趙魏齊楚秦七國，秦國為了遂其強行統一兼併其他六國，採取所謂「遠交近攻、分化離間」之策略，分化、滲透、離間敵人內部，以圖謀直至消滅對手為止。凡是熟讀兵法的人都會了解只要犯了戰略錯誤，即使戰術是多麼高明，也是很難贏得整個戰爭的最終勝利。

　　在戰國時代秦國與六國之間的戰爭策略運作中，秦國運用連橫策略，而

15　司馬遷，《史記》，卷九十二，淮陰侯列傳第三十二。（參閱附錄五）

六 國運用合縱策略，其實如果六國合縱之策略能有效運用，則齊六國之力，秦國 是很難達成其進行鯨吞蠶食強行兼併統一之野心的。而六國之所以最終被秦國 各個擊破其中最大的原因，乃是秦國對六國間及六國內部君臣間滲透分化離間 之陰謀得逞，遂使六國之間無法管理哲學與管理策略－新世紀全球化管理思維 之實踐齊心一致對抗暴秦，且各國內部亦遭到秦國所派之間諜，暗中與所欲分 化的國家之奸臣裡應外合，致使六國被秦國一一擊破，最終招致滅亡之命運。 當時屈原本為楚國三閭大夫，一心一意本著對國家與楚王的滿腔赤忱而效命，並 為抵抗報秦而竭智盡忠，不計一切全力以赴，以確保國家的安全與百姓之幸福生 活。可惜楚國當局卻深中秦國分化離間之計，聽信奸臣讒言，將屈原加以放逐貶 抑，真令志士寒心、忠臣卻不，此亦種下了後來楚國步上衰敗之途，終致為秦國 所併之禍果，臣民皆淪入為暴秦鐵蹄所奴役之悲慘命運矣！

　　太史公司馬遷稱讚屈原博學多才之評語是頗為中肯的。但筆者卻認為既然 屈原「能志遠大行正直，明政治之得失」，就應該深體唯有生存才有永續發展 之希望，以當時之楚國的政治生態環境，屈原應該不要因此懷憂喪志，雖然當時 的楚王貶抑他至長沙一帶，只要他能苦撐待變，堅定己志，並透過各種管道將敵 人離間分化滲透之陰謀向有關當局作有效的反應，以破敵國分化離間之策略，並 使陷害其之孽臣諸如上官大夫之流，將其陷害忠良之惡言惡行加以公諸於世，讓 其無所遁形，則屈原之冤屈不但得以洗刷平反，再次獲得當局的信任與得到國人 永遠之敬愛，繼續留著皓潔高尚無比的有用之身以效命國家與人民。則其在內可 為安邦定國之棟樑，對外可與各國共同奮力抵抗暴秦之侵略，這正所謂「君子居 易以俟命」之為人處世之權變之道也。尤其是身為一個國家或機關團體的重要幹 部，更應該體會政治與行政等工作乃是無比複雜、繁鉅的任務。因此從事這種工 作時，更應該深切體悟到「小不忍則亂大謀」之哲理，否則一朝憤而忘其身，又 何足以為國家負起各項重責大任呢？但無論如何筆者對屈原愛國憂時的高尚情操 是深為敬仰的，而我們紀念屈原更應該發揚他那種對國家忠貞高超志節與廉潔自

持的崇高精神。[16]

　　當前我國無論在政治、經濟、外交、兩岸關係皆面臨嚴峻無比的挑戰與考驗，尤其是國際金融風暴所帶來的衝擊更是我們必須要加以審慎因應的重大問題，但筆者堅信只要我們能共體時艱，深切體認我們兩千三百萬同胞皆已坐在同一條船上，當無分朝野全民，精誠團結一致，一切以國家安全與人民之福祉為前提，堅持民主憲政之核心價值，則我們當能化解一切險阻，並為國家的安全與台灣兩千三百萬同胞自由、民主、人權之幸福生活，開創更有希望的美麗新願景。[17]

八、用人唯才、有容乃大

　　泰山不讓土壤故能成其大，河海不擇細流故能就其深。戰國時代李斯為秦國重要客卿，竭智盡忠，為秦國效命，惟後因秦王聽信離間君臣之言，誣指在秦國效命之客卿皆為自己謀而不為秦國謀，因此必須加以驅逐，而李斯亦列為罷黜之列，李斯因而上書秦王諫逐客卿之不當與不利之處，致而感動了秦王而取消了逐客令。李斯在其諫逐客書中云：「臣聞地廣者 粟多，國大者人眾，兵疆者則士勇。是以秦山不讓土壤，故能成其大，河海不 擇細流，故能就其深；王者不卻眾庶，故能明其德。是以地無四方，民無異 國，四時充美，鬼神降福，此五帝三王之所以無敵也」。亦就是向秦王陳明 秦國之所以強盛乃是歷代君王皆能重用客卿，唯才是用，不分國籍只要是人才且能忠心耿耿效命於秦國者皆加以重用，因此秦國才能稱霸於諸侯，一匡天下。

　　大凡古今中外任何統治者統御天下之道皆應堅守原則是非，千萬不可因為他原本不是秦國人或是其它國籍就不起用，而做客卿就一律驅逐，那會使志士寒心，忠臣更為卻步。如此反其道而行而冀望富國強兵那無異是緣木求魚矣！

16　司馬遷，《史記》，卷八十四，屈原賈生列傳第二十四。

17　黃炎東，《田庄囝仔到法學博士—愛的教育與民主人權之實踐》，台北市，2009 年 6 月，239-241 頁。

因此李斯又云：「夫物不產於秦，可寶者多；士不產於秦，願忠者眾。今逐客以資敵國，損民以益讎，內自虛 而外樹怨於諸侯，求國無危，不可得也。」 再三印證了秦國歷代君王都是依靠了客卿而致強大富強，成就了帝王之基業。

筆者近期間重溫李斯諫逐客書之內容，深感自然宇宙之理及中外朝代興衰之道，更加體會出無論是國家或任何一個團體的興衰與主政者對人才之起用與培育，是否能秉著唯才是用不因個人之好惡而劃地自限的原則有著很大的關係。據報章披露日前印尼總統瓦希德自稱是有華人血統的華裔，試問印尼若繼續實施其以往的排華政策，今日能成其世界第四個民主大國的基業嗎？而美國自開國以來即是實施其民族大熔爐之政策，無論是獨立宣言或憲法皆強調種族平等與種族融合之精神，故造就了今日美國強盛的局面，前美國國務卿歐爾布 萊特乃是東歐國家的後裔，美國政府亦不會因其原先國籍而不加以重用而現任 美國總統歐巴馬乃是非裔的美國人亦能獲得美國人民擁護當選美國總統，經國 先生亦曾經說：「我也是台灣人」，因為經國先生他認同台灣斯土斯民。而台灣是一個移民社會，除了早期的原住民同胞，大多是歷代從中國大陸遷移，而來台的先後雖然有別，但生於斯、長於斯，這塊土地已灌溉著幾代人共同的汗水和心血，才有今天的枝繁葉茂，欣欣向榮，熔鑄成血肉相連的生命依存關係。

台灣能有今日政治文化的卓越成就乃是原住民與先後來台的漢民族及外國移民來的新移民共同的成果，就是大凡一個國家或任何團體的成員，只要能真正認同這一個國家或團體立國精神與憲法原則及其成立之宗旨目標，並不計一切的奉獻心力，皆應受到接納且一律平等待之，如此這個團體才能彰顯出有容乃大的風範與功能。

記得筆者早年就讀屏東師範當時就有平地班與山地班（原 住民班）的編班，但皆能受到學校當局一視同仁地加以尊重與培植。在師資的 引進方面無論是師範畢業或其它大學畢業者若能獲聘來校任教者，無論是就職 或升遷皆受到平等的待遇，屏師在培育人才方面能在國內有傑出的表現亦就是 這種有容乃大的木瓜園精神的發揮所致。

而筆者就讀於台大社科院國家發展研究所法政組時，更加感受到台大在百

年樹人的神聖志業上更彰顯其愛國愛人的校訓精神，在學生的招收皆能完全摒棄門戶之見，尤其是師資之聘任更為兼容並蓄取精用宏，無論是本校畢業或取得國內外相關學位者在一定的資格與學術水準及可能的機會下皆能為台大所進用，發揮所長，為學校奉獻心力，而台大之所以能執國內學術之牛耳亦皆得力於這種包容吸納各種人才的優良傳統並加以發揚光大也！

　　因此，筆者認為政府機構無論是行政或學術單位，我們在人才之進用與拔擢以適才適所為原則，千萬不可存有過份狹窄之觀念，否則阻擋人才的任用，這對該團體的生存發展是有所妨礙的。值此國家無論在政治、經濟等方面皆面臨嚴厲挑戰，兩岸關係亦處於詭譎多變之秋，凡是真正熱愛台灣斯土斯民無分朝野應謹記我們兩千三百萬同胞皆是坐在這一條船上的生命共同體，當深切體認「有容乃大」，而「河海不擇細流故能就其深」之哲理，以更為宏觀之視野與包容之胸懷共同為台灣的民主化與現代化努力打拚。[18]

18　同註 55，248-251 頁。

第三十九章　從海角七號到東京大學─難忘東京學術之旅

　　筆者出生於台灣最南端 - 屏東縣恆春鎮車城鄉，海角七號旁的一個海口小漁村。初中畢業後雖以優異成績直升恆春高中並考取屏東高級中學及屏東師範學校。但由於家境關係而改讀享有公費的師範學校，主修英文科。在當了三年小學老師後又進入大學及研究所繼續進修，在求學的過程中，總渴望有一日能出國留學，但由於負擔繁重的公務及生活家計，因而一直未能圓夢。民國73年在半工半讀的情況下，取得國家法學博士學位。自此，筆者就在大學院校從事法政學術教學與研究工作，並擔任行政一級主管十餘年當中亦相當留意國際局勢的發展，尤其對我國近鄰 - 日本的法政、財經、文化及教育等之改革，一向投以無比的關注。按日本自明治維新推行立憲主義至二次大戰後，能從一個戰爭廢墟中重新站起來，而成為今日之經濟強國的歷史過程，殊值有加以探討與借鏡其經驗之必要。因此心中常有親自前往日本實地研究考察的想法，但由於公務纏身，赴日研習的機緣總是一波三折，當中曲折之情節與感觸，可說寸管難以形述。直至2013年8月1日收到日本東京大學大學院總合文化研究科許可證，獲聘為客座研究員，前往日本從事專題研究及學術交流。其實早在1997年9月19日，即已獲邀請前往東京大學擔任客座研究員之許可證，惟當時因有要公，繼而又承蒙中央警察大學與崇右技術學院長官之厚植，借調至崇右技術學院擔任副校長兼財經法律系主任，致而一時無法成行；此次承蒙日本東京大學國際關係史知名學者川島真教授之鼎力推薦，並通過該系所、院等級的審查，如願前往，多年之美夢成真，心中感到無比榮幸與喜悅。

　　去年，我閱讀了《司法院人民參與審判之法例與實踐》乙書後，其內容對世界各國有關人民參與刑事事件審判制度，無論是陪審制、參審制或日本的裁判員

制度、韓國的國民參與審判制度、德國參審制度、義大利人民參審制度、法國國民參與刑事審判制度等專家學者所撰述的論文，皆有深入之論述，尤其是日本東京大學井上正仁教授的〈日本裁判員制度〉、同志社大學三井誠教授的〈日本之裁判及審判－運作與課題〉、一橋大學後藤昭的〈裁判員審判事實認定與爭議之上訴救濟〉、東京大學大澤裕教授之〈裁判員制度與日本之刑事司法－以公判審理之應有方向為中心〉，及韓國首爾大學申東雲教授的〈韓國的國民參與裁判制度〉、韓國東部地方法院金庭長烔科的〈國民參與審判之回顧與前瞻－以國民參與審判施行後法曹三倫之角色變化為中心〉，對以上幾位學者所論述的日韓兩國人民參與刑事司法審判制度之立法及實施過程與成效之評估皆有深入且精闢的見解，令筆者甚為敬佩。而司法院為推動我國的司法改革能先後邀請世界上有關推動國民參與司法裁判的國家之學者專家至司法院發表他們獨到之見解，以供我國推動觀審制度之參考是頗具意義的。所謂他山之石足以攻錯，取精用宏乃是推動任何改革制度的重要努力指標，殊值國人予以肯定。

筆者身為一個長年在大學教學與研究的法政學者，一向關心我國的司法改革工作，尤其是近年來隨著我國的民主發展，人民對司法的裁判品質之提昇可謂期盼甚殷，因此基於一個關心我國司法改革的學者之熱忱，主動向東京大學大學院總合文化研究科提出申請，以「日本裁判員制度」為課題再作深入的探討，經東京大學大學院總合文化研究科審查通過而授予該校客座研究員身份赴日研究。這次學術之旅，是個人在追求法政學術過程中向前邁進的一個新里程，而且更有機會能與彼邦法政專業學者多作學術交流，分享司法民主化之心得經驗，其意義彌足珍貴。

來日研究期間深深感受到日本東京大學之所以能成為世界一流學府，實有其因，舉此次訪日目的較為密切的法學政治學研究科

和總合文化研究科為例，前者學術教養紮實又深厚，後者著重科際整合與創新，在在體現了東京大學之所以成為世界頂尖大學的基礎所在。整體而言，東京大學無論是師資陣容、培育與晉用或是學生的錄取，皆有嚴格之規定，這從東京大學於平成 25 年（西元 2013 年）4 月所編印的【東京大學法學部便覽】乙書中所列舉的各項規定即可窺見一斑。以筆者擔任客座學者為例，其實早在 10 年前筆者就已申請並經東京大學通過為客座學者。當時審查的過程中，首先他們要求筆者提出個人的學經歷及所有主要著作及研究計畫，歷經逐級審查後，才通知筆者通過並頒發許可證，這次筆者以「日本裁判員制度之研究」為研究主題亦需經過逐級審查才得到通過。東京大學的教授不但勤於教學及研究，他們對學生的輔導與關心亦是甚為周全的。但他們的學生對尊師重道亦是很能遵守的，對老師的敬重皆是出自內心的，真誠流露。而日本學生在學業的追求不但兢兢業業，且對品德的修養亦很自我修持，雖然西風早已深深地影響了日本的民風，但他們愛國愛校愛鄉的優質文化仍然保存且能加以發揚光大，這由他們注重校園美好環境與街道之整潔皆可一一感覺出來，而東京大學的軟硬體設備皆亦能注重傳統與現代的結合，而學術研究能注重科際整合培養學生的獨立思考與綜合判斷、創新的見解更是獨具特色。

2013 年 9 月 19 日上午 10 時，東京大學大學院總合文化研究科舉行專攻會議，此次會議由科長石井洋二郎主持，在會議中特別邀請筆者針對客座研究主題【日本國民參與裁判制度之研究】做專題報告，由於研究內容切合當前司法革新之核心理念與實踐價值，甚得與會教授之肯定與支持，令筆者感到無比的欣慰。

筆者在來日研究之前即耳聞日本人非

常勤於研究與創新之精神，世界上任何國家之任何一本名著一經出版，日本人就能很快的將其翻譯成日文版以供日本及各界人士參考運用。這次在東大參訪研究期間多次進入東大的總圖書館及其他部門的圖書館，即發現其館藏甚為廣博，尤其是法政學門方面的有關書籍相當豐富，這亦是東京大學之所以成為日本及全世界青年學者之最為嚮往的最大因素，而在政經、教育、文化等各界亦有不少人才是由東大出身的，實是良有以也。此次在日本研究期間，筆者深刻體驗到日本若干學者對台灣的政治、經濟、社會、歷史、教育、文化等皆有相當深入之研究，當中亦有不少學者專家對台灣甚為友好者，諸如曾任東京大學總長(校長)的矢內原忠雄教授，他是一位虔誠的基督教徒，他一向秉持著基督愛世人的精神，關懷殖民地社會遭受壓迫與剝削，因而大力提倡被殖民者應獲得更公平與合理的對待。他亦曾在「帝國大學報」發表〈在台灣的政治自由〉之文章，為台灣人民發出正義之聲，批評當時在日本統治下的台灣人民缺乏政治及言論自由，其充分發揮人道關懷之精神與道德良知，令筆者甚為感動。在日本研究期間，筆者多次與日本幾位友人在論及不久前所發生的福島核災巨變中，他們對我方政府與人民給予之大力救助，至今仍感念不已。

　　如同日本和南韓，台灣當前正從事司法的改革，如推動「觀審制度」，其主要動機，乃是為了藉由「審判民主化」增加司法制度的正當性，而「公民參與」亦可提高司法透明度，促進民眾對司法程序之了解。尤其我國在經歷司法界少數害群之馬收賄醜聞，以及所謂「恐龍法官」造成社會負面觀感之後，如何維持人民對司法的信任，與司法裁判不致背離人民情感，成為不可不審慎思考的問題。

　　特別是日本，更值得我國借鏡。筆者在參訪位於東京永田町的國會議事堂、最高裁判所及憲政紀念館等三權分立之最高象徵的機關單位時，深深感受到日本自明治維新以來國家體制改造偉業之深遠歷史意義。遙想當年清廷在甲午戰爭中

慘敗後，曾派員向日本學習憲政改革的經驗，唯立憲設計仍以皇室角度出發，無法落實國民主權而以失敗告終。反觀日本，自明治維新以來不僅憲政改革循序漸進，2009 年更在政治界及司法界等有志之士戮力奮鬥下，實現了融合陪審制與參審制之優點，獨創了具有適合日本自己國情特色的裁判員制度，為其國家之司法革新開拓一個更為理想之境，進一步深化了國民主權的原理。我國歷經九〇年代後一系列的憲政改革，至今已完全落實選舉的主權在民之理念，然而民眾對司法的信賴仍感不足，今後應在符合我國國情的前提下，參考借鏡日本循序漸進地實現司法的主權在民之經驗，加速深化司法民主化之工程，使我國憲政體制分立與合作之原則、民主化之根基及國民主權精神更加體現與鞏固。

　　筆者曾於 1988 年獲聘前往美國奧斯汀德州大學政府系擔任訪問教授，二十年後如今再度出國赴日客座，從事訪問研究，心中充滿無限感慨與感激。誠如美國知名法學者孔傑榮教授所指出的，台灣即將實施的觀審制度是深具意義的，對未來司法改革之影響是深遠的。筆者亦認為「羅馬不是一天造成的」，「行穩才能致遠、有為者亦若是」。然而，世界上很難找出一個十全十美的制度，適合甲國的未必適合乙國，千萬不可強行移植。畢竟我國的國情與歐、美、日、韓等國有所不同，但只要我們能夠堅守住實踐司法民主化的決心與毅力，採循序漸進的方式，先由試行觀審制開始，向前走一小步，視實施結果與績效如何，加以確實評估。如果成功了，當可進一步在全國推行觀審制度，俟全國實施觀審制度確實成功之後，再進一步規定實施，如同美國的陪審制、或是德國的參審制、或是日本的裁判員制度、或是另行立法建置具有我國特色的「國民參與刑事審判制度」，如此方為我國實施司法改革最穩健可靠的思維與策略也。日本的司法改革，尤其是在裁判員制度的立法及實施之能有今日的成就，乃是政府與人民歷經十多年的宣導與溝通，在國人建立共識之下才得以在 2009 年開始推動，至今四年多，經評估已獲得相當的成效，所謂「行遠必自邇、登高必自卑」。因

此，筆者希望藉由此次親身探訪研究，期許能為我國司法制度之健全完備，貢獻棉薄之力，贏回國人對我國司法的信賴，共同為國家的永續發展與人民的安和樂利、幸福生活開創一個更為理想的新境界。〈本文轉載自考試院銓敘部 (公務人員月刊) 2013 年 12 月，第 210 期〉

參考書目 (按作者筆畫順序)

壹、中文部份

尤英夫，新聞法論上冊，世紀法商雜誌社，1997 年 10 月 7 版。

尤英夫，新聞法論下冊，世紀法商雜誌社，2000 年 4 月 5 版。

尤英夫，大眾傳播法四版，世紀法商雜誌叢書四，2011 年 3 月 4 版 (修訂)。

王常瑛，數位電視地面廣播產業的發展與重大影響議題之探討，產業論壇，2000 年 7 月。

王業立，比較選舉制度 (第三版)，五南圖書出版公司，2003 年 2 月三版二刷。

石世豪，我國傳播法制的轉型與續造，元照出版公司，2009 年 9 月初版。

司馬遷，史記。

司馬光，資治通鑑。

江明生、朱斌妤，衝突管理，台北，五南書局，1999 年 5 月。

朱雲漢、包宗和，民主轉型與經濟衝突，桂冠圖書公司，2000 年 6 月。

呂東熹，政媒角力下的台灣報業，玉山社出版事業公司，2010 年 7 月。

呂亞力，政治學，五南，1978 年 2 月初版。

呂亞力，政治發展與民主，台北，五南圖書出版公司，1979 初版。

吳茂雄，生活與法律，吳茂雄法律事務所，1998 年。

吳宜蓁、徐詠絮譯，Mitroff, L. I. & Pearson, C.M. 著，危機管理診斷手冊，五南書局，2007 年 4 月一版五刷。

吳重禮，政黨與選舉：理論與實踐，三民書局，2008 年。

李茂雄，管理與自我實現，國立成功大學，2006 年。

李瞻，政府公共關係，理論與政策雜誌社，1992 年 1 月。

李震山，論移民制度與外國人基本權利，臺灣本土法學雜誌第 48 期，2003
　　年 7 月。

李鴻禧，現代憲法的理論與現實－李鴻禧教授七秩華誕祝壽論文集，元照出
　　版，2007 年 9 月。

林子儀，言論自由與新聞自由，元照出版公司，2002 年 11 月初版。

林欽榮，組織理論與管理，揚智文化事業股份有限公司，2004 年 9 月。

林祖嘉，重回經濟高點：兩岸經貿與臺灣未來，英屬維京群島高寶國際有限
　　公司臺灣分公司，2008 年 12 月。

彼得‧杜拉克、彼得‧帕謝克，杜拉克談領導未來 (Kandinal tugenden
　　effection Tiihrung)，知識流出版股份有限公司，2005 年 7 月 20 日。

河合榮治郎著，高叔康譯，自由主義的理論與歷史，中華文化出版事業委員
　　會，1955 年 5 月。

周談輝，組織衝突與危機處理，技術及職業教育雙月刊，1996 年 10 月。

周育仁，建構多數政府的憲政基礎，國政研究報告，憲政 (研) 094-15 號，
　　2005 年 7 月 11 日

周繼祥，政治學：21 世紀的觀點，威士曼，2005 年 9 月

胡祖慶譯，Austin Ranney 著，政治學，五南書局，1992 年 5 月二版二刷。

胡祖慶譯，Haywood, R 原著，全面公關時代，美商麥格羅希爾國際股份有限
　　公司台灣分公司，1996 年。

南懷瑾，漫談中國文化 - 企管、國學、金融，老古文化事業公司，新臺灣人文教基金會，2008 年 1 月。

約翰穆勒著，嚴復譯，群己權界論，臺灣商務印書館，1968 年 7 月臺二版。

約翰穆勒著，郭志嵩譯，論自由及論代議政治，協志工業叢書出版公司，1966 年 9 月 20 日再版。

約翰穆勒著，唐鉞譯，功用主義，商務印書館，1948 年 3 月。

柯進雄，衝突理論與學校領導，台聯，1994 年。

范瑞薇譯，Drucker, P. F. & Paschek, P. 編著，杜拉克談領導未來，知識流，2005 年。

侯世昌、蔡文杰，校園危機急轉彎，幼獅，1998 年。

祝基瀅，政治傳播學，三民書局，1995 年 2 月四版。

荊知仁、法治斌、張治安編，憲政改革芻議，修憲五大議題學術研討會，政治大學法學院出版，1991 年 5 月。

孫中山，政黨之要義在為國家造幸福為人民謀樂利，國父全集，中央文物供應社，1981 年 8 月。

翁秀淇，大眾傳播理論與實證，三民書局，2013 年。

黃昆輝，學校行政—理論與應用，五南書局，1988 年。

黃西玲，由美國大公司的合併看媒體的壟斷問題 (掌握資訊—談媒體經營問題)，正中書局，1998 年。

黃坤錦主編，校園危機與師資培訓，五南書局，2000 年。

黃富源、侯友宜，談判與危機處理，元照出版公司，2002 年。

黃炎東，國父新自由論與約翰穆勒自由論之比較研究，正中書局，1980 年 8 月。

黃炎東，自由的詮釋—穆勒之自由論，仙人掌子雜誌，1968 年 2 月 5 日第二卷第五號。

黃炎東，我們需要合理的校園言論—從自由主義大師約翰穆勒的自由論談起，大學生與校園言論，嵩山出版社，1987 年 4 月。

黃炎東，管理哲學與管理策略，中央警察大學出版社，2012 年 5 月。

黃炎東，中華民國憲法概要，五南圖書公司，2014 年。

黃炎東，法律與生活—解開現代人法律問題之迷思，新陸書局，2014 年 2 月。

黃炎東，憲政論—憲政變遷與體制改革，臺灣商務印書館，2014 年 2 月。

黃炎東，新世紀刑法釋要 (修訂甲版)，正中書局，2012 年 9 月。

黃炎東，新世紀刑事訴訟法釋要，中央警察大學出版社，2011 年 3 月。

黃炎東，組織衝突與危機處理，第 100 期國小校長儲訓班研習課程手冊，國立教育研究院籌備處，2004 年 4 月。

黃達業，美中經濟消長，信評見端倪，經濟日報，2011 年 8 月 15 日，A16 版。

陳萬達，媒介管理，揚智文化事業公司，2013 年 11 月二版二刷。

陳皎眉，人際關係，國立空中大學出版，1997 年 6 月初版。

陳鴻瑜，政治發展理論，桂冠圖書股份有限公司，1987 年 10 月。

康彰榮，梅克爾的政治攻關課，工商時報，2014 年 7 月 11 日 A6 版。

陳春山，全球科技企業法務管理，元照出版公司，2008 年 9 月二版一刷。

莫藜藜，建構新移民家庭的安全社會網，陳榮傳主編，新移民、新未來，新

臺灣人文教基金會，2008 年 1 月。

梁世武主編，政治傳播與競選策略，五南圖書公司，2006 年 5 月初版一刷。

華爾脫‧李博孟 (Walter Lippmann) 著，公共哲學 (The Public Philosophy)，黃胄譯，中華文化出版事業委員會，1958 年 4 月。

張宏源，媒體規劃策略與實務，亞太圖書，1999 年。

張永明，新聞傳播之自由與界限，永然文化公司，2000 年。

張金鑑，行政學典範，中國行政學會，1992 年。

張惠卿譯，Conklin, R. 原著，人際關係新法則 (How to get people to do things)，中國生產力，1996 年。

張佛泉，自由與人權，亞洲出版公司，1955 年 8 月初版。

莊克仁，電台管理學：ICRT 電台管理模式，正中書局，1998 年。

曾虛白，民意原理，華崗出版有限公司，民國 68 年 5 月 3 版。

飛利普‧萊斯禮 (Philip Lesly) 編著，石芳瑜、蔡承志、溫蒂雅、陳曉開等合譯，公關聖經—公關理論與實務全書（Lesly`s Handbook of public relation and communications；fifth edition, Philip Lesly, editor）商業周刊出版有限公司，2000 年。

紐則勳、賴祥蔚等，傳播倫理與法規，威斯曼文化事業公司，2011 年 3 月

彭懷恩，政治傳播：理論與實踐，風雲論壇有限公司，2007 年 11 月

彭懷恩，臺灣政治發展與民主化，風雲論壇有限公司，2005 年 5 月，修訂二版。

彭懷恩、胡祖慶編譯，進入政治學的世界，洞察出版社，1989 年 3 月初版。

彭懷恩，臺灣政治發展與民主化，風雲論壇有限公司，2005 年 5 月修訂二版。

楚崧秋，新聞與我，東大圖書公司，1995 年。

楚崧秋，大時代的新聞眼—一個終生新聞人的遠景，天下遠見出版股份有限公司，2012 年 5 月。

楊奕華，民生主義社會思想之法律基礎—從民生主義社會思想論法律基礎，1993 年 3 月。

雷競旋，選舉制度，洞察出版社，1989 年 3 月初版。

葛永光，政黨政治與民主發展，國立空中大學，2002 年 8 月第二版五刷。

葉玟妤，媒體人的法律保護，商周出版：家庭傳媒城邦分公司發行，2006 年。

趙明義，國家安全的理論與實際，時英出版社，2008 年 6 月。

趙永茂，憲法修改後地方自治法制化與中央與地方權限劃分問題之探討，中山社會科學季刊主辦之修憲後的憲政體制論文研討會，1991 年 7 月 12 日。

臺灣心會座談會，政府體制：總統制或內閣制？，2004 年 9 月 18 日。

鄭貞銘，民意與民意測驗，三民書局，2001 年。

鄭貞銘，新聞學與大眾傳播學，三民書局，2010 年。

鄭貞銘，文化、傳播、青年，中華日報社，1990 年。

潘維大、范建得、羅美隆、黃心怡修訂，商事法 (修訂 10 版)，2012 年 07 月 01 日

潘維大，公司法 (修訂 4 版)，2009 年 09 月 01 日

潘維大、黃心怡，法律與生活 (修訂 2 版)，2012 年 07 月 01 日

潘維大、黃心怡修訂，民法概要 (修訂二版)，2009 年 09 月 01 日

劉孔中，通訊傳播法：數位匯流、管治革新與法治國家，台灣本土法學雜誌公司，2010 年 8 月。

賴祥蔚，公關計畫—活用媒體曝光術，書泉出版社，2014 年 3 月初版二刷。

盧瑞鍾，內閣制優越論，三民書局，1995 年 6 月。

蔡念中、張宏源、莊克仁，傳播媒介經營與管理，亞太圖書，1996 年。

謝顒丞、鄭惠文、簡如君，2008 年 11 月，數位典藏知識與商業加值應用，圖書與資訊學刊，第 67 期，頁 23-38。ISSN 1023-2125。（國科會計畫編號：NSC 95-2422-H-144 -002 -）

謝顒丞等，2007 年 10 月，數位典藏學程期中診斷性評量之實證研究，藝術學報，第 81 期，第三卷第 2 期，頁 107-132。

謝顒丞、鄭惠文、李汝宥，2007 年 07 月，圖文傳播電子書之製作與出版，傳播管理學刊，第 8 卷第 2 期，頁 75-95。（國科會計畫編號：NSC 94-2422-H-004 –EC3）

謝顒丞、鄭仰茹，2006 年 03 月，電子書現況分析與發展趨勢，2006 中華印刷科技年報，頁 515-531。（國科會計畫編號：NSC 93-2422-H-144 -002 -EC3）

謝顒丞，2005 年 10 月，數位典藏之應用加值—以「植物染與編織藝術數位應用加值中心」為例，藝術學報，第 77 期，頁 11-30。（國科會計畫編號：NSC 93-2422-H-144-001）

謝顒丞、林巧雲，2005，從「朱銘雕塑數位園區加值應用中心」淺談數位典藏加值應用，藝術欣賞月刊，第 9 期，頁 34-38。（國科會計畫編號：NSC 94-2422-H-144-002）

謝顒丞、林政榮，2004，國內外數位出版發展現況與趨勢，數位內容新世紀，第 14 期，頁 10-15。

謝顒丞、簡如君、鄭思怡，金門國家公園數位典藏建置與管理，2009 科技與學習國際學術研討會—專案管理於數位學習及人力發展之運用，2009年 11 月 30 日，國立屏東教育大學，臺灣，屏東。

謝顒丞、陳書宇、鄭元皓、鄭惠文，應用複合式過網技術在平版印刷之印刷品質特性探討，2007 圖文傳播藝術與科技國際研討會，2007 年 12 月 05 日，國立臺灣藝術大學，臺灣，台北。頁 178-214。（國科會計畫補助編號：NSC 95-2221-E-144 -001 -MY2）

謝顒丞，e 世代圖文傳播藝術與科技之創新與突破研究，國防大學中正理工學院測繪系專題演講，2005 年 1 月 7 日，國防大學中正理工學院，台灣，台北。

謝顒丞，典藏文物數位化品質驗證中心之 SWOT 分析，數位典藏作業規劃與品質管理研討會，2004 年 12 月 3 日，中國文化大學，台灣，台北。

謝瑞智，犯罪與刑事政策，正中書局，2000 年初版。

謝瑞智，政治變遷與國家發展，三民書局，2010 年 3 月。

薛化元，民主憲政與民族主義的辨證發展張君勱思想研究，稻禾，1993 年 2 月。

蘇起，美國怎麼了？美債風暴與美中台關係，聯合報，2011 年 8 月 13 日 A4 版。

貳、英文部份

A.Leiserson (1958), Parties and Politics: An Institution and Behavioral Approach (New York: Knopt Co.)

Arend Lijphart, (1984) "Trying to Have the Best to Both Worlds: Semi-Proportional and Mixed Systems." In Arend Lijphart and Bernar Grofman, eds., Choosing An Electoral System. (New York: Praeger)

Bernays, E. L.(1975).Public Relations. Norman, OK : University of Oklahoma press.

Binder Leonard (1971), et.al. Crises & Sequences in Political Development"
(Princeton University Press).

C. J. Friendrich and Z. K. Brzeinski (1965), Totalitarian Dictatorship and Autocracy
(2nd ed.; Cambridge, Mass. Harvard University Press).

Clark W. Bouton (1965), John Stuart Mill: On Liberty and History, The Western
Political Quarterly, vol. XVIII, No.3, Sept.

Communication Politics (1980), Leicester University Press, 1986 Robert G.
Meadow, Politics as Communication, Norwood: Ables.

Dante Germino (1972), Modern Western Political Thought: Machiavelli to Marx
Rand McVally &Company, Chicago.

Fishman, D. A. (1999), The Handbook of Crisis Communication, p.160. Wiley-
Blackwell Publishing Ltd.

Fitzjames Stephen (1874), prefer to the 2nd edition of Liberty, Equality, Fraternity,
P. X.

F. W. Riggs (1944), Presidentialism: An Empirical Theory (Hawaii: University of
Hawaii)

Hacker, Andrew (1965), Political Theory : Philosophy, Ideology, Science, The
Macmillan Company, New York.

H. J. McCloskey (1969), Mill's Liberalism, Issac Kramnick (ed.), Essays In The
Political Thought, Prentice-Hall, Inc., Englewood Cliffs, New Jersey.

James Bryce (1924), Modern Democracies, New York Macmillan.

J. C. Ress (1969), A Re-Reading of Mill on liberty, (ISSAC KRAMWICK(ed.),

Essays In The History of Political Thought, Prentice-Hall, Inc., Englewood Cliffs, New Jersey.

Joseph La Palobara and Myron Weine (1960), (ed.)〞Parties and Political Development: (Princeton University Press).

J. W. N. Watkins (1966), John Stuart Mill and The Liberty of Individual, in David Thomason(ed.), Political Ideals, C. A. Watts & Co., New York.

Maurice Duverger (1963), Political Parties: Their Organization and Activity in the Modern State, New York: John Wiley & Sons, Inc.

Myron Weiner (ed.)(1966), Modernization: The Dynamics of Growth, Voice of America, Forum Lectures.

Palmer Monte (1973), The Dilemmas of Political Development: An Introduction to the Political Parties. Chicago University Press.

Robbins, S. P. (1997), Organizational Behavior: Concept, Controversies, and Applications. Prentice Hall International.

R. P. Anschuts (1953), The Philosophy of J. S. Mill, Oxford, At the Clarendon Press.

Samuel P. Huntington (1968), 〝Political Develop and Political Decay〞World Politics, XV II, No.3 (April 1965), pp.380-430. Samuel P. Huntington, Political Order in Changing Societies (New Haven, Yale University Press).

Samuel P. Huntington (1968), 〝Political Modernization: American vs. Europe〞, Reinhard Bendix ed., State and society (Little, Brown and Company, Boston).

Sigmund Neumann, (1956)〞Toward a Comparative Study of Political Parties〞, in Neumann, ed., Modern Political Parties. Chicago University Press.

Sir James (1873), Liberty, Equality, Fraternity (London Smith, Elder & Co.)

Steinberg, C. S. (1980). The Information Establishment: Our Government and the Media. N.Y.: Hastings House.

Spitzberg, B. H. and Cupach, W. R. (1984). Interpersonal Communication Competence. Beverly Hills Calif.: Sage, p.63.

W. A. Dunning (1920), A History of Political Theories: From Rousseau to Spencer, The MacMillan Company, New York.

附錄一　通訊傳播基本法

中華民國 92 年 12 月 26 日　　　制定 17 條
中華民國 93 年 1 月 7 日公布

第一條（立法目的）

為因應科技匯流，促進通訊傳播健全發展，維護國民權利，保障消費者利益，提升多元文化，特制定本法。

第二條（名詞定義）

本法用詞定義如下：

一、通訊傳播：指以有線、無線、衛星或其他電子傳輸設施傳送聲音、影像、文字或數據者。

二、通訊傳播事業：指經營通訊傳播業務者。

第三條（通訊傳播委員會之設置）

為有效辦理通訊傳播之管理事項，政府應設通訊傳播委員會，依法獨立行使職權。

國家通訊傳播整體資源之規劃及產業之輔導、獎勵，由行政院所屬機關依法辦理之。

第四條（通訊傳播監督管理基金之設置）

政府應設置通訊傳播監督管理基金，以支應通訊傳播監理業務所需各項支出。

第五條（以人性尊重及多元文化願景為目標）

通訊傳播應維護人性尊嚴、尊重弱勢權益、促進多元文化均衡發展。

第六條（通訊傳播新技術及服務之發展）

政府應鼓勵通訊傳播新技術及服務之發展；無正當理由，不得限制之。

通訊傳播相關法規之解釋及適用，應以不妨礙新技術及服務之提供為原則。

第七條（避免因不同傳輸技術而為差別管理）

政府應避免因不同傳輸技術而為差別管理。但稀有資源之分配，不在此限。

第八條（互通應用為通訊傳播技術規範及相關審驗工作之原則）

通訊傳播技術規範之訂定及相關審驗工作，應以促進互通應用為原則。

第九條（保障消費者權益為通訊傳播事業之職責）

通訊傳播事業對於消費之必要資訊應予公開並提供公平合理之服務，以保障消費者權益。

第十條（通訊傳播稀有資源之分配及管理原則）

通訊傳播稀有資源之分配及管理，應以公平、效率、便利、和諧及技術中立為原則。

第十一條（政府促進網路互連之義務）

政府應採必要措施，促進通訊傳播基礎網路互連。

前項網路互連，應符合透明化、合理化及無差別待遇之原則。

第十二條（政府促進通訊傳播接近使用及普及之義務）

政府應配合通訊傳播委員會之規畫採必要措施，促進通訊傳播之接近使用及服務之普及。

第十三條（績效報告及改進建議）

通訊傳播委員會每年應就通訊傳播健全發展、維護國民權利、保障消費者利益、提升多元文化、弱勢權益保護及服務之普及等事項，提出績效報告

及改進建議。

改進建議涉及現行法律之修正者，通訊傳播委員會應說明修正方針及其理由。

前項績效報告、改進建議，應以適當方法主動公告之並送立法院備查。

第十四條（遇天災或緊急事故發生得採取必要應變措施）

遇有天然災害或緊急事故或有發生之虞時，政府基於公共利益，得要求通訊傳播事業採取必要之應變措施。

第十五條（政府參與國際合作之任務）

為提升通訊傳播之發展，政府應積極促進、參與國際合作，必要時，得依法委託民間團體辦理。

第十六條（通訊傳播相關法規之修正）

政府應於通訊傳播委員會成立後二年內，依本法所揭示原則，修正通訊傳播相關法規。

前項法規修正施行前，其與本法規定牴觸者，通訊傳播委員會得依本法原則為法律之解釋及適用；其有競合者，亦同。

第十七條（施行日）

本法自公布日施行。

附錄二　廣播電視法

中華民國 64 年 12 月 26 日	制定 51 條
中華民國 65 年 1 月 8 日公布	
中華民國 71 年 5 月 25 日	修正第 2 至 4, 33, 42 至 44 條，增訂第 14 之 1, 29 之 1, 45 之 1, 45 之 2 條
中華民國 71 年 6 月 7 日公布	
中華民國 82 年 7 月 14 日	刪除第 20 條
中華民國 82 年 8 月 2 日公布	
中華民國 88 年 3 月 30 日	修正第 44 條
中華民國 88 年 4 月 21 日公布	
中華民國 91 年 12 月 31 日	修正第 10, 12, 32, 42, 43 條，增訂第 10 之 1, 10 之 2, 12 之 1, 12 之 2, 26 之 1, 44 之 1, 50 之 1 條
中華民國 92 年 1 月 22 日公布	
中華民國 92 年 12 月 9 日	修正第 1, 3 至 6, 8 至 11, 13, 14, 17 至 19, 25 至 29, 29 之 1, 30, 31, 33, 37, 40, 41, 44, 50 條，增訂第 5 之 1, 5 之 2 條
中華民國 92 年 12 月 24 日公布	
中華民國 95 年 5 月 26 日	修正第 12 條
中華民國 95 年 6 月 14 日公布	
中華民國 100 年 6 月 14 日	修正第 10, 10 之 1, 12, 50 之 1 條，增訂第 45 之 3 條，刪除第 10 之 2 條
中華民國 100 年 6 月 29 日公布	

第一章　總則

第一條（立法目的）

　　為促進廣播、電視事業之健全發展，維護媒體專業自主，保障公眾視聽權益，增進公共利益與福祉，特制定本法。

第二條（名詞解釋）

本法用辭釋義如左：

一、稱廣播者，指以無線電或有線電傳播聲音，籍供公眾直接之收聽。

二、稱電視者，指以無線電或有線電傳播聲音、影像，籍供公眾直接之收視與收聽。

三、稱廣播、電視電臺者，指依法核准設立之廣播電臺與電視電臺，簡稱電臺。

四、稱廣播、電視事業者，指經營廣播電臺與電視電臺之事業。

五、稱電波頻率者，指無線電廣播、電視電臺發射無線電波所使用之頻率。

六、稱呼號者，指電臺以文字及數字序列表明之標識。

七、稱電功率者，指電臺發射機發射電波強弱能力，以使用電壓與電流之乘積表示之。

八、稱節目者，指廣播與電視電臺播放有主題與系統之聲音或影像，內容不涉及廣告者。

九、稱廣告者，指廣播、電視或播放錄影內容為推廣宣傳商品、觀念或服務者。

十、稱錄影節目帶者，指使用錄放影機經由電視接收機或其他類似機具播映之節目帶。

十一、稱廣播電視節目供應事業者，指經營、策劃、製作、發行或託播廣播電視節目、廣告、錄影節目帶之事業。

第三條（主管機關）

廣播、電視事業之主管機關為國家通訊傳播委員會，獨立超然行使職權。

前項委員會組織，應於本法修正施行後一年內以法律定之。

前項組織法律未施行前，廣播、電視事業及廣播電視節目供應事業之主管機關為行政院新聞局。電臺主要設備及工程技術之審核、電波監理、頻率、呼號及電功率之使用與變更、電臺執照之核發與換發，由交通部主

管；其主要設備，由交通部定之。

第四條（電波頻率之規劃支配）

廣播、電視事業使用之電波頻率，為國家所有，由交通部會同主管機關規
劃支配。

前項電波頻率不得租賃、借貸或轉讓。

[相關條文]

第五條（廣播電視事業種類）

政府為特定目的，以政府名義所設立者，為公營廣播、電視事業。由中華
民國人民組設之股份有限公司或財團法人所設立者，為民營廣播、電視事
業。

廣播、電視事業最低實收資本額及捐助財產總額，由主管機關定之。

無中華民國國籍者不得為廣播、電視事業之發起人、股東、董事及監察
人。

政府、政黨、其捐助成立之財團法人及其受託人不得直接、間接投資民營
廣播、電視事業。

除法律另有規定外，政府、政黨不得捐助成立民營廣播、電視事業。

本法修正施行前，政府、政黨、其捐助成立之財團法人及其受託人有不符
前二項所定情形之一者，應自本法修正施行之日起二年內改正。

主管機關應自本法修正施行之日起六個月內，就不符第四項規定之政府、
政府投資之事業、政府捐助成立之財團法人，制定其持有民營廣播、電視
事業股份之處理方式，並送立法院審查通過後施行。

〔相關條文〕

第五條之一（政黨政務人員及公職人員之限制）

政黨黨務工作人員、政務人員及選任公職人員不得投資廣播、電視事業；
其配偶、二親等血親、直系姻親投資同一廣播、電視事業者，其持有之股
份，合計不得逾該事業已發行股份總數百分之一。

本法修正施行前，廣播、電視事業有不符前項情形者，應自本法修正施行之日起二年內改正。

政府、政黨、政黨黨務工作人員及選任公職人員不得擔任廣播、電視事業之發起人、董事、監察人及經理人。

本法修正施行前，廣播、電視事業有不符前項情形者，應自本法修正施行之日起六個月內解除其職務。

〔相關條文〕

第五條之二（政黨政務人員及公職人員之範圍）

前條所稱政黨黨務工作人員、政務人員及選任公職人員之範圍，於本法施行細則定之。

〔相關條文〕

第六條（播送節目之禁止）

廣播、電視事業不得播送有候選人參加，且由政府出資或製作之節目、短片及廣告；政府出資或製作以候選人為題材之節目、短片及廣告，亦同。

〔相關條文〕

第七條（電臺之停播與轉播特定節目）

遇有天然災害、緊急事故時，政府為維護公共安全與公眾福利，得由主管機關通知電臺停止播送，指定轉播特定節目或為其他必要之措施。

〔相關條文〕

第二章　電臺設立

第八條（電臺之設立與分配）

電臺應依電波頻率之分配，力求普遍均衡；其設立數目與地區分配，由主管機關會同交通部定之。

第九條（空中教學與國際廣播之播放）

為闡揚國策，配合教育需求，提高文化水準，播放空中教學與辦理國際廣播需要，應保留適當之電波頻率；其頻率由主管機關與交通部會同有關機關定之。

第十條（廣播、電視事業申請設立許可程序及營運計畫應載事項）

廣播、電視事業應經主管機關許可，並發給廣播、電視執照，始得營運。

廣播、電視事業之許可，主管機關得考量設立目的、開放目標、市場情況、消費者權益及其他公共利益之需要，採評審制、拍賣制、公開招標制或其他適當方式為之。

廣播、電視事業各次開放之服務區域、執照張數、許可方式及其他相關事項，由主管機關公告之。

申請經營廣播、電視事業者，應檢具設立申請書、營運計畫及其他規定文件，向主管機關申請籌設；經核可或得標者，由主管機關發給籌設許可。

前項營運計畫，應載明下列各款事項：

一、總體規劃。

二、人事結構及行政組織。

三、經營計畫及營運時程規劃。

四、節目規劃、內部流程控管及廣告收費原則。

五、財務結構。

六、如為付費收視聽者，其收費基準及計算方式。

七、人才培訓計畫。

八、設備概況及建設計畫。

九、其他經主管機關指定之事項。

申請籌設應具備之文件不全或其記載內容不完備者，主管機關得以書面通知申請者限期補正；屆期不補正或補正不完備者，不予受理。

主管機關發給籌設許可前，得命申請者依規定繳交履行保證金；申請者未依規定籌設或未依核可之營運計畫完成籌設者，主管機關不退還其履行保

證金之全部或一部，並得廢止其籌設許可。

廣播、電視事業許可之資格條件與程序、申請書與營運計畫應載明事項之細項、事業之籌設及執照之取得、履行保證金之繳交方式與核退條件及其他應遵行事項之辦法，由主管機關定之。

第十條之一（申請電臺架設許可及電臺執照）

取得廣播、電視事業籌設許可者，應於六個月內依電信法第四十六條規定向主管機關申請核發電臺架設許可證，於完成架設後，申請電臺執照，並應於取得電臺執照後六個月內，申請核發廣播或電視執照。

廣播、電視事業之營運計畫有變更者，應向主管機關申請核准。

廣播、電視事業於主管機關許可之原服務區域內增設分臺者，應向主管機關申請營運計畫變更。

〔相關條文〕

第十條之二

（刪除）

第十一條（電視增力機、變頻機及公共天線之設立）

電視增力機、變頻機及社區共同天線電視設備設立辦法，由主管機關會同交通部定之。

第十二條（執照之有效期間）

廣播或電視執照，有效期間為九年。

前項執照於有效期間屆滿前，應依主管機關之公告，申請換發執照。申請換發執照之資格、條件與程序及其應遵行事項之辦法，由主管機關定之。

依前項規定申請換發執照者，應於執照有效期間屆滿前一年內為之。

申請換發廣播或電視執照所繳交之文件，經主管機關審查認應補正時，應以書面通知廣播、電視事業限期補正；屆期不補正或補正不全者，駁回其申請。

換發廣播或電視執照申請書格式及附件，由主管機關定之。

主管機關應就廣播或電視事業所提出之營運計畫執行情形，每三年評鑑一次。

前項評鑑結果未達營運計畫且得改正者，主管機關應通知限期改正；無法改正者，主管機關得廢止其許可並註銷廣播、電視執照。

第十二條之一（審查申請換發廣播或電視執照應審酌事項）

主管機關審查申請換發廣播或電視執照案件時，應審酌左列事項：

一、營運計畫執行情形、頻率運用績效評鑑結果及未來之營運計畫。

二、財務狀況。

三、電臺發射機及天線地點是否與核准者相符。

四、營運是否符合特定族群或服務區域民眾需求。

五、依本法受獎懲之紀錄及足以影響電臺營運之事項。

前項審查結果，主管機關認該事業營運不善有改善之必要時，應以書面通知其限期改善；屆期不改善或改善無效者，駁回其申請。

前項改善期間，主管機關得發給臨時執照，其有效期間為三個月，並以一次為限。

第十二條之二（執照毀損、變更或遺失之換、補發）

廣播、電視執照毀損或所載內容有變更時，應於毀損或變更後十五日內向主管機關申請換發；遺失時，應登報聲明作廢，並於十五日內申請補發。

依前項規定補發或換發之廣播、電視執照，以原執照之有效期間為其有效期間。

〔相關條文〕

第十三條（廣播電視事業組織負責人從事人員之資格）

廣播、電視事業之組織及其負責人與從業人員之資格，應符合主管機關之規定。

〔相關條文〕

第十四條（應經主管機關許可事項）

廣播、電視事業之停播，股權之轉讓，變更名稱或負責人，應經主管機關許可。

前項停播時間，除不可抗力外，逾三個月者，其電波頻率，由交通部收回。

〔相關條文〕

第十四條之一（廣播電視事業發展基金之建立）

廣播、電視事業經營有盈餘時，應提撥部分盈餘充作提高廣播、電視事業水準及發展公共電視之基金；其徵收方式、標準、及基金之管理運用，另以法律定之。

〔相關條文〕

第十五條（電臺設備標準及工程人員資格之規定）

電臺設備標準及廣播、電視事業工程人員資格，應符合交通部之規定。

〔相關條文〕

第三章　節目管理

第十六條（節目分類）

廣播、電視節目分為左列四類：

一、新聞及政令宣導節目。

二、教育文化節目。

三、公共服務節目。

四、大眾娛樂節目。

第十七條（節目之內容標準與時間分配）

前條第一款至第三款節目之播放時間所占每週總時間，廣播電臺不得少於百分之四十五，電視電臺不得少於百分之五十。

大眾娛樂節目，應以發揚中華文化，闡揚倫理、民主、科學及富有教育意義之內容為準。

各類節目內容標準及時間分配，由主管機關定之。

〔相關條文〕

第十八條（具特種任務或專業性電臺播放節目之分配）

電臺具有特種任務或為專業性者，其所播放節目之分配，由主管機關會同有關機關定之。

第十九條（自製節目之比例及外國語言節目之規定）

廣播、電視節目中之本國自製節目，不得少於百分之七十。

外國語言節目，應加映中文字幕或加播國語說明，必要時主管機關得指定改配國語發音。

〔相關條文〕

第二十條

（刪除）

〔相關條文〕

第二十一條（節目內容之禁止規定）

廣播、電視節目內容，不得有左列情形之一：

一、損害國家利益或民族尊嚴。

二、違背反共復國國策或政府法令。

三、煽惑他人犯罪或違背法令。

四、傷害兒童身心健康。

五、妨害公共秩序或善良風俗。

六、散佈謠言、邪說或淆亂視聽。

〔相關條文〕

第二十二條（偵查不公開原則）

廣播、電視節目對於尚在偵查或審判中之訴訟事件，或承辦該事件之司法人員或有關之訴訟關係人，不得評論；並不得報導禁止公開訴訟事件之辯論。

〔相關條文〕

第二十三條（錯誤報導之更正與責任）

對於電臺之報導，利害關係人認為錯誤，於播送之日起，十五日內要求更正時，電臺應於接到要求後七日內，在原節目或原節目同一時間之節目中，加以更正；或將其認為報導並無錯誤之理由，以書面答覆請求人。

前項錯誤報導，致利害關係人之權益受有實際損害時，電臺及其負責人與有關人員應依法負民事或刑事責任。

〔相關條文〕

第二十四條（評論之答辯）

廣播、電視評論涉及他人或機關、團體，致損害其權益時，被評論者，如要求給予相等之答辯機會，不得拒絕。

〔相關條文〕

第二十五條（節目之審查）

電臺播送之節目，除新聞外，主管機關均得審查；其辦法由主管機關定之。

〔相關條文〕

第二十六條（節目之指定）

主管機關得指定各公、民營電臺，聯合或分別播送新聞及政令宣導節目。

〔相關條文〕

第二十六條之一（電視節目內容分級）

主管機關應依電視節目內容予以分級，限制觀看之年齡、條件；其分級處

理辦法，由主管機關定之。電視事業應依處理辦法播送節目。

主管機關得指定時段，播送特定節目。

〔相關條文〕

第二十七條（節目時間表之核備）

電臺應將其節目時間表，事前檢送主管機關核備；變更節目時亦同。

〔相關條文〕

第二十八條（輸出輸入節目之許可）

無論任何類型之節目，凡供電臺使用者，其輸入或輸出，均應經主管機關許可。

〔相關條文〕

第二十九條（播放節目之許可）

電臺利用國際電信轉播設備，播放國外節目，或將國內節目轉播國外者，應先經主管機關許可。

〔相關條文〕

第二十九條之一（廣播電視節目供應事業之設置）

廣播電視節目供應事業之設立，應經主管機關許可，其節目內容及有關管理事項準用第二十一條、第二十五條、第二十八條及第三十四條之規定。

〔相關條文〕

第四章　廣告管理

第三十條（播送廣告之許可）

民營電臺具有商業性質者，得播送廣告。其餘電臺，非經主管機關許可，不得為之。

〔相關條文〕

第三十一條（播送廣告時間與方式）

電臺播送廣告，不得超過播送總時間百分之十五。

有關新聞及政令宣導節目，播放之方式及內容，不得由委託播送廣告之廠商提供。

廣告應於節目前後播出，不得於節目中間插播；但節目時間達半小時者，得插播一次或二次。

廣告播送方式與每一時段中之數量分配，由主管機關定之。

〔相關條文〕

第三十二條（廣告內容之禁止規定）

第二十一條及第二十六條之一第二項規定，於廣告準用之。

〔相關條文〕

第三十三條（廣告內容之審查）

電臺所播送之廣告，應與節目明顯分開；內容應依規定送請主管機關審查。經許可之廣告內容與聲音、畫面，不得變更。

經許可之廣告，因客觀環境變遷者，主管機關得調回複審。

廣告內容審查標準，由主管機關定之。

〔相關條文〕

第三十四條（廣告內容核准）

廣告內容涉及藥品、食品、化粧品、醫療器材、醫療技術及醫療業務者，應先送經衛生主管機關核准，取得證明文件。

〔相關條文〕

第三十五條（電臺設備交由他人直接使用之禁止）

廣播、電視事業之負責人或其他從業人員，不得將電臺設備之全部或一部，交由委託播送廣告者直接使用。

〔相關條文〕

第五章　獎勵輔導

第三十六條（獎勵事項）

廣播、電視事業合於左列情形之一者，應予獎勵：

一、宣揚國策或闡揚中華文化，成績卓著者。

二、維護國家或社會安全，具有績效者。

三、辦理國際傳播，對文化交流有重大貢獻者。

四、推行社會教育或公共服務，成績卓著者。

五、參加全國性或國際性比賽，獲得優勝或榮譽者。

六、在邊遠、貧瘠或特殊地區，經營廣播、電視事業、成績卓著者。

七、對廣播、電視學術有重大貢獻，或廣播、電視技術有發明者。

前項獎勵規定，對廣播、電視事業負責人與從業人員及節目供應事業準用之。

第三十七條（獎牌獎狀獎金之核給）

前條之獎勵，除合於其他法律之規定者，依其規定辦理外，由主管機關核給獎牌、獎狀或獎金。

第三十八條（有關機關應予便利事項）

電臺採訪新聞或徵集對業務有關之資料，有關機關應予以便利。

第三十九條（優先辦理事項）

電臺委託或利用國營交通事業機構，傳遞新聞或電波信號時，得視需要優先辦理。

第四十條（限制建築事項）

電臺電波發射機天線周圍地區，因應國家利益需要，得由主管機關會同內政部、交通部劃定範圍，報經行政院核定後，函請當地主管建築機關，限制建築。

第六章　罰則

第四十一條（處分種類）

廣播、電視事業違反本法規定者，視情節輕重，由主管機關予以左列處分：

一、警告。

二、罰鍰。

三、停播。

四、吊銷執照。

第四十二條（警告之處分）

廣播、電視事業有左列情形之一者，予以警告：

一、違反第十條之一第二項、第十二條之二第一項、第十三條至第十五條、第十七條、第十九條、第二十條或第三十一條規定者。

二、違反第二十三條第一項、第二十四條、第二十五條或第三十三條第一項規定者。

三、違反依第二十六條之一第一項所定分級處理辦法者。

〔相關條文〕

第四十三條（罰鍰之處分）

有左列情形之一者，電視事業處五千元以上、二十萬元以下罰鍰；廣播事業處三千元以上、三萬元以下罰鍰：

一、經警告後不予改正，或在一年以內再有前條情形者。

二、播送節目或廣告，違反第二十一條第三款至第六款規定之一或第三十二條準用第二十一條第三款至第六款規定之一者。

三、違反第二十二條、第二十七條至第二十九條或第三十四條規定者。

四、違反第三十三條第一項規定情節重大者。

五、未依第二十六條之一第二項或第三十二條準用第二十六條之一第二項

指定之時段播送節目、廣告者。

廣播、電視事業因播送節目或廣告受前項規定處分者，得停止該一節目或廣告之播送。

〔相關條文〕

第四十四條（罰鍰及停播處分）

廣播、電視事業有左列情形之一者，除處三萬元以上、四十萬元以下罰鍰外，並得予以三日以上、三個月以下之停播處分：

一、一年內經處罰二次，再有前二條情形者。

二、播送節目或廣告，其內容觸犯或煽惑他人觸犯妨害公務罪、妨害投票罪、妨害秩序罪、褻瀆祀典罪、妨害性自主罪或妨害風化罪，情節重大，經判決確定者。

三、播送節目或廣告，違反第二十一條第一款或第二款規定者。

四、播送節目或廣告，違反第二十一條第三款至第六款之一，情節重大者。

五、違反第三十條規定，擅播廣告者。

六、違反第三十五條規定者。

違反第五條、第五條之一第三項、第四項或第六條規定者，處廣播、電視事業十萬元以上、一百萬元以下罰鍰，並通知限期改正，逾期不改正者，得按次連續處罰。

〔相關條文〕

第四十四條之一（廣播電視廢止許可之情形）

申請設立廣播、電視事業者，於許可設立後，有左列情形之一者，主管機關得廢止其許可：

一、違反第十條之一第二項規定，情節重大者。

二、未於取得設立許可六個月內申請電臺架設許可證、未於電臺架設許可證有效期限內取得電臺執照或未於取得電臺執照六個月內申請廣播或電視執照者。

三、申請廣播或電視執照，經主管機關駁回者。

四、發起人所認股數變動達設立許可申請書所載預定實收資本額百分之五
　　十以上者。

五、捐助財產總額或實收資本額低於廣播、電視設立申請書所載者。

〔相關條文〕

第四十五條（吊銷廣播、電視執照）

廣播、電視事業有左列情形之一者，吊銷其廣播或電視執照：

一、播送節目或廣告，其內容觸犯或煽惑他人觸犯內亂罪、外患罪或懲治
　　叛亂條例之罪，經判決確定者。

二、播送節目或廣告，其內容違反第二十一條第一款或第二款規定，情節
　　重大者。

三、違反第四條第二項規定者。

四、違反主管機關依第七條或第二十六條所為之規定者。

五、被處分停播期間，擅自播送節目或廣告者。

六、一年以內已受定期停播處分二次，再有違反本法規定情事者。

前項第一款情形，在判決確定前，新聞局得於報請行政院核定後，先予停
播。

〔相關條文〕

第四十五條之一（未依法定程序架設設備之處分）

未依法定程序架設電臺、轉播站或其他播放系統者，處三萬元以上、四十
萬元以下罰鍰，並沒入其設備。

未依法定程序架設電視增力機、變頻機或社區共同天線電視設備者，沒入
其設備。

前二項沒入處分，得請當地該管警察機關協助執行之。

第四十五條之二（違反廣播電視節目供應事業設立之處分）

違反第二十九條之一之規定，經營、策劃、製作、發行或託播廣播電視節

目、廣告、錄影節目帶者,處三千元以上、三萬元以下罰鍰,並沒入其節目。

〔相關條文〕

第四十五條之三(於取得執照前營運及擅自增設分臺之處分)

取得廣播、電視事業籌設許可者,於取得廣播、電視執照前營運者,處三萬元以上三十萬元以下罰鍰,並通知立即停止營運;未停止營運者,得按次處罰,或廢止其籌設許可。

廣播、電視事業違反第十條之一第三項規定,擅自增設分臺者,處三萬元以上三十萬元以下罰鍰,並通知立即停止營運;未停止營運者,得按次處罰,或廢止其許可。

〔相關條文〕

第四十六條(吊銷執照)

依本法吊銷廣播或電視執照者,並由交通部吊銷其電臺執照。

第四十七條(罰鍰之強制執行)

依本法所處罰鍰,受處分人延不繳納者,得移送法院強制執行。

第四十八條(停播與吊銷執照處分之執行)

依本法所為停播或吊銷執照處分,受處分人抗不遵行者,得請該管警察機關協助執行之。

第四十九條(罰則之準用於從業人員)

廣播、電視事業負責人與從業人員及節目供應事業負責人與從業人員,違反本法之規定或依本法所為之規定者,得視情節輕重,準用第四十二條或第四十三條之規定。

前項人員涉及刑事責任者,依有關法律處理之。

〔相關條文〕

第七章　附則

第五十條（管理規則與電臺設備標準之訂定）

　　本法施行細則、廣播電視節目供應事業管理規則及廣播電視事業負責人與從業人員管理規則，由主管機關定之。

　　廣播電視事業工程人員管理規則及電臺設備標準，由交通部定之。

第五十條之一（規費收取）

　　主管機關依本法規定受理申請許可、審查、核發、換發、補發證照，應向申請者收取許可費、審查費及證照費；其收費標準，由主管機關定之。

第五十一條（施行日）

　　本法自公布日施行。

附錄三　有線廣播電視法

中華民國 82 年 7 月 16 日	制定 71 條
中華民國 82 年 8 月 11 日公布	
中華民國 88 年 1 月 15 日	原名稱為〔有線電視法〕，修正為本法並修正全文 76 條
中華民國 88 年 2 月 3 日公布	
中華民國 88 年 12 月 30 日	修正第 3 條
中華民國 89 年 1 月 19 日公布	
中華民國 90 年 5 月 18 日	修正第 19, 51, 63 條
中華民國 90 年 5 月 30 日公布	
中華民國 91 年 12 月 27 日	修正第 16, 19, 23, 39 條
中華民國 92 年 1 月 15 日公布	
中華民國 92 年 12 月 9 日	修正第 19, 20, 24, 68 條，增訂第 37 之 1 條
中華民國 92 年 12 月 24 日公布	
中華民國 96 年 1 月 12 日	增訂第 35 之 1 條
中華民國 96 年 1 月 29 日公布	

第一章　總則

第一條（立法目的）

　　為促進有線廣播電視事業之健全發展，保障公眾視聽之權益，增進社會福祉，特制定本法。

第二條（用辭定義）

　　本法用辭定義如下：

　　一、有線廣播電視：指以設置纜線方式傳播影像、聲音供公眾直接視、

聽。

二、有線廣播電視系統（以下簡稱系統）：指有線廣播電視之傳輸網路及包括纜線、微波、衛星地面接收等設備。

三、有線廣播電視系統經營者（以下簡稱系統經營者）：指依法核准經營有線廣播電視者。

四、頻道供應者：指以節目及廣告為內容，將之以一定名稱授權予有線電視系統經營者播送之供應事業，其以自己或代理名義為之者，亦屬之。

五、基本頻道：指訂戶定期繳交基本費用，始可視、聽之頻道。

六、付費頻道：指基本頻道以外，須額外付費，始可視、聽之頻道。

七、計次付費節目：指按次付費，始可視、聽之節目。

八、鎖碼：指需經特殊解碼程序始得視、聽節目之技術。

九、頭端：指接收、處理、傳送有線廣播、電視信號，並將其播送至分配線網路之設備及其所在之場所。

十、幹線網路：指連接系統經營者之頭端至頭端間傳輸有線廣播、電視信號之網路。

十一、分配線網路：指連接頭端至訂戶間之纜線網路及設備。

十二、插播式字幕：指另經編輯製作而在電視螢幕上展現，且非屬於原有播出內容之文字或圖形。

十三、有線廣播電視節目（以下簡稱節目）：指系統經營者播送之影像、聲音，內容不涉及廣告者。

十四、有線廣播電視廣告（以下簡稱廣告）：指系統經營者播送之影像、聲音，內容為推廣商品、觀念、服務或形象者。

第三條（主管機關）

本法所稱主管機關：在中央為行政院新聞局（以下簡稱新聞局）；在直轄市為直轄市政府；在縣（市）為縣（市）政府。

有線廣播電視系統工程技術管理之主管機關為交通部。

前項有關工程技術管理之規則，由交通部定之。

〔相關條文〕

第四條（經營電信業務之規定）

系統經營者經營電信業務，應依電信法相關規定辦理。

第五條（幹線網路之鋪設）

系統經營者自行設置之網路，其屬鋪設者，向路權管理機關申請；其屬附掛者，向電信、電業等機構申請。經許可籌設有線廣播電視者，亦同。

系統經營者前項網路之鋪設，得承租現有之地下管溝及終端設備；其鋪設網路及附掛網路應依有關法令規定辦理。

中央主管機關應會同交通部協助解決偏遠地區幹線網路之設置。

〔相關條文〕

第六條（網路通過他人土地或建物之鋪設方法、通知及變更鋪設）

前條第一項網路非通過他人土地或建築物不能鋪設，或雖能鋪設需費過鉅者，得通過他人土地或建築物鋪設之。但應擇其損害最少之處所及方法為之，並應為相當之補償。

前項網路之鋪設，應於施工三十日前以書面通知土地、建築物所有人或占有人。

依第一項規定鋪設網路後，如情事變更時，土地、建築物所有人或占有人得請求變更其鋪設。

對於前三項情形有異議者，得申請轄區內調解委員會調解之或逕行提起民事訴訟。

〔相關條文〕

第七條（天然災害或緊急事故之應變）

遇有天然災害或緊急事故時，主管機關為維護公共安全與公眾福利，得通知系統經營者停止播送節目，或指定其播送特定之節目或訊息。

前項原因消滅後，主管機關應即通知該系統經營者回復原狀繼續播送。

第一項之天然災害及緊急事故應變辦理，由中央主管機關定之。

〔相關條文〕

第二章　有線廣播電視審議委員會

第八條（審議委員會及審議事項）

中央主管機關設有線廣播電視審議委員會（以下簡稱審議委員會），審議下列事項：

一、有線廣播電視籌設之許可或撤銷許可。

二、有線廣播電視營運之許可或撤銷許可。

三、執行營運計畫之評鑑。

四、系統經營者與頻道供應者間節目使用費用及其他爭議之調處。

五、系統經營者間爭議之調處。

六、其他依本法規定或經中央主管機關提請審議之事項。

第九條（審議委員會之組成）

審議委員會置委員十三人至十五人，由下列人員組成之：

一、專家學者十人至十二人。

二、交通部、新聞局、行政院消費者保護委員會代表各一人。

審議委員會審議相關地區議案時，應邀請各該直轄市或縣（市）政府代表一人出席。出席代表之職權與審議委員相同。

審議委員中，同一政黨者不得超過二分之一；其擔任委員期間不得參加政黨活動。

〔相關條文〕

第十條（審議委員之產生及任期）

前條第一項第一款之委員由行政院院長遴聘，並報請立法院備查，聘期三年，期滿得續聘之，但續聘以一次為限。聘期未滿之委員因辭職、死亡或因故無法執行職務時，應予解聘，並得另聘其他人選繼任，至原聘期任滿

時為止。

〔相關條文〕

第十一條（審議會之主席）

審議委員會開會時由委員互推一人為主席，主持會議之進行。

第十二條（開議及決議人數）

審議委員會應有五分之三以上委員出席，始得開議，以出席委員過半數之同意，始得決議。

第十三條（決議方式）

審議委員會之決議方式，由審議委員會討論後決定之。

第十四條（審議委員之自行迴避）

審議委員會委員應本公正客觀之立場行使職權，有下列各款情形之一者，應自行迴避：

一、審議委員會委員或其配偶、前配偶或未婚配偶，為申請經營有線廣播電視之董事、監察人或經理人者。

二、審議委員會委員與申請經營有線廣播電視者之董事、監察人或經理人為五親等內之血親、三親等內之姻親或曾有此親屬關係者。

第十五條（申請迴避及裁決）

申請經營有線廣播電視者對於審議委員會委員，認為有偏頗之虞或其他不適格之原因，得申請迴避。

前項申請由主席裁決之。

第十六條（未自行迴避時所為決議之撤銷）

審議委員會委員應自行迴避而不迴避時，中央主管機關於會議決議後一個月內，得逕行或應利害關係人之申請，撤銷該會議所為之決議。其經籌設許可或營運許可者，中央主管機關應撤銷其許可，並註銷其許可證。

審議委員會對前項撤銷之事項，應重行審議及決議。

第十七條（審議規則之訂定）

審議委員會之審議規則，由中央主管機關定之。

第三章　營運管理

第十八條（申請許可）

有線廣播電視之籌設、營運，應申請中央主管機關許可。

第十九條（經營者身分之限制）

系統經營者之組織，以股份有限公司為限。

外國人直接及間接持有系統經營者之股份，合計應低於該系統經營者已發行股份總數百分之六十，外國人直接持有者，以法人為限，且合計應低於該系統經營者已發行股份總數百分之二十。

系統經營者最低實收資本額，由中央主管機關定之。

政府、政黨、其捐助成立之財團法人及其受託人不得直接、間接投資系統經營者。

本法修正施行前，政府、政黨、其捐助成立之財團法人及其受託人有不符前項所定情形者，應自本法修正施行之日起二年內改正。

系統經營者不得播送有候選人參加，且由政府出資或製作之節目、短片及廣告；政府出資或製作以候選人為題材之節目、短片及廣告，亦同。

〔相關條文〕

第二十條（本國籍董事、政黨公職人員之限制）

系統經營者具有中華民國國籍之董事，不得少於董事人數三分之二；監察人，亦同。

董事長應具有中華民國國籍。

政黨黨務工作人員、政務人員及選任公職人員不得投資系統經營者；其配偶、二親等血親、直系姻親投資同一系統經營者，其持有之股份，合計不

得逾該事業已發行股份總數百分之一。本法修正施行前，系統經營者有不符規定者，應自本法修正施行之日起二年內改正。

政府、政黨、政黨黨務工作人員及選任公職人員不得擔任系統經營者之發起人、董事、監察人或經理人。本法修正施行前已擔任者，系統經營者應自本法修正施行之日起六個月內解除其職務。

前二項所稱政黨黨務工作人員、政務人員及選任公職人員之範圍，於本法施行細則定之。

〔相關條文〕

第二十一條（系統經營者與其關係企業及直接間接控制者間之限制）

系統經營者與其關係企業及直接、間接控制之系統經營者不得有下列情形之一：

一、訂戶數合計超過全國總訂戶數三分之一。

二、超過同一行政區域系統經營者總家數二分之一。但同一行政區域只有一系統經營者，不在此限。

三、超過全國系統經營者總家數三分之一。

前項全國總訂戶數、同一行政區域系統經營者總家數及全國系統經營者總家數，由中央主管機關公告之。

〔相關條文〕

第二十二條（營運計畫之載明及提出）

申請有線廣播電視之籌設，應填具申請書連同營運計畫，於公告期間內向中央主管機關提出。

營運計畫應載明下列事項：

一、有線廣播電視經營地區。

二、系統設置時程及預定開播時間。

三、財務結構。

四、組織架構。

五、頻道之規劃及其類型。

六、自製節目製播計畫。

七、收費標準及計算方式。

八、訂戶服務。

九、服務滿意度及頻道收視意願調查計畫。

十、工程技術及設備說明。

十一、業務推展計畫。

十二、人材培訓計畫。

十三、技術發展計畫。

十四、董事、監察人、經理人，或發起人之姓名（名稱）及相關資料。

十五、其他中央主管機關指定之事項。

〔相關條文〕

第二十三條（外國人投資之限制）

對於有外國人投資之申請籌設、營運有線廣播電視案件，中央主管機關認該外國人投資對國家安全、公共秩序或善良風俗有不利影響者，得不經審議委員會之決議，予以駁回。

外國人申請投資有線廣播電視，有前項或違反第十九條第二項規定情形者，應駁回其投資之申請。

〔相關條文〕

第二十四條（不予許可申請籌設、營運之情形）

申請籌設、營運有線廣播電視之案件有下列情形之一者，審議委員會應為不予許可之決議：

一、違反第十九條或第二十條規定者。

二、違反第二十一條規定者。

三、工程技術管理不符合交通部依第三條第三項所定之規則者。

四、申請人因違反本法規定經撤銷籌設或營運許可未逾二年者。

五、申請人之董事、監察人或經理人有公司法第三十條各款情事之一者。

〔相關條文〕

第二十五條（許可之情形）

申請籌設、營運有線廣播電視案件符合下列規定者，審議委員會得為許可之決議：

一、申請人之財務規劃及技術，足以實現其營運計畫者。

二、免費提供專用頻道供政府機關、學校、團體及當地民眾播送公益性、藝文性、社教性等節目者。

三、提供之服務及自製節目符合當地民眾利益及需求者。

〔相關條文〕

第二十六條（申請書及營運計畫之變更）

申請書及營運計畫內容於獲得籌設許可後有變更時，應向中央主管機關為變更之申請。但第二十二條第二項第四款、第十一款、第十二款內容變更者，不在此限。

前項變更內容屬設立登記事項者，應於中央主管機關許可變更後，始得辦理設立或變更登記。

系統經營者之董事、監察人或經理人變更時，準用前二項規定。

〔相關條文〕

第二十七條（申請之准駁及覆議）

對於申請籌設有線廣播電視案件，審議委員會決議不予許可者，中央主管機關應附具理由駁回其申請；其決議許可者，中央主管機關應發給申請人籌設許可證。

不服前項駁回之處分，申請人得於駁回通知書送達之日起三十日內，附具理由提出覆議；審議委員會應於接獲覆議申請之日起三十日內，附具理由為准駁之決定。申請覆議以一次為限。

第二十八條（許可證之內容變更及遺失）

籌設許可證所載內容變更時，應於變更後十五日內向中央主管機關申請換發；遺失時，應於登報聲明作廢後十五日內申請補發。

〔相關條文〕

第二十九條（設立登記及補正）

申請人經許可籌設有線廣播電視後，應於中央主管機關指定之地區與期間完成設立登記並繳交必要文件。文件不全得補正者，中央主管機關應通知限期補正。

〔相關條文〕

第三十條（設置時程及展期）

系統之設置得分期實施，全部設置時程不得逾三年；其無法於設置時程內完成者，得於設置時程屆滿前二個月內附具正當理由，向中央主管機關申請展期。展期不得逾六個月，並以一次為限。

〔相關條文〕

第三十一條（查驗）

系統之籌設應於營運計畫所載系統設置時程內完成，並於設置時程內向中央主管機關提出系統工程查驗申請。

前項查驗由中央主管機關會同交通部及地方主管機關，自受理申請之日起六個月內為之。

系統經查驗合格後二個月內，申請人應向中央主管機關申請營運許可。非經中央主管機關發給營運許可證者，不得營運。

系統經營者除有正當理由，經中央主管機關核可者外，應於取得營運許可證後一個月內開播。

〔相關條文〕

第三十二條（經營地區之劃分及調整）

有線廣播電視經營地區之劃分及調整，由中央主管機關會商當地直轄市或縣（市）政府審酌下列事項後公告之：

一、行政區域。

二、自然地理環境。

三、人文分布。

四、經濟效益。

第三十三條（重新受理申請之情形及處理）

有下列情形之一者，中央主管機關應另行公告重新受理申請：

一、在公告期間內，該地區無人申請。

二、該地區無人獲得籌設許可或營運許可。

三、該地區任一系統經營者終止經營，經審議委員會決議，須重新受理申請。

四、該地區系統經營者係獨占、結合、聯合、違反第二十一條規定而有妨害或限制公平競爭之情事，中央主管機關為促進公平競爭，經附具理由，送請審議委員會決議，須重新受理申請。

重新辦理公告，仍有前項情形者，中央主管機關得視事實需要，依下列方式擇一處理之：

一、會同當地直轄市或縣（市）政府重新劃分及調整經營地區。

二、獎勵或輔導其他行政區域之系統經營者經營。

三、其他經審議委員會決議之方式。

前項第二款獎勵之輔導及方式，由中央主管機關定之。

〔相關條文〕

第三十四條（不得委託他人經營）

系統經營者不得委託他人經營。

〔相關條文〕

第三十五條（營運許可之換發及補發）

系統經營者之營運許可，有效期間為九年。系統經營者於營運許可期限屆滿，仍欲經營時，應於營運許可期限滿八年後六個月內，向中央主管機關申請換發。

前項營運許可所載內容變更時，應於變更後十五日內向中央主管機關申准

換發；遺失時，應於登報聲明作廢後十五日內申請補發。

〔相關條文〕

第三十五條之一（申請換發之審查標準及程序）

中央主管機關審查申請換發系統經營者之營運許可案件時，應審酌下列事項：

一、營運計畫執行情形之評鑑結果及改正情形。

二、未來之營運計畫。

三、財務狀況。

四、營運是否符合經營地區民眾利益及需求。

五、系統經營者之獎懲紀錄及其他影響營運之事項。

前項審查結果，中央主管機關認該系統經營者營運不善或未來之營運計畫有改善之必要時，應以書面通知其限期改善。屆期無正當理由而未改善者，經審議委員會審議，並經中央主管機關決議不予換發營運許可者，駁回其申請。

前項審查期間及改善期間，中央主管機關得發給臨時執照，其有效期間為一年，並以一次為限。

第三十六條（營運計畫執行之評鑑）

審議委員會應就系統經營者所提出之營運計畫執行情形，每三年評鑑一次。

前項評鑑結果未達營運計畫且得改正者，中央主管機關應依審議委員會決議，通知限期改正；其無法改正，經審議委員會決議撤銷營運許可者，中央主管機關應註銷營運許可證。

〔相關條文〕

第三十七條（基本頻道之提供）

系統經營者應同時轉播依法設立無線電視電台之節目及廣告，不得變更其形式、內容及頻道，並應列為基本頻道。但經中央主管機關許可者，得變

更頻道。

系統經營者為前項轉播，免付費用，不構成侵害著作權。

系統經營者不得播送未經中央主管機關許可之境外衛星廣播電視事業之節目或廣告。

〔相關條文〕

第三十七條之一（免費播送客語原住民語言節目）

為保障客家、原住民語言、文化，中央主管機關得視情形，指定系統經營者，免費提供固定頻道，播送客家語言、原住民語言之節目。

〔相關條文〕

第三十八條（最大電波洩露量之規定）

系統經營者在系統傳輸及處理過程中，其電波洩漏不得超過交通部所定之最大電波洩漏量限值。

〔相關條文〕

第三十九條（暫停或終止經營之核備及通知）

系統經營者擬暫停或終止經營時，除應於三個月前書面報請中央主管機關備查，副知地方主管機關外，並應於一個月前通知訂戶。

前項所稱暫停經營之期間，最長為六個月。

〔相關條文〕

第四章　節目管理

第四十條（節目內容之限制）

節目內容不得有下列情形之一：

一、違反法律強制或禁止規定。

二、妨害兒童或少年身心健康。

三、妨害公共秩序或善良風俗。

〔相關條文〕

第四十一條（節目分級之處理）

中央主管機關應訂定節目分級處理辦法。系統經營者應依處理辦法規定播送節目。

中央主管機關得指定時段，鎖碼播送特定節目。

系統經營者應將鎖碼方式報請交通部會商中央主管機關核定。

〔相關條文〕

第四十二條（節目與廣告之區分）

節目應維持完整性，並與廣告區分。

非經約定，系統經營者不得擅自合併或停止播送頻道。

節目由系統經營者及其關係企業供應者，不得超過可利用頻道之四分之一。

系統經營者應於播送之節目畫面標示其識別標識。

〔相關條文〕

第四十三條（本國自製節目之最低佔有率）

有線廣播電視節目中之本國自製節目，不得少於百分之二十。

〔相關條文〕

第四十四條（主管機關得索取資料）

主管機關認為有必要時，得於節目播送後十五日內向系統經營者索取該節目及相關資料。

主管機關於必要時，得要求系統經營者將提供訂戶之節目，以不變更內容及形式方式裝接於主管機關指定之處所。該節目係以鎖碼方式播出者，應將解碼設備一併裝接。

前項指定之處所，以二處為限。

〔相關條文〕

第五章　廣告管理

第四十五條（廣告插播頻率）

系統經營者應同時轉播頻道供應者之廣告，除經事前書面協議外不得變更其形式與內容。

廣告時間不得超過每一節目播送總時間六分之一。

單則廣告時間超過三分鐘或廣告以節目型態播送者，應於播送畫面上標示廣告二字。

計次付費節目或付費頻道不得播送廣告。但同頻道節目之預告不在此限。

〔相關條文〕

第四十六條（廣告播送之協議）

頻道供應者應每年定期向審議委員會申報預計協議分配之廣告時間、時段、播送內容、播送方式或其他條件。頻道供應者如無正當理由拒絕依其申報內容與系統經營者協議，系統經營者得向審議委員會申請調處。

第四十七條（廣告專用頻道）

系統經營者得設立廣告專用頻道，不受第四十五條第二項之限制。

廣告專用頻道之數量限制，由中央主管機關定之。

〔相關條文〕

第四十八條（插播式字幕的使用）

系統經營者非有下列情形之一者，不得使用插播式字幕：

一、天然災害、緊急事故訊息之播送。

二、公共服務資訊之播送。

三、頻道或節目異動之通知。

四、與該播送節目相關，且非屬廣告性質之內容。

五、依其他法令之規定。

〔相關條文〕

第四十九條（廣告內容之核准）

廣告內容涉及依法應經各該目的事業主管機關核准之業務者，應先取得核准證明文件，始得播送。

〔相關條文〕

第五十條（廣告內容之限制及製播標準）

第四十條、第四十一條第二項、第三項、第四十二條第四項及第四十四條之規定，於廣告準用之。

廣告製播標準由中央主管機關定之。

〔相關條文〕

第六章　費用

第五十一條（收費標準）

系統經營者應於每年八月一日起一個月內向直轄市、縣（市）政府申報收視費用，由直轄市、縣（市）政府依審議委員會所訂收費標準，核准後公告之。

直轄市及縣（市）政府得設費率委員會，核准前項收視費用。直轄市及縣（市）政府未設費率委員會時，應由中央主管機關行使之。

系統經營者之會計制度及其標準程式，由中央主管機關定之。

系統經營者應於每年一月、四月、七月及十月，向中央主管機關申報前三個月訂戶數。

〔相關條文〕

第五十二條（訂戶不按期繳交費用之處置）

訂戶不按期繳交費用，經定期催告仍未繳交時，系統經營者得停止對該訂戶節目之傳送。但應同時恢復訂戶原有無線電視節目之視、聽。

系統經營者依前項但書規定辦理時，得向訂戶請求支付必要之器材費用。
第一項但書及前項規定，於視聽法律關係終止之情形，適用之。
〔相關條文〕

第五十三條（特種基金之成立運用及管理）

系統經營者應每年提撥當年營業額百分之一之金額，提繳中央主管機關成立特種基金。
前項系統經營者提撥之金額，由中央主管機關依下列目的運用：
一、百分之三十由中央主管機關統籌用於有線廣播電視之普及發展。
二、百分之四十撥付當地直轄市、縣（市）政府，從事與本法有關地方文化及公共建設使用。
三、百分之三十捐贈財團法人公共電視文化事業基金會。
第一項特種基金之成立、運用及管理辦法，由中央主管機關定之。
〔相關條文〕

第五十四條（審查費各項費用之繳納）

主管機關依本法受理申請審核、查驗、核發、換發證照，應向申請者收取審查費、證照費；其收費標準由中央主管機關定之。

第七章　權利保護

第五十五條（有線電視契約）

系統經營者應與訂戶訂立書面契約。
前項書面契約應於給付訂戶之收據背面製作發給之。
中央主管機關應公告規定定型化契約應記載或不得記載之事項。
違反前項公告之定型化契約之一般條款無效。該定型化契約之效力依消費者保護法第十六條規定定之。
契約內容應包括下列事項：
一、各項收費標準及調整費用之限制。

二、頻道數、名稱及頻道契約到期日。

三、訂戶基本資料使用之限制。

四、系統經營者受停播、撤銷營運許可、沒入等處分時，恢復訂戶原有無線電視節目之視、聽，及對其視、聽權益產生損害之賠償條件。

五、無正當理由中斷約定之頻道信號，致訂戶視、聽權益有損害之虞時之賠償條件。

六、契約之有效期間。

七、訂戶申訴專線。

八、其他經中央主管機關指定之項目。

系統經營者對訂戶申訴案件應即妥適處理，並建檔保存三個月；主管機關得要求系統經營者以書面或於相關節目答覆訂戶。

〔相關條文〕

第五十六條（系統經營者之識別標識許可證字號等資料之播出）

系統經營者應設置專用頻道，載明系統經營者名稱、識別標識、許可證字號、訂戶申訴專線、營業處所地址、頻道總表、頻道授權期限及各頻道播出節目之名稱。

〔相關條文〕

第五十七條（節目及廣告之合法授權播送）

有線廣播電視播送之節目及廣告涉及他人權利者，應經合法授權，始得播送。

〔相關條文〕

第五十八條（強制締約及提供必要之協助）

系統經營者無正當理由不得拒絕該地區民眾請求付費視、聽有線廣播電視。

系統經營者有正當理由無法提供民眾經由有線電視收視無線電視時，地方主管機關得提請審議委員會決議以其他方式提供收視無線電視。

〔相關條文〕

第五十九條（相關線路之拆除義務）

　　視、聽法律關係終止後，系統經營者應於一個月內將相關線路拆除。逾期不為拆除時，該土地或建築物之所有人或占有人得自行拆除，並得向系統經營者請求償還其所支出之拆除及其他必要費用。

第六十條（主管機關通知限期改善）

　　主管機關認為有線廣播電視營運不當，有損害訂戶權益情事或有損害之虞者，應通知系統經營者限期改正或為其他必要措施。

〔相關條文〕

第六十一條（利害關係人要求更正之處置）

　　對於有線廣播電視之節目或廣告，利害關係人認有錯誤，得於播送之日起，十五日內要求更正，系統經營者應於接到要求後十五日內，在同一時間之節目或廣告中，加以更正，如認為節目或廣告無誤時，應附具理由書面答覆請求人。

〔相關條文〕

第六十二條（被評論者權益受損時之答辯）

　　有線廣播電視之節目評論涉及他人或機關、團體，致損害其權益時，被評論者，如要求給予相當答辯之機會，不得拒絕。

第八章　罰則

第六十三條（處罰機關）

　　依本法所為之處罰，由中央主管機關為之。但違反依第三條第三項所定之規則及第三十八條規定者，由交通部為之；違反節目管理、廣告管理、費用及權利保護各章規定者，由直轄市或縣（市）政府為之。直轄市或縣（市）政府未能行使職權時，得由中央主管機關為之。

〔相關條文〕

第六十四條（警告）

經許可籌設有線廣播電視者或系統經營者有下列情形之一時，予以警告：

一、工程技術管理違反依第三條第三項所定之規則者。

二、未依第二十八條或第三十五條第二項規定辦理換發或補發許可證者。

三、未於第三十一條第三項規定期限內，向中央主管機關申請營運許可者。

四、違反第三十七條第一項、第四十一條第一項、第三項、第四十二條第一項、第二項、第四項、第四十三條、第四十五條、第四十八條或第五十條第一項準用第四十一條第三項、第四十二條第四項規定者。

五、違反第五十一條第一項、第四項、第五十二條第一項但書或第三項規定者。

六、違反第五十五條、第五十六條、第五十八條、第六十一條或第六十二條規定者。

〔相關條文〕

第六十五條（罰則）

系統經營者違反第三十八條規定者，處新臺幣二萬元以上二十萬元以下罰鍰，並通知立即改正，未改正者，按次連續處罰。

前項電波洩漏嚴重致影響飛航安全、重要通訊系統者，中央主管機關得依交通部之通知令其停播至改正為止。

〔相關條文〕

第六十六條（罰則）

經許可籌設有線廣播電視者或系統經營者，有下列情形之一時，處新臺幣五萬元以上五十萬元以下罰鍰，並通知限期改正：

一、經依第六十四條規定警告後，仍不改正者。

二、未依第五條第一項規定申准，擅自鋪設或附掛網路者。

三、違反主管機關依第七條第一項、第二項所為停止、指定或繼續播送之
通知者。

四、經中央主管機關依第三十六條第二項規定通知限期改正，逾期不改正
者。

五、違反第三十七條第三項或第三十九條規定者。

六、違反第四十條、第四十九條或第五十條第一項準用第四十條規定者。

七、未依第四十一條第二項或第五十條第一項準用第四十一條第二項指定
之時段、方式播送者。

八、拒絕依第四十四條第二項或第五十條第一項準用第四十四條第二項主
管機關指定之處所裝接者。

九、違反第五十七條規定者。

十、未依第六十條規定改正或為其他必要措施者。

〔相關條文〕

第六十七條（罰則）

經許可籌設有線廣播電視者或系統經營者，有下列情形之一時，處新臺幣
十萬元以上一百萬元以下罰鍰，並通知限期改正，逾期不改正者，得按次
連續處罰：

一、一年內經依本法處罰二次，再有第六十四條或第六十六條情形之一
者。

二、拒絕依第四十四條第一項或第五十條第一項準用第四十四條第一項規
定提供資料或提供不實資料者。

三、違反第七十三條第二項規定者。

系統經營者有前項第一款情形者，並得對其頻道處以三日以上三個月以下
之停播處分。

〔相關條文〕

第六十八條（罰則）

經許可籌設有線廣播電視者或系統經營者，有下列情形之一時，處新臺幣

十萬元以上一百萬元以下罰鍰，並通知限期改正，逾期不改正者，得按次連續處罰；情節重大者，得撤銷籌設許可或營運許可，並註銷籌設許可證或營運許可證：

一、有第二十一條第一項各款情形之一者。

二、有第二十四條第一款、第四款或第五款情形者。

三、未依第二十六條第一項規定申准，擅自變更申請書內容或營運計畫者。

四、未依第二十六條第二項或第三項規定，經中央主管機關許可變更，擅自辦理設立或變更登記者。

五、未經中央主管機關依第三十一條第三項規定發給營運許可證，擅自營運者。

六、違反第三十一條第四項規定者。

七、未依第三十七條之一中央主管機關之指定提供頻道，播送節目者。

八、違反第四十二條第三項規定者。

九、違反第五十三條第一項規定者。

十、於受停播處分期間，播送節目或廣告者。

前項限期改正方式如下：

一、處分全部或部分股份。

二、轉讓全部或部分營業。

三、免除擔任職務。

四、其他必要方式。

〔相關條文〕

第六十九條（罰則）

經許可籌設有線廣播電視者或系統經營者，有下列情形之一時，撤銷籌設許可或營運許可，並註銷籌設許可證或營運許可證：

一、以不法手段取得籌設許可或營運許可者。

二、一年內經受停播處分三次，再違反本法規定者。

三、設立登記經該管主管機關撤銷者。

四、違反第二十九條規定者。

五、違反第三十條規定未於設置時程內完成系統設置者。

六、違反第三十四條規定者。

七、經依第六十五條第二項規定勒令停播，拒不遵行者。

〔相關條文〕

第七十條（罰則）

未依本法規定獲得籌設許可或經撤銷籌設、營運許可，擅自經營有線廣播電視業務者，處新臺幣二十萬元以上二百萬元以下罰鍰，並得按次連續處罰。

前項經營有線廣播電視業務之設備，不問屬於何人所有，沒入之。

〔相關條文〕

第七十一條（強制執行）

依本法所處罰鍰，經通知限期繳納，逾期仍不繳納者，移送法院強制執行。

第九章　附則

第七十二條（管理辦法之訂定及營業登記效力）

本法施行前，未依法定程序架設之有線電視節目播送系統，於本法施行後，經中央主管機關發給登記證者，得繼續營業。

系統經營者自開始播送節目之日起十五日內，該地區內前項有線電視節目播送系統應停止播送，原登記證所載該地區失其效力；仍繼續播送者，依第七十條規定處罰。但經中央主管機關許可得繼續經營者，不在此限。

有線電視節目播送系統登記證之發給、註銷、營運及依前項但書許可繼續經營之條件及期限等事項，由中央主管機關另定辦法管理之。

有線電視節目播送系統之節目管理、廣告管理、費用及權利保護準用本法

各有關之規定。違反者，依本法處罰之。

系統經營者於其播送節目區域內，有有線電視節目播送系統依第二項但書規定繼續營業時，不適用第二十五條第二款及第五十三條規定。

〔相關條文〕

第七十三條（主管機關得派員檢查）

主管機關得派員攜帶證明文件，對系統實施檢查，要求經許可籌設有線廣播電視者或系統經營者，就其設施及本法規定事項提出報告、資料或為其他配合措施，並得扣押違反本法規定之資料或物品。

對於前項之要求、檢查或扣押，不得規避、妨礙或拒絕。

第一項扣押資料或物品之處理方式由中央主管機關定之，其涉及刑事責任者，依有關法律規定處理。

〔相關條文〕

第七十四條（私接戶之責任及賠償）

未經系統經營者同意，截取或接收系統播送之內容者，應補繳基本費用。其造成系統損害時，應負民事損害賠償責任。

前項收視費用，如不能證明期間者，以二年之基本費用計算。

第七十五條（施行細則）

本法施行細則，由中央主管機關定之。

第七十六條（施行日）

本法自公布日施行。

附錄四 衛星廣播電視法

中華民國 88 年 1 月 15 日　　　制定 46 條
中華民國 88 年 2 月 3 日公布
中華民國 91 年 12 月 27 日　　　修正第 6, 9, 16 條
中華民國 92 年 1 月 15 日公布
中華民國 92 年 12 月 9 日　　　修正第 9 條
中華民國 92 年 12 月 24 日公布

第一章　總則

第一條（立法目的）

為促進衛星廣播電視健全發展，保障公眾視聽權益，開拓我國傳播事業之國際空間，並加強區域文化交流，特制定本法。

第二條（用詞定義）

本法用詞定義如下：

一、衛星廣播電視：指利用衛星進行聲音或視訊信號之播送，以供公眾收聽或收視。

二、衛星廣播電視事業：指直播衛星廣播電視服務經營者及衛星廣播電視節目供應者。

三、直播衛星廣播電視服務經營者（以下簡稱服務經營者）：指直接向訂戶收取費用，利用自有或他人設備，提供衛星廣播電視服務之事業。

四、衛星廣播電視節目供應者（以下簡稱節目供應者）：指自有或向衛星轉頻器經營者租賃轉頻器或頻道，將節目或廣告經由衛星傳送給服務經營者、有線廣播電視系統經營者（包括有線電視節目播送系統）或

　　無線廣播電視電臺者。

五、境外衛星廣播電視事業：指利用衛星播送節目或廣告至中華民國管轄
　　區域內之外國衛星廣播電視事業。

六、衛星轉頻器（以下簡稱轉頻器）：指設置在衛星上之通信中繼設備，
　　其功用為接收地面站發射之上鏈信號，再變換成下鏈頻率向地面發
　　射。

第三條（主管機關）

本法所稱主管機關為行政院新聞局。

衛星廣播電視事業工程技術之主管機關為交通部。

前項有關工程技術管理辦法，由交通部定之。

〔相關條文〕

第四條（主管機關通知或指定系統經營者播送特定節目）

遇有天然災害或緊急事故，主管機關得指定衛星廣播電視事業播送特定之
節目或訊息。

前項原因消滅後，主管機關應即通知該衛星廣播電視事業回復原狀繼續播
送。

有線廣播電視系統經營者有關天然災害及緊急事故應變之規定，於衛星廣
播電視事業準用之。

〔相關條文〕

第二章　營運管理

第五條（衛星廣播電視之經營應申請許可）

衛星廣播電視之經營，應申請主管機關許可。

第六條（申請許可之程序與執照之有效期限）

申請衛星廣播電視事業之經營，應填具申請書及營運計畫，向主管機關提

出申請，經審核許可，發給衛星廣播電視事業執照，始得營運。

前項執照有效期限為六年，期限屆滿前六個月，衛星廣播電視事業應向主管機關申請換照。

申請經營衛星廣播電視事業填具之申請書或營運計畫資料不全得補正者，主管機關應通知限期補正；逾期不補正或補正不全者，駁回其申請。申請換照時，亦同。

主管機關應就衛星廣播電視事業所提出之營運計畫執行情形，每二年評鑑一次。

前項評鑑結果未達營運計畫且得改正者，主管機關應通知限期改正；其無法改正，主管機關應撤銷衛星廣播電視許可，並註銷衛星廣播電視事業執照。

〔相關條文〕

第七條（申請服務經營者之營運計畫內容）

申請服務經營者之營運計畫應載明下列事項：

一、使用衛星之名稱、國籍、頻率、轉頻器、頻道數目及其信號涵蓋範圍。

二、開播時程。

三、財務結構及人事組織。

四、節目規畫。

五、經營方式及技術發展計畫。

六、收費標準及計算方式。

七、其他經主管機關指定之事項。

〔相關條文〕

第八條（申請節目供應者之營運計畫內容）

申請節目供應者之營運計畫應載明下列事項：

一、預定供應之服務經營者、有線廣播電視系統經營者（包括有線電視節目播送系統）或無線廣播電視電臺之名稱。

二、使用衛星之名稱、國籍、頻率、轉頻器、頻道數目及其信號涵蓋範
圍。

三、開播時程。

四、節目規畫。

五、收費標準及計算方式。

六、其他經主管機關指定之事項。

第九條（衛星廣播電視事業之資格）

衛星廣播電視事業之組織，以股份有限公司及財團法人為限。

衛星廣播電視事業最低實收資本額及捐助財產總額，由主管機關定之。

政府、政黨、其捐助成立之財團法人及其受託人不得直接、間接投資衛星
廣播電視事業。

除法律另有規定外，政府、政黨不得捐助成立衛星廣播電視事業。

本法修正施行前，政府、政黨、其捐助成立之財團法人及其受託人有不符
前二項所定情形之一者，應於本法修正施行之日起二年內改正。

政黨黨務工作人員、政務人員及選任公職人員不得投資衛星廣播電視事
業；其配偶、二親等血親、直系姻親投資同一衛星廣播電視事業者，其持
有之股份，合計不得逾該事業已發行股份總數百分之一。本法修正施行
前，衛星廣播電視事業有不符規定者，應自本法修正施行之日起二年內改
正。

政府、政黨、政黨黨務工作人員及選任公職人員不得擔任衛星廣播電視事
業之發起人、董事、監察人及經理人。本法修正施行前已擔任者，衛星廣
播電視事業應自本法修正施行之日起六個月內解除其職務。

前二項所稱政黨黨務工作人員、政務人員及選任公職人員之範圍，於本法
施行細則定之。

衛星廣播電視事業不得播送有候選人參加，且由政府出資或製作之節目、
短片及廣告；政府出資或製作以候選人為題材之節目、短片及廣告，亦
同。

〔相關條文〕

第十條（外國人投資比例限制）

外國人直接持有衛星廣播電視事業之股份，應低於該事業已發行股份總數百分之五十。

〔相關條文〕

第十一條（申請衛星廣播電視事業不予許可之情形）

申請經營衛星廣播電視事業有下列情形之一者，主管機關應附具理由駁回其申請：

一、違反第九條、第十條規定者。

二、申請人因違反本法規定經撤銷衛星廣播電視許可未逾二年者。

三、申請人為設立中公司，其發起人有下列各目情事之一者：

　　（一）犯組織犯罪防制條例規定之罪，經有罪判決確定者。

　　（二）曾犯詐欺、背信、侵占罪經受有期徒刑一年以上宣告，服刑期滿尚未逾二年者。

　　（三）曾服公務虧空公款，經判決確定，服刑期滿尚未逾二年者。

　　（四）受破產之宣告，尚未復權者。

　　（五）使用票據經拒絕往來尚未期滿者。

　　（六）無行為能力或限制行為能力者。

〔相關條文〕

第十二條（無法於營運計畫所載日期開播之展期）

申請人取得衛星廣播電視事業執照後，應按營運計畫所載日期開播；其無法於該日期開播者，應附具理由，向主管機關申請展期。展期不得逾六個月，並以一次為限。

〔相關條文〕

第十三條（申請書及營運計畫內容之變更）

申請書及營運計畫內容於獲得許可後有變更時，衛星廣播電視事業應向主

管機關為變更之申請。但第七條第三款內容有變更者，不在此限。

前項變更內容屬設立登記事項者，應於主管機關許可變更後，始得辦理設立或變更登記。

〔相關條文〕

第十四條（執照內容之變更及遺失之補發）

衛星廣播電視事業執照所載內容變更時，應於變更後十五日內向主管機關申請換發；遺失時，應於登報聲明作廢後十五日內申請補發。

前項變更內容屬設立登記事項者，應於主管機關許可變更後，始得辦理設立或變更登記。

〔相關條文〕

第十五條（境外衛星廣播電視事業設立分公司或代理商之文件）

境外衛星廣播電視事業經營直播衛星廣播電視服務經營者，應在中華民國設立分公司，於檢附下列文件報請主管機關許可後，始得在中華民國播送節目或廣告：

一、使用衛星之名稱、國籍、頻率、轉頻器、頻道數目及其信號涵蓋範圍。

二、開播時程。

三、節目規畫。

四、收費標準及計算方式。

五、其他經主管機關指定之事項。

境外衛星廣播電視事業經營衛星廣播電視節目供應者，應在中華民國設立分公司或代理商，於檢附下列文件報請主管機關許可後，始得在中華民國播送節目或廣告：

一、預定供應之服務經營者、有線廣播電視系統經營者（包括有線電視節目播送系統）或無線廣播電視電臺之名稱。

二、前項各款文件。

第六條第二項至第四項、第十二條至第十四條之規定，於境外衛星廣播電

視事業之分公司或代理商準用之。

　〔相關條文〕

第十六條（暫停或終止營業之程序）

　　衛星廣播電視事業或境外衛星廣播電視事業擬暫停或終止經營時，該事業或其分公司、代理商應於三個月前書面報請主管機關備查，並應於一個月前通知訂戶。

　　前項所稱暫停經營，其暫停經營之期間，由主管機關定之。

　〔相關條文〕

第三章　節目及廣告管理

第十七條（播送節目內容之限制）

　　衛星廣播電視事業及境外衛星廣播電視事業播送之節目內容，不得有下列情形之一：

一、違反法律強制或禁止規定。

二、妨害兒童或少年身心健康。

三、妨害公共秩序或善良風俗。

　〔相關條文〕

第十八條（節目之分級及標示級別）

　　主管機關應訂定節目分級處理辦法。衛星廣播電視事業及境外衛星廣播電視事業應依處理辦法規定播送節目。

　　主管機關得指定時段、鎖碼播送特定節目。

　　衛星廣播電視事業、境外衛星廣播電視事業之分公司或代理商應將鎖碼方式報請交通部會商主管機關核定。

　〔相關條文〕

第十九條（節目之完整性與廣告區分）

節目應維持完整性，並與廣告區分。

衛星廣播電視事業及境外衛星廣播電視事業應於播送之節目畫面標示其識別標識。

〔相關條文〕

第二十條（廣告製播標準）

第十七條、第十八條第二項、第三項及第十九條第二項之規定，於廣告準用之。

廣告製播標準由主管機關定之。

〔相關條文〕

第二十一條（使用插播式字幕之情形）

衛星廣播電視事業非有下列情形之一者，不得使用插播式字幕：

一、天然災害、緊急事故訊息之播送。

二、公共服務資訊之播送。

三、頻道或節目異動之通知。

四、與該播送節目相關，且非屬廣告性質之節目。

五、依其他法令之規定。

〔相關條文〕

第二十二條（廣告內容之核准）

衛星廣播電視事業播送之廣告內容依法應經目的事業主管機關核准者，應先取得目的事業主管機關核准之證明文件，始得播送。

前項規定，於境外衛星廣播電視事業播送在國內流通之產品或服務廣告，準用之。

〔相關條文〕

第二十三條（廣告時間之限制）

廣告時間不得超過每一節目播送總時間六分之一。

單則廣告時間超過三分鐘或廣告以節目型態播送者，應於播送畫面上標示廣告二字。

〔相關條文〕

第二十四條（廣告專用頻道之設立）

服務經營者得設立廣告專用頻道，不受前條第一項規定限制。

〔相關條文〕

第二十五條（不得播送未經許可之節目或廣告）

服務經營者不得播送未依第十五條規定許可之境外衛星廣播電視事業之節目或廣告。

〔相關條文〕

第二十六條（電視節目或廣告之事後審查）

主管機關認為有必要時，得於節目或廣告播送後二十日內向衛星廣播電視事業、境外衛星廣播電視事業之分公司或代理商索取該節目、廣告及其他相關資料。

〔相關條文〕

第二十七條（播送至國外及應遵守公約及慣例）

衛星廣播電視事業得將本國自製節目播送至國外，以利文化交流，並應遵守國際衛星廣播電視公約及慣例。

第四章　權利保護

第二十八條（書面契約之訂定及內容）

衛星廣播電視事業、境外衛星廣播電視事業之分公司或代理商應與訂戶訂

立書面契約。

契約內容應包括下列事項：

一、各項收費標準及調整費用之限制。

二、頻道數、名稱及授權期間。

三、訂戶基本資料使用之限制。

四、有線廣播電視系統經營者、有線電視節目播送系統之訂戶數。但訂立書面契約之一方為自然人時，不在此限。

五、衛星廣播電視事業及境外衛星廣播電視事業受停播、撤銷許可處分時之賠償條件。

六、無正當理由中斷約定之頻道信號，致訂戶視、聽權益有損害之虞時之賠償條件。

七、廣告播送之權利義務。

八、契約之有效期間。

九、訂戶申訴專線。

十、其他經主管機關指定之項目。

衛星廣播電視事業、境外衛星廣播電視事業之分公司或代理商對訂戶申訴案件應即處理，並建檔保存三個月；主管機關得要求衛星廣播電視事業、境外衛星廣播電視事業之分公司或代理商以書面或於相關節目答覆訂戶。

〔相關條文〕

第二十九條（定期申報之資料）

衛星廣播電視事業、境外衛星廣播電視事業之分公司或代理商應於每年定期向主管機關申報前條第二項第一款、第二款、第四款及第七款之資料。

主管機關認為衛星廣播電視營運不當，有損害訂戶權益情事或有損害之虞者，應通知衛星廣播電視事業、境外衛星廣播電視事業之分公司或代理商限期改正或為其他必要之措施。

〔相關條文〕

第三十條（電視節目或廣告有誤之處置）

對於衛星廣播電視之節目或廣告，利害關係人認有錯誤，得於播送之日起，二十日內要求更正；衛星廣播電視事業應於接到要求後二十日內，在同一時間之節目或廣告中加以更正。衛星廣播電視事業認為節目或廣告無誤時，應附具理由書面答覆請求人。

〔相關條文〕

第三十一條（給予被評論者之答辯機會）

衛星廣播電視事業播送之節目評論涉及他人或機關、團體，致損害其權益時，被評論者，如要求給予相當答辯之機會，不得拒絕。

〔相關條文〕

第三十二條（不得給予差別待遇）

節目供應者無正當理由，不得對有線廣播電視系統經營者（包括有線電視節目播送系統）或服務經營者給予差別待遇。

〔相關條文〕

第五章　罰則

第三十三條（行政處分之機關）

依本法所為之處罰，由主管機關為之。但違反依第三條第三項所定管理辦法者，由交通部為之。

〔相關條文〕

第三十四條（境外衛星廣播電視事業違法之核處）

境外衛星廣播電視事業違反本法規定者，核處該事業在中華民國設置之分公司或代理商。

第三十五條（警告處分之情形）

衛星廣播電視事業或境外衛星廣播電視事業有下列情形之一者，予以警告：

一、違反依第三條第三項所定管理辦法者。

二、違反第十四條或第十五條第三項準用第十四條規定者。

三、違反第十八條第一項、第三項、第十九條或第二十條第一項準用第十八條第三項、第十九條第二項規定者。

四、違反第二十一條、第二十三條、第二十八條、第三十條、第三十一條或第三十二條規定者。

〔相關條文〕

第三十六條（罰則）

衛星廣播電視事業或境外衛星廣播電視事業有下列情形之一者，處新臺幣十萬元以上一百萬元以下罰鍰，並通知限期改正：

一、經依前條規定警告後，仍不改正者。

二、違反主管機關依第四條第一項、第二項所為指定或繼續播送之通知者。

三、經主管機關依第六條第四項或第十五條第三項準用第六條第四項規定通知限期改正，逾期不改正者。

四、違反第十六條、第二十二條或第二十五條規定者。

五、違反第十七條或第二十條第一項準用第十七條規定者。

六、未依第十八條第二項或第二十條第一項準用第十八條第二項指定之時段、方式播送者。

七、未依第二十九條第一項規定申報資料者。

八、未依第二十九條第二項規定改正或為其他必要措施者。

〔相關條文〕

第三十七條（罰則）

衛星廣播電視事業或境外衛星廣播電視事業有下列情形之一者，處新臺幣二十萬元以上二百萬元以下罰鍰，並通知限期改正，逾期不改正者，得按次連續處罰：

一、一年內經處罰二次，再有前二條各款情形之一者。

二、拒絕依第二十六條規定提供資料或提供不實資料者。

三、違反第四十二條第二項規定者。

衛星廣播電視事業或境外衛星廣播電視事業有前項第一款情形者，並得對該頻道處以三日以上三個月以下之停播處分。

〔相關條文〕

第三十八條（罰則）

衛星廣播電視事業或境外衛星廣播電視事業有下列情形之一者，處新臺幣二十萬元以上二百萬元以下罰鍰，並通知限期改正，逾期不改正者，得按次連續處罰；情節重大者，得撤銷衛星廣播電視許可並註銷衛星廣播電視事業執照或撤銷境外衛星廣播電視事業分公司或代理商之許可：

一、有第十一條各款情形之一者。

二、未依第十三條第一項規定申准，擅自變更者。

三、未依第十三條第二項規定，經主管機關許可變更，擅自辦理設立或變更登記者。

四、違反第十五條第三項準用第十三條規定者。

五、於受停播處分期間，播送節目或廣告。

〔相關條文〕

第三十九條（罰則）

衛星廣播電視事業或境外衛星廣播電視事業有下列情形之一者，撤銷衛星廣播電視許可並註銷衛星廣播電視事業執照或撤銷境外衛星廣播電視事業分公司或代理商之許可：

一、以不法手段取得許可者。

二、一年內經受停播處分三次，再違反本法規定者。

三、設立登記經該管主管機關撤銷者。

第四十條（罰則）

未依本法規定獲得衛星廣播電視許可、境外衛星廣播電視事業分公司或代理商之許可或經撤銷許可，擅自經營衛星廣播電視業務者，處新臺幣三十萬元以上三百萬元以下罰鍰，並得按次連續處罰。

第四十一條（強制執行）

依本法所處罰鍰，經限期繳納，逾期未繳納者，移送法院強制執行。

第四十二條（檢查及扣押）

主管機關得派員攜帶證明文件，對衛星廣播電視事業或境外衛星廣播電視事業分公司、代理商實施檢查，並得要求就其設施及本法規定事項提出報告、資料或為其他配合措施，並得扣押違反本法規定之資料或物品。

對於前項之要求、檢查或扣押，不得規避、妨害或拒絕。

第一項扣押資料或物品之處理方式由中央主管機關定之，其涉及刑事責任者，依有關法律規定處理。

〔相關條文〕

第六章　附則

第四十三條（繳納審查費及證照費）

主管機關依本法受理申請審核、核發證照，應向申請人收取審查費、證照費；其收費標準由主管機關定之。

第四十四條（本法施行前之經營者申請執照或許可）

本法公布施行前經營衛星廣播電視業務者，應於本法施行後六個月內，依本法規定申請許可，取得衛星廣播電視事業執照或境外衛星廣播電視事業

分公司或代理商之許可，始得繼續營運。

第四十五條（施行細則）

本法施行細則，由主管機關定之。

第四十六條（施行日）

本法自公布日施行。

附錄五　電信法

中華民國 47 年 10 月 14 日　　制定 40 條
中華民國 47 年 10 月 23 日公布

中華民國 66 年 1 月 14 日　　修正全文 44 條
中華民國 66 年 1 月 25 日公布
中華民國 85 年 1 月 16 日　　修正全文 72 條
中華民國 85 年 2 月 5 日公布
中華民國 87 年 5 月 28 日　　修正第 8 條
中華民國 87 年 6 月 17 日公布
中華民國 88 年 10 月 22 日　　修正第 6, 7, 12, 14, 16, 19, 20, 22, 26, 28, 30 至 32,
　　　　　　　　　　　　　　41, 42, 44, 46 至 49, 51, 55 至 58, 61 至 68, 72 條，
　　　　　　　　　　　　　　增訂第 26 之 1, 56 之 1, 62 之 1 條
　　　　　　　　　　　　　　第 12 條第 3 項至第 6 項及第 62 條，定自 89 年
　　　　　　　　　　　　　　1 月 31 日施行，餘自公布日施行
中華民國 88 年 11 月 3 日公布
中華民國 91 年 6 月 7 日　　修正第 2, 7, 12, 14, 16, 17, 19, 26, 26 之 1, 32, 33,
　　　　　　　　　　　　　　39, 61, 62, 62 之 1, 63 至 65, 68, 72 條，增訂第 20
　　　　　　　　　　　　　　之 1, 61 之 1 條
中華民國 91 年 7 月 10 日公布
中華民國 92 年 4 月 29 日　　修正第 38, 42, 44 至 46, 48 至 51, 58 條，增訂第
　　　　　　　　　　　　　　38 之 1, 67 之 1 條
中華民國 92 年 5 月 21 日公布
中華民國 94 年 1 月 7 日　　修正第 2, 7 條
中華民國 94 年 2 月 2 日公布
中華民國 96 年 6 月 14 日　　修正第 43, 67, 70 條
中華民國 96 年 7 月 11 日公布
中華民國 102 年 11 月 26 日　修正第 12, 32 條，刪除第 30 條
中華民國 102 年 12 月 11 日公布

第一章　總則

第一條（立法目的及適用範圍）

為健全電信發展，增進公共福利，保障通信安全及維護使用者權益，特制定本法；本法未規定者，依其他法律之規定。

第二條（名詞定義）

本法用詞定義如下：

一、電信：指利用有線、無線，以光、電磁系統或其他科技產品發送、傳輸或接收符號、信號、文字、影像、聲音或其他性質之訊息。

二、電信設備：指電信所用之機械、器具、線路及其他相關設備。

三、管線基礎設施：指為建設電信網路所需之架空、地下或水底線路、電信引進線、電信用戶設備線路、及各項電信傳輸線路所需之管道、人孔、手孔、塔臺、電桿、配線架、機房及其他附屬或相關設施。

四、電信服務：指利用電信設備所提供之通信服務。

五、電信事業：指經營電信服務供公眾使用之事業。

六、專用電信：指公私機構、團體或國民所設置，專供其本身業務使用之電信。

七、公設專用電信：指政府機關所設置之專用電信。

八、通信紀錄：指電信使用人使用電信服務後，電信系統所產生之發信方、受信方之電信號碼、通信日期、通信起訖時間等紀錄，並以電信系統設備性能可予提供者為原則。電信號碼係指電話號碼或用戶識別碼。

第三條（主管機關）

電信事業之主管機關為交通部。

交通部為監督、輔導電信事業並辦理電信監理，設電信總局；其組織另以法律定之。

前項電信總局應訂定整體電信發展計畫，督導電信事業，促進資訊社會發展，以增進公共福利。

第四條（電信設備之保障）

電信事業之資產及設備，非依法律不得檢查、徵用或扣押。

第五條（電信事業之防護）

地方政府、軍、憲、警機關及人員負保護電信設備之責。電信事業有被侵害之危險時，地方政府、軍、憲、警機關及人員應依電信事業或其服務人員之請求，迅為防止或作救護之措施。

第六條（通信秘密之保障）

電信事業及專用電信處理之通信，他人不得盜接、盜錄或以其他非法之方法侵犯其秘密。

電信事業應採適當並必要之措施，以保障其處理通信之秘密。

〔相關條文〕

第七條（守密義務）

電信事業或其服務人員對於電信之有無及其內容，應嚴守秘密，退職人員，亦同。

前項依法律規定查詢者不適用之；電信事業處理有關機關（構）查詢通信紀錄及使用者資料之作業程序，由電信總局訂定之。

電信事業用戶查詢本人之通信紀錄，於電信事業之電信設備系統技術可行，並支付必要費用後，電信事業應提供之，不受第一項規定之限制；電信事業用戶查詢通信紀錄作業辦法，由電信總局訂定之。

第八條（使用電信責任）

電信之內容及其發生之效果或影響，均由使用電信人負其責任。

以提供妨害公共秩序及善良風俗之電信內容為營業者，電信事業得停止其使用。

擅自設置、張貼或噴漆有礙景觀之廣告物，並於廣告物上登載自己或他人之電話號碼或其他電信服務識別符號、號碼，作為廣告宣傳者，廣告物主管機關得通知電信事業者，停止提供該廣告物登載之電信服務。

第九條（行為能力之擬制）

無行為能力人或限制行為能力人使用電信之行為，對於電信事業，視為有行為能力人。但因使用電信發生之其他行為，不在此限。

第十條（電信人才之培養）

主管機關為發展電信事業，得商同教育部設立電信學校或在高中（職）及大專院、校增設有關科、系、所，造就電信人才；並得要求電信事業自其營業額提撥一定比例金額從事研究發展。

第二章　電信事業之經營

第十一條（電信事業之分類）

電信事業分為第一類電信事業及第二類電信事業。

第一類電信事業指設置電信機線設備，提供電信服務之事業。

前項電信機線設備指連接發信端與受信端之網路傳輸設備、與網路傳輸設備形成一體而設置之交換設備、以及二者之附屬設備。

第二類電信事業指第一類電信事業以外之電信事業。

第十二條（第一類電信事業營業執照）

第一類電信事業應經交通部特許並發給執照，始得營業。

第一類電信事業以依公司法設立之股份有限公司為限。

第一類電信事業之董事長應具有中華民國國籍；其外國人直接持有之股份總數不得超過百分之四十九，外國人直接及間接持有之股份總數不得超過百分之六十。

前項外國人間接持有股份之計算，依本國法人占第一類電信事業之持股比

例乘以外國人占該本國法人之持股或出資額比例計算之。

中華電信股份有限公司之外國人持有股份比例，由交通部另定之，不適用第三項之規定。

第一類電信事業開放之業務項目、範圍、時程及家數，由行政院公告。

第一類電信事業各項業務之特許，交通部得考量開放政策之目標、電信市場之情況、消費者之權益及其他公共利益之需要，採評審制、公開招標制或其他適當方式為之。

〔相關條文〕

第十三條（事業計畫書應載事項）

經營第一類電信事業，應檢具申請書、事業計畫書及其他規定文件，向交通部申請籌設。

前項事業計畫書，應載明下列各款事項：

一、營業項目。

二、營業區域。

三、通訊型態。

四、電信設備概況。

五、財務結構。

六、技術能力及發展計畫。

七、收費標準及計算方式。

八、人事組織。

九、預定開始經營日期。

前項第三款屬無線電通訊者，應詳載無線電頻率之使用規劃。

第一項申請籌設應具備之文件不全或其記載內容不完備者，交通部應定期通知補正；逾期不補正或補正而仍不完備者，不予受理。

第十四條（籌設同意書之取得及申請展期、特許執照）

申請經營第一類電信事業，經評審核可或得標者，由交通部發給籌設同意書。

交通部發給籌設同意書前，得命申請者依規定繳交履行保證金；申請者未依規定籌設或未依核可之計畫完成籌設者，交通部不予退還履行保證金之一部或全部，並得廢止其籌設同意。

依第一項取得籌設同意書者，應按核定之區域及期間籌設完成，並依法辦理公司登記；其無法於核定期間籌設完成並依法登記者，得於期限屆滿前依規定敘明理由，向交通部申請展期。

依前項規定籌設完成者，應向交通部申請技術審驗，經審驗合格後，發給第一類電信事業特許執照。

第一類電信事業應自取得特許執照之日起六個月內開始營業，逾期廢止其特許。

第一類電信事業之營業項目、營業區域、技術規範與審驗項目、特許之方式、條件與程序、特許執照有效期間、事業之籌設、履行保證金之繳交方式與核退條件及營運之監督與管理及其他應遵行事項之管理規則，由交通部訂定之。

前項管理規則之訂定，在開放經營之業務範圍內，應遵守國際電信聯合會所定技術規範及技術中立原則，不得限制第一類電信事業使用特定技術，並維持相同服務之提供均受相同程度之管制。

〔相關條文〕

第十五條（電信事業暫停、讓與或合併之核准）

第一類電信事業有下列情形之一者，應先經交通部核准：

一、暫停或終止其全部或一部之營業者。

二、讓與全部或主要部分之營業或財產。

三、第一類電信事業間相互投資或合併。

〔相關條文〕

第十六條（電信網路之互連方式及費率計算）

第一類電信事業相互間，有一方要求與他方之網路互連時，除法令另有規定者外，他方不得拒絕。

前項網路互連之安排，應符合透明化、合理化、無差別待遇、網路細分化及成本計價之原則；其適用對象，由電信總局訂定之。

第一類電信事業間，應於一方提出網路互連要求之日起三個月內達成協議；其不能於三個月內達成協議時，應由電信總局依申請或依職權裁決之。

第一類電信事業間，於一方提出修改或重新簽訂網路互連協議之日起，逾三個月仍未達成協議時，由電信總局依申請裁決之。

第一類電信事業間，不履行網路互連協議時，於法定互連協議應約定事項範圍內，由電信總局依申請裁決之。

不服前三項電信總局之裁決處分者，得依行政爭訟程序請求救濟。

除法令另有規定者外，第一類電信事業無正當理由不得拒絕第二類電信事業網路互連之要求；其網路互連之協議，準用第三項及第六項之規定。

適用前項之第二類電信事業，其範圍由電信總局公布之。

第一類電信事業與其他電信事業間網路之互連、費率計算、協議、互連協議應約定事項、裁決程序及其相關應遵行事項之管理辦法，由電信總局訂定之。

電信總局得公開第一類電信事業市場主導者與其他電信事業所簽訂互連協議書之一部或全部。但得依要求，不公開互連協議書中專利等智慧財產權之內容。

依第十四條第一項規定取得籌設同意書者，適用本條之規定。

〔相關條文〕

第十七條（第二類電信事業營業執照）

經營第二類電信事業，應向電信總局申請許可，經依法辦理公司或商業登記後，發給許可執照，始得營業。

第二類電信事業營業項目、技術規範與審驗項目、許可之方式、條件與程序、許可執照有效期間、營運之監督與管理及其他應遵行事項之管理規則，由交通部訂定之。

〔相關條文〕

第十八條（申請書應載事項）

經營第二類電信事業，應檢具申請書、事業計畫書及其他規定文件，向電信總局申請許可。

前項申請書應載明下列各款事項：

一、申請人之名稱及住所；其為法人者，並記載代表人之姓名及主事務所。

二、營業項目。

三、營業區域。

四、通訊型態。

五、電信設備概況。

前項申請許可應具備之文件不全或其記載內容不完備，電信總局應定期通知補正，逾期不補正或補正而仍記載不完備者，不予受理。

第十九條（會計制度）

第一類電信事業應依其所經營業務項目，建立分別計算盈虧之會計制度，並不得有妨礙公平競爭之交叉補貼；第一類電信事業兼營第二類電信事業或其他非電信事業業務者，亦同。

第一類電信事業會計分離制度、會計處理之方法、程序與原則、會計之監督與管理及其他應遵行事項之會計準則，由交通部訂定之。

〔相關條文〕

第二十條（普及服務）

為保障國民基本通信權益，交通部得依不同地區及不同服務項目指定第一類電信事業提供電信普及服務。

前項所稱電信普及服務，指全體國民，得按合理價格公平享有一定品質之必要電信服務。為達普及服務目的，應成立電信事業普及服務基金。

電信普及服務所生虧損及必要之管理費用，由交通部公告指定之電信事業

依規定分攤並繳交至電信事業普及服務基金。

電信普及服務範圍、普及服務地區之核定、提供者之指定及虧損之計算與分攤方式等事項之管理辦法，由交通部訂定之。

電信事業普及服務基金，非屬預算法所稱之基金。

〔相關條文〕

第二十條之一（電信號碼之核配、調整、收回等）

電信網路使用之編碼、用戶號碼、識別碼等電信號碼，由電信總局統籌規劃及管理；統籌規劃之電信網路編碼計畫，由電信總局公告之。

前項電信號碼，非經電信總局或受電信總局委託機關（構）之核准，不得使用或變更。

為維持電信號碼之合理、有效使用，電信總局得調整或收回已核配之電信號碼，並得收取電信號碼使用費；電信號碼使用費之收費基準，由電信總局訂定之。

為保障消費者之權益及促進市場之有效公平競爭，第一類電信事業應提供號碼可攜服務及平等接取服務；其實施範圍、提供方式、實施時程及其他應遵行事項之管理辦法，由電信總局訂定之。

前項所稱號碼可攜服務，指用戶由原第一類電信事業轉換至經營同一業務之其他第一類電信事業時，得保留其原使用電話號碼之服務；所稱平等接取服務，指第一類電信事業提供其用戶選接其他電信事業之長途網路及國際網路之服務。

第一項至第三項電信號碼之核配、調整與收回、受委託者之資格、條件與委託管理事項及其他應遵行事項之管理辦法，由電信總局訂定之。

從事電信網際網路位址及網域名稱註冊管理業務之監督及輔導事項，由電信總局辦理之；其監督及輔導辦法，由電信總局訂定之。

從事前項業務者，應為非營利法人組織。

〔相關條文〕

第二十一條（電信服務）

電信事業應公平提供服務，除本法另有規定外，不得為差別處理。

〔相關條文〕

第二十二條（電信之傳遞）

電信事業非依法律，不得拒絕電信之接受及傳遞。但對於電信之內容顯有危害國家安全或妨害治安者，得拒絕或停止其傳遞。

第二十三條（電信機線設備無法傳遞應扣減費用）

用戶使用電信事業之電信機線設備，因電信機線設備障礙、阻斷，以致發生錯誤、遲滯、中斷或不能傳遞而造成損害時，其所生損害，電信事業不負賠償責任，但應扣減所收之費用。

第二十四條（電信傳遞之暫停）

電信事業因災害或其他重大事故致電信機線設備發生故障時，得公告暫停其全部或一部之通信。

第二十五條（優先處理之通信）

電信事業對下列通信應予優先處理：

一、於發生天災、事變或其他緊急情況或有發生之虞時，為預防災害、進行救助或維持秩序之通信。

二、對於陸、海、空各種交通工具之遇險求救及飛航氣象等交通安全之緊急通信。

三、為維護國家安全及公共利益，有緊急進行必要之其他通信。

第二十六條（資費之訂定）

第一類電信事業之資費管制，採價格調整上限制。

前項價格調整上限制，係指受管制電信事業之管制業務資費調整百分比，不得超過行政院主計處公布之臺灣地區消費者物價指數之年增率減調整係數。

第一類電信事業資費之審核管理、各項資費之首次訂定、價格調整上限制之適用對象、適用業務、資費項目與調整係數之訂定及其他應遵行事項之管理辦法，由交通部訂定之。

第一類電信事業之資費訂定，不得有妨礙公平競爭之交叉補貼；第一類電信事業兼營第二類電信事業或其他非電信事業業務者，亦同。

第二類電信事業之資費，由第二類電信事業訂定之。

〔相關條文〕

第二十六條之一（市場主導者之禁止行為）

第一類電信事業市場主導者，不得有下列行為：

一、以專有技術直接或間接阻礙其他第一類電信事業提出網路互連之請求。

二、拒絕對其他第一類電信事業揭露其網路互連費用之計算方式及有關資料。

三、對所提供電信服務之價格或方式，為不當決定、維持或變更。

四、無正當理由，拒絕其他第一類電信事業租用網路元件之請求。

五、無正當理由，拒絕其他電信事業或用戶承租電路之請求。

六、無正當理由，拒絕其他電信事業或用戶協商或測試之請求。

七、無正當理由，拒絕其他電信事業要求共置協商之請求。

八、無正當理由，對其他電信事業或用戶給予差別待遇。

九、其他濫用市場地位或經主管機關認定之不公平競爭行為。

前項所稱市場主導者，由主管機關認定之。

〔相關條文〕

第二十七條（營業規章）

第一類電信事業，應就其服務有關之條件，訂定營業規章，報請電信總局轉請交通部核准後公告實施；變更時亦同。

第二類電信事業應就其服務有關之條件，訂定營業規章，於實施前報請電信總局備查；變更時亦同。

〔相關條文〕

第二十八條（限期變更之情形）

前條營業規章，應訂定公平合理之服務條件，並備置於各營業場所及網站供消費者審閱；其有損害消費者權益或顯失公平之情事，電信總局得限期命電信事業變更之。

電信事業之營運未能確保通信之秘密或有違反第二十一條規定之情事，電信總局得限期命其改善之。

〔相關條文〕

第二十九條（電信設備變更之限制）

電信事業提供用戶租用之電信機線設備，除宅內移動外，用戶或他人不得擅自變更其性能、用途或裝設地址。

第三十條

（刪除）

〔相關條文〕

第三章　電信建設與管理

第一節　土地之取得與使用

第三十一條（共用管線基礎設施之建設）

第一類電信事業從事其固定通信網路管線基礎設施之建設時，於通信網路瓶頸所在設施，得向瓶頸所在設施之第一類電信事業請求有償共用管線基礎設施。

前項共用管線基礎設施之請求，被請求之業者無正當理由不得拒絕之。

〔相關條文〕

第三十二條（電信建設對私地損害之補償）

第一類電信事業或公設專用電信設置機關因設置管線基礎設施及終端設備之需要，得使用公、私有之土地、建築物。其屬公有之土地、建築物者，其管理機關（構）無正當理由不得拒絕。其因使用土地或建築物致發生實際損失者，應付與相當之補償。但應擇其對土地及建築物之管理機關、所有人、占有人或使用人損害最少之處所及方法為之。

第一類電信事業或公設專用電信設置機關因無線電信工程之需要，得使用河川、堤防、道路、公有林地或其他公共使用之土地與公有建築物設置無線電臺。但其設置應必要且適當，以不妨礙其原有效用為限，並應於事先徵求其管理機關（構）同意，其管理機關（構）無正當理由不得拒絕。

第一類電信事業或公設專用電信設置機關相關施工或復原作業，應依管理機關（構）所定規範辦理。

第一項及第二項管線基礎設施、終端設備及無線電臺之設置，除該設施有非使用私有之土地、建築物不能設置，或在公有之土地、建築物設置困難者外，公有之土地、建築物應優先提供使用。但高中（職）以下學校得不同意第一類電信事業設置室外基地臺。

行政院應考核中央及地方機關、國營事業管理或所有之土地、建築物提供設置管線基礎設施、無線電臺之績效，並每年公布之。

第一項使用之私有建築物如為公寓大廈，應取得公寓大廈管理委員會之同意。其未設管理委員會者，應經區分所有權人會議之同意，不適用公寓大廈管理條例第八條第一項之規定。

第一類電信事業設置其管線基礎設施時，中央及地方機關應予協助。

第一類電信事業就新設基礎設施及終端設備應共同成立管線基礎設施建設協商小組，協商管線基礎設施之規劃、申請、建設及共用事項，必要時，由主管機關協調處理之。

〔相關條文〕

第三十三條（交換機房之建築）

第一類電信事業或公設專用電信設置機關所需交換機房，如當地都市計畫或區域計畫尚未配合其分區設置需要預留電信公共設施用地或當地都市計畫或區域計畫預留電信公共設施用地不敷使用者，第一類電信事業或公設專用電信設置機關得視社區發展及居民分佈情形，選擇適當地點，報請交通部核准，函請主管建築機關准予先行建築，不受都市計畫土地使用分區管制或非都市土地使用管制之限制。

第一類電信事業或公設專用電信設置機關因無線電通信工程之需要，得有償使用私有建築物，設置無線電臺。但以不妨礙原有建築物安全為限。

前項使用之建築物如為公寓大廈，應取得公寓大廈管理委員會之同意。其未設管理委員會者，應經區分所有權人會議之同意，不適用公寓大廈管理條例第八條第一項之規定。

〔相關條文〕

第三十四條（建築物妨害電波之禁止）

為使衛星通信及微波通信等重要無線電設備之天線發射電波保持暢通，得由交通部會商內政部選擇損害最少之方法或處所劃定範圍，報經行政院核定後，公告禁止或限制妨害電波暢通之任何建築。

輸電、配電系統對電信設備產生有害之感應電壓者，由交通部會商有關機關管理限制之。

〔相關條文〕

第三十五條（執行電信職務人員之優先通行權）

第一類電信事業或公設專用電信人員於執行職務時，經過道路關津，如遇阻滯，得憑證優先通行。

〔相關條文〕

第三十六條（建修線路及損害之補償（一））

第一類電信事業或公設專用電信人員為線路之勘測、施工或維護，遇有道

路阻礙，除設有柵欄、圍牆者外，對於田園、宅地皆得通行。但因此致損害建築物或種植物時，應由第一類電信事業或公設專用電信設置機關查明確實後付以相當之補償，如有不同意時，由地方政府協調處理。

〔相關條文〕

第三十七條（建修線路及損害之補償（二））

第一類電信事業或公設專用電信設置機關於實施線路之勘測、施工或維護時，對造成線路障礙或有造成障礙之虞之植物，得通知所有人後砍伐、修剪或移植之。但情形急迫下，不在此限。

前項之砍伐、修剪或移植，應擇其損害最少之處所或方法為之，如因而造成損害者，應由第一類電信事業或公設專用電信設置機關查明確實後付與相當之補償，如有不同意時，由地方政府協調處理。

〔相關條文〕

第三十八條（預留裝置電信設備空間）

建築物建造時，起造人應依規定設置屋內外電信設備，並預留裝置電信設備之電信室及其他空間。但經電信總局公告之建築物，不在此限。

前項之電信設備，包括電信引進管、總配線箱、用戶端子板、電信管箱、電信線纜及其他因用戶電信服務需求須由用戶配合設置責任分界點以內之設備。

既存建築物之電信設備不足或供裝置電信設備之空間不足，致不敷該建築物之電信服務需求時，應由所有人與提供電信服務之市內網路業務經營者協商，並由所有人增設。

依第一項及前項規定設置專供該建築物使用之電信設備及空間，應按該建築物用戶之電信服務需求，由各市內網路業務經營者依規定無償連接及使用。

市內網路業務經營者利用設置於電信室之電信設備，提供該建築物以外之用戶電信服務者，應事先徵求該建築物所有人同意，其補償由市內網路業務經營者與該建築物所有人協議之。

建築物應設置之屋內外電信設備及其空間，其設置與使用規定、責任分界
點之界定、社區型建築物之限定範圍及其他應遵行事項之規則，由交通部
會商內政部定之；建築物屋內外電信設備之設置，應符合技術規範，其技
術規範由電信總局訂定公告之。

建築物電信設備及相關設置空間，其設計圖說於申報開工前，應先經電信
總局審查，於完工後應經電信總局審驗。

前項所定建築物電信設備及相關設置空間設計之審查及完工之審驗等事
項，電信總局得委託電信專業機構辦理。

前項電信專業機構應具備之資格條件、受委託之權限、解除或終止委託及
其相關委託監督事項之辦法，由電信總局定之。

第三十八條之一（電信設備之設置、維護）

用戶建築物責任分界點以外之公眾電信固定通信網路設施，由提供電信服
務之市內網路業務經營者設置及維護。但社區型建築物內建築物間之管線
設施，得由建築物起造人或所有人設置，由所有人維護。

依前條規定設置之電信設備，由建築物起造人或所有人設置，由所有人維
護。

市內網路業務經營者或其他第三人受託代建築物起造人或所有人設置或維
護用戶建築物電信設備，或負擔其設置、維護、使用之費用者，其約定不
得違反下列規定：

一、不得妨礙用戶選擇不同經營者提供電信服務之機會。

二、不得妨礙不同電信服務經營者爭取用戶之機會。

違反前項規定之約定，無效；其已設置完成之電信設備，未經建築物起造
人或所有人之同意，不得任意拆除或妨礙其使用。

〔相關條文〕

第二節 電信設備之維護與管理

第三十九條（電信設備之技術規範）

電信事業設置之電信設備，應符合電信總局所定之技術規範。

前項技術規範之訂定，必須考慮下列事項：

一、不因電信設備之損壞或故障，致電信服務之全面提供發生困難。

二、維持電信服務之適當品質；如租用固定數據專線之客戶要求時，應設置品質記錄系統，以供該客戶取得品質記錄相關資料。

三、不致損害使用者或其他電信事業相連接之電信設備或造成其設備機能上之障礙。

四、與其他電信事業相連接之電信設備，應有明確之責任分界。

第四十條（限期改善或限制使用）

電信事業設置之電信設備不合前條第一項所定之技術規範時，電信總局得限期命電信事業改善或限制其使用。

〔相關條文〕

第四十一條（電信工程人員之遴用）

第一類電信事業應遴用符合規定資格之高級電信工程人員，負責及監督電信設備之施工、維護及運用；第二類電信事業亦應按其電信設備設置情形，依規定遴用該人員為之。

〔相關條文〕

第四十二條（電信機線設備之技術規範）

連接第一類電信事業所設電信機線設備之電信終端設備，應符合技術規範，並經審驗合格，始得輸入或販賣；其技術規範由電信總局訂定公告之。

電信終端設備之審驗方式與程序、審定證明之核發、換發、補發與廢止、審驗合格標籤之標貼、印鑄與使用，及審驗業務之監督與管理等事項之辦法，由電信總局定之。

第一項技術規範之訂定，應確保下列事項：

一、不得損害第一類電信事業之電信機線設備或對其機能造成障礙。

二、不對第一類電信事業之電信機線設備之其他使用者造成妨害。

三、第一類電信事業設置之電信機線設備與使用者連接之終端設備，應有
　　明確之責任分界。

四、電磁相容及與其他頻率和諧有效共用。

五、電氣安全，防止網路操作人員或使用者受到傷害。

〔相關條文〕

第四十三條（電信終端設備）

連接第一類電信事業之電信設備，應交由電信工程業者施工及維護。但建
築物責任分界點以內之所有電信設備得由電器承裝業者施工及維護。

前項設備經主管機關公告為簡易者，不在此限。

電信工程業者應向主管機關登記，並於一個月內加入相關電信工程工業同
業公會，始得營業。相關電信工程工業同業公會，不得拒絕其加入。

從事第一項電信設備相關工程之業者，應置符合規定資格之電信工程人
員。

電信工程業之登記、撤銷或廢止登記及管理之規則，由主管機關定之。

第四十一條之高級電信工程人員及第四項電信工程人員之資格取得及管理
辦法，由主管機關定之。

〔相關條文〕

第四十四條（電信終端設備之審驗）

電信終端設備之審驗工作，由電信總局或其委託之驗證機構辦理。

前項驗證機構應具備之資格條件、受委託之權限、解除或終止委託及其相
關委託監督事項之辦法，由電信總局定之。

第四十五條（線路之遷移與損壞之賠償）

請求遷移線路者，應檢具理由，向第一類電信事業或公設專用電信設置機
關以書面提出申請，經同意後予以遷移。

因修建房屋、道路、溝渠、埋設管線等工程或其他事故損壞電信設備者，
應負賠償責任。

第一項請求遷移線路之條件與作業程序、遷移費用之計算與分攤，及前項損壞電信設備者之責任與賠償計算基準之辦法，由交通部定之。

前項損壞賠償負擔辦法所定之基準，不影響被害人以訴訟請求之權利。

〔相關條文〕

第四章　電信監理

第四十六條（電臺之設置、使用及管理）

電臺須經交通部許可，始得設置，經審驗合格發給執照，始得使用。但經交通部公告免予許可者，不在此限。

前項電臺，指設置電信設備及作業人員之總體，利用有線或無線方式，接收或發送射頻信息。

電臺之設置許可程序、架設、審驗、證照之核發、換發與補發、許可之廢止、設置與使用管理、工程人員之資格、評鑑制度及其他應遵行事項之辦法，由交通部定之。

電臺之設置使用，應符合工程設備技術規範，其技術規範由電信總局訂定公告之。

中華民國國民不得在中華民國領域外之船舶、航空器或其他浮於水面或空中之物體上，設置或使用無線廣播電臺或無線電視電臺發送射頻信息，致干擾無線電波之合法使用。

〔相關條文〕

第四十七條（專用電信執照之核發）

專用電信須經交通部核准發給執照，始得設置使用。

專用電信不得連接公共通信系統或供設置目的以外之用。但經交通部核准連接公共通信系統者，不在此限。

專用電信設置、使用及連接公共通信系統核准原則之管理辦法，由交通部訂定之。

外國人申請設置專用電信，應經交通部專案核准。

供學術、教育或專為網路研發實驗目的之電信網路，應經電信總局專案核准，始得設置使用；其設置使用管理辦法由電信總局訂定之。

〔相關條文〕

第四十八條（無線電業務之管理）

無線電頻率、電功率、發射方式及電臺識別呼號等有關電波監理業務，由交通部統籌管理，非經交通部核准，不得使用或變更；無線電頻率之規劃分配、申請方式、指配原則、核准之廢止、使用管理、干擾處理及干擾認定標準等電波監理業務之辦法，由交通部定之。

交通部為有效運用電波資源，對於無線電頻率使用者，應訂定頻率使用期限，並得收取使用費；其收費基準，由交通部定之。

交通部為整體電信及資訊發展之需要，應對頻率和諧有效共用定期檢討，必要時並得調整使用頻率或要求更新設備，業者及使用者不得拒絕或請求補償。但業餘無線電使用者經交通部要求調整使用頻率並更新設備致發生實際損失者，應付與相當之補償；軍用通信之調整，由交通部會商國防部處理之。

工業、科學、醫療及其他具有電波輻射性電機、器材之設置、使用及有關輻射之辦法，由交通部會商有關目的事業主管機關定之。

下列無線電頻率之核配，不適用預算法第九十四條所定拍賣或招標之規定：

一、軍用、警用、導航、船舶、業餘無線電、公設專用電信、工業、科學、醫療、低功率電波輻射性電機、學術實驗、急難救助及其他供公益或公共用途使用之無線電頻率。

二、行動通信網路、衛星通信網路、無線廣播電臺或無線電視電臺等以特定無線電頻率之應用為基礎者，其經營許可執照或特許執照依法核發時，不一併核配其網路即不能運作之無線電頻率，及為改善上述通信網路區域性通信品質所須增加之無線電頻率。

三、固定通信網路無線區域用戶迴路、衛星鏈路或微波鏈路等,依一定使
　　用條件可重覆使用之無線電頻率。
〔相關條文〕

第四十九條（電信管制射頻器材之管理）

為保障國家安全及維持電波秩序,製造、輸入、設置或持有電信管制射頻
器材者,須經交通部許可;其所製造、輸入之電信管制射頻器材型號及數
量,須報請交通部備查。

電信管制射頻器材之製造、輸入經營許可、經營許可執照之核發、換發與
補發、許可之廢止、製造、輸入、設置與持有之管理及其他應遵行事項之
辦法,由交通部定之。

電信管制射頻器材非經型式認證、審驗合格,不得製造、輸入、販賣或公
開陳列。但學術研究、科技研發或實（試）驗所為之製造、專供輸出、輸
出後復運進口或經交通部核准者,不在此限。

第一項電信管制射頻器材應經許可之項目,由交通部公告之。
〔相關條文〕

第五十條（電信管制器材之驗證辦法）

電信管制射頻器材之技術規範,由電信總局訂定公告之。但已有國家標準
者,應依國家標準。

前項電信管制射頻器材之審驗方式與程序、審驗或型式認證證明之核發、
換發、補發與廢止、審驗合格標籤之標貼、印鑄與使用,及審驗業務之監
督與管理等事項之辦法,由電信總局定之。

電信管制射頻器材之審驗,由電信總局或其委託之驗證機構辦理;驗證機
構應具備之資格條件、受委託之權限、解除或終止委託及其相關委託監督
事項之辦法,由電信總局定之。

電信管制射頻器材屬電信終端設備用途者,其審驗及技術規範,適用第四
十二條規定。
〔相關條文〕

第五十一條（執照之發給）

業餘無線電人員，須領有交通部發給之執照，始得作業；業餘無線電人員之等級、資格測試、執照之核發、換發、補發、廢止與管理及其他應遵行事項之辦法，由交通部定之。

〔相關條文〕

第五十二條（報表之檢送）

電信總局於必要時，得命電信事業或專用電信使用者檢送下列報表：

一、有關業務者。

二、有關財務者。

三、有關電信設備者。

〔相關條文〕

第五十三條（遇險呼叫之迅速接收）

各無線電臺對於船舶及航空器之遇險呼叫及通信，不問發自何處，應儘先接收，迅速答覆，並立即採取必要行動。

〔相關條文〕

第五十四條（船舶、航空器電臺之通信限制）

船舶或航空器進入中華民國領海或領空時，其電臺不得與未經交通部指定之無線電臺通信。但遇險通信不在此限。

第五十五條（行政檢查之行使）

電信總局得派員或會同警察機關派員攜帶證明文件進入違反本法之場所，實施檢查並索取相關資料，該場所之所有人、負責人、居住人、看守人、使用人或可為其代表之人，不得規避、妨礙或拒絕。但對於觸犯第五十六條至第六十條之罪者，實施搜索、扣押時，應依刑事訴訟法規定辦理。

電信總局為辦理電信監理業務及監督、管理電信事業，得向電信事業、專用電信使用人或電臺設置人、使用人索取相關資料或通知其到場陳述意

見。

〔相關條文〕

第五章　罰則

第五十六條（違法盜接電信設備或變造電信器材之處罰）

　　意圖為自己或第三人不法之利益，以有線、無線或其他電磁方式，盜接或盜用他人電信設備通信者，處五年以下有期徒刑，得併科新臺幣一百五十萬元以下罰金。

　　意圖供自己或第三人盜接或盜用他人電信設備通信，而製造、變造或輸入電信器材者，處一年以上七年以下有期徒刑，得併科新臺幣三百萬元以下罰金。意圖供第三人盜接或盜用他人電信設備通信，而販賣、轉讓、出租或出借電信器材者，亦同。

　　意圖供自己或第三人犯罪之用而持有前項之電信器材者，處三年以下有期徒刑，得併科新臺幣五十萬元以下罰金。

　　第一項及第二項之未遂犯罰之。

〔相關條文〕

第五十六條之一（侵犯他人通信秘密之處罰）

　　違反第六條第一項規定侵犯他人通信秘密者，處五年以下有期徒刑，得併科新臺幣一百五十萬元以下罰金。

　　電信事業之負責人或其服務人員利用業務上之機會，犯前項之罪者，處六月以上五年以下有期徒刑，得併科新臺幣二百萬元以下罰金。

　　前二項之未遂犯罰之。

　　犯第一項之罪者，須告訴乃論。

〔相關條文〕

第五十七條（違法營業之處罰）

　　違反第十二條第一項規定，經營第一類電信事業者，處三年以下有期徒

刑、拘役或科或併科新臺幣一千萬元以下罰金。

〔相關條文〕

第五十八條（擅自使用、變更無線電之處罰）

違反第四十六條第五項規定，設置或使用無線廣播電臺或無線電視電臺發送射頻信息，致干擾無線電波之合法使用者，處二年以下有期徒刑、拘役或科或併科新臺幣六十萬元以下罰金。

違反第四十八條第一項規定，未經核准擅自使用或變更無線電頻率者，處拘役或科或併科新臺幣二十萬元以下罰金。

犯前項之罪，因而致干擾無線電波之合法使用者，處二年以下有期徒刑、拘役或科或併科新臺幣六十萬元以下罰金。

〔相關條文〕

第五十九條（處罰）

法人之代表人、代理人或受僱人犯第五十六條至第五十八條之罪者，除處罰行為人外，對該法人亦科以各該條罰金。

〔相關條文〕

第六十條（沒收）

犯第五十六條至第五十八條之罪者，其電信器材，不問屬於犯人與否，沒收之。

〔相關條文〕

第六十一條（不提繳電信事業普及服務基金之處罰）

違反第二十條第三項規定，不提繳電信事業普及服務基金者，處其應分攤金額三倍至五倍之罰鍰，並通知限期繳納，屆期仍未繳納者，得廢止其特許或許可。

電信事業未依規定繳納特許費或許可費時，每逾二日按應繳金額加徵百分之一滯納金，逾三十日未繳清，經通知限期繳納，屆期仍未繳納者，得定期停止其營業之一部或全部，或廢止其特許或許可。

無線電頻率使用者未依規定繳納頻率使用費時,每逾二日按應繳金額加徵百分之一滯納金,逾三十日未繳清,經通知限期繳納,屆期仍未繳納者,得廢止頻率使用之核准。

前三項之普及服務基金分攤金額、特許費、許可費、頻率使用費及滯納金,經通知限期繳納,屆期仍未繳納者,依法移送強制執行。

〔相關條文〕

第六十一條之一(違反電信號碼管理之處罰)

違反第二十條之一第二項規定,未經核准擅自使用或變更電信號碼,或違反電信總局依第二十條之一第六項所定管理辦法者,處新臺幣十萬元以上三百萬元以下罰鍰,並通知限期改善,屆期仍未改善者,得連續處罰至改善時為止,或停止其營業之一部或全部,或廢止其使用之核准,或廢止其特許或許可。

電信事業或其他電信號碼使用者未依規定繳納電信號碼使用費時,每逾二日按應繳納金額加徵百分之一滯納金,逾三十日未繳清,經通知限期繳納,屆期仍未繳納者,得定期停止其使用或廢止其使用之核准。

第一類電信事業違反第二十條之一第四項規定,未依規定提供號碼可攜服務或平等接取服務,或違反電信總局依第二十條之一第四項所定管理辦法者,處新臺幣三十萬元以上三百萬元以下罰鍰,並通知限期改善,屆期仍未改善者,得連續處罰至改善時為止,或停止其營業之一部或全部,或廢止其特許。

違反電信總局依第二十條之一第七項所定辦法者,處新臺幣三十萬元以上三百萬元以下罰鍰,並通知限期改善,屆期仍未改善者,得連續處罰至改善時為止,或停止其營業之一部或全部。

第二項之電信號碼使用費及滯納金,經通知限期繳納,屆期仍未繳納者,依法移送強制執行。

〔相關條文〕

第六十二條（違反公司設立規定之處罰）

第一類電信事業違反第十二條第三項或交通部依第十二條第五項所為之規定，經通知限期改善，屆期仍未改善者，處新臺幣五十萬元以上二百五十萬元以下罰鍰，經再通知限期改善，屆期仍未改善者，廢止其特許。

〔相關條文〕

第六十二條之一（罰則）

第一類電信事業有下列情形之一，處新臺幣三十萬元以上五百萬元以下罰鍰，並通知限期改善，屆期仍未改善者，得連續處罰至改善時為止，或停止其營業之一部或全部，或廢止其特許：

一、違反第十九條第一項規定者。

二、違反交通部依第十九條第二項所定準則者。

三、違反第二十條第一項規定，未依交通部之指定提供普及服務者。

四、違反交通部依第二十六條第三項所定管理辦法者。

五、違反第二十六條第四項規定者。

六、違反第二十六條之一第一項規定者。

七、違反第三十一條第二項規定，無正當理由拒絕管線基礎設施共用之請求者。

八、規避、妨礙或拒絕電信總局依第五十五條規定實施之檢查或不提供資料或拒不到場陳述意見者。

有下列情形之一，處新臺幣三十萬元以上一百五十萬元以下罰鍰，並通知限期改善，屆期未改善者，得連續處罰至改善時為止，或停止其營業之一部或全部，或廢止其特許或許可：

一、第一類電信事業違反第十六條第一項及第七項規定，拒絕與其他電信事業互連者。

二、違反第十六條第三項、第四項、第五項或第七項規定，自電信總局裁決通知到達之日起二個月內，未依電信總局之裁決處分辦理者。

三、違反電信總局依第十六條第九項所定管理辦法者。

〔相關條文〕

第六十三條（違反營業項目等之處罰）

違反交通部依第十四條第六項所定管理規則者，處新臺幣三十萬元以上三百萬元以下罰鍰，並通知限期改善，屆期仍未改善者，得連續處罰至改善為止或廢止其特許。

〔相關條文〕

第六十四條（違法營業之處罰）

違反第十七條第一項規定經營第二類電信事業者，處新臺幣二十萬元以上一百萬元以下罰鍰，並得沒入其電信器材。

違反交通部依第十七條第二項所定管理規則者，處新臺幣二十萬元以上一百萬元以下罰鍰，並通知限期改善，屆期仍未改善者，廢止其許可。

〔相關條文〕

第六十五條（罰則）

有下列各款情形之一者，處新臺幣十萬元以上五十萬元以下罰鍰：

一、違反第十五條規定，未經核准而暫停或終止營業、讓與營業或財產、相互投資或合併者。

二、違反第二十七條第一項規定，其營業規章未經核准，或未依經核准之營業規章辦理者。

三、違反第四十六條第一項或交通部依第四十六條第三項所定管理辦法者。

四、違反第四十七條第一項、第二項或交通部依第四十七條第三項所定管理辦法者。

五、外國人違反第四十七條第四項規定，未經專案核准，擅自設置專用電信者。

六、違反第四十七條第五項規定，擅自設置電信網路或違反電信總局依第四十七條第五項所定管理辦法者。

七、違反第四十八條第一項或交通部依第四十八條第一項所定管理辦法者。

八、違反第四十九條第一項規定，未經許可擅自製造或輸入電信管制射頻器材，或未報備其所製造或輸入之電信管制射頻器材之型號及數量者。

九、違反交通部依第四十九條第二項所定管理辦法者。

十、違反第四十九條第三項規定，擅自製造、輸入、販賣或公開陳列未經型式認證、審驗合格之電信管制射頻器材者。

前項第三款至第十款情形，並得沒入其器材之一部或全部及廢止特許、許可、核准或執照。

依前項規定沒入之器材，不問屬於何人所有，均得為之。

第一項第一款、第二款、第六款或第八款情形，得連續處罰至改正時為止。

〔相關條文〕

第六十六條（罰則）

有下列各款情形之一者，處新臺幣六萬元以上三十萬元以下罰鍰：

一、電信事業違反電信總局依第二十八條或第四十條規定所為之命令者。

二、電信事業違反第四十一條規定者。

三、違反電信總局依第五十條第二項所定之審驗及認證辦法者。

前項第一款或第二款情形，得連續處罰至改正時為止。

〔相關條文〕

第六十七條（罰則）

有下列各款情形之一者，處新臺幣三萬元以上三十萬元以下罰鍰：

一、違反第二十七條第二項規定，其營業規章未經報備者。

二、違反第二十八條第一項規定，未於各營業場所及網站備置營業規章供消費者審閱者。

三、違反第四十二條第一項規定，輸入或販賣未經審驗合格之電信終端設

備者。

四、違反第四十三條第三項規定，未經加入相關同業公會，而為營業之行
　　為者；或違反同條第四項規定，未置符合規定資格之電信工程人員，
　　從事電信工程相關工作者。

五、違反主管機關依第四十八條第四項所定管理辦法者。

六、違反主管機關依第五十二條規定所為之命令者。

七、除第一類電信事業外，規避、妨礙或拒絕主管機關依第五十五條規定
　　實施之檢查或不提供資料或拒不到場陳述意見者。

前項第三款情形，並得沒入其設備；第四款情形，並應勒令停止營業。

違反第四十九條第一項規定，未經許可擅自設置或持有電信管制射頻器材
者，處新臺幣一萬元以上五萬元以下罰鍰，並得沒入其器材。

依前二項規定沒入之設備或器材，不問屬於何人所有，均得為之。

第一項第一款、第二款、第四款至第七款情形，得連續處罰至改正時為
止。

〔相關條文〕

第六十七條之一（罰則）

市內網路業務經營者或其他第三人違反第三十八條之一第三項或第四項規
定，經通知限期改善，屆期仍未改善者，處新臺幣三萬元以上三十萬元以
下罰鍰，並得連續處罰至改善時為止。

違反電信總局依第四十二條第二項所定辦法有關審定證明之換發或補發、
審驗合格標籤之標貼、印鑄與使用，及審驗業務之監督與管理等事項之規
定者，處新臺幣三萬元以上三十萬元以下罰鍰。

違反第五十一條規定，未領有交通部發給之業餘無線電人員執照擅自從事
業餘無線電作業，或違反交通部依第五十一條所定辦法有關業餘無線電人
員管理及其他應遵行事項之規定者，處新臺幣一萬元以上五萬元以下罰
鍰。

〔相關條文〕

第六十八條（罰則）

本法所定之罰鍰、沒入、廢止特許、核准或執照、限期拆除或改善，交通部得委任電信總局為之。但依第六十一條之一、第六十二條第二項、第六十二條之一第一項第八款及第二項、第六十四條、第六十五條第一項第六款及第十款、第六十六條及第六十七條第一項第一款、第三款、第五款、第六款、第二項所定之處罰及廢止第二類電信事業之許可，由電信總局為之。

依本法規定受廢止處分者，其因原處分而持有之證書，經通知限期繳還，屆期仍未繳還者，公告註銷之。

依本法所處之罰鍰，經通知限期繳納，屆期仍未繳納者，依法移送強制執行。

依本法應予處罰者，其他法律有較重處罰之規定時，從其規定。

〔相關條文〕

第六章　附則

第六十九條（軍用電信不受本法限制原則）

軍事專用電信除依第三十一條至第三十七條、第四十五條、第四十七條第二項及第四十八條第一項、第三項及第五十三條之規定外，不受本法之限制。

〔相關條文〕

第七十條（各種費用收費標準）

依本法受理申請特許、許可、審查、認證、審驗、登記及核發證照作業，應向申請者收取特許費、許可費、審查費、認證費、審驗費、登記費及證照費；其收費標準由主管機關定之。

第七十一條（規定事項）

本法未規定事項，交通部得參照有關國際電信公約及各項附約所定標準、建議、辦法或程序採用施行。

第七十二條（施行日）

本法自公布日施行。

附錄六　著作權法

中華民國 17 年 5 月 14 日	制定 40 條
中華民國 17 年 5 月 14 日公布	
中華民國 33 年 3 月 31 日	修正全文 37 條
中華民國 33 年 4 月 27 日公布	
中華民國 37 年 12 月 31 日	修正第 30 至 34 條
中華民國 38 年 1 月 13 日公布	
中華民國 53 年 6 月 30 日	修正第 25, 26, 33 至 35, 37 至 40 條，增訂第 22, 31, 32, 36, 41 條，原第 22 條至第 29 條遞改為第 23 條至第 30 條，原第 30 條至第 32 條遞改為第 33 條至第 35 條，原第 33 條至第 36 條遞改為第 37 條至第 40 條，原第 37 條遞改為第 42 條
中華民國 53 年 7 月 10 日公布	
中華民國 74 年 6 月 28 日	修正全文 52 條
中華民國 74 年 7 月 10 日公布	
中華民國 79 年 1 月 11 日	修正第 3, 28, 39 條，增訂第 50 之 1 條
中華民國 79 年 1 月 24 日公布	
中華民國 81 年 5 月 22 日	修正全文 117 條
中華民國 81 年 6 月 10 日公布	
中華民國 81 年 6 月 19 日	修正第 53 條
中華民國 81 年 7 月 6 日公布	
中華民國 82 年 4 月 22 日	修正第 87 條，增訂第 87 之 1 條
中華民國 82 年 4 月 24 日公布	
中華民國 86 年 12 月 30 日	修正全文 117 條
中華民國 87 年 1 月 21 日公布	
中華民國 90 年 10 月 25 日	修正第 2, 34, 37, 71, 81, 82, 90 之 1 條
中華民國 90 年 11 月 12 日公布	

中華民國 92 年 6 月 6 日　　　　　　修正第 2, 3, 7 之 1, 22, 24, 26, 29, 37, 49, 50, 53, 56, 56 之 1, 60, 61, 63, 65, 69, 79, 82, 87, 88, 91 至 95, 98, 100 至 102, 105, 106, 106 之 2, 106 之 3, 111, 113, 115 之 1, 115 之 2, 117 條，增訂第 26 之 1, 28 之 1, 59 之 1, 80 之 1, 82 之 1 至 82 之 4, 90 之 3, 91 之 1, 96 之 1, 96 之 2, 98 之 1 條，增訂第 4 章之 1 章名

中華民國 92 年 7 月 9 日公布
中華民國 93 年 8 月 24 日　　　　　修正第 3, 22, 26, 82, 87, 90 之 1, 90 之 3, 91, 91 之 1, 92, 93, 96 之 1 條，修正第 4 章之 1 章名，增訂第 80 之 2 條

中華民國 93 年 9 月 1 日公布
中華民國 95 年 5 月 5 日　　　　　　修正第 98, 99 至 102, 117 條，刪除第 94 條
中華民國 95 年 5 月 30 日公布
中華民國 95 年 7 月 1 日施行
中華民國 96 年 6 月 14 日　　　　　修正第 87, 93 條，增訂第 97 之 1 條
中華民國 96 年 7 月 11 日公布
中華民國 98 年 4 月 21 日　　　　　修正第 3 條
　　　　　　　　　　　　　　　　增訂第 90 之 4 至 90 之 12 條，增訂第 6 章之 1 章名

中華民國 98 年 5 月 13 日公布
中華民國 99 年 1 月 5 日　　　　　　修正第 53 條
中華民國 99 年 2 月 10 日公布
中華民國 99 年 1 月 12 日　　　　　修正第 37, 81, 82 條，修正第 5 章章名
中華民國 99 年 2 月 10 日公布
中華民國 103 年 1 月 7 日　　　　　修正第 65, 87 條
中華民國 103 年 1 月 22 日公布
中華民國 103 年 1 月 7 日　　　　　修正第 53, 65, 80 之 2, 87 之 1 條
中華民國 103 年 1 月 22 日公布

第一章　總則

第一條（立法目的及適用範圍）

為保障著作人著作權益，調和社會公共利益，促進國家文化發展，特制定本法。本法未規定者，適用其他法律之規定。

第二條（主管機關）

本法主管機關為經濟部。

著作權業務，由經濟部指定專責機關辦理。

第三條（名詞定義）

本法用詞，定義如下：

一、著作：指屬於文學、科學、藝術或其他學術範圍之創作。

二、著作人：指創作著作之人。

三、著作權：指因著作完成所生之著作人格權及著作財產權。

四、公眾：指不特定人或特定之多數人。但家庭及其正常社交之多數人，不在此限。

五、重製：指以印刷、複印、錄音、錄影、攝影、筆錄或其他方法直接、間接、永久或暫時之重複製作。於劇本、音樂著作或其他類似著作演出或播送時予以錄音或錄影；或依建築設計圖或建築模型建造建築物者，亦屬之。

六、公開口述：指以言詞或其他方法向公眾傳達著作內容。

七、公開播送：指基於公眾直接收聽或收視為目的，以有線電、無線電或其他器材之廣播系統傳送訊息之方法，藉聲音或影像，向公眾傳達著作內容。由原播送人以外之人，以有線電、無線電或其他器材之廣播系統傳送訊息之方法，將原播送之聲音或影像向公眾傳達者，亦屬之。

八、公開上映：指以單一或多數視聽機或其他傳送影像之方法於同一時間

向現場或現場以外一定場所之公眾傳達著作內容。

九、公開演出：指以演技、舞蹈、歌唱、彈奏樂器或其他方法向現場之公眾傳達著作內容。以擴音器或其他器材，將原播送之聲音或影像向公眾傳達者，亦屬之。

十、公開傳輸：指以有線電、無線電之網路或其他通訊方法，藉聲音或影像向公眾提供或傳達著作內容，包括使公眾得於其各自選定之時間或地點，以上述方法接收著作內容。

十一、改作：指以翻譯、編曲、改寫、拍攝影片或其他方法就原著作另為創作。

十二、散布：指不問有償或無償，將著作之原件或重製物提供公眾交易或流通。

十三、公開展示：指向公眾展示著作內容。

十四、發行：指權利人散布能滿足公眾合理需要之重製物。

十五、公開發表：指權利人以發行、播送、上映、口述、演出、展示或其他方法向公眾公開提示著作內容。

十六、原件：指著作首次附著之物。

十七、權利管理電子資訊：指於著作原件或其重製物，或於著作向公眾傳達時，所表示足以確認著作、著作名稱、著作人、著作財產權人或其授權之人及利用期間或條件之相關電子資訊；以數字、符號表示此類資訊者，亦屬之。

十八、防盜拷措施：指著作權人所採取有效禁止或限制他人擅自進入或利用著作之設備、器材、零件、技術或其他科技方法。

十九、網路服務提供者，指提供下列服務者：

（一）連線服務提供者：透過所控制或營運之系統或網路，以有線或無線方式，提供資訊傳輸、發送、接收，或於前開過程中之中介及短暫儲存之服務者。

（二）快速存取服務提供者：應使用者之要求傳輸資訊後，透過所控制或營運之系統或網路，將該資訊為中介及暫時儲存，以

供其後要求傳輸該資訊之使用者加速進入該資訊之服務者。

（三）資訊儲存服務提供者：透過所控制或營運之系統或網路，應
　　　使用者之要求提供資訊儲存之服務者。

（四）搜尋服務提供者：提供使用者有關網路資訊之索引、參考或
　　　連結之搜尋或連結之服務者。

前項第八款所定現場或現場以外一定場所，包含電影院、俱樂部、錄影帶
或碟影片播映場所、旅館房間、供公眾使用之交通工具或其他供不特定人
進出之場所。

第四條（外國人著作權之取得）

外國人之著作合於下列情形之一者，得依本法享有著作權。但條約或協定
另有約定，經立法院議決通過者，從其約定：

一、於中華民國管轄區域內首次發行，或於中華民國管轄區域外首次發行
　　後三十日內在中華民國管轄區域內發行者。但以該外國人之本國，對
　　中華民國人之著作，在相同之情形下，亦予保護且經查證屬實者為
　　限。

二、依條約、協定或其本國法令、慣例，中華民國人之著作得在該國享有
　　著作權者。

第二章　著作

第五條（著作之種類）

本法所稱著作，例示如下：

一、語文著作。

二、音樂著作。

三、戲劇、舞蹈著作。

四、美術著作。

五、攝影著作。

六、圖形著作。

七、視聽著作。

八、錄音著作。

九、建築著作。

十、電腦程式著作。

前項各款著作例示內容，由主管機關訂定之。

第六條（衍生著作之保護）

就原著作改作之創作為衍生著作，以獨立之著作保護之。

衍生著作之保護，對原著作之著作權不生影響。

第七條（編輯著作之保護）

就資料之選擇及編排具有創作性者為編輯著作，以獨立之著作保護之。

編輯著作之保護，對其所收編著作之著作權不生影響。

第七條之一（表演之保護）

表演人對既有著作或民俗創作之表演，以獨立之著作保護之。

表演之保護，對原著作之著作權不生影響。

第八條（共同著作之意義）

二人以上共同完成之著作，其各人之創作，不能分離利用者，為共同著作。

第九條（著作權標的之限制）

下列各款不得為著作權之標的：

一、憲法、法律、命令或公文。

二、中央或地方機關就前款著作作成之翻譯物或編輯物。

三、標語及通用之符號、名詞、公式、數表、表格、簿冊或時曆。

四、單純為傳達事實之新聞報導所作成之語文著作。

五、依法令舉行之各類考試試題及其備用試題。

前項第一款所稱公文，包括公務員於職務上草擬之文告、講稿、新聞稿及其他文書。

第三章　著作人及著作權

第一節 通則

第十條（著作權之取得）

著作人於著作完成時享有著作權。但本法另有規定者，從其規定。

〔相關條文〕

第十條之一（著作權之表達）

依本法取得之著作權，其保護僅及於該著作之表達，而不及於其所表達之思想、程序、製程、系統、操作方法、概念、原理、發現。

〔相關條文〕

第二節 著作人

第十一條（受僱人之著作權歸屬）

受雇人於職務上完成之著作，以該受雇人為著作人。但契約約定以雇用人為著作人者，從其約定。

依前項規定，以受雇人為著作人者，其著作財產權歸雇用人享有。但契約約定其著作財產權歸受雇人享有者，從其約定。

前二項所稱受雇人，包括公務員。

〔相關條文〕

第十二條（出資人及受聘人之著作權歸屬）

出資聘請他人完成之著作，除前條情形外，以該受聘人為著作人。但契約約定以出資人為著作人者，從其約定。

依前項規定，以受聘人為著作人者，其著作財產權依契約約定歸受聘人或出資人享有。未約定著作財產權之歸屬者，其著作財產權歸受聘人享有。

依前項規定著作財產權歸受聘人享有者，出資人得利用該著作。

〔相關條文〕

第十三條（著作人之推定）

在著作之原件或其已發行之重製物上，或將著作公開發表時，以通常之方法表示著作人之本名或眾所周知之別名者，推定為該著作之著作人。

前項規定，於著作發行日期、地點及著作財產權人之推定，準用之。

〔相關條文〕

第十四條

（刪除）

第三節 著作人格權

第十五條（公開發表著作權）

著作人就其著作享有公開發表之權利。但公務員，依第十一條及第十二條規定為著作人，而著作財產權歸該公務員隸屬之法人享有者，不適用之。

有下列情形之一者，推定著作人同意公開發表其著作：

一、著作人將其尚未公開發表著作之著作財產權讓與他人或授權他人利用時，因著作財產權之行使或利用而公開發表者。

二、著作人將其尚未公開發表之美術著作或攝影著作之著作原件或其重製物讓與他人，受讓人以其著作原件或其重製物公開展示者。

三、依學位授予法撰寫之碩士、博士論文，著作人已取得學位者。

依第十一條第二項及第十二條第二項規定，由雇用人或出資人自始取得尚未公開發表著作之著作財產權者，因其著作財產權之讓與、行使或利用而公開發表者，視為著作人同意公開發表其著作。

前項規定，於第十二條第三項準用之。

〔相關條文〕

第十六條（著作人格權之行使）

著作人於著作之原件或其重製物上或於著作公開發表時，有表示其本名、

別名或不具名之權利。著作人就其著作所生之衍生著作,亦有相同之權利。

前條第一項但書規定,於前項準用之。

利用著作之人,得使用自己之封面設計,並加冠設計人或主編之姓名或名稱。但著作人有特別表示或違反社會使用慣例者,不在此限。

依著作利用之目的及方法,於著作人之利益無損害之虞,且不違反社會使用慣例者,得省略著作人之姓名或名稱。

〔相關條文〕

第十七條(著作人之權利)

著作人享有禁止他人以歪曲、割裂、竄改或其他方法改變其著作之內容、形式或名目致損害其名譽之權利。

〔相關條文〕

第十八條(著作人格權之存續)

著作人死亡或消滅者,關於其著作人格權之保護,視同生存或存續,任何人不得侵害。但依利用行為之性質及程度、社會之變動或其他情事可認為不違反該著作人之意思者,不構成侵害。

〔相關條文〕

第十九條(共同著作之著作人格權)

共同著作之著作人格權,非經著作人全體同意,不得行使之。各著作人無正當理由者,不得拒絕同意。

共同著作之著作人,得於著作人中選定代表人行使著作人格權。

對於前項代表人之代表權所加限制,不得對抗善意第三人。

第二十條(著作不得作為強制執行之標的)

未公開發表之著作原件及其著作財產權,除作為買賣之標的或經本人允諾者外,不得作為強制執行之標的。

第二十一條（著作人格權專屬於著作人本身）

著作人格權專屬於著作人本身，不得讓與或繼承。

第四節　著作財產權

第一款　著作財產權之種類

第二十二條（著作人自行重製權）

著作人除本法另有規定外，專有重製其著作之權利。

表演人專有以錄音、錄影或攝影重製其表演之權利。

前二項規定，於專為網路合法中繼性傳輸，或合法使用著作，屬技術操作過程中必要之過渡性、附帶性而不具獨立經濟意義之暫時性重製，不適用之。但電腦程式著作，不在此限。

前項網路合法中繼性傳輸之暫時性重製情形，包括網路瀏覽、快速存取或其他為達成傳輸功能之電腦或機械本身技術上所不可避免之現象。

〔相關條文〕

第二十三條（著作人之公開口述權）

著作人專有公開口述其語文著作之權利。

〔相關條文〕

第二十四條（著作人之公開播送權）

著作人除本法另有規定外，專有公開播送其著作之權利。

表演人就其經重製或公開播送後之表演，再公開播送者，不適用前項規定。

〔相關條文〕

第二十五條（著作人之公開上映權）

著作人專有公開上映其視聽著作之權利。

〔相關條文〕

第二十六條（著作人之公開演出權）

著作人除本法另有規定外，專有公開演出其語文、音樂或戲劇、舞蹈著作之權利。

表演人專有以擴音器或其他器材公開演出其表演之權利。但將表演重製後或公開播送後再以擴音器或其他器材公開演出者，不在此限。

錄音著作經公開演出者，著作人得請求公開演出之人支付使用報酬。

〔相關條文〕

第二十六條之一（著作人之公開傳輸權）

著作人除本法另有規定外，專有公開傳輸其著作之權利。

表演人就其經重製於錄音著作之表演，專有公開傳輸之權利。

〔相關條文〕

第二十七條（著作人之公開展示權）

著作人專有公開展示其未發行之美術著作或攝影著作之權利。

〔相關條文〕

第二十八條（著作人之改作成編輯著作權）

著作人專有將其著作改作成衍生著作或編輯成編輯著作之權利。但表演不適用之。

〔相關條文〕

第二十八條之一（著作人以移轉所有權方式散布著作權）

著作人除本法另有規定外，專有以移轉所有權之方式，散布其著作之權利。

表演人就其經重製於錄音著作之表演，專有以移轉所有權之方式散布之權利。

〔相關條文〕

第二十九條（著作人之出租著作權）

著作人除本法另有規定外，專有出租其著作之權利。

表演人就其經重製於錄音著作之表演，專有出租之權利。

〔相關條文〕

第二十九條之一（著作財產權之雇用人或出資人其專有權利）

依第十一條第二項或第十二條第二項規定取得著作財產權之雇用人或出資人，專有第二十二條至第二十九條規定之權利。

〔相關條文〕

第二款　著作財產權之存續期間

第三十條（著作財產權之存續期間）

著作財產權，除本法另有規定外，存續於著作人之生存期間及其死亡後五十年。

著作於著作人死亡後四十年至五十年間首次公開發表者，著作財產權之期間，自公開發表時起存續十年。

〔相關條文〕

第三十一條（共同著作之著作財產權存續期間）

共同著作之著作財產權，存續至最後死亡之著作人死亡後五十年。

〔相關條文〕

第三十二條（別著著作或不具名著作之著作財產權存續期間）

別名著作或不具名著作之著作財產權，存續至著作公開發表後五十年。但可證明其著作人死亡已逾五十年者，其著作財產權消滅。

前項規定，於著作人之別名為眾所周知者，不適用之。

〔相關條文〕

第三十三條（法人為著作人之著作財產權存續期間）

法人為著作人之著作，其著作財產權存續至其著作公開發表後五十年。但著作在創作完成時起算五十年內未公開發表者，其著作財產權存續至創作完成時起五十年。

〔相關條文〕

第三十四條（攝影、視聽、錄音及表演之著作財產權存續期間）

攝影、視聽、錄音及表演之著作財產權存續至著作公開發表後五十年。

前條但書規定，於前項準用之。

〔相關條文〕

第三十五條（著作財產權存續期間之計算方式）

第三十條至第三十四條所定存續期間，以該期間屆滿當年之末日為期間之終止。

繼續或逐次公開發表之著作，依公開發表日計算著作財產權存續期間時，如各次公開發表能獨立成一著作者，著作財產權存續期間自各別公開發表日起算。如各次公開發表不能獨立成一著作者，以能獨立成一著作時之公開發表日起算。

前項情形，如繼續部分未於前次公開發表日後三年內公開發表者，其著作財產權存續期間自前次公開發表日起算。

〔相關條文〕

第三款　著作財產權之讓與、行使及消滅

第三十六條（著作財產權之讓與）

著作財產權得全部或部分讓與他人或與他人共有。

著作財產權之受讓人，在其受讓範圍內，取得著作財產權。

著作財產權讓與之範圍依當事人之約定；其約定不明之部分，推定為未讓與。

第三十七條（著作財產權人授權之利用與例外）

　　著作財產權人得授權他人利用著作，其授權利用之地域、時間、內容、利用方法或其他事項，依當事人之約定；其約定不明之部分，推定為未授權。

　　前項授權不因著作財產權人嗣後將其著作財產權讓與或再為授權而受影響。

　　非專屬授權之被授權人非經著作財產權人同意，不得將其被授與之權利再授權第三人利用。

　　專屬授權之被授權人在被授權範圍內，得以著作財產權人之地位行使權利，並得以自己名義為訴訟上之行為。著作財產權人在專屬授權範圍內，不得行使權利。

　　第二項至前項規定，於中華民國九十年十一月十二日本法修正施行前所為之授權，不適用之。

　　有下列情形之一者，不適用第七章規定。但屬於著作權集體管理團體管理之著作，不在此限：

一、音樂著作經授權重製於電腦伴唱機者，利用人利用該電腦伴唱機公開演出該著作。

二、將原播送之著作再公開播送。

三、以擴音器或其他器材，將原播送之聲音或影像向公眾傳達。

四、著作經授權重製於廣告後，由廣告播送人就該廣告為公開播送或同步公開傳輸，向公眾傳達。

第三十八條

　　（刪除）

第三十九條（以著作財產權為質權之標的物不影響其行使）

　　以著作財產權為質權之標的物者，除設定時另有約定外，著作財產權人得行使其著作財產權。

第四十條（共同著作人之著作財產權約定）

共同著作各著作人之應有部分，依共同著作人間之約定定之；無約定者，依各著作人參與創作之程度定之。各著作人參與創作之程度不明時，推定為均等。

共同著作之著作人拋棄其應有部分者，其應有部分由其他共同著作人依其應有部分之比例分享之。

前項規定，於共同著作之著作人死亡無繼承人或消滅後無承受人者，準用之。

第四十條之一（共有著作財產權之行使）

共有之著作財產權，非經著作財產權人全體同意，不得行使之；各著作財產權人非經其他共有著作財產權人之同意，不得以其應有部分讓與他人或為他人設定質權。各著作財產權人，無正當理由者，不得拒絕同意。

共有著作財產權人，得於著作財產權人中選定代表人行使著作財產權。對於代表人之代表權所加限制，不得對抗善意第三人。

前條第二項及第三項規定，於共有著作財產權準用之。

第四十一條（授與刊載或公開播送一次之權利不影響著作人之其他權利）

著作財產權人投稿於新聞紙、雜誌或授權公開播送著作者，除另有約定外，推定僅授與刊載或公開播送一次之權利，對著作財產權人之其他權利不生影響。

第四十二條（著作財產權存續期間之消滅）

著作財產權因存續期間屆滿而消滅。於存續期間內，有下列情形之一者，亦同：

一、著作財產權人死亡，其著作財產權依法應歸屬國庫者。

二、著作財產權人為法人，於其消滅後，其著作財產權依法應歸屬於地方自治團體者。

〔相關條文〕

第四十三條（著作財產權消滅之著作得自由利用）

著作財產權消滅之著作，除本法另有規定外，任何人均得自由利用。

〔相關條文〕

第四款 著作財產權之限制

第四十四條（中央或地方機關得重製他人著作之條件）

中央或地方機關，因立法或行政目的所需，認有必要將他人著作列為內部參考資料時，在合理範圍內，得重製他人之著作。但依該著作之種類、用途及其重製物之數量、方法，有害於著作財產權人之利益者，不在此限。

〔相關條文〕

第四十五條（為司法程序得重製他人著作之條件）

專為司法程序使用之必要，在合理範圍內，得重製他人之著作。

前條但書規定，於前項情形準用之。

〔相關條文〕

第四十六條（為學校授課得重製他人著作之條件）

依法設立之各級學校及其擔任教學之人，為學校授課需要，在合理範圍內，得重製他人已公開發表之著作。

第四十四條但書規定，於前項情形準用之。

〔相關條文〕

第四十七條（為教育目的得公開播送或轉載他人著作之條件）

為編製依法令應經教育行政機關審定之教科用書，或教育行政機關編製教科用書者，在合理範圍內，得重製、改作或編輯他人已公開發表之著作。

前項規定，於編製附隨於該教科用書且專供教學之人教學用之輔助用品，準用之。但以由該教科用書編製者編製為限。

依法設立之各級學校或教育機構，為教育目的之必要，在合理範圍內，得公開播送他人已公開發表之著作。

前三項情形，利用人應將利用情形通知著作財產權人並支付使用報酬。使用報酬率，由主管機關定之。

〔相關條文〕

第四十八條（文教機構得重製他人著作之條件）

供公眾使用之圖書館、博物館、歷史館、科學館、藝術館或其他文教機構，於下列情形之一，得就其收藏之著作重製之：

一、應閱覽人供個人研究之要求，重製已公開發表著作之一部分，或期刊或已公開發表之研討會論文集之單篇著作，每人以一份為限。

二、基於保存資料之必要者。

三、就絕版或難以購得之著作，應同性質機構之要求者。

〔相關條文〕

第四十八條之一（政府機關或教育機構得重製之著作摘要）

中央或地方機關、依法設立之教育機構或供公眾使用之圖書館，得重製下列已公開發表之著作所附之摘要：

一、依學位授予法撰寫之碩士、博士論文，著作人已取得學位者。

二、刊載於期刊中之學術論文。

三、已公開發表之研討會論文集或研究報告。

〔相關條文〕

第四十九條（報導得利用他人著作之條件）

以廣播、攝影、錄影、新聞紙、網路或其他方法為時事報導者，在報導之必要範圍內，得利用其報導過程中所接觸之著作。

〔相關條文〕

第五十條（政府機關或公法人著作之重製或播送）

以中央或地方機關或公法人之名義公開發表之著作，在合理範圍內，得重製、公開播送或公開傳輸。

〔相關條文〕

第五十一條（非為營利得重製他人著作之條件）

供個人或家庭為非營利之目的，在合理範圍內，得利用圖書館及非供公眾使用之機器重製已公開發表之著作。

〔相關條文〕

第五十二條（得引用他人著作之條件）

為報導、評論、教學、研究或其他正當目的之必要，在合理範圍內，得引用已公開發表之著作。

〔相關條文〕

第五十三條（得重製公開發表著作之條件）

中央或地方政府機關、非營利機構或團體、依法立案之各級學校，為專供視覺障礙者、學習障礙者、聽覺障礙者或其他感知著作有困難之障礙者使用之目的，得以翻譯、點字、錄音、數位轉換、口述影像、附加手語或其他方式利用已公開發表之著作。

前項所定障礙者或其代理人為供該障礙者個人非營利使用，準用前項規定。

依前二項規定製作之著作重製物，得於前二項所定障礙者、中央或地方政府機關、非營利機構或團體、依法立案之各級學校間散布或公開傳輸。

〔相關條文〕

第五十四條（為試題之用得重製他人著作之條件）

中央或地方機關、依法設立之各級學校或教育機構辦理之各種考試，得重製已公開發表之著作，供為試題之用。但已公開發表之著作如為試題者，不適用之。

〔相關條文〕

第五十五條（非營利性表演活動得利用他人著作之條件）

非以營利為目的，未對觀眾或聽眾直接或間接收取任何費用，且未對表演

人支付報酬者，得於活動中公開口述、公開播送、公開上映或公開演出他
人已公開發表之著作。

〔相關條文〕

第五十六條（廣播電視得錄製他人著作之條件）

廣播或電視，為公開播送之目的，得以自己之設備錄音或錄影該著作。但
以其公開播送業經著作財產權人之授權或合於本法規定者為限。

前項錄製物除經著作權專責機關核准保存於指定之處所外，應於錄音或錄
影後六個月內銷燬之。

〔相關條文〕

第五十六條之一（無線電視臺著作不得變更其形式或內容）

為加強收視效能，得以依法令設立之社區共同天線同時轉播依法設立無線
電視臺播送之著作，不得變更其形式或內容。

〔相關條文〕

第五十七條（美術攝影著作之展示及重製）

美術著作或攝影著作原件或合法重製物之所有人或經其同意之人，得公開
展示該著作原件或合法重製物。

前項公開展示之人，為向參觀人解說著作，得於說明書內重製該著作。

〔相關條文〕

第五十八條（長期展示之美術著作或建築著作之利用）

於街道、公園、建築物之外壁或其他向公眾開放之戶外場所長期展示之美
術著作或建築著作，除下列情形外，得以任何方法利用之：

一、以建築方式重製建築物。

二、以雕塑方式重製雕塑物。

三、為於本條規定之場所長期展示目的所為之重製。

四、專門以販賣美術著作重製物為目的所為之重製。

〔相關條文〕

第五十九條（合法電腦程式著作之修改或重製）

合法電腦程式著作重製物之所有人得因配合其所使用機器之需要，修改其程式，或因備用存檔之需要重製其程式。但限於該所有人自行使用。

前項所有人因滅失以外之事由，喪失原重製物之所有權者，除經著作財產權人同意外，應將其修改或重製之程式銷燬之。

〔相關條文〕

第五十九條之一（所有權人以移轉所有權方式散布所有權）

在中華民國管轄區域內取得著作原件或其合法重製物所有權之人，得以移轉所有權之方式散布之。

〔相關條文〕

第六十條（合法著作重製物之出租）

著作原件或其合法著作重製物之所有人，得出租該原件或重製物。但錄音及電腦程式著作，不適用之。

附含於貨物、機器或設備之電腦程式著作重製物，隨同貨物、機器或設備合法出租且非該項出租之主要標的物者，不適用前項但書之規定。

〔相關條文〕

第六十一條（媒體時論之轉載或播送）

揭載於新聞紙、雜誌或網路上有關政治、經濟或社會上時事問題之論述，得由其他新聞紙、雜誌轉載或由廣播或電視公開播送，或於網路上公開傳輸。但經註明不許轉載、公開播送或公開傳輸者，不在此限。

〔相關條文〕

第六十二條（公開演說及公開陳述之利用）

政治或宗教上之公開演說、裁判程序及中央或地方機關之公開陳述，任何人得利用之。但專就特定人之演說或陳述，編輯成編輯著作者，應經著作財產權人之同意。

〔相關條文〕

第六十三條（依法利用他人著作者得翻譯該著作）

依第四十四條、第四十五條、第四十八條第一款、第四十八條之一至第五十條、第五十二條至第五十五條、第六十一條及第六十二條規定得利用他人著作者，得翻譯該著作。

依第四十六條及第五十一條規定得利用他人著作者，得改作該著作。

依第四十六條至第五十條、第五十二條至第五十四條、第五十七條第二項、第五十八條、第六十一條及第六十二條規定利用他人著作者，得散布該著作。

〔相關條文〕

第六十四條（依法利用他人著作者應明示出處）

依第四十四條至第四十七條、第四十八條之一至第五十條、第五十二條、第五十三條、第五十五條、第五十七條、第五十八條、第六十條至第六十三條規定利用他人著作者，應明示其出處。

前項明示出處，就著作人之姓名或名稱，除不具名著作或著作人不明者外，應以合理之方式為之。

〔相關條文〕

第六十五條（合法利用他人著作之判準）

著作之合理使用，不構成著作財產權之侵害。

著作之利用是否合於第四十四條至第六十三條所定之合理範圍或其他合理使用之情形，應審酌一切情狀，尤應注意下列事項，以為判斷之基準：

一、利用之目的及性質，包括係為商業目的或非營利教育目的。

二、著作之性質。

三、所利用之質量及其在整個著作所占之比例。

四、利用結果對著作潛在市場與現在價值之影響。

著作權人團體與利用人團體就著作之合理使用範圍達成協議者，得為前項

判斷之參考。

前項協議過程中，得諮詢著作權專責機關之意見。

〔相關條文〕

第六十六條（著作人格權不受他人利用之影響）

第四十四條至第六十三條及第六十五條規定，對著作人之著作人格權不生影響。

〔相關條文〕

第五款 著作利用之強制授權

第六十七條

（刪除）

第六十八條

（刪除）

第六十九條（音樂著作利用之強制授權）

錄有音樂著作之銷售用錄音著作發行滿六個月，欲利用該音樂著作錄製其他銷售用錄音著作者，經申請著作權專責機關許可強制授權，並給付使用報酬後，得利用該音樂著作，另行錄製。

前項音樂著作強制授權許可、使用報酬之計算方式及其他應遵行事項之辦法，由主管機關定之。

〔相關條文〕

第七十條（強制授權利用之著作銷售區域限制）

依前條規定利用音樂著作者，不得將其錄音著作之重製物銷售至中華民國管轄區域外。

第七十一條（強制授權許可之撤銷）

依第六十九條規定，取得強制授權之許可後，發現其申請有虛偽情事者，

著作權專責機關應撤銷其許可。

依第六十九條規定，取得強制授權之許可後，未依著作權專責機關許可之方式利用著作者，著作權專責機關應廢止其許可。

〔相關條文〕

第七十二條

（刪除）

第七十三條

（刪除）

第七十四條

（刪除）

第七十五條

（刪除）

第七十六條

（刪除）

第七十七條

（刪除）

第七十八條

（刪除）

第四章　製版權

第七十九條（製版權）

無著作財產權或著作財產權消滅之文字著述或美術著作，經製版人就文字著述整理印刷，或就美術著作原件以影印、印刷或類似方式重製首次發

行，並依法登記者，製版人就其版面，專有以影印、印刷或類似方式重製之權利。

製版人之權利，自製版完成時起算存續十年。

前項保護期間，以該期間屆滿當年之末日，為期間之終止。

製版權之讓與或信託，非經登記，不得對抗第三人。

製版權登記、讓與登記、信託登記及其他應遵行事項之辦法，由主管機關定之。

第八十條（製版權準用之規定）

第四十二條及第四十三條有關著作財產權消滅之規定、第四十四條至第四十八條、第四十九條、第五十一條、第五十二條、第五十四條、第六十四條及第六十五條關於著作財產權限制之規定，於製版權準用之。

〔相關條文〕

第四章之一　權利管理電子資訊及防盜拷措施

第八十條之一（設備器材、零件及技術製造輸入之禁止及例外）

著作權人所為之權利管理電子資訊，不得移除或變更。但有下列情形之一者，不在此限：

一、因行為時之技術限制，非移除或變更著作權利管理電子資訊即不能合法利用該著作。

二、錄製或傳輸系統轉換時，其轉換技術上必要之移除或變更。

明知著作權利管理電子資訊，業經非法移除或變更者，不得散布或意圖散布而輸入或持有該著作原件或其重製物，亦不得公開播送、公開演出或公開傳輸。

〔相關條文〕

第八十條之二（破解、破壞或規避防盜拷措施之設備器材或技術等，未經合法授權不得製造輸入之除外情形）

著作權人所採取禁止或限制他人擅自進入著作之防盜拷措施，未經合法授

權不得予以破解、破壞或以其他方法規避之。

破解、破壞或規避防盜拷措施之設備、器材、零件、技術或資訊，未經合法授權不得製造、輸入、提供公眾使用或為公眾提供服務。

前二項規定，於下列情形不適用之：

一、為維護國家安全者。

二、中央或地方機關所為者。

三、檔案保存機構、教育機構或供公眾使用之圖書館，為評估是否取得資料所為者。

四、為保護未成年人者。

五、為保護個人資料者。

六、為電腦或網路進行安全測試者。

七、為進行加密研究者。

八、為進行還原工程者。

九、為依第四十四條至第六十三條及第六十五條規定利用他人著作者。

十、其他經主管機關所定情形。

前項各款之內容，由主管機關定之，並定期檢討。

〔相關條文〕

第五章　著作權集體管理團體與著作權審議及調解委員會

第八十一條（著作權集體管理團體）

著作財產權人為行使權利、收受及分配使用報酬，經著作權專責機關之許可，得組成著作權集體管理團體。

專屬授權之被授權人，亦得加入著作權集體管理團體。

第一項團體之許可設立、組織、職權及其監督、輔導，另以法律定之。

〔相關條文〕

第八十二條（著作權審議及調解委員會）

著作權專責機關應設置著作權審議及調解委員會，辦理下列事項：

一、第四十七條第四項規定使用報酬率之審議。

二、著作權集體管理團體與利用人間，對使用報酬爭議之調解。

三、著作權或製版權爭議之調解。

四、其他有關著作權審議及調解之諮詢。

前項第三款所定爭議之調解，其涉及刑事者，以告訴乃論罪之案件為限。

〔相關條文〕

第八十二條之一（調解書送請管轄法院審核）

著作權專責機關應於調解成立後七日內，將調解書送請管轄法院審核。

前項調解書，法院應儘速審核，除有違反法令、公序良俗或不能強制執行者外，應由法官簽名並蓋法院印信，除抽存一份外，發還著作權專責機關送達當事人。

法院未予核定之事件，應將其理由通知著作權專責機關。

第八十二條之二（法院核定調解）

調解經法院核定後，當事人就該事件不得再行起訴、告訴或自訴。

前項經法院核定之民事調解，與民事確定判決有同一之效力；經法院核定之刑事調解，以給付金錢或其他代替物或有價證券之一定數量為標的者，其調解書具有執行名義。

第八十二條之三（撤回起訴）

民事事件已繫屬於法院，在判決確定前，調解成立，並經法院核定者，視為於調解成立時撤回起訴。

刑事事件於偵查中或第一審法院辯論終結前，調解成立，經法院核定，並經當事人同意撤回者，視為於調解成立時撤回告訴或自訴。

第八十二條之四（宣告調解無效或撤銷調解之訴）

民事調解經法院核定後，有無效或得撤銷之原因者，當事人得向原核定法院提起宣告調解無效或撤銷調解之訴。

前項訴訟，當事人應於法院核定之調解書送達後三十日內提起之。

第八十三條（著作權審議及調解委員會組織規程及調解辦法）

前條著作權審議及調解委員會之組織規程及有關爭議之調解辦法，由主管機關擬訂，報請行政院核定後發布之。

第六章　權利侵害之救濟

第八十四條（權利侵害之救濟）

著作權人或製版權人對於侵害其權利者，得請求排除之，有侵害之虞者，得請求防止之。

〔相關條文〕

第八十五條（侵害著作人格權之民事責任）

侵害著作人格權者，負損害賠償責任。雖非財產上之損害，被害人亦得請求賠償相當之金額。

前項侵害，被害人並得請求表示著作人之姓名或名稱、更正內容或為其他回復名譽之適當處分。

〔相關條文〕

第八十六條（著作人死亡後得請求救濟著作人格權遭侵害者之先後次序）

著作人死亡後，除其遺囑另有指定外，下列之人，依順序對於違反第十八條或有違反之虞者，得依第八十四條及前條第二項規定，請求救濟：

一、配偶。

二、子女。

三、父母。

四、孫子女。

五、兄弟姊妹。

六、祖父母。

〔相關條文〕

第八十七條（視為侵害著作權或製版權）

有下列情形之一者，除本法另有規定外，視為侵害著作權或製版權：

一、以侵害著作人名譽之方法利用其著作者。

二、明知為侵害製版權之物而散布或意圖散布而公開陳列或持有者。

三、輸入未經著作財產權人或製版權人授權重製之重製物或製版物者。

四、未經著作財產權人同意而輸入著作原件或其國外合法重製物者。

五、以侵害電腦程式著作財產權之重製物作為營業之使用者。

六、明知為侵害著作財產權之物而以移轉所有權或出租以外之方式散布者，或明知為侵害著作財產權之物，意圖散布而公開陳列或持有者。

七、未經著作財產權人同意或授權，意圖供公眾透過網路公開傳輸或重製他人著作，侵害著作財產權，對公眾提供可公開傳輸或重製著作之電腦程式或其他技術，而受有利益者。

前項第七款之行為人，採取廣告或其他積極措施，教唆、誘使、煽惑、說服公眾利用電腦程式或其他技術侵害著作財產權者，為具備該款之意圖。

〔相關條文〕

第八十七條之一（為特定原因而輸入或重製，不視為侵害著作權或製版權之情形）

有下列情形之一者，前條第四款之規定，不適用之：

一、為供中央或地方機關之利用而輸入。但為供學校或其他教育機構之利用而輸入或非以保存資料之目的而輸入視聽著作原件或其重製物者，不在此限。

二、為供非營利之學術、教育或宗教機構保存資料之目的而輸入視聽著作原件或一定數量重製物，或為其圖書館借閱或保存資料之目的而輸入

視聽著作以外之其他著作原件或一定數量重製物，並應依第四十八條
規定利用之。

三、為供輸入者個人非散布之利用或屬入境人員行李之一部分而輸入著作
原件或一定數量重製物者。

四、中央或地方政府機關、非營利機構或團體、依法立案之各級學校，為
專供視覺障礙者、學習障礙者、聽覺障礙者或其他感知著作有困難之
障礙者使用之目的，得輸入以翻譯、點字、錄音、數位轉換、口述影
像、附加手語或其他方式重製之著作重製物，並應依第五十三條規定
利用之。

五、附含於貨物、機器或設備之著作原件或其重製物，隨同貨物、機器或
設備之合法輸入而輸入者，該著作原件或其重製物於使用或操作貨
物、機器或設備時不得重製。

六、附屬於貨物、機器或設備之說明書或操作手冊隨同貨物、機器或設備
之合法輸入而輸入者。但以說明書或操作手冊為主要輸入者，不在此
限。

前項第二款及第三款之一定數量，由主管機關另定之。

〔相關條文〕

第八十八條（不法侵害著作財產權或製版權之民事責任）

因故意或過失不法侵害他人之著作財產權或製版權者，負損害賠償責任。
數人共同不法侵害者，連帶負賠償責任。

前項損害賠償，被害人得依下列規定擇一請求：

一、依民法第二百十六條之規定請求。但被害人不能證明其損害時，得以
其行使權利依通常情形可得預期之利益，減除被侵害後行使同一權利
所得利益之差額，為其所受損害。

二、請求侵害人因侵害行為所得之利益。但侵害人不能證明其成本或必要
費用時，以其侵害行為所得之全部收入，為其所得利益。

依前項規定，如被害人不易證明其實際損害額，得請求法院依侵害情節，

在新臺幣一萬元以上一百萬元以下酌定賠償額。如損害行為屬故意且情節重大者，賠償額得增至新臺幣五百萬元。

〔相關條文〕

第八十八條之一（侵害所用之物之銷燬）

依第八十四條或前條第一項請求時，對於侵害行為作成之物或主要供侵害所用之物，得請求銷燬或為其他必要之處置。

〔相關條文〕

第八十九條（被害人得請求侵害人負擔刊載判決書之費用）

被害人得請求由侵害人負擔費用，將判決書內容全部或一部登載新聞紙、雜誌。

第八十九條之一（損害賠償請求權之期限）

第八十五條及第八十八條之損害賠償請求權，自請求權人知有損害及賠償義務人時起，二年間不行使而消滅。自有侵權行為時起，逾十年者亦同。

〔相關條文〕

第九十條（共同著作之權利救濟）

共同著作之各著作權人，對於侵害其著作權者，得各依本章之規定，請求救濟，並得按其應有部分，請求損害賠償。

前項規定，於因其他關係成立之共有著作財產權或製版權之共有人準用之。

第九十條之一（海關查扣）

著作權人或製版權人對輸入或輸出侵害其著作權或製版權之物者，得申請海關先予查扣。

前項申請應以書面為之，並釋明侵害之事實，及提供相當於海關核估該進口貨物完稅價格或出口貨物離岸價格之保證金，作為被查扣人因查扣所受損害之賠償擔保。

海關受理查扣之申請，應即通知申請人。如認符合前項規定而實施查扣時，應以書面通知申請人及被查扣人。

申請人或被查扣人，得向海關申請檢視被查扣之物。

查扣之物，經申請人取得法院民事確定判決，屬侵害著作權或製版權者，由海關予以沒入。沒入物之貨櫃延滯費、倉租、裝卸費等有關費用暨處理銷毀費用應由被查扣人負擔。

前項處理銷毀所需費用，經海關限期通知繳納而不繳納者，依法移送強制執行。

有下列情形之一者，除由海關廢止查扣依有關進出口貨物通關規定辦理外，申請人並應賠償被查扣人因查扣所受損害：

一、查扣之物經法院確定判決，不屬侵害著作權或製版權之物者。

二、海關於通知申請人受理查扣之日起十二日內，未被告知就查扣物為侵害物之訴訟已提起者。

三、申請人申請廢止查扣者。

前項第二款規定之期限，海關得視需要延長十二日。

有下列情形之一者，海關應依申請人之申請返還保證金：

一、申請人取得勝訴之確定判決或與被查扣人達成和解，已無繼續提供保證金之必要者。

二、廢止查扣後，申請人證明已定二十日以上之期間，催告被查扣人行使權利而未行使者。

三、被查扣人同意返還者。

被查扣人就第二項之保證金與質權人有同一之權利。

海關於執行職務時，發現進出口貨物外觀顯有侵害著作權之嫌者，得於一個工作日內通知權利人並通知進出口人提供授權資料。權利人接獲通知後對於空運出口貨物應於四小時內，空運進口及海運進出口貨物應於一個工作日內至海關協助認定。權利人不明或無法通知，或權利人未於通知期限內至海關協助認定，或經權利人認定係爭標的物未侵權者，若無違反其他通關規定，海關應即放行。

經認定疑似侵權之貨物，海關應採行暫不放行措施。

海關採行暫不放行措施後，權利人於三個工作日內，未依第一項至第十項向海關申請查扣，或未採行保護權利之民、刑事訴訟程序，若無違反其他通關規定，海關應即予放行。

〔相關條文〕

第九十條之二（查扣物相關事項實施辦法）

前條之實施辦法，由主管機關會同財政部定之。

第九十條之三（賠償責任）

違反第八十條之一或第八十條之二規定，致著作權人受損害者，負賠償責任。數人共同違反者，負連帶賠償責任。

第八十四條、第八十八條之一、第八十九條之一及第九十條之一規定，於違反第八十條之一或第八十條之二規定者，準用之。

〔相關條文〕

第六章之一　網路服務提供者之民事免責事由

第九十條之四（網路服務提供者適用民事免責事由之共通要件）

符合下列規定之網路服務提供者，適用第九十條之五至第九十條之八之規定：

一、以契約、電子傳輸、自動偵測系統或其他方式，告知使用者其著作權或製版權保護措施，並確實履行該保護措施。

二、以契約、電子傳輸、自動偵測系統或其他方式，告知使用者若有三次涉有侵權情事，應終止全部或部分服務。

三、公告接收通知文件之聯繫窗口資訊。

四、執行第三項之通用辨識或保護技術措施。

連線服務提供者於接獲著作權人或製版權人就其使用者所為涉有侵權行為之通知後，將該通知以電子郵件轉送該使用者，視為符合前項第一款規

定。

著作權人或製版權人已提供為保護著作權或製版權之通用辨識或保護技術
措施，經主管機關核可者，網路服務提供者應配合執行之。

〔相關條文〕

第九十條之五（連線服務提供者對使用者侵權行為不負賠償責任之情形）

有下列情形者，連線服務提供者對其使用者侵害他人著作權或製版權之行
為，不負賠償責任：

一、所傳輸資訊，係由使用者所發動或請求。

二、資訊傳輸、發送、連結或儲存，係經由自動化技術予以執行，且連線
　　服務提供者未就傳輸之資訊為任何篩選或修改。

〔相關條文〕

第九十條之六（快速存取服務提供者對使用者侵權行為不負賠償責任之情形）

有下列情形者，快速存取服務提供者對其使用者侵害他人著作權或製版權
之行為，不負賠償責任：

一、未改變存取之資訊。

二、於資訊提供者就該自動存取之原始資訊為修改、刪除或阻斷時，透過
　　自動化技術為相同之處理。

三、經著作權人或製版權人通知其使用者涉有侵權行為後，立即移除或使
　　他人無法進入該涉有侵權之內容或相關資訊。

〔相關條文〕

第九十條之七（資訊儲存服務提供者對使用者侵權行為不負賠償責任之情形）

有下列情形者，資訊儲存服務提供者對其使用者侵害他人著作權或製版權
之行為，不負賠償責任：

一、對使用者涉有侵權行為不知情。

二、未直接自使用者之侵權行為獲有財產上利益。

三、經著作權人或製版權人通知其使用者涉有侵權行為後，立即移除或使

他人無法進入該涉有侵權之內容或相關資訊。

〔相關條文〕

第九十條之八（搜尋服務提供者對使用者侵權行為不負賠償責任之情形）

有下列情形者，搜尋服務提供者對其使用者侵害他人著作權或製版權之行為，不負賠償責任：

一、對所搜尋或連結之資訊涉有侵權不知情。

二、未直接自使用者之侵權行為獲有財產上利益。

三、經著作權人或製版權人通知其使用者涉有侵權行為後，立即移除或使他人無法進入該涉有侵權之內容或相關資訊。

〔相關條文〕

第九十條之九（提供資訊儲存服務執行回復措施時應遵守事項）

資訊儲存服務提供者應將第九十條之七第三款處理情形，依其與使用者約定之聯絡方式或使用者留存之聯絡資訊，轉送該涉有侵權之使用者。但依其提供服務之性質無法通知者，不在此限。

前項之使用者認其無侵權情事者，得檢具回復通知文件，要求資訊儲存服務提供者回復其被移除或使他人無法進入之內容或相關資訊。

資訊儲存服務提供者於接獲前項之回復通知後，應立即將回復通知文件轉送著作權人或製版權人。

著作權人或製版權人於接獲資訊儲存服務提供者前項通知之次日起十個工作日內，向資訊儲存服務提供者提出已對該使用者訴訟之證明者，資訊儲存服務提供者不負回復之義務。

著作權人或製版權人未依前項規定提出訴訟之證明，資訊儲存服務提供者至遲應於轉送回復通知之次日起十四個工作日內，回復被移除或使他人無法進入之內容或相關資訊。但無法回復者，應事先告知使用者，或提供其他適當方式供使用者回復。

〔相關條文〕

第九十條之十（依規定移除涉嫌侵權之資訊對使用者不負賠償責任）

有下列情形之一者，網路服務提供者對涉有侵權之使用者，不負賠償責任：

一、依第九十條之六至第九十條之八之規定，移除或使他人無法進入該涉有侵權之內容或相關資訊。

二、知悉使用者所為涉有侵權情事後，善意移除或使他人無法進入該涉有侵權之內容或相關資訊。

〔相關條文〕

第九十條之十一（不實通知或回復通知致他人受損害者應負損害賠償責任）

因故意或過失，向網路服務提供者提出不實通知或回復通知，致使用者、著作權人、製版權人或網路服務提供者受有損害者，負損害賠償責任。

第九十條之十二（各項執行細節授權主管機關訂定）

第九十條之四聯繫窗口之公告、第九十條之六至第九十條之九之通知、回復通知內容、應記載事項、補正及其他應遵行事項之辦法，由主管機關定之。

〔相關條文〕

第七章　罰則

第九十一條（重製他人著作之處罰）

擅自以重製之方法侵害他人之著作財產權者，處三年以下有期徒刑、拘役，或科或併科新臺幣七十五萬元以下罰金。

意圖銷售或出租而擅自以重製之方法侵害他人之著作財產權者，處六月以上五年以下有期徒刑，得併科新臺幣二十萬元以上二百萬元以下罰金。

以重製於光碟之方法犯前項之罪者，處六月以上五年以下有期徒刑，得併科新臺幣五十萬元以上五百萬元以下罰金。

著作僅供個人參考或合理使用者，不構成著作權侵害。

〔相關條文〕

第九十一條之一（處罰）

擅自以移轉所有權之方法散布著作原件或其重製物而侵害他人之著作財產權者，處三年以下有期徒刑、拘役，或科或併科新臺幣五十萬元以下罰金。

明知係侵害著作財產權之重製物而散布或意圖散布而公開陳列或持有者，處三年以下有期徒刑，得併科新臺幣七萬元以上七十五萬元以下罰金。

犯前項之罪，其重製物為光碟者，處六月以上三年以下有期徒刑，得併科新臺幣二十萬元以上二百萬元以下罰金。但違反第八十七條第四款規定輸入之光碟，不在此限。

犯前二項之罪，經供出其物品來源，因而破獲者，得減輕其刑。

〔相關條文〕

第九十二條（公開侵害著作財產權之處罰）

擅自以公開口述、公開播送、公開上映、公開演出、公開傳輸、公開展示、改作、編輯、出租之方法侵害他人之著作財產權者，處三年以下有期徒刑、拘役，或科或併科新臺幣七十五萬元以下罰金。

〔相關條文〕

第九十三條（侵害著作人格權、著作權及違反強制授權利用之處罰）

有下列情形之一者，處二年以下有期徒刑、拘役，或科或併科新臺幣五十萬元以下罰金：

一、侵害第十五條至第十七條規定之著作人格權者。

二、違反第七十條規定者。

三、以第八十七條第一項第一款、第三款、第五款或第六款方法之一侵害他人之著作權者。但第九十一條之一第二項及第三項規定情形，不在此限。

四、違反第八十七條第一項第七款規定者。
〔相關條文〕

第九十四條

（刪除）

第九十五條（侵害著作人格權及製版權之處罰）

違反第一百十二條規定者，處一年以下有期徒刑、拘役或科或併科新臺幣二萬元以上二十五萬元以下罰金。
〔相關條文〕

第九十六條（未銷毀修改或重製程式及未明示他人著作出處之處罰）

違反第五十九條第二項或第六十四條規定者，科新臺幣五萬元以下罰金。
〔相關條文〕

第九十六條之一（處罰）

有下列情形之一者，處一年以下有期徒刑、拘役或科或併科新臺幣二萬元以上二十五萬元以下罰金：
一、違反第八十條之一規定者。
二、違反第八十條之二第二項規定者。
〔相關條文〕

第九十六條之二（酌量加重罰金）

依本章科罰金時，應審酌犯人之資力及犯罪所得之利益。如所得之利益超過罰金最多額時，得於所得利益之範圍內酌量加重。

第九十七條

（刪除）

第九十七條之一（罰則）

事業以公開傳輸之方法，犯第九十一條、第九十二條及第九十三條第四款

之罪，經法院判決有罪者，應即停止其行為；如不停止，且經主管機關邀集專家學者及相關業者認定侵害情節重大，嚴重影響著作財產權人權益者，主管機關應限期一個月內改正，屆期不改正者，得命令停業或勒令歇業。

〔相關條文〕

第九十八條（沒收）

犯第九十一條至第九十三條、第九十五條至第九十六條之一之罪，供犯罪所用或因犯罪所得之物，得沒收之。但犯第九十一條第三項及第九十一條之一第三項之罪者，其得沒收之物，不以屬於犯人者為限。

〔相關條文〕

第九十八條之一（沒入）

犯第九十一條第三項或第九十一條之一第三項之罪，其行為人逃逸而無從確認者，供犯罪所用或因犯罪所得之物，司法警察機關得逕為沒入。

前項沒入之物，除沒入款項繳交國庫外，銷燬之。其銷燬或沒入款項之處理程序，準用社會秩序維護法相關規定辦理。

〔相關條文〕

第九十九條（被告負判決書登報之費用）

犯第九十一條至第九十三條、第九十五條之罪者，因被害人或其他有告訴權人之聲請，得令將判決書全部或一部登報，其費用由被告負擔。

〔相關條文〕

第一百條（告訴乃論罪及例外）

本章之罪，須告訴乃論。但犯第九十一條第三項及第九十一條之一第三項之罪，不在此限。

〔相關條文〕

第一百零一條（執行業務者侵害他人著作權時之處罰）

法人之代表人、法人或自然人之代理人、受雇人或其他從業人員，因執行業務，犯第九十一條至第九十三條、第九十五條至第九十六條之一之罪者，除依各該條規定處罰其行為人外，對該法人或自然人亦科各該條之罰金。

對前項行為人、法人或自然人之一方告訴或撤回告訴者，其效力及於他方。

〔相關條文〕

第一百零二條（外國法人之訴訟資格）

未經認許之外國法人，對於第九十一條至第九十三條、第九十五條至第九十六條之一之罪，得為告訴或提起自訴。

〔相關條文〕

第一百零三條（司法警察之扣押權、移送權）

司法警察官或司法警察對侵害他人之著作權或製版權，經告訴、告發者，得依法扣押其侵害物，並移送偵辦。

第一百零四條

（刪除）

第八章　附則

第一百零五條（規費）

依本法申請強制授權、製版權登記、製版權讓與登記、製版權信託登記、調解、查閱製版權登記或請求發給謄本者，應繳納規費。

前項收費基準，由主管機關定之。

第一百零六條（本法修正前之著作適用之法律）

著作完成於中華民國八十一年六月十日本法修正施行前，且合於中華民國八十七年一月二十一日修正施行前本法第一百零六條至第一百零九條規定之一者，除本章另有規定外，適用本法。

著作完成於中華民國八十一年六月十日本法修正施行後者，適用本法。

〔相關條文〕

第一百零六條之一（著作財產權期間）

著作完成於世界貿易組織協定在中華民國管轄區域內生效日之前，未依歷次本法規定取得著作權而依本法所定著作財產權期間計算仍在存續中者，除本章另有規定外，適用本法。但外國人著作在其源流國保護期間已屆滿者，不適用之。

前項但書所稱源流國依西元一九七一年保護文學與藝術著作之伯恩公約第五條規定決定之。

〔相關條文〕

第一百零六條之二（著作財產權之利用）

依前條規定受保護之著作，其利用人於世界貿易組織協定在中華民國管轄區域內生效日之前，已著手利用該著作或為利用該著作已進行重大投資者，除本章另有規定外，自該生效日起二年內，得繼續利用，不適用第六章及第七章規定。

自中華民國九十二年六月六日本法修正施行起，利用人依前項規定利用著作者，除出租或出借之情形外，應對被利用著作之著作財產權人支付該著作一般經自由磋商所應支付合理之使用報酬。

依前條規定受保護之著作，利用人未經授權所完成之重製物，自本法修正公布一年後，不得再行銷售。但仍得出租或出借。

利用依前條規定受保護之著作另行創作之著作重製物，不適用前項規定，但除合於第四十四條至第六十五條規定外，應對被利用著作之著作財產權

人支付該著作一般經自由磋商所應支付合理之使用報酬。

〔相關條文〕

第一百零六條之三（衍生著作之使用報酬）

於世界貿易組織協定在中華民國管轄區域內生效日之前，就第一百零六條之一著作改作完成之衍生著作，且受歷次本法保護者，於該生效日以後，得繼續利用，不適用第六章及第七章規定。

自中華民國九十二年六月六日本法修正施行起，利用人依前項規定利用著作者，應對原著作之著作財產權人支付該著作一般經自由磋商所應支付合理之使用報酬。

前二項規定，對衍生著作之保護，不生影響。

〔相關條文〕

第一百零七條

（刪除）

〔相關條文〕

第一百零八條

（刪除）

〔相關條文〕

第一百零九條

（刪除）

〔相關條文〕

第一百十條（第十三條不適用於本法修正施行前完成註冊之著作）

第十三條規定，於中華民國八十一年六月十日本法修正施行前已完成註冊之著作，不適用之。

〔相關條文〕

第一百十一條（第十一及第十二條不適用於本法修正施行前取得著作權者）

有下列情形之一者，第十一條及第十二條規定，不適用之：

一、依中華民國八十一年六月十日修正施行前本法第十條及第十一條規定取得著作權者。

二、依中華民國八十七年一月二十一日修正施行前本法第十一條及第十二條規定取得著作權者。

〔相關條文〕

第一百十二條（翻譯外國人著作之重製及銷售限制）

中華民國八十一年六月十日本法修正施行前，翻譯受中華民國八十一年六月十日修正施行前本法保護之外國人著作，如未經其著作權人同意者，於中華民國八十一年六月十日本法修正施行後，除合於第四十四條至第六十五條規定者外，不得再重製。

前項翻譯之重製物，於中華民國八十一年六月十日本法修正施行滿二年後，不得再行銷售。

〔相關條文〕

第一百十三條（本法修正施行前享有之製版權適用本法）

自中華民國九十二年六月六日本法修正施行前取得之製版權，依本法所定權利期間計算仍在存續中者，適用本法規定。

第一百十四條

（刪除）

第一百十五條（經行政院核准之協議視同協定）

本國與外國之團體或機構互訂保護著作權之協議，經行政院核准者，視為第四條所稱協定。

第一百十五條之一（註冊簿或登記簿之提供閱覽）

製版權登記簿、註冊簿或製版物樣本，應提供民眾閱覽抄錄。

中華民國八十七年一月二十一日本法修正施行前之著作權註冊簿、登記簿或著作樣本，得提供民眾閱覽抄錄。

第一百十五條之二（專業法庭之設立或指定專人辦理）

法院為處理著作權訴訟案件，得設立專業法庭或指定專人辦理。

著作權訴訟案件，法院應以判決書正本一份送著作權專責機關。

第一百十六條

（刪除）

第一百十七條（施行日）

本法除中華民國八十七年一月二十一日修正公布之第一百零六條之一至第一百零六條之三規定，自世界貿易組織協定在中華民國管轄區域內生效日起施行，及中華民國九十五年五月五日修正之條文，自中華民國九十五年七月一日施行外，自公布日施行。

〔相關條文〕

附錄七　公平交易法

中華民國 80 年 1 月 18 日	制定 49 條
中華民國 80 年 2 月 4 日公布	
中華民國 88 年 1 月 15 日	修正第 10, 11, 16, 18 至 21, 23, 35 至 37, 40 至 42, 46, 49 條，增訂第 23 之 1 至 23 之 4 條
中華民國 88 年 2 月 3 日公布	
中華民國 89 年 4 月 7 日	修正第 9 條
中華民國 89 年 4 月 26 日公布	
中華民國 91 年 1 月 15 日	修正第 7, 8, 11 至 17, 23 之 4, 40 條，增訂第 5 之 1, 11 之 1, 27 之 1, 42 之 1 條
中華民國 91 年 2 月 6 日公布	
中華民國 99 年 5 月 18 日	修正第 21 條
中華民國 99 年 6 月 9 日公布	
中華民國 100 年 11 月 8 日	修正第 21, 41 條，增訂第 35 之 1 條
中華民國 100 年 11 月 23 日公布	

第一章　總則

第一條（立法目的）

為維護交易秩序與消費者利益，確保公平競爭，促進經濟之安定與繁榮，特制定本法；本法未規定者，適用其他有關法律之規定。

第二條（事業）

本法所稱事業如左：

一、公司。

二、獨資或合夥之工商行號。

三、同業公會。

四、其他提供商品或服務從事交易之人或團體。

第三條（交易之相對人）

本法所稱交易相對人，係指與事業進行或成立交易之供給者或需求者。

第四條（競爭之定義）

本法所稱競爭，謂二以上事業在市場上以較有利之價格、數量、品質、服務或其他條件，爭取交易機會之行為。

第五條（獨占及特定市場）

本法所稱獨占，謂事業在特定市場處於無競爭狀態，或具有壓倒性地位，可排除競爭之能力者。

二以上事業，實際上不為價格之競爭，而其全體之對外關係，具有前項規定之情形者，視為獨占。

第一項所稱特定市場，係指事業就一定之商品或服務，從事競爭之區域或範圍。

第五條之一（獨占事業認定範圍）

事業無左列各款情形者，不列入前條獨占事業認定範圍：

一、一事業在特定市場之占有率達二分之一。

二、二事業全體在特定市場之占有率達三分之二。

三、三事業全體在特定市場之占有率達四分之三。

有前項各款情形之一，其個別事業在該特定市場占有率未達十分之一或上一會計年度事業總銷售金額未達新臺幣十億元者，該事業不列入獨占事業之認定範圍。

事業之設立或事業所提供之商品或服務進入特定市場，受法令、技術之限制或有其他足以影響市場供需可排除競爭能力之情事者，雖有前二項不列入認定範圍之情形，中央主管機關仍得認定其為獨占事業。

第六條（事業之結合）

　　本法所稱結合，謂事業有左列情形之一者而言：

一、與他事業合併者。

二、持有或取得他事業之股份或出資額，達到他事業有表決權股份或資本
　　總額三分之一以上者。

三、受讓或承租他事業全部或主要部分之營業或財產者。

四、與他事業經常共同經營或受他事業委託經營者。

五、直接或間接控制他事業之業務經營或人事任免者。

　　計算前項第二款之股份或出資額時，應將與該事業具有控制與從屬關係之
事業所持有或取得他事業之股份或出資額一併計入。

　　〔相關條文〕

第七條（聯合行為）

　　本法所稱聯合行為，謂事業以契約、協議或其他方式之合意，與有競爭關
係之他事業共同決定商品或服務之價格，或限制數量、技術、產品、設
備、交易對象、交易地區等，相互約束事業活動之行為而言。

　　前項所稱聯合行為，以事業在同一產銷階段之水平聯合，足以影響生產、
商品交易或服務供需之市場功能者為限。

　　第一項所稱其他方式之合意，指契約、協議以外之意思聯絡，不問有無法
律拘束力，事實上可導致共同行為者。

　　同業公會藉章程或會員大會、理、監事會議決議或其他方法所為約束事業
活動之行為，亦為第二項之水平聯合。

　　〔相關條文〕

第八條（多層次傳銷）

　　本法所稱多層次傳銷，謂就推廣或銷售之計畫或組織，參加人給付一定代
價，以取得推廣、銷售商品或勞務及介紹他人參加之權利，並因而獲得佣
金、獎金或其他經濟利益者而言。

前項所稱給付一定代價，謂給付金錢、購買商品、提供勞務或負擔債務。

本法所稱多層次傳銷事業，係指就多層次傳銷訂定營運計畫或組織，統籌規劃傳銷行為之事業。

外國事業之參加人或第三人，引進該事業之多層次傳銷計畫或組織者，視為前項之多層次傳銷事業。

本法所稱參加人如下：

一、加入多層次傳銷事業之計畫或組織，推廣、銷售商品或勞務，並得介紹他人參加者。

二、與多層次傳銷事業約定，於累積支付一定代價後，始取得推廣、銷售商品或勞務及介紹他人參加之權利者。

〔相關條文〕

第九條（主管機關）

本法所稱主管機關：在中央為行政院公平交易委員會；在直轄市為直轄市政府；在縣（市）為縣（市）政府。

本法規定事項，涉及他部會之職掌者，由行政院公平交易委員會商同各該部會辦理之。

第二章　獨占、結合、聯合行為

第十條（獨占事業不正行為之禁止）

獨占之事業，不得有左列行為：

一、以不公平方法，直接或間接阻礙他事業參與競爭。

二、對商品價格或服務報酬，為不當之決定、維持或變更。

三、無正當理由，使交易相對人給予特別優惠。

四、其他濫用市場地位之行為。

〔相關條文〕

第十一條（事業結合之許可申請）

事業結合時，有左列情形之一者，應先向中央主管機關提出申報：

一、事業因結合而使其市場占有率達三分之一者。

二、參與結合之一事業，其市場占有率達四分之一者。

三、參與結合之事業，其上一會計年度之銷售金額，超過中央主管機關所公告之金額者。

前項第三款之銷售金額，得由中央主管機關就金融機構事業與非金融機構事業分別公告之。

事業自中央主管機關受理其提出完整申報資料之日起三十日內，不得為結合。但中央主管機關認為必要時，得將該期間縮短或延長，並以書面通知申報事業。

中央主管機關依前項但書延長之期間，不得逾三十日；對於延長期間之申報案件，應依第十二條規定作成決定。

中央主管機關屆期未為第三項但書之延長通知或前項之決定者，事業得逕行結合。但有下列情形之一者，不得逕行結合：

一、經申報之事業同意再延長期間者。

二、事業之申報事項有虛偽不實者。

〔相關條文〕

第十一條之一（不適用事業結合申請之情形）

前條第一項之規定，於左列情形不適用之：

一、參與結合之一事業已持有他事業達百分之五十以上之有表決權股份或出資額，再與該他事業結合者。

二、同一事業所持有有表決權股份或出資額達百分之五十以上之事業間結合者。

三、事業將其全部或主要部分之營業、財產或可獨立營運之全部或一部營業，讓與其獨自新設之他事業者。

四、事業依公司法第一百六十七條第一項但書或證券交易法第二十八條之

二規定收回股東所持有之股份，致其原有股東符合第六條第一項第二
款之情形者。

〔相關條文〕

第十二條（許可之限制）

對於事業結合之申報，如其結合，對整體經濟利益大於限制競爭之不利益
者，中央主管機關不得禁止其結合。

中央主管機關對於第十一條第四項申報案件所為之決定，得附加條件或負
擔，以確保整體經濟利益大於限制競爭之不利益。

〔相關條文〕

第十三條（未申請或許可之處分）

事業違反第十一條第一項、第三項規定而為結合，或申報後經中央主管機
關禁止其結合而為結合，或未履行前條第二項對於結合所附加之負擔者，
中央主管機關得禁止其結合、限期命其分設事業、處分全部或部分股份、
轉讓部分營業、免除擔任職務或為其他必要之處分。

事業違反中央主管機關依前項所為之處分者，中央主管機關得命解散、停
止營業或勒令歇業。

第十四條（聯合行為之禁止及例外）

事業不得為聯合行為。但有左列情形之一，而有益於整體經濟與公共利
益，經申請中央主管機關許可者，不在此限：

一、為降低成本、改良品質或增進效率，而統一商品規格或型式者。

二、為提高技術、改良品質、降低成本或增進效率，而共同研究開發商品
　　或市場者。

三、為促進事業合理經營，而分別作專業發展者。

四、為確保或促進輸出，而專就國外市場之競爭予以約定者。

五、為加強貿易效能，而就國外商品之輸入採取共同行為者。

六、經濟不景氣期間，商品市場價格低於平均生產成本，致該行業之事

業，難以繼續維持或生產過剩，為有計畫適應需求而限制產銷數量、設備或價格之共同行為者。

七、為增進中小企業之經營效率，或加強其競爭能力所為之共同行為者。

中央主管機關收受前項之申請，應於三個月內為核駁之決定；必要時得延長一次。

〔相關條文〕

第十五條（聯合行為許可之附加條件、限制或負擔）

中央主管機關為前條之許可時，得附加條件或負擔。

許可應附期限，其期限不得逾三年；事業如有正當理由，得於期限屆滿前三個月內，以書面向中央主管機關申請延展，其延展期限，每次不得逾三年。

第十六條（許可之撤銷、變更）

聯合行為經許可後，如因許可事由消滅、經濟情況變更或事業逾越許可之範圍行為者，中央主管機關得廢止許可、變更許可內容、命令停止、改正其行為或採取必要更正措施。

第十七條（聯合行為之登記）

中央主管機關對於前三條之許可、條件、負擔、期限及有關處分，應設置專簿予以登記，並刊載政府公報。

第三章　不公平競爭

第十八條（交易相對人轉售價格之自由）

事業對於其交易相對人，就供給之商品轉售與第三人或第三人再轉售時，應容許其自由決定價格；有相反之約定者，其約定無效。

第十九條（妨害公平競爭之行為）

有左列各款行為之一，而有限制競爭或妨礙公平競爭之虞者，事業不得為

之：

一、以損害特定事業為目的，促使他事業對該特定事業斷絕供給、購買或
　　其他交易之行為。

二、無正當理由，對他事業給予差別待遇之行為。

三、以脅迫、利誘或其他不正當方法，使競爭者之交易相對人與自己交易
　　之行為。

四、以脅迫、利誘或其他不正當方法，使他事業不為價格之競爭、參與結
　　合或聯合之行為。

五、以脅迫、利誘或其他不正當方法，獲取他事業之產銷機密、交易相對
　　人資料或其他有關技術秘密之行為。

六、以不正當限制交易相對人之事業活動為條件，而與其交易之行為。

〔相關條文〕

第二十條（仿冒行為之制止）

事業就其營業所提供之商品或服務，不得有左列行為：

一、以相關事業或消費者所普遍認知之他人姓名、商號或公司名稱、商
　　標、商品容器、包裝、外觀或其他顯示他人商品之表徵，為相同或類
　　似之使用，致與他人商品混淆，或販賣、運送、輸出或輸入使用該項
　　表徵之商品者。

二、以相關事業或消費者所普遍認知之他人姓名、商號或公司名稱、標章
　　或其他表示他人營業、服務之表徵，為相同或類似之使用，致與他人
　　營業或服務之設施或活動混淆者。

三、於同一商品或同類商品，使用相同或近似於未經註冊之外國著名商
　　標，或販賣、運送、輸出或輸入使用該項商標之商品者。

前項規定，於左列各款行為不適用之：

一、以普通使用方法，使用商品本身習慣上所通用之名稱，或交易上同類
　　商品慣用之表徵，或販賣、運送、輸出或輸入使用該名稱或表徵之商
　　品者。

二、以普通使用方法，使用交易上同種營業或服務慣用名稱或其他表徵者。

三、善意使用自己姓名之行為，或販賣、運送、輸出或輸入使用該姓名之商品者。

四、對於前項第一款或第二款所列之表徵，在未為相關事業或消費者所普遍認知前，善意為相同或類似使用，或其表徵之使用係自該善意使用人連同其營業一併繼受而使用，或販賣、運送、輸出或輸入使用該表徵之商品者。

事業因他事業為前項第三款或第四款之行為，致其營業、商品、設施或活動有受損害或混淆之虞者，得請求他事業附加適當表徵。但對僅為運送商品者，不適用之。

〔相關條文〕

第二十一條（虛偽不實記載或代言之賠償責任）

事業不得在商品或其廣告上，或以其他使公眾得知之方法，對於商品之價格、數量、品質、內容、製造方法、製造日期、有效期限、使用方法、用途、原產地、製造者、製造地、加工者、加工地等，為虛偽不實或引人錯誤之表示或表徵。

事業對於載有前項虛偽不實或引人錯誤表示之商品，不得販賣、運送、輸出或輸入。

前二項規定於事業之服務準用之。

廣告代理業在明知或可得而知情形下，仍製作或設計有引人錯誤之廣告，與廣告主負連帶損害賠償責任。廣告媒體業在明知或可得而知其所傳播或刊載之廣告有引人錯誤之虞，仍予傳播或刊載，亦與廣告主負連帶損害賠償責任。廣告薦證者明知或可得而知其所從事之薦證有引人錯誤之虞，而仍為薦證者，與廣告主負連帶損害賠償責任。但廣告薦證者非屬知名公眾人物、專業人士或機構，僅於受廣告主報酬十倍之範圍內，與廣告主負連帶損害賠償責任。

前項所稱廣告薦證者，指廣告主以外，於廣告中反映其對商品或服務之意見、信賴、發現或親身體驗結果之人或機構。

第二十二條（競爭手段之限制）

事業不得為競爭之目的，而陳述或散布足以損害他人營業信譽之不實情事。

〔相關條文〕

第二十三條（多層次傳銷之管理）

多層次傳銷，其參加人如取得佣金、獎金或其他經濟利益，主要係基於介紹他人加入，而非基於其所推廣或銷售商品或勞務之合理市價者，不得為之。

〔相關條文〕

第二十三條之一（多層次傳銷參加人之契約解除權）

多層次傳銷參加人得自訂約日起十四日內以書面通知多層次傳銷事業解除契約。

多層次傳銷事業應於契約解除生效後三十日內，接受參加人退貨之申請，取回商品或由參加人自行送回商品，並返還還參加人於契約解除時所有商品之進貨價金及其他加入時給付之費用。

多層次傳銷事業依前項規定返還參加人所為之給付時，得扣除商品返還時已因可歸責於參加人之事由致商品毀損滅失之價值，及已因該進貨而對參加人給付之獎金或報酬。

前項之退貨如係該事業取回者，並得扣除取回該商品所需運費。

〔相關條文〕

第二十三條之二（多層次傳銷參加人之契約終止權）

參加人於前條第一項解約權期間經過後，仍得隨時以書面終止契約，退出多層次傳銷計畫或組織。

參加人依前項規定終止契約後三十日內，多層次傳銷事業應以參加人原購

價格百分之九十買回參加人所持有之商品。但得扣除已因該項交易而對參
加人給付之獎金或報酬，及取回商品之價值有減損時，其減損之價額。

〔相關條文〕

第二十三條之三（行使解除權或終止權不得要求）

參加人依前二條行使解除權或終止權時，多層次傳銷事業不得向參加人請
求因該契約解除或終止所受之損害賠償或違約金。

前二條關於商品之規定，於提供勞務者準用之。

〔相關條文〕

第二十三條之四（多層次傳銷事業之報備業務檢查等相關事項）

有關多層次傳銷事業之報備、業務檢查、財務報表應經會計師簽證並對外
揭露、對參加人應告知之事項、參加契約內容，參加人權益保障、重大影
響參加人權益之禁止行為及對參加人之管理義務等相關事項之辦法，由中
央主管機關定之。

〔相關條文〕

第二十四條（不法行為之禁止）

除本法另有規定者外，事業亦不得為其他足以影響交易秩序之欺罔或顯失
公平之行為。

第四章　公平交易委員會

第二十五條（公平交易委員會之職掌）

為處理本法有關公平交易事項，行政院應設置公平交易委員會，其職掌如
左：

一、關於公平交易政策及法規之擬訂事項。

二、關於審議本法有關公平交易事項。

三、關於事業活動及經濟情況之調查事項。

四、關於違反本法案件之調查、處分事項。

五、關於公平交易之其他事項。

第二十六條（對於危害公共利益者之處理）

公平交易委員會對於違反本法規定，危害公共利益之情事，得依檢舉或職權調查處理。

第二十七條（調查程序）

公平交易委員會依本法為調查時，得依左列程序進行：

一、通知當事人及關係人到場陳述意見。

二、通知有關機關、團體、事業或個人提出帳冊、文件及其他必要之資料或證物。

三、派員前往有關團體或事業之事務所、營業所或其他場所為必要之調查。

執行調查之人員依法執行公務時，應出示有關執行職務之證明文件；其未出示者，受調查者得拒絕之。

〔相關條文〕

第二十七條之一（申請有關資料或卷宗）

當事人或關係人於前條調查程序進行中，除有左列情形之一者外，為主張或維護其法律上利益之必要，得申請閱覽、抄寫、複印或攝影有關資料或卷宗：

一、行政決定前之擬稿或其他準備作業文件。

二、涉及國防、軍事、外交及一般公務機密，依法規規定有保密之必要者。

三、涉及個人隱私、職業秘密、營業秘密，依法規規定有保密之必要者。

四、有侵害第三人權利之虞者。

五、有嚴重妨礙社會治安、公共安全或其他公共利益之職務正常進行之虞者。

前項申請人之資格、申請時間、資料或卷宗之閱覽範圍、進行方式等相關程序事項及其限制，由中央主管機關定之。

第二十八條（獨立行使職權）

公平交易委員會依法獨立行使職權，處理有關公平交易案件所為之處分，得以委員會名義行之。

第二十九條（委員會之組織）

公平交易委員會之組織，另以法律定之。

〔相關條文〕

第五章　損害賠償

第三十條（權益之保護）

事業違反本法之規定，致侵害他人權益者，被害人得請求除去之；有侵害之虞者，並得請求防止之。

第三十一條（損害賠償責任）

事業違反本法之規定，致侵害他人權益者，應負損害賠償責任。

〔相關條文〕

第三十二條（損害賠償額之酌給）

法院因前條被害人之請求，如為事業之故意行為，得依侵害情節，酌定損害額以上之賠償。但不得超過已證明損害額之三倍。

侵害人如因侵害行為受有利益者，被害人得請求專依該項利益計算損害額。

〔相關條文〕

第三十三條（損害賠償請求權之消滅時效）

本章所定之請求權，自請求權人知有行為及賠償義務人時起，二年間不行

使而消滅；自為行為時起，逾十年者亦同。

第三十四條（訴訟費用之負擔）

被害人依本法之規定，向法院起訴時，得請求由侵害人負擔費用，將判決書內容登載新聞紙。

第六章　罰則

第三十五條（獨占、聯合、仿冒行為之處罰）

違反第十條、第十四條、第二十條第一項規定，經中央主管機關依第四十一條規定限期命其停止、改正其行為或採取必要更正措施，而逾期未停止、改正其行為或未採取必要更正措施，或停止後再為相同或類似違反行為者，處行為人三年以下有期徒刑、拘役或科或併科新臺幣一億元以下罰金。

違反第二十三條規定者，處行為人三年以下有期徒刑、拘役或科或併科新臺幣一億元以下罰金。

〔相關條文〕

第三十五條之一（違反聯合行為之罰則）

違反第十四條之事業，符合下列情形之一，並經中央主管機關事先同意者，減輕或免除中央主管機關依第四十一條所命之罰鍰處分：

一、當尚未為中央主管機關知悉或依本法進行調查前，就其所參與之聯合行為，向中央主管機關提出書面檢舉或陳述具體違法，並檢附事證及協助調查。

二、當中央主管機關依本法調查期間，就其所參與之聯合行為，陳述具體違法，並檢附事證及協助調查。

前項之適用對象之資格要件、裁處減免之基準及家數、違法事證之檢附、身分保密及其他執行事項之辦法，由中央主管機關定之。

〔相關條文〕

第三十六條（罰則）

違反第十九條規定，經中央主管機關依第四十一條規定限期命其停止、改正其行為或採取必要更正措施，而逾期未停止、改正其行為或未採取必要更正措施，或停止後再為相同或類似違反行為者，處行為人二年以下有期徒刑、拘役或科或併科新臺幣五千萬元以下罰金。

〔相關條文〕

第三十七條（罰則）

違反第二十二條規定者，處行為人二年以下有期徒刑、拘役或科或併科新臺幣五千萬元以下罰金。

前項之罰，須告訴乃論。

〔相關條文〕

第三十八條（罰則）

法人犯前三條之罪者，除依前三條規定處罰其行為人外，對該法人亦科以各該條之罰金。

〔相關條文〕

第三十九條（罰則）

前四條之處罰，其他法律有較重之規定者，從其規定。

〔相關條文〕

第四十條（違反事業結合之處罰）

事業違反第十一條第一項、第三項規定而為結合，或申報後經中央主管機關禁止其結合而為結合，或未履行第十二條第二項對於結合所附加之負擔者，除依第十三條規定處分外，處新臺幣十萬元以上五千萬元以下罰鍰。

事業結合有第十一條第五項但書第二款規定之情形者，處新臺幣五萬元以上五十萬元以下罰鍰。

〔相關條文〕

第四十一條（違法行為之限期停止、改正及罰則）

公平交易委員會對於違反本法規定之事業，得限期命其停止、改正其行為或採取必要更正措施，並得處新臺幣五萬元以上二千五百萬元以下罰鍰；逾期仍不停止、改正其行為或未採取必要更正措施者，得繼續限期命其停止、改正其行為或採取必要更正措施，並按次連續處新臺幣十萬元以上五千萬元以下罰鍰，至停止、改正其行為或採取必要更正措施為止。

事業違反第十條、第十四條，經中央主管機關認定有情節重大者，得處該事業上一會計年度銷售金額百分之十以下罰鍰，不受前項罰鍰金額限制。

前項事業上一會計年度銷售金額之計算、重大違法情節之認定、罰鍰計算之辦法，由中央主管機關定之。

〔相關條文〕

第四十二條（不法多層次傳銷之處分）

違反第二十三條規定者，除依第四十一條規定處分外，其情節重大者，並得命令解散、停止營業或勒令歇業。

違反第二十三條之一第二項、第二十三條之二第二項或第二十三條之三規定者，得限期命其停止、改正其行為或採取必要更正措施，並得處新臺幣五萬元以上二千五百萬元以下罰鍰。逾期仍不停止、改正其行為或未採取必要更正措施者，得繼續限期命其停止、改正其行為或採取必要更正措施，並按次連續處新臺幣十萬元以上五千萬元以下罰鍰，至停止、改正其行為或採取必要更正措施為止；其情節重大者，並得命令解散、停止營業或勒令歇業。

違反中央主管機關依第二十三條之四所定之管理辦法者，依第四十一條規定處分。

〔相關條文〕

第四十二條之一（停止營業之期間）

依本法所處停止營業之期間，每次以六個月為限。

〔相關條文〕

第四十三條（罰則）

公平交易委員會依第二十七條規定進行調查時，受調查者於期限內如無正
當理由拒絕調查、拒不到場陳述意見，或拒不提出有關帳冊、文件等資料
或證物者，處新臺幣二萬元以上二十五萬元以下罰鍰；受調查者再經通
知，無正當理由連續拒絕者，公平交易委員會得繼續通知調查，並按次連
續處新臺幣五萬元以上五十萬元以下罰鍰，至接受調查、到場陳述意見或
提出有關帳冊、文件等資料或證物為止。

〔相關條文〕

第四十四條（罰則）

依前四條規定所處罰鍰，拒不繳納者，移送法院強制執行。

〔相關條文〕

第七章　附則

第四十五條（除外規定）

依照著作權法、商標法或專利法行使權利之正當行為，不適用本法之規
定。

第四十六條（例外不適用本法之情形）

事業關於競爭之行為，另有其他法律規定者，於不牴觸本法立法意旨之範
圍內，優先適用該其他法律之規定。

第四十七條（未經認許外國法人、團體之訴訟權）

未經認許之外國法人或團體，就本法規定事項得為告訴、自訴或提起民事
訴訟。但以依條約或其本國法令、慣例，中華民國人或團體得在該國享受
同等權利者為限；其由團體或機構互訂保護之協議，經中央主管機關核准
者亦同。

第四十八條（施行細則）

本法施行細則，由中央主管機關定之。

第四十九條（施行日）

本法自公布後一年施行。

本法修正條文自公布日施行。

附錄八　消費者保護法

中華民國 83 年 1 月 11 日	制定 64 條
中華民國 83 年 1 月 11 日公布	
中華民國 91 年 12 月 27 日	修正第 2, 6, 7, 13 至 17, 35, 38, 39, 41, 42, 49, 50, 57, 58, 62 條，增訂第 7 之 1, 10 之 1, 11 之 1, 19 之 1, 44 之 1, 45 之 1 至 45 之 5 條
中華民國 92 年 1 月 22 日公布	
中華民國 94 年 1 月 21 日	增訂第 22 之 1 條
中華民國 94 年 2 月 5 日公布	

第一章　總則

第一條（立法目的）

　　為保護消費者權益，促進國民消費生活安全，提昇國民消費生活品質，特制定本法。

　　有關消費者之保護，依本法之規定，本法未規定者，適用其他法律。

第二條（名詞定義）

　　本法所用名詞定義如下：

一、消費者：指以消費為目的而為交易、使用商品或接受服務者。

二、企業經營者：指以設計、生產、製造、輸入、經銷商品或提供服務為營業者。

三、消費關係：指消費者與企業經營者間就商品或服務所發生之法律關係。

四、消費爭議：指消費者與企業經營者間因商品或服務所生之爭議。

五、消費訴訟：指因消費關係而向法院提起之訴訟。

六、消費者保護團體：指以保護消費者為目的而依法設立登記之法人。

七、定型化契約條款：指企業經營者為與不特定多數消費者訂立同類契約之用，所提出預先擬定之契約條款。定型化契約條款不限於書面，其以放映字幕、張貼、牌示、網際網路、或其他方法表示者，亦屬之。

八、個別磋商條款：指契約當事人個別磋商而合意之契約條款。

九、定型化契約：指以企業經營者提出之定型化契約條款作為契約內容之全部或一部而訂定之契約。

十、郵購買賣：指企業經營者以廣播、電視、電話、傳真、型錄、報紙、雜誌、網際網路、傳單或其他類似之方法，使消費者未能檢視商品而與企業經營者所為之買賣。

十一、訪問買賣：指企業經營者未經邀約而在消費者之住居所或其他場所從事銷售，所為之買賣。

十二、分期付款：指買賣契約約定消費者支付頭期款，餘款分期支付，而企業經營者於收受頭期款時，交付標的物與消費者之交易型態。

第三條（定期檢討、協調、改進）

政府為達成本法目的，應實施下列措施，並應就與下列事項有關之法規及其執行情形，定期檢討、協調、改進之：

一、維護商品或服務之品質與安全衛生。

二、防止商品或服務損害消費者之生命、身體、健康、財產或其他權益。

三、確保商品或服務之標示，符合法令規定。

四、確保商品或服務之廣告，符合法令規定。

五、確保商品或服務之度量衡，符合法令規定。

六、促進商品或服務維持合理價格。

七、促進商品之合理包裝。

八、促進商品或服務之公平交易。

九、扶植、獎助消費者保護團體。

十、協調處理消費爭議。

十一、推行消費者教育。

十二、辦理消費者諮詢服務。

十三、其他依消費生活之發展所必要之消費者保護措施。

政府為達成前項之目的，應制定相關法律。

第四條（企業經營者提供之商品或服務應遵守事項）

企業經營者對於其提供之商品或服務，應重視消費者之健康與安全，並向消費者說明商品或服務之使用方法，維護交易之公平，提供消費者充分與正確之資訊，及實施其他必要之消費者保護措施。

第五條（充實消費資訊）

政府、企業經營者及消費者均應致力充實消費資訊，提供消費者運用，俾能採取正確合理之消費行為，以維護其安全與權益。

第六條（主管機關）

本法所稱主管機關：在中央為目的事業主管機關；在直轄市為直轄市政府；在縣（市）為縣（市）政府。

第二章　消費者權益

第一節　健康與安全保障

第七條（企業經營者就其商品或服務所應負之責任）

從事設計、生產、製造商品或提供服務之企業經營者，於提供商品流通進入市場，或提供服務時，應確保該商品或服務，符合當時科技或專業水準可合理期待之安全性。

商品或服務具有危害消費者生命、身體、健康、財產之可能者，應於明顯處為警告標示及緊急處理危險之方法。

企業經營者違反前二項規定，致生損害於消費者或第三人時，應負連帶賠償責任。但企業經營者能證明其無過失者，法院得減輕其賠償責任。

第七條之一（舉證責任）

企業經營者主張其商品於流通進入市場，或其服務於提供時，符合當時科技或專業水準可合理期待之安全性者，就其主張之事實負舉證責任。

商品或服務不得僅因其後有較佳之商品或服務，而被視為不符合前條第一項之安全性。

第八條（企業經營者就其商品或服務所負之除外責任）

從事經銷之企業經營者，就商品或服務所生之損害，與設計、生產、製造商品或提供服務之企業經營者連帶負賠償責任。但其對於損害之防免已盡相當之注意，或縱加以相當之注意而仍不免發生損害者，不在此限。

前項之企業經營者，改裝、分裝商品或變更服務內容者，視為前條之企業經營者。

第九條（輸入商品或服務之提供者）

輸入商品或服務之企業經營者，視為該商品之設計、生產、製造者或服務之提供者，負本法第七條之製造者責任。

第十條（企業經營者對於危險商品或服務之處理行為）

企業經營者於有事實足認其提供之商品或服務有危害消費者安全與健康之虞時，應即回收該批商品或停止其服務。但企業經營者所為必要之處理，足以除去其危害者，不在此限。

商品或服務有危害消費者生命、身體、健康或財產之虞，而未於明顯處為警告標示，並附載危險之緊急處理方法者，準用前項規定。

第十條之一（損害賠償責任）

本節所定企業經營者對消費者或第三人之損害賠償責任，不得預先約定限制或免除。

第二節　定型化契約

第十一條（定型化契約之一般條款）

企業經營者在定型化契約中所用之條款，應本平等互惠之原則。

定型化契約條款如有疑義時，應為有利於消費者之解釋。

第十一條之一（審閱期間）

企業經營者與消費者訂立定型化契約前，應有三十日以內之合理期間，供消費者審閱全部條款內容。

違反前項規定者，其條款不構成契約之內容。但消費者得主張該條款仍構成契約之內容。

中央主管機關得選擇特定行業，參酌定型化契約條款之重要性、涉及事項之多寡及複雜程度等事項，公告定型化契約之審閱期間。

第十二條（定型化契約無效之情形）

定型化契約中之條款違反誠信原則，對消費者顯失公平者，無效。

定型化契約中之條款有下列情形之一者，推定其顯失公平：

一、違反平等互惠原則者。

二、條款與其所排除不予適用之任意規定之立法意旨顯相矛盾者。

三、契約之主要權利或義務，因受條款之限制，致契約之目的難以達成者。

第十三條（契約之一般條款構成契約內容之要件）

定型化契約條款未經記載於定型化契約中者，企業經營者應向消費者明示其內容；明示其內容顯有困難者，應以顯著之方式，公告其內容，並經消費者同意受其拘束者，該條款即為契約之內容。

前項情形，企業經營者經消費者請求，應給與定型化契約條款之影本或將該影本附為該契約之附件。

第十四條（契約之一般條款不構成契約內容之要件）

定型化契約條款未經記載於定型化契約中而依正常情形顯非消費者所得預見者，該條款不構成契約之內容。

第十五條（定型化契約中一般條款無效之情形）

定型化契約中之定型化契約條款牴觸個別磋商條款之約定者，其牴觸部分無效。

第十六條（契約部份無效之情形）

定型化契約中之定型化契約條款，全部或一部無效或不構成契約內容之一部者，除去該部分，契約亦可成立者，該契約之其他部分，仍為有效。但對當事人之一方顯失公平者，該契約全部無效。

第十七條（企業經營者使用定型化契約應向主管機關報備）

中央主管機關得選擇特定行業，公告規定其定型化契約應記載或不得記載之事項。

違反前項公告之定型化契約，其定型化契約條款無效。該定型化契約之效力，依前條規定定之。

企業經營者使用定型化契約者，主管機關得隨時派員查核。

〔相關條文〕

第三節　特種買賣

第十八條（課出賣人以上之告知義務）

企業經營者為郵購買賣或訪問買賣時，應將其買賣之條件、出賣人之姓名、名稱、負責人、事務所或住居所告知買受之消費者。

第十九條（郵購或訪問買賣之解約）

郵購或訪問買賣之消費者，對所收受之商品不願買受時，得於收受商品後七日內，退回商品或以書面通知企業經營者解除買賣契約，無須說明理由

及負擔任何費用或價款。

郵購或訪問買賣違反前項規定所為之約定無效。

契約經解除者，企業經營者與消費者間關於回復原狀之約定，對於消費者較民法第二百五十九條之規定不利者，無效。

〔相關條文〕

第十九條之一（準用規定）

前二條規定，於以郵購買賣或訪問買賣方式所為之服務交易，準用之。

〔相關條文〕

第二十條（保管義務）

未經消費者要約而對之郵寄或投遞之商品，消費者不負保管義務。

前項物品之寄送人，經消費者定相當期限通知取回而逾期未取回或無法通知者，視為拋棄其寄投之商品。雖未經通知，但在寄送後逾一個月未經消費者表示承諾，而仍不取回其商品者，亦同。

消費者得請求償還因寄送物所受之損害，及處理寄送物所支出之必要費用。

第二十一條（契約書應載事項）

企業經營者與消費者分期付款買賣契約應以書面為之。

前項契約書應載明下列事項：

一、頭期款。

二、各期價款與其他附加費用合計之總價款與現金交易價格之差額。

三、利率。

企業經營者未依前項規定記載利率者，其利率按現金交易價格週年利率百分之五計算之。

企業經營者違反第二項第一款、第二款之規定者，消費者不負現金交易價格以外價款之給付義務。

第四節　消費資訊之規範

第二十二條（企業經營者對消費者所負之義務，不得低於廣告之內容）

企業經營者應確保廣告內容之真實，其對消費者所負之義務不得低於廣告之內容。

第二十二條之一（總費用之範圍及年百分率計算方式）

企業經營者對消費者從事與信用有關之交易時，應於廣告上明示應付所有總費用之年百分率。

前項所稱總費用之範圍及年百分率計算方式，由各目的事業主管機關定之。

第二十三條（損害賠償責任）

刊登或報導廣告之媒體經營者明知或可得而知廣告內容與事實不符者，就消費者因信賴該廣告所受之損害與企業經營者負連帶責任。

前項損害賠償責任，不得預先約定限制或拋棄。

第二十四條（商品及服務之標示）

企業經營者應依商品標示法等法令為商品或服務之標示。

輸入之商品或服務，應附中文標示及說明書，其內容不得較原產地之標示及說明書簡略。

輸入之商品或服務在原產地附有警告標示者，準用前項之規定。

〔相關條文〕

第二十五條（書面保證書應載事項）

企業經營者對消費者保證商品或服務之品質時，應主動出具書面保證書。

前項保證書應載明下列事項：

一、商品或服務之名稱、種類、數量，其有製造號碼或批號者，其製造號碼或批號。

二、保證之內容。

三、保證期間及其起算方法。

四、製造商之名稱、地址。

五、由經銷商售出者，經銷商之名稱、地址。

六、交易日期。

〔相關條文〕

第二十六條（包裝之規定）

企業經營者對於所提供之商品應按其性質及交易習慣，為防震、防潮、防
塵或其他保存商品所必要之包裝，以確保商品之品質與消費者之安全。但
不得誇張其內容或為過大之包裝。

〔相關條文〕

第三章　消費者保護團體

第二十七條（消費者保護團體之定義）

消費者保護團體以社團法人或財團法人為限。

消費者保護團體應以保護消費者權益、推行消費者教育為宗旨。

第二十八條（消費者保護團體之任務）

消費者保護團體之任務如下：

一、商品或服務價格之調查、比較、研究、發表。

二、商品或服務品質之調查、檢驗、研究、發表。

三、商品標示及其內容之調查、比較、研究、發表。

四、消費資訊之諮詢、介紹與報導。

五、消費者保護刊物之編印發行。

六、消費者意見之調查、分析、歸納。

七、接受消費者申訴，調解消費爭議。

八、處理消費爭議，提起消費訴訟。

九、建議政府採取適當之消費者保護立法或行政措施。

十、建議企業經營者採取適當之消費者保護措施。

十一、其他有關消費者權益之保護事項。

第二十九條（商品及服務之檢驗）

消費者保護團體為從事商品或服務檢驗，應設置與檢驗項目有關之檢驗設備或委託設有與檢驗項目有關之檢驗設備之機關、團體檢驗之。

執行檢驗人員應製作檢驗紀錄，記載取樣、使用之檢驗設備、檢驗方法、經過及結果，提出於該消費者保護團體。

第三十條（消費者組織參與權）

政府對於消費者保護之立法或行政措施，應徵詢消費者保護團體、相關行業、學者專家之意見。

第三十一條（商品或服務檢驗得請求政府協助之）

消費者保護團體為商品或服務之調查、檢驗時，得請求政府予以必要之協助。

第三十二條（消費者保護組織之獎勵）

消費者保護團體辦理消費者保護工作成績優良者，主管機關得予以財務上之獎助。

第四章　行政監督

第三十三條（調查進行方式）

直轄市或縣（市）政府認為企業經營者提供之商品或服務有損害消費者生命、身體、健康、或財產之虞者，應即進行調查。於調查完成後，得公開其經過及結果。

前項人員為調查時，應出示有關證件，其調查得依下列方式進行：

一、向企業經營者或關係人查詢。

二、通知企業經營者或關係人到場陳述意見。

三、通知企業經營者提出資料證明該商品或服務對於消費者生命、身體、健康或財產無損害之虞。

四、派員前往企業經營者之事務所、營業所或其他有關場所進行調查。

五、必要時，得就地抽樣商品，加以檢驗。

〔相關條文〕

第三十四條（調查之扣押）

直轄市或縣（市）政府於調查時，對於可為證據之物，得聲請檢察官扣押之。

前項扣押，準用刑事訴訟法關於扣押之規定。

〔相關條文〕

第三十五條（主管機關辦理檢驗）

直轄市或縣（市）主管機關辦理檢驗，得委託設有與檢驗項目有關之檢驗設備之消費者保護團體、職業團體或其他有關公私機構或團體辦理之。

第三十六條（企業經營者改善、收回或停止生產之情形）

直轄市或縣（市）政府對於企業經營者提供之商品或服務，經第三十三條之調查，認為確有損害消費者生命、身體、健康或財產，或確有損害之虞者，應命其限期改善、回收或銷燬，必要時並得命企業經營者立即停止該商品之設計、生產、製造、加工、輸入、經銷或服務之提供，或採取其他必要措施。

〔相關條文〕

第三十七條（借用大眾傳播媒體公告之情形）

直轄市或縣（市）政府於企業經營者提供之商品或服務，對消費者已發生重大損害或有發生重大損害之虞，而情況危急時，除為前條之處置外，應即在大眾傳播媒體公告企業經營者之名稱、地址、商品、服務、或為其他必要之處置。

〔相關條文〕

第三十八條（中央或省之主管機關必要時之措施）

　　中央主管機關認為必要時，亦得為前五條規定之措施。

　　〔相關條文〕

第三十九條（消費者保護官之設置及任用）

　　消費者保護委員會、直轄市、縣（市）政府各應置消費者保護官若干名。

　　消費者保護官之任用及職掌，由行政院定之。

第四十條（消費者保護委員之設置）

　　行政院為研擬及審議消費者保護基本政策與監督其實施，設消費者保護委員會。

　　消費者保護委員會以行政院副院長為主任委員，有關部會首長、全國性消費者保護團體代表、全國性企業經營者代表及學者、專家為委員。其組織規程由行政院定之。

第四十一條（消費者保護委員會之職掌）

　　消費者保護委員會之職掌如下：

　　一、消費者保護基本政策及措施之研擬及審議。

　　二、消費者保護計畫之研擬、修訂及執行成果檢討。

　　三、消費者保護方案之審議及其執行之推動、連繫與考核。

　　四、國內外消費者保護趨勢及其與經濟社會建設有關問題之研究。

　　五、消費者保護之教育宣導、消費資訊之蒐集及提供。

　　六、各部會局署關於消費者保護政策、措施及主管機關之協調事項。

　　七、監督消費者保護主管機關及指揮消費者保護官行使職權。

　　消費者保護委員會應將消費者保護之執行結果及有關資料定期公告。

第四十二條（消費者服務中心之設置）

　　直轄市、縣（市）政府應設消費者服務中心，辦理消費者之諮詢服務、教育宣導、申訴等事項。

直轄市、縣（市）政府消費者服務中心得於轄區內設分中心。

第五章　消費爭議之處理

第一節　申訴與調解

第四十三條（申訴之處理期限）

消費者與企業經營者因商品或服務發生消費爭議時，消費者得向企業經營者、消費者保護團體或消費者服務中心或其分中心申訴。

企業經營者對於消費者之申訴，應於申訴之日起十五日內妥適處理之。

消費者依第一項申訴，未獲妥適處理時，得向直轄市、縣（市）政府消費者保護官申訴。

第四十四條（申訴調解）

消費者依前條申訴未能獲得妥適處理時，得向直轄市或縣（市）消費爭議調解委員會申請調解。

第四十四條之一（消費爭議調解事項之訂定）

前條之消費爭議調解事件之受理及程序進行等事項，由消費者保護委員會定之。

第四十五條（消費爭議調解委員會之設置）

直轄市、縣（市）政府應設消費爭議調解委員會，置委員七至十五名。

前項委員以直轄市、縣（市）政府代表、消費者保護官、消費者保護團體代表、企業經營者所屬或相關職業團體代表充任之，以消費者保護官為主席，其組織另定之。

第四十五條之一（調解程序不公開）

調解程序，於直轄市、縣（市）政府或其他適當之處所行之，其程序得不公開。

調解委員、列席協同調解人及其他經辦調解事務之人，對於調解事件之內容，除已公開之事項外，應保守秘密。

第四十五條之二（消費爭議之調解）

關於消費爭議之調解，當事人不能合意但已甚接近者，調解委員得斟酌一切情形，求兩造利益之平衡，於不違反兩造當事人之主要意思範圍內，依職權提出解決事件之方案，並送達於當事人。

前項方案，應經參與調解委員過半數之同意，並記載第四十五條之三所定異議期間及未於法定期間提出異議之法律效果。

〔相關條文〕

第四十五條之三（調解不成立）

當事人對於前條所定之方案，得於送達後十日之不變期間內，提出異議。於前項期間內提出異議者，視為調解不成立；其未於前項期間內提出異議者，視為已依該方案成立調解。

第一項之異議，消費爭議調解委員會應通知他方當事人。

〔相關條文〕

第四十五條之四（送達）

關於小額消費爭議，當事人之一方無正當理由，不於調解期日到場者，調解委員得審酌情形，依到場當事人一造之請求或依職權提出解決方案，並送達於當事人。

前項之方案，應經全體調解委員過半數之同意，並記載第四十五條之三所定異議期間及未於法定期間提出異議之法律效果。

第一項之送達，不適用公示送達之規定。

第一項小額消費爭議之額度，由行政院定之。

〔相關條文〕

第四十五條之五（提出異議）

當事人對前條之方案，得於送達後十日之不變期間內，提出異議；未於異

議期間內提出異議者，視為已依該方案成立調解。

當事人於異議期間提出異議，經調解委員另定調解期日，無正當理由不到場者，視為依該方案成立調解。

第四十六條（調解書之效力）

調解成立者應作成調解書。

前項調解書之作成及效力，準用鄉鎮市調解條例第二十二條至第二十六條之規定。

〔相關條文〕

第二節　消費訴訟

第四十七條（消費訴訟之管轄）

消費訴訟，得由消費關係發生地之法院管轄。

〔相關條文〕

第四十八條（消費法庭）

高等法院以下各級法院及其分院得設立消費專庭或指定專人審理消費訴訟事件。

法院為企業經營者敗訴之判決時，得依職權宣告為減免擔保之假執行。

〔相關條文〕

第四十九條（消費者保護組織之訴訟權）

消費者保護團體許可設立三年以上，申請消費者保護委員會評定優良，置有消費者保護專門人員，且合於下列要件之一，並經消費者保護官同意者，得以自己之名義，提起第五十條消費者損害賠償訴訟或第五十三條不作為訴訟：

一、社員人數五百人以上之社團法人。

二、登記財產總額新臺幣一千萬元以上之財團法人。

消費者保護團體依前項規定提起訴訟者，應委任律師代理訴訟。受委任之律師，就該訴訟，除得請求預付或償還必要之費用外，不得請求報酬。

消費者保護團體關於其提起之第一項訴訟，有不法行為者，許可設立之主管機關應廢止其許可。

消費者保護團體評定辦法，由消費者保護委員會另定之。

〔相關條文〕

第五十條（消費者損害賠償訴訟）

消費者保護團體對於同一之原因事件，致使眾多消費者受害時，得受讓二十人以上消費者損害賠償請求權後，以自己名義，提起訴訟。消費者得於言詞辯論終結前，終止讓與損害賠償請求權，並通知法院。

前項訴訟，因部分消費者終止讓與損害賠償請求權，致人數不足二十人者，不影響其實施訴訟之權能。

第一項讓與之損害賠償請求權，包括民法第一百九十四條、第一百九十五條第一項非財產上之損害。

前項關於消費者損害賠償請求權之時效利益，應依讓與之消費者單獨個別計算。

消費者保護團體受讓第三項所定請求權後，應將訴訟結果所得之賠償，扣除訴訟及依前條第二項規定支付予律師之必要費用後，交付該讓與請求權之消費者。

消費者保護團體就第一項訴訟，不得向消費者請求報酬。

〔相關條文〕

第五十一條（消費者求償之訴訟）

依本法所提之訴訟，因企業經營者之故意所致之損害，消費者得請求損害額三倍以下之懲罰性賠償金；但因過失所致之損害，得請求損害額一倍以下之懲罰性賠償金。

〔相關條文〕

第五十二條（訴訟之免繳裁判費）

消費者保護團體以自己之名義提起第五十條訴訟，其標的價額超過新臺幣

六十萬元者，超過部分免繳裁判費。

〔相關條文〕

第五十三條（訴訟之免繳裁判費）

消費者保護官或消費者保護團體，就企業經營者重大違反本法有關保護消費者規定之行為，得向法院訴請停止或禁止之。

前項訴訟免繳裁判費。

〔相關條文〕

第五十四條（消費者集體訴訟）

因同一消費關係而被害之多數人，依民事訴訟法第四十一條之規定，選定一人或數人起訴請求損害賠償者，法院得徵求原被選定人之同意後公告曉示，其他之被害人得於一定之期間內以書狀表明被害之事實、證據及應受判決事項之聲明，併案請求賠償。其請求之人，視為已依民事訴訟法第四十一條為選定。

前項併案請求之書狀，應以繕本送達於兩造。

第一項之期間，至少應有十日，公告應黏貼於法院牌示處，並登載新聞紙，其費用由國庫墊付。

〔相關條文〕

第五十五條（訴訟法定代理之準用）

民事訴訟法第四十八條、第四十九條之規定，於依前條為訴訟行為者，準用之。

〔相關條文〕

第六章　罰則

第五十六條（罰則）

違反第二十四條、第二十五條或第二十六條規定之一者，經主管機關通知

改正而逾期不改正者，處新臺幣二萬元以上二十萬元以下罰鍰。

〔相關條文〕

第五十七條（罰則）

企業經營者拒絕、規避或阻撓主管機關依第十七條第三項、第三十三條或第三十八條規定所為之調查者，處新臺幣三萬元以上三十萬元以下罰鍰，並得連續處罰。

〔相關條文〕

第五十八條（罰則）

企業經營者違反主管機關依第三十六條或第三十八條規定所為之命令者，處新臺幣六萬元以上一百五十萬元以下罰鍰，並得連續處罰。

〔相關條文〕

第五十九條（罰則）

企業經營者有第三十七條規定之情形者，主管機關除依該條及第三十六條之規定處置外，並得對其處新臺幣十五萬元以上一百五十萬元以下罰鍰。

〔相關條文〕

第六十條（停止營業之情形）

企業經營者違反本法規定情節重大，報經中央主管機關或消費者保護委員會核准者，得命停止營業或勒令歇業。

第六十一條（處罰）

依本法應予處罰者，其他法律有較重處罰之規定時，從其規定；涉及刑事責任者，並應即移送偵查。

第六十二條（罰鍰）

本法所定之罰鍰，由主管機關處罰，經限期繳納後，屆期仍未繳納者，依法移送強制執行。

第七章　附則

第六十三條（施行細則）

　　本法施行細則，由行政院定之。

第六十四條（施行日）

　　本法自公布日施行。

附錄九 兒童及少年性交易防制條例

中華民國 84 年 7 月 13 日	制定 39 條
中華民國 84 年 8 月 11 日公布	
中華民國 88 年 3 月 30 日	修正第 2, 27 條，刪除第 37 條
中華民國 88 年 4 月 21 日公布	
中華民國 88 年 5 月 11 日	修正第 9, 22, 29, 33, 34 條
中華民國 88 年 6 月 2 日公布	
中華民國 89 年 10 月 24 日	修正第 3, 13 至 16, 33 條，增訂第 36 之 1 條
中華民國 89 年 11 月 8 日公布	
中華民國 94 年 1 月 21 日	修正第 14, 20, 23 至 26, 28, 31 條，增訂第 36 之 2 條
中華民國 94 年 2 月 5 日公布	
中華民國 95 年 5 月 5 日	修正第 23 至 25, 27, 39 條
中華民國 95 年 5 月 30 日公布	
中華民國 95 年 7 月 1 日施行	
中華民國 96 年 6 月 14 日	修正第 28 條
中華民國 96 年 7 月 4 日公布	
中華民國 96 年 6 月 15 日	修正第 9 條
中華民國 96 年 7 月 4 日公布	

第一章 總則

第一條（立法目的）

為防制、消弭以兒童少年為性交易對象事件，特制定本條例。

第二條（性交易之定義）

本條例所稱性交易指有對價之性交或猥褻行為。

第三條（主管機關）

本條例所稱主管機關：在中央為內政部；在直轄市為直轄市政府；在縣（市）為縣（市）政府。各該主管機關應獨立編列預算並置專職人員辦理兒童及少年性交易防制業務。

法務、教育、衛生、國防、新聞、經濟、交通等相關單位涉及兒童及少年性交易防制業務時，應全力配合之，各單位應於本條例施行後六個月內訂定教育宣導等防制辦法。

主管機關應於本條例施行後六個月內會同前項相關單位成立兒童及少年性交易防制之督導會報，定期公布並檢討教育宣導、救援、加害者處罰、安置保護之成果。

第四條（兒童及少年性交易防制課程或教育宣導內容）

本條例所稱兒童及少年性交易防制之課程或教育宣導內容如下：

一、正確性心理之建立。

二、對他人性自由之尊重。

三、錯誤性觀念之矯正。

四、性不得作為交易對象之宣導。

五、兒童或少年從事性交易之遭遇。

六、其他有關兒童或少年性交易防制事項。

第五條（適用範圍）

本條例為有關兒童及少年性交易防制事項之特別法，優先他法適用。本條例未規定者，適用其他法律之規定。

第二章　救援

第六條（檢警專責任務編組之成立）

法務部與內政部應於本條例施行後六個月內，指定所屬機關成立檢警之專

責任務編組，負責全國性有關本條例犯罪之偵查工作。

〔相關條文〕

第七條（全國性救援專線之設立）

前條單位成立後，應即設立或委由民間機構設立全國性救援專線。

第八條（獎懲辦法之訂定）

法務部與內政部應於本條例施行後六個月內訂定獎懲辦法，以激勵救援及偵辦工作。

第九條（報告主管機關之義務）

醫師、藥師、護理人員、社會工作人員、臨床心理工作人員、教育人員、保育人員、村里幹事、警察、司法人員、觀光業從業人員、網際網路服務供應商、電信系統業者及其他執行兒童福利或少年福利業務人員，知悉未滿十八歲之人從事性交易或有從事之虞者，或知有本條例第四章之犯罪嫌疑者，應即向當地主管機關或第六條所定之單位報告。

本條例報告人及告發人之身分資料應予保密。

〔相關條文〕

第十條（案件偵查審判）

本條例第四章之案件偵查、審判中，於訊問兒童或少年時，主管機關應指派社工人員陪同在場，並得陳述意見。

兒童或少年於前項案件偵查、審判中，已經合法訊問，其陳述明確別無訊問之必要者，不得再行傳喚。

第三章　安置、保護

第十一條（中途輟學學生通報辦法）

國民小學及國民中學發現學生有未經請假、不明原因未到校上課達三天以上者，或轉學生未向轉入學校報到者，應立即通知主管機關及教育主管機

關。主管機關應立即指派社工人員調查及採取必要措施。

教育部應於本條例施行後六個月內頒布前項中途輟學學生通報辦法。

第十二條（關懷中心之設立）

為免脫離家庭之未滿十八歲兒童或少年淪入色情場所，主管機關應於本條例施行後六個月內設立或委託民間機構設立關懷中心，提供緊急庇護、諮詢、連繫或其他必要措施。

第十三條（緊急、短期收容中心之設置）

直轄市、縣（市）主管機關應於本條例施行後六個月內，設置專門安置從事性交易或有從事之虞之兒童或少年之緊急收容中心及短期收容中心。

直轄市、縣（市）主管機關於緊急收容中心及短期收容中心，應聘請專業人員辦理觀察、輔導及醫療等事項。

第十四條（中途學校之設置）

教育部及內政部應聯合協調直轄市、縣（市）主管機關設置專門安置從事性交易之兒童或少年之中途學校；其設置，得比照少年矯正學校設置及教育實施通則規定辦理；其員額編制，得比照特殊教育法及其相關規定辦理。

中途學校應聘請社工、心理、輔導及教育等專業人員，並結合專業與民間資源，提供特殊教育及輔導；其課程、教材及教法，應保持彈性，以適合學生身心特性及需要；其實施辦法，由教育部定之。

中途學校學生之學籍應分散設於普通學校，畢業證書應由該普通學校發給。

中途學校所需經費來源如下：

一、各級政府按年編列之預算。

二、社會福利基金。

三、私人或團體捐款。

四、其他收入。

中途學校之設置及辦理，涉及其他機關業務權責者，各該機關應予配合及協助。

第十五條（查獲從事性交易之兒童或少年或自行求助者之處理）

法官、檢察官、司法警察官、司法警察、聯合稽查小組或第六條之任務編組查獲及救援從事性交易或有從事之虞之兒童或少年時，應立即通知主管機關指派專業人員陪同兒童或少年進行加害者之指認及必要之訊問，並於二十四小時內將該兒童或少年移送直轄市、縣（市）主管機關設置之緊急收容中心。

第九條之人員或他人向主管機關報告或主管機關發現兒童或少年從事性交易或有從事之虞者，主管機關應將該兒童或少年暫時安置於其所設之緊急收容中心。

從事性交易或有從事之虞之兒童或少年自行求助者，主管機關應提供必要之保護、安置或其他協助。

〔相關條文〕

第十六條（不得安置於短期收容中心之情形）

直轄市、縣（市）主管機關所設之緊急收容中心應於安置起七十二小時內，提出報告，聲請法院裁定。

法院受理前項報告時，除有下列情形外，應裁定將兒童或少年交付主管機關安置於短期收容中心：

一、該兒童或少年顯無從事性交易或從事之虞者，法院應裁定不予安置並交付該兒童或少年之法定代理人、家長、最近親屬或其他適當之人。

二、該兒童或少年有特殊事由致不宜安置於短期收容中心者，法院得裁定交由主管機關安置於其他適當場所。

〔相關條文〕

第十七條（觀察輔導報告及建議處遇方式）

主管機關依前條安置後，應於二週至一個月內，向法院提出觀察輔導報告

及建議處遇方式，並聲請法院裁定。

法院受理前項聲請時，應於二週內為第十八條之裁定。如前項報告不足，法院得命主管機關於一週內補正，法院應於主管機關補正後二週內裁定。

〔相關條文〕

第十八條（安置中途學校之除外情形）

法院依審理之結果，認為該兒童或少年無從事性交易或從事之虞者，應裁定不予安置並交付該兒童或少年之法定代理人、家長、最近親屬或其他適當之人。

法院依審理之結果，認為該兒童或少年有從事性交易者，除有下列情形之一者外，法院應裁定將其安置於中途學校，施予二年之特殊教育：

一、罹患愛滋病者。

二、懷孕者。

三、外國籍者。

四、來自大陸地區者。

五、智障者。

六、有事實足證較適宜由父母監護者。

七、其他有事實足證不適合中途學校之特殊教育，且有其他適當之處遇者。

法院就前項所列七款情形，及兒童或少年有從事性交易之虞者，應分別情形裁定將兒童或少年安置於主管機關委託之兒童福利機構、少年福利機構、寄養家庭或其他適當醫療或教育機構，或裁定遣送，或交由父母監護，或為其他適當處遇，並通知主管機關續予輔導及協助。

安置於中途學校之兒童或少年如於接受特殊教育期間，年滿十八歲者，中途學校得繼續安置至兩年期滿。

特殊教育實施逾一年，主管機關認為無繼續特殊教育之必要者，或因事實上之原因以不繼續特殊教育為宜者，得聲請法院裁定，免除特殊教育。

特殊教育實施逾二年，主管機關認為有繼續特殊教育之必要者，得聲請法

院裁定，延長至滿二十歲為止。

〔相關條文〕

第十九條（有無另犯其他罪之處理）

未滿十八歲之兒童或少年從事性交易或有從事之虞者，如無另犯其他之罪，不適用少年事件處理法及社會秩序維護法之規定。

未滿十八歲之兒童或少年從事性交易或有從事之虞者，如另犯其他之罪，應依第十六條至第十八條之規定裁定後，再依少年事件處理法移送少年法庭處理。

〔相關條文〕

第二十條（監護人之選定）

主管機關及教育部依第十六條至第十八條之規定，於安置、保護收容兒童及少年期間，行使、負擔父母對於該兒童或少年之權利義務。

父母、養父母或監護人對未滿十八歲之子女、養子女或被監護人犯第二十三條至第二十八條之罪者，兒童或少年、檢察官、兒童或少年最近尊親屬、主管機關、兒童或少年福利機構或其他利害關係人，得向法院聲請宣告停止其行使、負擔父母對於該兒童或少年之權利義務，另行選定監護人。對於養父母，並得請求法院宣告終止其收養關係。

法院依前項規定選定監護人時，得指定監護之方法及命其父母或養父母支付選定監護人相當之扶養費用及報酬。

〔相關條文〕

第二十一條（非出於自願者，得請求保護）

十八歲以上之人，如遭他人以強暴、脅迫、略誘、買賣、或其他違反本人意願之方法而與他人為性交易者，得請求依本條例安置保護。

第四章　罰則

第二十二條（罰則）

與未滿十六歲之人為性交易者，依刑法之規定處罰之。

十八歲以上之人與十六歲以上未滿十八歲之人為性交易者，處一年以下有期徒刑，拘役或新臺幣十萬元以下罰金。

中華民國人民在中華民國領域外犯前二項之罪者，不問犯罪地之法律有無處罰規定，均依本條例處罰。

〔相關條文〕

第二十三條（罰則）

引誘、容留、媒介、協助或以他法，使未滿十八歲之人為性交易者，處一年以上七年以下有期徒刑，得併科新臺幣三百萬元以下罰金。以詐術犯之者，亦同。

意圖營利而犯前項之罪者，處三年以上十年以下有期徒刑，併科新臺幣五百萬元以下罰金。

媒介、收受、藏匿前二項被害人或使之隱避者，處一年以上七年以下有期徒刑，得併科新臺幣三百萬元以下罰金。

前項收受、藏匿行為之媒介者，亦同。

前四項之未遂犯罰之。

〔相關條文〕

第二十四條（罰則）

以強暴、脅迫、恐嚇、監控、藥劑、催眠術或其他違反本人意願之方法，使未滿十八歲之人為性交易者，處七年以上有期徒刑，得併科新臺幣七百萬元以下罰金。

意圖營利而犯前項之罪者，處十年以上有期徒刑，併科新臺幣一千萬元以下罰金。

媒介、收受、藏匿前二項被害人或使之隱避者，處三年以上十年以下有期徒刑，得併科新臺幣五百萬元以下罰金。

前項收受、藏匿行為之媒介者，亦同。

前四項之未遂犯罰之。

〔相關條文〕

第二十五條（罰則）

意圖使未滿十八歲之人為性交易，而買賣、質押或以他法，為他人人身之交付或收受者，處七年以上有期徒刑，併科新臺幣七百萬元以下罰金。以詐術犯之者，亦同。

以強暴、脅迫、恐嚇、監控、藥劑、催眠術或其他違反本人意願之方法，犯前項之罪者，加重其刑至二分之一。

媒介、收受、藏匿前二項被害人或使之隱避者，處三年以上十年以下有期徒刑，併科新臺幣五百萬元以下罰金。

前項收受、藏匿行為之媒介者，亦同。

前四項之未遂犯罰之。

預備犯第一項、第二項之罪者，處二年以下有期徒刑。

〔相關條文〕

第二十六條（罰則）

犯第二十四條第一項、第二項或第二十五條第二項之罪，而故意殺害被害人者，處死刑或無期徒刑；使被害人受重傷者，處無期徒刑或十二年以上有期徒刑。

犯第二十四條第一項、第二項或第二十五條第二項之罪，因而致被害人於死者，處無期徒刑或十二年以上有期徒刑；致重傷者，處十二年以上有期徒刑。

〔相關條文〕

第二十七條（罰則）

拍攝、製造未滿十八歲之人為性交或猥褻行為之圖畫、錄影帶、影片、光碟、電子訊號或其他物品者，處六個月以上五年以下有期徒刑，得併科新臺幣五十萬元以下罰金。

意圖營利犯前項之罪者，處一年以上七年以下有期徒刑，應併科新臺幣五百萬元以下罰金。

引誘、媒介或以他法，使未滿十八歲之人被拍攝、製造性交或猥褻行為之圖畫、錄影帶、影片、光碟、電子訊號或其他物品者，處一年以上七年以下有期徒刑，得併科新臺幣一百萬元以下罰金。

以強暴、脅迫、藥劑、詐術、催眠術或其他違反本人意願之方法，使未滿十八歲之人被拍攝、製造性交或猥褻行為之圖畫、錄影帶、影片、光碟、電子訊號或其他物品者，處五年以上有期徒刑，得併科新臺幣三百萬元以下罰金。

前四項之未遂犯罰之。

第一項至第四項之物品，不問屬於犯人與否，沒收之。

　〔相關條文〕

第二十八條（罰則）

散布、播送或販賣前條拍攝、製造之圖片、影片、影帶、光碟、電磁紀錄或其他物品，或公然陳列，或以他法供人觀覽、聽聞者，處三年以下有期徒刑，得併科新臺幣五百萬元以下罰金。

意圖散布、播送、販賣而持有前項物品者，處二年以下有期徒刑，得併科新臺幣二百萬元以下罰金。

無正當理由持有前項拍攝、製造兒童及少年之圖片、影片、影帶、光碟、電磁紀錄或其他物品，第一次被查獲者，直轄市、縣（市）主管機關得令其接受二小時以上十小時以下之輔導教育，第二次以上被查獲者，處新臺幣二萬元以上二十萬元以下罰金。

前三項之物品，不問屬於犯人與否，沒收之。

〔相關條文〕

第二十九條（罰則）

以廣告物、出版品、廣播、電視、電子訊號、電腦網路或其他媒體，散布、播送或刊登足以引誘、媒介、暗示或其他促使人為性交易之訊息者，處五年以下有期徒刑，得併科新臺幣一百萬元以下罰金。

〔相關條文〕

第三十條（罰則）

公務員或經選舉產生之公職人員犯本條例之罪，或包庇他人犯本條例之罪者，依各該條項之規定，加重其刑至二分之一。

〔相關條文〕

第三十一條（罰則）

意圖犯第二十三條至第二十五條、第二十六條第一項後段或第二十七條之罪，而移送被害人入出臺灣地區者，依各該條項之規定，加重其刑至二分之一。

前項之未遂犯罰之。

〔相關條文〕

第三十二條（罰則）

父母對其子女犯本條例之罪因自白、自首或供訴，而查獲第二十三條至二十八條之犯罪者，減輕或免除其刑。

犯第二十二條之罪自白或自首，因而查獲第二十三條至第二十八條之犯罪者，減輕或免除其刑。

〔相關條文〕

第三十三條（罰則）

廣告物、出版品、廣播、電視、電子訊號、電腦網路或其他媒體，散布、播送或刊登足以引誘、媒介、暗示或其他促使人為性交易之訊息者，由各

目的事業主管機關處以新臺幣五萬元以上六十萬元以下罰鍰。

新聞主管機關對於違反前項規定之媒體，應發布新聞並公告之。

第三十四條（罰則）

犯第二十二條至第二十九條之罪，經判刑確定者，主管機關應公告其姓名、照片及判決要旨。

前項之行為未滿十八歲者，不適用前項之規定。

〔相關條文〕

第三十五條（罰則）

犯第二十二條至第二十九條之罪，經判決確定者，主管機關應對其實施輔導教育；其輔導教育辦法，由主管機關定之。

不接受前項輔導教育或接受之時數不足者，處新臺幣六千元以上三萬元以下罰鍰；經再通知仍不接受者，得按次連續處罰。

〔相關條文〕

第三十六條（罰則）

違反第九條第一項之規定者，處新臺幣六千元以上三萬元以下罰鍰。但醫護人員為避免兒童、少年生命身體緊急危難而違反者，不罰。

〔相關條文〕

第三十六條之一（罰則）

依本條例所處之罰鍰，經限期繳納，屆期不繳納者，移送法院強制執行。

第三十六條之二（罰則）

違反本條例之行為，其他法律有較重處罰之規定者，從其規定。

第五章　附則

第三十七條

（刪除）

第三十八條（施行細則）

本條例施行細則，由中央主管機關於本條例公布後六個月內訂定之。

第三十九條（施行日）

本條例自公布日施行。

本條例中華民國九十五年五月五日修正之條文，自中華民國九十五年七月一日施行。

附錄十　性侵害犯罪防治法

中華民國 85 年 12 月 31 日	制定 20 條
中華民國 86 年 1 月 22 日公布	
中華民國 91 年 4 月 25 日	修正第 3 條
中華民國 91 年 5 月 15 日公布	
中華民國 91 年 5 月 17 日	增訂第 6 之 1, 6 之 2 條
中華民國 91 年 6 月 12 日公布	
中華民國 94 年 1 月 21 日	修正全文 25 條
中華民國 94 年 2 月 5 日公布	
中華民國 98 年 12 月 22 日	修正第 11, 25 條
中華民國 99 年 1 月 13 日公布	
中華民國 98 年 11 月 23 日施行	
中華民國 100 年 10 月 25 日	修正第 4, 7 至 9, 12 至 14, 20, 21, 23, 25 條，增訂第 22 之 1, 23 之 1 條，刪除第 5 條
中華民國 100 年 11 月 9 日公布	

第一條（立法目的）

　　為防治性侵害犯罪及保護被害人權益，特制定本法。

第二條（名詞定義）

　　本法所稱性侵害犯罪，係指觸犯刑法第二百二十一條至第二百二十七條、第二百二十八條、第二百二十九條、第三百三十二條第二項第二款、第三百三十四條第二款、第三百四十八條第二項第一款及其特別法之罪。

　　本法所稱加害人，係指觸犯前項各罪經判決有罪確定之人。

　　〔相關條文〕

第三條（主管機關）

本法所稱主管機關：在中央為內政部；在直轄市為直轄市政府；在縣（市）為縣（市）政府。

第四條（中央主管機關辦理事項）

中央主管機關應辦理下列事項：

一、研擬性侵害防治政策及法規。

二、協調及監督有關性侵害防治事項之執行。

三、監督各級政府建立性侵害事件處理程序、防治及醫療網絡。

四、督導及推展性侵害防治教育。

五、性侵害事件各項資料之建立、彙整、統計及管理。

六、性侵害防治有關問題之研議。

七、其他性侵害防治有關事項。

中央主管機關辦理前項事項，應遴聘（派）學者專家、民間團體及相關機關代表提供諮詢；其中任一性別代表人數不得少於三分之一，學者專家、民間團體代表之人數不得少於二分之一。

第五條

（刪除）

第六條（地方政府性侵害防治中心之設置及措施）

直轄市、縣（市）主管機關應設性侵害防治中心，辦理下列事項：

一、提供二十四小時電話專線服務。

二、提供被害人二十四小時緊急救援。

三、協助被害人就醫診療、驗傷及取得證據。

四、協助被害人心理治療、輔導、緊急安置及提供法律服務。

五、協調醫院成立專門處理性侵害事件之醫療小組。

六、加害人之追蹤輔導及身心治療。

七、推廣性侵害防治教育、訓練及宣導。

八、其他有關性侵害防治及保護事項。

前項中心應配置社工、警察、醫療及其他相關專業人員；其組織由直轄市、縣（市）主管機關定之。

地方政府應編列預算辦理前二項事宜，不足由中央主管機關編列專款補助。

第七條（性侵害防治教育課程）

各級中小學每學年應至少有四小時以上之性侵害防治教育課程。

前項所稱性侵害防治教育課程應包括：

一、兩性性器官構造與功能。

二、安全性行為與自我保護性知識。

三、性別平等之教育。

四、正確性心理之建立。

五、對他人性自由之尊重。

六、性侵害犯罪之認識。

七、性侵害危機之處理。

八、性侵害防範之技巧。

九、其他與性侵害有關之教育。

第一項教育課程，學校應運用多元方式進行教學。

機關、部隊、學校、機構或僱用人之組織成員、受僱人或受服務人數達三十人以上，應定期舉辦或鼓勵所屬人員參與性侵害防治教育訓練。

第八條（通報義務）

醫事人員、社工人員、教育人員、保育人員、警察人員、勞政人員、移民業務人員，於執行職務時知有疑似性侵害犯罪情事者，應立即向當地直轄市、縣（市）主管機關通報，至遲不得逾二十四小時。通報之方式及內容，由中央主管機關定之。

前項通報內容、通報人之姓名、住居所及其他足資識別其身分之資訊，除法律另有規定外，應予保密。

第九條（性侵害加害人檔案資料之建立及保密）

中央主管機關應建立全國性侵害加害人之檔案資料；其內容應包含姓名、性別、出生年月日、國民身分證統一編號、住居所、相片、犯罪資料、指紋、去氧核醣核酸紀錄等資料。

前項檔案資料應予保密，非依法律規定，不得提供；其內容管理及使用等事項之辦法，由中央主管機關定之。

第十條（醫療單位不得拒診或拒開驗傷診斷書）

醫院、診所對於被害人，不得無故拒絕診療及開立驗傷診斷書。

醫院、診所對被害人診療時，應有護理人員陪同，並應保護被害人之隱私，提供安全及合適之就醫環境。

第一項驗傷診斷書之格式，由中央衛生主管機關會商有關機關定之。

違反第一項規定者，由衛生主管機關處新臺幣一萬元以上五萬元以下罰鍰。

第十一條（驗傷取證、保全證物及鑑驗）

對於被害人之驗傷及取證，除依刑事訴訟法、軍事審判法之規定或被害人無意識或無法表意者外，應經被害人之同意。被害人為受監護宣告或未滿十二歲之人時，應經其監護人或法定代理人之同意。但監護人或法定代理人之有無不明、通知顯有困難或為該性侵害犯罪之嫌疑人時，得逕行驗傷及取證。

取得證據後，應保全證物於證物袋內，司法、軍法警察並應即送請內政部警政署鑑驗，證物鑑驗報告並應依法保存。

性侵害犯罪案件屬告訴乃論者，尚未提出告訴或自訴時，內政部警政署應將證物移送犯罪發生地之直轄市、縣（市）主管機關保管，除未能知悉犯罪嫌疑人外，證物保管六個月後得逕行銷毀。

第十二條（被害人資料之保密）

因職務或業務知悉或持有性侵害被害人姓名、出生年月日、住居所及其他

足資識別其身分之資料者，除法律另有規定外，應予保密。警察人員必要時應採取保護被害人之安全措施。

行政機關、司法機關及軍法機關所製作必須公示之文書，不得揭露被害人之姓名、出生年月日、住居所及其他足資識別被害人身分之資訊。

第十三條（禁止新聞及文書揭露被害人身份之資訊）

宣傳品、出版品、廣播、電視、網際網路內容或其他媒體，不得報導或記載被害人之姓名或其他足資辨別被害人身分之資訊。但經有行為能力之被害人同意或犯罪偵查機關依法認為有必要者，不在此限。

違反前項規定者，由各該目的事業主管機關處新臺幣六萬元以上六十萬元以下罰鍰，並得沒入前項物品、命其移除內容或下架或採行其他必要之處置；其經通知限期改正，屆期不改正者，得按次處罰。但被害人死亡，經目的事業主管機關權衡社會公益，認有報導必要者，不罰。

第十四條（性侵害事件應由經專業訓練之專人處理）

法院、檢察署、軍事法院、軍事法院檢察署、司法、軍法警察機關及醫療機構，應由經專業訓練之專人處理性侵害事件。

前項專責人員，每年應至少接受性侵害防治專業訓練課程六小時以上。

第一項醫療機構，係指由中央衛生主管機關指定設置處理性侵害事件醫療小組之醫療機構。

第十五條（被害人之一定親屬及社工人員得陪同出庭）

被害人之法定代理人、配偶、直系或三親等內旁系血親、家長、家屬、醫師、心理師、輔導人員或社工人員得於偵查或審判中，陪同被害人在場，並得陳述意見。

前項規定，於得陪同在場之人為性侵害犯罪嫌疑人或被告時，不適用之。

被害人為兒童或少年時，除顯無必要者外，直轄市、縣（市）主管機關應指派社工人員於偵查或審判中陪同在場，並得陳述意見。

第十六條（心智障礙或身心創傷被害人審判保護措施）

對被害人之訊問或詰問，得依聲請或依職權在法庭外為之，或利用聲音、影像傳送之科技設備或其他適當隔離措施，將被害人與被告或法官隔離。

被害人經傳喚到庭作證時，如因心智障礙或身心創傷，認當庭詰問有致其不能自由陳述或完全陳述之虞者，法官、軍事審判官應採取前項隔離詰問之措施。

審判長因當事人或辯護人詰問被害人不當而禁止其詰問者，得以訊問代之。

性侵害犯罪之被告或其辯護人不得詰問或提出有關被害人與被告以外之人之性經驗證據。但法官、軍事審判官認有必要者，不在此限。

第十七條（被害人陳述得為證據之情形）

被害人於審判中有下列情形之一，其於檢察事務官、司法警察官或司法警察調查中所為之陳述，經證明具有可信之特別情況，且為證明犯罪事實之存否所必要者，得為證據：

一、因性侵害致身心創傷無法陳述者。

二、到庭後因身心壓力於訊問或詰問時無法為完全之陳述或拒絕陳述者。

第十八條（審判不公開）

性侵害犯罪之案件，審判不得公開。但有下列情形之一，經法官或軍事審判官認有必要者，不在此限：

一、被害人同意。

二、被害人為無行為能力或限制行為能力者，經本人及其法定代理人同意。

第十九條（被害人補償原則）

直轄市、縣（市）主管機關得依被害人之申請，核發下列補助：

一、非屬全民健康保險給付範圍之醫療費用及心理復健費用。

二、訴訟費用及律師費用。

三、其他費用。

前項補助對象、條件及金額等事項之規定，由直轄市、縣（市）主管機關
定之。

第二十條（加害人經評估應接受身心治療或輔導教育之情形）

加害人有下列情形之一，經評估認有施以治療、輔導之必要者，直轄市、
縣（市）主管機關應命其接受身心治療或輔導教育：

一、有期徒刑或保安處分執行完畢。但有期徒刑經易服社會勞動者，於准
　　易服社會勞動時起執行之。

二、假釋。

三、緩刑。

四、免刑。

五、赦免。

六、緩起訴處分。

七、經法院、軍事法院依第二十二條之一第三項裁定停止強制治療。

前項規定對於有觸犯第二條第一項行為，經依少年事件處理法裁定保護處
分確定而法院認有必要者，得準用之。

觀護人對於付保護管束之加害人，得採取下列一款或數款之處遇方式：

一、實施約談、訪視，並得進行團體活動或問卷等輔助行為。

二、有事實足認其有再犯罪之虞或需加強輔導及管束者，得密集實施約
　　談、訪視；必要時，並得請警察機關派員定期或不定期查訪之。

三、有事實可疑為施用毒品時，得命其接受採驗尿液。

四、無一定之居住處所，或其居住處所不利保護管束之執行者，得報請檢
　　察官、軍事檢察官許可，命其居住於指定之處所。

五、有於特定時間犯罪之習性，或有事實足認其有再犯罪之虞時，得報請
　　檢察官、軍事檢察官，命於監控時段內，未經許可，不得外出。

六、得報請檢察官、軍事檢察官許可，對其實施測謊。

七、得報請檢察官、軍事檢察官許可，對其實施科技設備監控。

八、有固定犯罪模式，或有事實足認其有再犯罪之虞時，得報請檢察官、
　　軍事檢察官許可，禁止其接近特定場所或對象。

九、轉介適當機構或團體。

十、其他必要處遇。

第一項之執行期間為三年以下。但經評估認有繼續執行之必要者，直轄
市、縣（市）主管機關得延長之，最長不得逾一年；其無繼續執行之必要
者，得免其處分之執行。

第一項之評估，除徒刑之受刑人由監獄或軍事監獄、受感化教育少年由感
化教育機關辦理外，由直轄市、縣（市）主管機關辦理。

犯性騷擾防治法第二十五條之罪之加害人，準用第一項之規定。

第一項評估之內容、基準、程序與身心治療或輔導教育之內容、程序、成
效評估等事項之辦法，由中央主管機關會同法務部、國防部及行政院衛生
署定之。

第三項第三款採驗尿液之執行方式、程序、期間、次數、檢驗機構及項目
等，由法務部會商相關機關定之。

第三項第六款之測謊及第七款之科技設備監控，其實施機關（構）、人
員、方式及程序等事項之辦法，由法務部會商相關機關定之。

〔相關條文〕

第二十一條（處罰）

前條加害人有下列情形之一者，得處新臺幣一萬元以上五萬元以下罰鍰，
並限期命其履行：

一、經直轄市、縣（市）主管機關通知，無正當理由不到場或拒絕接受評
　　估、身心治療或輔導教育者。

二、經直轄市、縣（市）主管機關通知，無正當理由不按時到場接受身心
　　治療或輔導教育或接受之時數不足者。

三、未依第二十三條第一項、第二項及第四項規定定期辦理登記、報到、
　　資料異動或接受查訪者。

前項加害人屆期仍不履行者，處一年以下有期徒刑、拘役或科或併科新臺幣五萬元以下罰金。

直轄市、縣（市）主管機關對於假釋、緩刑、受緩起訴處分或有期徒刑經易服社會勞動之加害人為第一項之處分後，應即通知該管地方法院檢察署檢察官、軍事法院檢察署檢察官。

地方法院檢察署檢察官、軍事法院檢察署檢察官接獲前項通知後，得通知原執行監獄典獄長報請法務部、國防部撤銷假釋或向法院、軍事法院聲請撤銷緩刑或依職權撤銷緩起訴處分及易服社會勞動。

〔相關條文〕

第二十二條（強制治療）

加害人依第二十條第一項規定接受身心治療或輔導教育，經鑑定、評估其自我控制再犯預防仍無成效者，直轄市、縣（市）主管機關得檢具相關評估報告，送請該管地方法院檢察署檢察官、軍事檢察署檢察官依法聲請強制治療。

〔相關條文〕

第二十二條之一（強制治療）

加害人於徒刑執行期滿前，接受輔導或治療後，經鑑定、評估，認有再犯之危險，而不適用刑法第九十一條之一者，監獄、軍事監獄得檢具相關評估報告，送請該管地方法院檢察署檢察官、軍事法院檢察署檢察官聲請法院、軍事法院裁定命其進入醫療機構或其他指定處所，施以強制治療。

加害人依第二十條接受身心治療或輔導教育後，經鑑定、評估其自我控制再犯預防仍無成效，而不適用刑法第九十一條之一者，該管地方法院檢察署檢察官、軍事法院檢察署檢察官或直轄市、縣（市）主管機關得檢具相關評估報告聲請法院、軍事法院裁定命其進入醫療機構或其他指定處所，施以強制治療。

前二項之強制治療期間至其再犯危險顯著降低為止，執行期間應每年鑑定、評估有無停止治療之必要。其經鑑定、評估認無繼續強制治療必要

者，加害人、該管地方法院檢察署檢察官、軍事法院檢察署檢察官或直轄市、縣（市）主管機關得聲請法院、軍事法院裁定停止強制治療。

第二項之加害人經通知依指定期日到場接受強制治療而未按時到場者，處一年以下有期徒刑、拘役、科或併科新臺幣五萬元以下罰金。

第一項、第二項之聲請程序、強制治療之執行機關（構）、處所、執行程序、方式、經費來源及第三項停止強制治療之聲請程序、方式等，由法務部會同中央主管機關、行政院衛生署及國防部定之。

〔相關條文〕

第二十三條（定期向警察機關辦理資料登記及報到）

犯刑法第二百二十一條、第二百二十二條、第二百二十四條之一、第二百二十五條第一項、第二百二十六條、第二百二十六條之一、第三百三十二條第二項第二款、第三百三十四條第二款、第三百四十八條第二項第一款或其特別法之罪之加害人，有第二十條第一項各款情形之一者，應定期向警察機關辦理身分、就學、工作、車籍及其異動等資料之登記及報到；其登記、報到之期間為七年。

犯刑法第二百二十四條、第二百二十五條第二項、第二百二十八條之罪，或曾犯刑法第二百二十七條之罪再犯同條之罪之加害人，有第二十條第一項各款情形之一者，亦適用前項之規定；其登記、報到之期間為五年。

前二項規定於犯罪時未滿十八歲者，不適用之。

第一項、第二項之加害人於登記報到期間應定期或不定期接受警察機關查訪及於登記內容變更之七日內辦理資料異動。

登記期間之事項，為維護公共利益及社會安全之目的，於登記期間得供特定人員查閱。

登記、報到、查訪之期間、次數、程序與前項供查閱事項之範圍、內容、執行機關、查閱人員之資格、條件、查閱程序及其他應遵行事項之辦法，由中央警政主管機關定之。

〔相關條文〕

第二十三條之一（加害人逃亡或藏匿通緝公告）

第二十一條第二項之被告或判決有罪確定之加害人逃亡或藏匿經通緝者，該管警察機關得將其身分資訊登載於報紙或以其他方法公告之；其經拘提、逮捕或已死亡或顯無必要時，該管警察機關應即停止公告。

前項規定於犯罪時未滿十八歲者，不適用之。

〔相關條文〕

第二十四條（施行細則）

本法施行細則，由中央主管機關定之。

第二十五條（施行日）

本法自公布後六個月施行。

本法中華民國九十八年十二月二十二日修正之條文，自九十八年十一月二十三日施行。

本法中華民國一百年十月二十五日修正之條文，自一百零一年一月一日施行。

附錄十一 司法院大法官會議對憲法有關言論自由之解釋

⑴大法官會議釋字第 364 號

解釋公布日期：民國 83 年 9 月 23 日

解釋爭點：憲法第 11 條表現自由之意涵？

解釋文：

　　以廣播及電視方式表達意見，屬於憲法第十一條所保障言論自由之範圍。為保障此項自由，國家應對電波頻率之使用為公平合理之分配，對於人民平等「接近使用傳播媒體」之權利，亦應在兼顧傳播媒體編輯自由原則下，予以尊重，並均應以法律定之。

理由書：

　　言論自由為民主憲政之基礎。廣播電視係人民表達思想與言論之重要媒體，可藉以反映公意強化民主，啟迪新知，促進文化、道德、經濟等各方面之發展，其以廣播及電視方式表達言論之自由，為憲法第十一條所保障之範圍。惟廣播電視無遠弗屆，對於社會具有廣大而深遠之影響。故享有傳播之自由者，應基於自律觀念善盡其社會責任，不得有濫用自由情事。其有藉傳播媒體妨害善良風俗、破壞社會安寧、危害國家利益或侵害他人權利等情形者，國家自得依法予以限制。

　　廣播電視之電波頻率為有限性之公共資源，為免被壟斷與獨佔，國家應制定法律，使主管機關對於開放電波頻率之規劃與分配，能依公平合理之原則審慎決定，藉此謀求廣播電視之均衡發展，民眾亦得有更多利用媒體之機會。

　　至學理上所謂「接近使用傳播媒體」之權利（the right of access to the media），乃指一般民眾得依一定條件，要求傳播媒體提供版面或時間，許其行使表達意見之權利而言，以促進媒體報導或評論之確實、公正。例如媒體之報導或評論有錯誤而侵害他人之權利者，受害人即可要求媒體允許其更正或答辯，以資補救。又如廣播電視舉辦公職候選人之政見辯論，於民主政治品質之提昇，有所裨益。

　　惟允許民眾「接近使用傳播媒體」，就媒體本身言，係對其取材及編輯之限制。如無條件強制傳播媒體接受民眾表達其反對意見之要求，無異剝奪媒體之編輯自由，而造成傳播媒體在報導上瞻前顧後，畏縮妥協之結果，反足影響其確實、公正報導與評論之功能。是故民眾「接近使用傳播媒體」應在兼顧媒體編輯自由之原則下，予以尊重。如何設定上述「接近使用傳播媒體」之條件，自亦應於法律內為明確之規定，期臻平等。

　　綜上所述，以廣播及電視方式表達意見，屬於憲法第十一條所保障言論自由之範圍。為保障此項自由，國家應對電波頻率之使用為公平合理之分配，對於人民平等「接近使用傳播媒體」之權利，亦應在兼顧傳播媒體編輯自由原則下，予以尊重，並均應以法律定之。

⑵大法官會議釋字第 380 號

解釋公布日期：民國 84 年 5 月 26 日

解釋爭點：大學法細則就共同必修科目之研訂等規定違憲？

解釋文：

　　憲法第十一條關於講學自由之規定，係對學術自由之制度性保障；就大學教育而言，應包含研究自由、教學自由及學習自由等事項。大學法第一條第二項規定：「大學應受學術自由之保障，並在法律規定範圍內，享有自治權」，其自治權之範圍，應包含直接涉及研究與教學之學術重要事項。大學課程如何訂定，大學法未定有明文，然因直接與教學、學習自由相關，亦屬學術之重要事項，為大學自治之範圍。憲法第一百六十二條固規定：「全國公私立之教育文化機關，依法律受國家監督。」則國家對於大學自治之監

督，應於法律規定範圍內為之，並須符合憲法第二十三條規定之法律保留原則。大學之必修課程，除法律有明文規定外，其訂定亦應符合上開大學自治之原則，大學法施行細則第二十二條第三項規定：「各大學共同必修科目，由教育部邀集各大學相關人員共同研訂之。」惟大學法並未授權教育部邀集各大學共同研訂共同必修科目，大學法施行細則所定內容即不得增加大學法所未規定之限制。又同條第一項後段「各大學共同必修科目不及格者不得畢業」之規定，涉及對畢業條件之限制，致使各大學共同必修科目之訂定實質上發生限制畢業之效果，而依大學法第二十三條、第二十五條及學位授予法第二條、第三條規定，畢屆 1 條件係屬大學自治權範疇。是大學法施行細則第二十二條第一項後段逾越大學法規定，同條第三項未經大學法授權，均與上開憲法意旨不符，應自本解釋公布之日起，至遲於屆滿一年時，失其效力。

理由書：

　　憲法第十一條關於講學自由之規定，以保障學術自由為目的，學術自由之保障，應自大學組織及其他建制方面，加以確保，亦即為制度性之保障。為保障大學之學術自由，應承認大學自治之制度，對於研究、教學及學習等活動，擔保其不受不當之干涉，使大學享有組織經營之自治權能，個人享有學術自由。憲法第一百六十二條規定：「全國公私立之教育文化機關，依法律受國家之監督。」大學法第一條第二項規定：「大學應受學術自由之保障，並在法律規定範圍內，享有自治權。」是教育主管機關對大學之監督，應有法律之授權，且法律本身亦須符合憲法第二十三條規定之法律保留原則。

　　按學術自由與教育之發展具有密切關係，就其發展之過程而言，免於國家權力干預之學術自由，首先表現於研究之自由與教學之自由，其保障範圍並應延伸至其他重要學術活動，舉凡與探討學問，發現真理有關者，諸如研究動機之形成，計畫之提出，研究人員之組成，預算之籌措分配，研究成果之發表，非但應受保障並得分享社會資源之供應。研究以外屬於教學與學習

範疇之事項，諸如課程設計、科目訂定、講授內容、學力評定、考試規則、學生選擇科系與課程之自由，以及學生自治等亦在保障之列。除此之外，大學內部組織、教師聘任及資格評量，亦為大學之自治權限，尤應杜絕外來之不當干涉。大學法第四條、第八條、第十一條、第二十二條、第二十三條私立學校法第三條前段均定有大學應受國家監督之意旨，惟教育主管機關依法行使其行政監督權之際，應避免涉入前述受學術自由保障之事項。至於大學課程之自主，既與教學、學習自由相關，屬學術之重要事項，自為憲法上學術自由制度性保障之範圍。大學課程之訂定與安排，應由各大學依據大學自治與學術責任原則處理之。

　　大學法第二十三條對於大學修業年限之延長及縮短，規定為大學自治事項，有關辦法授權由各大學自行擬定，報請教育部核備後實施，故教育部對各大學之運作僅屬於適法性監督之地位。教育部監督權之行使，應符合學術自由之保障及大學自治之尊重，不得增加法律所未規定之限制，乃屬當然。大學之必修課程，除法律有明文規定外，其訂定亦應符合上開大學自治之原則，大學法施行細則第二十二條第三項規定：「各大學共同必修科目，由教育部邀集各大學相關人員共同研訂之。」惟大學法並未授權教育部邀集各大學相關人員共同研訂共同必修科目，大學法施行細則所定內容即不得增加大學法所未規定之限制。教育部依此所定各大學共同必修科目僅係提供各大學訂定相關科目之準則。同條第一項後段「各大學共同必修科目不及格者不得畢業」之規定，為對畢業條件所加之限制，各大學共同必修科目之訂定因而發生限制畢業之效果，而依大學法第二十三條、第二十五條及學位授予法第二條、第三條規定，畢業之條件係屬大學自治權範疇。大學法施行細則第二十二條第一項後段自係逾越大學法規定，又同條第三項未經大學法授權，均與前揭憲法意旨不符，應自本解釋公布之日起，至遲於屆滿一 英,失其效力。於此期間，大學共同必修科目之設置，應本大學自治之精神由法律明文規定，或循大學課程自主之程序由各大學自行訂定，併此指明。

⑶大法官會議釋字第 414 號

解釋公布日期：民國 85 年 11 月 8 日

解釋爭點：藥事法等法規就藥物廣告應先經核准等規定違憲？

解釋文：

藥物廣告係為獲得財產而從事之經濟活動，涉及財產權之保障，並具商業上意見表達之性質，惟因與國民健康有重大關係，基於公共利益之維護，應受較嚴格之規範。藥事法第六十六條第一項規定：藥商刊播藥物廣告時，應於刊播前將所有文字、圖畫或言詞，申請省（市）衛生主管機關核准，旨在確保藥物廣告之真實，維護國民健康，為增進公共利益所必要，與憲法第十一條及第十五條尚屬相符。又藥事法施行細則第四十七條第二款規定：藥物廣告之內容，利用容器包裝換獎或使用獎勵方法，有助長濫用藥物之虞者，主管機關應予刪除或不予核准，係依藥事法第一百零五條之授權，就同法第六十六條相關事宜為具體之規定，符合立法意旨，並未逾越母法之授權範圍，與憲法亦無牴觸。

理由書：

藥物廣告係利用傳播方法，宣傳醫療效能，以達招徠銷售為目的，乃為獲得財產而從事之經濟活動，並具商業上意見表達之性質，應受憲法第十五條及第十一條之保障。言論自由，在於保障意見之自由流通，使人民有取得充分資訊及自我實現之機會，包括政治、學術、宗教及商業言論等，並依其性質而有不同之保護範疇及限制之準則。其中非關公意形成、真理發現或信仰表達之商業言論，尚不能與其他言論自由之保障等量齊觀。藥物廣告之商業言論，因與國民健康有重大關係，基於公共利益之維護，自應受較嚴格之規範。

藥事法第六十六條規定：「藥商刊播藥物廣告時，應於刊播前將所有文字、圖畫或言詞，申請省（市）衛生主管機關核准，並向傳播業者送驗核准文件。傳播業者不得刊播未經省（市）衛生主管機關核准之藥物廣告。」旨在確保藥物廣告之真實，維護國民健康，其規定藥商刊播藥物廣告前應申請

衛生主管機關核准，係為專一事權，使其就藥物之功能、廣告之內容、及對市場之影響等情事，依一定程序為專業客觀之審查，為增進公共利益所必要，與憲法第十一條保障人民言論自由及第十五條保障人民生存權、工作權及財產權之意旨尚屬相符。又藥事法施行細則第四十七條第二款規定：藥物廣告之內容，利用容器包裝換獎或使用獎勵方法，有助長濫用藥物之虞者，主管機關應予刪除或不予核准，係依藥事法第一百零五條之授權，為執行同法第六十六條有關事項而為具體之規定，符合立法意旨，並未逾越母法之授權範圍，亦未對人民之自由權利增加法律所無之限制，與憲法亦無牴觸。惟廣告係在提供資訊，而社會對商業訊息之自由流通亦有重大利益，故關於藥物廣告須先經核准之事項、內容及範圍等，應由主管機關衡酌規範之必要性，依比例原則隨時檢討修正，併此指明。

⑷大法官會議釋字第 445 號

解釋公布日期：民國 87 年 1 月 23 日

解釋爭點：集會遊行法相關規定違憲？

解釋文：

憲法第十四條規定人民有集會之自由，此與憲法第十一條規定之言論、講學、著作及出版之自由，同屬表現自由之範疇，為實施民主政治最重要的基本人權。國家為保障人民之集會自由，應提供適當集會場所，並保護集會、遊行之安全，使其得以順利進行。以法律限制集會、遊行之權利，必須符合明確性原則與憲法第二十三條之規定。集會遊行法第八條第一項規定室外集會、遊行除同條項但書所定各款情形外，應向主管機關申請許可。同法第十一條則規定申請室外集會、遊行除有同條所列情形之一者外，應予許可。其中有關時間、地點及方式等未涉及集會、遊行之目的或內容之事項，為維持社會秩序及增進公共利益所必要，屬立法自由形成之範圍，於表現自由之訴求不致有所侵害，與憲法保障集會自由之意旨尚無牴觸。

集會遊行法第十一條第一款規定違反同法第四條規定者，為不予許可之要件，乃對「主張共產主義或分裂國土」之言論，使主管機關於許可集會、

遊行以前，得就人民政治上之言論而為審查，與憲法保障表現自由之意旨有違；同條第二款規定：「有事實足認為有危害國家安全、社會秩序或公共利益之虞者」，第三款規定：「有危害生命、身體、自由或對財物造成重大損壞之虞者」，有欠具體明確，對於在舉行集會、遊行以前，尚無明顯而立即危險之事實狀態，僅憑將來有發生之可能，即由主管機關以此作為集會、遊行准否之依據部分，與憲法保障集會自由之意旨不符，均應自本解釋公布之日起失其效力。

集會遊行法第六條規定集會遊行之禁制區，係為保護國家重要機關與軍事設施之安全、維持對外交通之暢通；同法第十條規定限制集會、遊行之負責人、其代理人或糾察員之資格；第十一條第四款規定同一時間、處所、路線已有他人申請並經許可者，為不許可集會、遊行之要件；第五款規定未經依法設立或經撤銷許可或命令解散之團體，以該團體名義申請者得不許可集會、遊行；第六款規定申請不合第九條有關責令申請人提出申請書填具之各事項者為不許可之要件，係為確保集會、遊行活動之和平進行，避免影響民眾之生活安寧，均屬防止妨礙他人自由、維持社會秩序或增進公共利益所必要，與憲法第二十三條規定並無牴觸。惟集會遊行法第九條第一項但書規定：「因天然災變或其他不可預見之重大事故而有正當理由者，得於二日前提出申請。」對此偶發性集會、遊行，不及於二日前申請者不予許可，與憲法保障人民集會自由之意旨有違，亟待檢討改進。

集會遊行法第二十九條對於不遵從解散及制止命令之首謀者科以刑責，為立法自由形成範圍，與憲法第二十三條之規定尚無牴觸。

理由書：

本件係因高成炎、陳茂男、張正修為台灣高等法院八十三年度上易字第五二七八號判決所適用之集會遊行法有違憲之疑義，聲請解釋，經大法官議決應予受理，並依司法院大法官審理案件法第十三條第一項規定通知聲請人及關係機關行政院、內政部、法務部、交通部及內政部警政署指派代表，於中華民國八十六年十二月五日在憲法法庭行言詞辯論，合先說明。

　　次查聲請人主張略稱：憲法第十四條規定：「人民有集會及結社之自由。」第十一條並規定：「人民有言論、講學、著作及出版之自由。」均係表示憲法保障人民之表現自由。因為人民有參與政治意思決定之權利，表現自由使個人之意思，於公意形成之過程中，得充分表達，是為實施民主政治重要之基本人權。其中講學、著作及出版之自由，大多由知識分子行使，至於集會自由是以行動為主的表現自由，對於不易利用媒體言論管道之眾人，為公開表達意見之直接途徑，集體意見之參與者使集會、遊行發展成「積極參與國家意思形成之參與權」，故兼有受益權之性質。詎集會遊行法第八條第一項規定，室外集會、遊行，除有同條項但書所列各款情形外，應向主管機關申請許可，對於人民集會、遊行之權利為概括性之限制，賦予主管機關事前抑制、禁止人民集會、遊行之權限。再依同法第十一條規定，申請室外集會、遊行，除有（一）違反第四條、第六條、第十條之規定，（二）有事實足認為有危害國家安全、社會秩序或公共利益之虞，（三）有危害生命、身體、自由或對財物造成重大損壞之虞，（四）同一時間、處所、路線已有他人申請並經許可，（五）未經依法設立或經撤銷許可或命令解散之團體，以該團體名義申請，（六）申請不合第九條規定等情形　，應予許可。其中第一款所指同法第四條「集會遊行不得主張共產主義或分裂國土」，乃具有高度政治性之議題，其概念有欠明確。蓋以集會、遊行之方式主張共產主義或分裂國土，若未妨礙或侵犯他人之權利或自由，應為表現自由所保障之範圍。如果主張馬列氏之共產主義，並欲以暴力推翻體制，以達到共產主義之目的而積極進行組織者，顯然已超越集會、遊行權利之內在限制，當可另立特別法予以規範。於集會遊行法為不明確之禁止規定，任由警察機關予以認定，使警察機關捲入政治漩渦中，違背警察政治中立之要求，且無異對意見之表達為事前之檢查，復未經法院依嚴謹之訴訟程序決定之，欠缺必要之防護措施，對言論自由之保障，實有未足。又第六條所列禁制區之範圍係授權內政部及國防部劃定公告，於採報備制之國家，集會不須得警察機關之許可，故於禁制區為集會、遊行，須得禁制區保護機關之同意，集會遊行法第六條規定禁制區範圍過於浮濫，且同條第一項但書規定在禁制區集會之例外

許可，與集會之許可均由同一主管機關核准，亦屬重複。至第十條關於負責人、其代理人或糾察員之消極資格規定，僅具形式意義。其次，第十一條第一項第二款及第三款規定，均屬不確定法律概念，因為室外集會、遊行難免對他人之自由、社會秩序或公共利益產生影響，其認定之標準，如缺乏明確之準則，人民之集會自由即遭干預。第四款規定同一時間、處所、路線已有他人申請並經許可者，惟於例外情形構成「警察緊急狀態」下，始得對後申請之室外集會或反制之示威加以禁止或不許可。倘不論原因一律不許可，亦有違憲法第十四條規定保障集會自由之趣旨，且不符比例原則之要求。第五款規定涉及集會自由之主體問題，實則未經依法設立或經撤銷許可或命令解散之團體，仍得由其構成員以自然人或其他依法設立之團體名義申請，是本款規定並無意義。第六款係謂申請不合第九條規定者不予許可，惟第九條規定申請許可之方式及其期間之遵守，不符比例原則且排除自發性集會之合法性，尤屬可議。綜上可知集會遊行法第十一條規定所列不予許可之事由，或過於抽象而無實質意義，或牴觸憲法第十四條規定保障集會自由之旨意，與憲法第二十三條規定之要求亦有未符。依集會遊行法之規定，集會、遊行之申請應向警察機關為之，而警察機關又是維持集會、遊行秩序並依法得將違反集會遊行法規定者移送司法機關偵辦之機關。在目前的警察體制下，極易為經由選舉而執政之政黨所利用，以干預人民集會之自由。自人民之立場言，集會之申請經拒絕以後，雖可申復，然申復之審查仍由警察機關單方面為之，即欠缺正當法律程序為之救濟。為使國民能機會均等參與公共事務，國家必須積極制定相關制度，保障人民之表現自由，公意政治方能實現。集會遊行法採取事前許可制，限制人民之基本權利，自屬牴觸憲法保障人民集會自由之權利。又集會遊行法第二十九條規定：「集會、遊行經該管主管機關命令解散而不解散，仍繼續舉行經制止而不遵從，首謀者處二年以下有期徒刑或拘役。」此項規定與刑法第一百四十九條規定公然聚眾不遵令解散罪之構成要件比較，寬嚴之間有失均衡。由於集會自由有無可替代之民主功能，和平進行之集會應受法律之充分保障，集會遊行法第二十九條規定之情形，僅課以較高額之行政罰即可，應無必要處以刑罰。依集會遊行法第二十

五條規定，未經許可或許可經撤銷而擅自舉行者，或違反許可事項、許可限制事項者，該管主管機關得予警告、制止或命令解散。基本上係以事前許可為前提，惟有主管機關許可時，方得免受刑事追訴，顯然為箝制表現自由重大的規定。為調節集會、遊行與一般民眾因此感受之不便，採用報備制，使警察機關得預為綢繆，避免參與集會者之利益與第三人之安全利益發生不必要之衝突，並視情況採取維持秩序之措施，以資兼顧。集會、向C行為人民表達思想的重要手段，為憲法所保障，集會遊行法採許可制，依上說明，自屬牴觸憲法，侵犯人民之基本權等語。

　　相關機關行政院則主張：民主社會中，人民對於政府施政措施，常藉集會、遊行之方式表達意見，形成公意。惟集會、遊行亦具有容易感染及不可控制的特質，對於社會治安可能產生潛在威脅。為維護人民集會、遊行的合法權益，並確保社會秩序安寧，自有制定法律，將之限定於和平表達意見範疇之必要。集會遊行法係解嚴後為因應社會變遷，於七十七年一月二十日所制定，八十一年七月二十七日復因終止戡亂而修正公布，顯係隨社會之變動而演進，為民主化的產物。顧各國立法例對於集會、遊行之管理方式有採報備制者，有採許可制者，集會遊行法所採，雖為許可制，惟其性質非屬特許而近準則主義，尚未逾憲法第二十三條所定防止妨礙他人自由、避免緊急危難、維持社會秩序或增進公共利益所必要之程度，以近五年來警察機關受理集會、遊行申請案資料統計分析，共受理申請三一、七二五件，不准許者僅一〇八件，約佔千分之三點四，所佔比例甚低，即可明瞭。又集會遊行法第四條規定集會遊行不得主張共產主義或分裂國土，乃因共產主義本質上與三民主義背道而馳，且現階段大陸政權仍屬敵對團體，對我國仍具武力威脅，集會、遊行活動主張共產主義不但違反立國精神，且參照憲法增修條文第五條第五項規定，尚有危害中華民國之存在或自由民主憲政秩序之虞。因此，集會、遊行不得主張共產主義。其次，主張分裂國土，乃違背憲法第四條規定，集會遊行法第四條規定不得主張分裂國土，亦無不合。再查國家安全法第二條雖針對集會、結社為上開二原則之規定，惟違反者，同法並未規定其法律效果。若違反集會遊行法第四條規定，則不許可或撤銷許可集會、遊行

之申請，同時可達成國家安全法所揭示二原則之立法目的。至於集會遊行法第二十九條對於首謀者處以刑事罰，乃因首謀者業經警察機關警告、制止、命令解散，仍繼續進行，不遵制止等四階段程序，其主觀惡性已表露無遺，非處行政罰所能奏效，較之德國集會法第二十六條第一款規定採二階段程序者更為嚴謹，自無違反憲法可言云云。

法務部（兼代行政院）主張：我國集會、遊行之法律係解嚴後，為保障合法舉行之集會、遊行及順應當時環境之需要所制定，由總統於七十七年一月二十日公布施行，名稱為動員戡亂時期集會遊行法。其後因動員戡亂時期之終止，於八十一年七月二十七日將名稱修正為集會遊行法，並修正相關規定，以應社會之新發展趨勢，故集會遊行法非戒嚴制度之產物。其制定之原因係本於集會、遊行活動可能有侵害公共秩序之虞，基於維護公益及保障社會大眾人權之衡平，對集會、遊行之場所、時間、方式等，酌予合理限制，要非賦予公權力對表現自由予以壓制或剝奪為目的，符合憲法第十一條保障表現自由所追求探究真理、健全民主程序、自我實現等基本價值。為避免集會、遊行活動侵害公益而對民眾之生活安寧與安全，交通秩序、居家品質或環境衛生產生影響或發生侵害情事，依憲法第二十三條規定，以法律為必要之限制，而採準則主義之許可制，亦符合比例原則。至於集會遊行法第二十九條規定對於觸犯者處以刑事罰，係立法上衡量其反社會性之強弱、可非難性之高低而制定，自立法政策言，並無不妥。又我國自七十六年七月十五日解嚴、八十　卌溯!日終止動員戡亂，回復平時憲政。惟衡諸兩岸關係，中共對我之敵對狀態並未消除，其以武力威脅、飛彈恫嚇之危險仍然存在，為維護國家安全及社會秩序，對於集會、遊行所涉及有關國家安全之言論因可能產生內部不安，自有限制必要。主張共產主義與分裂國土之集會、遊行，危害中華民國之存在或自由民主之憲政秩序，參照憲法增修條文第五條第五項之規定意旨，應不受憲法保障云云。

內政部及內政部警政署之主張除與前述行政院之主張相同者予以引用外，並稱：集會遊行法對於集會、遊行之申請採用許可制，乃因集會、遊行固為憲法所保障之基本人權，惟其享有及行使，應顧及社會公益及他人之基

本權益，集會遊行法為維護人民集會、遊行之合法權益，並確保社會秩序之安寧，課以事前申請許可之義務，於憲法第二十三條規定，並無不合。況同法係採準則主義，警察機關對於集會、遊行，唯有依法為准駁之處分，不得違法不予許可。採行事前許可制，既可使申請人有充裕時間準備，亦可使主管機關即時瞭解事態，妥為因應。社會學家對群眾危險性格之實證研究，亦認為有強化許可制之必要。在經驗法則上，對之實施事前許可規制，應屬必要，經民意調查結果，並為多數人所認同。再就本件事實以言，聲請人係因遊行前五日向警察機關申請，因不符集會遊行法第九條第一項規定而未獲許可，於集會、遊行中，經警察主管機關依同法第二十五條第一項規定警告、制止及命令解散仍不遵從，因而受刑事處罰。其涉及之法律僅同法第九條第一項、第二十五條第一項第一款及第二十九條規定而已。至於同法第四條規定則與聲請解釋之原因事實無關，違反其規定而主張共產主義或分裂國土，同法未設行政或刑事責任，可知其性質並非改\可管制的主要目的。司法院即不得為訴外解釋，就與確定終局裁判無關聯部分為合憲性審查。集會、遊行涉及集體意見的表達與溝通，影響公共政策的形成，終致參政權及請願權之行使，為社會少數族群藉以表達訴求之重要管道。惟因群眾活動易引起衝動、脫軌而影響安寧、交通及衛生等問題，自有必要以法律為相當之限制。其限制之寬嚴原有多樣，集會遊行法第八條、第十一條所採實係準則許可制，其與報備制之差別僅在行政程序有異，兩者在本質上並無不同。涉及公意形成之集會、遊行，若非有極重要之公共利益考量，事前管制集會、遊行之言論內容亦非憲法所能容許。集會遊行法第九條規定申請書應記載集會、遊行之目的，固可認為一種言論檢查，其用意僅在考量其造成公共危險之可能性，非對言論為抽象之價值判斷，雖然目的的檢驗可能涉及同法第十一條第一款所定違反第四條問題，因而是一種審查言論本身的標準。惟此規定實與憲法增修條文第五條第五項規定：「政黨之目的或其行為，危害中華民國之存在或自由民主之憲政秩序者為違憲」相呼應，此際警察機關仍得依同法第二十六條規定為准否之判斷。由於集會、遊行可能對公共秩序發生影響，集會遊行法對於室　셍楏"遊行所採許可管制，符合比例原則。關此，同法

第十一條規定除列舉情事外，主管機關應予許可，全無裁量餘地。即使具有上開除外情事，仍須依比例原則加以裁量。如不予許可，應附理由於三日內以書面通知負責人，並記載不服之救濟程序。其依第九條第一項但書之規定提出申請者，不許可之通知應於二十四小時內為之。集會、遊行之申請於六日前提出；如因天然災害或其他不可預見之重大事故而有正當理由者，則於二日前提出即可。此項期間之規定與其他民主國家之管制規定比較並不為過。至於偶發性遊行，雖因無發起人而無從申請，主管機關亦得斟酌第二十六條規定之比例原則而為處理。從而對於集會、遊行，即不得謂已為過度之限制。又集會遊行法僅對負責人、代理人或首謀者課以法律責任，對於參加者則未加限制；第十四條對於許可集會、遊行者，亦得課以六項必要之限制；第十五條復規定撤銷或變更許可之要件，無非因人、事、時、地、物之不同而避免過度管制。事後報備制對已造成之公益損害僅能追懲而不能預防，對於社會趨於多元化、利益與觀念衝突不斷滋生、寬容的政治文化尚未形成而又地狹人稠的台灣，可能造成難以估計的不利影響。再第十一條第二款規定既云有事實足認為有危害國家安全、社會秩序或公共利益之虞等語，即不得謂其意義過於含混，主管機關亦未因規定含混而有濫用情事。關於未經許可之集會、遊行科處刑罰之問題，集會遊行法對於領導者違反事前與事中之行政管制所定兩階段處罰要件並無過當限制情形，其有違憲之虞者無寧為行政濫權是否未在制度上有效防止，亦即解散命令及其後的制止行為，於刑事法院應同時審酌其合法性，始能將行政濫權之機會，降低到最低。就集會遊行法第二十九條之規定以言，室外之集會、遊行可能造成其他法益之妨礙，並非單純行政上之不利益而已，對於違反者處以刑罰並未逾越立法形成自由之範圍。此與同法第二十八條規定之構成要件，就主觀及客觀情形比較，有程度上之差別者，尚屬不同。若刪除同法第二十九條規定，則如集會、遊行不遵解散命令，且又不聽制止，而未達刑法第一百四十九條規定之要件時，即無任何刑責可言，對於集會遊行法第二十九條所定重複違法之主觀惡性，仍應處以刑罰，始屬合理。依合憲推定原則，釋憲者在解釋憲法時，對國會制定之法律，在有明確之依據足以宣告其違憲無效之前，應為合

憲之解釋。集會遊行法採事前許可制，揆諸群眾之危險特性並影響交通、警力之分配及群眾相互間之對立、同法第二十六條有關比例原則之規定等情形，尚未違反憲法第二十三條所定　瘐 n 之程度。至於因情況危迫，有正當理由，不及依現行集會遊行法之規定提出申請者，可從立法技術上予以解決，要與違憲與否無涉云云。

　　交通部提出書狀主張：因集會、遊行可能因量增而產生質變，易影響交通秩序，妨礙交通安全，採用準則許可制，可使主管機關對集會、遊行及早未雨綢繆，妥善規劃交通管制，避免交通陷於停滯或混亂，造成妨礙他人使用道路之權益。依過去發生之實例，因集會、遊行而霸佔高速公路、率眾夜宿車站前廣場、臥軌妨礙鐵路交通，對於社會秩序及公共利益之危害，均屬顯著而首當其衝，所付出之社會成本實難以估計。集會遊行法現行規定應符合憲法第十四條保障人民集會自由之意旨及第二十三條法律保留之原則等語。本院斟酌全辯論意旨，作成本解釋，其理由如左：

　　司法院解釋憲法，並有統一解釋法律及命令之權，為憲法第七十八條所明定。其所為之解釋，自有拘束全國各機關及人民之效力。此與普通法院受理民、刑事訴訟事件；行政法院審理行政訴訟案件；公務員懲戒委會審議公務員之懲戒案件，其所為裁判或議決，僅於該具體事件有拘束力者迥然有異。人民、法人或政黨於其憲法上所保障之權利，遭受不法侵害，經依法定程序提起訴訟，對於確定終局裁判所適用之法律或命令發生有牴觸憲法之疑義者，得依司法院大法官審理案件法第五條第一項第二款規定聲請解釋。大法官依此規定所為解釋，固以該確定終局裁判所適用之法律或命令為標的，就人民、法人或政黨於其憲法上所保障之權利有無遭受不法侵害為審理對象。惟人民聲請憲法解釋之制度，除為保障當事人之基本權利外，亦有闡明憲法真義以維護憲政秩序之目的，故其解釋範圍自得及於該具體事件相關聯且必要之法條內容有無牴觸憲法情事而為審理。揆諸本院釋字第二一六號解釋，聲請意旨係就前司法行政部發布關於強制執行事件之兩項函示，發生牴觸關稅法疑義，聲請解釋，該號解釋則對法官在審判上不受司法行政機關所發命令拘束，作成明確之釋示。釋字第二八九號解釋，其聲請意旨僅係主張

財務案件處理辦法第六條有牴觸憲法之疑義，本院大法官則解釋同辦法之訂定係法制未備前之措施，爰定期間宣告辦法之全部失其效力。釋字第三二四號解釋，其聲請意旨係謂海關管理貨櫃辦法第二十六條規定有牴觸憲法之疑義，上開解釋則附加「該辦法尚涉及公法契約之問題，關於公法契約之基本規範，亦宜由有關機關儘速立法，妥為訂定。」釋字第三三九號解釋，其聲請人謂財政部六十六年十二月二十日台財稅字第三八五七二號函釋意旨牴觸憲法第十九條及貨物稅條例第十八條規定，並違反「從新從輕」之原則，本院大法官則併將六十 !月九日修正公布之貨物稅條例第十八條第一項第十二款規定宣告應不予援用。釋字第三九六號解釋，其聲請人係以公務員懲戒法未規定審級救濟，牴觸憲法第十六條關於保障人民訴訟權之意旨，聲請解釋。本院大法官則引申其義，謂懲戒機關應採法院之體制，懲戒案件之審議亦應本正當法律程序之原則，對被付懲戒人予以充分之程序保障，為合憲性之立法建制之宣示。此外，本院大法官對於立法委員依司法院大法官審理案件法第五條第一項第三款規定提出之聲請所為釋字第四三六號解釋，亦就聲請意旨涉及軍事審判制度之全盤，宣示「為貫徹審判獨立原則，關於軍事審判之審檢分立、參與審判軍官之選任標準及軍法官之身分保障等事項，亦應一併檢討改進。」以上僅就本院解釋中擇其數則而為例示，足以說明大法官解釋憲法之範圍，不全以聲請意旨所述者為限。本件聲請人因違反集會遊行法案件，經台灣高等法院八十三年度上易字第五二七八號刑事判決以犯集會遊行法第二十九條之罪處以刑罰，因認其於憲法第十四條規定所保障之集會自由遭受不法侵害，對於確定判決所適用集會遊行法以不確定法律概念賦予警察機關事前抑制與禁止集會、遊行，發生有牴觸憲法之疑義，聲請解釋。查聲請人所以受刑事法院判以罪刑，雖係因舉行室外集會、遊行未依集會遊行法第九條第一項規定於六日前向主管機關申請，致未獲許可，竟引導車隊及群眾遊行，經主管機關命令解散而不解散，仍繼續舉行，經制止而不遵從，為其原因事實，其牽涉之問題實係集會遊行法第八條第一項前段規定室外集會、遊行應向主管機關申請許可及相關規定是否牴觸憲法所發生之疑義，殊難僅就同法第九條第一項所定申請期限是否違憲一事為論斷。從而本

件解釋應就集會遊行法所採室外集會、遊行應經事前申請許可之制度是否有
牴觸憲法之疑義而為審理。次查憲法第十四條規定人民有集會之自由，此與
憲法第十一條規定之言論、講學、著作及出版之自由，同屬表現自由之範
疇。本於主權在民之理念，人民享有自由討論、充分表達意見之權利，方能
探究事實，發見真理，並經由民主程序形成公意，制定政策或法律。因此，
表現自由為實施民主政治最重要的基本人權。國家所以保障人民之此項權
利，乃以尊重個人獨立存在之尊嚴及自由活動之自主權為目的。其中集會自
由主要係人民以行動表現言論自由；至於講學、著作、出版自由係以言論或
文字表達其意見，對於一般不易接近或使用媒體言論管道之人，集會自由係
保障其公開表達意見之重要改 F。依集會遊行法第二條規定，所謂集會係指
於公共場所或公眾得出入之場所舉行會議、演說或其他聚眾活動。遊行則指
於市街、道路、巷弄或其他公共場所或公眾得出入之場所之集體行進。集會
自由以集體方式表達意見，為人民與政府間溝通之一種方式。人民經由此方
式，主動提供意見於政府，參與國家意思之形成或影響政策之制定。從而國
家在消極方面應保障人民有此自由而不予干預；積極方面應提供適當集會場
所，並保護集會、遊行之安全，使其得以順利進行。又集會自由之保障，不
僅及於形式上外在自由，亦應及於實質上內在自由，俾使參與集會、遊行者
在毫無恐懼的情況下進行。是以法律限制集會、遊行之權利，除應遵守憲法
第二十三條必要性原則外，尚須符合明確性原則，使主管機關於決定是否限
制人民之此項權利時，有明確規定其要件之法律為依據，人民亦得據此，依
正當法律程序陳述己見，以維護憲法所保障之權利。

　　按集會、遊行有室內、室外之分，其中室外集會、遊行對於他人之生活
安寧與安全、交通秩序、居家品質或環境衛生難免有不良影響。國家為防止
妨礙他人自由、維持社會秩序或公共利益，自得制定法律為必要之限制。其
規範之內容仍應衡量表現自由與其所影響社會法益之價值，決定限制之幅
度，以適當之方法，擇其干預最小者為之。對於集會、遊行之限制，大別
之，有追懲制、報備制及許可制之分。集會遊行法第八條第二項規定室內集
會無須申請許可，同條第一項前段雖規定室外集會、遊行，應向主管機關申

請許可，惟其但書則規定：一、依法令規定舉行者。二、學術、藝文、旅遊、體育競賽或其他性質相類之活動。三、宗教、民俗、婚、喪、喜、慶活動，則均在除外之列，可見集會遊行法係採許可制。對此事前行政管制之規定，判斷是否符合憲法第二十三條之比例原則，仍應就相關聯且必要之規定逐一審查，並非採用追懲制或報備制始得謂為符合憲政原則，採用事前管制則係侵害集會自由之基本人權。聲請意旨執此指摘，自非有理由。於事前審查集會、遊行之申請時，苟著重於時間、地點及方式等形式要件，以法律為明確之規定，不涉及集會、遊行之目的或內容者，則於表現自由之訴求不致有所侵害。主管機關為維護交通安全或社會安寧棄平垠n公益，亦得於事前採行必要措施，妥為因應。

集會遊行法第十一條規定申請室外集會、遊行，除有同條所列情形之一者外，應予許可。從而申請集會、遊行，苟無同條所列各款情形，主管機關不得不予許可，是為準則主義之許可制。茲就集會遊行法第十一條所列各款情形，是否符合憲法意旨，分述之。

第一款：「違反第四條、第六條、第十條之規定者。」按第四條規定「集會遊行不得主張共產主義或分裂國土。」所謂「主張共產主義或分裂國土」原係政治主張之一種，以之為不許可集會、遊行之要件，即係賦予主管機關審查言論本身的職權，直接限制表現自由之基本權。雖然憲法增修條文第五條第五項規定：「政黨之目的或其行為，危害中華民國之存在或自由民主之憲政秩序者為違憲。」惟政黨之組成為結社自由之保障範圍，且組織政黨既無須事前許可，須俟政黨成立後發生其目的或行為危害中華民國之存在或自由民主之憲政秩序者，經憲法法庭作成解散之判決後，始得禁止，現行法律亦未有事前禁止組成政黨之規定。相關機關內政部以集會遊行法第四條與憲法增修條文第五條上開規定相呼應云云，自非可採。以違反集會遊行法第四條規定為不許可之要件，係授權主管機關於許可集會、遊行以前，先就言論之內容為實質之審查。關此，若申請人於申請書未依集會遊行法第九條第一項第二款規定，於集會、遊行之目的為明確之記載，則主管機關固無從審查及此，至若室 셍樑"遊行經許可後發現有此主張，依當時之事實狀態

為維護社會秩序、公共利益或集會、遊行安全之緊急必要，自得依同法第十五條第一項撤銷許可，而達禁止之目的；倘於申請集會、遊行之始，僅有此主張而於社會秩序、公共利益並無明顯而立即危害之事實，即不予許可或逕行撤銷許可，則無異僅因主張共產主義或分裂國土，即禁止集會、遊行，不僅干預集會、遊行參與者之政治上意見表達之自由，且逾越憲法第二十三條所定之必要性。又集會遊行法第六條係規定集會、遊行禁制區，禁止集會、遊行之地區為：一、總統府、行政院、司法院、考試院、各級法院。二、國際機場、港口。三、重要軍事設施地區。其範圍包括各該地區之週邊，同條第二項授權內政部及國防部劃定之。上開地區經主管機關核准者，仍得舉行。禁制區之劃定在維護國家元首、憲法機關及審判機關之功能、對外交通之順暢及重要軍事設施之安全，故除經主管機關核准者外，不得在此範圍舉行集會、遊行，乃為維持社會秩序或增進公共利益所必要，同條就禁制地區及其週邊範圍之規定亦甚明確，自屬符合法律明確性原則，並無牴觸憲法情事。至集會遊行法第十條規定不得為應經許可之室外集會、遊行之負責人、其代理人或糾察員資格係：一、未滿二十歲者。二、無中華民國國籍者。三、經判處有期徒刑以上之刑確定，尚未執行或執行未畢者。但受緩刑之宣告者，不在此限。四、受保安處分或感訓處分之裁判確定，尚未執行或執行未畢者。五、受禁治產宣告尚未撤銷者。以上規定限制集會、遊行之負責人、其代理人或糾察員應具中華民國國籍、具有完全行為能力之人、經法院判處有期徒刑以上之刑確定、或受保安處分、感訓處分之裁判確定，已執行完畢或受緩刑之宣告者，係限制此等人員主導公意之形成，要屬立法機關之職權行使範圍，與憲法第二十三條規定亦無違背。

第二款：「有事實足認為有危害國家安全、社會秩序或公共利益之虞者。」按集會、遊行乃多數人為達到特定共同目的而從事的群體活動，在民主社會中，人民對於政府施政措施，常藉此方式表達意見，形成公意。為確保社會安寧秩序，憲法所保障之集會、遊行，必須以和平方式為之，若逾此限度，法律始得加以限制，惟法律限制之要件，應明確而具體。本款規定所稱「危害國家安全、社會秩序或公共利益」均為概括條款，有欠具體明確，

委諸主管之警察機關，於短期間內判斷有此事實足認有妨害上開法益之虞，由於室外集會、遊行難免對他人之自由、社會秩序或公共利益有不利影響，主管機關對此尚未達到明顯而立即危險之事實若為實質審查，僅憑將來有發生之可能，即以之為准否之依據，易生干預人民集會自由之情事，與集會遊行法第十一條限制主管機關裁量權之立法意旨亦有未符。是本款規定列為事前審查之許可要件，即係侵害憲法所保障集會自由之權利。至若應經許可之集會、遊行未經許可者；或經許可以後有明顯而立即危險之事實者，主管機關為維護集會、遊行安全之緊急必要，得分別依集會遊行法第二十五條第一項第一款及第十五條第一項為適當之處置；又已有明顯而立即危險之事實發生，猶申請集會、遊行助長其危害之情事者，仍得不予許可，要屬當然。

第三款：「有危害生命、身體、自由或對財物造成重大損壞之虞者。」此款規定與憲法意旨不符，其理由除前段所述外，所稱「有危害生命、身體、自由或對財物造成重大損壞之虞者」，如僅一二參與者有此情形，是否即得不許可其他參與人舉辦集會、遊行；又既有危害生命、身體、自由或對財物造成重大損壞之虞，即尚未至構成刑事責任之程度；倘有妨害安寧秩序之行為，則有社會秩序維護法之規定可資處罰。以有此情形，即禁止為集會、遊行，亦違反比例原則。所謂「之虞」認定之標準如何，既欠具體明確，則在舉辦集會、遊行以前，由主管機關就此為實質上之審查，與憲法保障之旨意，不無違背。室外集會、遊行於許可以後，若發生重大事故，主管機關為維護集會、遊行安全之緊急必要，仍有同法第十五條第一項前段規定之適用，與前款所述同。

第四款：「同一時間、處所、路線已有他人申請並經許可者。」同一時間、處所、路線已有他人申請集會、遊行，並經許可者，如再許可舉辦集會、遊行，將發生集會、遊行目的之混淆；倘舉辦之方式不同，其妨礙社會秩序之可能性亦更擴大，遇有反制集會、遊行者，激起群眾衝突之機會即相對增加。主管機關依此規定不予許可時，依集會遊行法第二十六條規定，固應公平合理考量人民集會、遊行權利與其他法益間之均衡維護，於不逾越所欲達成目的之必要限度，以適當之方式為之。此款規定符合憲法意旨。

　　第五款：「未經依法設立或經撤銷許可或命令解散之團體，以該團體名義申請者。」本款規定所以限制集會、遊行之申請人為自然人、法人或其他經依法設立之團體，乃因集會遊行法第七條第一項規定：「集會、遊行應有負責人。」第二項又規定：「依法設立之團體舉行之集會、遊行，其負責人為該團體之代表人或其指定之人。」對於依法設立團體之代表人得為確實之審查，負責人之身分亦有客觀的認定依據，屬於立法自由形成範圍，尚未牴觸憲法意旨。

　　第六款：「申請不合第九條規定者。」集會遊行法第九條第一項係規定室外集會、遊行，應由負責人填具申請書，載明：一、負責人或其代理人、糾察員之姓名、住所等人別事項。二、集會、遊行之目的、方式及起訖期間。三、集會處所或遊行之路線及集合、解散地點。四、預定參加人數。五、車輛、物品之名稱、數量。於六日前向主管機關申請許可。但因天然災變或其他不可預見之重大事故而有正當理由者，得於二日前提出申請。同條第二項則規定代理人應提出代理同意書，集會處所之表明應檢具該處所之所有人或管理人之同意文件，遊行應檢具詳細路線圖。按室外集會、遊行對於他人之自由、社會秩序或公共利益難免產生影響。為避免集會、遊行活動侵害公益而對民眾之生活安寧與安全、交通秩序、居家品質或環境衛生產生影響或發生侵害情事，責令負責人於舉行集會、遊行前六日，向主管機關申請許可，列舉參與集會、遊行之負責人、集會、遊行之目的、方式及起訖時間、集會處所、遊行之路線及集合、解散地點、預定參加人數及車輛、物數量等，不惟使申請人有充裕時間準備，亦可使主管機關瞭解事態，預為綢繆，妥善規劃交通管制，避免交通陷於停滯或混亂，造成過度妨礙他人使用道路之權益。從而本款規定關此部分，尚未逾越憲法第二十三條規定之必要程度。惟集會遊行法第九條第一項但書規定：「因天然災變或其他不可預見之重大事故而有正當理由者，得於二日前提出申請。」既云集會、遊行係因天然災變或其他不可預見之重大事故而舉行，豈有餘裕於二日前提出申請？所謂偶發性集會、遊行，既係群眾對不可預見之重大事故所為之立即反應而引起，即不可能期待負責人於二日前提出申請，亦不可能期待於重大事

故發生後二日始舉辦集會、遊行。是許可制於偶發性集會、遊行殊無適用之餘地。憲法第十四條規定保障人民之集會自由，並未排除偶發性集會、遊行，若依集會遊行法第九條第一項規定之要件以觀，則凡事起倉卒者，因不及於法定期間內提出申請，其集會、遊行概屬違反第九條規定而應不予許可，依此規定而抑制人民之集會、遊行，於憲法保障之基本人權，未盡相符，亟待檢討改進。

集會遊行法第二十九條規定：「集會、遊行經該管主管機關命令解散而不解散，仍繼續舉行經制止而不遵從，首謀者處二年以下有期徒刑或拘役。」按集會、遊行而有同法第二十五條所定情事之一者，該管主管機關得予警告、制止或命令解散。其所定情事為：一、應經許可之集會、遊行未經許可或其許可經撤銷而擅自舉行者。二、經許可之集會、遊行，而有違反許可事項、許可限制事項者。三、利用第八條第一項各款集會、遊行，而有違反法令之行為者。四、有其他違反法令之行為者。同法第十一條規定申請室外集會、遊行，除有同條所列情形之一者外，應予許可。其中有關時間、地點及方式等未涉及集會、遊行之目的或內容之事項，與憲法保障集會自由之意旨尚無牴觸，則集會、遊行而有同法第二十五條所定情事者，該管主管機關為警告、制止或命令解散，與憲法第二十三條之規定亦無違背。倘集會、遊行經該管主管機關命令解散而不解散者，依同法第二十八條規定，處集會、遊行負責人或其代理人或主持人新台幣三萬元以上十五萬元以下罰鍰。此係規範集會、遊行不遵從主管機關所為解散命令，對於負責人、代理人或主持人所為之行政秩序罰。相互參酌，「經該管主管機關命令解散而不解散，仍寵洸涓鋄嗊腠洶 .遵從」，第二十九條始對首謀者科以刑罰。因此，後者為前者之後續行為，應受處罰之人，亦未必相同。後者對於首謀者科以二年以下有期徒刑或拘役，乃處罰其一再不遵從解散及制止之命令。如再放任而不予取締，對於他人或公共秩序若發生不可預見之危險，主管機關亦無從適用刑事訴訟法之規定為必要之處分。至於社會秩序維護法第六十四條第一款規定之妨害安寧秩序須「意圖滋事，於公園、車站、輪埠、航空站或其他公共場所，任意聚眾，有妨礙公共秩序之虞，已受該管公務員解散命令，

而不解散」為要件，刑法第一百四十九條規定之公然聚眾不遵令解散罪則須「公然聚眾，意圖為強暴脅迫，已受該管公務員解散命令三次以上，而不解散者」為處刑之對象。不論主觀要件與客觀要件，均與集會遊行法第二十九條規定之內容，有輕重之分，即不得指其違反憲法第二十三條規定之必要原則。又主管機關如何命令解散集會、遊行，以及用何種方式制止其繼續進行，涉及此項解散命令之當否，為事實認定問題。刑事法院於論罪科刑時，就犯罪行為之構成要件是否符合，應為確切之認定，尤其對於行為須出於故意為處罰之要件，亦應注意及之，乃屬當然。

⑸大法官會議釋字第 450 號

解釋公布日期：民國 87 年 3 月 27 日

解釋爭點：大學法及其細則就軍訓室設置之規定違憲？

解釋文：

　　大學自治屬於憲法第十一條講學自由之保障範圍，舉凡教學、學習自由有關之重要事項，均屬大學自治之項目，又國家對大學之監督除應以法律明定外，其訂定亦應符合大學自治之原則，業經本院釋字第三八〇號解釋釋示在案。大學於上開教學研究相關之範圍內，就其內部組織亦應享有相當程度之自主組織權。各大學如依其自主之決策認有提供學生修習軍訓或護理課程之必要者，自得設置與課程相關之單位，並依法聘任適當之教學人員。惟大學法第十一條第一項第六款及同法施行細則第九條第三項明定大學應設置軍訓室並配置人員，負責軍訓及護理課程之規劃與教學，此一強制性規定，有違憲法保障大學自治之意旨，應自本解釋公布之日起，至遲於屆滿一年時失其效力。

理由書：

　　國家為健全大學組織，有利大學教育宗旨之實現，固得以法律規定大學內部組織之主要架構，惟憲法第十一條關於講學自由之規定，係對學術自由之制度性保障，大學自治亦屬該條之保障範圍。舉凡教學、學習自由、講授

內容、學生選擇科系與課程自由等均屬大學自治之項目，業經本院釋字第三八○號解釋釋示在案。大學於上開教學研究相關之範疇內，就其內部組織亦應享有相當程度之自主組織權，如大學認無須開設某種課程，而法令仍強制規定應設置與該課程相關之規劃及教學單位，即與憲法保障學術自由及大學自治之意旨不符。倘各大學依其自主之決策，認有提供學生修習軍訓或護理課程之必要，自得設置與軍訓或護理課程相關之單位，並依法聘請適任之教學人員。惟大學法第十一條第一項第六款及同法施行細則第九條第三項規定，大學應設置軍訓室並配置人員，負責軍訓及護理課程之規劃與教學，未能顧及大學之自主權限，有違憲法前述意旨。本件解釋涉及制度及組織之調整，有訂定過渡期間之必要，故上開大學法及同法施行細則之規定，應自本解釋公布之日起，至遲於屆滿一　茉菁鰡氣 a。大學法第十一條第一項第一款至第四款所列教務處、學生事務處、總務處、圖書館為支援大學教學及研究所必要，第七款至第九款之秘書室、人事室、會計室為協助大學行政之輔助單位，該法定為大學應設之內部組織，與憲法保障大學自治之意旨尚無牴觸。至大學提供體育設施及活動以健全學生體格固有必要，然是否應開設體育課程而必須設置體育室，亦屬大學自治之範疇，同條第一項第五款之規定仍應由有關機關一併檢討改進，併此指明。

⑹大法官會議釋字第 509 號

解釋公布日期：民國 89 年 7 月 7 日

解釋爭點：刑法誹謗罪之規定違憲？

解釋文：

　　言論自由為人民之基本權利，憲法第十一條有明文保障，國家應給予最大限度之維護，俾其實現自我、溝通意見、追求真理及監督各種政治或社會活動之功能得以發揮。惟為兼顧對個人名譽、隱私及公共利益之保護，法律尚非不得對言論自由依其傳播方式為合理之限制。刑法第三百十條第一項及第二項誹謗罪即係保護個人法益而設，為防止妨礙他人之自由權利所必要，符合憲法第二十三條規定之意旨。至刑法同條第三項前段以對誹謗之事，能

證明其為真實者不罰，係針對言論內容與事實相符者之保障，並藉以限定刑罰權之範圍，非謂指摘或傳述誹謗事項之行為人，必須自行證明其言論內容確屬真實，始能免於刑責。惟行為人雖不能證明言論內容為真實，但依其所提證據資料，認為行為人有相當理由確信其為真實者，即不能以誹謗罪之刑責相繩，亦不得以此項規定而免除檢察官或自訴人於訴訟程序中，依法應負行為人故意毀損他人名譽之舉證責任，或法院發現其為真實之義務。就此而言，刑法第三百十條第三項與憲法保障言論自由之旨趣並無牴觸。

理由書：

　　憲法第十一條規定，人民之言論自由應予保障，鑑於言論自由有實現自我、溝通意見、追求真理、滿足人民知的權利，形成公意，促進各種合理的政治及社會活動之功能，乃維持民主多元社會正常發展不可或缺之機制，國家應給予最大限度之保障。惟為保護個人名譽、隱私等法益及維護公共利益，國家對言論自由尚非不得依其傳播方式為適當限制。至於限制之手段究應採用民事賠償抑或兼採刑事處罰，則應就國民守法精神、對他人權利尊重之態度、現行民事賠償制度之功能、媒體工作者對本身職業規範遵守之程度及其違背時所受同業紀律制裁之效果等各項因素，綜合考量。以我國現況而言，基於上述各項因素，尚不能認為不實施誹謗除罪化，即屬違憲。況一旦妨害他人名譽均得以金錢賠償而了卻責任，豈非享有財富者即得任意誹謗他人名譽，自非憲法保障人民權利之本意。刑法第三百十條第一項：「意圖散布於眾，而指摘或傳述足以毀損他人名譽之事者，為誹謗罪，處一年以下有期徒刑、拘役或五百元以下罰金」，第二項：「散布文字、圖畫犯前項之罪者，處二下有期徒刑、拘役或一千元以下罰金」係分別對以言詞或文字、圖畫而誹謗他人者，科予不同之刑罰，為防止妨礙他人自由權益所必要，與憲法第二十三條所定之比例原則尚無違背。

　　刑法第三百十條第三項前段規定：「對於所誹謗之事，能證明其為真實者，不罰」，係以指摘或傳述足以毀損他人名譽事項之行為人，其言論內容與事實相符者為不罰之條件，並非謂行為人必須自行證明其言論內容確屬真

實，始能免於刑責。惟行為人雖不能證明言論內容為真實，但依其所提證據資料，認為行為人有相當理由確信其為真實者，即不能以誹謗罪之刑責相繩，亦不得以此項規定而免除檢察官或自訴人於訴訟程序中，依法應負行為人故意毀損他人名譽之舉證責任，或法院發現其為真實之義務。就此而言，刑法第三百十條第三項與憲法保障言論自由之旨趣並無牴觸。

刑法第三百十一條規定：「以善意發表言論，而有左列情形之一者，不罰：一、因自衛、自辯或保護合法之利益者。二、公務員因職務而報告者。三、對於可受公評之事，而為適當之評論者。四、對於中央及地方之會議或法院或公眾集會之記事，而為適當之載述者。」係法律就誹謗罪特設之阻卻違法事由，目的即在維護善意發表意見之自由，不生牴觸憲法問題。至各該事由是否相當乃認事用法問題，為審理相關案件法院之職責，不屬本件解釋範圍。

(7)大法官會議釋字第 563 號

解釋公布日期：民國 92 年 7 月 25 日

解釋爭點：大學就碩士生學科考兩次未過，以退學論之校規違憲？

解釋文：

　　憲法第十一條之講學自由賦予大學教學、研究與學習之自由，並於直接關涉教學、研究之學術事項，享有自治權。國家對於大學之監督，依憲法第一百六十二條規定，應以法律為之，惟仍應符合大學自治之原則。是立法機關不得任意以法律強制大學設置特定之單位，致侵害大學之內部組織自主權；行政機關亦不得以命令干預大學教學之內容及課程之訂定，而妨礙教學、研究之自由，立法及行政措施之規範密度，於大學自治範圍內，均應受適度之限制（參照本院釋字第三八○號及第四五○號解釋）。

　　碩士學位之頒授依中華民國八十三年四月二十七日修正公布之學位授予法第六條第一項規定，應於研究生「完成碩士學位應修課程，提出論文，經碩士學位考試委員會考試通過」後，始得為之，此乃國家本於對大學之監督所為學位授予之基本規定。大學自治既受憲法制度性保障，則大學為確保學

位之授予具備一定之水準，自得於合理及必要之範圍內，訂定有關取得學位之資格條件。國立政治大學於八十五年六月十四日訂定之國立政治大學研究生學位考試要點規定，各系所得自訂碩士班研究生於提出論文前先行通過資格考核（第二點第一項），該校民族學系並訂定該系碩士候選人資格考試要點，辦理碩士候選人學科考試，此項資格考試之訂定，未逾越大學自治之範疇，不生憲法第二十三條之適用問題。

　　大學學生退學之有關事項，八十三年一月五日修正公布之大學法未設明文。為維持學術品質，健全學生人格發展，大學有考核學生學業與品行之權責，其依規定程序訂定有關章則，使成績未符一定標準或品行有重大偏差之學生予以退學處分，亦屬大學自治之範疇；立法機關對有關全國性之大學教育事項，固得制定法律予以適度之規範，惟大學於合理範圍內仍享有自主權。國立政治大學暨同校民族學系前開要點規定，民族學系碩士候選人兩次未通過學科考試者以退學論處，係就該校之自治事項所為之規定，與前開憲法意旨並無違背。大學對學生所為退學之處分行為，關係學生權益甚鉅，有關章則之訂定及執行自應遵守正當程序，其內容並應合理妥適，乃屬當然。

理由書：

　　大學自治為憲法第十一條講學自由之保障範圍，大學對於教學、研究與學習之學術事項，諸如內部組織、課程設計、研究內容、學力評鑑、考試規則及畢業條件等，均享有自治權。國家依憲法第一百六十二條對大學所為之監督，應以法律為之，並應符合大學自治之原則，俾大學得免受不當之干預，進而發展特色，實現創發知識、作育英才之大學宗旨。是立法機關不得任意以法律強制大學設置特定之單位，致侵害大學之內部組織自主權，行政機關亦不得以命令干預大學教學之內容及課程之訂定，而妨礙教學、研究之自由，立法及行政措施之規範密度，於大學自治範圍內，均應受適度之限制，教育主管機關對大學之運作亦僅屬於適法性監督之地位（參照本院釋字第三八〇號及第四五〇號解釋）。

　　大學以研究學術、培育人才、提升文化、服務社會、促進國家發展為宗

旨（大學法第一條第一項）。大學作為教育機構並肩負發展國民道德、培養學生健全人格之任務（憲法第一百五十八條及教育基本法第二條第二項參照）。八十三年一月五日修正公布之大學法關於大學學生之退學事項未設明文，惟為實現大學教育之宗旨，有關學生之學業成績及品行表現，大學有考核之權責，其依規定程序訂定章則，使成績未符一定標準或品行有重大偏差之學生予以退學處分，屬大學自治之範疇；立法機關對有關全國性之大學教育事項，固得制定法律予以適度之規範，惟大學於合理範圍內仍享有自主權。國立政治大學暨同校民族學系前開要點規定，民族學系碩士候選人兩次未通過學科考試者以退學論處，係就該校之自治事項所為之規定，與前開憲法意旨並無違背。

　　有關碩士學位之頒授，七十二年五月六日修正公布之學位授予法規定，研究生須「修業二年以上，並完成碩士學位應修課程及論文，經考核成績及格者，得由該所提出為碩士學位候選人」（第四條第一項），「碩士學位候選人考試通過，經教育部覆核無異者」，由大學授予碩士學位（同條第二項）。上開規定於八十三年四月二十七日修正為「大學研究所碩士班研究生，完成碩士學位應修課程，提出論文，經碩士學位考試委員會考試通過者，授予碩士學位」（第六條第一項），其意旨係免除教育部之覆核程序，提高大學頒授學位之自主權，因而僅就學位之授予為基本之規定。該條文雖刪除「經考核成績及格者」並將「碩士學位候選人考試通過」修正為「經碩士學位考試委員會考試通過者」，惟大學自治既受憲法制度性保障，則大學為確保學位之授予具備一定之水準，自得於合理及必要之範圍內，訂定有關取得學位之資格條件。前開大學法第二十五條第二項規定：「碩士班、博士班研究生修業期滿，經考核成績合格，由大學分別授予碩士、博士學位」，亦同此意旨。國立政治大學校務會議於八十五　鑽減（四日通過之國立政治大學研究生學位考試要點規定，各系所得自訂碩士班研究生於提出論文前先行通過資格考核（第二點第一項），該校民族學系並於八十五年九月十九日修訂該系碩士候選人資格考試要點，辦理碩士候選人學科考試，此項資格考試要點之訂定，未逾越大學自治之範疇，不生憲法第二十三條之適用問題。

學生之學習權及受教育權，國家應予保障（教育基本法第八條第二項）。大學對學生所為退學或類此之處分，足以改變其學生身分及受教育之權利，關係學生權益甚鉅（本院釋字第三八二號解釋參照）。大學依其章則對學生施以退學處分者，有關退學事由及相關內容之規定自應合理妥適，其訂定及執行並應踐履正當程序。大學法第十七條第一項：「大學為增進教育效果，應由經選舉產生之學生代表出席校務會議，並出席與其學業、生活及訂定獎懲有關規章之會議。」同條第二項：「大學應保障並輔導學生成立自治團體，處理學生在校學習、生活與權益有關事項；並建立學生申訴制度，以保障學生權益」，係有關章則訂定及學生申訴之規定，大學自應遵行，乃屬當然。

(8)大法官會議釋字第 577 號

解釋公布日期：民國 93 年 5 月 7 日

解釋爭點：菸害防制法命業者標示尼古丁等含量違憲？

解釋文：

憲法第十一條保障人民有積極表意之自由，及消極不表意之自由，其保障之內容包括主觀意見之表達及客觀事實之陳述。商品標示為提供商品客觀資訊之方式，應受言論自由之保障，惟為重大公益目的所必要，仍得立法採取合理而適當之限制。

國家為增進國民健康，應普遍推行衛生保健事業，重視醫療保健等社會福利工作。菸害防制法第八條第一項規定：「菸品所含之尼古丁及焦油含量，應以中文標示於菸品容器上。」另同法第二十一條對違反者處以罰鍰，對菸品業者就特定商品資訊不為表述之自由有所限制，係為提供消費者必要商品資訊與維護國民健康等重大公共利益，並未逾越必要之程度，與憲法第十一條保障人民言論自由及第二十三條比例原則之規定均無違背。又於菸品容器上應為上述之一定標示，縱屬對菸品業者財產權有所限制，但該項標示因攸關國民健康，乃菸品財產權所具有之社會義務，且所受限制尚屬輕微，未逾越社會義務所應忍受之範圍，與憲法保障人民財產權之規定，並無違

背。另上開規定之菸品標示義務及責任，其時間適用之範圍，以該法公布施行後之菸品標示事件為限，並無法律溯及適用情形，難謂因法律溯及適用，而侵害人民之財產權。至菸害防制法第八條第一項規定，與同法第二十一條合併觀察，足知其規範對象、規範行為及法律效果，難謂其規範內容不明確而違反法治國家法律明確性原則。另各類食品、菸品、酒類等商 ＞於人體健康之影響層面有異，難有比較基礎，立法者對於不同事物之處理，有先後優先順序之選擇權限，相關法律或有不同規定，與平等原則尚無違背。

理由書：

　　憲法第十一條保障人民有積極表意之自由，及消極不表意之自由，其保障之內容包括主觀意見之表達及客觀事實之陳述。商品標示為提供商品客觀資訊之方式，為商業言論之一種，有助於消費大眾之合理經濟抉擇。是以商品標示如係為促進合法交易活動，其內容又非虛偽不實或不致產生誤導作用者，其所具有資訊提供、意見形成進而自我實現之功能，與其他事務領域之言論並無二致，應屬憲法第十一條言論自由保障之範圍，業經本院釋字第四一四號解釋所肯認。惟國家為保障消費者獲得真實而完整之資訊、避免商品標示內容造成誤導作用、或為增進其他重大公益目的，自得立法採取與目的達成有實質關聯之手段，明定業者應提供與商品有關聯性之重要商品資訊。

　　行政法規常分別規定行為要件與法律效果，必須合併觀察，以確定其規範對象、適用範圍與法律效果。菸害防制法第八條第一項乃行為要件之規定，其行為主體及違反效果則規定於同法第二十一條，二者合併觀之，足以確定規範對象為菸品製造者、輸入者及販賣者，其負有於菸品容器上以中文標示所含尼古丁及焦油含量之作為義務，如有違反，主管機關得依法裁量，對製造者、輸入者或販賣者擇一處新臺幣十萬元以上三十萬元以下罰鍰，並通知製造者、輸入者或販賣者限期收回改正；逾期不遵行者，停止其製造或輸入六個月至一年；違規之菸品並沒入銷燬之。舉凡規範對象、所規範之行為及法律效果皆屬明確，並未違背法治國家法律明確性原則。

　　國家為增進國民健康，應普遍推行衛生保健事業，重視醫療保健等社會

福利工作，憲法第一百五十七條及憲法增修條文第十條第八項規定足資參
照。中華民國八十六年三月十九日公布、同年九月十九日施行之菸害防制法
第八條第一項規定：「菸品所含之尼古丁及焦油含量，應以中文標示於菸品
容器上。」第二十一條規定：「違反第七條第一項、第八條第一項或依第七
條第二項所定方式者，處新臺幣十萬元以上三十萬元以下罰鍰，並通知製
造、輸入或販賣者限期收回改正；逾期不遵行者，停止其製造或輸入六個月
至一年；違規之菸品並沒入銷燬之。」乃國家課予菸品業者於其商品標示中
提供重要客觀事實資訊之義務，係屬對菸品業者不標示特定商品資訊之不表
意自由之限制。惟此項標示義務，有助於消費者對菸品正確了解。且告知菸
品中特定成分含量之多寡，亦能使消費者意識並警覺吸菸行為可能造成之危
害，促其審慎判斷，作為是否購買之參考，明顯有助於維護國民健康目的之
達成；相較課予菸品業者標示義務，責由各機關學校辦理菸害防制教育，固
屬較小侵害手段，但於目的之達成，尚非屬相同有效手段，故課予標示義務
並未違反必要原則；又衡諸提供消費者必要商品資訊與維護國民健康之重大
公共利益，課予菸品屆 標示義務，並非強制菸品業者提供個人資料或表達
支持特定思想之主張，亦非要求其提供營業秘密，而僅係要求其提供能輕易
獲得之商品成分客觀資訊，尚非過當。另鑑於菸品成癮性對人體健康之危害
程度，為督促菸品業者嚴格遵守此項標示義務，同法第二十一條乃規定，對
違反者得不經限期改正而直接處以相當金額之罰鍰，如與直接採取停止製造
或輸入之手段相較，尚屬督促菸品業者履行標示義務之有效與和緩手段。又
在相關菸品業者中，明定由製造、輸入或販賣者，負擔菸品標示義務，就菸
害防制目的之達成而言，亦屬合理必要之適當手段。故上開菸害防制法規定
雖對菸品業者之不表意自由有所限制，然其目的係為維護國民健康及提供消
費者必要商業資訊等重大之公共利益，其手段與目的間之實質關聯，符合法
治國家比例原則之要求，並未逾越維護公共利益所必要之程度，與憲法第十
一條及第二十三條之規定均無違背。

　於菸品容器上應為前開一定之標示，縱屬對菸品業者財產權有所限制，
但該項標示因攸關國民健康，並可提供商品內容之必要訊息，符合從事商業

之誠實信用原則與透明性原則，乃菸品財產權所具有之社會義務，且所受限制尚屬輕微，未逾越社會義務所應忍受之範圍，與憲法保障人民財產權之規定，並無違背。又新訂生效之法規，對於法規生效前「已發生事件」，原則上不得適用，是謂法律適用上之不溯既往原則。所謂「事件」，指符合特定法規構成要件之全部法律事實；所謂「發生」，指該全部法律事實在現實生活中完全具體實現而言。菸害防制法第八條第一項及第二十一條規定之菸品標示義務及責任，僅適用於該法公布施行後之菸品標示事件，並未規定菸品業者於該法施行前亦有標示義務，無法律溯及適用情形，自難謂因法律溯及適用而侵害人民之財產權。至立法者對於新訂法規構成要件各項特徵相關之過去單一事實，譬如作為菸品標示規範標的物之菸品，於何時製造、何時進口、何時進入銷售通路，認為有特別保護之必要者，則應於兼顧公益之前提下，以過渡條款明文規定排除或延緩新法對之適用。惟對該法施行前，已進入銷售通路，尚未售出之菸品，如亦要求須於該法施行時已履行完畢法定標示義務，勢必對菸品屈　造成不可預期之財產權損害，故為保障人民之信賴利益，立法者對於此種菸品，則有制定過渡條款之義務。八十六年三月十九日公布之菸害防制法第三十條規定「本法自公布後六個月施行」，使菸品業者對於該法制定生效前已進入銷售通路之菸品，得及時就其法定標示義務預作準備，不致因法律變更而立即遭受不利益，而六個月期限，亦尚不致使維護國民健康之立法目的難以實現，此項過渡期間之規定，符合法治國家信賴保護原則之要求。至各類食品、菸品、酒類商品等，對於人體健康之影響層面有異，難有比較基礎，相關法律或有不同規定，惟立法者對於不同事物之處理，有先後優先順序之選擇權限，與憲法第七條規定之平等原則尚無違背。

⑼大法官會議釋字第 617 號

解釋公布日期：民國 95 年 10 月 26 日

解釋爭點：刑法第 235 條違憲？

解釋文：

　　憲法第十一條保障人民之言論及出版自由，旨在確保意見之自由流通，使人民有取得充分資訊及實現自我之機會。性言論之表現與性資訊之流通，不問是否出於營利之目的，亦應受上開憲法對言論及出版自由之保障。惟憲法對言論及出版自由之保障並非絕對，應依其性質而有不同之保護範疇及限制之準則，國家於符合憲法第二十三條規定意旨之範圍內，得以法律明確規定對之予以適當之限制。

　　為維持男女生活中之性道德感情與社會風化，立法機關如制定法律加以規範，則釋憲者就立法者關於社會多數共通價值所為之判斷，原則上應予尊重。惟為貫徹憲法第十一條保障人民言論及出版自由之本旨，除為維護社會多數共通之性價值秩序所必要而得以法律加以限制者外，仍應對少數性文化族群依其性道德感情與對社會風化之認知而形諸為性言論表現或性資訊流通者，予以保障。

　　刑法第二百三十五條第一項規定所謂散布、播送、販賣、公然陳列猥褻之資訊或物品，或以他法供人觀覽、聽聞之行為，係指對含有暴力、性虐待或人獸性交等而無藝術性、醫學性或教育性價值之猥褻資訊或物品為傳布，或對其他客觀上足以刺激或滿足性慾，而令一般人感覺不堪呈現於眾或不能忍受而排拒之猥褻資訊或物品，未採取適當之安全隔絕措施而傳布，使一般人得以見聞之行為；同條第二項規定所謂意圖散布、播送、販賣而製造、持有猥褻資訊、物品之行為，亦僅指意圖傳布含有暴力、性虐待或人獸性交等而無藝術性、醫學性或教育性價值之猥褻資訊或物品而製造、持有之行為，或對其他客觀上足以刺激或滿足性慾，而令一般人感覺不堪呈現於眾或不能忍受而排拒之猥褻資訊或物品，意圖不採取適當安全隔絕措施之傳布，使一般人得以見聞而製造或持有該等猥褻資訊、物品之情形，至對於製造、持有等原屬散布、播送及販賣等之預備行為，擬制為與散布、播送及販賣等傳布性資訊或物品之構成要件行為具有相同之不法程度，乃屬立法之形成自由；同條第三項規定針對猥褻之文字、圖畫、聲音或影像之附著物及物品，不問屬於犯人與否，一概沒收，亦僅限於違反前二項規定之猥褻資訊附著物及物

　　#依本解釋意旨，上開規定對性言論之表現與性資訊之流通，並未為過度

之封鎖與歧視，對人民言論及出版自由之限制尚屬合理，與憲法第二十三條之比例原則要無不符，並未違背憲法第十一條保障人民言論及出版自由之本旨。

刑法第二百三十五條規定所稱猥褻之資訊、物品，其中「猥褻」雖屬評價性之不確定法律概念，然所謂猥褻，指客觀上足以刺激或滿足性慾，其內容可與性器官、性行為及性文化之描繪與論述聯結，且須以引起普通一般人羞恥或厭惡感而侵害性的道德感情，有礙於社會風化者為限（本院釋字第四〇七號解釋參照），其意義並非一般人難以理解，且為受規範者所得預見，並可經由司法審查加以確認，與法律明確性原則尚無違背。

理由書：

憲法第十一條保障人民之言論及出版自由，旨在確保意見之自由流通，使人民有取得充分資訊及實現自我之機會。性言論之表現與性資訊之流通，不問是否出於營利之目的，亦應受上開憲法對言論及出版自由之保障。惟憲法對言論及出版自由之保障並非絕對，應依其性質而有不同之保護範疇及限制之準則，國家於符合憲法第二十三條規定意旨之範圍內，得以法律明確規定對之予以適當之限制。

男女共營社會生活，其關於性言論、性資訊及性文化等之表現方式，有其歷史背景與文化差異，乃先於憲法與法律而存在，並逐漸形塑為社會多數人普遍認同之性觀念及行為模式，而客觀成為風化者。社會風化之概念，常隨社會發展、風俗變異而有所不同。然其本質上既為各個社會多數人普遍認同之性觀念及行為模式，自應由民意機關以多數判斷特定社會風化是否尚屬社會共通價值而為社會秩序之一部分，始具有充分之民主正當性。為維持男女生活中之性道德感情與社會風化，立法機關如制定法律加以規範，則釋憲者就立法者關於社會多數共通價值所為之判斷，原則上應予尊重。惟性言論與性資訊，因閱聽人不同之性認知而可能產生不同之效應，舉凡不同社群之不同文化認知、不同之生理及心理發展程度，對於不同種類及內容之性言論與性資訊，均可能產生不同之反應。故為貫徹憲法第十一條保障人民言論及出版自由之本旨，除為維護社會多數共通之性價值秩序所必要而得以法律或

法律授權訂定之命令加以限制者外，仍應對少數性文化族群依其性道德感情與對社會風化之認知而形諸為性言論表現或性資訊流通者，予以保障。

　　有關性之描述或出版品，屬於性言論或性資訊，如客觀上足以刺激或滿足性慾，並引起普通一般人羞恥或厭惡感而侵害性的道德感情，有礙於社會風化者，謂之猥褻之言論或出版品。猥褻之言論或出版品與藝術性、醫學性、教育性等之言論或出版品之區別，應就各該言論或出版品整體之特性及其目的而為觀察，並依當時之社會一般觀念定之，本院釋字第四〇七號解釋足資參照。

　　刑法第二百三十五條規定：「散布、播送或販賣猥褻之文字、圖畫、聲音、影像或其他物品，或公然陳列，或以他法供人觀覽、聽聞者，處二年以下有期徒刑、拘役或科或併科三萬元以下罰金。」（第一項）「意圖散布、播送、販賣而製造、持有前項文字、圖畫、聲音、影像及其附著物或其他物品者，亦同。」（第二項）「前二項之文字、圖畫、聲音或影像之附著物及物品，不問屬於犯人與否，沒收之。」（第三項）是性資訊或物品之閱聽，在客觀上足以引起普通一般人羞恥或厭惡感而侵害性的道德感情，有礙於社會風化者，對於平等和諧之社會性價值秩序顯有危害。侵害此等社會共同價值秩序之行為，即違反憲法上所保障之社會秩序，立法者制定法律加以管制，其管制目的核屬正當（United States Code, Title 18, Part Ⅰ, Chapter 71, Section 1460、 日本刑法第一七五條可資參照）。又因其破壞社會性價值秩序，有其倫理可非難性，故以刑罰宣示憲法維護平等和諧之性價值秩序，以實現憲法維持社會秩序之目的，其手段亦屬合理。另基於對少數性文化族群依其性道德感情與對性風化認知而形諸為性言論表現或性資訊流通者之保障，故以刑罰處罰之範圍，應以維護社會多數共通之性價值秩序所必要者為限。是前開規定第一項所謂散布、時蔑 e、販賣、公然陳列猥褻之資訊、物品，或以他法供人觀覽、聽聞行為，係指對含有暴力、性虐待或人獸性交等而無藝術性、醫學性或教育性價值之猥褻資訊、物品為傳布，或對其他足以刺激或滿足性慾，而令一般人感覺不堪呈現於眾或不能忍受而排拒之猥褻資訊、物品，未採取適當之安全隔絕措施（例如附加封套、警告標示或限於依法令特

定之場所等）而為傳布，使一般人得以見聞之行為；同條第二項規定所謂意圖散布、播送、販賣而製造、持有猥褻資訊、物品之行為，亦僅指意圖傳布含有暴力、性虐待或人獸性交等而無藝術性、醫學性或教育性價值之猥褻資訊或物品而製造、持有之行為，或對其他客觀上足以刺激或滿足性慾，而令一般人感覺不堪呈現於眾或不能忍受而排拒之猥褻資訊、物品，意圖不採取適當安全隔絕措施之傳布，使一般人得以見聞，而製造或持有該等猥褻資訊、物品之情形，至於對於製造與持有等原屬散布、播送及販賣等之預備行為，擬制為與散布、播送及販賣等傳布性資訊或物品之構成要件行為具有相同之不法程度，乃屬立法之形成自由；同條第三項規定針對猥褻之文字、圖畫、聲音或影像之附著物及物品，不問屬於犯人與否，一概沒收，亦僅限於違反前二項規定之猥褻資訊附著物及物　#依本解釋意旨，上開規定對性言論之表現與性資訊之自由流通，並未為過度之封鎖與歧視，對人民言論及出版自由之限制尚屬合理，與憲法第二十三條之比例原則要無不符，並未違背憲法第十一條保障人民言論及出版自由之本旨。至性言論之表現與性資訊之流通，是否有害社會多數人普遍認同之性觀念或性道德感情，常隨社會發展、風俗變異而有所不同。法官於審判時，應依本解釋意旨，衡酌具體案情，判斷個別案件是否已達猥褻而應予處罰之程度；又兒童及少年性交易防制條例第二十七條及第二十八條之規定，為刑法第二百三十五條之特別法，其適用不受本解釋之影響，均併予指明。

　　立法者為求規範之普遍適用而使用不確定法律概念者，觀諸立法目的與法規範體系整體關聯，若其意義非難以理解，且所涵攝之個案事實為一般受規範者所得預見，並可經由司法審查加以確認，即與法律明確性原則不相違背，迭經本院釋字第四三二號、第五二一號、第五九四號及第六〇二號解釋闡釋在案。刑法第二百三十五條規定所稱猥褻之資訊、物品，其中「猥褻」雖屬評價性之不確定法律概念，然所謂猥褻，指客觀上足以刺激或滿足性慾，其內容可與性器官、性行為及性文化之描繪與論述聯結，且須以引起普通一般人羞恥或厭惡感而侵害性的道德感情，有礙於社會風化者為限（本院釋字第四〇七號解釋參照），其意義並非一般人難以理解，且為受規範者所

得預見，並可經由司法審查加以確認，與法律明確性原則尚無違背。

　　末查聲請人賴００指摘臺灣高等法院九十四年度上易字第一五六七號刑事確定終局判決，對於本院釋字第四０七號解釋之適用，侵害憲法保障言論自由、人格發展自由之部分，依現行法制，尚不得為違憲審查之客體，與司法院大法官審理案件法第五條第一項第二款之規定不合，依同條第三項規定，應不予受理，併此敘明。

⑽大法官會議釋字第 623 號

解釋公布日期：民國 96 年 1 月 26 日

解釋爭點：兒童及少年性交易防制條例第 29 條違憲？

解釋文：

　　憲法第十一條保障人民之言論自由，乃在保障意見之自由流通，使人民有取得充分資訊及自我實現之機會，包括政治、學術、宗教及商業言論等，並依其性質而有不同之保護範疇及限制之準則。商業言論所提供之訊息，內容為真實，無誤導性，以合法交易為目的而有助於消費大眾作出經濟上之合理抉擇者，應受憲法言論自由之保障。惟憲法之保障並非絕對，立法者於符合憲法第二十三條規定意旨之範圍內，得以法律明確規定對之予以適當之限制，業經本院釋字第四一四號、第五七七號及第六一七號解釋在案。

　　促使人為性交易之訊息，固為商業言論之一種，惟係促使非法交易活動，因此立法者基於維護公益之必要，自可對之為合理之限制。中華民國八十八年六月二日修正公布之兒童及少年性交易防制條例第二十九條規定：「以廣告物、出版品、廣播、電視、電子訊號、電腦網路或其他媒體，散布、播送或刊登足以引誘、媒介、暗示或其他促使人為性交易之訊息者，處五年以下有期徒刑，得併科新臺幣一百萬元以下罰金」，乃以科處刑罰之方式，限制人民傳布任何以兒童少年性交易或促使其為性交易為內容之訊息，或向兒童少年或不特定年齡之多數人，傳布足以促使一般人為性交易之訊息。是行為人所傳布之訊息如非以兒童少年性交易或促使其為性交易為內容，且已採取必要之隔絕措施，使其訊息之接收人僅限於十八歲以上之人

者，即不屬該條規定規範之範圍。上開規定乃為達成防制、消弭以兒童少年為性交易對象事件之國家重大公益目的，所採取之合理與必要手段，與憲法第二十三條規定之比例原則，尚無牴觸。惟電子訊號、電腦網路與廣告物、出版品、廣播、電視等其他媒體之資訊取得方式尚有不同，如衡酌科技之發展可嚴格區分其閱聽對象，應由主管機關建立分級管理制度，以符比例原則之要求，併此指明。

理由書：

　　憲法第十一條保障人民之言論自由，乃在保障意見之自由流通，使人民有取得充分資訊及自我實現之機會，包括政治、學術、宗教及商業言論等，並依其性質而有不同之保護範疇及限制之準則。商業言論所提供之訊息，內容為真實，無誤導性，以合法交易為目的而有助於消費大眾作出經濟上之合理抉擇者，應受憲法言論自由之保障，惟憲法之保障並非絕對，立法者於符合憲法第二十三條規定意旨之範圍內，得以法律明確規定對之予以適當之限制，業經本院釋字第四一四號、第五七七號及第六一七號解釋在案。

　　促使人為性交易之訊息，乃促使人為有對價之性交或猥褻行為之訊息（兒童及少年性交易防制條例第二條、第二十九條參照），為商業言論之一種。至於其他描述性交易或有關性交易研究之言論，並非直接促使人為性交或猥褻行為，無論是否因而獲取經濟利益，皆不屬於促使人為性交易之訊息，自不在兒童及少年性交易防制條例第二十九條規範之範圍。由於與兒童或少年為性交易，或十八歲以上之人相互間為性交易，均構成違法行為（兒童及少年性交易防制條例第二十二條、第二十三條、第二十四條、刑法第二百二十七條、社會秩序維護法第八十條參照），因此促使人為性交易之訊息，係促使其為非法交易活動，立法者基於維護公益之必要，自可對之為合理之限制。

　　兒童及少年之心智發展未臻成熟，與其為性交易行為，係對兒童及少年之性剝削。性剝削之經驗，往往對兒童及少年產生永久且難以平復之心理上或生理上傷害，對社會亦有深遠之負面影響。從而，保護兒童及少年免於從

事任何非法之性活動，乃普世價值之基本人權（聯合國於西元一九八九年十一月二十日通過、一九九０年九月二日生效之兒童權利公約第十九條及第三十四條參照），為重大公益，國家應有採取適當管制措施之義務，以保護兒童及少年之身心健康與健全成長。兒童及少年性交易防制條例第一條規定：「為防制、消弭以兒童少年為性交易對象事件，特制定本條例」，目的洵屬正當。

兒童及少年性交易防制條例第二十九條規定：「以廣告物、出版品、廣播、電視、電子訊號、電腦網路或其他媒體，散布、播送或刊登足以引誘、媒介、暗示或其他促使人為性交易之訊息者，處五年以下有期徒刑，得併科新臺幣一百萬元以下罰金」，乃在藉依法取締促使人為性交易之訊息，從根本消弭對於兒童及少年之性剝削。故凡促使人為性交易之訊息，而以兒童少年性交易或促使其為性交易為內容者，具有使兒童少年為性交易對象之危險，一經傳布訊息即構成犯罪，不以實際上發生性交易為必要。又促使人為性交易之訊息，縱然並非以兒童少年性交易或促使其為性交易為內容，但因其向未滿十八歲之兒童少年或不特定年齡之多數人廣泛傳布，致被該等訊息引誘、媒介、暗示者，包括或可能包括未滿十八歲之兒童及少年，是亦具有使兒童及少年為性交易對象之危險，故不問實際上是否發生性交易行為，一經傳布訊息即構成犯罪。惟檢察官以行為人違反上開法律規定而對之起訴所舉證之事實，行為人如抗辯爭執其不真實，並證明其所傳布之訊息，並非以兒童及少年性交易或促使其為性交易為內容，且已採取必要之隔絕措施，使其訊息之接收人僅限於十八歲以上之人者，即不具有使兒童及少年為性交易對象之危險，自不屬該條規定規範之範圍。

保護兒童及少年免於因任何非法之性活動而遭致性剝削，乃普世價值之基本人權，為國家應以法律保護之重要法益，上開規定以刑罰為手段，取締促使人為性交易之訊息，從根本消弭對於兒童少年之性剝削，自為達成防制、消弭以兒童少年為性交易對象事件之立法目的之有效手段；又衡諸保護兒童及少年免於從事任何非法之性活動之重大公益，相對於法律對於提供非法之性交易訊息者權益所為之限制，則上開規定以刑罰為手段，並以傳布以

兒童少年性交易或促使其為性交易為內容之訊息，或向未滿十八歲之兒童少年或不特定年齡之多數人傳布足以促使一般人為性交易之訊息為其適用範圍，以達防制、消弭以兒童少年為性交易對象事件之立法目的，尚未逾越必要合理之範圍，與憲法第二十三條規定之比例原則，並無牴觸。又系爭法律規定之「引誘、媒介、暗示」雖屬評價性之不確定法律概念，然其意義依其文義及該法之立法目的解釋，並非一般人難以理解，且為受規範者所得預見，並可經由司法審查加以確認，與法律明確性原則尚無違背（本院釋字第四三二號、第五二一號、第五九四號、第六〇二號及第六一七號解釋參照）。

　　兒童及少年性交易防制條例第二十九條規定為危險犯，與同條例第二十二條、第二十三條、第二十四條、刑法第二百二十七條、社會秩序維護法第八十條規定之實害犯之構成要件不同，立法目的各異，難以比較其刑度或制裁方式孰輕孰重；另電子訊號、電腦網路與廣告物、出版品、廣播、電視等其他媒體之資訊取得方式尚有不同，如衡酌科技之發展可嚴格區分其閱聽對象，應由主管機關建立分級管理制度，以符比例原則之要求。至聲請人臺灣高雄少年法院法官何明晃聲請意旨主張兒童及少年性交易防制條例第二十九條規定有牴觸憲法第十五條及第一百五十二條疑義一節，僅簡略提及系爭法律間接造成人民工作權或職業自由之限制，惟就其內涵及其如何違反該等憲法規範之論證，尚難謂已提出客觀上形成確信法律為違憲之具體理由，均併此指明。

國家圖書館出版品預行編目資料

媒體、政治與法律釋要 / 黃炎東 編著. – 增訂初版；
，2015.12
ISBN 978-986-5633-08-0（平裝）

1.大眾傳播 2.政治公關
541.83   104009997

媒體、政治與法律

作　　　者：黃炎東
出　版　者：蘭臺出版社
發　　　行：蘭臺出版社
地　　　址：台北市中正區重慶南路1段121號8樓之14
電　　　話：(02)2331-1675或(02)2331-1691
傳　　　真：(02)2382-6225
E—MAIL：books5w@gmail.com
網路書店：http://bookstv.com.tw/
　　　　　http://store.pchome.com.tw/yesbooks/
　　　　　博客來網路書店、博客思網路書店、華文網路書店、三民書局
總 經 銷：成信文化事業股份有限公司
劃撥戶名：蘭臺出版社　帳號：18995335
網路書店：博客來網路書店 http://www.books.com.tw
香港代理：香港聯合零售有限公司
地　　　址：香港新界大蒲汀麗路36號中華商務印刷大樓
C&C Building, 36,Ting, Lai, Road, Tai,Po, New,Territories
電　　　話：(852)2150-2100　傳真：(852)2356-0735
總 經 銷：廈門外圖集團有限公司
地　　　址：廈門市湖裡區悅華路8號4樓
電　　　話：86-592-2230177
傳　　　真：86-592-5365089
出版日期：2015年12月 增訂版
定　　　價：新臺幣580元整（平裝）
ISBN：978-986-5633-08-0